d14

BasisDruck **Dokument**

Alla Jaroshinskaja

Verschlußsache Tschernobyl

Die geheimen Dokumente aus dem Kreml

Mit einem Vorwort von Sebastian Pflugbeil

BASISDRUCK

Aus dem Russischen von
Barbara Hahn, Günter Jäniche, Ursula Krause

Fotos:
dpa — Titel (2), S. 10 (oben)
Sergej A. Glabtschuk — S. 15, 16, 23 (unten), 178
Detlev Steinberg — S. 2, 22, 23 (oben), 48, 49, 74, 75, 173 (2), 150, 151

ISBN 3-86163-062-1

1. Auflage
Gestaltung: Maria Steinkampf
Titel: Cornelia Schrader
Satz: BasisDruck
Druck: Druckhaus Schöneweide
Alle Berlin

Inhalt

Warnung / Trotzdem

In den letzten Jahren konnte an vielen Stellen der umbarmherzige Mantel der Geheimhaltung gelüftet werden, der jahrzehntelang über der Atomenergienutzung – der friedlichen wie der militärischen – gebreitet und verbissen festgehalten wurde.
Wir wissen also eine Menge:
Die Opfer von Hiroshima und Nagasaki lehren die Verharmlosungsstatistiken das Fürchten – wieder und wieder muß zugestanden werden, daß die Zahl der Toten und Kranken höher ist, als man bisher annahm. Das Strahlenrisiko muß wieder und wieder nach oben korrigiert werden, obwohl das für die Nutzung der Kernenergie schwerwiegende Probleme aufwirft.
Auswirkungen der Atomwaffentests in den USA und in der UdSSR wurden bekannt; die Menschenopfer schwerster Strahlenunfälle in den USA, England und der UdSSR gingen weltweit durch die Medien und werden allmählich ernsthaft untersucht; auch am Beispiel Tschernobyl hat die Wahrheit die Informationspolitik nahezu aller Regierungen, die Sachkenntnis und Unvoreingenommenheit nahezu aller Experten ad absurdum geführt; die jüngsten Diskussionen über Menschenversuche mit radioaktiven Substanzen in den USA haben die lange Kette schrecklicher Enthüllungen sicher nicht abgeschlossen.
Wir haben auch eine Position:
Über Kernwaffen muß man nicht mehr diskutieren – denken wir; in Deutschland-Ost haben wir die gefährlichen Kernkraftwerke bei Greifswald in die Knie gezwungen und Neubauten dort und bei Stendal verhüten können, kein neues KKW in Deutschland; den Uranbergbau in Sachsen/Thüringen haben wir gestoppt.
Fertig.
Wir sind uns zu Kernwaffen so einig, daß wir übersehen und nicht des Engagements für wert erachten, daß in unserer unmittelbaren Nachbarschaft immer noch ein gigantischen Overkillpotential voll im Dienst der Militärs steht. Das ist kein anderes Thema!
Gleichzeitig finanziert Westeuropa ungestört, daß der gleiche russische Reaktortyp, der für uns zu Hause zu gefährlich ist, in sicherer Entfernung(?) in mehreren Staaten des ehemaligen Ostblocks nachgebessert wird;
gleichzeitig wird in Westeuropa ein endlich *sicherer* Reaktor entwickelt, noch sicherer als Tschernobyl, Krümmel, Harrisburgh oder Greifswald – die ja zu ihrer Zeit auch *sicher* waren (das dachten zumindest die dafür zuständigen Experten). Wo gäbe es bessere Standorte als bei unseren armen Nachbarn im Osten, was gäbe es für bessere Hilfsmöglichkeiten, als den Bau neuer

Kernkraftwerke – man könnte ja später mal mit Strom in Richtung Westen bezahlen;
gleichzeitig beziehen Westeuropäer Strom aus dem Kernkraftwerk Tschernobyl und verzögern damit die endgültige Schließung.

Die Widersprüchlichkeit zwischen zunehmendem Wissen auf der einen und zunehmender Fahrlässigkeit und Gleichgültigkeit auf der anderen Seite ist ein überraschendes und eigenartiges Phänomen. Liegt es daran, daß der Reiz der Sensation vergänglich ist? Wird die eine Katastrophe von der nächsten verjagt? Müssen wir immer schneller vergessen, um nicht restlos zu verzweifeln?

Vor diesem Hintergrund erscheint das Buch der Trägerin des Alternativen Nobelpreises zum richtigen Zeitpunkt. Alla Jaroshinskaja geht weit darüber hinaus, uns an Tschernobyl zu erinnern. Die Brisanz ihres Buchs besteht für mich in dreierlei:
1. Die Autorin stellt auf eindrückliche Weise dar, welch katastrophale Aufwirkungen wissenschaftlich unhaltbare Aussagen von Experten, Geheimhaltung auf allen Ebenen der Macht und gezielte Desinformation für das Leben, für die Gesundheit der Bevölkerung in weitem Umkreis um Tschernobyl gehabt haben. Mir ist keine vergleichbare Publikation bekannt, in der Opfer, Taten und Täter so konkret miteinander in Verbindung gebracht wurden.
2. Alla Jaroshinkaja bricht Tabus, die bis heute weltweit weitgehend akzeptiert worden sind. Sie veröffentlicht nicht nur die kompromittierenden und aufschlußreichen Geheimprotokolle aus dem Kreml, die im zweiten Teil des Buches zu finden sind – sie klagt Täter mit vollständigem Namen an, die weit mächtiger sind als sie selbst. Dazu gehört unter den Bedingungen in ihrer Heimat weitaus mehr Mut als in Deutschland.
3. Die Autorin weist daraufhin, daß es umfangreiche Erkentnisse über die Wirkung radioaktiver Belastung auf den Menschen aus vielen anderen nuklearen Katastrophen in der Sowjetunion vor Tschernobyl gab, deren Berücksichtigung eine ganz andere Bewertung der Folgen von Tschernobyl gestattet, als es die offiziellen Vertreter der zuständigen Stellen vorgenommen haben. Bis heute ist eine Einordnung von Tschernobyl mit Hilfe der Erfahrungen aus den vorangeganenen schweren Nuklearkatastrophen nur in Ansätzen vorgenommen worden.

Das Buch von Alla Jaroshinskaja ist nicht nur eine scharfe Provokation mächtiger Politiker und Experten ihres Landes – es ist eine ebenso scharfe Provokation des Lesers. Wir müssen uns fragen lassen, wo unser Zorn aus der Zeit kurz nach der Katastrophe in Tschernobyl geblieben ist, was aus den Lehren geworden ist, die wir damals bezüglich der Nutzung der Kernenergie für uns gezogen hatten, weshalb wir die Risiken der Kernenergienutzung in die dritte, vierte oder fünfte Reihe abgeschoben haben. Fehlt uns wirklich die Phantasie, uns vorzustellen, was passiert, wenn einer der noch laufenden Tschernobyl-Reaktoren zerstört würde, wenn eines der noch laufenden deutschen Kernkraftwerke zerstört wird mit schweren Radionuklidfreisetzungen in dicht besiedelten Gebieten? Haben wir wirklich die Illusion, daß deutsche Behörden im Falle einer nuklearen Katastrophe anders handeln können und wollen, als es die sowjetischen Behörden getan haben? Wir müssen uns auch fragen lassen, weshalb wir in Deutschland so lange zögern, die für die Nutzung der Kernenergie in Deutschland verantwortlichen Politiker und Experten mit Namen und Adressen zur Rechenschaft zu ziehen. Fallen den Parlamentariern und den Juristen unter uns keine Gesetze, die dazu verpflichten *Schweigen, Lügen* und *Desinformation* von Experten und Politikern als das zu verfolgen, was es ist – eine besonders bösartige Form von lebensbedrohender Kriminalität? Widersprechen wir laut genug den raffinierten Werbeslogans jener Leute, die immer noch weiterspalten wollen?

Wer Angst davor hat, Verantwortung zu tragen, sollte dieses Buch verschenken, bevor er es gelesen hat.
Wir können unseren Kindern nicht mehr sagen, wir hätten nicht genug gewußt;
wir können nicht mehr sagen, die da oben sind zu mächtig, es hat keinen Zweck;
wir können es nicht mehr auf sich beruhen lassen, wenn honorige alte Herren in den Ministerien, auf Beamtensesseln oder Lehrstühlen ihre Interessen zu den unseren machen wollen;
wir können nicht mehr sagen, abschalten ja, aber nicht sofort;
wir können nicht mehr sagen, es ist ja noch immer gut gegangen, wozu aufregen;
wir können uns nicht mehr verlassen, daß andere für uns denken und entscheiden.

Wollen wir es noch einmal versuchen – gegen den Wind, für die Kinder von Tschernobyl, gegen die Verharmloser, für die Kinder von Krümmel, gegen die Geheimhaltung, für die Kinder von Semipalatinsk, gegen die Geschäftemacher des Todes, für die Wahrheit, gegen die Spalter und für gemeinsame Verantwortung?

Sebastian Pflugbeil — Berlin, Februar 1994

KKW Tschernobyl, Mai 1986. Ein MI-8-Hubschrauber versprüht Chemikalien, die radioaktiven Staub binden sollen. Im Hintergrund der zerstörte Block 4.

KKW Tschernobyl, 1990. Der Havarieblock 4 unter dem „Sarkophag“, Wand an Wand mit dem arbeitenden Block 3 (l.).

Tschernobyl ist um uns

„Und der dritte Engel posaunete; und es fiel ein großer Stern vom Himmel, der brannte wie eine Fackel und fiel auf das dritte Teil der Wasserläufe und Quellen. Und der Name des Sterns heißt Wermut; und das dritte Teil des Wassers ward Wermut; und viel Menschen starben von den Wassern, daß sie waren so bitter worden."
Offenbarung des Johannes 8/10, 11

„*Tschernobylnik* (Beifuß). Pflanze, Unterart des Wermuts mit rötlichbraunen oder violettbraunen Stengeln."
S.I. Oshegow, *Wörterbuch der russischen Sprache*

Wir sind das erste Mal auf der Welt

Meine Familie lebt in der kleinen Stadt Shitomir in der Waldzone der Ukraine. Das ist angestammtes slawisches Land. Menschen siedelten hier bereits im zweiten Jahrtausend vor unserer Zeitrechnung. Der Fuß eines Urahns von mir mag diesen Boden in der Bronzezeit oder in der frühen Eisenzeit betreten haben. Das bezeugen Hügelgräber sowie die Überreste einer alten russischen Siedlung.
In den Chroniken findet Shitomir das erste Mal 1392 Erwähnung. Den schönen Namen gab der Stadt ihr Begründer, ein Gefolgsmann der altrussischen Fürsten Askold und Dir mit Namen Shitomir. Dieser Name setzt sich aus zwei Wörtern zusammen: aus *shito* und *mir*. *Mir* bedeutet Frieden, und *shito* heißt auf ukrainisch der Roggen. Also sind das nicht einfach bloß Wörter, sondern Grundbegriffe in jeder Sprache der Welt: Brot und Frieden. Die Philosophie des Lebens auf der Erde.
In der Mitte der Stadt erhebt sich der Schloßberg. Überlieferungen zufolge entfaltete sie sich von hier aus. Exakt an diesem Fleck, oben auf dem Berg, der an zwei Seiten von den Flüssen Kamjanka und Teterew umspült wird, wuchs die alte Shitomirburg zur Abschreckung von Feinden. Gleich daneben breitete sich die Stadt aus. Hier lebten Handwerker: Schmiede, Töpfer, Jäger, Bauern und Händler. In den unberührten Wäldern rund um Shitomir gab es reichlich Wild, Beeren, Pilze und eßbare Wurzeln. Die Flüsse, an deren felsigen Ufern die Stadt entstand, waren fischreich. Jawohl, unsere Vorfahren verstanden sich darauf, mit untrüglichem Gespür in ihrer Welt die wunderschönsten und außergewöhnlichsten Plätze ausfindig zu machen, um dort ihre Städte und Kirchen zu errichten. Für alle Zeit.

Jedesmal, wenn wir es schaffen, an freien Tagen mit der Familie oder mit Freunden hinauszufahren in die Umgebung der Stadt, können wir uns einfach nicht sattsehen an der herrlichen Natur. Ein paar Kilometer von Shitomir entfernt verblüffen in ihrer Unberührtheit der Fluß Teterew mit seinen großen Rollsteinen, zwischen denen das glasklare Wasser hindurchfließt, der uralte Wald an beiden Ufern und die kahlen, moosbedeckten Felsen, auf denen hier und da Bäume wachsen. Schluchten. In weiter Ferne entdeckt man durch die Wipfel der dunkelgrünen Kiefern die lichtblauen, wie Kinderherzen unschuldigen Kuppeln einer Dorfkirche. Gleichsam die Ewigkeit. Als hättest du schon immer auf dieser Erde gelebt. Losheulen möchtest du unter dem Ansturm von vagen, unerklärlichen Gefühlen des Einsseins mit diesem Wald, mit diesem Fluß und mit dieser Kirche, in deren sonnenbeschienenem Kreuz dein ganzes Leben eingeschlossen scheint. Etwa nicht?
Jedenfalls hatte ich damals, am 25. April 1986, als ich mit meiner Familie wieder einmal hierher gekommen war, ebensolche Gedanken. Es war Frühling. In der Luft lag so etwas wie Befreiung. Erneuerung. Zwischen dem verrotteten Laub vom vorigen Jahr sprossen die scheuen blauen Blüten der Primeln hervor. Mein zweijähriger Sohn Saschenka hockte sich vor jeder Blume nieder.
Wir wußten nicht, wahrscheinlich wußte niemand, daß ein paar Stunden später ganz in der Nähe auf dieser Erde etwas geschehen sollte, das unser Leben *ein für allemal* verändern, das dieses uralte schöne Land, den Wald, die Felder und Wiesen verändern würde. Das ganze Leben verändern würde. Von da an würde das Leben auf dieser Erde nicht mehr nur nach Epochen, Zeitaltern, Kulturen, Religionen und gesellschaftlich-politischen Formationen unterschieden, sondern auch nach dem Leben vor Tschernobyl und danach. Vorher. Und danach. Niemals wieder würde die Erde so sein, wie sie vor dem *26. April 1986 war, um ein Uhr 24 Minuten…*
Shitomir liegt 130 Kilometer von Kiew, der Hauptstadt der Ukraine entfernt. Gelegentlich raffen mein Mann und ich uns auf und wir fahren dorthin ins Theater. Gewöhnlich bleiben wir nicht über Nacht, sondern kehren nach der Vorstellung zurück.
Es war Ironie des Schicksals, daß wir ausgerechnet am 27. April vormittags nichts ahnend – weder Radio noch Fernsehen noch Zeitungen hatten von der Explosion im Kernkraftwerk Tschernobyl berichtet – nach Kiew fuhren. Spät abends fuhren wir in bester Stimmung zurück. Der Weg von Kiew nach Shitomir versank in knospenden Frühlingswäldern. Als wir etwas mehr als die Hälfte der Strecke zurückgelegt hatten, hielten wir an und stiegen aus, um den durchdringenden Duft des sprießenden Grüns zu atmen. Alles war still. Helle kalte Sterne flimmerten. Seitwärts war der Rumpf des Großen Wagens

auszumachen. Alles ringsum lag in gleichmäßiges Mondlicht getaucht. Es schien, als hörte man die Knospen an den nahen Bäumen platzen.

Obwohl die sowjetischen Massenmedien keinerlei Information über die Explosion im KKW Tschernobyl gebracht hatten, machte sich in den nahe Tschernobyl gelegenen Städten Kiew, Shitomir und Tschernigow immer größere Panik breit. Niemand wußte, was genau passiert war, die unmöglichsten, unglaublichsten Gerüchte kamen in Umlauf. In den Apotheken ging das Jod aus. Viele Menschen glaubten, es böte Schutz vor der Verstrahlung, tranken es und verätzten sich Schlund und Speiseröhre. Jod in Reinform. Die offizielle Medizin schwieg. Endlich, zehn Tage waren vergangen, gab der Gesundheitsminister der USSR A. Romanenko wertvolle Ratschläge: Fenster schließen und bei Eintritt ins Haus gründlich die Füße auf einem nassen Lappen abtreten. Die ganze Wohnung feucht durchwischen. Das also war die ganze Strahlenprophylaxe.

Daß in der Sowjetunion der vierte Reaktorblock des Tschernobyler KKW hochgegangen und die Gammawerte hochgeschnellt waren, erfuhren wir erst von den ausländischen Rundfunksendern. Unsere offiziöse Presse berichtete darüber erst am dritten Tag.

Das Frühjahrsfest des 1. Mai stand vor der Tür, und wahrscheinlich wollte niemand daran glauben, daß etwas Entsetzliches, nie wieder Gutzumachendes geschehen war. Am 1. Mai gingen wie in den vorangegangenen Jahren in Shitomir, in Kiew, in Tschernigow, in den übrigen Städten und Dörfern der Ukraine, Belorußlands, Rußlands und im Baltikum – überall im ganzen Land Millionen Menschen zur Maidemonstration. Es war drückend heiß. Nicht einfach nur warm. Richtig heiß. Die Kinder in ihren nationalen Trachten, radioaktive Dämpfe einatmend, tanzten auf dem Krestschatik, der Hauptstraße Kiews. Auf der Tribüne aber standen die Mitglieder des Politbüros der ukrainischen kommunistischen Partei, Regierungsmitglieder und Gäste der Hauptstadt und winkten den Demonstranten zu. Die Kinder der hohen Funktionäre wurden unterdessen in aller Hast zum Flughafen Borispol gebracht und in Flugzeuge gesetzt, möglichst weit weg von dem Unheil. Die Kinder der betrogenen Arbeiter und der Intelligenz derweil boten den Blicken der Regierung einen erfreulichen Anblick und schufen zu so hohem Preis vor der Weltöffentlichkeit die Illusion, alles sei okay.

An den Anfang Mai des verhängnisvollen Jahres kann ich mich gut erinnern. Ein blauer Himmel, schneeweiße Wolken. Warm. Es kam uns sogar merkwürdig vor, daß es so warm war. Gerüchte und Falschmeldungen kennzeichneten die Atmosphäre, in der wir lebten. Nach dem 1. Mai wuchsen sie schneller als ein rollender Schneeball. Die Zeitungen, das Radio meldeten eins, die Menschen dagegen, die von da kamen, etwas ganz anderes. In Kiew

waren sämtliche Eisenbahn- und Flugplätze auch für den kommenden Monat ausverkauft. Nirgendshin gab es mehr Fahrkarten. Gereizte, von der Ungewißheit erschreckte Menschen stürmten die Bahnhöfe und Züge. Sie fuhren aufs Geratewohl. Hauptsache weit weg von Tschernobyl.
Ich war keine Ausnahme. Mein Mann, Alexander, ist Feuerwehrmann. Einige seiner Kollegen aus anderen Einheiten wurden nach Tschernobyl geschickt. Sie sollten das Wasser unter dem geborstenen Reaktor wegpumpen. Am 7. Mai rief er mich von der Arbeit aus an und sagte: *Fahre sofort mit den Kindern weg*. Leicht gesagt: Fahre weg. Wie denn? Wohin? Ich arbeitete damals als Korrespondentin der Abteilung Industrie und Großbaustellen bei der Gebietsparteizeitung *Radjanska Shitomirschtschina*.
Mir scheint, den ganzen Sommer 1986 über fiel kein einziger Tropfen Regen auf unsere Stadt. Abgrundtief wölbte sich der hellblaue, von der verrückt spielenden Sonne ausgebleichte Himmel. Das Reaktorloch, nachdem es Unmengen von Sand, Blei und was weiß ich sonst noch verschlungen hatte, war endlich zu. Nun setzte der *Leichenschmaus* ein. Die Klagerufe der Verwandten an den Zinksärgen ihrer Strahlentoten hallten laut. Die Mannschaft der Kernkraftwerker wurde vor Gericht gestellt. War nun alles vorbei? Nein, alles fing erst an. Drei, vier Jahre nach der Katastrophe erkannten wir im ganzen Land ihre wirklichen Ausmaße, ihre absolut niederschmetternde Wahrheit. Indem wir sie kennenlernten, lernten wir mehr und mehr uns selber kennen. Unsere große Gesellschaft. Nicht nur unsere Vergangenheit durchschauten wir, auch unsere Zukunft. Sie läutet heute wie eine mahnende Glocke. Ob wir sie wohl vernehmen, taub geworden vom ideologischen Eigenlob in der primitiven Urhöhle des Kommunismus?

Zerstörte Nester

Vor mir liegt, in Purpur und Gold getaucht, die herbstliche Erde. Sie ist so schön – ich finde keine Worte. Linker Hand Felder, weiter hinten Weideflächen und Herden. Vor dem im Dunst verschwimmenden Wald – ein Gemälde. Die Provence? Nicht doch, mit dieser Pracht kann sie nicht mithalten. Die Polessje! Die weitgedehnten Felder und Wälder wecken in einem das wohlige Gefühl, auf ewig mit ihnen eins zu sein. In der obligaten Smaragdfassung, einer kostbaren Brosche gleich, das Dorf Christinowka. Von „Christentum"? „Christus"? Oder vom ukrainischen *chrest*, also „Kreuz"? Was für ein Kreuz hatte das Schicksal diesem Dorf auferlegt? Rechts von ihm versinken in der Ferne in Kirsch- und Apfelgärten die für Polessje so typischen Holzhäuser und neue, massive Häuser aus weißen feuerfesten

Ziegeln. Das ist das Dorf Staroje Scharne. Vor uns aber...Vor uns: *Halt! Durchgang verboten! Lebensgefahr!* steht auf dem furchterregenden Warnschild an dem Schlagbaum sowie am Stacheldraht des mit wuchtigem Vorhängeschloß zugesperrten Tores.
Nein. Das kann nicht sein. Unfaßbar. Da steht ein Bauernhaus, hundert Meter entfernt, diesseits des Stacheldrahts. Ein Apfel fällt im Garten herab, nahe beim Zaun rollt er ins Gras. Aus dem Haus kommt ein Dreikäsehoch. Fünf. Oder sechs. Frohgemut läuft er durch die wogenden Herbstblumen. Flugs greift seine Hand nach dem Apfel, führt ihn zum Mund... Der Saft läuft ihm über die Lippen, tropft auf seine Schuhe, ins Gras. Der Junge lacht...
Die Häuser an der Wiese jenseits des Stacheldrahts gehören zum Dorf Nowoje Scharne, das sich ungeordnet am Fluß Uzh hinzieht. Seit der Katastrophe im KKW Tschernobyl existiert es nicht mehr. Ausgestorben.

Naroditschi, Straße des 30. Jahrestages des Sieges, August 1989.

Das gleiche traurige Los hat hier noch drei Dörfer ereilt – Dolgi Les, Motyli und Omelniki. Aus der Presse wußte ich, daß im Sommer von da 251 Familien evakuiert wurden – mehr als ein halbes Tausend Menschen. Wohin hat man sie umgesiedelt, wie geht es ihnen? Das interessierte mich vorrangig. Wie haben sie sich psychologisch am neuen Ort eingerichtet?

An jenem Samstag, als ich das erste Mal nach der Explosion nach Naroditschi kam, war ich nicht imstande, die Ausmaße der Not und des Betrugs auch nur annähernd in Erfahrung zu bringen. Gearbeitet wurde nicht, und so traf ich in der Bezirksverwaltung keinen. Also sprach ich einfach Menschen auf der Straße und in den Geschäften an und klingelte an Wohnungstüren. Man riet mir, vor allem an den Stadtrand von Naroditschi zu fahren, in die Siedlung Mirny. Dort hatte man für Umsiedler 50 neue Bungalows gebaut. In denen niemand wohnen wollte. Wieso?

In Mirny sprach ich mit Umsiedlern aus dem Dorf Nowoje Scharne Adam Pastuschenko, Invalide des Großen Vaterländischen Krieges, fand nach der Umsiedlung Arbeit im Bezirksfinanzamt:

> An dieser Stelle hätte man keine Häuser bauen dürfen. Aus zwei Gründen. Erstens sind die Werte hier nicht viel besser als dort, woher wir ausgesiedelt wurden. Zweitens hat sich hier viele Jahre lang ein Lager für giftige Chemikalien eines landwirtschaftlichen Fluguntemehmens befunden. Hier kann man nicht atmen.

Unter den Umsiedlern hatte sich herumgesprochen, daß eine Journalistin gekommen war. Sie drängten in den Laden, berichteten von ihren Nöten und baten um Hilfe. Buchstäblich alle stellten mir ein und dieselbe Frage: Wer hat befohlen, wer hatte den Einfall, hier, so nahe an radioaktiv verstrahlten

Naroditschi, August 1989.

Orten neue Häuser für Umsiedler zu bauen, die vor den Mauern von Tschernobyl schon genug mitgemacht hatten? Damals wußte ich noch keine Antwort. Ich suchte doch selbst nach ihr. Unter anderem auch hier.

Die Bauern schlugen mir einen Rundgang durch zwei Straßen der neuen Siedlung vor. Viele Häuser standen leer. In vier Neubauten hatte man die Fußböden herausgerissen und warf die mit giftigen Chemikalien versetzte Erde aus dem Fenster. Einer meiner Gesprächspartner witzelte: *Wir haben hier nicht einmal Fliegen, sie sind alle krepiert.* Ein leichter Wind verbreitete überall einen Übelkeit erregenden Ammoniakgeruch.

Am meisten sorgten sich die Menschen um ihre Gesundheit. Der Schwerkriegsbeschädigte Adam Pastuschenko berichtete, man habe in seinem Organismus 17 Mikrocurie Cäsium gemessen. 24 Tage habe man ihn im Stadtkrankenhaus Shitomir behandelt und mit neun Mikrocurie entlassen.

Nina Mochoid:

> Ich habe zwei Töchter, Olja ist zwölf und Luda neun. Olja lag bis vor kurzem in der Bezirkskinderklinik. Luda ist ebenfalls krank. Jetzt gab man uns Tabletten, die wir zwei Monate lang einnehmen sollen. Bei den Kindern ist die Schilddrüse vergrößert – Stufe 1-2.

Valentina Kawka, Methodikerin am Kreiskulturhaus:

> Meine beiden Kinder – Bogdan ist sechs und Swetlana vierzehn – wurden nach Shitomir und Kiew überwiesen. Bogdans Leber ist vergrößert, Cholezystitis.

Und abermals kehrten sie zu der einen wichtigen Frage zurück: Mußte man uns aus der gefährlichen radioaktiv verseuchten Zone ausgerechnet hierher umsiedeln, nur wenige Kilometer von unserem mit Stacheldraht umzäunten Dorf Nowoje Scharne entfernt? Was hätte ich ihnen erwidern sollen?

Am Sonntag fuhren wir in eine andere Richtung, in das Dorf Meshileska. Zwar hatte man hier neben der Schule das Erdreich abgetragen, sechs windschiefe Hütten abgerissen, um sieben Gehöfte den verseuchten Boden abgetragen, trotz alledem aber galt das Dorf als verschont, als „rein". Hier gab es weder den in anderen Notstandsdörfern üblichen 25prozentigen Lohnzuschlag noch die monatlichen 30 Rubel „Sarggeld". Hierher hatte man sogar eine Telefonleitung gelegt. (Jedes Übel hat auch sein Gutes.) Sogar eine Ambulanz gab es, nur war sie seit einem halben Jahr nicht besetzt.

Im Sommer nach der Katastrophe hatte man in diesem Dorf 15 neue Häuser für Umsiedler gebaut. Als ich kam, waren vier von ihnen noch nicht bezogen.

Nadeshda Ossadtschaja, Buchhalterin im Dorfsowjet:

> Die Häuser wurden auf die Schnelle gezimmert, sie sind für Landbewohner ungeeignet. Unsere Omas haben den ganzen Winter über im Dorfsowjet gehockt. Sie brauchen ihren Ofen, aber sie haben keinen. Nicht mal einen eisernen. Ja, wenn es hier Zentralheizung gäbe, wäre alles anders. Die alten Frauen kommen mit den Kesseln der Warmwasserheizung nicht zurecht. Würde man ihnen wenigstens einen russischen Ofen hinsetzen...

Antonina Kondratjenko, Jahrgang 1912, und Olimpija Schownirtschuk, Jahrgang 1905, nickten zustimmend. Aus ihren vom Leben gebleichten Augen kullerten Tränen. In den bezogenen Häusern wohnen vorwiegend umgesiedelte Rentner. Arbeitsfähige nur zwei oder drei.

Als die Umsiedler einzogen, bekamen sie zwei Ferkel, Stiegen mit Konserven aus Kohl, Gurken und Tomaten, je drei Sack Getreide und ein Dutzend Hühner.

Wie schwer es uns fiel, das eigene Haus, das Dorf zu verlassen. Durchs ganze Dorf hallte Geschrei und Geplärre, wir haben Rotz und Wasser geheult! Ein Laster kommt vorgefahren – und los, alles aufladen. Unsere Häuser waren die besten. Schön warm. Wir hatten alles. Nur Brot mußten wir kaufen. Jetzt müssen wir alles kaufen.

Von einer alten Frau ist der Mann gestorben. Sie fuhr ihn zur Beerdigung nach Dolgi Les, wo ihre Familie liegt. Sie kann froh sein, daß man ihr das erlaubt hat.

Im Dorf Meshileska hat der Kolchos zusätzlich zu den fünfzehn noch drei Häuser gebaut. Jedes kostete 20 000 Rubel. Aber die Strahlengeschädigten sind auch da nicht eingezogen. In zweien sind Jungvermählte aus dem Kolchos eingezogen, eins steht noch leer. Anatoli Konotowski, Parteisekretär des Kolchos *Majak*:

Dieses Jahr wurden die Häuser umgebaut. Diesen Winter werden wir die Kälte nicht mehr spüren. Die Decken bekamen Wärmeisolierung, und die Türen schließen jetzt. Der Kreisrat hat uns Bezugsscheine für Brennholz gegeben – aus der Forstverwaltung Owrutsch. Aus Naroditschi dürfen wir kein Holz holen, weil das verstrahlt ist. Viele Umsiedler holen sich Holz aus ihren geräumten Dörfern Omelniki und Motyli. Obwohl sie das nicht dürfen! Die Radioaktivität dort ist hoch. Für die alten Frauen wurden in den Häusern breite Öfen eingebaut, gewöhnliche russische Öfen. Wir geben ihnen 5-7 Kubikmeter Holz pro Ofen, damit können sie den Winter über nach Herzenslust heizen.

Unser Dorf ist kein Notstandsdorf, aber unsere Kinder sind krank. Sie wurden eingehend untersucht, viele registriert. Bei allen Kindern ist die Schilddrüse vergrößert, das hat die Reihenuntersuchung in der Schule ergeben.

In der Nähe liegt das Dorf Ossoka. Gehört ebenfalls zu unserem Kolchos. Die Belastungswerte sind dort höher als vergleichsweise in Golubijewitschi. Zuschlag wird aber nicht gezahlt. Das Dorf unterliegt nicht dem Notstand, bloß daß wir Milch, Fleisch, Geflügel von dort nicht essen dürfen. Im Dorf gibt es eine Tierhaltungsfarm. Die Milch von da liefern wir an den Staat ab, sie wird dann in Owrutsch weiterverarbeitet. Wir bekommen unsere Milch aus Korosten geliefert. (Vier Jahre später stellte sich heraus, daß die Verseuchung auch hier zu hoch ist! – A.J.)

Wladimir Rudnizki, Vorsitzender des Dorfsowjets:

In der Tierhaltung in Ossoka arbeiten elf Mann. 350 Stück Großhornvieh. In den Tierhaltungsbetrieben von Meschilesk und von Ossoka wurde entseucht. Neben der Schule war die Radioaktivität sechsmal höher, hier wurde das Erdreich abgetragen.

Zwar haben die Umsiedler Lebensmittelkarten, aber für sie wird nichts geliefert. Erst wenn wir mit der Faust auf den Tisch hauen, kriegen wir was. Zweimal hat man uns in Meshileska gezuckerte Kondensmilch gegeben. Auch Konserven.

Die Melkerinnen in Ossoka verweigerten die Arbeit. Im Dorf Golubijewitschi, wo man für Umsiedler ebenfalls 20 Häuser errichtet hatte, wurden die Kühe schon am 6. August 1986 weggebracht. Ihre Milch war verseucht. Die Kinder bleiben den ganzen Tag in der Schule. Sie bekommen dreimal *reines* Essen. Kostenlos. Maria Konotowskaja, Buchhalterin im Dorfsowjet von Golubijewitschi:

Zwei, drei Monate lang erhielten wir 25% Lohnzuschlag und jeder 30 Rubel Essenszulage. Das hörte dann plötzlich auf. Es hieß, alles sei ein Irrtum gewesen. Der Irrtum klärte sich auf: Nicht wir hätten die Zulage kriegen sollen, sondern ein anderes Dorf – Buda-Golubijewitschi. Seit kurzem brauchen wir keine Bodensteuer mehr zu zahlen. Was wir anbauen ist ungenießbar, aber die 30 Rubel kriegen wir auch nicht mehr.

In die neuen Häuser wollte keiner einziehen. Die Leute haben doch gesehen, wie wir hier leben. Außerdem sind die Häuser kalt. Die Oma Jusefa, die möchte den Winter über gern in ihr Dorf zurück. Danach, sagt sie, kommt sie wieder. Obwohl sie Jahrgang 1914 ist, macht sie sich im Kolchos noch nützlich.

Was haben wir den Umsiedlern für einen Empfang bereiten wollen – Brot und Salz, Blumen. Dann hieß es: Wartet ab, sie kommen im Juli, August. Es sollte ein besonderer Tag werden. Sogar der Parteibezirkssekretär von Naroditschi, Musgorin, reiste an und sagte, die Umsiedler kommen nicht. Wir hatten extra einen Tisch aufgestellt, Blumensträuße drauf, alle Schüler waren da, das ganze Dorf. Sie kamen nicht... Die Häuser standen so lange leer, bis im Herbst die Erlaubnis eintraf, daß Leute von uns einziehen durften. Solange haben wir gewartet...

Das gleiche geschah im Dorf Guto-Marjatin. Nina Woloch, Leiterin des Postamtes:

In 12 von 15 Häusern zogen junge Familien von uns ein. Begrüßen konnten wir nur drei Familien. Mit Brot und Salz und Blumen. Wir haben ein eigenes Orchester. Zum Empfang war der Parteisekretär Anatoli Melnik gekommen. Das Konzert für die Umsiedler fand gleich auf der Straße statt.

Viktor Terestschenko, Traktorist:

Wir kommen aus dem Kreis Browary, Gebiet Kiew. Nein, verseucht ist die Gegend dort nicht. Bloß, wir haben geheiratet und unsere Maschenka gekriegt, sie ist jetzt elf Monate alt, und wir hatten keine Wohnung. Also sind wir hierher gekommen, weil wir wußten, daß hier Häuser leerstehen und Arbeitskräfte gebraucht werden. Valentina, meine Frau, ist mit der Maschenka zu Hause, und ich arbeite im Kolchos „Majak“ als Traktorist. Das Haus ist kalt. Regnet es, tropft es im Schlafzimmer und im Korridor durch. Im Winter stehe ich um drei Uhr morgens auf, um zu heizen. Dann ist es so kalt, daß der Atem dampft. In anderthalb Monaten habe ich drei Fuhren Holz verheizt. Gas kommt aus der Flasche. Wartezeit anderthalb Monate. Im Winter hat der Hydrant kein Wasser, es friert ein. Der nächste Brunnen im Dorf ist zwei Kilometer weg. Das Kind muß aber jeden Tag gebadet werden.

Aus dem Haus Nr. 7 sind die Umsiedler wieder ausgezogen. Aus den gleichen Gründen. Der Rentner Nikolai Chartschenko aus dem geräumten Dorf Omelniki hat sich nach Tytschkow abgesetzt, wo er sich ein schönes warmes Haus gekauft hat.

Besonders im Gedächtnis geblieben ist mir die Aussage der Rentnerin Maria Kosyrenko, früher wohnhaft im Dorf Dolgi Les:

> Wir wurden sofort ins Vorwerk Rossochowski gebracht. Wo hätten wir auch hingesollt. Wer Verwandte hatte, zog zu ihnen. Wir hatten keine, also ab ins Vorwerk Rossochowski. Dort blieben wir etwa eine Woche. Zu allem Unglück hatte ich den Jungen meines Sohnes bei mir, zweieinhalb Jahre alt. Den Sommer über waren wir bei meinem Sohn und sind am 15. September hierher gezogen. Wir haben solche Sehnsucht nach unserem Dorf. Wir sind hier vier Familien aus Dolgi Les. Beinahe alles Rentner. Junge Leute einige wenige. Uns hatte man gesagt, wir werden nur für kurze Zeit umgesiedelt, für ein paar Wochen, höchstens für einen Monat. Der Bus holte uns am 27. Mai frühmorgens um sieben, und um zehn fuhren wir schon aus dem Dorf. Die Leute hatten in der Frühe noch damit begonnen, die Kühe auf die Weide zu treiben, aber die Miliz jagte sie zurück. Wir hatten noch unseren Jungeber schlachten wollen... Hier ist es kalt, weitab vom Dorf, zu abgelegen...

Um meine Recherchen abschließen zu können, mußte ich auf alle Fälle die zuständigen Leute in der Bezirksverwaltung Naroditschi sprechen, um ihren Standpunkt und das radiologische Gesamtbild des Bezirks, womöglich gar der Region kennenzulernen. Zu dem Zeitpunkt war mir schon klar, daß wir *nichts*, absolut *nichts* wußten über den realen Stand der Dinge nach der Explosion. Über ihr Ausmaß und ihre Folgen. Die Massenmedien brachten nur Falschmeldungen und Lügen.

Valentin Budko, der Bezirksamtsvorsitzende, war ein sehr einfacher, umgänglicher Mann. Sein Kummer über das, was in seinem Bezirk geschah, war echt. Gewöhnlich tun bei uns Leute, die so hohe Posten einnehmen – Ratsvorsitzende, Parteisekretäre – nur das, was ihnen von oben befohlen wird. Schon möglich, daß Budko vor der Reaktorkatastrophe genauso ein Funktionär war. Aber das Unglück hatte auch ihn, seine Familie, Freunde und Verwandte getroffen, und die Ungerechtigkeit und das Vertuschen der Realität hatten einen anderen Menschen aus ihm gemacht. Ich traf auf einen einfachen, normalen Zeitgenossen. Er dachte nicht an seinen Chefsessel. Er dachte an die Menschen.

Ich berichtete ihm von meinen Ausflügen in die lebenden und die „toten" Dörfer des Bezirks und bat ihn um eine Information über den Gesundheitszustand der Menschen und über die Strahlungswerte. Ich sagte ihm, ich wolle helfen, alles an die Öffentlichkeit bringen. Budko versprach zu helfen, wies allerdings darauf hin, daß schon des öfteren Journalisten in den Bezirk gekommen seien, sie alle hätten Informationen mitgenommen und versprochen, darüber zu schreiben. Anderthalb Jahre seien vergangen, und niemand habe etwas veröffentlicht. Eine einzige Information über die Kinder des Bezirks erschien am 21. April 1987 in der Kiewer Abendzeitung *Wetscherni Kiew*. G. Rasumejew, der Abteilungsleiter der therapeutisch-prophylaktischen Hilfe für Kinder und Mütter im Gesundheitsministerium der USSR schrieb:

> In Pripjat und Tschernobyl sind keine Kinder zu Schaden gekommen, allerdings wurde bei einer bestimmten Kategorie junger Einwohner des Bezirks Naroditschi eine überhöhte Dosis von radioaktivem Jod an der Schilddrüse festgestellt. Sie wurden rechtzeitig in Krankenhäuser eingewiesen, der Gesundheitszustand der Kinder ist jetzt außer Gefahr.

Das war die ganze Information.

Wir setzten uns in den allgegenwärtigen Flitzer des Vorsitzenden und fuhren zum gesperrten Dorf Nowoje Scharne. Unterwegs erzählte mir Budko von dem entsetztlichen Tag:

> Von der Havarie in Tschernobyl hörte ich am Morgen des 27. April. Nein, nicht aus offiziellen Meldungen. An diesem Tag eröffneten der erste Sekretär und ich im Bezirk einen Jahrmarkt. Am Morgen machten wir uns auf den Weg. Plötzlich sehen wir – eine Wagenkolonne fährt in Richtung Polesski, Gebiet Kiew. Ein schwarzer „Wolga". Der „Wolga" hält an. Kolbassenko steigt aus – der Leiter des Wagenparks in Kiew. Er erzählt mir, im KKW Tschernobyl habe es einen schwerwiegenden Unfall gegeben... Was für einen Unfall und wie schwerwiegend er sei, habe ich nicht in Erfahrung bringen können. Weshalb also hätten wir an diesem schicksalsschweren Tag in Naroditschi nicht nach Herzenslust Jahrmarkt feiern sollen? Aus allen Dörfern hatte man Speck, Fleisch, Gurken, Tomaten, Kraut, Milch, Quark, Butter und verschiedenes Gemüse herbeigebracht. Laut Angaben von I. Makarenko, dem Leiter der Zivilverteidigung im Bezirk, wurden am 27. April 1986 um 16.00 Uhr in Naroditschi 3 rem pro Stunde gemessen, um neun Uhr morgens – 0,6 rem. Diese Radioaktivität versengte, durchdrang jeden mit ihren erbarmungslosen Strahlen, sie durchdrang Stock und Stein.

Als wir durch das Dorf Nosdrischtsche fuhren, wies Budko am äußersten Dorfende nach rechts:

> Hier war die Stelle mit der größten Verseuchung im Bezirk – 160 Curie pro Quadratkilometer.

Ich schaute, wohin Budko zeigte. Dort erstreckte sich bis zum Horizont eine prachtvolle smaragdgrüne Wiese, auf der Kühe weideten. Ausgerechnet hier war das Cäsium-137 niedergegangen. 200, 300 Meter weiter begann der Stacheldraht – Nowoje Scharne. Unser Flitzer hielt an. Vorher allerdings hatte der Vorsitzende zu bedenken gegeben: vielleicht lieber nicht aussteigen.

Eingang zur Sperrzone bei Chojniki, Gebiet Gomel (Belorußland), August 1990.

Zweiter Sperrkreis innerhalb der Zone der „strengsten Kontrolle“, Belorußland, August 1990.

„Achtung! Radioaktive Gefahr. Beeren, Pilze und Kräuter sammeln im Umkreis verboten.“, Gebiet Shitomir, Juli 1992.

Merkwürdig, dachte ich. Hier wohnen ringsum Menschen, und zu mir sagt man, ich soll lieber nicht aussteigen. Wir stiegen aus.
Am Tor, das mit einem schweren Vorhängeschloß gesichert war, stand eine Holzbude. Durchs Fenster waren Telefone, ein Tisch und Stühle zu sehen. Er wies auf das Schild: *Durchfahrt verboten!* Ich bat ihn, das Tor zu öffnen und uns passieren zu lassen. Das Tor schwenkte auf, und wir fuhren in die Zone. Ein trostloser herbstlicher Garten am äußersten Haus ließ seine radioaktiven Früchte ins wogende Gras fallen. Die Zweige der Bäume hängen unter der unvorstellbaren Last weit nach unten. Vor den vernagelten Häusern verblühen die letzten Dalien und Chrysanthemen. Verwildert, reichen sie beinahe bis an die Fenster. Auf den Fensterbrettern stehen ausgetrocknete Blumentöpfe. Im Hof eines Hauses flattert ein weißer Lappen im Wind, auf einem Staketenzaun stecken von Regen und Schnee gewaschene Dreilitergläser und Tonkrüge. Niemandem mehr nütze. *Alle Katzen und Hunde wurden drei Tage nach der Aussiedlung abgeschossen*, erklärte der Vorsitzende.
Dieses Dorf ist ein Mahnmal. Ein Tschernobyl-Mahnmal. Eins, das an ein Verbrechen mahnt. Teuer, allzu teuer haben die Bauern, die hier gelebt haben, dafür bezahlen müssen.
Nebenan, diesseits des Stacheldrahts, liegt Nosdrischtsche. Gleich am Dorfeingang wurde vor kurzem ein neuer Kindergarten gebaut. Alle Fremden bekommen ihn voll Stolz vorgeführt. Vom Kindergarten bis zur meistverstrahlten Wiese – ein Steinwurf.
Auf dem Weg zurück nach Naroditschi erzählte der Vorsitzende, wie die Aussiedlung vor sich ging:

> Alle vier Dörfer habe ich persönlich evakuiert. Ich gestehe, mir war hundeelend von allem, was ich dabei zu sehen und zu hören bekam. Ich erinnere mich, eine alte Frau hatte die Nachbarn gebeten, sie in ihrem Haus einzuschließen. Um nichts in der Welt wollte sie umziehen. Aber wir konnten sie doch nicht in dieser Hölle zurücklassen. Wir fanden sie und nahmen sie mit.
>
> Als erstes evakuierten wir Dolgi Les. Ein klarer, sonniger Tag. Wir kamen um sechs Uhr morgens an, um zur Stelle zu sein, ehe die Bauern ihr Vieh auf die Weide trieben... Am 27. Mai kam Nowoje Sharne an die Reihe. Alles mußte schnell gehen. Wir waren der Ansicht, und so sagten wir es auch den Leuten, es sei nur für ein paar Wochen. Wir gingen von Haus zu Haus und versuchten, die Leute zu beruhigen. Aber alle waren sehr aufgeregt und gereizt. Die Frauen jammerten, als sie ihre Höfe verließen. Sie ahnten, daß es für immer war.

Genauso kam es, für immer. Auf ewig. Es heißt, wer so was nicht erlebt hat, kann es nicht begreifen. Polessje-Ansässige von alters her, hatten sie seit Jahrtausenden hier gelebt, an den klarsten und schönsten Flüssen der Ukraine

– Uzh, Sherew, Noryn und Rudenka. Jedes Haus ein Kunstwerk. Außen geschnitzte Fensterumrahmung. Innen geknüpfte Teppiche und kreuz- und bestickte Schmucktücher. Jahrtausende hatten sie diese Erde umpflügt, hatten gesät und geerntet. Hier hatte es so gut wie keine Industrie gegeben. Die Wälder in ihrer Ursprünglichkeit sind schön und reich an Pilzen, Beeren und Wild. Das alles wurde leichtfertig, verantwortungslos und unwiderbringlich zuschanden gemacht. Kann sich ein Mensch irgendwann damit abfinden?

In seinem Arbeitszimmer schloß der Vorsitzende den Safe auf und breitete vor mir die Karte der Verseuchung des Bezirks aus. Gleich einem verwundeten Menschen war sie beinahe vollkommen blutrot überpinselt. Nur hier und da am Rande gab es grüne Streifen. Die Karte wies praktisch keinen Fleck aus, wo noch Leben war. Ich notierte mir schnell die Strahlungswerte. Auf dem Kartenrand stand vermerkt: Die höchste noch zulässige Norm des summarischen biologischen Äquivalents beträgt 40 Ci/km^2, die unterste 15. Später jedoch stellte sich heraus, daß die Überdosis stellenweise 200 Ci/km^2 und mehr betrug. Ich sah, daß in weiteren acht Dörfern Häuser für die Umsiedler gebaut wurden, hier ganz in der Nähe. Vier davon gehören jetzt zu jenen Dörfern, die der strengen Verseuchungskontrolle unterliegen. Im übrigen kamen sowohl das Bezirkszentrum mit der in der Nähe errichteten neuen Siedlung Mirny als auch das Dorf Malyj Klestschi sofort nach der Havarie auf diese *schwarze Liste.* Und obwohl man davon wußte, begann man in der Nähe dieser zerstörten Nester neue Einfamilienhäuser, Bäder, Straßen, Kindergärten und Wasserleitungen zu bauen. Vom Regen in die Traufe. Zur Zeit meiner Recherchen hatte man in die Neubauten, vorwiegend in der belasteten Zone, bereits 105 Millionen Rubel gesteckt. Wie es aussah, dachte niemand daran innezuhalten, sondern baute in aller Hast drauflos. Jeden Donnerstag führte Georgi Gotowtschiz, der stellvertretende Vorsitzende des Bezirksamts von Shitomir, in Naroditschi eine Kurzversammlung durch. Hinter verschlossenen Türen wurde hier das Schicksal der bedauernswerten, betrogenen Menschen entschieden. Wieso? Wieso mußte man ausgerechnet dort bauen? Hatte man in der Region, in der Republik keinen *reinen* Platz gefunden für die Menschen, die bereits Radioaktivität *abbekommen* hatten, die fast einen Monat lang in Reichweite des Reaktors aushalten mußten?

Was ich damals im Kinderkrankenhaus und in der Poliklinik von Naroditschi zu hören bekam, erschütterte mich noch mehr. Als Zeugen sprechen die Ärzte. Oktober 1987. Ljubow Golenko, Leiterin der Pädiatrie im Bezirkskrankenhaus von Naroditschi:

Es steht fest, eine bestimmte Dosis radioaktiven Jods haben wir geschluckt. Meiner Ansicht nach sind die Schilddrüsenerkrankungen jetzt 60% häufiger. Die besonders schweren Fälle werden bei uns unter den Buchstaben „G" und „D" geführt. Diese Kinder hat Kiew übernommen. Ob die Zone insgesamt ungefährlich ist für die Gesundheit der Kinder? Das kann ich nicht sagen. Ausländische Spezialisten erklären, das wird sich erst in 3 bis 5 Jahren zeigen.

Leonid Ischtschenko, Chefarzt der Bezirksklinik von Naroditschi:

Wir haben alle Kinder des Bezirks mehrmals untersucht. Bei 80% der Kinder ist die Schilddrüse vergrößert. Zehn von hundert wären normal. Früher hatten wir, naja, sagen wir – 10 bis 15% mit vergrößerter Schilddrüse. Wir führen das auf die Katastrophe zurück, auf nichts sonst.

Alexander Satschko, Leiter der Bezirkspoliklinik:

Niemand kann mir weismachen, daß mit dem Gesundheitszustand unserer Kinder alles in Ordnung ist und daß eine Vergrößerung der Schilddrüse, so es sie denn gibt, nichts mit der Havarie zu tun hat. Wir dürfen nicht so tun, als wäre alles gut. Neulich habe ich mir die Kinderanalysen einer Woche angesehen. In 180 von 500 Fällen gibt es Veränderungen im Blut.

Weiß man darüber in Shitomir, in Kiew, im Gesundheitsministerium der Republik Bescheid? fragte ich.

Weiß man, erwiderten die Ärzte, zu uns kommen jede Menge Fachärzte, nehmen Blutproben mit, schicken uns aber nicht immer die Befunde. Man will uns weismachen, wir alle hätten eine Radiophobie, und mit der Gesundheit unserer Kinder sei alles in Ordnung, wir sollten uns keine Sorgen machen.

Sie gaben mir die Untersuchungsbefunde von Kindern und Erwachsenen über den Nachweis von Cäsium-137 im Organismus mit. Zwei lakonische, aber Hände und Bewußtsein verätzende Aufstellungen. Daraus geht hervor, daß alle 5000 Kinder des Bezirks mit radioaktivem Jod-131 verstrahlt sind. 115 Kinder unterliegen der *Geheimhaltung* – d.h. es besteht Verdacht auf Schilddrüsenerkrankungen wie Tumor, Kropfbildung, Schilddrüsen-Über- oder Unterfunktion, was zu geistiger Behinderung oder anderen schweren Folgen führen kann.

Mit dieser niederschmetternden Information kehrte ich nach Shitomir zurück. Den Tag darauf ging ich zur Regionsabteilung für Gesundheitswesen und verlangte eine Erklärung. Unentwegt schickte man mich von einer Tür zur anderen. Niemand konnte etwas Plausibles sagen. Wollte wahrscheinlich nicht. Wahrscheinlich aus Angst. Hier wurde mir endgültig klar, daß die Informationen über den tatsächlichen Stand der Dinge in den betroffenen Gegenden von unbekannter Hand zurückgehalten werden. Lange schon und mit Erfolg. Zwar gelang es mir, mit dem Leiter des Sektors Schutz für Mutter und Kind im Bezirksgesundheitsamt Viktor Schatilo zu sprechen, aber seine Worte bestärkten mich in meinem Verdacht:

Erkrankungen, hervorgerufen durch Radioaktivität, wurden nicht festgestellt. Betrachten wir die Daten der vergangenen vier Jahre, gibt es kein Anwachsen. Eine Vergrößerung der Leber läßt sich durch andere zusätzliche Kriterien erklären... Abweichungen in der Schilddrüsenfunktion wurden nicht nachgewiesen. Kompetente Leute versichern einstimmig, daß es zu keinen Folgen kommen wird.

So war das also. Nichts festgestellt. Nichts nachgewiesen. Keine Folgen. Der Gesundheit der Kinder drohte also keine Gefahr...

Über alles, was ich gesehen und gehört hatte, schrieb ich einen Artikel. Es gelang mir jedoch nicht, ihn in meiner Zeitung zu veröffentlichen. *Sie wurde in den Dörfern des Bezirks Naroditschi gesehen* (die Rede war von mir. – A.J.). Diese Tatsache war Gegenstand einer Redaktionsparteiversammlung (in der Redaktion der Parteizeitung war ich übrigens die einzige parteilose Journalistin). In Feuerwehrgeschwindigkeit wurde ein anderer Korrespondent in den Bezirk geschickt – Wladimir Baseltschuk. Er lieferte dann brauchbares Material über die Umsiedler und wurde sofort gedruckt. Meinem Kollegen war nichts Besseres eingefallen, als diesen bedauernswerten Menschen Vorwürfe zu machen. Der Leitgedanke des halbseitigen Artikels war: Sie haben neue Häuser gekriegt und beschweren sich auch noch!

Danach blieb mir nichts weiter übrig, als meinen Artikel den zentralen Zeitungen anzubieten. Eine hatte ihn schon beinahe druckfertig, dann aber sagte man mir ehrlich, daß er nicht erscheinen würde, weil dieses Thema der Geheimhaltung unterläge. Inzwischen hatten wir übrigens schon Januar 1988.

Eines schönen Tages rief mich der Korrespondent der Zeitung *Prawda* Semjon Odinzew aus Kiew an. Wir führten folgendes Gespräch:

Wladimir Gubarew hat mich gebeten, Ihnen auszurichten, daß Ihr Material nicht erscheinen wird.

Warum nicht?

Weil der Artikel eines anderen Autors zu diesem Thema schon zum Druck vorbereitet wird.

Wie gründlich ich die *Prawda* auch Tag für Tag las, ich fand weder diesen noch einen anderen Bericht. Einen Artikel, dessen Veröffentlichung damals, Ende 1987, Anfang 1988 hätte helfen können, die unsinnigen Neubauten in den strahlenverseuchten Gebieten zu stoppen und die Gesundheit der Aussiedler zu schonen. Wer hatte das zu verantworten? Wladimir Gubarew, an den ich meinen Text geschickt hatte mit der Bitte, ihn im Namen der Rettung von Tausenden Menschen aus der Strahlenhölle zu veröffentlichen, hat mich nicht einmal einer schriftlichen Antwort gewürdigt. Vielleicht kam es ihm mündlich gelegener, weil es keine schriftlichen Beweise geben würde?

Wladimir Gubarew war übrigens nicht der einzige. Ich ließ nicht locker und fuhr zur Zeitschrift *Ogonjok*. Zum Chefredakteur Vitali Korotitsch vorzudringen gelang mir nicht. Ich wurde an die Abteilung Publizistik verwiesen, an

seinen Stellvertreter Pantschenko. Das war ein betagter, gestreßter Mann. In seinem Zimmer klingelte beinahe ununterbrochen das Telefon; er hob aber nicht ab. Tat er das einmal, legte er den Hörer sofort wieder auf. Als er meinen Artikel gelesen hatte, versprach er, ihn zu drucken.
Pantschenko, der Leiter der Abteilung Publizistik, hatte mich reingelegt. Immer wieder rief ich ihn aus Shitomir an, schrieb ihm Briefe. Schließlich fuhr ich selbst hin. Ich hatte mir vorgenommen, zum Chefredakteur Vitali Korotitsch vorzudringen. Schließlich kam auch er aus der Ukraine, aus Kiew. Er mußte doch begreifen, wie wichtig das war.
Ich paßte den Chefredakteur des *Ogonjok* im Korridor ab. Wir unterhielten uns im Foyer. Sprachen von der Ukraine. Die republikanischen Zeitungen führten dort gerade eine Anti-Korotitsch-Kampagne. Das interessierte ihn. Leider hatte ich diese Zeitungen nicht mit. Mich interessierte doch etwas ganz anderes: Ob und wann mein Artikel über Naroditschi gebracht würde. Korotitsch sagte zu: *Ja, ich weiß, Pantschenko hat dieses Material, ich lasse es ihn in den Druck geben.*
Pantschenko versprach wieder das Blaue vom Himmel. Wieder und wieder rief ich ihn aus Shitomir an. Da er ihn schon nicht brachte, wollte ich den Artikel wenigstens zurückhaben. Als ich das letztemal im Ogonjok war, wühlte Pantschenko in meiner Gegenwart alle seine Schubladen durch, konnte meinen Artikel jedoch nicht finden. Ganz nebenbei ließ er mich wissen, daß eine Veröffentlichung nicht mehr infrage kam. *Dolgich ist dort gewesen, und nach seinem Besuch in Tschernobyl seien solche Sachen wie in meinem Artikel nicht mehr in der Presse erschienen.* Schließlich ließ Pantschenko durchblicken, daß er unseren ersten Parteisekretär Kawun kennt. Er hatte eine Reportage über ihn geschrieben, als er noch bei der *Prawda* war. Nach diesen Worten wußte ich, daß mein Material für den *Ogonjok* für immer *gestorben* war.
Auf meinen letzten Brief ans Redaktionskollegium der Zeitschrift bekam ich keine Antwort. Ich hatte übrigens nichts anderes erwartet. Anstatt meines Artikels im *Ogonjok* erschien plötzlich bei uns in der *Radjanska Shitomirstschina* ein Artikel meines Abteilungsleiters über Naroditschi. Wieder das alte Lied wie früher. Oh! Die Leute verstehen ihr Handwerk!
Danach versteifte ich mich auf die *Literaturnaja Gaseta.* Auch hier gab man mir nichts als Versprechungen. Tschernobyl interessierte keinen. Unsere Kinder auch nicht.
Wieder einmal in Moskau, verzweifelt angesichts der Ohnmacht, irgendetwas zu verändern, begab ich mich zum Hauptpostamt und schickte einen Einschreibbrief mit dem Manuskript ab, diesmal an die Adresse eines berühmten Dichters. Antwort erhielt ich nicht. Als ich 1989 in die Stadt kam, wo er kan-

didierte, fragte ich ihn, wieso er mir nicht einmal geantwortet hätte. Der Dichter meinte, er habe meinen Brief nicht erhalten. *Obwohl*, räumte er ein, *wenn du ihn an meine Moskauer Adresse geschickt hast, könnte er verlorengegangen sein, ich wohne doch beinahe die ganze Zeit auf der Datsche in Peredelkino. Nach Moskau, in meine Wohnung, fahre ich nur, um die Post abzuholen...*

Na schön, nehmen wir an, diesmal ist mein Hilferuf zwischen Moskauer Wohnungen und Vorortdatschen verlorengegangen. Schuld ist die Post. Der Postminister.

Die Rufer im Parlament

Am 25. Mai 1989 begann in Moskau der erste Volksdeputiertenkongreß der UdSSR. Es war eine Zeit der Euphorie und Hoffnungen. Das ganze Land legte die Arbeit aus der Hand und setzte sich vor die Fernseher und Radios. Auf die Volksdeputierten, auf ihren ersten Kongreß wurden sehr große Hoffnungen gesetzt. In ihm sah man die Rettung vor dem totalitären Alltag, den Durchbruch zu Offenheit und Demokratie, die ein Volksdeputierter der UdSSR als *unerfahrenes Mädchen* bezeichnete.

Die Abgeordneten brachten eine Lawine von Problemen aus allen Städten, aus dem ganzen unermeßlichen Land mit. Die Hitze der Wahlkampagne und der vielen örtlichen Wahlauseinandersetzungen hatte sich noch nicht abgekühlt. Und diese Lawine brach von der Haupttribüne des Staates los und drang über Bildschirm bis in die entlegensten Winkel.

Sehr oft verwandelte sich der Kongreß in eine Kundgebung. Vor den Saalmikrofonen bildeten sich lange Schlangen. Die Abgeordneten drängte es, ihren Wählern, sich selbst und der ganzen Welt zu zeigen, warum sie gekommen waren. Zwar sprachen sie über die wichtigsten regionalen Probleme, über die Schwachpunkte der Wirtschaft, aber sehr oft wurden sie gar nicht gehört, weil sie einander nicht zuhörten. Jeder meinte, sein regionales Problem sei brennender als alle übrigen: Die Verschmutzung des Schwarzen Meeres, das Sterben des Aralsees, des Baikals, die Erdgasleitungen im Saporoshje-Gebiet, ...zigtausend Menschen unter der Armutsgrenze, die sowjetischen Bettler, die verdeckte Arbeitslosigkeit, die abstoßende Qualität von Nahrungsmitteln und anderen Waren, ihre immer spürbarere Verknappung – das auswuchernde Defizit, die Inflation... Die Liste könnte unendlich fortgesetzt werden. Aber das war eben das traurige Resultat der bestehenden Einparteiendiktatur im Lande.

Vor dem Hintergrund der unüberschaubaren wirtschaftlichen und moralischen Krise hätte der eine oder andere das Thema Tschernobyl als durchweg ortsgebundenes Unglück der Ukrainer und Belorussen ansehen können. So verschwommen war die Vorstellung im Lande von den Ausmaßen und wirklichen Folgen der Katastrophe. Die verlogene Propaganda ließ eine ebenso verlogene Saat keimen.

Viele ukrainische Parlamentarier schrieben sich während des Kongresses in die Rednerlisten ein. Ich hatte mit dem Abgeordneten Juri Schtschbakow aus Kiew folgendes vereinbart: Sollte er keine Redezeit bekommen – auch er wollte über Tschernobyl sprechen – würde ich versuchen, zum Mikrofon vorzudringen. Mein Name stand ebenfalls auf der Liste der Wortmeldungen. Schtschbakow gehörte jedoch dem Sekretariat des Kongresses an, was seine Chancen auf Redeerlaubnis erhöhte. Tag um Tag verging mit Diskussionen, Redegefechten und politischen Debatten, aber weder ihm noch mir wurde das Wort erteilt.

Wir hatten nicht nur vor, über die Lage in den betroffenen Landstrichen der Ukraine zu berichten. Wir wollten nach unserem Auftritt Gorbatschow öffentlich eine Videokassette mit dem Film *Bis hierher und nicht weiter* überreichen, der in unserem leidgeprüften Bezirk Naroditschi gedreht worden war. Für viele von uns, die dort gewesen und mit eigenen Augen gesehen, die mit den Umsiedlern gesprochen hatten, war Naroditschi zum Symbol des lebensfeindlichen Systems geworden.

An einem der letzten Kongreßtage wurde mir klar, daß keiner von uns das Wort erhalten würde, weder ich noch Schtscherbakow. So beschloß ich denn, alles zu tun, um auf die Tribüne zu gelangen und wenigstens ein paar Sätze über Tschernobyl sagen zu können. Die gesamte Sowjetunion schaute auf diese Tribüne, und in diesen Tagen war die Aufmerksamkeit nicht nur des Landes, sondern der ganzen Welt auf sie gerichtet.

Also habe ich mir am Ende des Tages, eine Stunde vor Sitzungsschluß, ein Herz gefaßt und bin zu Gorbatschow ins Präsidium gegangen. Ich nannte meinen Namen und bat um drei Minuten Redezeit. Er sagte: *Nehmen Sie hier in der ersten Reihe Platz, nach dem folgenden Redner wird man Ihnen das Wort erteilen.* Juri Schtschbakow saß in der dritten oder vierten Reihe. Ich erinnerte mich, daß er die Videokassette im *Diplomatenkoffer* hatte. Ich ging sofort zu ihm, sagte ihm, daß ich gleich Redezeit bekäme, und bat ihn um die Kassette. Juri hat mich offenbar nicht verstanden. Ich bekam den Film nicht. Alles ging sekundenschnell. Ich beschloß also, ohne die Kassette ans Mikrofon zu treten. Besser so als gar nicht. Anatoli Lukjanow, der Erste Stellvertretende Vorsitzende, nannte meinen Namen, und ich ging zur Tribüne. In dem Augenblick drückte mir jemand etwas in die Hand, ich dachte – ein Buch. Es war aber die Kassette, die Juri mir im letzten Augenblick zugesteckt hatte.

Im Saal herrschte nach dem anstrengenden Tag Unruhe, das machte mir das Reden schwer. Trotzdem begann ich:

Ich habe eine große Bitte an unseren Präsidenten und an Sie, die Abgeordneten. Was ich vorzubringen habe, geht nicht nur mich und meine Wähler an. Nennen wir es ein Problem der ganzen Menschheit. Unser Gebiet Shitomir gehört zur Zone mit besonders harter Strahlenbelastung. Ich spreche vom Bezirk Naroditschi, der zu einer Zone des besonders hartnäckigen Verschweigens geworden ist. Ich bin Journalistin und bemühe mich seit anderthalb Jahren vergebens, einen Artikel über die Zustände im Bezirk zu veröffentlichen. Befanden sich in der ersten Zeit nur achtzehn Dörfer in der hochverseuchten Zone, sind es jetzt, drei Jahre später, bereits ungefähr neunzig. War früher nur der Bezirk Naroditschi verstrahlt, so sind inzwischen weitere vier Bezirke hinzugekommen. Romanenko, der Gesundheitsminister der Ukraine, will uns, die wir in der Zone leben, weismachen, wir lebten beinahe so gut wie in einem Schweizer Kurort. Das schreit zum Himmel. Man braucht sich nur anzusehen, was dort in Wirklichkeit los ist. Und das ist etwas, das uns alle angeht! Tbilissi, die anderen Ereignisse – ja doch. Aber was bei uns vor sich geht, Genossen, ist noch wichtiger. So wende ich mich denn mit einer großen Bitte ans Präsidium: Ich habe hier eine Videokassette, und ich möchte, daß unser Präsidium es allen Volksvertretern ermöglicht, sie anzuschauen. Sie zeigt die Wahrheit über Naroditschi.

Obwohl mir laut Geschäftsordnung des Kongresses drei Minuten zustanden, unterbrach mich Lukjanow bereits in der zweiten. Als ich mit meiner verkorksten Rede zu Ende war – was kann man schon vorbringen in zwei Minuten, welche Zahlen und Fakten nennen? – zeigte ich dem Kongreß mit erhobener Hand die Kassette mit dem Dokumentarfilm und überreichte sie Gorbatschow persönlich.

Abends im Hotel *Moskwa* brachte mir die Etagenfrau ein Dutzend dringender Telegramme mit Dankesworten nicht nur von meinen Landsleuten und Wählern, sondern auch aus verschiedenen Orten der Ukraine und Belorußlands.

Einigen Abgeordneten aus strahlenverseuchten Regionen war es immerhin gelungen, sich zum Kongreßmikrofon durchzukämpfen. Zum erstenmal nach vier Jahren konnte auf so hoher Ebene die Wahrheit über die Auswirkungen der Katastrophe von Tschernobyl gesagt werden. S. Tkatschewa, Abteilungsleiterin im Zentralkrankenhaus von Slawgorod, Gebiet Mogiljow:

Heute stehen wir, die Bewohner dieser Regionen, ohne reinen Boden da, ohne reine Luft, Wald und Wiesen, und so kann der Mensch nicht leben, nur dahinvegetieren. In der Presse, in den offiziellen Berichten des Gesundheitsministeriums und in der „Prawda" vom 29. Mai 1989 vermissen wir die erforderliche Besorgnis um den Gesundheitszustand der Menschen und um das Schicksal der künftigen Generationen. Es ist doch das erste Mal, daß so eine Havarie passiert ist, und daher hat die Welt keine Erfahrung in der

medizinischen Beobachtung. Außerdem hat es in der Allgemeinstruktur des Krankenstands vorerst keine auffälligen Veränderungen gegeben, obwohl erste Anzeichen schon vorliegen: Kinder werden geboren und haben Star oder verminderte Sehkraft, die Fälle von Anämie und Herzinfarkten mehren sich.
Ich bin der Ansicht, daß die Wissenschaft mit der Aufgabe, vor die sie sich gestellt sah, nicht fertiggeworden ist. Damit meine ich die Mediziner und die Biophysiker. Hätten wir doch lieber ausländische Wissenschaftler um Hilfe gebeten, sie verfügen über die besseren Geräte und über größere Erfahrung. Heute geht es nicht mehr um das Schicksal eines Landstriches, sondern um das der gesamten belorussischen Nation.
Erwähnt werden sollte, daß die behandelnden Ärzte den Gesundheitszustand der Bevölkerung in den verseuchten Gegenden nach und nach anders einschätzen als die Schreibtischmediziner und die Leiter der Gesundheitsbehörden im Land. Ich kann das beurteilen, wohne ich doch schon viele Jahre in dieser Gegend. Ich kenne die Veränderungen im Gesundheitszustand der Menschen vor und nach der Havarie. Die Fachärzte, besonders solche von hohem Rang, kommen angereist, sind erst wenige Stunden oder Tage da, und schon möchten sie uns beweisen, daß sich der Gesundheitszustand der Menschen nicht verschlechtert. Nachweisbare Veränderungen erklären sie Gott weiß wie: Schuld sind Nitrate, falsche Ernährung und fehlendes Stillen, auf keinen Fall aber ein Strahlungsfaktor. Das alles hat es früher schon gegeben, und wir könnten ihnen sagen, daß diese Faktoren die schädliche Wirkung der Radioaktivität höchstens verstärken, nie aber abschwächen.
Gleich vielen anderen Abgeordneten bin ich der Ansicht, daß wir zur Zeit noch nicht imstande sind, Garantien für ein ungefährliches Verbleiben in den verseuchten Regionen zu geben. Vielmehr sagen die Wissenschaftler des Instituts für Biophysik beim Gesundheitsministerium der UdSSR ein zusätzliches Ansteigen von bösartigen Erscheinungen voraus, von Leukämie und angeborenen Mißbildungen, allerdings nur bei einem geringen Prozentsatz der Fälle. Für die dort lebenden Menschen aber wäre schon ein minimaler Prozentsatz zu viel.
Ich sehe noch die Augen meiner Wähler vor mir. Wo immer wir uns begegneten, forderten sie unverzügliche Umsiedlung. Wir bieten ihnen Wurst vom Staat, individuelle Strahlungsmesser und Traktoren mit hermetisch abgeschlossener Fahrerkabine. Nichts von alledem wollen sie. Sie möchten so schnell wie möglich umgesiedelt werden, damit sie wieder ihr normales Leben führen, den Hausgarten bebauen und herumwirtschaften können. Mir graut, wenn ich bloß daran zurückdenke.

B.I. Olejnik, Sekretär im Vorstand des Schriftstellerverbands der USSR in Kiew:

Ich muß Ihnen sagen, die Strahlungssituation ist äußerst bedenklich, trotz allen Beteuerungen des Ministeriums für Atomenergie und des Gesundheitswesens. Auf einem Territorium mit 15 Curie Verseuchung pro Quadratkilometer leben Menschen, und wie die in der „Prawda" veröffentlichten Karten zeigen, sind einige Gegenden um

Brjansk noch höher verstrahlt. Aus diesem Grunde unterstütze ich nachdrücklich den Appell des Instituts der geologischen Wissenschaften der Akademie unserer Republik an diesen Kongreß, der fordert, die Auswertungen der ökologischen Untersuchungen, einschließlich der Verstrahlungsmessungen in jedem Gebiet zu prüfen. Die Behörden sollen die aktuellen Normen nicht länger revidieren, sobald sich die Bedingungen ändern, sollen nicht länger die vom Gesundheitsministerium in der Zeit nach der Katastrophe vorübergehend als zulässig erklärten Grenzwerte der Verstrahlung in den Medien als noch gültig erklären dürfen. Von der Regierung müssen wir verlangen, Mittel und Wege zu suchen, die es ermöglichen, die Menschen aus den hochverseuchten Zonen unverzüglich umzusiedeln. Lassen wir uns von den bei der gesamten Menschheit gültigen Prinzipien des Humanismus und der Nächstenliebe leiten, denken wir an die nach der Havarie in der Ukraine, in Belorußland und in einigen Gegenden Rußlands entstandene reale Bedrohung der Erbmasse und erarbeiten wir ein nationales Programm zum Schutze der Kinder, zur Gründung von Kliniken und Sanatorien für Mutter und Kind, damit die Gesundheit der Kleinen aus den betroffenen Gegenden wieder hergestellt werden kann.

Wir brauchen ein Gesetz, das die Führungskräfte zur Verantwortung zieht, die Informationen über die ökologische und insbesondere über die radioaktive Situation und ihre Auswirkungen auf die Gesundheit der Bevölkerung verbrecherisch verschweigen und verfälschen, die Rechte des Einzelnen also verletzen und sein Leben der Gefahr aussetzen. So ein Gesetz braucht Zeit, also sollte inzwischen untersucht werden, inwieweit die Leiter der verschiedenen für die entstandene Situation verantwortlichen Behörden und Kommissionen für ihre Funktion überhaupt geeignet sind.

Diejenigen, die den Eid des Hippokrates abgelegt haben, fordere ich auf: Versündigt euch nicht, indem ihr den Menschen Radiophobie andichtet. Sollte es sie doch einmal geben, dann ist daran zuallererst das Radio schuld, das den Menschen meineidig erlogene Informationen vorlullt. Das ist genauso unentschuldbar wie die vor den Menschen geheimgehaltene Inbetriebnahme eines Reaktors oder einer Deponie für gesundheitsschädigenden Müll.

Auf dem Kongreß meldeten sich auch die führenden Männer der Ukraine und Belorußlands zu Wort. J.J. Sokolow, der Erste Sekretär der Kommunistischen Partei Belorußlands:

Die Zeit lindert nicht den Schmerz der Bürger von Belorußland, wo 18% der landwirtschaftlichen Nutzfläche strahlenbelastet sind. War in der ersten Etappe noch eine Regierungskommission der gesamten Union in dieser Hinsicht aktiv, so sind ihre Bemühungen heutzutage kaum noch spürbar. In den drei Jahren war diese Kommission außerstande, ein überzeugendes und gründlich durchdachtes Konzept für eine ungefährdete Ansiedlung zu erarbeiten, das auch die Gesundheit künftiger Generationen garantiert. Wir vertreten die Ansicht, daß hier klare Position bezogen werden muß. Wo die Nutzung von Nahrungsmitteln aus eigenem Anbau verboten ist, dort darf auch niemand wohnen. Hier darf nicht gespart werden.

Der Vorsitzende des Ministerrats der Ukraine W.A. Massol sprach in seiner weitschweifigen Fünfzehnminutenrede über alles möglich, sogar über *erzielte positive Ergebnisse*, nur nicht über das Wichtigste, worüber die Ukraine an allen Ecken und Enden stöhnte und noch stöhnt: Tschernobyl!
Gorbatschow hat Tschernobyl angesprochen, Ryzhkow erwähnte es mit zwei Sätzen, ebenfalls Professor Jablokow, ein Abgeordneter aus Moskau, der führende Mann der Republik aber vergißt es einfach. Nicht ein Wort.
Erstaunlich ist, daß kein Arzt, kein Regierungsmitglied auf unsere Anschuldigungen einging. Auch das ein Zeichen, ein Barometer gleichsam für das Verhalten der offiziellen Strukturen zur Stimme des Volkes, zur Stimme der Rufer.
Am nächsten Tag begab ich mich zu Anatoli Lukjanow und fragte, wann die Videokassette abgespielt würde, wo der Kongreß doch in ein, zwei Tagen zu Ende ging. Lukjanow meinte, er sei nicht sicher, ob in der Zeit die Vorführung der Videokassette für die Abgeordneten noch organisiert werden könne. Angeblich war alles einzig und allein eine Zeitfrage. Ein paar Kurzfilme – über die blutigen Ereignisse in Tbilissi – hatten die Abgeordneten bereits gesehen. Der Kongreß ging zu Ende, und für die Vorführung eines Videofilms über das Leben der Menschen auf verseuchtem Boden, in der Zone eines Atomkrieges mitten in Europa, blieb keine Zeit.
Kurz danach begann die 1.Tagung des Obersten Sowjets der UdSSR. Abermals suchte ich Lukjanow auf und stellte ihm meine Frage: *Warum haben Sie den Film nicht gezeigt?* Er versicherte mir, er sei im Ministerrat der UdSSR und im Politbüro des ZK der KPdSU gezeigt worden. Ich hätte die Gesichter sehen und wissen wollen, was sie fühlten, als eine Krankenschwester aus dem Bezirkskrankenhaus von Naroditschi im Film sagte:

> Als in den ersten Tagen die Kinder untersucht wurden, saß ich am GWM-Gerät und sah, wie stark die Verstrahlung war. Ein Alptraum!... Damals wurde uns gesagt: Alle diese Kopien, die Sie aufzeichnen, müssen Sie vernichten. Keine darf aus diesem Zimmer hinausgelangen!...

A.B. Korshanowski, der Leiter der chirurgischen Abteilung des Krankenhauses:

> Unter den fünftausend auf Jod untersuchten Kindern gab es folgende Belastungen: von 0 bis 30 rd – 1478 Kinder, von 30 bis 75 rd – 1177, von 75 bis 200 rd – 862, von 200 bis 500 rd – 574, von 500 und mehr – 467 Kinder. Das nur gemessen an der Schilddrüse... Diese Werte erhielten wir erst „zwei Jahre danach"...

Ob sich wohl bei denen, die so verbrecherisch geschwiegen haben, das Gewissen geregt hat, als sie in ihren hohen Sesseln saßen, Macht über die Wahrheit ausübten und wußten, daß sie den Menschen die Gefahr verschwiegen? Ich glaube kaum.

Die Geheimkanzlei

Nach dem Kongreß der Volksdeputierten der UdSSR strömte eine Flut von Journalisten der unterschiedlichsten Zeitungen in den Bezirk Naroditschi. Inland und Ausland. Bei ihren Recherchen suchten sie oft Hilfe bei der Arbeitsgruppe für Ökologie, geleitet von Dr. J.M. Resnik, und kamen dann in meine öffentliche Sprechstunde. Jedesmal baten wir sie, nicht nach Naroditschi zu fahren. *Nicht mehr* zu fahren. Das ganze Land, die ganze Welt wußte bereits um diesen leidgeprüften Boden. Nach dem Kongreß war es mir gelungen, eine Artikelserie über das Leben in der strahlenverseuchten Zone in der Wochenzeitung *Nedelja* und in der Zeitschrift *Selskaja Now* zu veröffentlichen; sogar die Pariser *Russkaja Mysl* hatte einen Artikel von mir gebracht. Wir hatten jedoch in unserem Gebiet neben dem Bezirk Naroditschi sechs weitere strahlenbelastete Bezirke – Owrutsch, Luga, Korosteen, Olew, Jemiltschin, und sogar um Malin herum hatte man verseuchte Landstriche entdeckt. Vier Jahre später war auch noch der Bezirk Nowograd-Wolynski dazugekommen. Darüber wußte aber kaum jemand etwas. Die Presse hatte darüber nichts veröffentlicht.

Langsam wurde das Geheimnis entschleiert, und wir erkannten seine Drahtzieher. Sie waren schuld, daß Menschen jahrelang radioaktiv verstrahlt wurden. Mir war es gelungen, einige Dokumente mit dem Siegel *Geheim* in meinen Besitz zu bringen – *Verordnung der Dritten Hauptverwaltung des Gesundheitsministeriums der UdSSR vom 27. Juli 1986 „Über die verschärfte Geheimhaltung der Arbeiten zur Beseitigung von Folgeschäden nach der Havarie im AKW Tschernobyl."* Hier die besonders verhängnisvollen Punkte:

> 4. Nachrichten über die Havarie sind Verschlußsache. 8. Nachrichten über Heilerfolge sind Verschlußsache. 9. Nachrichten über die Verstrahlung des Personals bei der Beseitigung von Folgeschäden nach der Havarie im KKW Tschernobyl sind Verschlußsache. Chef der Dritten Hauptverwaltung des Gesundheitsministeriums der UdSSR Schulshenko.

Und noch ein Dokument. Es wurde uns von der Regierungskommission zugestellt – *Verzeichnis der Schlußfolgerungen zu Fragen der Havarie im AKW Tschernobyl, die in den Druckmedien, in Funk und Fernsehen nicht veröffentlicht werden dürfen, Nr. 423, vom 24. September 1987.* Darin wurde vorgeschrieben, als Verschlußsache zu behandeln:

> 1. Erkenntnisse über die Höhe der radioaktiven Verseuchung in den einzelnen Ortschaften mit Grenzwertüberschreitung. 2. Erkenntnisse über Anzeichen von verminderter körperlicher Arbeitsfähigkeit, von Verlust beruflicher Fertigkeit bei dem im KKW Tschernobyl unter besonderen Bedingungen arbeitenden Personal oder bei den Personen, die zur Beseitigung von Folgeschäden der Havarie eingesetzt wurden.

Das war nicht einfach bloß Papierkrieg. Es wirkte, schüchterte die Chefredakteure von Zeitungen, Zeitschriften, Fernsehen und Film ein. Mir hatte niemand schriftlich die Gründe für die Ablehnung meiner Artikel mitgeteilt, andererseits scheuten sich besonders wachsame Führungskader nicht, Verordnungen zu drucken.

P.M. Werchowych, der Vorsitzende einer Expertengruppe aus dem Staatskomitee für Atomenergie der UdSSR, teilte dem Vorsitzenden des Staatskomitees für Film A.I. Kamschalow und dem Direktor der *Ukrainischen Wochenschau* im Brief Nr. dd 142 vom 1. Februar 1989 mit:

> Die Expertenkommission für Tschernobyl hat sich den Dokumentarfilm „Mi-kro-fon" angesehen... und hält es für notwendig darauf zu verweisen, daß die tendenziöse und einseitige Auswahl der Fakten, von denen nach Meinung der Fachleute viele umstritten sind, dem sowjetischen Staat politischen Schaden zufügen kann.

Merkwürdig die Sorge des Leiters der Staatlichen Kommission für Atomenergie um das Wohl unseres Staates, nicht wahr? Sollen die sowjetischen Menschen in finsterer Unwissenheit ruhig Radionuklide schlucken, wenn nur die Weltöffentlichkeit überzeugt ist, alles sei ok. Der Autor des erwähnten Films ist der Regisseur der *Ukrainischen Wochenschau* Georgi Schkljarewski. Der Film wurde im Bezirk Naroditschi gedreht.

Den Film *Die Glocke von Tschernobyl* von Rollan Sergijenko hat man fünf Monate lang mit der Lupe untersucht, bis das Ministerium für Mittleren Maschinenbau der UdSSR (!) die Vorführung genehmigte. Das gleiche Schicksal ereilte auch seinen Film *Die Schwelle* – sieben Monate. Doch obwohl der Film danach keinen Geheimhaltungsstempel mehr trug, mußten die Zuschauer des Landes noch etliche Monate auf ihn verzichten. Die Superwachsamkeit unserer Federfuchser, ihre Bereitschaft, sie auszuüben waren jederzeit hoch. Bei uns herrscht Defizit, wohin man schaut, Überfluß dagegen nur an Wachsamkeit. Wir sind schon etwas Besonderes.

Auch das Ministerium für Verteidigung der UdSSR trug zur Unterdrückung der Wahrheit über die Folgen der Havarie bei. Hier noch ein Dokument – *Erläuterung der Zentralen Militärmedizinischen Kommission des Ministeriums für Verteidigung der UdSSR vom 8.7.87, Nr. 205* – verschickt an alle Militärkommissariate:

> 1. Zu den durch eine Einwirkung ionisierender Strahlen bedingten Spätfolgen und den damit in Zusammenhang stehenden Folgeschäden gehören: Leukämie oder Leukose fünf bis zehn Jahre nach einer 50 rd überschreitenden Strahlendosis. 2. Das Auftreten von akuten somatischen Störungen, aber auch die Anzeichen einer Verschlimmerung von chronischen Erkrankungen bei Personen, die zur Beseitigung der Schäden nach der Havarie eingesetzt wurden und an keiner akuten Strahlenkrankheit leiden, dürfen nicht ursächlich mit der Einwirkung ionisierender Strahlen in Verbindung gebracht werden.

3. Werden Krankheitsbefunde für Personen ausgestellt, die früher bei Arbeiten im KKW Tschernobyl eingesetzt wurden und die keine akute Strahlenkrankheit haben, darf unter Punkt 10 der Einsatz bei o.g. Arbeiten sowie die Gesamtsumme der Strahlenbelastung nicht erwähnt werden, sofern keine ausdrückliche Strahlenkrankheit vorliegt. Der Leiter der Medizinischen Kontrollkommission Oberst im medizinischen Dienst Bakschutow.

Eine besondere Rolle spielte bei diesem *großen Betrug* das Staatliche Komitee für Hydrometeorologie. Hier ein Dokument mit dem Aktenzeichen *Geheimsache*, datiert vom 12. Juni 1989, also schon nach dem ersten Kongreß der Volksdeputierten verfaßt, als die Geheimhaltung von Einzelheiten der Havarie schon aufgehoben schien. Von wegen! So steht es schwarz auf weiß:

Laut Anweisung des Staatlichen Komitees für Hydrometeorologie der UdSSR wird die Information über Radioaktivität im Bezirk Luga des Gebiets Shitomir weitergeleitet zum Zweck zusätzlicher Untersuchung. Anlage: Daten über radioaktive Verseuchung im Bezirk Luga. Geheim.

Unterzeichnet hat das Papier der Stellvertretende Leiter des Ukrainischen Komitees für Hydrometeorologie P.W. Schendrik.

Als geraume Zeit später in Naroditschi eine Begegnung von Einwohnern der verseuchten Orte mit Vertretern der Regierungskommission stattfand, saß ich als Volksvertreterin der UdSSR – Ironie des Schicksals – neben dem Stellvertetenden Vorsitzenden des Staatlichen Komitees für Hydrometeorologie der UdSSR J. Zaturow. Ich fragte ihn, was das zu bedeuten hätte. Zur Antwort bekam ich: *Das kann nicht sein!* Es gibt nur zwei Möglichkeiten – entweder sollte ich meinen Augen und den eindrucksvollen Siegeln mit den Unterschriften hochgestellter Persönlichkeiten aus dem Ukrainischen Komitee für Hydrometeorologie mißtrauen, oder die rechte Hand – das Staatliche Komitee für Hydrometeorologie der UdSSR – weiß nicht, was die linke tut – das ukrainische Komitee gleichen Namens.

Noch später, als ich aus dem Staatlichen Komitee für Hydrometeorologie Informationen über die Verseuchung im Raum von Krasnodar in Rußland *herausprügeln* mußte, rief ich Juri Zaturow an; seine schriftliche Antwort hatte mich nicht zufriedengestellt. Er nahm es mir sehr übel, daß ich dieses Dokument mit dem Vermerk *Geheim* in der Zeitung *Moskowskije Nowosti* zitiert hatte. Gereizt bellte er in den Hörer: *Damit haben wir nichts zu schaffen. Es ist nicht unsere Schuld, wenn irgendein Trottel in der Ukraine so etwas schreibt...* Da das ukrainische Komitee eine Unterabteilung des Staatskomitees ist, bleibt mir nichts weiter übrig, als Zaturow seiner Kader wegen zu bemitleiden...

Es gab noch ein Mittel, die Wahrheit über Tschernobyl abzuwürgen: Anstatt mit dem Vermerk *Geheim* wurde ein anderer verwendet – *Nur für den*

Dienstgebrauch. So verschämt schickte Frau O.I. Woloschtschenko ihren Bericht auf den Weg, die stellvertretende Direktorin des hygienewissenschaftlichen Zentrums des Gesundheitsministeriums der USSR. Ebenfalls mit diesem Vermerk erschien bereits am 1. Februar 1990 ein Beschluß des Gebietskomitees der Kommunistischen Partei der Ukraine *Über die Situation und über zusätzliche Maßnahmen zur Beseitigung der Folgeschäden nach der Havarie im AKW Tschernobyl.* Unterzeichnet vom Ersten Sekretär W.G. Fjodorow.

Was aus dem Beschluß des Gebietsparteikomitees durfte das Volk nicht wissen, das doch eins ist mit der Partei? Alles mögliche, vor allem aber doch wohl dies hier:

> Schlendrian und Inkonsequenz in der Arbeit der Partei und der Räte, mangelnde Offenheit, schlecht argumentierende und schlecht vorgebrachte Information der Bevölkerung bewirken unter den Menschen Unzufriedenheit und soziale Spannung, rufen im Verein mit Gerüchten und Mutmaßungen panikartige Stimmungen hervor.

Das hat mich am meisten verblüfft. Sie reden über mangelnde Offenheit unter dem Vermerk *Nur für den Dienstgebrauch!* Offenheit für den Dienstgebrauch.

Als sich der Tag der Tragödie von Tschernobyl zum drittenmal jährte, einen Monat vor dem ersten Kongreß der Volksdeputierten, erfuhr ich von einem weiteren offiziellen Dokument – von einem Befehl des Ministers für Energetik und Elektrifizierung der UdSSR A.I. Majorez. Darin ist die Rede von Daten, die vor der Öffentlichkeit geheimzuhalten sind. Gemeint waren Daten über Havarien und Brände in energetischen Objekten und Baustellen des Energieministeriums der UdSSR, über Umweltverschmutzung, über den Ausfall von Großaggregaten und das Ausmaß der materiellen Schäden, über Todesfälle usw. In dem Zusammenhang befiehlt der Minister seinen Untergebenen strengstens:

> Gewährleistet werden muß eine Kontrolle, die eine Verlautbarung der genannten Daten in der offenen Dienstdokumentation, in der telegrafischen Übermittlung und in für offene Pressemitteilungen bestimmten Materialien ausschließt...

Anscheinend ist die Anzahl behördlicher Bewacher der von ihnen selbst fabrizierten Geheimnisse in unserem Land unüberschaubar hoch. Ist es nicht eigentlich schon krankhaft, alles für *Geheim* zu erklären, weil überall *Feinde und Machenschaften der Weltimperialisten lauern*?

Anfang Mai 1989 wurden wir Volksdeputierte der UdSSR am Vorabend des ersten Kongresses im Obersten Sowjet der Ukraine zusammengerufen. Wir sollten bestimmen, wer im Parlament des Landes arbeiten und wer in die Listen für die Abstimmung in Moskau aufgenommen werden sollte. In einer Pause kam ein Mitarbeiter aus dem Obersten Sowjet der USSR zu mir, nahm

mich zur Seite, steckte mir verstohlen einen Umschlag zu und sagte: *Ich habe Ihnen das nicht gegeben. Die Namen der Leute, die unterschrieben haben, bitte nicht nennen.* Wenn das kein Krimi ist!
Die Rede war von einer ziemlich umfangreichen, zwölfseitigen Untersuchung der Gesundheit von Kindern und Erwachsenen aus den durch Tschernobyl verseuchten Gegenden der Ukraine. Die erste Seite fehlte, so kenne ich also den Briefkopf nicht, habe keine Ahnung, wer wohin und an wen geschrieben hat. Da mir diese Papiere aber auf so merkwürdige Weise zugespielt wurden, sollte man annehmen, daß sie nicht für ein breites Publikum und schon gar nicht für die Presse bestimmt waren. In der Anlage zu diesem Dokument fanden sich Untersuchungstabellen über verschiedene Erkrankungen unter den Bewohnern strahlenverseuchter Gebiete der Ukraine.
Was ich las, erschütterte mich. Ich beabsichtige nicht, dieses rein wissenschaftliche Dokument vollständig zu zitieren, fühle mich jedoch verpflichtet, die schrecklichsten Stellen daraus wiederzugeben:

In keiner medizinischen Einrichtung (außer im Bezirk Tschernigow) wurden die Totenscheine registriert, und in den vorliegenden Totenscheinen fehlen die Angaben über Datum und Todesursache... Über die gestorbenen Kinder gibt es überhaupt keine Unterlagen... Die Strahlungsmeßbrigaden (in ihnen arbeiten Fachleute) tragen größtenteils keine Meßwerte in die medizinischen Unterlagen ein und haben zu keinem einzigen Untersuchten ein Nachweisblatt über die gemessene Dosis angelegt.

Schrecklich. Ein schreckliches Verbrechen an den Lebenden wie an den Toten: Das System verwischt die Spuren selbst nach dem Tode von Menschen, es fürchtet, belastende Dokumente zu hinterlassen, die Todesursachen von Kindern und Erwachsenen.

In den Gebieten Shitomir und Kiew werden die von der Strahlung gezeichneten Menschen nicht in vollem Umfang erfaßt, unberücksichtigt bleiben insbesondere die aus der verstrahlten Zone aus- oder umgesiedelten Menschen. Die diese Personen betreffenden Mitteilungen aus den Dienststellen des Innern verbleiben bei Sektor 2 der Bezirksbehörden, werden dort weder ausgewertet noch an die medizinischen Einrichtungen im neuen Wohngebiet weitergeleitet... Es wurde festgestellt, daß in der Großsiedlung Polesskoje und den ihr angeschlossenen Dörfern 206 Evakuierte leben, während in der Sonderkartei des wissenschaftlichen Zentrums der Strahlenmedizin nur 54 Personen geführt werden. Was die Personen angeht, die bei der Beseitigung der Folgeschäden nach der Havarie eingesetzt waren, so besitzt das Gesundheitswesen keine exakten Angaben über ihre Anzahl. Erfaßt werden konnten sie erst, nachdem sie von Mitarbeitern des medizinischen Dienstes aufgespürt wurden. Das Gesundheitswesen erhält keine Berichte über ihre Fluktuation. Seit 1988 ist es laut Verordnung des Gesundheitsministeriums der USSR verboten, Personen in das Register aufzunehmen, die nach dem ersten Januar 1988 zur Beseitigung der Folgeschäden der Havarie herangezogen wurden.

Ebenfalls eine interessante Verordnung, denn die Rekonstruktion des vierten Reaktorblockes, seine Desaktivierung und die Beseitigung der Folgeschäden dauern bis heute an. Tausende Menschen werden dabei eingesetzt.

Im Gebiet Kiew (in den Bezirken Polesskoje und Iwankowo) wird an Verstorbenen und Totgeborenen keine Autopsie vorgenommen, da diese Bezirke über keinen pathologisch-anatomischen Dienst verfügen. Von den 353 1987 in Polesskoje und Wiltscha Verstorbenen wurde kein einziger geöffnet.

Auch in Slawutitsch wird an den Verstorbenen keine Autopsie durchgeführt. In den Bezirken Shitomir und Owrutsch wurde ein gemeinsames pathologisch-anatomisches Zentrum geschaffen, aufgeschnitten werden aber nur Menschen, die in den Kliniken gestorben sind.

Die beigefügten Tabellen weisen aus, daß eine prophylaktische Untersuchung ergeben hat – im Bezirk Shitomir sind 43,7% der Untersuchten gesund, im Bezirk Kiew 36,7 und im Bezirk Tschernigow 66,3%.

Zu diesen Schlußfolgerungen sind gekommen – und jetzt kann ich die Namen dieser Leute schon nennen – Dr. med. sc. W.A. Busunow, Direktor des wissenschaftlichen Forschungsinstituts für Epidemiologie und Prophylaxe von Strahlenerkrankungen beim Wissenschaftlichen Allunionszentrum für radioaktive Medizin der Akademie der Medizinischen Wissenschaften; die Laborleiter dieses Zentrums Dr. med. sc. W.N. Bugajew, Dr. med. B.A. Ledoschtschuk, Prof. Dr. med. sc. N.I. Omeljanez, Dr. med. A.K. Tscheban und der Abteilungsleiter des republikanischen Informations- und Rechenzentrums beim Gesundheitsministerium der USSR N.I. Iwantschenko.

So sah sie aus, die für geheim erklärte Wahrheit. Auf den radionuklidverseuchten Feldern aber wurde (und wird) weiter gepflügt und gesät, verseuchte Ernte eingebracht, werden weiterhin auf Cäsiumwiesen Kühe und Schafe gehütet und in den Mastbetrieben Schweine gezüchtet. Radioaktive Pilze, Kartoffeln und Fleisch schickt man in alle Ecken des Landes, sogar in die Krankenhäuser und Sanatorien am Schwarzen Meer. Wo Kranke wieder zu Kräften kommen sollen.

Radioaktivität wurde und wird unkontrolliert über das ganze Land verbreitet. Die offizielle Medizin aber wirft uns allen vor, wir hätten nichts weiter als eine Radiophobie. Die Professoren, die das behaupten, brachten übrigens, als sie aus Moskau angereist kamen, plastikverpacktes Hühnerfleisch und Mineralwasser mit, mit dem sie sich in der Zone sogar die Hände wuschen. Den Ortsansässigen aber beteuerten sie immer und immer wieder, es bestände keine Gefahr. Einzig und allein die radioaktiven Holzscheite, empfahlen sie, sollten vor dem Verfeuern im Bauernofen… gewaschen werden. Und das ist kein Witz. Das war wirklich so.

Die Informationen blieben nicht nur für die einfachen Menschen, nicht nur für die Journalisten unerreichbar, auch viele Sachverständige und Ärzte kamen nicht an sie heran, obwohl J.A. Israel, der Vorsitzende des Staatlichen Komitees für Hydrometeorologie der UdSSR beteuerte,

> daß die Fakten über Tschernobyl allen Ministerien und Behörden, die ihren Obulus zur Beseitigung der Schäden nach der Havarie von Tschernobyl hätten beitragen können, uneingeschränkt zugängig gewesen seien, eine Geheimhaltung habe es nur vor der Bevölkerung gegeben.

Hier die Aussagen des korrespondierenden Mitglieds der Akademie der Wissenschaften der USSR D.M. Grosdinski:

> Anstatt uns Strahlenbiologen zu erklären, was geschehen war, damit wir den Menschen hätten empfehlen können, wie sie sich in den ersten Stunden nach dem Reaktorunfall zu verhalten haben, wurden unsere Zähler plombiert. Uns wurde gesagt, was in Tschernobyl passiert sei, bleibe streng geheim. Veranlaßt wurde das von Leuten, die davon nichts verstanden, nur die Macht beschützen wollten, die der Ansicht waren, es sei besser Scheuklappen zu tragen und die Illusion zur Wirklichkeit zu erklären. Natürlich können sie sagen, das alles sei eine Folge der Stagnation gewesen. Zwar verplomben diese Leute heute keine Zähler mehr, heute erklären sie einfach jede Information über die Folgeschäden nach der Havarie als streng geheim. Warum? Wo kommt sie her, diese Welle der instinktiven Geheimhaltung?
>
> Labors, die über Dosimeter und Radiometer verfügten, wurden in jenen Tagen einfach verplombt, damit niemand etwas messen konnte. Anstatt die entstandene Situation nüchtern, schlicht, einfach und objektiv zu erklären, wurde Stillschweigen bewahrt, gab es Verschweigen und sinnlose Erklärungen, daß wir zu dem und dem Datum die Situation voll im Griff hatten, und das zu einem Zeitpunkt, als der Reaktor brannte und jede Sekunde Überraschungen brachte, nicht vorhersehbare Entwicklungen in diesem Reaktor. Ein solches Verhalten der Verwaltungsorgane, scheint mir, war in höchstem Maße ungerechtfertigt. Sie hätten die Bevölkerung informieren müssen.

Folgendes schrieb eine Gruppe von Wissenschaftlern, geleitet von Professorin J.B. Burlakowa:

> Für eine wissenschaftliche Prognose radiobiologischer Auswirkungen in diesen Zonen werden konkrete dosimetrische Daten über alle Arten von ionisierenden Strahlen aus den verseuchten Gebieten der USSR, BSSR und RSFSR gebraucht. Nicht einmal die gegenwärtig vorliegenden Daten sind für die Radiobiologen und für die meisten Wissenschaftler des Gesundheitsministeriums und der Akademie der Medizinischen Wissenschaften der UdSSR zugänglich.
>
> Viele von uns haben von der Katastrophe in Tschernobyl durch westliche Rundfunkstationen erfahren. Als erstes schlug ein schwedisches Kernkraftwerk Alarm.

Neulich entdeckte ich in meinem Tschernobyl-Archiv eine TASS-Meldung über die Konferenz vom 6. Mai 1986 im Pressezentrum des Außenministeriums der UdSSR *Zu den Ereignissen im AKW Tschernobyl*, die in allen sowjetischen Zeitungen abgedruckt war. Der Stellvertretende Außenminister der UdSSR A.G. Kowaljow sagte damals:

Wir richten unser Augenmerk darauf, die Information verantwortungsbewußt, objektiv, wahrheitsgetreu und abgewogen, oder um es anders auszudrücken – ehrlich zu geben... Sobald wir zuverlässige Daten besaßen, wurden sie unverzüglich veröffentlicht... Mit Mutmaßungen befassen wir uns nicht, wir stützen uns auf Daten und Fakten, die uns von den allerbesten Fachleuten und Apparaten geliefert werden.

Die besorgniserregenden Nachrichten über die Ereignisse im KKW Tschernobyl, die Sowjetbürger erfuhren sie in den ersten Tagen nur über *Feindsender*, bewertete der Stellvertretende Minister als

neuerliche Hysterie, organisiert und gesteuert aus einem Zentrum – aus den USA und nach dem ewig gleichen Szenarium. Denen geht es doch gar nicht um das Kernkraftwerk. Bestimmte militaristische Kreise spüren, wie ihnen unter dem Druck der Weltöffentlichkeit der Boden unter den Füßen schwindet.

So also war das! Schon wieder diese verflixten Militaristen! *Sie sind*, fuhr der Stellvertretende Minister fort, *die eigentlichen Triebfedern, die Ströme von Lügen, Falschmeldungen, verdrehten Tatsachen, Inszenierungen und billigen Spektakel ausstoßen...* Daß er sich nicht schämt! Besonders heute, wo die wahren Fälscher und Regisseure der Betrugsmanöver bekannt sind, für die wir schon viel zu teuer bezahlen mußten.

Erst 1990 teilte der Vorsitzende des Staatlichen Komitees für Hydrometeorologie den Volksdeputierten und den Experten mit:

Die Regierungskommission und eine operative Gruppe des Politbüros haben beschlossen, gewisse technische Daten nicht mehr unter Geheimhaltung zu stellen. Sie wurden im August der Internationalen Agentur für Atomenergie mitgeteilt und veröffentlicht. Unsere Broschüre erschien in Russisch und Englisch.

Wo und in welcher Auflage ist sie erschienen, und wer hat sie gelesen? Bei uns in der Ukraine hat der Minister des Gesundheitswesens der USSR A.J. Romanenko erst am zehnten Tag nach der Katastrophe im republikanischen Fernsehen gesprochen und Ratschläge für den Kampf gegen die Radioaktivität erteilt: *Nicht in die freie Natur fahren, Fenster geschlossen halten und die ganze Wohnung feucht auswischen.* Erst nach dem 20. Mai, also beinahe einen Monat nach der Havarie, erschienen Richtlinien für einige Regionen: *Keine Milch aus der Eigenproduktion trinken!* Wie bewunderungswürdig beunruhigt äußerte sich dagegen unser Staatliches Komitee für Hydrometeorologie der UdSSR über die verseuchte Milch – in Polen:

...schlagen wir vor, auf dem Territorium Polens Milchtrinken zu verbieten – dort herrschen 0,1 Milliröntgen pro Stunde – wovon Ryshkow verständigt wurde.

Richtig rührend, die Sorge um unsere slawischen Brüder aus anderen Ländern, nicht wahr? Besonders wenn man bedenkt, daß sie geäußert wurde zu einer Zeit, als Tausende eigener Landsleute auf superverseuchtem Territorium mit 170-200 Curie pro Quadratkilometer ihre frischgemolkene Milch seelenruhig weitertranken. Dazu hatte man Ryshkow keine Vorschläge zu unterbreiten?

Das erste offizielle Dokument in der Zeit nach Tschernobyl, in dem die Geheimhaltung der Folgeschäden nach der Katastrophe offen angesprochen wurde, war die *Resolution einer gemeinsamen Sitzung dreier Komitees des Obersten Sowjets der UdSSR – des Komitees zum Schutz der Volksgesundheit, des Komitees für Ökologie und rationelle Nutzung der Bodenschätze und des Komitees für Frauenfragen und zum Schutz von Mutter und Kind.* Darin hieß es drei Jahre nach der Explosion:

> Während der ersten beiden Jahre nach dem Reaktorunfall wurden die verallgemeinerten medizinischen und dosimetrischen Informationen unter Verschluß gehalten.

Im Anschluß daran folgte eine Auflage:

> Das Gesundheitsministerium der UdSSR und die Akademie der Medizinischen Wissenschaften der UdSSR haben die Offenheit zu Fragen der radioaktiven Situation in allen durch das KKW Tschernobyl betroffenen Regionen zu gewährleisten und die Siegel „Streng geheim" und „Nur für den Dienstgebrauch" zu entfernen.

Jedoch gibt es auch hier, in diesem so wichtigen Dokument, eine schwerwiegende Ungenauigkeit. Nicht zwei, sondern drei Jahre lang befand sich jede Information unter Verschluß. Erst vor dem ersten Kongreß der Volksdeputierten der UdSSR, am 24. Mai 1989, wurde der Regierungsbeschluß angenommen, daß diese Informationen nicht mehr geheimzuhalten sind. Wahrscheinlich geschah das in Hinblick auf den gerechten Zorn der Abgeordneten, der sich während des Kongresses hätte entladen können. Die Flamme wurde erstickt, die Kohlen aber glühen weiter.

Das ungesühnte Verbrechen

Gleich nach dem Volksdeputiertenkongreß der UdSSR fand in Naroditschi eine Versammlung statt, auf der mir ein Appell an den Obersten Sowjet überreicht wurde:

> Hiermit wenden wir uns an das Parlament unseres Landes als die letzte Instanz – voller Hoffnung und im Glauben, gehört und verstanden zu werden. Die Katastrophe von Tschernobyl hat unsere Zukunft zunichte gemacht. Bereits das vierte Jahr leben wir nun schon in Angst um das Schicksal unserer Kinder, auch um unser eigenes Schicksal. Fast der ganze Bezirk unterliegt strengster Kontrolle. Die gesamten auf dem verseuchten Boden erzeugten Produkte sind für den Verzehr ungeeignet. Die Verstrahlungen übersteigen die zulässige Norm.

Wir sind in großer Sorge um unsere Kinder, und wir befürchten das Schlimmste. Ein Großteil der Kinder leidet unter Schilddrüseninfektionen. Chronische Erkrankungen haben in bedrohlichem Maße zugenommen. Ständige Augenentzündungen, Kopf- und Gelenkschmerzen, Konzentrationsschwierigkeiten während des Schulunterrichts – all das beunruhigt uns als Eltern. Bei den Erwachsenen registrieren wir die Zunahme von Geschwulsterkrankungen.

Im Bezirk gibt es bereits mehr als einhundertfünfzig Mutanten in der Viehwirtschaft. Wer garantiert, daß ähnliches nicht mit unseren Kindern und unseren Kindeskindern geschieht?

Unsere Appelle an verschiedene Republiks- und Unionsinstanzen haben keinerlei Gehör und Unterstützung erfahren. Wir wissen nicht, an wen wir uns noch wenden sollen. Aber wir glauben an die Gerechtigkeit der Volksmacht und ersuchen Sie, unseren Forderungen nachzugehen.

Wir erwarten Garantien für den Erhalt der Gesundheit der Einwohner in Naroditschi, für ihre soziale Geborgenheit – auch unter den Bedingungen, die nach dem Reaktorunfall im KKW Tschernobyl entstanden sind. Wir fordern: Aussiedlung der Menschen aus den Ortschaften, wo die radioaktive Belastung die Grenzwerte übersteigt; Umzug der Familien (vor allem derjenigen mit Kindern) in „saubere" Gegenden und Zuweisung von Wohnungen; Versorgung der Bevölkerung mit „sauberen" Lebensmitteln und Bereitstellung eines entsprechenden Lohnzuschlags (adäquat eine Rentenerhöhung); Urlaubsverlängerung für die Bewohner unseres Bezirks.

Bestätigt durch die Bürgerversammlung vom 17. Juni 1989.

Auf der ersten Sitzung des Obersten Sowjets der UdSSR übergab ich diesen Appell dem ersten Stellvertreter des Vorsitzenden, A.I. Lukjanow, zusammen mit meiner Deputiertenanfrage, die wie folgt lautete:

Während der Tagung des Kongresses habe ich dem Präsidium öffentlich ein Videoband über die Zustände in der belasteten Zone übergeben, mit der Bitte, es allen Deputierten vorzuführen. Bedauerlicherweise sah sich das Präsidium dazu nicht in der Lage.

Inzwischen hat sich im Bezirk Naroditschi (und teilweise auch in vier anderen Bezirken – Lugin, Korosten, Owrutsch und Olew) die Strahlensituation kompliziert. Offiziellen Angaben zufolge ist die Zahl unterschiedlicher Erkrankungen angestiegen, darunter auch Geschwulsterkrankungen. In den Kolchosbetrieben kommen Mutanten zur Welt. Die Gammastrahlung liegt mancherorts um das hundert- bis hundertsechzigfache höher als üblich. Aber es leben hier doch Menschen! Ein bedeutender Teil der landwirtschaftlichen Nutzfläche befindet sich auf Böden mit einem Verseuchungsgrad von 40 bis 200 Ci/km^2. Nach Aussagen von Fachleuten müßten mindestens zwölf Dörfer evakuiert werden. Nichtsdestotrotz werden in diese Gebiete mehr und mehr Gelder investiert. Über einhundert Millionen Rubel sind bereits in neue Wohnhäuser gesteckt worden. Aus diesen für Umsiedler aus verstrahlten Gebiete vorgesehenen Wohnungen müssen die Menschen endlich evakuiert werden!

Anschließend an den Kongreß hatten mich die Einwohner von Naroditschi eingeladen. Auf ihrer Bürgerversammlung wurde ein Appell an den Obersten Sowjet der UdSSR gebilligt. Ich wurde bevollmächtigt, diesen Appell weiterzuleiten und an den Obersten Sowjet eine Anfrage zu richten: 1. Auf wessen Beschluß wurden in dem verseuchten Gebiet neue Wohnhäuser, Schulen und Kindergärten gebaut? 2. Wer trägt die Verantwortung dafür, daß Zehntausende von Menschen drei Jahre in Unwissen gehalten wurden und bis heute keine Aufklärung über die wirkliche Sachlage erfolgt ist? 3. Wann konkret und welche Dörfer aus Naroditschi und anderen Bezirken werden endlich in ökologisch „saubere" Gebiete umgesiedelt? 4. Da viertausend Kinder aus Naroditschi und anderen strahlenverseuchten Bezirken dringlich ärztliche Fürsorge, Behandlung und Erholung in nicht belasteten Gebieten benötigen, bitte ich den Obersten Sowjet der UdSSR um die Überstellung aller Kureinrichtungen der 4. Verwaltung des Ministeriums für Gesundheit der UdSSR an die Ukraine, insbesondere die Einrichtungen in Shitomir, damit diesen leidgeprüften Kindern endlich geholfen werden kann. 5. Da das Präsidium des Kongresses meinen Videofilm nicht gezeigt hat und ich bis heute keinerlei Auskunft dazu erhalten habe, wende ich mich nun an Sie, den Obersten Sowjet, und bitte darum, den Film den Deputierten vorzuführen. 6. Ich bitte den Obersten Sowjet ebenfalls darum, meine Deputiertenanfrage noch während dieser Tagung und zwar öffentlich zu beantworten.

In Mißachtung des gesetzlichen Status eines Volksdeputierten wurde meine Anfrage nicht öffentlich verlesen; sie wurde an den Vorsitzenden des Ministerrates, Nikolai Ryshkow, weitergeleitet. Nach zwei Wochen verfügte er:

An Genossen W.W. Marjin. Bitte sprechen Sie mit der Gen. Jaroschinskaja, untersuchen Sie die in ihrem Schreiben aufgeworfenen Fragen und bereiten Sie entsprechende Vorschläge vor.

Das also war die *öffentliche* Antwort. Daran erkennt man die ganze Einstellung unserer Regierenden zu den von der Reaktorkatastrophe betroffenen Menschen. Die da oben haben ohnehin genug von all den Briefen, Bitten, Appellen – und dann kommt auch noch eine Deputierte mit ihrer Anfrage! So etwas bringt das Faß zum Überlaufen. Als ich diese sogenannte Antwort erhielt, erinnerte ich mich an einen ähnlich gearteten Artikel von Wladimir Baseltschuk in der *Radjanska Shitomirschtschina*, in dem er den Umsiedlern vorwarf, sich obendrein noch zu beschweren, obwohl man ihnen neue Häuser gebaut hatte. Ob unten oder oben – die Denkweise ist die gleiche. Darauf beruht das ganze System – und das seit so vielen Jahren.

Dennoch ging ich zum Büro für Brennstoff- und Energieressourcen beim Ministerrat der UdSSR und suchte den stellvertretenden Vorsitzenden Wladimir Marjin auf, Mitglied der Regierungskommission für die Beseitigung der Auswirkungen des Reaktorunglücks. Er zog den Büroleiter W.J. Wosnjak und den Fachmann J.W. Dechtjarew zu dem Gespräch hinzu.

Marjin teilte mit, daß die Entscheidung, wo genau Häuser für die Umsiedler zu bauen seien, ausschließlich bei den örtlichen Behörden läge, und daß die Umsiedlung der zwölf Dörfer für 1990 bis 1993 vorgesehen sei. Seine beiden Gesprächspartner versuchten mich hartnäckig davon zu überzeugen, daß es keinerlei Verbote und Geheimhaltung von Daten über die Auswirkungen der Tragödie gegeben hätte! Allen Ernstes erklärten sie, daß jeder beliebige Bauer in seinem Dorfsowjet jede nur mögliche Information bekommen könne. Eine unverschämte Lüge von seiten einer offiziellen Amtsperson. Oder war es absolute Unwissenheit?
Als ich mich auf bestimmte Sperrvorschriften berief (dazu gehörten auch Erkenntnisse der Regierungskommission, deren Mitglied ja Marjin war), entgegnete er, die seien inzwischen außer Kraft. Ist es nicht zumindest merkwürdig, daß ich, eine Journalistin, es innerhalb von zwei Jahren nicht fertiggebracht habe, meinen Artikel über Naroditschi zu veröffentlichen, wenn jedes Bäuerlein so mir nichts, dir nichts an alle beliebigen Fakten herankommt?
Diese Abfuhr im Ministerrat hat mich furchtbar deprimiert. Ich begriff eins: Dem zarten Pflänzchen *Glasnost*, das nach dem Volksdeputiertenkongreß zu sprießen begonnen hatte, würde man noch lange Zeit den Sauerstoff vorenthalten. Niemanden interessierten die medizinischen Befunde noch offizielle Unterlagen, wem auch immer ich sie vorlegte. Meine Gesprächspartner hatten ihre eigenen Befunde und ihre eigenen Unterlagen. Und zwar solche, die ihnen genehm waren und ihnen Bequemlichkeit garantierten. Voller Inbrunst versuchten sie mich zu überzeugen, daß nichts die Gesundheit der Menschen bedrohe.
Wahrscheinlich, weil da überhaupt keine Gefahr bestand, wurde am Vorabend des ersten Volksdeputiertenkongresses ein Regierungsbeschluß über die unverzügliche Evakuierung von zwölf Dörfern des Bezirk Naroditschi verabschiedet. Unverzüglich! Und das drei Jahre nach der Katastrophe!
Am 25. September 1989 richtete ich meine dritte Anfrage an die Regierung der UdSSR: über die Strahlensituation im Bezirk Shitomir insgesamt, über die Zahl der zu evakuierenden Menschen (abgesehen von den zwölf Dörfern) und über eine zusätzliche Bereitstellung unverseuchter Nahrungsmittel für die belasteten Gebiete. Auf die beiden ersten Fragen erhielt ich vom Vorsitzenden des Gebietsexekutivkomitees Shitomir, W.M. Jamtschinski, die Antwort. Er antwortete mir im Auftrag der Regierung. Mehr Zynismus ist schwer vorstellbar.
Die Frage nach den Lebensmitteln beantwortete der stellvertretende Vorsitzende des Ministerrates der UdSSR, Lew Woronin. Sein Antwortschreiben war an den Handelsminister der UdSSR, K.S. Terech gerichtet:

> Ich bitte, den stellvertretenden Minister in das Gebiet Shitomir zu entsenden und vor Ort

gemeinsam mit dem Ministerrat der Ukraine den gesamten Fragenkomplex über die Versorgung der Bevölkerung zu erörtern. Über getroffene Maßnahmen ist bis zum 1. November die Volksdeputierte, Gen. Jaroschinskaja, sowie der Ministerrat der UdSSR zu unterrichten.

Desweiteren sollte meine Anfrage an den Vorsitzenden des Ministerrates der USSR, W.A. Massol, und an den Vorsitzenden des Staatlichen Komitees der UdSSR für Nahrungsmittel und Ankauf, W.W. Nikitin, weitergeleitet werden. Doch weder von Massol noch von Nikitin erhielt ich jemals eine Antwort. Dafür schickte mir der stellvertretende Handelsminister der UdSSR, P.D. Kondraschow, wobei er noch den festgelegten Termin um zwei Wochen überschritt, ein geradezu klassisch zu nennendes Antwortschreiben: Er teilte mir mit, was im Jahr zuvor bereits alles an Lieferungen in unseren Bezirk gegangen war. Im letzten Absatz seines Schreibens beteuerte er, daß für 1990 der Bedarf an Konservennahrung für Kinder völlig gesichert sei. Als ob sich Kinder ausschließlich von Konserven ernährten! Seinem Brief war eine Liste der Lebensmittel beigefügt, die der Bezirk 1989 erhalten hatte.

Dieses Schreiben war ein beredtes Zeugnis für die Gleichgültigkeit, mit der ein Minister einer Deputiertenanfrage begegnete. Er schnipste sie weg wie eine lästige Fliege; speiste mich mit leeren Phrasen ab. Was galten ihm die leidgeprüften Kinder, er hatte weiß Gott Wichtigeres zu tun!

Am 10. August 1989 fand in Naroditschi ein neuerliches Treffen der Regierungskommission für Notstandssituationen mit Vertretern aus fünf strahlenbelasteten Rayons statt. Obwohl die belorussischen und ukrainischen Deputierten auf *Glasnost* drangen und in der Presse bereits eine wahrheitsgemäße Berichterstattung erfolgt war, mußte der Widerstand der Regierungsvertreter gebrochen werden, damit sie sich endlich ihrer eigenen Bürger in den belasteten Gebieten erinnerten.

Die Zusammenkunft war auf elf Uhr festgelegt worden, aber schon lange davor war der Saal des Kulturhauses randvoll. Die Leute standen sogar auf der Straße, und für sie hatte man hier Lautsprecherboxen installiert. Voller Ungeduld wartete man auf den neuernannten Chef der Regierungskommission. Was würde er sagen? Die Kommission verspätete sich. Unruhe machte sich im Saal breit. Die Journalisten aus Shitomir und Kiew waren alle da; die Beleuchter von der ukrainischen Wochenschau stellten ihre Scheinwerfer auf. Endlich wurde bekanntgegeben, daß der Hubschrauber gelandet sei. Jemand im Saal verkündete, daß man tags zuvor extra dafür einen Landeplatz planiert hätte!

Auf der Bühne erwartete die Gäste ein langer mit rotem Tuch bedeckter Tisch, dahinter sechs, acht Stühle. Doch als die Kommission durch einen Seiteneingang den Saal betreten hatte und auf der Bühne Platz nehmen wollte,

stellte sich heraus, daß die Veranstalter zu wenig Stühle organisiert hatten. In aller Eile wurden welche herbeigeschafft und in Viererreihe aufgestellt. Dennoch mußten einige Kommissionsmitglieder unten im Saal sitzen.
Offenbar sollte die hohe Zahl der Angereisten von der Fürsorge der Regierung zeugen. Doch nicht alle im Saal schienen das so zu sehen. Es hagelte Beschuldigungen, Vorwürfe bis hin zu handfesten Beleidigungen. Ich kann diese Menschen nicht verurteilen. Ich verstehe sie sogar. Man hatte sie grausam betrogen, ihnen in den vergangen drei Jahren Wohnhäuser mitten auf den verseuchten Boden gebaut, Gasleitungen und Kanalisation installiert – nur um die Illusion von Fürsorglichkeit und Ungefährlichkeit vorzugaukeln. Wie heißt es doch? Betrug kommt durch die ganze Welt, doch Rückkehr schafft er nicht!
W.M. Jamtschinski, Vorsitzender des Exekutivkomitees des Gebietssowjets von Shitomir, leitete die Versammlung. Neben ihm saß der erste Sekretär des Gebietsparteikomitees, Wassili Kawun, Mitglied des ZK der KPdSU und des ZK der ukrainischen KP. Als der Versammlungsleiter diesen Namen nannte, rief jemand aufgebracht aus dem Saal: *Na, wenigstens nach drei Jahren hat er sich her bemüht!*
Ich hatte eigentlich nicht vorgehabt, zu sprechen, aber als ich von den Umsitzenden gebeten wurde, stellte ich dem ersten Sekretär einige Fragen:

Chojniki, August 1990.

Warum mußten die Kinder von Naroditschi noch einen Monat nach der Katastrophe den verseuchten Staub einatmen? Warum mußten sie verseuchte Nahrungsmittel essen? Warum wurden sie nicht rechtzeitig evakuiert? Warum war der erste Sekretär, der doch von der Katastrophe wußte, nicht unverzüglich aus seinem Auslandsurlaub zurückgekehrt, um die Evakuierung zu veranlassen? Ohne ihren Chef hatte ja hier niemand einen Finger gerührt!

Ich fragte weiter, wer konkret den Bau von neuen Häusern im verseuchten Gebiet veranlaßt hatte? Und warum hatte er, der erste Sekretär, behauptet, er hätte nie eine Karte mit den verseuchten Zonen zu Gesicht bekommen, wenn doch ich, die kleine Journalistin einer Provinzzeitung, sie in der Parteizentrale gesehen hatte?

Der Saal tobte. Kawun, der vermutlich zum ersten Mal öffentlich so angegriffen wurde, stand auf, ging aber nicht ans Rednerpult, und erklärte mit dumpfer Stimme, daß die Entscheidung über den Wohnungsneubau im Kollektiv mit der Regierungskommission getroffen worden sei… Karten mit den verseuchten Zonen hätten nicht vorgelegen. Und er sei auch nicht informiert worden. Ja, es stimme, er sei zum Zeitpunkt der Explosion auf Reisen gewesen, und leider hätte er über keinerlei Transportmöglichkeit für die Rückreise verfügt; er sei nach zwölf Tagen zurückgekommen, aber da hätte man den Bau bereits ohne ihn begonnen…

Bartolomejewka (Belorußland) müßte evakuiert werden, August 1990.

Ein schönes Märchen... Oder haben ihn seine Untergebenen einfach übergangen und ihm die Karte unterschlagen? Um ihre Ruhe zu haben? Was die Augen nicht sehen, tut dem Herz nicht weh? Wer versucht hier, in die Irre zu führen? Der stellvertretende Vorsitzende des Büros für Brennstoff- und Energieressourcen beim Ministerrat der UdSSR, Marjin, der mir erklärt hatte, daß allein die örtlichen Behörden die Neubauten zu verantworten hätten, oder war es der erste Sekretär des Gebietsparteikomitees von Shitomir?
Am 2. August 1989 erschien in der Zeitung *Trud* unter dem Titel *Dörfer in hochbelasteten Gebieten* folgender Artikel:

> Schon im folgenden Frühjahr verfügten die Kommission des Ministerrates der UdSSR wie auch die Gebietskomitees von Shitomir und Kiew über eine detaillierte Karte der Strahlenbelastung der nördlichen Regionen des ukrainischen Polessje-Gebietes. Auf ihr waren die Dörfer und Felder verzeichnet, in denen die Konzentration des für die Gesundheit heimtückischen Cäsium-137 über 40 bis 100 Curie lag. Schon damals war klar: Ein weiteres Verbleiben der Menschen in diesem Gebiet war ausgeschlossen, ebenso wie irgendwelche Produktionsstätten. Das betraf insbesondere die Dörfer Jassen und Schewtschenko im Rayon Polessje/ Bezirk Kiew und die Dörfer Malyje Minki, Schischalowka, Welikije Klestschi und Polessje im Rayon Naroditschi/ Bezirk Shitomir. Übrigens leben bis heute hier Menschen. Und weiter heißt es: Aber auch ohne Karte wußten der Gebietsstab der Zivilverteidigung und die örtlichen Machthaber, daß vom 27. bis 29. April 1986 im Hof des hiesigen Exekutivkomitees die Gammadosis über 1 R/h lag. Das ist um das zwanzigfache höher als der Wert, der eine sofortige Evakuierung erfordert!

Sie haben es gewußt! Wenn ich heute noch einmal den TASS-Bericht über die Konferenz im Pressezentrum des Außenministeriums der UdSSR vom 6. Mai 1986 lese, kann ich mich nur wieder wundern wie so etwas gemacht wird. *Verantwortliche Genossen* teilten mir mit, daß in den vergangenen vierundzwanzig Stunden die Strahlenwerte weiter gesunken sind.
Die stellvertretende Vorsitzende des Ministerrates der UdSSR, B.J. Schtscherbina, erklärte:

> Erhöhte Strahlungswerte wurden unmittelbar am Katastrophenort gemessen, wo sie ein Maximum von 10-15 mR/h erreichten. Nach dem Stand vom 5. Mai 1986 sanken die Werte um das zwei- bis dreifache.

Den offiziellen Mitteilungen zufolge sanken die Strahlungswerte mit jedem Tag weiter. Zuweilen schien es, daß sie ganz verschwanden. Nur warum – und diese Frage quält mich immer wieder – muß man nun, drei Jahre nach dem Reaktorunfall, plötzlich Menschen umsiedeln? Haben die *verantwortlichen Genossen* etwa nicht gewußt, daß am 26. April und den darauffolgenden Tagen in Pripjat die Strahlungswerte zwischen 0,5 und 1 R/h lagen? (G. Medwedjew, Das Tschernobyl-Heft, *Nowy Mir*, Nr. 6, S. 36).

Auf jener Versammlung in Naroditschi, am 10. August 1989, als die gesamte Regierungskommission mit ihrem Vorsitzenden W.Ch. Dogushijew angereist war, meldete sich auch der stellvertretende Vorsitzende des Ministerrates der UdSSR, J.W. Katschalowski, zu Wort. Das, was diese mit großer Macht ausgestattete Person, die das Leid von so vielen Kindern zu verantworten hatte, von sich gab, beschämte alle Zuhörer. Vielleicht läßt sich nur ein so duldsames Volk wie das unsere von solcherart Machthaber regieren.

Anfangs versuchte Katschalowski alles den Ausländern in die Schuhe zu schieben. Wörtliches Zitat eines Tonbandprotokolls:

> Und auch ich sage Ihnen: Es ist doch kein Zufall, daß sich gerade jetzt die Ausländer für Dollars darum reißen, sich unsere Kenntnisse anzueignen, weil...

Weiter mochte ihm niemand zuhören. Das war einfach unverschämt. Da taucht er einmal in drei Jahren hier auf und findet keine anderen Worte! Keine Worte der Reue! Sie wären hier angebracht gewesen! Ebenso wie konkrete Entscheidungen, wie es nun mit den Menschen hier weitergehen sollte. Aber dieser große *Natschalnik* begriff von alledem nichts. Der Saal kochte vor Zorn. Doch er – wohl um sich vor den noch größeren *Natschalniks* in Moskau nicht zu blamieren – erdreistete sich, der Versammlung Manieren beizubringen:

> Wir sollten uns doch anständig benehmen. So geht das nicht, bei diesem Lärm kann ich nicht reden. Und brüllen – wir sind hier schließlich nicht auf dem Jahrmarkt! Hören Sie mir gefälligst zu! Und falls es Ihnen nicht paßt, gehen Sie raus. Wenn Ihnen meine Rede nicht gefällt, setze ich mich hin, und Sie reden. Was soll dieser Lärm? Da sitzt ja auch ein Dirigent, die Frau am Mikrofon meine ich. Mal die Hände nach oben – es wird gebrüllt; mal die Hände runter – es ist ruhig. Eine derartige Situation zu provozieren, ist ungehörig. Wie führen Sie sich hier bloß auf!

Von seiner Unfehlbarkeit überzeugt, fuhr Katschalowski fort:

> Für uns ist es keine Frage, daß wir damals falsch entschieden haben. Die Entscheidung, wieviel Dörfer und wieviel Menschen umgesiedelt werden, ging von der Regierungskommission und vom Politbüro des ZK aus. Wir haben nur Vorschläge unterbreitet, obwohl... nun ja, in gewisser Weise wurden unsere Vorschläge reduziert.

Aus dem Saal reichte jemand einen Zettel hoch, und Katschalowski las ihn laut vor:

> Mehr als alle anderen Kinder in der betroffenen Zone haben unsere Kinder gelitten. Am 24. Mai begann ihr Abtransport und endete am 9. Juni 1986. Das heißt, unsere Kinder befanden sich zum gefährlichsten Zeitpunkt noch in der Zone. Niemand hat uns vor den Gefahren gewarnt.

Keinerlei konkrete Stellungnahme von Katschalowski. Dabei war er es ja, der in der Ukraine die Regierungskommission zur Liquidierung der Unglücksfolgen leitete. Aber erst das Eintreffen der Moskauer Politbüromitglieder

Ryshkow und Ligatschow am 2. Mai zwang die örtliche Führung, an den Unfallort, nach Tschernobyl, zu fahren. Aus dem Saal wurde eine weitere, ähnliche Frage gestellt:

> Wieso wurden unsere Kinder später evakuiert als die Kinder aus Kiew, dem ganzen Kiewer Bezirk und aus Belorußland, die man in der ersten Maihälfte 1986 weggebracht hatte? Wer genau hat diese Entscheidung getroffen?

Als Antwort wieder nur ein diffuses Gestammel:

> Als wir in Kiew die Demonstration zum Ersten Mai durchführten, stand da das gesamte Politbüro, standen da unsere Frauen, Kinder und Enkel, und da hat man ebenso die Frage gestellt: Wer hat die Demonstration angeordnet, wieso wurde sie nicht verboten... und niemand, weder unsere Wissenschaftler noch unsere Fachleute, noch die Genossen, die heute, nach drei Jahren, so schöne Reden führen... Die Feuerwehr taucht erst auf, wenn das Haus bereits in Flammen steht. Genossen, so ist das auch hier... Ja, nach dem Brand sind alle klüger, deshalb begreifen Sie doch... Sie hätten ja damals auch was tun können... Wir wußten doch damals noch nicht, wo diese Strahlung überhaupt ist und wie hoch sie ist... Sie haben ja damals selbst keine Vorschläge gehabt, nicht mal nach der Demonstration sind Sie zu uns gekommen, nicht ein halbes Jahr später, sondern erst drei Jahre danach...offenbar hat Ihnen doch die Demonstration gefallen.

Während ich diesem hilflosen Gestammel folgte, verging ich vor Scham. Unwillkürlich erinnerte ich mich an ein Ereignis, das einen Monat zurücklag. Am 12. Juni 1989 wurde auf der ersten Sitzung des Obersten Sowjets der UdSSR über die Kandidatur von Juri Israel verhandelt, der zum Vorsitzenden des Staatlichen Komitees für Hydrometeorologie vorgeschlagen war. Die Deputierten der Ukraine und Belorußlands befragten ihn zu den Folgen von Tschernobyl – Fragen, die wieder und wieder gestellt worden waren: Warum wußte niemand von den Karten der Strahlenverseuchung, warum gab es keine Informationen über die Belastungswerte, wer konkret hat die Maidemonstration angeordnet, warum sind die Kinder nicht rechtzeitig aus Kiew evakuiert worden?

Damals spielte sich im sowjetischen Parlament ein echtes Drama ab. Seine Hauptakteure: Israel, Vorsitzender des Staatskomitees für Hydrometeorologie, der sich erneut um diesen wichtigen Posten bewarb; Schewtschenko, Politbüromitglied der ukrainischen KP und Präsidiumsvorsitzende des Obersten Sowjets der Ukraine; Ryshkow, Vorsitzender des Ministerrates der UdSSR und Politbüromitglied des ZK der KPdSU.

Vor den Augen der verdutzten Deputierten beschuldigten sie sich gegenseitig, was in viele Dinge Klarheit brachte (die Tagung wurde über TV in der gesamten Sowjetunion ausgestrahlt). Von Valentina Schewtschenko in die Enge getrieben, gab Israel preis, wen genau er in den ersten Tagen nach der Katastrophe informiert hatte. Aufgebracht beschuldigte sie ihn, gemeinsam mit Iljin (Akademiemitglied) ein Gutachten verfaßt zu haben, wonach für die Gesundheit der Menschen in dem verseuchten Gebiet keine Gefahr bestünde.

> Sie werden sich doch wohl daran erinnern, rief sie Israel zu, daß wir uns am Tisch gegenüber saßen und ich Sie gefragt habe, was Sie denn unternommen hätten, wenn Ihre eigenen Enkelkinder in Kiew gewesen wären? Sie haben daraufhin geschwiegen... Alle übrigen Beschlüsse der Regierungskommission hat die politische Führung der Ukraine peinlich genau befolgt. Tag und Nacht waren Sie emsig bemüht, sich gegenseitig abzustimmen.

Auf diese Weise stellten sie einander bloß. Und das im Parlament!

Valentina Schewtschenko übrigens ist Volksdeputierte der UdSSR im Landwahlkreis Kiew; die Zone Tschernobyl gehört zu ihrem Wahlkreis. Ihre Wähler wandten sich mit einem Schreiben an den Obersten Sowjet der UdSSR:

> Valentina Schewtschenko ist unsere Deputierte im Obersten Sowjet. Aber nicht ein einziges Mal hat sie sich zu uns bemüht. Auch in Moskau kam es zu keinem Treffen. Wir hatten ihr einen Termin genannt, haben jedoch den ganzen Tag umsonst auf sie im Kalininprospekt 27 (hier befinden sich die Parlamentsausschüsse, Anm. d. Aut.) gewartet. Es stellte sich dann heraus, daß sie an diesem Tag nach Kiew gereist war. Wir rechnen nicht mehr mit ihrer Unterstützung.

Ohne ein Wort der Reue fuhr die Schewtschenko in ihrem leidenschaftlichen Appell fort:

> Ich meine, daß Juri Antonijewitsch (Israel), der einen so hohen Posten bekleidet, sich heute und hier verantworten muß. Wir fordern eine prinzipienfeste Position und kein Kompromißlertum! Ich jedenfall werde gegen Sie stimmen!

Aus dem Saal toste Beifall. Die verehrten Abgeordneten applaudierten einem Mann, auf dessen Gewissen unzählige kranke Kinder, jahrelanges Stillschweigen über die wahren Auswirkungen der Katastrophe und Desinformationen lasteten. All das erinnerte an eine Posse.

Außer der Reihe wurde Nikolai Ryshkow ums Wort ersucht. Mit Vehemenz legte er los:

> Es ist hier die Rede von den Ereignissen des 7. Mai. Wie es auf der Sitzung des Politbüros der Ukraine zuging, weiß ich nicht. Ich war nicht zugegen. Ich weiß aber, daß ich am 2. Mai bei ihnen war. Am zweiten! Das wissen Sie doch auch? Und Sie erinnern sich auch, daß ich gemeinsam mit der politischen Führung in die Zone gefahren bin. Das war noch vor dem 7. Mai.

Zum Schluß beteuerte Ryshkow überzeugt, daß man Israel keine Schuld an Tschernobyl zuweisen könne.

Ich – und wohl auch noch andere Deputierte – fragte mich sofort: Wem dann? Wer ist nun wirklich schuld, daß es keinerlei Informationen gab und sich ein ungehemmter Strom von Vermutungen, Lügen und Gerüchten über

das Land ergoß? Wer hat die totale Geheimhaltung angeordnet? Und wer schließlich verantwortet die Folgen dieser Geheimhaltung?
Die Schlußfolgerung war, daß es zwar kranke und betrogene Menschen gab, aber keinen Schuldigen. Das scheint mir symptomatisch für unsere gesamte Geschichte. Immer war es so, daß das ZK der KPdSU und das Politbüro *persönlich* die Entscheidungen trafen, aber Verantwortung? Dafür war niemand zuständig. Und wenn, dann nur ein paar unbedeutende Funktionäre. Tschernobyl war da keine Ausnahme.
Die Diskussion um Israels Kandidatur ging weiter. Einer der Deputierten, der wohl auf Israels positive Charaktereigenschaften verweisen wollte, plauderte sozusagen aus der Schule:

> Ich spreche vermutlich zum ersten Mal darüber. Es ging um die Rettung von drei Walen vor der Küste Alaskas. Drei Stunden nach dem Anruf der amerikanischen Abteilung von „Greenpeace" änderten unsere Eisbrecher auf Anweisung von Israel den Kurs, um den Walen zu Hilfe zu eilen. Nach nur drei Stunden. Erst nach drei Tagen kam die offizielle Bestätigung der Regierung. Vielleicht lüfte ich hier ein Geheimnis, und Nikolai Iwanowitsch (Ryshkow, Vorsitzender des Ministerrates, Anm. d. Aut.) weiß es gar nicht, daß die Eisbrecher nach drei Stunden aufbrachen, drei Tage vor dem Beschluß der Regierung. Es war ein riskantes Unterfangen, aber er tat es. Und Genossen, die Wirkung auf die Weltöffentlichkeit war enorm.

Es war klar, daß der Mann mit dieser Eloge das Abstimmungsergebnis zugunsten von Israel beeinflussen wollte. Natürlich schmückt so eine Tat einen Menschen – gäbe es da nicht Tschernobyl. Es ist gewiß sehr verdienstvoll, drei Wale zu retten, aber was war mit der Rettung Tausender Kinder, die ihre Gesundheit eingebüßt hatten?
Israel wurde gewählt. An der Abstimmung nahmen 422 Deputierte teil. Dafür stimmten 294, dagegen 86, Stimmenthaltungen 42.
Kurz vor der Pause räumte Anatoli Lukjanow, erster Stellvertreter des Obersten Sowjets der UdSSR, dem Deputierten Chadshijew aus Tschetscheno-Inguschien drei Minuten Redezeit ein. Er sollte die Gründe für die Abstimmung zusammenfassen. Seine kurze Ansprache war gleichsam der Epilog zum vorangegangenen Drama:

> Gerade eben haben wir Juri Antonijewitsch bestätigt... De facto haben wir damit heute alles gutgeheißen, was mit unserem Volk, unserem Boden, unseren Flüssen, Seen und Meeren angestellt wurde. Der Unterschied besteht darin, daß er von allem wußte, wir hingegen taten es nicht. Ich habe erst 1988 von den wirklichen Ausmaßen erfahren – er wußte alles! Seine Pflicht begrenzte sich darauf, seinen Vorgesetzten zu berichten. Damit war die Angelegenheit für ihn abgetan. Und nun haben wir das alles gutgeheißen... Ich weiß nicht, wie Sie Ihren Wählern in die Augen schauen wollen... Eigentlich haben wir heute unsere Wähler vergessen, ebenso wie die Millionen Kinder, die unter der Ökolo-

giekatastrophe leiden, und auch unsere Brüder und Schwestern in den Krankenhäusern. Wir haben sie einfach vergessen. Wir besaßen die Kompetenz, Juri Antonijewitsch zu bewerten, doch wir hätten ihm sagen müssen: „Genosse Juri Antonijewitsch! Sie beziehen keine staatsbürgerliche Position, Sie machen sich kein Gewissen wegen unserer Mitbürger. Und Sie hatten es auch all die vierzehn Jahre Ihrer Amtszeit nicht, in denen Sie nur schwiegen und der Obrigkeit Berichte ablieferten."

Doch auch diese Worte konnten die vor einer Minute getroffene Entscheidung der Volksdeputierten nicht rückgängig machen.

Welcher Obrigkeit eigentlich erstattete Israel Bericht?

Zum ersten Mal erfuhren die Deputierten etwas darüber, als am 24. Juni 1989 Israels Kandidatur zum Vorsitzenden des Staatlichen Komitees für Hydrometeorologie diskutiert wurde. Das geschah während der Ausschußsitzung des Obersten Sowjets der UdSSR zu Fragen der Ökologie und rationellen Nutzung der Naturressourcen. Israel stellte den Deputierten sein Programm vor und erklärte im Hinblick auf mögliche Fragen folgendes:

Ich spreche von zwei Problemen, an denen wir arbeiten. Zum ersten ist es die Beseitigung der Schäden des Reaktorunfalls im KKW Tschernobyl. Hier ist das Komitee für Hydrometeorologie seit dem 26. April aktiv tätig. Drei bis vier Tage nach dem Unglück waren bereits zehn Flugzeuge und Hubschrauber im Einsatz, ebenso wie alle Wetterstationen im europäischen Teil des Landes. Und das waren mehr als tausend. Diese Daten wurden täglich (!, A.J.) der Regierungskommission übermittelt, die in Tschernobyl saß, wie auch der Kommission des Politbüros in Moskau. Aufgrund dieser Angaben wurden die wichtigsten Entscheidungen getroffen. Wie Sie wissen, wurden 116.000 Menschen evakuiert. Desweiteren wurden gemeinsam mit dem Gesundheitsministerium und dem Staatlichen Komitee für Landwirtschaft die möglichen Folgen berechnet. Beide Institutionen entschieden danach über die weiteren Lebensfunktionen in den verseuchten Gebieten.

Informationen über die Verstrahlung gingen darüberhinaus regelmäßig an die Ministerräte der betroffenen Republiken – in erster Linie nach Belorußland, in die Ukraine, den Bezirk Brjansk sowie an die entsprechenden Exekutivsowjets.

Alle Angaben zu den Dörfern habe ich hier in meiner Mappe. Wir haben sie den Ministerräten und Exekutivkomitees zur Weiterleitung an die entsprechenden Dörfer übergeben.

Ich kann den hier Anwesenden hundertprozentig versichern, daß alle Karten mit einer Unmenge Daten zusammengetragen worden sind. Alle diese Daten wurden bezüglich der Strahlenwerte seit Mai 1986 und für den Isotopengehalt ab Juni/Juli 1986 an die örtlichen Behörden weitergeleitet.

Das war die allererste offizielle Information darüber, an welche Adressen die Meßdaten der Strahlenwerte und die Belastungskarten gegangen waren.
Den zweiten Akt der erzwungenen *Enthüllung* derer, die die Informationen geheimgehalten hatten, lieferte Israel nach drei Wochen – am 12. Juli 1989, diesmal im Sitzungssaal, wo seine Kandidatur verhandelt wurde. Wohl wissend, daß ein Sturm der Empörung über ihn losbrechen würde, gab er weitere Einzelheiten preis:

> Vom ersten Tag nach dem Reaktorunfall bis hin zum heutigen Tag wurden alle Erkenntnisse der von Anatoli Ryshkow geleiteten Politbürokommission übermittelt, ebenso der Regierungskommission in Tschernobyl, dem ZK der KPdSU, den Ministerräten der Unionsrepubliken und den Exekutivkomitees. Alle Exekutivkomitees sind angehalten worden, diese Daten an die Bevölkerung weiterzugeben.

In den Wandelgängen des Parlaments wurde die Forderung laut, eine gesonderte Parlamentskommission zu bilden, die die Unglücksursachen im KKW Tschernobyl untersuchen sollte, genauso wie das Vorgehen derjenigen offiziellen Personen, die die Informationen über die Strahlensituation drei Jahre lang geheimgehalten hatten.
Je lauter diese Stimmen wurden, desto ausführlicher informierte Israel die Deputierten über die operative Tätigkeit seines Komitees. Hatte er 1989 lediglich Organisationen und Behörden aufgezählt, an die die Informationen über den Unfall gegangen waren, so wartete er jetzt mit konkreten Namen von hohen und höchsten Würdenträgern auf. An eben diesem Tag fand die gemeinsame Sitzung zweier Ausschüsse des Obersten Sowjets der UdSSR statt – des Ausschusses für Ökologie und rationelle Nutzung der Ressourcen sowie des Ausschusses für Gesundheitsschutz. Sie ging der parlamentarischen Anhörung zum Problem Tschernobyl voraus.
Unter dem Druck der Deputierten gab Israel folgendes bekannt:

> Am 27. April schickte das Komitee für Hydrometeorologie einen Bericht über die Strahlensituation der Region Tschernobyl zusammen mit Unterlagen an die Adresse des ZK der KPdSU. Namen waren nicht angegeben. Das ist ja wohl klar.

Aus dem Saal kam eine schneidende Stimme:

> An den Pförtner, oder wie?

Darauf entgegnete Israel:

> Es gibt da bestimmte Vorgaben. Wenn ich im Auftrag des Ministerrates ein Programm erarbeite, schreibe ich nicht an den Genossen Ryshkow, sondern an den Ministerrat. So sind eben die Vorschriften. Begreifen Sie mich, oder begreifen Sie mich nicht?

Der Minister war nervös, und er hatte auch allen Grund dazu. Wie eine Salve schoß es aus ihm hervor: Er nannte Dutzende von Namen hochrangiger Personen, denen in den ersten Tagen nach der Katastrophe Informationen zugegangen waren.

Ich zitiere nach dem offiziellen Stenogramm, das während dieser Sitzung gemacht wurde:

> An das ZK der KPdSU und den Ministerrat ohne Namensnennung am 27. April (hier und im weiteren 1986, Anm. d. Aut.), am 30. April an Nikolai Ryshkow und den Ministerrat der UdSSR, am 2. Mai an Nikolai Ryshkow, am 4. Mai an Nikolai Ryshkow, am 7. Mai an Murachowski... die weiteren Ministerien nenne ich hier nicht, am 8. Mai an Ryshkow, am 9. Mai an Gussew, den Ministerrat der UdSSR, am 11. Mai an Murachowski, am 12. Mai an Murachowski, am 13. Mai an Gussew, am 15. Mai an Kowaljow, am 18. Mai an Schtscherbina, am 21. Mai an Gorbatschow, am 21. Mai an Ryshkow, am 27. Mai an Kowaljow, am 24. Mai an Murachowski, am 26. Mai an Ryshkow, Ligatschow, Dolgych, Tschebrikow, Wlassow, Sokolow, Worotnikow, Murachowski, Schtschepin. Bitte, wenn Sie wollen, kann ich fortfahren.

Hier wurde nach Tagen gerechnet, es war aber auf Stunden angekommen. Und die nannte Israel auch. In jener Nacht, um drei Uhr, also praktisch anderthalb Stunden nach der Explosion, wurde Marjin informiert (damals Sektorenleiter für Atomenergiewirtschaft beim ZK der KPdSU). Alle Genannten waren verantwortliche Funktionäre in der Regierung der UdSSR, Rußlands, im Komitee für Staatssicherheit (KGB), waren Mitglieder der höchsten politischen Führung des Landes – des ZK und des Politbüros. Je mehr Fragen die Deputierten stellten, desto mehr Namen nannte Israel:

> ...bitte, das Gebietsexekutivkomitee von Tula, an Sinegubow am 23. September 1986.

Genauso schnell kamen die Informationen an hochrangige Personen in der Ukraine und in Belorußland.

Am 20. Juli 1990 erklärte Israel im Komitee des Obersten Sowjets für Ökologie und rationelle Nutzung der Ressourcen in einem Gespräch mit dem Deputierten Vitali Tschelaschew:

> Hier sind alle Unterlagen von den ukrainischen und belorussischen Behörden gesammelt – an wen, wohin und wann Berichte geschickt wurden. Hier bitte die Ukraine... da die Akte, wo steht, an wen was ging. Also, ans ZK der ukrainischen KP, an den Ministerrat, den Obersten Sowjet, das KGB... Später wurde in der Ukraine eine Operativgruppe gebildet, und auch sie bekam alle Informationen, ebenso wie der Stab der Zivilverteidigung und selbstverständlich alle übrigen Behörden. Da, überzeugen Sie sich: Akademie der Wissenschaften, Gesundheitsministerium usw. Außerdem gingen die Belastungskarten an die Gebietsexekutivkomitees und die Gebietskomitees... Damals machten wir noch keinen Unterschied. Absolut alle Informationen bekamen die Ministerräte der Ukraine, Belorußlands, und später auch der Ministerrat der Russischen Förderation... Am 26. April 1986 wurde das ZK der ukrainischen KP unterrichtet, und zwar der erste Sekretär Schtscherbizki, der Sekretär Katschura, dann Schewtschenko vom Obersten Sowjet, dessen Präsidiumsvorsitzender, Politbüromitglied im ZK, dann noch Bachtin und Ljaschko, Bojko, Katschalowski und Kolomijez vom Ministerrat.

In all den an sie gerichteten Schreiben steht, daß am 30. April 1986 die Strahlenwerte in Kiew rapide angestiegen sind. Auf dem Prospekt Nauki beispielsweise wurden maximal 2,2 mR/h gemessen, 1,4 war der Minimalwert. Gegen Abend, so erklärte Israel weiter, gingen die Werte zurück. Am 1. Mai – 0,61, am 2. Mai – 0,85, am 7. Mai – 0,7 usf. Sie gingen immer weiter zurück. Das heißt also, den höchsten Wert hatten wir am 30. April, und zwar um 13 Uhr.

Demnach hatten die Machthaber in der Ukraine genau Bescheid gewußt.

Wir haben darüber auch das ZK der ukrainischen KP und den Ministerrat unterrichtet. All das war der Führung bekannt. Schtscherbizki genauso wie Schewtschenko und auch den anderen Sekretären.

Und dennoch hatte die politische Führung die Maidemonstration angeordnet. Ein Festgelage zu Zeiten der Pest! Mitten im Strahlenchaos. Kinderensembles traten auf. Mit Spruchbändern, Fahnen, selbstgefertigten Blumengestecken und Luftballons zogen junge Pioniere und Schüler durch die Straßen, tanzten auf dem Krestschatik und labten damit das väterliche Auge der Politbüro- und Regierungsmitglieder. Ihre eigenen Enkelkinder aber hatten sie wohlweislich beizeiten aus der Strahlenzone weggebracht.

Auch heute noch, nach sechs langen schrecklichen Jahren, in denen Millionen Menschen in Unwissenheit vor den Gefahren lebten, betrogen und belogen von vielen Funktionären, sitzen etliche von ihnen auf leitenden Posten – in den Obersten Sowjets und in Regierungsämtern. Einige gingen in den wohlverdienten Ruhestand, wie es so schön bei uns heißt, und beziehen märchenhafte Sonderrenten. Wie Kawun, der ehemalige erste Sekretär des Gebietsparteikomitees der ukrainischen KP. Er übersiedelte von Shitomir nach Kiew, unverzüglich versorgt mit einer staatlichen Wohnung und hoher Pension. Übrigens erfuhr ich es – und auch das nur streng geheim – vom Vorsitzenden des Parlamentsausschusses für Sonderrechte und Vergünstigungen, Ignatowitsch, der mir erzählte, wie schwierig es gewesen war, im Ministerrat eine Liste für Sonderrentner *herauszupressen.* Dabei stellte sich heraus, daß es neben den Höchstrenten von 250 Rubel für Zivilpersonen und 300 Rubel für Militärs noch Sonderrenten von 500-700 Rubel für ganz spezielle Verdienste gibt. Auf jener Liste stand auch Kawun, ausgezeichnet mit fünf Leninorden, dem Rotbannerorden, dem Orden der Völkerfreundschaft und anderen unzähligen Medaillen. Und nicht zu vergessen: Er war Held der Sowjetunion. Seinen fünften Leninorden bekam er zwei Jahre nach dem Reaktorunglück. Wurde damit vielleicht sein Schweigen belohnt?

Auf meine Deputiertenanfrage antwortete der Vorsitzende des Gebietsexekutivkomitees von Shitomir, Malinowski, am 31. August 1990:

Schon einige Tage nach dem Reaktorunfall im KKW Tschernobyl wurde ein breites Nutz von Überwachungs- und Kontrollstellen der Strahlensituation in dichtbesiedelten Orten des Nordens installiert. Erste Daten über die Gammadosis gingen am 28. April 1986 aus Naroditschi vom Stab der Zivilverteidigung an das Gebietsexekutivkomitee. Ab Zeitpunkt des Unfalls und laufend bis 1987 wurden die Daten von den übergeordneten Behörden per Sonderpost geliefert und auch zurückgebracht. Das betraf insbesondere Ortschaften in den Gebieten von Naroditschi, Owrutsch und Luga. Seit Mai 1986 wurden die Daten vom Hydrometeorologischen Institut der Ukraine geliefert.

Das bestätigte auch der Abteilungsleiter für Strahlenkunde am Landwirtschaftsministerium der Ukraine, Ljastschenko. *Zusammengefaßte Daten* über die Verseuchung durch Radionuklide wurden vom Hydrometeorologischen Institut am 12. September unter der Nr. 1231-C ans Gebietsexekutivkomitee von Shitomir geschickt. Nach erneuter radiochemischer Analyse gingen diese Daten am 1. August 1987 unter der Nr. 1319-C ans Landwirtschaftsministerium. Und das alles sollte dem ersten Sekretär nicht bekannt gewesen sein? Er hat es gewußt.

Zu den Sonderrentnern gehörten auch der erste Sekretär des ZK der ukrainischen KP, Schtscherbizki, und die ehemalige Vorsitzende des Präsidiums des Obersten Sowjets der Ukraine, Schewtschenko. Der damalige zweite Sekretär der KP Iwaschko siedelte nach Moskau über und wurde auf Gorbatschows Vorschlag dessen streitbarer Stellvertreter. Auch er leidet keine Not. Befördert wurden ehemalige Leiter auf Gebietsebene. Gotowtschiz, stellvertretender Vorsitzender des Exekutivkomitees in Shitomir, leitet heute in der ukrainischen Regierung die Kommission zur Beseitigung der Folgen des Reaktorunglücks. Spishenko, ehedem Abteilungsleiter für Gesundheitswesen im Gebietsexekutivkomitee, ist heute Gesundheitsminister der Ukraine. Der ehemalige Vorsitzende des Obersten Sowjets von Belorußland, Tarasewitsch, leitet die Kommission für internationale Politik und internationale Beziehungen im Obersten Sowjet der UdSSR.

Auch den ehemaligen ukrainischen Gesundheitsminister, Romanenko, ließ man nicht zugrunde gehen. Er wurde in den Direktorensessel des Allunionszentrum für Strahlenmedizin gehievt. Sie alle haben uns bis vor kurzem noch versichert, daß *der Gesundheit unserer Kinder nichts drohe*, daß sie *keinerlei Informationen* gehabt hätten, daß sie *nichts gewußt* haben usw.

Als Tschelyschew, ein Deputierter, Israel zu der Maidemonstration in Kiew befragte, antwortete der:

Ich wiederhole nochmals, weder ich noch Vertreter aus dem Hydroinstitut haben an der Vorbesprechung teilgenommen, wir wußten nicht, ob die Demonstration stattfinden würde oder nicht.

Noch drei Monate später, am 20. Juli 1990, gab Israel in einer Beratung mit Deputierten und Experten im Ausschuß für Ökologie weitere Enthüllungen preis, und zwar bis ins Detail, bis auf jede Strahlenwolke, die in die Atmosphäre flog, wann und in welche Richtung, wer darüber informiert wurde und mit welchen Unterlagen. Juri Israel:

> Hier auf dieser Karte ist das Wesentliche eingezeichnet... Um es deutlich zu sagen, dies ist eine genaue Karte, alle Karten sind genau, vielmehr die Pläne, die ans ZK und den Ministerrat gingen... Jeden Tag wurden Aufnahmen gemacht. Nach drei/vier Tagen hatten wir bereits acht Flugzeuge und Hubschrauber in der Luft, die die Gammastrahlung, die Gammadosisleistung und das Gammadosisspektrum gemessen haben. Das wichtigste aber war, daß wir nun auch auf dem Erdboden Linien markieren konnten. Das hier ist eine einmalige Karte, die bereits die Erdoberfläche ohne jegliche atmosphärische Verschmutzung zeigt... Dann möchte ich Ihnen noch eine der Karten zeigen, die an die Regierungskommission gingen. Zufällig besitze ich eine davon... sozusagen ein Erinnerungsstück.
>
> Ich habe hier die allerersten Karten gezeigt, die der Führung am 27. April vorgelegt wurden. Damals war es noch schwierig, Effekte von dem mächtigen Strahl und dem, was sich auf der Erdoberfläche absetzte, zu trennen. Wir haben die Luftfahrt zu Hilfe genommen. Hier, bitte, da ist schon die erste Spur. Das ist eine erhalten gebliebene Skizze vom 1. Mai, die bereits Daten von mehreren Flugzeugen und Hubschraubern aufweist. Ich habe auch die Karten gezeigt, die tagtäglich an die Regierungskommission gingen.
>
> Die interessanteste aber ist diese Karte. Sie ist äußerst wichtig, weil sie eine entscheidende Rolle spielte. Angefertigt wurde sie in den ersten Maitagen. Sie wurde vom 4. Mai an für die Aussiedlung aus der 30 km-Zone genutzt. Bis zum 10. Mai wurde sie präzisiert, bis wir sie dann weitergeleitet haben.
>
> Hier ist der Novemberbericht mit weiteren Daten und Karten... Wir haben zwei große Aktenvorgänge mit täglichen Berichten. Wohin diese täglichen Berichte gingen, dazu komme ich gleich... Beteiligt an diesen Arbeiten waren das Verteidigungsministerium, das Gesundheitsministerium, die Akademie der Wissenschaften der UdSSR, die ukrainische Akademie der Wissenschaften, das Landwirtschaftsministerium und das Ministerium für Maschinenbau... Die Militärs hatten ihre eigenen Kanäle der Berichterstattung, sie informierten u.a. das Politbüro. Die chemischen Kampftruppen meldeten ihre Daten aus dem Innersten der Zone.
>
> Da ich mich in Tschernobyl und Kiew aufhielt, schickte ich regelmäßig, d.h. alle zwei Tage, Telegramme an Ryshkow, und etwas unregelmäßiger an Dolgych, den Sekretär des ZK der KPdSU.

Schließlich kam Israel auf die Operativgruppe des Politbüros und namentlich auf die Regierungskommission zu sprechen.

> Ende Juli ging ein Bericht von uns ans Politbüro. Drei Schreiben. Von jedem Ministerrat, möchte ich betonen. Der Ministerrat hatte seine eigenen Verbindungen zu den Gebietsexekutivkomitees der Ukraine, Belorußlands und Rußlands. Ryshkow war der Chef der Politbürogruppe... Seine Kommission tagte häufig und ausgesprochen aktiv. Soweit ich weiß, kam sie im Mai mindestens alle zwei Tage zusammen, danach seltener.

Die Regierungskommission wurde von den Stellvertretern des Vorsitzenden geleitet: Schtscherbina, Silajew, Woronin, Masljukow, Gussew, Wedernikow.

Alle, alle haben sie es gewußt.

Israel wollte um alles in der Welt beweisen, daß er vorbildlich gearbeitet hatte. Daß er keine Schuld trug, und daß es nicht seine Sache war, die Öffentlichkeit zu informieren. In mehreren Diskussionsstunden wiederholte er seinen Standpunkt in unterschiedlichen Varianten:

Was die offiziellen Informationen betrifft, so haben wir sie vollständig an den Ministerrat weitergeleitet. Und in punkto Gebietskomitees... Gomel hat von uns diese Daten bekommen. Übrigens saßen da die aktivsten Leute. Auch Mogiljow erhielt die Daten. Das kann ich belegen. Ich hab sogar eine Karte. Eine ganz andere Sache ist, daß sie die Isotopenzusammensetzung erst später bekamen. Ich habe die Beweise hier, daß wir alle Unterlagen verschickt haben – sogar an die Kreispartei- und Kreisexekutivkomitees...

Der Deputierte Tschelyschew fragte, warum die Bevölkerung nicht informiert wurde. Darauf entgegnete Israel:

Das fragen Sie besser die Ministerräte der Republiken. Unsere Aufgabe war es, die Führung zu unterrichten. An ihr war es, die Informationen weiterzugeben.

Hier das Urteil von Smoljar, Vorsitzender der Kommission zur Beseitigung der Folgen des Reaktorunfalls im KKW Tschernobyl beim Obersten Sowjet Belorußlands:

Man kann heute viel von Geheimhaltung reden, wo aber bleibt die Haltung als Staatsbürger? Warum ist nicht ein einziger aus der Kommission, die am 27. April nach Tschernobyl kam, im Fernsehen aufgetreten, um der Bevölkerung die Situation allgemeinverständlich zu erklären?

In allen Anhörungen, Interviews, Artikeln und Auftritten war Israel nicht imstande zu begreifen, was jedem gewissenhaften Menschen klar ist: Warne vor der Gefahr, denn du hast sie gekannt, hast ja die Obrigkeit unterrichtet. Du hast gewußt, was insbesondere den Kindern droht. Wir haben es nicht gewußt, weil du es wußtest. Sie wußten es, wußten und schwiegen. Er wußte und schwieg. Drei Jahre schwieg er und trug die Informationen emsig nach oben. Dafür wurde er mit dem Leninorden belohnt.

Ein guter Mensch ist Juri Israel: Drei Wale hat er gerettet, der Regierung zum Trotz. Gott sei dank, was hätte sonst die Welt von uns gedacht?

„Nichts bedroht die Gesundheit unserer Kinder."

Dieser Satz ist unter allen Beschwichtigungen der beliebteste, wenn die Machthabenden auf die Folgen der Reaktorkatastrophe zu sprechen kommen. Ich habe ihn dutzendmal gehört. Ganz automatisch kommt er von ihren

Lippen, am häufigsten aber von hochrangigen Medizinern. Innerhalb von drei Jahren hat unsere offizielle Medizin – das von Tschasow geleitete Gesundheitsministerium – dreimal (!) offiziell den maximal zulässigen Strahlengrenzwert geändert. Anfangs betrug er 70 rem für siebzig Jahre menschlichen Lebens, dann 50 und ab 1987 schließlich nur noch 35 rem. Vor Tschernobyl aber betrug er nur 25 rem. . Das ist der Richtsatz für die unterste Grenze eines unzulässigen Risikos, d.h. eine Grenze, oberhalb der das Leben gefährdet ist und die Menschen umzusiedeln sind. So ein willkürlicher Umgang mit dieser für das menschliche Leben wichtigen Kennziffer verwundert nicht nur, sie mahnt zur Vorsicht. Ist sie wissenschaftlich begründet oder einfach nur aus der Luft gegriffen?

Als Vater der 35-rem-Konzeption gilt in der UdSSR zu Recht der Chef der Nationalen Kommission für Strahlenschutz beim Gesundheitsministerium der UdSSR, Akademiemitglied Iljin. Das wohl wichtigste Argument von offizieller Seite für diese Konzeption ist: Man beschuldigt samt und sonders alle der Radiophobie.

Folgendes erklärte Iljin gegenüber Journalisten auf der Konferenz über *Medizinische Aspekte des Reaktorunfalls im KKW Tschernobyl* im Mai 1988 in Kiew:

> Wir alle tragen Schuld am Syndrom der Radiophobie. Ich würde dafür zwei Aspekte benennen: die erschreckende Unwissenheit der Bevölkerung auf dem Gebiet des Strahlenschutzes und den unvermeidlichen Drang der Journalisten, gerade die Dinge aufzubauschen, die beim einfachen Mann von der Straße auf reges Interesse stoßen, ja, die Sensationsgier befriedigen.

Gelinde ausgedrückt war das eine sonderbare Einstellung. Zu diesem Zeitpunkt nämlich hatten Journalisten überhaupt keine Chance, das zu veröffentlichen, was sie in den belasteten Zonen tatsächlich sahen. Das zum ersten. Außerdem hatten die Mediziner – und das dürfte dem verehrten Akademiemitglied sehr wohl bekannt gewesen sein – bei der Vertuschung von Informationen über gesundheitsschädliche Folgen des Reaktorunglücks ihre Hand mit im Spiel. An dieser Stelle sollte man die Ärzte, die den Anordnungen der Obrigkeit so dienstbeflissen nachkamen, an den Eid des Hippokrates erinnern, den sie in ihren Jugendjahren geleistet hatten. Aber das war wohl sinnlos. Zum zweiten: Wie kann man dem *einfachen Mann von der Straße* Sensationsgier vorwerfen, wenn es um die Gesundheit der eigenen Kinder geht?

Ohne jeden Grund tadelte Iljin die Journalisten. Der letzte Satz des Konferenzberichtes, den zwei Sonderkorrespondenten der *Prawda* unter dem Titel *Gerüchte* verfaßt hatten, lautete: *Der Vormarsch der Radiophobie läßt sich nicht aufhalten*. Einer von ihnen war Michail Odinez, Sonderkorrespondent der *Prawda* in der Ukraine.

Auf einer öffentlichen Anhörung im Obersten Sowjet, am 19. Oktober 1989, beschwor Iljin die Anwesenden:

> 35 rem ist kein gefährlicher Wert, lediglich einer, von dem an man Maßnahmen zu treffen hat...

Diesen Standpunkt teilten seine Moskauer Kollegen: Knishnikow, Gusskowa, Tschasow, eine Gruppe ukrainischer Wissenschaftler mit Bebeschko und Lichtarew, der Gesundheitsminister Romanenko und andere. Gerade diese offiziellen Wissenschaftler, deren Konzeption 35 rem für 70 Jahre etlichen Regierungsbeschlüssen bis zum Jahre 1990 zugrunde lag, sollten heute die Bürde der Verantwortung für all die Menschen spüren, die vier Jahre lang in den verseuchten Zonen leben mußten, und deren Kinder innerhalb von zwei Jahren auf einen Schlag mehr als 20 rem aufgenommen haben. Ihretwegen müssen sich diese Leute zusammen mit Regierungsvertretern aller Republiken heute von den Müttern fragen lassen: Warum?

Allen Ernstes äußerte Professor Knishnikow, Laborleiter des Instituts für Biophysik bei der Akademie der Wissenschaften, während einer Zusammenkunft in Naroditschi:

> Nirgendwo auf der Welt – weder in Hiroshima, noch in Nagasaki, noch nach der Katastrophe 1957 im Ural, wo die durchschnittliche Strahlendosis 52 rem betrug – wurde bei der Untersuchung der Strahlungsfolgen eine Häufung von genetischen Störungen oder Krebserkrankungen bei Dosen von 50 bis 100 rem registriert.

Jemand aus dem Saal rief gereizt:

> Was soll das mit Hiroshima? Bei uns sind doch ganz andere Radionuklide niedergegangen!

Darauf der Professor:

> Na, wenn Sie sich mehr für Märchen interessieren...

Eben Märchen interessierten die Menschen nicht, in denen sich durch den jahrelangen Betrug die Wut angestaut hatte. Mit lärmenden Händeklatschen hinderten sie den Professor am Weiterreden.

Sind solche Vergleiche überhaupt angebracht? Die Atombombe, die auf Hiroshima niederging, wog lediglich (wenn dieser Ausdruck hier angebracht ist) 4,5 Tonnen. Der Reaktor des 4. Energieblocks im AKW Tschernobyl aber schleuderte 50 (!) Tonnen Urandioxyd in Form von Feindispersionsteilchen, hochradioaktive Nuklide von Jod-131, Plutonium-239, Neptun-139, Caesium-137, Strontium-90 und viele andere Radioisotope mit unterschiedlichen Zerfallzeiten in die Atmosphäre. Weitere 70 Tonnen Brennstäbe wurden aus den peripheren Bereichen der aktiven Zone freigesetzt. Zusätzlich wurden etwa 700 Tonnen radioaktiven Reaktorgraphits um den Block herumgeschleudert. *Tschernobyl – das ist dreihundertmal Hiroshima.* Man bedenke allein das langlebige Caesium-137, das über das Weichbild des Reaktors hinaus in die Atmosphäre gelangte. Und das soll der Professor nicht gewußt haben? Nichtsdestotrotz beharrte die offizielle Medizin auf ihrem Standpunkt und sucht nach immer neuen Argumenten, um ihre Position zu verteidigen. Eines ihrer Argumente, das Knishnikow auf eben jener Zusammenkunft verkündete, war: In Argentinien hat die Regierung die Dosis von 100 rem für 20 Jahre festgelegt. Ein schwacher Trost für die betrogenen und kranken Menschen. Man könnte meinen, daß ausgerechnet in Argentinien und nicht bei uns die Menschen im Zentrum der Atomkriegsfolgen in Europa leben. Seinen Ausmaßen nach ist Tschernobyl ein solcher Krieg gewesen. Mit nichts kann man es vergleichen. Weder mit Argentinien, noch mit Hiroshima, noch mit dem Ural. Begreifen das die Professoren Knishnikow, Iljin, Gusskowa, Tschasow usw. denn nicht?

Ich bin natürlich kein Fachmann für Strahlenmedizin. Und auch kein Professor. Ich bin der einfache Mann von der Straße, der endlich wissen will, was 35 rem für die Gesundheit meines nunmehr sechsjährigen Sohnes (bei der Katastrophe war er gerade zwei) bedeuten: ist es viel, wenig oder normal? Ich kann diesen Menschen nicht mehr glauben, die mich jahrelang belogen haben und beteuerten, daß *nichts die Gesundheit unserer Kinder bedroht.* Und plötzlich, vier Jahre nach dem Reaktorunfall, müssen Dutzende Dörfer umgesiedelt werden? Etwa deshalb, weil für die Gesundheit der Einwohner keinerlei Gefahr besteht? Kann ich bei dieser Kehrtwende noch meiner Regierung trauen, die diesen Betrug abgesegnet hat, der fast genauso furchtbar ist wie die Katastrophe selbst?

Ich schlage eine der kompetentesten Informationsquellen unseres Landes auf – die *Große Sowjetenzyklopädie* und lese:

> Dosis. Die Äqualenzdosis von 5 rem pro Jahr gilt als maximal zulässig bei berufsbedingter Bestrahlung.

Daraus folgt, daß die Einwohner von zwölf Dörfern des Bezirks Naroditschi, ohne es zu ahnen, drei Jahre wie Berufstätige eines KKW lebten. Und ich merke an: ohne all die Zusatzleistungen, die sonst Kernkraftwerkern zustehen wie Zusatzurlaub, Sonderrente, medizinische Betreuung. Dazu Professor Knishnikow:

> Bei mehrmaliger Bestrahlung mit einer Dosis von 25 rem und weniger werden bei einigen besonders sensiblen Personen vorübergehende Blutbildveränderungen beobachtet, die aber im Laufe von drei, vier Wochen wieder verschwinden. Es treten keinerlei Gesundheitsschäden auf.

Ich lese weiter in der *Enzyklopädie*:

> Die minimalste Gammastrahlendosis, die bereits nach einmaliger Bestrahlung die Fähigkeit zur Zellvermehrung blockiert, beträgt 5 rem Bei langandauernder täglicher Einwirkung einer Dosis von 0,02 bis 0,05 rem entstehen primäre Veränderungen im Blut;

bei einer Dosis von 0,11 rem kommt es zu Geschwulstbildung. Auf Spätfolgen schließt man aufgrund der gestiegenen Häufigkeit von Mutationen bei den Nachkommen.

Diese Spätfolgen sind bereits heute vorhanden. In den letzten Jahren hat im Bezirk Naroditschi die Zahl der *Monster* stark zugenommen. Drei Jahre nach der Kernexplosion wurden in landwirtschaftlichen Betrieben 119 Ferkel und 37 Kälber mit Mißbildungen geboren. Einige ohne Extremitäten, andere ohne Augen, Rippen, Ohren, wieder andere mit deformierten Schädeln. Auf einem Hof kam ein Fohlen mit acht Beinen zur Welt.

Hier zwei weitere interessante Aussagen von Wissenschaftlern:

Es ist anzumerken, daß der Hypothese über die schwellenlose Wirkung der ionisierenden Strahlung zufolge das Risiko radiologischer Spätfolgen auch bei geringsten Dosen sehr hoch ist... Nehmen wir für die Berechnung der Spätfolgen des globalen Fallouts den Wert von 2,16 rem an. Bei einer Bestrahlung mit 2,15 rem im Laufe von zwanzig Jahren nach einer Atomkatastrophe würde die Anzahl der tödlichen Tumore bei der Weltbevölkerung 1 Million 200.000 betragen, die Gesamtzahl der genetischen Effekte entsprechend – 380.000.

Woher stammen diese Aussagen? Interessanterweise aus Büchern, die die angesehenen Herren und Damen Professoren Tschasow, Iljin, Gusskowa verfaßt haben *(Die Gefahr eines Kernwaffenkrieges* und *Der Kernwaffenkrieg – medizinisch-biologische Folgen).* Die Bücher wurden zwar vor dem Reaktorunfall 1982 und 1984 geschrieben, aber dennoch: Die Autoren warnten die Welt, indem sie, wie ich annehme, wissenschaftlich fundierte Daten anführten. Was also hat sie veranlaßt, ihre über Jahre vertretenen wissenschaftlichen Thesen nach dem Reaktorunfall so rigoros zu ändern? Warum führt Iljin zur Verteidigung einer überholten Theorie heute alles andere als akademische Argumente an?

Die Umsiedlung von Hunderten von Dörfern ist eine komplizierte Aktion, eine Störung der gewohnten Lebensweise, zumal die Menschen um ihren gewohnten Lebensstandard gebracht werden.

In ihrem Zeitungsartikel *Grenzüberschreitung*, erschienen am 18. November 1989 in *Sowjetskaja kultura*, stellt die bekannte Regisseurin Dshemma Firssowa zu Recht die Frage: Welche Art von Lebensstandard meint der Professor eigentlich? Die lumpigen dreißig Rubel *Sarggeld*? Die verseuchte Milch, die mehr radioaktivem Abwasser ähnelt? Oder die zahllosen Kinderkrankheiten?

Wurden nicht Iljins Konzeption zufolge die Kinder erst am 7. Mai aus Kiew evakuiert, obwohl die Stadt gerade in den ersten Maitagen den höchsten Grad der Verseuchung erreichte? Juri Israel:

Am 7. Mai fand die Sitzung des Politbüros des ZK der Ukraine statt, zu der als Experten ich, Iljin, ein Akademiemitglied sowie ein weiterer Mitarbeiter des Instituts für Biophysik, deren Namen ich im Moment nicht parat habe, geladen waren. Wir wurden zur Evakuierung Kiews befragt. Zu diesem Zeitpunkt nämlich verließen viele Einwohner die Stadt bereits spontan; nicht nur Kinder, auch Erwachsene. Die Fahrkartenschalter waren überfüllt. Wahrscheinlich wegen dieser Zustände behandelte das Politbüro diese Frage. Ich und Iljin sollten dazu Stellung nehmen. Ich sagte, ich könne die Daten über den Grad der radioaktiven Verseuchung vorlegen, was ich dann auch tat. Gemeinsam mit Iljin schätzen wir die Dosisbelastungen im Vergleich zu den Kennwerten ab, die für den Fall einer Evakuierung gelten. Als Fachleute kamen wir zu dem Schluß, daß keine Gründe für eine Evakuierung sprechen... Als Schtscherbizki forderte, das schriftlich festzuhalten, setzten wir uns hin und schrieben mehrere Stunden lang. Wir haben durchaus verstanden, daß wir unserer Rolle als verantwortungsbewußte Experten gerecht werden mußten, also haben wir alles aufgeschrieben. Schtscherbizki verschloß diese Unterlagen im Panzerschrank. „Gut so", sagten sie. Folglich akzeptierten sie die Entscheidung von uns Experten, wie auch immer sie ausgefallen war. Aufgrund dessen wurde keine Evakuierung angeordnet. Ich verstehe das so: Hätten sie unsere Entscheidung für bedenklich gehalten, hätten sie ja Fachleute aus jedem Bereich in Kiew oder der ganzen Ukraine hinzuziehen können. Warum sie das nicht taten, ist mir übrigens bis heute nicht klar.

Im folgenden die Schlußfolgerungen der Experten Iljin und Israel, die heute den ehemaligen Machthabern als Schutzschild dienen:

Die Strahlensituation in Kiew und im gesamten Bezirk (ganz besonders im Bezirk! Anm. d. Aut.) stellt zum gegenwärtigen Zeitpunkt keine Gefahr für die Gesundheit der Menschen dar, einschließlich der Kinder. Sie liegt in der Norm, die die nationalen und internationalen Richtlinien der IAEA für den Fall eines Reaktorunfalls im KKW Tschernobyl empfehlen. Die Analyse der Strahlensituation in Kiew weist keine Indikatoren für eine Evakuierung der Menschen – einschließlich der Kinder – in andere Regionen aus.

Wohl, weil die Indikatoren *fehlten*, wurde am selben Tag beschlossen, ab dem 8. Mai die Kinder aus Kiew wegzubringen. Vorschulkinder wohlgemerkt. Der Schulunterricht wurde zum 15. Mai eingestellt. Schüler bis zur siebenten Klasse brachte man in Ferienlager und Erholungsheime. Und das erst nach dem ersten radioaktiven Schlag, nach dem Alptraum der Maidemonstration!

Nach all den Anfragen von Deputierten auf Kongressen und Tagungen, und nachdem in der Presse eindeutige Belege für die Gleichgültigkeit gegenüber dem Schicksal der Menschen erschienen waren, wurde klar, wie mit Mitteln der Vertuschung Tschernobyl von einem ökologischen zu einem politischen Phänomen manipuliert wurde.

Zum einen waren die einzelnen Republiken nicht imstande, allein mit dem Atommonster fertigzuwerden. Es fehlte ihnen an Geld. Zum anderen wurde

die Kluft zwischen den akademischen Berichten in Moskau und dem, was sich tatsächlich in den verseuchten Gebieten abspielte, immer größer.
Auf dem II. Volksdeputiertenkongreß im Frühjahr 1990, als das Regierungsprogramm zur Wirtschaftssanierung diskutiert wurde, als Demokraten und Altkommunisten das Für und Wider des Programms mit Säbelrasseln begleiteten, befand ich mich als Deputierte in einer schwierigen Situation. Einerseits sah ich, daß das Programm von Ryshkow, so wie er es vorgelegt hatte, nur die Agonie unserer chronisch kranken Wirtschaft verlängern würde. Andererseits – und auch das war mir klar – würde der Kongreß mehrheitlich das Programm billigen, auch wenn ich dagegen stimmte. Das war in diesem Saal unabwendbar wie der tägliche Sonnenaufgang. Für uns Deputierte aus der Ukraine und Belorußland war es ungemein wichtig, sowohl Gorbatschow als auch den Kongreß davon zu überzeugen, daß unbedingt ein Programm zur Beseitigung der Reaktorunfallfolgen angenommen werden mußte. Wir brauchten Geld, materielle Unterstützung und natürlich ein Konzept für ein wirklich sicheres Leben der Menschen; zusätzlich sollten die Menschen, die laut offizieller medizinischer Expertise dort immer noch mit radioaktiver Belastung lebten, sofort ausgesiedelt werden.
Um dieser unglücklichen Menschen willen mußte ich nach einem Kompromiß suchen. Auch wenn das Programm in der vorgelegten Form verabschiedet würde, wenigstens ein Satz mußte über die Beseitigung der Unglücksfolgen hineinkommen. Das war das Ziel meiner Wortmeldung.
Der gleiche Vorschlag kam auch von anderen ukrainischen und belorussischen Deputierten. Das wurde vom Kongreß festgehalten. Später kam es zur Bildung eines Expertenausschusses der RSFSR, der Ukraine und Belorußlands, der mit staatlichen Programmen die Liquidierung der Reaktorunfallfolgen für die Jahre 1990-1995 zur Aufgabe hatte. An seiner Spitze stand Akademiemitglied Moissejew. Nach vier Jahren Dialog zwischen Taubstummen, also zwischen der Regierung und der Öffentlichkeit, lag nun eine erste ausführliche Expertise zu den Folgen des Reaktorunglücks vor. Diese Tatsache spricht Bände.
In den Ausschuß wurden erfahrene Fachleute berufen: Wissenschaftler der Akademie der Wissenschaften der UdSSR, der Moskauer Universität, Mitarbeiter wissenschaftlicher Institute aus der Ukraine und Belorußland, Soziologen, Psychologen, Juristen, Vertreter des Verkehrswesens, des Nachrichtenwesens, der Kommunal- und Landwirtschaft. Neben zahlreichen anderen Gruppen wurde auch eine Gruppe aus Vertretern gesellschaftlicher Organisationen und Volksbewegungen gebildet. Mehrere Volksdeputierte, darunter auch ich, gehörten ebenfalls zum Expertenausschuß, der an die hundert Mitglieder zählte. Fast die Hälfte von ihnen hatte auch schon früher mit

dem Problem Tschernobyl zu tun gehabt. Sie hatten die verseuchten Gebiete aufgesucht und dort Untersuchungen durchgeführt, was sich als sehr günstig erwies.
Ich arbeitete in einem Unterausschuß unter der Leitung des Biologen Dr. Nasarow, stellvertretender Vorsitzender der Staatlichen Plankommission. Nasarow sagte gegenüber der Zeitschrift *Nedelja*:

> Ich habe mich lange mit Strahlenbiologie befaßt, über zwanzig Jahre beteiligte ich mich an verschiedenen Expertisen, sowohl bei uns als auch im Ausland. Aber das, womit ich jetzt konfrontiert werde, hat mich geschockt. Am schrecklichsten ist es, mit den Menschen in den betroffenen Gebieten zu sprechen. Ich habe mir dabei oft gewünscht, einfach zu verschwinden, in den Erdboden zu versinken. Ich schäme mich, diesen Menschen in die Augen zu sehen. Ich schäme mich wegen der Hilflosigkeit und der verlogenen Versprechungen von hochrangigen Funktionären und sonstigen Amtspersonen. Versprochen haben sie viel, dann sind sie abgereist und haben alles vergessen. Die Ausmaße dieses Unglücks sind unvorstellbar!

Der Ausschuß hatte gründlich zu arbeiten, um das ganze Lügengespinst und die offiziellen Vertuschungsmanöver zu entlarven. Nicht alle Unterlagen, die wir brauchten, bekamen wir sofort. Manche überhaupt nicht. Erst am 4. März 1990 wurden die Karten der Strahlenverseuchung vom Hydrometeorologischen Komitee der UdSSR an den Ausschuß für Ökologie gegeben. Wir haben sie zum ersten Mal während der Parlamentsanhörung am 12. April gesehen. Aber wir verfügten über andere Karten, die aus dem Ministerium für Geologie der UdSSR stammten.
Die Wissenschaftler arbeiteten ohne Pause. Nach drei Monaten sollten sie dem Obersten Sowjet der UdSSR zu den drei Programmen für die Beseitigung der Reaktorunfallfolgen aus der RSFSR, der Ukraine und Belorußland ein Gutachten vorlegen. Sie hatten möglichst genau die Iljinsche Konzeption *35 R für 70 Lebensjahre* zu untersuchen und sie aufgrund von Unterlagen, Messungen, Untersuchungen und Konsultationen mit ausländischen Wissenschaftlern einzuschätzen. Davon waren Tausende menschlicher Schicksale, praktisch die Gesundheit ganzer Nationen abhängig. 80% Belorußlands beispielsweise hatte der radioaktive Vogel mit seinen schwarzen Schwingen bedeckt. Wir studierten Unterlagen aus der Bundesrepublik, den USA, aus Schweden. Der Arbeits- und Informationsumfang war unvorstellbar.
Bei der Analyse der Programme tauchten zahlreiche Probleme auf, auf die ich noch zurückkomme. Aber wie erwartet, wurde gerade die Konzeption eines sicheren Verbleibens in den belasteten Gebieten zum Stein des Anstoßes. Massenphobie oder etwas anderes? Einige Fachleute gaben Iljin recht, weil es praktisch unmöglich sei, im *Bereich des Rauschens* etwas festzustellen. Unter *Rauschen* versteht man geringe Strahlendosen. Andere hielten

dagegen, daß die Österreicher 1 R *eingefangen* hätten. Als Beispiel wurde Salzburg angeführt, wo ebenfalls radioaktiver Niederschlag niedergegangen war. In Österreich standen etliche Menschen unter ständiger medizinischer Kontrolle, auch schon vor dem Unfall in Tschernobyl. Bei diesen Menschen nun wurde eine Belastung von 1 rem festgestellt. Zuverlässige Ergebnisse erzielt man bei einer Belastung von rem Bei diesem Wert ist ein Zerfallsprozeß der Gesundheit auszumachen.

Die meisten Fachleute neigten dazu, die 35-rem-Konzeption als antiwissenschaftlich und antihumanistisch zu verwerfen. Schon lange spricht die Welt von einer schwellenlosen Konzeption. Populär ausgedrückt heißt das: Jede Strahlendosis hat Folgen für den menschlichen Organismus. Der Mensch selbst hat in seinem Organismus Radionuklide und strahlt aus. Doch das sind unsere körpereigenen Nuklide. Der bekannte Wissenschaftler Sternglass schrieb dazu:

> Die Sensibilität gegenüber der Dosis verläuft logarythmisch und nach einer Wurzelfunktion, d.h. bei geringer Dosis steigt die Empfindlichkeit schneller als bei hoher...

Untersuchungen nach der Katastrophe in Tschernobyl brachten folgendes zutage:

> Wesentlich ist, daß viele Erkrankungen, die zuvor niemals mit radioaktiver Belastung in Verbindung gebracht wurden, wie beispielsweise Infektionskrankheiten (Grippe, Lungenentzündung) oder chronische Erkrankungen (Emphyseme, Herz- und Nierenleiden, Lähmungserscheinungen) tatsächlich sogar von sehr geringen Strahlendosen verursacht werden.

Ich betone nochmals: Ich bin kein Spezialist, weder Mediziner noch Radiobiologe. Doch ich lebe in einer belasteten Zone und ich will begreifen, dahinterkommen, was mit uns passiert. Ich vergleiche, analysiere, diskutiere mit Wissenschaftlern, stelle Fragen, bekomme Antworten. Und ziehe daraus meine Schlüsse.

Als die Arbeit des Expertenausschusses auf das Ende zuging, wurde klar, daß die Konzeption *35 R für 70 Jahre Menschenleben* keiner allgemeinen wissenschaftlichen Prüfung standhalten konnte, daß es sich nur um das Konzept einer kleinen Wissenschaftlergruppe handelte. Das *35*-rem-*Konzept* hätte durch den Kongreß der Strahlenbiologen bestätigt werden müssen. Aber auch er hatte das Konzept eindeutig abgelehnt. Man kann jetzt nur rätseln, warum ausgerechnet dieses Sicherheitssystem von unserer Regierung und dem Politbüro des ZK der KPdSU angenommen, unterstützt und begrüßt wurde. Dieses und kein anderes. Es hatte ja auch andere Standpunkte anderer Wissenschaftler gegeben. Sowohl in Moskau, als auch in der Ukraine und in Belorußland. Und schließlich existierten auch ausländische Erfahrungen.

Doch während belorussische Wissenschaftler des *35-rem-Konzept* entschieden abgelehnt hatten, blieb es Bestandteil des ukrainischen Programms. Was aber das merkwürdigste war: Niemand hatte das Programm unterzeichnet. Es war anonym! Es enthielt nur Angaben über die Verseuchung durch Caesium-137, jedoch nichts über die Verseuchung durch radioaktives Plutonium, ganz zu schweigen von anderen Nukliden. Auch keine Angaben über die Kostenhöhe für die Desaktivierungsarbeiten und über deren Wirksamkeit. Insgesamt enthielt das Programm viele Widersprüche. Dann stellte sich heraus, daß es auch im Obersten Sowjet der Ukraine nicht durchgekommen war. Die Parlamentsabgeordneten hatten überhaupt keine Ahnung, um was für ein Programm es sich da handelte und nach welchen Kriterien es aufgestellt war.
Einige Zeit später überreichte man mir im Obersten Sowjet der Ukraine eine Mappe mit Unterlagen. Darunter war der Beschluß der Ausschüsse des Obersten Sowjets der Ukraine für Industrie, Naturschutz und rationelle Nutzung der Naturressourcen. Er war folgendermaßen formuliert: *Über den Antrag des Deputierten K.M. Sytnik, im Obersten Sowjet der Ukrainischen SSR die Frage der ökologischen Situation in der Republik und dringliche Maßnahmen zu ihrer entscheidenden Verbesserung zu erörtern.* Der Deputierte schlug u.a. vor, die Folgen des Reaktorunglücks zu untersuchen. Der Beschluß wurde am 22. September 1989 gefaßt. Und sogar auf die Tagesordnung einer für den 25. bis 27. Oktober vorgesehen Sitzung gesetzt. Tagesordnungspunkt 4 war Tschernobyl. Die dafür zuständigen Beamten Bachtin und Teteruk wurden beauflagt,

> eine termingerechte Vorbereitung des Berichtes des ukrainischen Ministerrates über den Stand und die Maßnahmen zur weiteren Beschleunigung der Arbeiten bei der Beseitigung der Reaktorunfallfolgen im KKW Tschernobyl zu gewährleisten. Das galt ebenfalls für das vom Ministerrat der Ukraine dem Obersten Sowjet der Ukraine vorzulegende Projekt.

Das sollte vom 10. bis 15. Oktober 1989 geschehen. Am 17. Oktober jedoch wurde dieser Tagungspunkt vom Präsidium des Obersten Sowjets der Ukraine mit Schewtschenko an der Spitze gestrichen, was mit anderen unaufschiebbaren Angelegenheiten begründet wurde. Es wurde beschlossen, diese Sache auf 1990 zu verschieben. Tatsächlich wurde sie erst Mitte Februar behandelt. Doch von einem Sonderprogramm zur Liquidierung der Reaktorunfallfolgen war keine Rede mehr. Fast vier Jahre nach der Katastrophe war das die erste öffentliche Anhörung im ukrainischen Parlament. Das versetzt einen in Angst. In Angst um uns alle. Angst vor solch einer Regierung. War so etwas woanders auf der Welt denkbar?
Aber auch nach dieser um vier Jahre zu spät angesetzten Tagung des Obersten Sowjets der Ukraine, auf der die *35-rem-Konzeption* fast einhellig abge-

lehnt worden war, auch dann noch unternahm die Regierung keinerlei Korrekturen an ihrem anonymen Programm, das unserem Expertenausschuß vorgelegen hatte. Was soll man da von den Beteuerungen des stellvertretenden Vorsitzenden des ukrainischen Ministerrates, Massik, halten, die er während der Moskauer Parlamentsdebatte über die Tragödie von Tschernobyl abgab:

> Die 35-rem-Konzeption wird weder von den ukrainischen Wissenschaftlern noch von uns gebilligt. Auch die Landesregierung hat sie abgelehnt, und dennoch wird sie bis zum heutigen Tage der Sicherheitskonzeption für die Bevölkerung zugrunde gelegt!

Je weniger Zeit bis zum Abschluß des staatlichen Gutachtens blieb, desto merkwürdigere Dinge passieren hinter unserem Rücken. Auf einer der Sitzungen erfuhren wir, daß der Stellvertreter des Expertenunterausschusses, Akademiemitglied Beljajew unter Umgehung des Ausschusses und noch bevor dessen Arbeit beendet war, ohne uns zu informieren, folgendes Papier abgezeichnet hatte: *Zweckgebundene Hauptaufgaben und Kriterien für ein unionsrepublikanisches Programm zur Beseitigung der Folgen des Reaktorunglücks im AKW Tschernobyl.* Das war ein unlauterer Versuch, die Arbeit der Experten zu torpedieren, um die 35-rem-Konzeption um jeden Preis zu retten. *Gegen eine Idee kann man nur mit einer Idee ankommen*, hatte Andreij Sacharow einmal bemerkt.

Unter den Unterzeichnern dieses Dokumentes waren lauter bekannte Namen: Kondrussjew vom Gesundheitsministerium der UdSSR, Iljin, Krasnostschokow und Powoljajew von der Staatlichen Kommission des Ministerrates der UdSSR für Nahrungsmittel und Aufkäufe, Zaturow vom Staatskomitee für Hydrometeorologie der UdSSR. Vermutlich waren all ihre wissenschaftlichen Verfahren für das Überleben ihrer Konzeption erschöpft. Deshalb argumentierten sie mit administrativem Druck. Als ob durch eine Verfügung des Ministerrates der UdSSR das Newtonsche Gesetz aufhören würde zu funktionieren! In der Erläuterung zu ihrem „Werk" beschworen die Obengenannten ein weiteres Mal:

> Falls es unmöglich ist, den vom Gesundheitsministerium der UdSSR festgelegten Grenzwert von 35 rem individueller Dosis während der Lebenszeit durch innere und äußere Belastung einzuhalten, ist eine Evakuierung durchzuführen. Als zweckgebundene Hauptaufgaben und Kriterien schlugen sie vor, die Erzeugung von solchen landwirtschaftlichen Produkten (einschließlich der privat erwirtschafteten) zu gewährleisten, die keine Radionuklide oberhalb der befristet festgelegten Grenzwerte aufweisen.

Dabei bewahrten die Autoren Stillschweigen, für wieviel Jahre oder Jahrzehnte diese Grenzwerte gelten sollten. Sie gelten ja bereits fünf Jahre. Und ihre Annullierung ist nicht in Sicht. Sind sie immer noch befristet oder gelten sie für immer? In der ganzen Welt ist es üblich, befristete Werte höchstens für ein Jahr anzusetzen!

In der Praxis sind solche befristeten Werte paradox: Die Grenzwerte für Futterkartoffeln sind um das zweifache niedriger als für Speisekartoffeln. So dürfen in siebzehn Kolchosen des Bezirkes Naroditschi zwar Menschen ihre *eigenen* Kartoffeln essen, für das Vieh aber sind sie viel zu radioaktiv.

Mit ihren Empfehlungen gingen die gelehrten Männer noch weiter: Sie schlugen vor, weiterhin anzubauen, wenn auch nur technische Kulturen wie Samen und Viehfutter, wenn die Bodenverseuchung mit Caesium-137 40 bis 80 Curie beträgt. Und das, obwohl Fälle bekannt waren, daß Kühe auf einer Weide mit 1-Curie-Belastung radioaktiv verseuchte Milch abgaben.

Der Expertenausschuß sollte seine Arbeit zum 15. Februar beenden, doch schon am 2. Februar wurde dieses an die Regierung gesandte Dokument zur *Verordnung Nr. 587 der Regierungskommission für die Beseitigung der Reaktorunfallfolgen*. Sie bestand aus zwei Punkten:

> Die zweckgebundenen Hauptaufgaben und Kriterien für ein unionsrepublikanisches Programm zur Beseitigung der Folgen des Reaktorunfalls im KKW Tschernobyl auf dem Territorium der RSFSR, der Ukrainischen und Belorussischen SSR und die notwendigen Maßnahmen für deren Realisierung... sind mit dem Koordinierungsrat des Präsidiums der Akademie der Wissenschaften der UdSSR abzustimmen.

In Punkt 2 wurden die Staatliche Plankommission und die Ministerräte in den einzelnen Republiken beauflagt, sich bei der Gestaltung des Programms von den „zweckgebundenen Hauptaufgaben und Kriterien" leiten zu lassen.

Unterschrieben war diese Verordnung vom Vorsitzenden der Regierungskommission für die Liquidierung der Reaktorunfallfolgen, Dogushijew.

Solche Geschäftspraktiken spielten sich hinter unserem Rücken ab. Nachdem wir bei Beljajew alle Umstände dieser Machenschaften geklärt hatten, wandten wir uns mit einem Schreiben an den Vorsitzenden der Staatlichen Plankommission der UdSSR, Masljukow, in dem wir unseren Standpunkt zu solcherart Methoden eines „wissenschaftlichen" Disputes darlegten. Etwa einen Monat später, nachdem der Ausschuß seine Arbeit abgeschlossen hatte, erhielt ich von Juri Arski, dem Vorsitzenden der Staatlichen Expertenkommission bei der Plankommission, eine Antwort. Er teilte mir mit:

> In dem Schreiben wird zu Recht darauf hingewiesen, daß Beljajew das Papier nicht vor Abschluß der Arbeit an dem Gutachten hätte unterschreiben dürfen, zumal es eine der strittigsten Thesen enthält, die dem Programm zugrunde liegen.

Das letzte Argument Iljins zur Verteidigung seiner Konzeption war ein Appell von 92 Fachleuten an den Präsidenten Gorbatschow (Übrigens hatten etliche von ihnen überhaupt nichts mit Strahlenkunde zu tun). Es ist zum Schämen. Der Präsident hat den Brief bekommen und auch gelesen. Aber der erwartete Erlaß über die Einbeziehung der 35-rem-Konzeption in die Wissenschaft blieb aus.

Später wurde noch ein weiterer Versuch unternommen, die öffentliche Meinung zu beeinflussen. In der Zeitschrift *Medizinskaja radiologa* und in der Zeitung *Tribuna NTR* wurde eine Erklärung von Fachleuten abgedruckt, die im Zusammenhang mit dem Reaktorunglück in den Bereichen des Strahlenschutzes und der Strahlenmedizin tätig waren. Sie vertraten den gleichen Standpunkt: 35 rem sind für den Menschen absolut ungefährlich. Und bis sich diese Dosis angesammelt hat, braucht man sich überhaupt keine Sorgen zu machen. *Für die Gesundheit der Menschen bestehe keine Gefah*r.
Ist denn keinem von ihnen mal folgendes durch den Kopf gegangen. Angenommen, ich als Erwachsener nehme eine Dosis von 35 R innerhalb von 20 Jahren auf, so geschieht das allmählich. Ein ein- oder zweijähriges Kind aber nimmt dieselbe Dosis bereits im Verlauf von ein oder zwei Jahren auf. Sind das vergleichbare Fälle? Kann man meinen Organismus mit dem eines Kindes vergleichen? Man muß kein Akademiemitglied sein, nicht Strahlenbiologe noch Mediziner, um diese trivialen Dinge zu begreifen. Das habe ich mir nicht eigens zurechtgelegt, das ist die Realität, mit der wir tagtäglich konfrontiert sind. Bei uns gibt es Dörfer, in denen Kinder innhalb von zwei Jahren 20 R aufgenommen haben. Für einen zarten kindlichen Organismus ist das einem Schlaganfall gleichzusetzen. Und das entspricht auch dem heutigen Zustand dieser Kinder. Ganz bewußt für Iljin und seine Kumpane will ich die Namen der zwölf Dörfer in Naroditschi nennen, in denen die ganz gewöhnlichen Einwohner – keineswegs die Mitarbeiter im AKW – in den ersten beiden Jahren nach der Katastrophe zwischen 10 bis 20 rem aufgenommen haben: *Rudnja-Ososchnja* (übrigens das erste Dorf, das ich ohne Wissen der Behörden aufsuchte)*, Swisdal, Malyje Minki, Schischalowka, Malyje und Bolschije Klestschi, Peremoga, Polesskoje, Christinowka, Staroje Scharnje, Nosdristsche, Chriplja.*
Noch vor dem ersten Volksdeputiertenkongreß hatte die Regierung die sofortige Evakuierung der Einwohner aus diesen Dörfern beschlossen. Seitdem sind zwei Jahre vergangen. Bis heute leben dort Menschen. Und weshalb? Weil der Staat, d.h. die örtlichen Behörden unfähig sind. Sie wissen nicht, wohin mit den Leuten. Es gibt keine Wohnungen, keine Baustoffe, keine Arbeitskräfte. Es gibt nichts, nichts, nichts… Allein das ist der Grund, weshalb sich diese Wissenschaftler und ihre Helfershelfer aus der Regierung an die 35-rem-These klammern. Diese Konzeption zielt nicht auf den Schutz von Millionen Strahlungsopfern, sie dient allein der Regierung, die Illusion aufrechtzuerhalten, daß alles in Ordnung ist, den Menschen keine Gefahr droht. Komfortabel sind nicht nur materielle Dinge, die Wohnung, die Sesselgarnitur, der eigene Herd, sondern auch *wissenschaftliche* Berechnungen. Diese Bequemlichkeit unserer Regierung muß unser Volk teuer bezahlen.

Hämatologische Kinderklinik Minsk, 1990.

Leukämiekrankes Kind in der Hämatologischen Kinderklinik Minsk, 1990.

Iljins Konzeption wurde während der Parlamentsdebatte im Obersten Sowjet folgendermaßen eingeschätzt: Dr. Nasarow, Biologe:

> Eine der grundsätzlichen Thesen, die hier immer wieder angesprochen werden, ist die sogenannte 35-rem-Konzeption. Wir haben sie von verschiedenen Gesichtspunkten untersucht – nicht nur aus medizinischer und psychologischer, sondern auch aus soziologischer und ökologischer Sicht bis hin zu landschaftlich-ökologischen Aspekten. Unter dem Gesichtspunkt einer komplexen Betrachtung entspricht die 35-rem-These nicht dem Begriff von einer Konzeption. Die Kriterien selbst – ob man 35, 40 oder 30 rem angibt – sind insgesamt unseriös. Wir haben das gesamte wissenschaftliche Material durchforstet, das uns die Akademie der medizinischen Wissenschaften und das Gesundheitsministerium zur Verfügung gestellt hat, und sind zu dem Schluß gekommen, daß die 35-rem-These in dieser Form keine richtunggebende Konzeption darstellt, aufgrund derer man Entscheidungen treffen kann.

E. Borowezkaja, Fachberaterin, im Parlamentsausschuß für Ökologie beim Obersten Sowjet der UdSSR:

> Der 35-rem-Wert wurde durch einfaches Multiplizieren der Dosis von 0,5 rem pro Jahr mit 70 erreicht. 0,5 rem entsprechen dem heutzutage zulässigen Grenzwert für Menschen der Kategorie „b“, d.h. für die ganz normale Bevölkerung ohne die in Kernkraftwerken Beschäftigten. Nun erhebt sich die Frage: Wozu das alles? Allein zu dem Zweck, um durch angeblich wissenschaftliches Herangehen willentlich das Ansteigen der Dosis zu verschleiern, so als seien Dosen von 0,5 bis 35 rem pro Jahr für den Menschen unschädlich. In der Tat geht die These davon aus, daß eine 35-rem-Dosis gleichermaßen ungefährlich ist, egal, ob sie nun im Verlauf von einigen Stunden, einigen Monaten oder Jahrzehnten aufgenommen wird. Das bedeutet de facto ein Überschreiten des jetzt allgemein gültigen Grenzwertes von 0,5 rem, der die Evakuierung aus belasteten Gebieten gebietet, um das 70-fache. Das ist grundsätzlich unzulässig.
>
> Die 35-rem-These ignoriert den Zeitfaktor. Und so entsteht der Eindruck, daß eine akute Bestrahlung mit 35 rem einer auf 70 Jahre verteilten Strahlung entspräche. Das widerspricht allen wissenschaftlichen Angaben. In Wirklichkeit wächst bei Konzentration der Strahlung auf Zeit deren schädliche Wirkung enorm. Außerdem läßt die 35-rem-Konzeption die unterschiedliche Strahlenempfindlichkeit von Menschen unterschiedlichen Alters absolut unberücksichtigt. Kinder reagieren sensibler als Erwachsene, ganz zu schweigen von alten Menschen, und auch Menschen gleichen Alters reagieren höchst unterschiedlich. Die 35-rem-Konzeption registriert nur akute oder chronische Strahlenerkrankungen, aber nicht deren Folgeerkrankungen, die bis heute noch unzulänglich erforscht, aber bei Fachleuten bekannt sind, wie Störungen des Immunsystems, erhöhte Anfälligkeit für ganz unterschiedliche Krankheiten und erhöhte Empfindlichkeit gegenüber äußeren Einwirkungen, die u.a. auch Krebs hervorrufen können. Eine 35-rem-Dosis liegt nahe bei der Strahlendosis, die beim Menschen die Häufigkeit von Genmutationen verdoppelt. Wenn eine solche Dosis von Menschen vor Beendigung ihrer Reproduktions-

periode aufgenommen wird, ist die Wahrscheinlichkeit höher, daß sie Kinder mit Erbschäden zur Welt bringen.

Diese Aussage wurde von vierhundert Wissenschaftlern unterschrieben. Das war ihre kollektive Absage als Teilnehmer der Tagung *Genetische Aspekte der Strahleneinwirkung auf Populationen und Ökosysteme im Zusammenhang mit dem Reaktorunfall im AKW Tschernobyl* auf einen Brief der Wissenschaftlergruppe, die die 35-rem-Konzeption vertrat. (Veröffentlicht wurde der Brief in der Zeitschrift *Medizinskaja radiologia* und in der Zeitung *Tribuna NTR.*)

W. Budko, Deputierter der Ukrainischen SSR und Vorsitzender des Rayonexekutivkomitees:

Wir haben begriffen, daß diese Konzeption vielmehr eine ökonomische denn eine medizinische ist. Das ist Verrat an den Menschen, die in den belasteten Gebieten leben. Ich sage das deshalb, weil nichts von dem, was im Mai und April 1986 dort vor sich ging, in der Konzeption berücksichtigt wurde.

E. Tichonenko, Deputierter der UdSSR, Mitglied des Parlamentsausschusses für Ökologie und rationale Ressourcennutzung:

Grundlage dieser Politik, die seit den ersten Tagen der Tschernobyl-Katastrophe von allen zentralen Behörden betrieben wurde, ist die 35-rem-Konzeption, die folgendes bewirken sollte: die Öffentlichkeit beruhigen, Partei und Regierung sowie konkrete Personen der Verantwortung für die Folgen des Reaktorunfalls zu entheben, die Schadensansprüche für die betroffenen Menschen in den belasteten Gebieten weitestgehend zu reduzieren sowie die Ängste der Menschen um Leben und Gesundheit als unbegründet darzustellen. Ihrem Wesen nach ist diese Konzeption inhuman, ja zynisch, was ihre allseitige und entschiedene Ablehnung beweist.

Dazu sei auch die Aussage des Mediziners Dr. Schtscherbak, Deputierter der UdSSR, angeführt:

Dieser Monopolismus hat unserer Wissenschaft wie unserer Gesellschaft allgemein einen großen Schaden zugefügt. Das gilt in besonderem Maße für Tschernobyl. Das Monopol einer kleinen Wissenschaftlergruppe mit Iljin an der Spitze – und davon bin ich fest überzeugt – bedeutet, wenn nicht für die Gesundheit von Menschen, so doch für ihren psychischen Zustand immensen Schaden. Das ist erwiesen. Dieser Monopolismus äußert sich in der rigorosen Durchsetzung der 35-rem-Konzeption... Sie ist allen aufgezwungen worden, wurde unter verschiedenen Vorwänden in offizielle Schriftstücke plaziert. Vor fünf Tagen bin ich aus der Schweiz zurückgekommen, wo ich mit anerkannten Fachleuten für Strahlenschutz gesprochen habe. Sie haben auf diese Konzeption mit Befremden reagiert.

Dutzende von Rednern haben sich in der zweitägigen Parlamentsanhörung zu Wort gemeldet. Fast jeder sprach in irgendeiner Weise die 35-rem-Konzeption an, aber nur einer hat sie leidenschaftlich verteidigt, wobei er die Unglücksfälle von Tschernobyl zynisch mit Verkehrsunfällen verglich. Dogushijew, Vorsitzender der Regierungskommission zur Liquidierung von Natur- und anderen Katastrophen, änderte im Verlauf der Debatte seine Position. Er war es ja gewesen, der lange, bevor der Expertenausschuß seine Arbeit beendet hatte, die Regierungsverordnung Nr. 587 verabschiedet hatte, die dieses berüchtigte Konzept unterstützte. Jetzt aber erklärte er:

> Wenn man von den reinen Strahlungsaspekten ausgeht... von der Höhe der Dosis und so weiter, so ist das alles verständlich, doch die Genossen haben recht, wenn sie fragen, wieso wir nichts über die Langzeitwirkung geringer Dosen wissen. In der Tat, darauf gibt es noch keine Antwort. Also, die Regierung hat diese 35-rem-Konzeption nicht bestätigt.

Nicht bestätigt? Und warum hat Dogushijew dann seine Verordnung nicht zurückgezogen? Auch Iljin meldete sich zu Wort. Am zweiten Tag der Parlamentsanhörung, nachdem er etliche bittere Anwürfe an seine Person hatte schlucken müssen. Möglicherweise hat ihn die Beweisführung von Fachleuten und Wissenschaftlern, die den Fakt einer globalen *Halbwertzeit* für die Gesundheit der in den belasteten Gebieten lebenden Menschen belegten, doch nachdenklich gemacht. Er hatte keine überzeugenden Argumente mehr, um seine Konzeption zu verteidigen. Wir, die wir Iljins sonstige Heftigkeit kannten, waren über seine neue Tonart erstaunt. Nicht einmal gebrauchte er vor diesem Auditorium den Ausdruck *Strahlenphobie*. Seinen Meinungswechsel erklärte er so:

> Als wir den 35-rem-Wert der Dosisbelastung annahmen, gingen wir davon aus, daß sämtliche Einschränkungen für die Bevölkerung in diesen oder jenen Regionen automatisch aufgehoben würden. Da die ionisierende Strahlenwirkung einen, wie man annimmt, schwellenlosen Effekt aufweist, kommt es theoretisch bei einer beliebig geringen Strahlendosis mit entsprechender Wahrscheinlichkeit zu diesen oder jenen Krankheiten; einerseits zu bösartigen Tumoren, andererseits zu genetischen Schäden. Um also diese Fragen zu lösen, muß man sich im vornherein für einen zulässigen Grenzwert der Dosis entscheiden. Die Richtwerte vor dem Reaktorunfall für die im Umfeld von Kernkraftwerken lebenden Menschen betrugen ungefähr 0,5 R pro Jahr. Juristisch ist es absolut falsch, die Menschen, die von einem radioaktiven Fallout betroffen werden, jener oben genannten Kategorie zuzuordnen. Das ist inhuman. Denn nicht die Menschen sind schuld, daß die Katastrophe passierte. Sie müssen unter normalen Belastungsbedingungen leben.

Bravo! Iljin weiter:

> Zu einer ganz anderen Situation kommen wir, wenn wir 7 rem für 35 Jahre festlegen. Das läßt sich leicht berechnen, wir haben es gemacht. Ich könnte es demonstrieren. Nach unseren Berechnungen ergibt sich dann, daß wir statt 166.000 Menschen, die jetzt umzusiedeln sind, zehnmal soviel umsiedeln müßten. Das wären anderthalb Millionen Menschen.

Aber sicher. Und nimmt man als Berechnungsgrundlage nicht 7 R für 35 Jahre, sondern für 70, d.h. für ein ganzes Menschenleben, wie in anderen zivilisierten Ländern üblich, was ergibt sich dann? Nicht eineinhalb, sondern Dutzende von Millionen. Liegt darin der Sinn der Konzeption? Leonid Iljin:

> Jetzt ist es an der Gesellschaft, Risiko und Nutzen solch einer Aktion abzuwägen. Mir scheint, diese Probleme bedürfen einer grundsätzlichen Lösung. Was die von mir vorhin genannten Richtzahlen betrifft, haben mich die Aussagen der Regierung wie auch die der Mediziner überzeugt, daß die Ministerräte der betreffenden Republiken die Umsiedlung der 14 bis 15 Dörfer nicht gewährleistet haben. Sie haben es nicht getan, obwohl es notwendig war... Ich wiederhole noch einmal, egal, welche Richtzahl man festlegt, erforderlich ist eine allseitige Analyse... Unsere Position zu dieser Konzeption oder genauer gesagt Entscheidung über 35 rem ist eindeutig...

Aus dem Saal kam ein Zwischenruf:

> Ihre ganze 35-rem-Konzeption und Ihr heutiges Auftreten beweisen nur eins: Sie haben nicht als Mediziner, sondern als Wirtschaftsmann gesprochen. Ist das eigentlich mit der ärztlichen Ethik vereinbar?

Genau, da liegt der Hund begraben. Statt als Arzt über die Konzeption eines Lebens ohne Gefahr zu sprechen, redet dieser Mann über irgendwelchen Nutzen. Macht sich zum Buchhalter. Ist das statthaft?

Noch eine Frage, da wir gerade bei der Ökonomie sind. Was ist nützlicher: Menschen in *saubere* Regionen umzusiedeln, in ein normales Dasein oder Geld für Sonderzulagen und Wohnungsbau in den verseuchten Gebieten aufzutreiben? Der belorussische Schriftsteller Wassil Jakowenko hat mir erzählt, daß man ihm im Gebietsexekutivkomitee von Mogiljow interessante Berechnungen gezeigt hat. Wenn man die Menschen im verseuchten Gebiet beläßt und sie im Verlauf von 28 Jahren (das entspricht der Halbwertzeit von Caesium-137) mit allem Nötigen versorgt, so ist das um das Zweieinhalbfache teurer, als wenn man sie in ungefährdete Gebiete umsiedelt. Diese Tatsache unterstreicht die Haltlosigkeit auch einer von wirtschaftlichen Aspekten getragenen 35-rem-Konzeption.

Smoljar, Vorsitzender der Kommission zur Liquidierung der Reaktorunfallfolgen im KKW Tschernobyl beim Obersten Sowjet Belorußlands:

> Wir reden über Aufwand, Preis und ökonomischen Nutzen. Aber es geht doch um den größten Reichtum, die Gesundheit der Menschen. Stattdessen stellen wir Vergleiche an: 30 Milliarden, 40 Milliarden und so fort... Der Beitrag des Vertreters des Staatlichen Plankomitees der UdSSR hat mich sehr verbittert. Wie ein Kaufmann hat er mit uns gehandelt, um ja nicht unter Preis zu verkaufen, um bloß nicht zu viel rauszurücken, damit das Leben in Gomel wieder blühen kann...

Dieser unverhohlene Handel hochrangiger Staatsbürokraten mit der Gesundheit der Menschen war ekelhaft. Es ging nicht mehr einfach nur um die Gewissenhaftigkeit von Wissenschaftlern (ein Wissenschaftler kann sich natürlich irren), es ging vielmehr um Ethik und Moral dieser Leute. Eigentlich wurde die 35-rem-Konzeption vom Gesundheitsministerium der UdSSR als Alternative zur allgemein bekannten Konzeption einer schwellenlosen Strahlung vorgeschlagen, die im wesentlichen von allen Strahlenfachleuten und Radiobiologen bei uns und im Ausland geteilt wird. Diese Konzeption stützt sich auf den moralischen Imperativ der *Unzulässigkeit von Opfern*, die Albert Schweizers Prinzip *Ehrfurcht vor dem Leben* folgt. Während die medizinisch-ökonomische Konzeption unserer offiziellen Medizin das Schicksal der in den belasteten Gebieten lebenden Menschen besiegelte, ihre Evakuierung um einige Jahre hinauszögerte und sie derweil mit Märchen einlullte.

Der 35-rem-Richtsatz ist der schwellwertfreien Konzeption entgegengesetzt, ist eine Art moralische Alternative. Letztere bietet an, von der Unzulässigkeit von Menschenopfern auszugehen. Die Iljinsche Konzeption basiert auf der Vorstellung einer ungefährlichen kollektiven Strahlendosis und räumt schamhaft eine *statistisch irrelevante* Zahl möglicher Opfer ein. Selbstverständlich ganz im Rahmen der Gesetze von den großen Zahlen. Fachleute, die diese 35-rem-Konzeption analysiert haben, meinen, man kann sie auch als Konzeption *zulässiger Opfer* bezeichnen.

Bei der Begründung ihrer Konzeption hat uns die Nationale Kommission für Strahlenschutz beim Gesundheitsministerium der UdSSR garantiert, daß bei einer Dosis von 35 rem für das gesamte Leben *kein Anstieg von Krebserkrankungen, genetischen Schäden und sonstigen Krankheiten durch Strahleneinwirkung auf den Fetus bei der Nachkommenschaft auftreten kann*. Wie hoch aber ist dennoch das erwartete Risiko von Krankheiten und die damit verbundene Verschlechterung der Lebensqualität? Wie hoch wird infolge solcher Erkrankungen die Todesrate für die jetzige Tschernobyl-Generation und für kommende Generationen sein? Wie wird sich das generell auf die ukrainische oder belorussische Nation auswirken? Die Antwort auf alle diese Fragen ist immer die gleiche: Es besteht keine Gefahr für unsere Kinder.

Die Sicherheitsgarantie bzw. die Risikoabschätzung für Krebserkrankungen erfolgt in der Konzeption von Iljin auf der Basis überholter Erkenntnisse. Aber heute gibt es längst exaktere epidemiologische und dosimetrische Daten der Internationalen Kommission für Strahlenschutz. Sie zeigen, daß das Risiko bösartiger Neubildungen um das 2,4fache höher ist als früher angenommen. Die Internationale Kommission will die Dosisgrenzwerte und Risikofaktoren für die Bevölkerung revidieren. Ich denke, daß die offiziellen Ideologen der *Opfer-Konzeption* das wissen.

Die Einschätzung der Experten enthält folgende Daten: Vom Standpunkt genetischer Gefahren aus und nach Berechnungen, die auf Materialien des Wissenschaftlichen UN-Ausschusses für Strahlenwirkung basieren, sind bei einer Dosis von 1 rem pro Million Neugeborener strahlenbelasteter Eltern zwischen 50 und 347 Fälle ernsthafter Erbanomalien zu erwarten. Bei einer Dosis von 35 rem auf das gesamte Leben werden 1.750 bis 12.100 ernsthafter Erbanomalien erwartet. Das bedeutet, es werden ernsthafte genetische Veränderungen bei der Nachkommenschaft Belasteter auftreten. Darüber darf man nicht leichtfertig hinweggehen.

Bei chronischer Einwirkung ionisierender Strahlen ist nach einigen Generationen mit annähernd zehnfachem Anstieg der Mutationsrate zu rechnen – verglichen mit dem Effekt, der im ersten Halbjahr zu beobachten war. Das ergibt 450 bis 3.400 Fälle von Erbanomalien bei einer Dosis von nur 1 rem pro Generation bei einer Million Neugeborener.

Im Bericht des UN-Ausschusses von 1982 werden als Beispiele genetischer Beeinträchtigungen auch geminderte Lebensqualität (wie Klinikaufenthalte u.ä.) und verkürzte Lebensdauer genannt. Diese Informationen sind besonders interessant für uns, für ein Land, in dem menschliches Leben noch nie etwas galt.

Also angenommen, die mittlere Lebenserwartung beträgt 70 Jahre (bei einer Million Neugeborener sind das 70 Millionen Jahre), so kommen nach vorliegenden Schätzungen für genetische Risiken folgende Schadensabschätzungen zustande: Bei einer Dosis von 35 rem beträgt der genetische Schaden in der ersten Generation pro Million Neugeborener 39.000 bis 247.000 Jahre nicht vollwertigen Lebens und 46.500 bis 358.000 Jahre reduzierte Lebenserwartung.

Diese Daten berüchsichtigen allerdings nur die *reine* Dosis. Die Situation nach der Katastrophe in Tschernobyl war ganz anders. Zu den 35 rem müßte noch die Dosis gezählt werden, die unmittelbar in den ersten Tagen nach dem Unfall aufgenommen wurde. Ist das überhaupt jemandem bekannt? Wahrscheinlich nur annähernd und keineswegs in allen Fällen. So gesehen, wird der 35-rem-Wert noch fragwürdiger als er ohnehin schon ist und die Folgen noch schwerer kalkulierbar und noch tragischer. Lassen Sie uns aber nicht von der Gesamtmenge menschlichen Lebens reden – das ist schließlich kein Abzählreim: hier ein Leben, da ein Leben —, sondern von der Ehrfurcht vor jedem einzelnen unwiederholbarem, vollwertigem Menschenleben. Das wäre normal. Normal für eine menschliche Gesellschaft.

So hätte die 35-rem-Konzeption für 70 Jahre Leben für die Realtität aussehen müssen. Nur warum habe ich niemals, weder in der Presse, noch bei Auftritten ihrer Initiatoren vor Deputierten und den Einwohnern in den belasteten Gebieten ähnliches gehört? Allen von Wissenschaftlern prognostizierten Risiken zum Trotz, entgegen allen Warnungen vor Todesfällen und reduzier-

ter Lebenserwartung hatte man für den Mann von der Straße nur eine Diagnose parat: Strahlenphobie.
John Windom schrieb eine sehr interessante SF-Erzählung Abweichung von der Norm über Mutanten auf der Erde im Nach-Atomzeitalter. Ein Mädchen, an dessen linkem Fuß sechs Zehen entdeckt wurden, sollte sofort getötet werden, um so auszuschließen, daß genetische Schnitzer in die Zukunft gelangen. Das macht einem Angst.
Im Meinungsstreit, im Kampf der Ideen und unter Einbeziehung weltweiter und eigener Erfahrungen, mochten sie auch noch so unvollkommen und ungenügend begründet sein, kamen die Wissenschaftler und Mitglieder der Expertenausschüsse zu dem Schluß: Die 35-rem-Konzeption für 70 Jahre Lebenszeit kann nicht als wissenschaftlich anerkannt werden.
Auszug aus der staatlichen Expertise:

> Hauptkriterium in den Programmen (der Liquidierung der Reaktorunfallfolgen im KKW Tschernobyl, Anm. d. Aut.) ist die Kontaminationsdichte durch Radionuklide in Böden und Nahrungsmitteln, die auf einem zulässigen Grenzwert der von der Bevölkerung aufgenommenen Dosis von 35 rem in 70 Jahren basiert, ohne den Gesundheitszustand der Bevölkderung und zweifellos vorhandene Risikogruppen zum Zeitpunkt der Katastrophe zu berücksichtigen. Die Annahme einer Lebensdosis als einziges Kriterium ist auch deshalb unzulässig, weil die rückblickende Bewertung der Dosis a conto kurzlebiger Radionuklide fehlerhaft ist, und zwar in bezug auf die Variablen, die man mit Methoden der physikalischen Dosimetrie praktisch nicht bewerten kann. Ebenso fehlt die Prognose der Dosisdynamik, die, ohne eine mögliche Migration der radioaktiven Verseuchung einzukalkulieren, gestellt wurde.

Es wäre sicher großartig, wenn das alle Probleme lösen würde. Aber tatsächlich sieht es so aus: Wir, ein paar Hundert Deputierte aus den drei größten Republiken, die von der Reaktorkatastrophe betroffen wurden, tun zwei Jahre lang unser Bestes, um wenigstens einigermaßen die Leiden dieser unglücklichen Menschen zu lindern und aus dem *Zentrum* Geld für sie *herauszupressen*. Doch der Reaktor ist keine ukrainische Einrichtung, sondern eine zentrale, er gehört dem Ministerium für Atomenergie der UdSSR. Und dieses Ministerium hätte, und das sofort, für alle Schäden in den betreffenden Republiken aufkommen müssen. Was aber bedeutet in unserem System, den Schaden aus eigener Tasche, also aus der Kasse des Atomministeriums zu bezahlen? Hat es überhaupt eine eigene Kasse? Es war ja bei uns bis zuletzt alles zentralisiert und derart fest verschlossen, daß man nichts lockermachen konnte. Die Taschen des Ministeriums sind unsere eigenen Taschen. Ist die große allgemeine Tasche. Hat man bei uns genommen – hat man ihm gegeben. Bei wem klagen wir denn nun unsere Forderungen ein? Beim Ministerium oder bei uns selbst?

Das Geld wurde eingetrieben. Recht und schlecht. Einige zehn Milliarden Rubel hat das Zentrum bewilligt. Wir haben es auch geschafft, daß die inhumane 35-rem-Konzeption abgelehnt wurde. Doch wie nun weiter? Die Menschen müssen unbedengt umgesiedelt werden. Es ist schon kurios: Jetzt ist das Geld da, aber es fehlen die Baustoffe. Sind endlich Baumaterialien da, fehlen die Bauleute. Alle haben ihre eigenen Sorgen: Spitak, Armenien, Tbilissi, das Baltikum. Wie traurig das auch ist, darin liegt die ganze Tragödie von Tschernobyl. Die Dosis kann man ändern, aber wem nützt das? Wer wird die Menschen umsiedeln, wer, wohin und wie? Das ist die furchtbare zynische Wahrheit. So bitter sie auch ist, man hätte sie den Menschen sagen müssen. Sagen, daß der Staat gegenüber einer Katastrophe hilflos ist. Und nicht diese Hilflosigkeit mit der 35-rem-Konzeption verschleiern, mit Unterstellung einer Strahlenphobie und der Beteuerung, es gäbe keinen Grund zur Sorge, die Gesundheit sei nicht gefährdet. Man hätte wahrheitsgemäß sagen müssen, wieviel Menschen tatsächlich einem Risiko ausgesetzt sind. Wieviel Zeit ist unwiederbringlich versäumt worden, wieviel Gesundheit eingebüßt? Und wieviel Zeit wird noch vertan werden?

Der Augenblick der Wahrheit?

Hätte Jelena die Schöne im Märchen eine Großmutter gehabt, dann wäre das bestimmt Jelena die Weise gewesen. So nennen die Deputierten unter sich Professor Jelena Burlakowa, Doktor der Biologie. In diesem Kapitel möchte ich das Porträt dieser ungewöhnlichen Frau zeichnen. Und meine Wahl ist nicht zufällig.

Zum ersten Mal hörte ich von ihr in den Führungsetagen von Naroditschi. Man zeigte mir einen Brief von ihr, den sie an die ehrenamtliche Gruppe für Strahlenschutz geschickt hatte. In den Jahren nach der Kernkatastrophe haben sich Dutzende verschiedener gesellschaftlicher Organisationen und kommunale Behörden an Dutzende verschiedene Instanzen mit der Bitte um Hilfe gewandt, doch nie wurden sie einer Antwort gewürdigt. Und da bekommt so eine Gruppe den Brief einer Professorin, Vorsitzende des Wissenschaftsrates für Strahlenproblematik bei der Akademie der Wissenschaften der UdSSR. Direkt aus Moskau. Datiert vom Juli 1989.

Darin teilt die Professorin mit, daß nach der Reise einiger Wissenschaftler in die betroffenen Gebiete der Wissenschaftsrat an das Parlament und einige andere Adressaten Briefe mit der Bitte, unverzüglich die Frage der Evakuierung aus den verseuchten Gebieten zu entscheiden, geschickt hat:

Außerdem bemühen wir uns, eine Gruppe von Genetikern und Augenärzten zu Ihnen zu schicken, die die von der Bevölkerung tatsächlich aufgenommene Dosis ermitteln soll. Das ist keine einfache Aufgabe. Wir führen deshalb noch Verhandlungen mit den Akademieinstituten und dem Zentrum für Augenmikrochirurgie...

Ehrlich gesagt, war ich erstaunt. Dutzende Wissenschaftler sind dorthin- und wieder weggefahren, aber einen Rücklauf gab es nicht. Und wenn sie irgendwelche Untersuchungen gemacht haben, so haben sie in der Regel über deren Resultate nichts mitgeteilt. Jelena Burlakowas Antwort war der erste Brief eines Wissenschaftlers, in dem Menschlichkeit, echtes Mitgefühl und der Wunsch zu helfen angesprochen wurden.

Bereits im Sommer 1989 schickten Professor Burlakowa und der Sekretär des Wissenschaftsrates Dr. W. Najditsch Briefe an sechs Adressen: Komitee für Ökologie und rationelle Nutzung von Naturressourcen beim Obersten Sowjet der UdSSR, Präsident der Akademie der Wissenschaften der UdSSR, Martschuk, an die dortige Ökologiekommission und die Deputierten B. Jelzin und W. Below. In dem Brief wurde mitgeteilt, daß auf einer erweiterten Sitzung des Wissenschaftsrates die Reise nach Naroditschi/Bezirk Shitomir ausgewertet worden sei. Schon damals waren die Wissenschaftler zu dem Schluß gekommen: *Es ist unbedingt notwendig, die Einwohner aus dem Rayon Naroditschi in unbelastete Zonen umzusiedeln.* Man kann sich leicht ausmalen, wie nervös die Oberen reagierten. Dennoch wurde beschlossen, die Bewohner von 24 Dörfern in saubere Gebiete umzusiedeln. Um es vorwegzunehmen, die Evakuierung hat inzwischen begonnen.

Einen weiteren Brief, getragen von tiefer Sorge um die Menschen, schrieben Jelena Burlakowa und ihre Kollegen, die in Naroditschi waren, an den stellvertretenden Vorsitzenden des Komitees für Ökologie und rationelle Nutzung von Naturressourcen, Jablokow. Dieser Brief zeigt, was erfahrene Wissenschaftler erkannten, die nicht am Gängelband der *offiziellen* Medizin hängen.

Zuerst zum emotionalen Aspekt. Gräßlich sind nicht nur die vielen Tiermißgeburten – blinde Ferkel, Fohlen mit acht Beinen, Kälber ohne Schwanz und mit Hasenscharte, Katzen und Hunde mit allen möglichen Mißbildungen. Grauenhaft ist der Schrei einer jungen Frau „Ich will leben, ich bin noch jung!" Und herzzerreißend sind die Rufe „Unsere Kinder sterben! So helft uns doch!" Aber noch schrecklicher sind die Tränen der Ärzte, die uns von Kindern berichten, die zwischen 50 bis 1000 Röntgen radioaktives Jod in ihren Schilddrüsen aufgenommen haben, und von Kindern, die keine gewöhnliche Blinddarmentzündung bekamen, sondern deren Bauchhöhlen voll von Eiter sind.

Vor uns steht eine Frau, die verzweifelt schreit: „Ich bin Bäuerin, gebt mir Arbeit! Meine Hände sehnen sich nach dem Land. Helft, meine Kinder sterben!" Es ist schrecklich, wenn Männer weinen. Grauenhaft, dieses Weinen und Stöhnen. Diese Menschen haben doch das Recht auf Leben. Ihre Forderung, sie umzusiedeln, ist gerecht!

Die Chefs aus dem Gesundheitsministerium der Ukraine, die „offiziellen" Mediziner, die Vertreter aus dem Landwirtschaftsministerium – sie alle haben das Vertrauen der Bevölkerung eingebüßt. Man nennt sie Lumpen, Verbrecher, Leute, die vorsätzlich den Grenzwert der Strahlendosis herabgesetzt haben. Das ist umso schlimmer, da die meisten Therapieeinrichtungen (das betrifft insbesondere die Jodtherapie) für die betroffenen Menschen nur auf dem Papier stehen.

Wir halten es für unsere Pflicht, auf folgende Fakten hinzuweisen: 1. Starker Anstieg von Mißgeburten bei Tieren, besonders bei Augen und Extremitäten. 2. Anstieg von Augenerkrankungen, Lungen- und Rachenentzündungen, Nasenbluten, Schwindel, schneller Ermüdung usw. bei Kindern; bei Erwachsenen Häufung von Kehlkopftumoren besonders derjenigen, die auf Viehfarmen arbeiten. 3. Als Begründung für die Empfehlung dauerhaften Verbleibens in den gefährdeten Zonen dienten dosimetrische Daten, die den Zustand radioaktiver Verseuchung einschätzten. Dabei wurde der erste Atomschlag völlig außer Acht gelassen. Außerdem wurde der Anteil an Strontium, Plutonium und Caesium nicht in Rechnung gestellt, was unwillkürlich zu einer Unterbewertung der tatsächlich aufgenommenen Strahlendosis führte. 4. Praktisch erhält die Bevölkerung keine „sauberen" Lebensmittel: zwei Büchsen Fleisch monatlich pro Erwachsenen und eine Apfelsine je Kind ist ein Hohn. Die Eltern sind auf diese Weise gezwungen, ihre Kinder mit einheimischer Milch und verseuchten Lebensmitteln zu ernähren. 5. Für eine wissenschaftlich begründete Prognose radiobiologischer Folgen in den verseuchten Gebieten müssen unbedingt konkrete dosimetrische Daten aller Arten ionisierender Emissionen aus den verseuchten Zonen der Ukraine, Belorußlands und Rußlands hinzugezogen werden. Selbst die Daten, die zum gegenwärtigen Zeitpunkt durchaus vorhanden, aber nicht einmal den Radiobiologen der Akademie der Wissenschaften der UdSSR zugänglich sind, geschweige denn den meisten Wissenschaftlern aus dem Gesundheitsministerium und der Medizinischen Akademie der UdSSR. 6. Es ist geradezu verbrecherisch, die Veröffentlichung statistischer Angaben über den Krankenstand von Kindern und Erwachsenen (insbesondere in Bezug auf Schädigung der Sehorgane) zu unterbinden. 7. Eine sofortige dosimetrische Analyse der geschädigten Gebiete unter Einbeziehung aller aufgenommenen Radionuklide ist einzuleiten. 8. Bei der Bestimmung der zulässigen Dosis für den Menschen ist unbedingt der erste radioaktive Schlag einzukalkulieren, was die Ärzte nicht beachtet haben, ebenso wie alle möglichen mitwirkenden Faktoren, die zusätzliche Schäden verursachen wie Streß, Pestizide, Nitrate, Nitrite, Avitaminose, unzumutbare hygienische Bedingungen (zwei Stück Seife monatlich pro Einwohner usw.). 9. Sofortige Maßnahmen zur Evakuierung in „saubere" Gebiete sind einzuleiten. In den verseuchten Territorien sind radioökologische Schutzzonen einzurichten, wo Wissenschaftler aller Fachrichtungen komplexe Untersuchungen der Reaktorunfallfolgen durchführen können. Dazu könnten auch Wissenschaftler aus anderen Ländern hinzugezogen werden.

Professor Burlakowa war erschüttert von dem, was sie mit eigenen Augen in den verseuchten Gebieten gesehen hatte. In ihrer Person erwuchs Iljin ein gefährlicher Gegner. Gefährlich aus zwei Gründen: zum einen war da eine gescheite denkende Wissenschaftlerin, zum anderen eine von den oberen Lehrherren unabhängige Person.

Eine Kopie des oben angeführten Briefes schickte mir die Parteileitung von Naroditschi. Zur gleichen Zeit war in der Monatszeitschrift *Internistisches Archiv* (Nr. 6, 1987, Band 59) unter dem Titel *Die Spätfolgen von Minimaldosen ionisierender Strahlungen auf den Menschen* ein Artikel von Frau Burlakowas Kollegen Brilliant, Worobjow und Gogin erschienen. Zudem hatte Dr. Schewtschenko, Biologe und Leiter des Labors für ökologische Genetik bei der Akademie der Wissenschaften, aufgrund der in Naroditschi gesammelten Materialien für die Zeitschrift Natur einen Aufsatz bereitgestellt, der ebenfalls den Einfluß minimaler Strahlendosen auf den menschlichen Organismus behandelte. Auch andere Wissenschaftler arbeiteten an diesem Thema. Jeder, der auch nur einmal in den verseuchten Gebieten war, war vor allem vom Schicksal der Kinder betroffen, die schon Jahre unter den grausamen Strahlenfolgen zu leiden hatten.

So formierte sich der Widerstand. Auf der einen Seite standen die Gründerväter der 35-rem-Konzeption und die, die sie unterstützten, auf der anderen die, die deren Ränke durchschauten und verzweifelt nach einem Ausweg suchten. Die, die ihre wissenschaftlichen Erkenntnisse nicht voreilig dem schnellen Rubel opferten, sondern denen die Gesundheit der Menschen am Herzen lag. Die darüber nachdachten, ob und wie es einen Zusammenhang zwischen der sich verschlechternden Gesundheit – direkt oder indirekt – und der Strahlenmenge gab.

Wieder und wieder suchen Professor Burlakowa und ihre Kollegen die verseuchten Gebiete auf, schreiben unzählige Briefe an die Behörden und fordern Einsicht in die geheimen Untersuchungsunterlagen der Menschen, die sich bitter als *Versuchskaninchen* bezeichnen.

Zum ersten Mal sah ich Jelena Burlakowa im Staatlichen Plankomitee, auf einer Sitzung unseres Ausschusses, in der sie sich zweimal zu Wort meldete. Ein schönes offenes, typisch russisches Gesicht. Glatt zurückgekämmte Haare. Ein strenges schwarzes Kleid. Nichts Überflüssiges. Ihre ganze Person strahlte menschliche Größe aus. Während sie ihren Standpunkt erläuterte, war sie sehr erregt, so als spreche sie zum ersten Mal vor einem Auditorium. Ungewollt ging ihre Erregung auch auf mich über. Redlichkeit – damit kennzeichnet man sie wohl am besten. Eine *gelehrte* Dame kann man sie unmöglich nennen. Das wäre sogar beleidigend. Eher schon ist sie ein *Gelehrter*. So kraftvoll wirkt sie, in dem, was sie tut und was sie sagt. Ihre Schlüsse sind logisch, ihr Verstand ist analytisch.

Auch dank Jelena Burlakowas unermüdlichem Forscherdrang kam unser Ausschuß zu dem Schluß, daß die 35-rem-Konzeption für 70 Jahre Lebenszeit unhaltbar war. Sie und ihre Kollegen, darunter etliche Wissenschaftler aus Belorußland und der Ukraine, traten über Jahre den Beweis an, daß Probleme und Einschätzungen des radioaktiven Risikos wie auch der Spätfolgen der Kernkatastrophe nur in der Gesamtheit erfaßt und im Zusammenhang gesehen werden können. Diese Schlußfolgerungen fanden Eingang in die staatliche Expertise. Doch es mußte der nächste Schritt getan werden. Denn verwirft man die *offizielle* Medizin, muß an deren Stelle etwas anderes, eigenes treten. Und zwar schnell, denn die Menschen in den betroffenen Zonen konnten nicht warten.

Der Expertenausschuß nahm einen Beschluß über außergewöhnliche Maßnahmen für die nächsten zwei Jahre an. Alles übrige wurde in der Konzeption verankert, in den wissenschaftlich fundierten Erkenntnissen über den Einfluß minimaler Strahlendosen, über Spätfolgen, die die Menschen über Jahre hinaus täglich treffen würden.

Alle die Wissenschaftler, die die *Annullierung* von Iljins Konzeption durchgedrückt hatten, waren sich ihrer Verantwortung bewußt: Sie mußten so schnell wie möglich eigene, genauere Erkenntnisse liefern. Ihre Arbeit konnte man mit der akkuraten und zeitraubenden Malerei eines altchinesischen Künstlers vergleichen, wie er mit einem feinen Pinsel Strich für Strich, Detail für Detail auf das Papier setzt. So mußte jedes Äderchen und jede Schattierung auf dem verseuchten Lebensbaum deutlich gemacht werden.

Am 1. September 1990 verabschiedete das Präsidium des Obersten Sowjets die Verordnung *Über die Bildung einer Kommission zur Untersuchung des Reaktorunfalls im AKW Tschernobyl und zur Einschätzung des Vorgehens des Dienstpersonals in der Nachfolgezeit.* Unter den Wissenschaftlern, die in dieser Kommission tätig sein sollten, waren auch Professor Burlakowa und ihre Kollegen. Und das war nur logisch.

Am 23. Januar 1991 tagte diese Parlamentskommission. In ihrem Vortrag sprach Professor Burlakowa über den Einfluß minimaler Strahlendosen auf den Menschen. Sie legte die verschiedensten Forschungsergebnisse vor, die Menschen in Zonen äußerster Strahlung betrafen, darunter die unmittelbaren *Liquidatoren* – Daten, die in den vorangegangenen zwei Jahren zusammengetragen worden waren. Zum ersten Mal kam die Wahrheit ans Licht, nach fünf Jahren, die seit der Katastrophe vergangen waren. Das, was Jelena Burlakowa berichtete, ist so ungemein wichtig – nicht nur für die sowjetische Wissenschaft, sondern weltweit gesehen. Deshalb will ich sie in direkter Rede zitieren, auch wenn es vielleicht ein wenig ermüdend für den Leser ist. Aber ich wiederhole: Es ist äußerst wichtig.

Die Wissenschaftler hatten folgende Fragen zu klären: Ist die Evakuierung rechtzeitig erfolgt? Sind Maßnahmen zur Verringerung der Jodbelastung für die Bevölkerung, insbesondere für die Kinder, erfolgt? Welche Rolle spielte die 35-rem-Konzeption in Hinsicht auf die Gesundheit der Bevölkerung?

Ich will es gleich eingangs sagen, führte Professor Burlakowa aus, die Untersuchungen, die von Ärzten in der Ukraine, Belorußland und Rußland gemacht wurden, ergaben, daß entweder gar keine Jodprophylaxe durchgeführt wurde, und wenn, dann nur in sehr geringem Umfang. Mehr noch, in den Gebieten Rußlands, wo sie eingeleitet wurde, hat man sie gleich darauf wieder abgesetzt. Einige der Mediziner gaben offen zu, daß sie kurz nach Beginn der Prophylaxe gleich nach dem Reaktorunfall Anrufe „von oben" bekommen hätten, die Aktion sofort einzustellen, um keine Panik auszulösen. Es kam zu keinen Aufklärungsgesprächen mit der Bevölkerung, so daß drohenden Schilddrüsenerkrankungen nicht vorgebeugt werden konnte. Viele Menschen wußten ja gar nicht, wie das Jod einzunehmen ist, so daß sie sich selbst durch falsche Behandlung gefährdeten und ihre Schleimhäute verletzten. Andere wiederum begannen mit der Jodbehandlung erst drei, vier Monate nach der Katastrophe. Das alles haben unsere „offiziellen" Mediziner zu verantworten.

Ein weiterer Aspekt, den die Wissenschaftler klären mußten, war: Gab es bei uns schon früher Situationen, die es den Ärzten erlaubt hätten, mit dem Problem Tschernobyl anders, d.h. verantwortungsvoller umzugehen? Und wenn, wie hätte das aussehen sollen? Oder war die Katastrophe von Tschernobyl einmalig und erstmalig? Waren deshalb alle so durcheinander und wußten nicht, wie vorzugehen war, oder stützten sie sich gar auf falsche Daten? Jelena Burlakowa:

Um all diese Umstände zu klären, haben wir den Gesundheitszustand der Bevölkerung analysiert, die seinerzeit am Fluß Tetsch (1949-1951, Anm. d. Aut.) unter radionukliden Abwurf geriet, wie auch der Menschen, die nach dem Unfall vor Kyschtymsk (1957, Anm. d. Aut.) in den verseuchten Gebieten lebten, ebensowie derjenigen Menschen, die in die sogenannte Ost-Ural-Strahlen-Spur gelangt waren. Die Analyse dieser Daten ergaben interessante Fakten, auf die damals niemand ernstlich geachtet hatte.

Erst sechs, acht Jahre nach dem Abwurf der Radionuklide am Fluß Tetsch stellte man bei den dortigen Bewohnern chronische Strahlenerkrankungen fest. Und man vermerkte einen Anstieg der Symptome, von denen viele aber zu einem späteren Zeitpunkt verschwanden. Eins jedoch wurde deutlich: Es handelte sich um eine chronische Krankheit. Sie wies allerdings *verschwommene* Züge auf, Symptome, die bis dahin nicht in der Fachliteratur beschrieben waren.

In allen Publikationen zu diesem Thema wurde vermerkt, daß die chronische Strahlenkrankheit dann auftritt, wenn die Strahlendosis 100 R erreicht. Doch die Untersuchungen am Fluß Tetsch zeigten, daß auch solche Menschen an der chronischen Strahlenkrankheit litten, die weitaus weniger als 100 R aufgenommen hatten. Jelena Burlakowa:

> Somit konnte man über einen für alle gültigen Schwellenwert nicht mehr sprechen. Und man kam zu dem Schluß, daß für die Bevölkerung vom Fluß Tetsch, die unter ganz unterschiedlichen Krankheiten litt oder dazu neigte, unter diesen besonderen ökologischen Umständen weitaus geringere Dosen die Strahlenkrankheit verursachten.
>
> Bei der Analyse der Situation am Ural ergab sich ein weiterer wichtiger Aspekt: In vielen Fällen kam es zu Krankheiten, die sich rapide ausbreiteten, die jedoch in der einheimischen radiobiologischen Literatur nicht beschrieben waren und nicht als Krankheiten, verursacht durch Strahlenschädigung, galten.
>
> Was bedeutet das für die Medizin? Es ist durchaus möglich, daß in einigen Fällen, wo es einen bestimmten Krankheitshintergrund gibt, der radioaktive Faktor den schnellen Ausbruch der Strahlenkrankheit verursacht. Obwohl es in anderen Fällen nicht der Fall ist, nämlich da, wo diese Krankheitsanzeichen fehlen. Auch diese Fakten wurden von der „offiziellen" Medizin bestritten.
>
> Ein dritter Punkt. Es wurde festgestellt, daß die Veränderungen im Gesundheitszustand der Menschen, die radioaktiver Strahlung ausgesetzt waren, nicht immer von der Höhe der Dosis abhingen; keineswegs nach dem Motto: Je höher die Dosis, desto stärker die gesundheitliche Beeinträchtigung. Manchmal war die Strahlenkrankheit unabhängig von der Dosis ausgeprägter, manchmal wurde bei mittlerer Dosis eine maximale Verschlechterung registriert. Letzteres betraf viele Fälle. Aber auch dieser Fakt wurde negiert. Und das, obwohl alles schriftlich fixiert war.

Wenn wir also, so fuhr Professor Burlakowa fort, die Erkrankungen am Tetsch und in Tschernobyl vergleichen, so erkennen wir ein sich ähnelndes Krankheitsspektrum. Als Beispiel seien Daten aus der Ukraine angeführt, wonach sich die Zahl von Herz- und Gefäßkrankheiten um das 1,8fache und die der Drüsenerkrankungen, insbesondere Diabetis, um das zweifache erhöht haben. Und das betrifft noch viele andere Krankheiten. Nichts davon steht in den Fachbüchern. Nie hat jemand berichtet, daß unter Strahleneinfluß Infarkte auftreten. Obwohl die Daten vom Tetsch durchaus Anlaß boten, darüber nachzudenken. Einige Herz- und Gefäßerkrankungen gingen zurück, andere Erkrankungen wie Stenokardie nahmen zu. Sowohl am Tetsch als auch in Tschernobyl. Am Tetsch wurde ein starker Anstieg von Infektionskrankheiten registriert. Ähnliches trifft auf Kiew und andere Orte zu. Allein die Tatsache gehäufter Krankheitsfälle bis hin zur sogenannten blühenden Rachitis (wenn bei Kindern Rachitis diagnostiziert wird, ihr Aussehen aber dem widerspricht) zwingt zu bestimmten Schlußfolgerungen.

Das heißt: Alle Untersuchungsdaten vom Tetsch und von der sogenannten Ost-Ural-Spur wären Grund genug gewesen, auch die Erkrankungen vorauszusehen, die dann in der Zone Tschernobyl auftraten. Das jedenfalls meinte

Jelena Burlakowa. Warum aber hat die *offizielle* Medizin geschwiegen? Jelena Burlakowa:

Von Interesse sind die Daten, die über neurologische Erkrankungen Auskunft geben. Am Tetsch wurde ein Anstieg dieser Erkrankungen beobachtet, wobei die Strahlendosis lediglich 7 R, 7 ZentiSv (nach dem schwedischen Radiologen Sievert, SI-Einheit der Äquivalentdosis insbesondere radioaktiver Strahlen; Anm. d. Übers.) betrug. Die Autoren versichern, daß das einfach eine Reaktion der Regelsysteme des Organismus auf Bestrahlung sei. Warum wurde dann, als die Daten in Tschernobyl vorlagen, behauptet, daß die Presse schuld sei; sie hätte alles aufgebauscht und so die Menschen verängstigt. Also alles nur ein Angstsyndrom?

Sehr wichtig ist die Forderung nach wesentlichen Kriterien für die lineare oder annähernd lineare Abhängigkeit des Effektes von der Höhe der Dosis. Als man seinerzeit keine Abhängigkeit beobachten konnte, hieß es gleich: Jene Krankheiten sind nicht durch Strahlen hervorgerufen, sie hängen mit ganz anderen Ursachen zusammen.

Wenn wir das Material vom Tetsch, aus Tschernobyl und dem Bezirk Brjansk analysieren, erkennen wir, daß das Spektrum der durch Strahlen verursachten Erkrankungen fast identisch ist, obwohl in unserer Wissenschaft diese Krankheiten nicht mit Strahlungen in Verbindung gebracht werden. Da erhebt sich die Frage: Womit stehen sie dann in Zusammenhang, und wie sind sie zu begreifen? Drei Gründe kann es für die Beantwortung geben. Entweder ist unsere medizinische Statistik so schlecht, daß sie keine gültigen Schlüsse erlaubt. Also wird jedesmal, wenn ein Anstieg von Krankheiten vorliegt, sofort behauptet, das sei spezifisch und auf gar keinen Fall mit der Strahlendosis, d.h. mit Radioaktivität in Zusammenhang zu bringen. Die zweite Antwort: Möglicherweise haben wir es in der Realität absolut nicht mit den Dosen zu tun, die wir saktionieren. Es gibt jetzt vergleichbare Daten über genetische Veränderungen in den Lymphozyten, bei Zähnen, deren Verlauf gradlinig, d.h. linear ist. Gleichzeitig stehen sie im Gegensatz zu den Dosen, die der Bevölkerung „vorgegeben" wurden. Zuweilen unterscheiden sie sich um das zehnfache. Das hat auch Professor Worobjow beobachtet, als er Kinder mit abgeblich gleichwertig hohen Dosen untersuchte. Nach jetzigem Kenntnisstand aber sind diese Dosen weitaus höher. Die ursprüngliche Strahlendosis ist für uns bis heute ein Rätsel. Wir können nichts über sie aussagen.

Wo also liegt der Grund für die Divergenz der Daten? (Ich spreche hierbei nicht von den absichtlichen Vertuschungen und meine auch nicht, daß unser Volk das ängstlichste auf der Welt ist. Wenngleich ich auch sagen würde, daß unsere Bevölkerung sämtliche Gefahren total mißachtet; so ist nun mal ihr Charakter. Nichts würde die Leute davon abhalten, in einer verseuchten Gegend wohlschmeckende Beeren zu sammeln.) Wieso sind gerade in den verstrahlten Gebieten die Krankheiten stärker angestiegen als in den überwachten Gebieten? Warum finden wir vom Standpunkt radiobiologischer Fakten keine Erklärung? Warum erkennen wir nicht die Bedeutung der Risiken, wie sie internationale Kommissionen anbieten?

Ich möchte jetzt weg vom Faktenmaterial und einige Aspekte der experimentellen Forschung beleuchten. Ein für alle Radiobiologen interessantes Thema. Es sind Experimente an Tieren durchgeführt worden. Dabei zeigte sich, daß es im Bereich kleiner Dosen, bei einer Überschreitung von zehn bis hundertmal, keine Grundabweichung gibt. Diese Abweichung trägt bimodalen Charakter. Bis zu einer Dosis von 50 R beispielsweise ist es eine normale lineare Abhängigkeit, darunter kommt es zu einer gewissen Stimulation, zu einer Besserung des Krankheitsprozesses. Dann bei der folgenden Etappe kommt es zum sogeannten Looping, zu einer großen Heterogenität in der Entwicklung der Populationen. Nicht nur die von Tierversuchen stammenden Daten, sondern auch die Schäden in blutbildenden Systemen bei Menschen, die nach Katastrophen in Kernkraftwerken – dazu zählt auch Tschernobyl – auftreten, zeigen, daß die Schwere der Erkrankungen bei Menschen gleich ist, ob sie nun 8 oder 175 R aufgenommen haben. Ob es nun 15 oder 300, ob es 24 oder 400 R sind. Was für eine ungeheure Variabilität bei minimalen Strahlendosen! Bei hohen Dosen gibt es diese Variabilität nicht. Hier liegen alle Resultate sehr nah beieinander.
Die gleichen Resultate wurden bei Tierversuchen erzielt.
Ein weiterer Moment ist der Synergismus im Bereich kleiner Dosen. Verabreichte man Tieren irgendein toxisches Mittel, das die einen oder anderen Reaktionen im Organismus hervorrief, und bestrahlte sie gleichzeitig, so war die summarische Reaktion höher als die einfache Summe. Bei erhöhten Dosen blieb dieser Effekt aus.
Warum ist der häufige Befund verschlechterter Gesundheit bei Dosen von 20 oder einem R so signifikant? Woran liegt das? Wir haben festgestellt – und zwar an den Zellgrenzschichten und nicht am DNS-Molekül – daß die Restaurationssysteme nur bei hohen Dosen eingeschaltet werden. Es gibt zwei Restaurationssysteme der Zellgrenzschichten: einmal, wenn Sie die beschädigten Moleküle herausnehmen und sie durch neue ersetzen; und zum zweiten, wenn man in den Zellgrenzschichten die beschädigten Moleküle wiederherstellt. Das erste System beginnt bei einer Dosis von mehr als 300 R zu funktionieren. Das zweite System bei Dosen von 50 bis 100 R. Und darunter? Darunter werden keine Veränderungen repariert. Und wenn das System sehr geringe Schäden nicht wieder restauriert, so beginnen sich diese Schäden denen anzugleichen, die sich als Resultat weitaus höherer Dosen ergaben. Daraus folgt, daß Dosen von beispielsweise 50 R Systeme zu 90% wiederhergestellt haben, d.h. praktisch ist nur ein Zehntel des Schadens geblieben; hingegen begannen sich Schäden bei 5 R, die nicht wiederhergestellt wurden, anzugleichen (ich nenne hier „schwimmende" Zahlen). Das heißt, es gibt eine gewisse Schwelle der Abhängigkeit von der Dosis, wenn das Restaurationssystem nicht eingeschaltet ist. Das ist kein Einzelfall bei Strahlenkrankheiten. Die gleiche Situation beobachtet man auch bei ischämischen Erkrankungen.
Warum hat uns die Natur keine Dauerreaktion in bezug auf schwache Reizerreger beigebracht? Wir alle leben auf einem bestimmten Hintergrund, und der Übergang von einem zum anderen ist für uns tragisch. Und deshalb stimmt das Dogma, wonach eine einmali-

ge Dosis von 100 R stärker wirkt als 100 R verteilt auf ein Jahr. Aber 1 R pro Jahr und 1 R als einmalige Dosis verkehren die Situation ins Gegenteil.

Ich habe Burlakowa deshalb so ausführlich zitiert, um auch keinen Gedanken der Wissenschaftlerin zu verzerren. All die oben angeführten Daten sind nach Aussage von Professor Burlakowa fragmentarisch. Sie wurden ja gerade erst an Tierversuchen festgemacht. Es wurde auch präzisiert, daß die Schäden in den Zellgrenzschichten nicht tödlich sind. Aber sie verändern die Anpassungsmöglichkeiten des Organismus. Was folgt daraus? Nicht das Rauchen verstärkt die Wirksamkeit der Strahlung, sondern umgekehrt die Strahlung verstärkt die Wirkung des Rauchens. Und wir alle, die wir hier verstrahlt sind, sind unserer alltäglichen Umwelt schutzloser ausgeliefert, als wären wir nicht verstrahlt.

Man kann also davon ausgehen, daß in den Gebieten, wo bestimmte Krankheiten herrschen, die Strahlung ein größeres Stimulans ist. Demzufolge werden sich in Gebieten, wo tödliche Infarkte gehäuft auftreten, diese noch mehr erhöhen. Wo Krebs auftritt, werden noch mehr Krebserkrankungen auftreten.

Ist jetzt die Zeit für eine neue Konzeption? Ist das der Augenblick der Wahrheit? Schon möglich, doch Jelena Burlakowa ist der Ansicht, daß für eine neue These die Beweisführung noch aussteht. Aber immerhin können Wissenschaftler jetzt bisher unerklärliche Vorgänge erklären: vor allem, daß nicht die Journalisten an den Strahlenfolgekrankheiten schuld sind, daß nicht sie die Strahlenphobie in die Welt gesetzt haben. Von den Wissenschaftlern sind jetzt neue Tierversuche gefordert; nochmalige Untersuchungen nicht nur der unmittelbaren *Liquidatoren* (so wurden die Männer genannt, die unmittelbar nach dem Unfall und auch danach im KKW Tschernobyl vor Ort eingesetzt waren) im KKW, sondern der gesamten Bevölkerung in den betroffenen Zonen.

Haben die Mediziner eine Bestätigung des von Jelena Burlakowa vorgeschlagenen Modellversuchs vor Ort gefunden? Ja. Russische Kinderärzte des Krankenhauses Nr. 17, denen Jelena Burlakowa ihre Konzeption vorstellte, bestätigten, daß die Erkrankungshäufigkeit bei Kindern als chronische Strahlenkrankheit zu charakterisieren ist.

Jetzt kam auch zutage, daß das Institut für Biophysik beim Gesundheitsministerium der UdSSR über sämtliche Daten über die Folgen der Katastrophe am Tetsch verfügt. Warum haben Iljin und seine Gefolgsmänner diese Daten nicht mit denen aus Tschernobyl verglichen? Das wäre doch wohl ihre erste Aufgabe gewesen.

In ihrem Bestreben, die Wahrheit ans Licht zu bringen, mußte Jelena Burlakowa die *Liquidatoren* ausfindig machen, Menschen, die von Gott und der Medizin vergessen worden waren. Sie suchte das Strahleninstitut in Jerewan auf, wo die einheimischen Liquidatoren registriert waren. Man bedenke, wo liegt Tschernobyl und wo Jerewan! Jene Männer waren unmittelbar in der Hölle gewesen, ohne jede Einschränkung. Doch der Staat, der sie benutzt hatte, hatte sie gleich dem Vergessen anheim gegeben. Das paßt so richtig zu uns! Jelena Burlakowa:

> Diese jungen Burschen klagten, daß sie sich schlecht fühlten, unter Schwächeanfällen und ständigen Kopfschmerzen litten, und ihnen sogar ein kleiner Spaziergang Atemnot verursachte. Alle ihre Beschwerden wurden hartnäckig abgewiesen: Die Leute würden phantasieren, sich alles bloß einbilden. Ja, können denn Hunderte, Tausende Menschen gleichzeitig phantasieren? In Jerewan, Naroditschi, Kiew, Belorußland? Und sie spinnen alle dasselbe? Was soll man dazu sagen, wenn nicht mal alle Kinder mit Schilddrüsenerkrankungen in den verseuchten Gebieten registriert und ihre Krankheit als Folge des Reaktorunfalls eingeordnet werden! (Runder Tisch der Zeitschrift „Nedelja")

Wie viele andere begreift auch Jelena Burlakowa nicht, daß unsere Regierung den Menschen verbietet, die verseuchten Gebiete zu verlassen. Jelena Burlakowa zitierte eine Frau aus Naroditschi:

> Ich brauche weder Geld von euch, noch sonstwas. Ich will nur weg von hier. Ich will hier nicht mehr leben. Helfen Sie mir, in eine „saubere" Gegend zu kommen und dort Arbeit zu finden.

Sind wir wieder im Zeitalter der Leibeigenschaft? Auch ich verstehe die Menschen, wenn sie sagen: *Wir sind Gefangene. Müssen hier sitzen und dürfen nicht weg. Für Sie und Ihre ausländischen Kollegen sind wir doch nichts als Versuchskaninchen. Das lassen wir uns nicht gefallen.* Was ist das für ein Zynismus, wenn diesen Menschen geantwortet wird: Ihr wollt ja bloß das Umzugsgeld, um damit andere Probleme zu lösen. Die Burlakowa ist einfach zu gefühlsselig…

Als Professor Burlakowa ihre wissenschaftliche Marschroute öffentlich gemacht hatte, bekam sie viele Briefe von ihren Schützlingen aus den verseuchten Gebieten, ja auch Gedichte und Artikel aus ukrainischen Zeitungen. Sie bekam Glückwünsche zu Feiertagen, man wünschte ihr Gesundheit, Wohlergehen und Gottes Segen. Mit ihrer Erlaubnis möchte ich einen dieser Briefe zitieren, ein bewegendes Zeugnis verzweifelter Menschen.

> Sehr geehrte Jelena Borissowna! Wir von der Gesellschaft „Pripjat", der die meisten der ehemaligen Einwohner von Pripjat angehören, wenden uns an Sie. Unsere Familien haben die Reaktorkatastrophe durchgemacht, sind nach unendlichen Strapazen ausgesiedelt worden, haben freiwillig ihre Wohnungen in Kiew aufgegeben und sind nach Slawutitsch gezogen, wo sie nun für ständig wohnen.
>
> Alle Familien haben Angehörige, die im KKW Tschernobyl vor der Katastrophe gearbeitet haben, nach der Katastrophe und bis heute dort beschäftigt sind. Unter uns gibt es Menschen, die an der Strahlenkrankheit leiden, denen es an fachärztlicher Betreuung

und richtiger Behandlung fehlt. Unter uns sind schwache und kranke Kinder. Um alle betroffenen Menschen, die in dieser Stadt in der Minderheit sind (zweitausend), zusammenzubringen und zu unterstützen, haben wir diese Gesellschaft gegründet.
Wir haben ein Statut, ein Programm und Geld auf der Bank. Unser Ziel ist einfach und klar. Wir wollen den Obersten Sowjet, die Regierungen der UdSSR und der Ukraine auf uns und unsere Probleme aufmerksam machen.
Uns interessieren konkrete Antworten auf folgende Fragen: 1. Wie ist das weitere Schicksal der ehemaligen Einwohner von Pripjat in Hinsicht auf die Schließung des KKW Tschernobyl? 2. Wie und auf wessen Kosten (Gesundheitsministerium, Ministerium für Atomenergie) werden die tatsächlichen Strahlendosen eingeordnet, die wir unmittelbar im Augenblick der Katastrophe und danach aufgenommen haben? 3. Wenn die Stadt Slawutitsch auf verseuchtem Grund steht, inwieweit und unter welchen Bedingungen können unsere Familien nach Kiew zurückkehren, wo den meisten von uns Wohnungen zur Verfügung gestellt wurden? 4. Wenn wir weiterhin auf dem verseuchten Territorium von Slawutitsch leben müssen, so fordern wir für uns den Status Betroffener, um uns nicht ständig vor der Obrigkeit erniedrigen zu müssen, die die Katastrophe nur aus der Zeitung und amtlichen Berichten kennt. Wir fordern für unsere Kinder vollwertige Ernährung, medizinische Betreuung und Erholungsmöglichkeiten. Wir bekommen keine Vollwertnahrung. Im Stadtsowjet von Slawutitsch stoßen unsere Forderungen auf taube Ohren, weil wir nur so wenige sind, und auch weil die kommunalen Behörden und die Gewerkschaft des KKW Tschernobyl uns geringschätzig behandeln. Dieser Zustand macht es uns möglich, die aufgetretenen Probleme eigenständig anzugehen.
Wie wird das Problem der Sonderrenten gelöst, wie Fragen der Entschädigung für die durch die Katastrophe beeinträchtigte Gesundheit? Wir haben alle Unterlagen und statistischen Angaben dem Obersten Sowjet übergeben, als eine Delegation von uns in Moskau war.
Gemeinsam mit der Dritten Hauptverwaltung des Gesundheitsministeriums der UdSSR haben wir für die medizinische Betreuung und Heilbehandlung der Mitglieder unserer Gesellschaft ein Programm ausgearbeitet. Aber infolge der komplizierten Situation des Ärztepersonals in Slawutitsch sehen wir keine Möglichkeit, das Programm durchzuführen.
Eine Kopie dieses Schreibens geht an den Ministerrat der UdSSR.
Wir sind der Meinung, daß das Schicksal der ehemaligen Einwohner von Pripjat, die heute in Slawutitsch leben, auf besondere Weise geregelt werden muß – durch Sonderverordnungen.

„Eine weltumfassende Katastrophe“

Ja, das ist eine weltumfassende Katastrophe.
So der Schluß, zu dem, vier Jahren nach Tschernobyl, die staatliche Expertenkommission kam. *Die Havarie im Atomkraftwerk von Tschernobyl ist nach ihren langfristigen Auswirkungen die größte Katastrophe der Gegenwart.*
Was bedeutet das?
Das Leben des blauen Planeten wird annähernd auf zwölf Milliarden Jahre geschätzt. Mehr als ein Drittel der Zeit, die der Erde zusteht, hat sie bereits hinter sich. Das heißt also, daß es während dieses Drittels keine Katastrophe mit verheerenderen Auswirkungen gegeben hat als diese.
Es gab natürlich andere „Unannehmlichkeiten“, die mit dem „friedlichen Atom“ zusammenhingen. In den Vereinigten Staaten von Amerika passierte der größte Unfall dieser Zeit, den man heute die Tschernobyl-Warnung nennt, 1979 im Bundesstaat Pennsylvania im KKW *Three Mile Island.* Davor und danach wurden zwölf kleinere Reaktorunfälle registriert.
In der UdSSR könnte man in einem gewissen Maße drei Unfälle, die seit 1949 in der Produktionsvereinigung *Majak* am Fluß Tetsch passierten, als Tschernobyl-Vorgänger bezeichnen. Das ist im Ural. Später gab es mehr als zehn Reaktorunfälle in den KKWs unseres Landes. Allein im Juni 1989 wurden in neunzehn KKWs außerplanmäßige Abschaltungen und elf außerplanmäßige Leistungsreduktionen registriert. Lokale Strahlenkontaminationen des Umfeldes gab es nach den Reaktorunfällen in den KKWs von Leningrad, Tschernobyl (1982) und Kursk. Bis vor kurzem waren für uns diese Informationen Geheimnisse der *Atomlobby.*
Aber das alles, zusammengenommen, ist nur ein Tropfen im Vergleich zu dem radioaktiven Meer, das sich nach der Explosion in der Ukraine ausgebreitet hat.
Die Dimensionen der weltumfassenden Katastrophe von Tschernobyl, die im offiziellen Bericht der Expertenkommission aufgeführt sind, sind kaum vorstellbar. Im sowjetischen Bericht auf der Tagung der IAEA in Wien 1986 hieß es, daß in der Umgebung des KKW 50 Mio Curie Belastung in Form verschiedener Radionuklide freigesetzt wurden; darunter 1 Mio Curie durch das radioaktive Cäsium sowie 0,22 Mio Curie durch das radioaktive Strontium. Auf der internationalen Tagung für KKW-Sicherheit im November 1989 in Dagomys legten einige Wissenschaftler eigene Schätzungen vor: Nach ihrer Meinung war die freigesetzte Cäsium-Belastung weit höher. Ausländische Experten nannten Zahlen, die um das 1,5- bis 2fache höher lagen als die sowjetischen. So behauptete der sowjetische Bericht an die IAEA, daß

die Emission von Iod-131 7,3 Mio Ci betrug, während MESOS (Europäisches Modell) die Zahl von 4,9 nannte und das Livermoore-Labor in den USA einen zweimal so hohen Wert wie unsere Seite – 14,4 Mio Ci angab. Dieses Labor stellte auch eine zweimal so große Freisetzung von Cäsium-137 fest. Und nach Schätzungen mehrerer Experten des Allunionsforschungsinstituts für KKW betrug die Gesamtfreisetzung der Radioaktivität 1 Mrd. Curie. Nach einigen anderen Schätzungen 6,4 Mrd. Allein die Freisetzung von Cäsium-137 entsprach dem Fallout von 600 Hiroshima-Bomben. Die täglichen Freisetzungen von Millionen Curie Strahlung bis zum 10. Mai 1986, Winde, die sie in verschiedene Richtungen um die ganze Welt trugen, äußerst komplizierte Vorgänge des Durchbrennens von Radionukliden im zerstörten aktiven Reaktorbereich, wo die Temperatur bis auf 2500 Grad C anstieg, das alles führte im Frühling 1986 zu einer wahrhaft katastrophalen Kontamination gewaltiger Regionen des Landes. Man hatte den Eindruck, daß die ganze Mendelejew-Tabelle und das, was bisher der Wissenschaft nicht bekannt war, aus dem Reaktor heraus flog. So schätzte der Vorsitzende des Staatlichen Komitees für Naturressourcen N.N. Woronzow die Auswirkungen der Katastrophe ein:

> Wie dem auch sei, zur Tschernobyl-Zone gehört die ganze Erdkugel und die gesamte Bevölkerung der Sowjetunion im Besonderen. Es gibt eine Karte des Fallout. Man sieht, daß sich einer der Flecken durch die Mitte des europäischen Teils der UdSSR bis zum Ural und bis nach Westsibirien erstreckt.

Erhöhte Gammastrahlung wurde nicht nur bei unseren nächsten Nachbarn – Polen, Rumänien, Norwegen, Finnland und Schweden, sondern auch – stellen Sie sich vor – in Brasilien, Japan, Österreich, Italien und anderen Ländern gemessen. Der Vorsitzende des Staatlichen Komitees für Hydrometeorologie der UdSSR J.A. Israel berichtete hierüber folgendes:

> Die Belastung zog durch Schweden, nach Polen, Bulgarien, Deutschland, England, nach Süddeutschland. In den aufgezählten Ländern wurden Kontaminationswerte von mehr als 1 Ci pro Quadratkilometer gemessen. Auf kleineren Flächen 1,2-1,5 Ci... Auf der Karte, die ich nicht nur von meinen Meteorologen, sondern auch von ausländischen bekam, sind sehr starke Belastungswerte zu sehen. Die Wolke zog zu dieser Zeit über Norditalien, über Bayern. Und dort, wo es regnete, dort gingen sie nieder und es bildeten sich... und ebenfalls meistens Cäsium.

Im Ausschuß für Ökologie und rationelle Nutzung der Ressourcen führte J.A. Israel ein kleines Büchlein vor, in welchem die Windrichtungen fixiert wurden. Aufgrund dieses Buches konnte man die Ausbreitungen radioaktiver Wolken nicht nur nach Tagen, sondern sogar nach Stunden verfolgen.

> Schauen Sie mal - zeigte Israel — hier steht es genau. Der 26., um drei Uhr, der 26., um 15 Uhr, der 27., um drei Uhr. Es wurde bereits ein Teil der Seeküste des Baltikums auf

unserem Territorium bedeckt. Aber am 27., in der Nacht, war die Wolke bereits hier, in Kopenhagen.

Das bedeutet, daß im Laufe eines Tages und einer Nacht der radioaktive *Rauch* Dänemark erreichte. Nach den Angaben des Staatlichen Komitees für Hydrometeorologie der UdSSR wurden in der Sowjetunion vier Gebiete in Rußland, fünf Gebiete in der Ukraine und fünf Gebiete in Belorußland intensiv strahlenbelastet. Bekanntlich wurden in den ersten Tagen nach dem Reaktorunfall 116.000 Menschen evakuiert. Ungefähr 144.000 ha landwirtschaftliche Nutzflächen, vollgeschüttet mit Radionukliden, wurden *vorübergehend geschlossen*. Das ist die tote Zone.

Auf wieviel belasteter Nutzfläche wird jedoch bis heute gepflügt, gesät und geerntet! Bis heute nehmen allein nach offiziellen Angaben der drei durch Radionuklide *bestäubten* Republiken landwirtschaftliche Cäsium-Nutzflächen ca. 10 Mio ha ein. Dort beträgt die Bodenkontamination zwischen 1 und 100 Curie pro km^2. Darunter befinden sich 3 Mio ha äußerst fruchtbares Ackerland.

Ukraine: Auf 377.500 ha ist der Boden mit mehr als 5 Ci/km^2 belastet. Dazu kommen weitere 3.316.000 ha, die bis zu 5 Ci/km^2 aufweisen. Diese Angaben wurden der Expertenkommission vorgelegt. Nach den Angaben der Abteilung für Radiologie des Landwirtschaftsministeriums der Ukraine, die man mir auf meine Anfrage hin vorlegte, gibt es in der Ukraine 7.220.000 ha strahlenbelastete landwirtschaftliche Nutzflächen. Am stärksten sind die Gebiete Kiew und Shitomir belastet. Wie mir der stellvertretende Vorsitzende des Gebietsexekutivkomitees von Kiew N. Stepanenko mitteilte, sind in diesem Gebiet, in dem auch die Hauptstadt der Ukraine liegt, über 1.600.000 ha Land strahlenbelastet. Im Gebiet Shitomir gibt es eine kontaminierte Fläche von insgesamt 466.700 ha.

Belorußland: Die Fläche kontaminierten Bodens beträgt hier 7.000 Quadratkilometer. Ein Fünftel des Ackerlandes ist für Menschen äußerst gefährlich. Am schwersten ist die Situation für die Einwohner des Gebietes Mogiljow. In diesem Gebiet sind durch Radionuklide 1.430 Quadratkilometer Land kontaminiert.

Rußland: Das ist ein besonderes Thema. Das Programm der Liquidierung der Folgen des Reaktorunfalls, das der Ministerrat der RSFSR in seiner Expertise vorlegte, bezog sich … nur auf ein Gebiet – Brjansk. In sieben westlichen Rayons sind nach inoffiziellen Angaben 5.500 Quadratkilometer Land strahlenbelastet, nach offiziellen – 1.000.

Die Expertise hatte bereits festgestellt, daß es neben dem Gebiet Brjansk noch den Fleck von Orel-Kaluga-Tula gibt, wo die Bodenkontamination durch Cäsium-137 bei ca. 5 Curie pro Quadratkilometer liegt. In der Stadt Plawsk im

Gebiet Tula erreichen die Werte 15 Curie. Der Fleck breitete sich fast über 2.000 Quadratkilometer aus.

Der Ministerrat der RSFSR ignorierte faktisch den Auftrag der Regierung der UdSSR, ein langfristiges republikanisches Programm der Liquidierung der Folgen des Reaktorunfalls zu erarbeiten. Der stellvertretende Vorsitzende der staatlichen Expertenkommission, Doktor der Biologie A.G. Nasarow, äußerte sich in seiner Ansprache am 12. April 1990 während der Anhörung vor den Ausschüssen des Obersten Sowjets der UdSSR dazu so:

> Wir haben eben einer etwas merkwürdigen Rede des Genossen Tabejew zugehört (Erster Stellvertreter des Vorsitzenden des Ministerrates der RSFSR, Vorsitzender der Kommission für die Liquidierung der Folgen des Reaktorunfalls), insbesondere als er das Republiksprogramm der RSFSR erklärte. Zur Zeit erörtern wir zwei Programme, das ukrainische und das belorussische, sowie das Gebietsprogramm für Brjansk, das uns als ein Regierungsprogramm der Russischen Föderation vorgelegt wurde. Keine Angaben, keine Daten über den großen Fleck, der hier auf der Karte abgebildet ist – die Gebiete Tula, Kaluga und Orel wurden nirgendwo, in keinem der Arbeitsschritte erörtert, es gibt bis jetzt kein einheitliches Programm der RSFSR.

Zu dieser Zeit waren bereits vier Jahre seit der Katastrophe vergangen!

Heute wissen wir noch nicht, welches wahre Ausmaß die Kontamination durch Strontium, durch *heiße Teilchen* angenommen hat, die, wenn sie in den menschlichen Magen gelangen, ihn in einen Mikroreaktor verwandeln. Die Informationen über die Cäsium-Kontamination sind ebenfalls nicht ausreichend.

Selbst wenn genaue Informationen vorliegen, werden in den offiziellen Angaben irgendwelche Durchschnittswerte angeführt. Oft sind diese dann zu niedrig angesetzt. So sind die wirklichen Werte auf der Kontaminationskarte des Dorfes Ostapy (Rayon Lug, Gebiet Shitomir) beinahe um das Zweifache höher als die Durchschnittswerte. Wenn ich Fachleute, darunter A.J. Israel, über durchschnittliche Strahlenwerte reden höre, erinnere ich mich an den alten Witz über die Durchschnittstemperatur in einem Krankenhaus. Erst drei Jahre nach der Explosion nahm sich diese Behörde die Zeit, um eine Art *Kurzen Lehrgang* über durchschnittliche Strahlenwerte in verschiedenen Gebieten der Ukraine herauszugeben. Sozusagen eine Pseudoberuhigungstablette in einer Auflage von 425.000 Exemplaren. Vermutlich für besonders nervenschwache Patienten.

Nach den Angaben des Staatlichen Komitees für Hydrometeorologie der USSR beträgt die durchschnittliche Bodenkontamination in der Siedlung Polesskij (Gebiet Kiew) 24,7 Curie pro Quadratkilometer. Dagegen schwanken nach den Messungen der Produktionsvereinigung *Kombinat* diese Werte zwischen 15 und 300 Curie. Im Erholungspark(!) betragen sie 67 Curie. Wem

soll man da glauben? Die Daten von *Kombinat* wurden aufgrund einer detaillierten Flächenuntersuchung mit 1.700 Proben gemessen. Die Daten des Ukrainischen Kommitees für Hydrometeorologiewurden dagegen auf der Basis von nur 200 Proben berechnet. Das ist ein sehr typisches Beispiel. Nicht nur für die Ukraine, auch für Rußland und Belorußland.
Aber selbst die Daten von *Kombinat* kann man wohl kaum als genau bezeichnen. Denn sie berücksichtigen nur das radioaktive Cäsium. In Poleskij gab es im Fallout aber auch Strontium und Plutonium. Die Bodenkontamination durch Plutonium ist allein schon so hoch wie die provisorisch zugelassenen Grenzwerte. Eine ähnliche Situation besteht z.B. im Rayon Wetka in Belorußland sowie in anderen Regionen.
Die Karten der Bodenkontamination, die das Staatliche Komitee für Hydrometeorologie der UdSSR der Expertenkommission vorlegte, geben bei weitem nicht eine volle Übersicht über die verheerende Dimension der Auswirkungen des Reaktorunfalls. Die Isolinien des Verlaufes der Konzentration von Cäsium-137-Radionukliden sind mit einem Fehler von 30% aufgeführt, manchmal sogar bis zu 50%. Besonders wenig Informationen gibt es über das Strontium-90; überhaupt keine über Plutonium-239. Ganz zu schweigen über andere Radionuklide, die über das Land verteilt wurden.
Im Schlußbericht der Expertise wurde darauf hingewiesen, daß radioaktiver Fallout auch in der Region von Krasnodar, bei Suchumi sowie im Baltikum niederging. Die Region von Krasnodar gehört zur Schwarzmeerküste des Kaukasus. Dort gibt es Hunderte von Heilbädern, Sanatorien, Erholungsheimen und Ferienlagern. Jährlich kommen Millionen von Menschen ans Meer und in die Berge, um ihre Gesundheit zu stabilisieren. Auch ich war mit meinen Kindern im Mai 1986 in den Urlaub ausgerechnet hierher gekommen, in die Region von Krasnodar, weil ich dachte, daß dort, wenigstens für einige Wochen, meine Kinder außerhalb der Reichweite von Tschernobyl wären. Doch, Tschernobyl hat uns auch dort eingeholt.
Im Sommer des letzten Jahres richtete ich eine Deputiertenanfrage an J.A. Israel. Ich bat darin, mir mitzuteilen, wo genau, in welchen Ortschaften radioaktives Fallout auf dem Territorium des Baltikum, der Region von Krasnodar und von Suchumi niederging. Wie hoch war die Bodenkontamination, wie die Ortsdosisleistung? Ich bekam eine Antwort vom Stellvertretenen Vorsitzenden J.S. Zaturow. Er teilte u.a. folgendes mit:

> Infolge des Reaktorunfalls im KKW Tschernobyl erfolgte ein Anstieg der Strahlungswerte in der Atmosphäre und in atmosphärischen Niederschlägen auf der ganzen Fläche unseres Landes, einschließlich der Region von Krasnodar, der Stadt Suchumi und des Territoriums der Baltischen Republiken. So wurden an einzelnen Abschnitten der Westgrenze der UdSSR und im westlichen Teil Georgiens Ende April – Anfang Mai 1986 von

den Einheiten des Staatlichen Komitee für Hydrometeorologie der UdSSR deutliche, aber nur kurzfristige Anstiege der Kontaminationswerte der atmosphärischen Luft über die Werte vor dem Unfall hinaus ermittelt, die aber unter den maximalen Grenzwerten lagen.

Danach nennt er die Strahlungswerte aus dem Zeitraum Ende April-Anfang Mai 1986 in Vilnius, Riga, Suchumi, Zchaltubo, Tbilissi und geht über zur Bodenkontamination:

1986 betrug die Flächenkontamination an der Schwarzmeerküste des Kaukasus in der Gegend bei Suchumi und Batumi 0,2-1 Curie pro Quadratkilometer – vor dem Reaktorunfall 0,06-0,1 Curie. In der Region von Krasnodar und in den Baltischen Republiken war sie viel geringer – unter 0,3 Curie pro Quadratkilometer. Im August-September 1989 wurden erneut gammaspektrometrische Luftaufnahmen des Territoriums der Baltischen Republiken gemacht, die die 1986 gemessenen Werte bestätigten.

Ferner bemerkt J.S. Zaturow jedoch, daß die Flächenkontaminationswerte durch Luftaufnahmen mit einem Abstand der Meßpunkte von mehreren Kilometern gemacht wurden, daher sei nicht auszuschließen, daß es einzelne lokale Kontaminationsstreifen gibt. Expeditionsuntersuchungen von 1986 ermittelten in der Gegend bei Batumi kleinere Flächen, wo die Bodenkontamination durch Cäsium-137 1-1,5 Curie pro Quadratkilometer betrug. (In einem Land Skandinaviens sind übrigens für Menschen, die einer Strahlenbelastung von 1 Curie pro km^2 ausgesetzt werden, bestimmte Privilegien vorgesehen.)

1990 wurden auf dem Gelände der Primorski-Parkanlage in der Stadt Batumi erhöhte Ortsdosisleistungen gemessen... An einem Punkt mit dem Höchstwert von 400 µR/h. Der kontaminierte Boden wurde kurzfristig abgetragen und zu einem Deponieort gebracht.

Das war praktisch die ganze Information. Mir war, ehrlich gesagt, aus der Antwort nicht ganz klar: Seit wann gehören zu der Region von Krasnodar Batumi, Zchaltubo und Tbilissi? Ich hatte nach der Strahlensituation in der Region von Krasnodar und nicht nach der in Georgien gefragt. Übrigens, diese Art nicht zuzuhören, egal ob ein Deputierter oder ein Wähler fragt, wurde längst zum Arbeitsstil vieler unserer Staatsbeamten. Da mußte ich mich erneut an J.A. Israel wenden. Ich bestand auf einer genaueren und präziseren Information über die Strahlenbelastung in der Region von Krasnodar. Der Vorsitzende antwortete mir folgendes:

Anfang Mai 1986 wurden nach den Frühjahrsniederschlägen Ortsdosisleistungen gemessen, die z.B. in Sotschi 120 µR/h betrugen, in Anapa, Lasareskoje, Kanewskaja 60 µR/h, in Kuschtschewskaja und Gornaja 35 µR/h. Infolge des Zerfalls der kurzlebigen Radioisotope nahm die Ortsdosisleistung schnell ab. So lag sie 1987 in Sotschi nicht über 35 µR/h, 1988 bei 20 µR/h und zur Zeit – entsprechend der natürlichen Gammadosisleistung – 10 bis 15 µR/h.

Was die Flächenbelastung durch Cäsium-137 betrifft, so liegt sie im Durchschnitt in Sotschi

> bei 0,4-1,4 Curie pro Quadratkilometer, in Tuapse bei 0,34, in Gelendzhik, Noworossijsk, Anapa und Krasnodar bei 0,1 Curie pro Quadratkilometer. Ähnliche oder geringere Werte wurden in anderen Ortschaften dieser Region gemessen. Die Gammadosisleistung unterscheidet sich nicht wesentlich von den Werten, die der natürlichen Gammastrahlenbelastung entsprechen – 10-20 µR/h.

Darüber hinaus teilte Israel mit,

> daß es in der Region lokale Streifen geben könne, die ihren Kontaminationswerten nach etwas höher als die genannte liegen. Als Beispiel dienen die 1989 durch Einheiten des Ministeriums für Geologie der UdSSR mit Hilfe von agrogammaretrospektiven Aufnahmen ermittelten 206 lokalen Anomalien mit einer Gammastrahlungsintensität von 90 bis 600 µR/h auf Flächen von einem bis zu mehreren Dutzenden Quadratmetern. Der flächenmäßig größte belastete Streifen wurde im Umfeld des Flughafens von Adler (250 µR/h) ermittelt.

Ich erinnere nochmals, diese Anfragen richtete ich an das Staatliche Komitee für Hydrometeorologie der UdSSR im Sommer 1990. Die Antworten schienen beruhigend zu sein: es hatte zwar etwas gegeben, doch heute sei alles wieder normal. Es verging ein weiteres halbes Jahr. Und da veröffentlicht die Zeitung *Iswestija* den Artikel *Die Spuren von Tschernobyl im Zentrum von Sotschi.* Es stellte sich heraus, daß jetzt, fünf Jahre nach dem Unfall, im Zentrum von Sotschi 900 radioaktive Flecken entdeckt wurden – zusätzlich zu jenen 400, die man letztes Jahr ermittelt hatte. Und zwar, wie der Reporter berichtet, an ganz überraschenden Stellen in Wohnbezirken, auf den Straßen, auf dem Zwetnoj-Boulevard, gegenüber dem Wintertheater, auf dem Rasen in der Nähe des Stadtrates. 100 von 900 Flecken seien bereits desaktiviert. Der belastete Boden sei abgetragen und in einer speziellen Deponie am Mamajskij-Paß gelagert worden. Im Zusammenhang mit der extremen Situation sei vom örtlichen Verein des Tschernobyl-Verbandes ein Wohlfahrtskonto eingerichtet worden. 1300 radioaktive Flecken allein in den letzten zwei Jahren im Zentrum eines internationalen Kurortes – ist das nicht zuviel?

Man ist vor fünf Jahren auf diesen Flecken spazierengegangen, hat sich erholt, geatmet. Wieviele Menschen haben das getan? Hunderte, Tausende, Millionen? Und wo sind sie jetzt? In Leningrad, Duschanbe oder Buenos-Aires? Wie lange – fünf Jahre oder auch ein Jahrzehnt – wird unsere Regierung noch benötigen, um ebenso detaillierte Untersuchungen durchzuführen – nicht nur in der Region Krasnodar, sondern in allen Regionen, die unter die radioaktive *Spur* gelangten?

Wenn unsere Regierung nicht einmal imstande ist, all denen zu helfen, die in hochbelasteten Gegenden bereits hohe Dosen abbekommen haben, wie soll man da über die anderen Städte und Dörfer reden, die viele Tausende Kilometer entfernt vom Zentrum des Atomkrieges in Europa liegen? Ja, vom

Zentrum eines Atomkrieges! Denn während nach offiziellen Angaben die Gesamtmenge der Strahlung, die aus dem Reaktor freigesetzt wurde, 50 Mio Curie betrug, so setzt eine typische Luftexplosion eines Atomsprengkörper 150.000 Curie frei.

Für diese Dimension der Katastrophe spricht auch die enorme Zahl von Menschen, die sich im Bereich der Strahlenwirkung befanden. Nach offiziellen Angaben waren es 2.504.000 Menschen, nach inoffiziellen – ungefähr vier Millionen. Es wird auch die Zahl von sechs Millionen genannt.

Die Erbmasse in Belorußland ist der Vernichtung nahe. Wie ein Vertreter der Kommission des Obersten Sowjets Belorußlands für die Probleme der Liquidierung der Folgen des Reaktorunfalls im KKW Tschernobyl während der Diskussion im Parlament bemerkte:

> Das Leben entschied so, daß sich die tragische Geschichte des belorussischen Volkes wiederholte. Wurde im Großen Vaterländischen Krieg jeder vierte Einwohner unserer Republik umgebracht, so verlieren wir durch den Tschernobyl-Unfall jeden fünften. In 12 Rayons der Gebiete Gomel und Mogiljow sind 500 Dörfer betroffen. In hochbelasteten Zonen liegen 184. Die Flächenkontamination beträgt dort bis zu 140 Curie pro Quadratkilometer. Die Presse berichtete von folgendem Fall: In einem Dorf des Rayons Krasnopolje wurde auf der Straße vor einem Kindergarten der Wert von mehr als 100 µR/h gemessen. Im Sandkasten waren es über 200, auf dem Rasen – 450. Und das bei einer maximal zugelassenen Dosis von 20 µR/h. In der Nähe, in einem Obstgarten, betrug die Flächenkontamination sogar 400 Curie pro Quadratkilometer.

Das Programm der Liquidierung der Folgen des Reaktorunfalls in Belorußland sah vor, im Laufe von 2 Jahren (1990-1991) 22.000 Menschen in *saubere* Gegenden umzusiedeln, *sauber* – wenn man von der 35 rem-Konzeption ausgeht.

In der Ukraine leben nach offiziellen Angaben in kontaminierten Gebieten 1.480.000 Menschen. Letztes Jahr, im Sommer, richtete ich eine Deputiertenanfrage an den Ministerrat der Ukraine über die Umsiedlung der Menschen aus besonders belasteten Regionen. Eine Antwort bekam ich vom stellvertretenden Vorsitzenden der Staatlichen Plankommission der Ukraine W.P. Popow:

> 1990-1991 sind ca. 45.000 Menschen umzusiedeln. Diesbezüglich wurden die folgenden Verordnungen des Ministerrates der Ukrainischen SSR verabschiedet. Am 30. Dezember 1989: „Über die Umsiedlung der Menschen aus den Ortschaften des Rayons Naroditschi (Gebiet Shitomir) und des Rayons Polesskij (Gebiet Kiew) sowie über den Bau dafür bestimmter Wohnungen, Sozialeinrichtungen und Produktionsanlagen", und am 23. August 1990: „Über die Organisation der Erfüllung des Beschlusses des Obersten Sowjets der USSR; ‚Über dringende Maßnahmen zum Schutz der Staatsbürger der Ukraine vor den Auswirkungen der Tschernobyl-Katastrophe'".

Über 20.000 Menschen wollte man aus radioaktiv verseuchten Dörfern des Gebietes Shitomir in dessen südliche Rayons umsiedeln. Tatsächlich liegen aber in den belasteten Gebieten 455 Ortschaften. Darin leben 93.000 Menschen, darunter etwa 20.000 Kinder. Das sind mehr als hundert Kolchosen und Sowchosen. Man muß heute die Menschen auch aus jenen neuen Wohnhäusern umsiedeln, die in offenkundig belasteten Gegenden gebaut wurden. Hunderte von Millionen Rubel wurden dafür hinausgeworfen. Ganz zu schweigen von dem moralischen Schaden, von der ruinierten Gesundheit Tausender und aber Tausender unschuldiger Menschen, die man ihnen nicht wiedergeben kann. Mit wessen Wissen, wessen Segen wurde das alles getan? Wer traf die Entscheidungen? Ich versuchte erfolglos, diese Fragen zu beantworten, schon damals 1987, als ich durch belastete Dörfer reiste. Ich habe davon berichtet, wie die Leiter verschiedener Ränge, sobald man darauf zu sprechen kam, einander die Schuld in die Schuhe schoben. Heute sind mir die Adressen der Schuldigen in allen Einzelheiten bekannt. Sie wurden mir vor kurzem auf meine Deputiertenanfrage vom Vorsitzenden des Gebietsexekutivkomitees von Shitomir A.S. Malinowskij mitgeteilt:

> Gebaut, darunter auch in hochbelasteten Zonen, aus denen man jetzt die Menschen umsiedelt, wurde gemäß den Beschlüssen des ZK der Kommunistischen Partei der Ukraine und des Ministerrates der USSR.

Im Sommer und im Herbst 1986 gab es davon drei. In den nachfolgenden Jahren wurden noch drei derartige Beschlüsse vom Ministerrat der USSR erlassen. Bereits ohne das Anhängsel „ZK". Es wurden auch entsprechende Rundschreiben, vier an der Zahl, veröffentlicht, gemeinsam vom Gebietsparteikomitee von Shitomir und dem Gebietsexekutivkomitee. 93 Familien wurden nach offiziellen Angaben aus zum Wohnen zu gefährlichen Gegenden in nicht weniger gefährliche umgesiedelt. Das ist ein Verbrechen.

Und so furchtbar ist die Situation im Gebiet Kiew. In mehr als 70 Dörfern beträgt die Flächenkontamination 5 Curie pro km^2 und mehr. Am meisten wurde der Rayon Polesskij betroffen. Die Ortschaften Jassen und Schewtschenko sind bis jetzt nicht völlig umgesiedelt. Wie das Akademiemitglied L.A. Iljin den Deputierten im April 1990 mitteilte, war Jassen dem Umsiedlungsplan zufolge erst für 1993 vorgesehen. Was bedeutet das für die Einwohner? Allein nach offiziellen Angaben sollte die Dosisleistung zu der Zeit etwa 35 rem betragen. Das Exekutivkomitee von Kiew hat vor, zuerst 18 andere Dörfer mit insgesamt fast 20.000 Menschen umzusiedeln.

Vor kurzem erfuhr ich zum ersten Mal, daß man vorhat, sechs Dörfer in den Gebieten Rowno und Tschernigow umzusiedeln, auch vom radioaktiven Fallout, der in jenem tragischen Frühling im Gebiet Iwano-Frankowsk niederging.

In die wohl komplizierteste Lage gerieten die Russen. Wenn man in Belorußland und in der Ukraine wenigstens etwas bemerkte, so wurde vom radioaktiven Streifen um Tula-Orel-Kaluga erst einige Jahre nach dem Reaktorunfall etwas bekannt. Wieviele Menschen in dieser Zone lebten, wurde weder der Regierung der UdSSR, noch der staatlichen Expertenkomission mitgeteilt. Die ganze Strahlensituation von Rußland bezog sich nur auf das Gebiet Brjansk. Hier befinden sich über 700 Dörfer auf belasteten Flächen. In ihnen lebt ein Fünftel der Einwohner des Gebiets, darunter fast 30.000 Kinder. Vor dem April 1990 wurden aus belasteten Gegenden nur 20% der Menschen umgesiedelt. Aus den Dörfern Saborje, Bukowez, Kobali, Porki, Nikolajewka, wo es gefährlich ist zu leben, sind bis heute die Menschen nicht evakuiert. Unter ihnen befinden sich nicht wenige Kinder, die bereits mehr als die Iljinsche Portion an Strahlung aufgenommen haben.
Man hört in der letzten Zeit zahlreiche unterschiedliche Vermutungen, ob der Fallout von Tschernobyl nicht auch noch andere Spuren haben könnte. Der Volksdeputierte der UdSSR, der belorussische Schriftsteller Ales Adamowitsch, veröffentlichte in der zentralen Presse ein Schreiben an den stellvertretenden Vorsitzenden des Ministerrates und Vorsitzenden des Büros für den Brennstoff- und Wirtschaftskomplex B.J. Schtscherbina und den Minister der Atomenergiewirtschaft N.F. Lukonin. Darin stellt er eine Frage: Stimmt es, daß von Tschernobyl weitentfernte Rayons des Gebietes Mogiljow-Krasnopolje, Slawgorod, Tscherikow, zum Teil Kostjukowitschi, Bychow, Klimowitschi und einige mehr (sowie ein Teil der Rayons des Gebietes Brjansk) – einer so gefährlichen Belastungsdosis ausgesetzt wurden, weil man die Tschernobyl-Wolke darauf *niedergehen* ließ? Hat man auf die Wolke geschossen, damit sie abregnet? Es handelte sich um die Wolke, die in Richtung Moskau zog. Nicht nur Ales Adamowitsch ist besorgt. Einige Wissenschaftler äußerten ähnliche Vermutungen. Und genauso denken die Einwohner des Gebietes Mogiljow.
War das tatsächlich so? Wenn ja, wie sähe der Kontaminationsstreifen aus, falls die radioaktive Rauchwolke immer weiter gezogen wäre… Wo wäre sie in diesem Fall *runtergegangen*?
Diese Frage wurde auch im Komitee für Ökologie und rationelle Nutzung der Naturressourcen behandelt. In der Diskussion erklärte dazu J.A. Israel:

> Etwa am 10. Mai rief mich Nikolaj Iwanowitsch Ryshkow an und sagte: „Wir sollten alles versuchen, damit es im Umfeld von Tschernobyl nicht regnet. Der radioaktive Zerfall ist im Gange. Die am meisten aktiven Teilchen werden zerfallen. Dafür müßte man, wenn normale Wolken sowie Haufenwolken angezogen kommen ziemlich starke Flugzeuge schicken und diese Haufenwolken regnen lassen". Das machten wir dann seit dem 10. Mai. ... Weiter entstand folgende Frage. Ukrainer und Belorussen sagten: „Wissen Sie,

führt das nicht zu einer Dürre?" So war die Annahme. Und wiederum sagte mir Nikolaj Iwanowitsch: „Also, mach' Schluß mit dieser Arbeit, wer weiß, was das im Sinne einer Dürre alles bewirken kann." Und nun bestätige ich nochmals: Unsere Flugzeuge flogen nur in diesem Sektor und nur bei „sauberen" Wolken und ließen sie, wo es ging, regnen. Zum ersten Mal regnete es im Umfeld von Tschernobyl nach dem 15. Juni. Nachdem wir diese Arbeit zu Ende geführt haben.

Israel lehnte entschieden die Version von Ales Adamowitsch ab, daß man die Wolke *runtergehen* ließ:

Von irgendwoher sind ganz absurde Gedanken aufgekommen, daß man den Fallout auf belorussische Erde „runtergehen" ließ. Der kontaminierte Streifen entstand dort übrigens bereits in den ersten Tagen. Es gab dort in der Tat sehr intensive Niederschläge am 27.-28. April. Und auch dieser entfernt liegende Streifen – von Tula, von Mogiljow, als auch von Gomel – entstand nicht nur durch Regen, sondern auch durch die Einwirkung.

Bedeutet das, daß die Version über den *Wolkenbeschuß* falsch ist? Es stimmt doch, daß die Wolken bis nach Moskau gezogen wären, wenn sie nicht auf den Feldern Belorußlands und den Waldgebieten um Brjansk gelandet wären. Das will doch wohl keiner in Frage stellen. Schwere Teilchen haben Moskau jedenfalls erreicht. Sie wurden z.B. in Blumentöpfen entdeckt.

Aber die weltweiten Dimensionen der Katastrophe werden nicht nur durch ihre äußeren Merkmale, die Größe der kontaminierten Streifen und die Zahl der in diesem unsichtbaren Atomschleier gefangenen Menschen, geprägt. Viel wichtiger ist es zu wissen, wie stark Chromosomen geschädigt wurden, wie stark kommende Generationen, ganze Nationen betroffen sind. Wie groß ist dieser Schaden? Auch heute noch, dank der unermüdlichen Sorgen der Behörden, sind uns die Ausmaße unbekannt. Auch heute noch führt uns die offizielle Medizin folgende Muster der Präszision vor: *Die Durchführung der Gesamtheit der Maßnahmen reduzierte die Ganzkörperdosen der Bevölkerung im Vergleich zu prognostizierten Dosen um das 2-2,2fache.* Was wurde eigentlich womit verglichen? Darüber wird nichts gesagt. Der Vorsitzende der Regierungskommission W.Ch. Doguzhijew versicherte neulich:

Die wichtigsten demografischen Daten – Geburtenraten, Mortalität, Geburtenüberschuß – sind in den belasteten Regionen der Russischen Föderation, der Belorussischen und der Ukrainischen Republik vergleichbar mit entsprechenden Daten im Land.

Ob das stimmt?

Die Erkrankungsrate der Hauptklasse der Erkrankungen und die Mortalität weisen auf Änderungen in Richtung Anstieg hin, insbesondere die Mortalitätsrate bei Erwachsenen und Kindern im Gebiet Shitomir.

Diese Sätze stehen in einem geheimen Papier, das eine Gruppe von Wissenschaftlern der Akademie der medizinischen Wissenschaften der UdSSR noch vor zwei Jahren unterschrieben hat.

Etwa zu derselben Zeit verkündete der Gesundheitsminister der Ukraine A.J. Romanenko auf dem Mai-Plenum (1989) des ZK der Kommunistischen Partei der Ukraine:

> Mit voller Verantwortung kann ich mitteilen, daß es außer den 239 Personen, die krank wurden, niemanden gibt, dessen Krankheitsanfälligkeit in Verbindung mit der Strahlenwirkung gebracht werden kann oder muß.

Kalt, sehr kalt. Hat die 35-rem-Konzeption von Iljin einen ökonomischen Charakter, so ist diese Lüge des Ministers, die er dem republikanischen Forum der KPU auftischte, eine Partei- und Ideologielüge. Man hatte ja in dieser Sache eine lange und bewährte Tradition. Aber wie lange noch kann man eigentlich lügen? Ein Jahr später berichtet W.Ch. Doguzhijew, Volksdeputierter der UdSSR, daß

> bei 62% der Gesamtbevölkerung, die untersucht wurde, die Ganzkörperdosis zwischen 1 und 5 rem lag. Bei 11,5 Mio Menschen, die zum Zeitpunkt des Reaktorunfalls in den durch das radioaktive Jod am stärksten belasteten Gegenden wohnten, darunter 160.000 Kindern im Alter bis zu 7 Jahren, wird die Schilddrüsendosis bei 87% der Erwachsenen und 48% der Kinder nicht mehr als 30 rem sein. Bei 17% der Kinder – 100 rem.

Schon wärmer. Und ganz heiß wurde es, als endlich Iljin selbst vor kurzem zugeben mußte:

> 1.600.000 Kinder haben Dosen aufgenommen, die uns bewegen, man muß entscheiden, was weiter zu tun ist.

In einigen Dörfern in den Gebieten Mogiljow und Gomel in Belorußland sowie im Gebiet Shitomir in der Ukraine haben Erwachsene bereits 400 rem und mehr aufgenommen. In 12 Dörfern des Rayons Naroditschi wurde bei 400 Erwachsenen im Körper über 1 µCi Cäsium-137 gemessen, Dutzende von Menschen haben davon 2-5 in sich, darunter auch Kinder. Ist das nicht tödlich für einen schwachen Kinderorganismus? Es kann hier überhaupt keine Rede von irgendwelchen Normwerten sein. Seien es zulässige oder provisorische. Es kann nur von einem Wert die Rede sein – vom unzulässigen.

Nach den Angaben der Belorussischen Akademie der Wissenschaften gibt es in den belasteten Gegenden ein Trend zum Anstieg von vegetativ-vaskularer Distonie, Hypertonie, Schilddrüsenhyperplasien des ersten und zweiten Grades und anderer Erkrankungen. Und vor kurzem bekam ich vom Gesundheitsministerium der Ukraine eine Antwort auf meine Anfrage über den Gesundheitszustand der Menschen in den belasteten Regionen dieser Republik. Man teilte mir mit:

> Die Zahl der Menschen, die aufgrund der ärztlichen Untersuchungen in den letzten drei Jahren als gesund angesehen werden können, sank insgesamt um 27%, darunter bei Liquidatoren um 18%, bei Evakuierten um 33%, bei der Bevölkerung, die in belasteten Regionen lebt, um 47%. Das zeugt von einer faktischen Abnahme der Gesundheitswerte

der Menschen nach statistischen Erfassungsgruppen. In der Struktur der Erkrankungen der Erwachsenen überwiegen Erkrankungen der Atmungsorgane, der Kreislauforgane, des Nervensystems, der Haut sowie des Unterhautzellgewebes und des endokrinen Systems. Eine Ursache-Wirkung-Beziehung zwischen den Erkrankungen bzw. Invalidität einerseits und dem Einsatz bei der Liquidierung der Auswirkungen des Reaktorunfalls im KKW Tschernobyl ist bei mehr als 2.000 Menschen festgestellt.

Ein weiteres nach seinen Auswirkungen globales Problem, hervorgerufen durch die Explosion im KKW Tschernobyl, ist das sinnlose Beackern der durch radioaktives Cäsium belasteten Felder, die Einbringung der strahlenden Ernte sowie deren Verarbeitung. Als bereits im Frühjahr 1989 während der Tagung des Obersten Sowjets der UdSSR die Deputierten verlangten, alle belasteten Landflächen der Bestellung zu entziehen, meinte W.Ch. Doguzhijew, diese Frage werde gelöst. Nichts wurde gelöst. Die Felder wurden bestellt, die Ernte wurde eingebracht. Heute haben wir bereits die fünfte Strahlenaussaatkampagne hinter uns. Letztes Jahr wurden aus dem Rayon Naroditschi etwa 1.000 Tonnen Fleisch mehr abgeliefert als vor einem Jahr. Kartoffeln, Gemüse, Eier, Fleisch exportierte dieser Rayon nicht nur in andere Regionen der Ukraine, z.B. an die Bergarbeiter des Donbass, sondern auch in die Gebiete Moskau und Leningrad sowie in die Republiken Zentralasiens. Bereits fünf Jahre lang herrschen über uns WDUs und PDUs. Provisorisch zugelassene Werte. Provisorisch. Nicht länger als für ein Jahr – in der Regel. Aber *provisorisch* heißt bei uns praktisch soviel wie *ständig*: bereits fünf Jahre lang. PDU – maximal zugelassener Grenzwert für den Radionuklidgehalt. Er liegt über dem natürlichen Grenzwert für Rindfleisch um das 8-9fache, bei Schweine- und Hammelfleisch – um das 5fache.

Nach Tschernobyl entstand ein neuer Begriff: *Ausgleich* der Werte der Innenbelastung. So wird z.B. das kontaminierte Fleisch aus dem Gebiet Gomel nach Minsk geschickt. Auf diese Weise nehmen heute Minsker Einwohner die gleiche Belastungsdosis auf wie die Einwohner des Gebietes Mogiljow. Die Fleischfabrik von Shitomir schickt immer wieder an die Kolchosen kontaminiertes Fleisch zurück, dessen Werte weit über den wohlbekannten WDUs liegen. Der leitende Zootechniker des Kolchos *Switanok* des Rayons Naroditschi W. Pusijtschuk schrieb in seiner Erklärung folgendes:

1988-1989 wurden tierische Produkte abgeliefert. Die Tiere wurden mit hohen Kontaminationswerten auf meine Bitte hin angenommen.

Frau Professor Burlakowa berichtete, wie ein hochrangiger Beamter des ehemaligen Staatlichen Komitees für Landwirtschaft der UdSSR in einer Rede vor Strahlenbiologen mit Stolz behauptete, dank der WDU-Erhöhung würde der Staat 1,7 Mrd. Rubel einsparen! Wo wird hier gespart? An der eigenen Zukunft!

Erst fast fünf Jahre nach dem Reaktorunfall leitete die Staatsanwaltschaft der UdSSR endlich ein Untersuchungsverfahren ein. Aus dem Schreiben des stellvertretenden Staatsanwaltes der UdSSR W.I. Andrejew:

> Das Staatliche Komitee für Landwirtschaft der UdSSR hat nicht für eine strenge Kontrolle des Ablaufs der landwirtschaftlichen Arbeiten in den strahlenbelasteten Zonen sowie über den Absatz der Produkte gesorgt. Infolgedessen wurden im Zeitraum 1986-1989 in den betreffenden Zonen Produkte mit überdurchschnittlichen Kontaminationswerten hergestellt – Fleisch 47.500 Tonnen, Milch 2 Mio Liter. Ein bedeutender Teil der Produkte wurde an Gebiete außerhalb der belasteten Bezirke der USSR, BSSR und RSFSR geliefert. Diese Umstände bewirkten eine Kontamination der Lebensmittel durch radioaktive Stoffe praktisch im ganzen Land und können eine negative Einwirkung auf den Gesundheitszustand der Menschen haben.

In Belorußland wurden nach dem Reaktorunfall 28.100 Tonnen kontaminiertes Fleisch produziert. Nur vier Tonnen davon wurden vernichtet. Fünftausend wurden verarbeitet – zu Trockenfutter. 15.000 Tonnen wurden an den Unionsfonds übergeben. Nach einer offiziellen Genehmigung des Ministerrates der UdSSR wurde 1989 das kontaminierte Fleisch aus den Gebieten Brjansk, Mogiljow, Kiew, Shitomir an die Gebiete Archangelsk, Kaliningrad, Gorki, Jaroslawl, Iwanowo, Wladimir sowie nach Tschuwaschien und an die Autonome Komi-Republik geliefert.

Der stellvertretende Staatsanwalt der UdSSR stellte fest, daß

> provisorisch zugelassene Grenzwerte für radioaktives Jod im Trinkwasser sowie Grenzwerte für den Gehalt von radioaktiven Stoffen in Nahrungsmitteln vom Gesundheitsministerium der UdSSR erst 10 Tage nach dem Reaktorunfall erarbeitet und bestätigt wurden, was eine zusätzliche Strahlenbelastung der Bevölkerung infolge des Verzehrs der strahlenbelasteten Nahrungsmittel bewirkte.

Sind die Regierungen der Republiken heute in der Lage, die Produkte wenigstens den Anforderungen der WDUs anzupassen? Solche Berechnungen fand unsere Expertengruppe in keinem der republikanischen Programme. Im Komitee für Landwirtschaft Belorußlands wurde folgende Prognose erarbeitet: Um Produkte, die man auf kontaminierten Landflächen erzeugt, den WDU-Anforderungen anzupassen, wird jedes Jahr in der Republik eine Milliarde Rubel ausgegeben! In fünf Jahren würde diese Summe auf 3 Mrd steigen. Ist das nicht Unsinn? Soviel Geld, um offenkundig kontaminierte Produkte zu veredeln? Wo bleibt der gesunde Menschenverstand?

Das betrifft auch die globale Dekontamination. Dafür wurden 220.000 Angehörige der chemischen Truppen eingesetzt. Die Experten kamen zu dem Schluß, daß dieser Einsatz keine wissenschaftliche Grundlage hatte. Der erwartete Effekt blieb aus. Die Landflächen wurden abgetragen, der Boden auf Deponien gebracht – davon gibt es allein in der Ukraine 800 –, und eine kurze Zeit danach waren die frischen Abschnitte erneut durch das radioaktive Cäsium verseucht. Tagtäglich wurde für diese Arbeit eine Million Rubel ausgegeben. Heute macht das schon eine Milliarde aus. Das ist der Preis für Kopflosigkeit.

Und in welcher Währung lassen sich die Gesundheitsschäden junger Menschen messen? Deren kollektive Belastungsdosis betrug ca. 1 Mio rem.

Die weltumfassende Katastrophe hat nicht nur blühendes Land, sondern auch ganze Wälder vernichtet, Millionen Hektar sind strahlenbelastet. Weltweit bekannt ist der *rote* Wald. Er ist tot. In anderen Regionen traten Mutationen auf.

Bestimmte Normabweichungen wurden auch bei kleinen Säugetieren festgestellt. Bereits in den ersten zwei Jahren nach dem Reaktorunfall stieg die Zahl totgeborener Embryos auf 34%, während der Normalwert 6% beträgt. Am häufigsten traten Störungen der Knochenmarks- sowie der Leber- und Milzfunktionen auf.

Heutzutage belaufen sich die Kosten der weltumfassenden Katastrophe im KKW Tschernobyl auf mehr als 10 Mrd Rubel. Beim Unfall von Three Mile Island (USA) wurden sie auf 135 Mrd $ geschätzt. Die Auswirkungen sind jedoch unvergleichbar. Nach dem Reaktorunfall auf TMI hatten lediglich einige Menschen eine Dosis von 0,35 rem aufgenommen, während bei uns mehrere Millionen Menschen solche Dosis aufgenommmen haben. Nach den Schätzungen einiger sowjetischer Wissenschaftler wird das Land bis zum Jahr 2000 durch den Reaktorunfall von Tschernobyl 180-200 Mrd Rubel verlieren. Dabei sind die Verluste, die mit den Erkrankungen Tausender und aber Tausender Menschen zusammenhängen, noch nicht einmal berücksichtigt. Ist unsere Wirtschaft in der Lage, die Globalität der Katastrophe von Tschernobyl zu überwinden? Eine rethorische Frage. Eine globale wirtschaftliche Krise verstärkt nur eine globale Umweltkatastrophe. Und umgekehrt. Aber es unterliegt keinem Zweifel, daß man um der Zukunft unserer Kinder willen alles Mögliche unternehmen muß, auch wenn man sich im Zustand des wirtschaftlichen Halbzerfalls befindet.

Es gibt nicht wenige Menschen – in der Ukraine wie in Belorußland – Wissenschaftler, Wirtschaftsleiter, Staatsbeamte, die sich, ohne sich zu schonen, auch in den Zeiten der allgemeinen Geheimhaltung dafür einsetzten, das Schicksal ihrer Landsleute einigermaßen erträglich zu gestalten.

Die Ukraine und Belorußland erklärten die Tschernobyl-Katastrophe zur nationalen Katastrophe und baten die UNO um Hilfe.

Es fließt der Fluß Tetsch – Eine Warnung

Drei Jahre nach der Tschernobyl-Katastrophe erfuhr die sowjetische Öffentlichkeit, daß Tschernobyl seine Vorgänger hatte. Schon vor 40 Jahren. Genauso lange wurden alle Dokumente über drei Atomkatastrophen im Ural geheimgehalten. Es stellte sich auch heraus, daß die ganze Welt längst darüber im Bilde war, nur wir hinter dem eisernen Vorhang blieben unwissend. Vielleicht ersparten uns Partei und Regierung eben auf diese Weise unnötige Aufregungen.

Am 18. Juli 1989 wurde im Komitee des Obersten Sowjets für Fragen des Umweltschutzes und der rationellen Nutzung der Rohstoffe erstmals eine Tagung zum Thema der Kystim-Katastrophe im Jahre 1957 eröffnet. Der dazu eingeladene sowjetische Auswanderer, jetzt Radiobiologe in England, Shores Medwedew berichtete:

> Als man damals in einem internationalen Forum die sowjetischen Gelehrten fragte, warum die Radioaktivität in dieser Region gestiegen sei, antworteten sie, daß dort eine künstliche Bestäubung mit radioaktiven Partikeln durchgeführt werde.

Wenn man heute im Stenogramm jener Sitzung blättert, dann sieht man, daß die zu dieser Sitzung eingeladenen Vertreter der offiziellen Medizin und des Ministeriums für Maschinenbau nicht offen waren. Obwohl ihnen entsprechende Informationen zur Verfügung standen, haben sie weder über die erste Havarie in dieser Region in der Produktionsvereinigung *Majak* im Jahre 1949, noch über die Katastrophe im Jahre 1967 ein Wort gesagt. Auch der Schauersee Karatschaj, der eine unabwendbare Gefahr birgt, wurde nicht erwähnt. Es fiel kein Wort über die verstrahlten Siedlungen, über die man heute so viel hört, jetzt, nach 30 bis 40 Jahren. Als ob nie etwas passiert wäre. Sie haben es aber gewußt. Und es war schon die Zeit der *Glasnost*.

Im Gegenteil, man versuchte uns, den Parlamentariern, auf jede Weise zu zeigen, daß nichts besonderes passiert sei. Alle seien rechtzeitig evakuiert worden, gesundheitlich gehe es allen, die dabei bestrahlt wurden, gut. Statt die angesammelten Erfahrungen der Liquidierung der Havarien zu nutzen, griff man wie immer zu einer globalen Lüge: man hat nach demselben Schema gehandelt wie nach der Tschernobyl-Katastrophe.

Hier z.B. ein Auszug aus der Rede des stellvertretenden Direktors des Instituts für Biophysik, des Akademiemitglieds L.A. Buldakow in der Parlamentstagung am 18. Juni 1989:

> Im Laufe von 3 Jahren verfolgten wir systematisch den Gesundheitszustand der Menschen. Zum Glück gelang es uns nicht, auch nur eine Form der Strahlenkrankheit festzustellen. Wir kommen zu der Schlußfolgerung, daß es keinen beträchtlichen Unterschied im Gesundheitszustand der Menschen, die auf dem verstrahlten Territorium und Men-

schen außerhalb in sauberen Vergleichsgebieten, gibt. Das bedeutet, es besteht kein Unterschied zwischen der verseuchen Zone und den anderen Gebieten. Die Bestrahlungswerte, die durch die Katastrophe verursacht waren, liegen in solch einem Bereich, daß es gelang, die Erkrankungen im jungen und sehr empfindlichen Alter zu vermeiden.

In der *Prawda* vom 25. August 1989 wiederholt diese Gedanken auch Professor W.A. Knishnikow:

Es gelang uns nicht, einen Zusammenhang zwischen der Bestrahlung und der Kindersterblichkeit, den Mißgeburten und der steigenden Anzahl der bösartigen Neubildungen festzustellen.

Ein Jahr später wurde in einer Parlamentssitzung folgendes bekannt (leider wohnten weder das Akademiemitglied, noch der Professor der Sitzung bei):

Die Bestrahlung der Bevölkerung am Oberlauf des Flusses Tetsch (hier liegt die Produktionsvereinigung „Majak", in der die Havarie geschah – A.J.) führte zur Entstehung einer chronischen Form der Strahlenkrankheit, die nach medizinischen Untersuchungen bei 935 Menschen festgestellt wurde, dabei fallen die entdeckten Erkrankungen auf die Jahre 1956, 1957, 1958 und später. Von den 935 Betroffenen sind 217 tot. Alle Fälle der chronischen Strahlenkrankheit sind mit dem Abfluß der radioaktiven Produkte in den Fluß Tetsch verbunden. Von den 935 Kranken wurden 106 nicht weiter beobachtet. Sie sind weggefahren, und man konnte sie nicht finden, sie standen nicht in der Liste, ihr Schicksal ist unbekannt. Außer Strahlenkrankheiten wurden bei den Einwohnern der Dörfer, die am Fluß Tetsch liegen, Strahlenreaktionen registriert. Die Sterblichkeit bei den Einwohnern am Oberlauf der Tetsch war um 17-23,6% höher, als bei den Einwohnern jener Ortschaften des Rayons, die nicht verstrahlt waren.

Aus dem Gutachten der Expertengruppe des Obersten Sowjets der UdSSR:

Die Bestrahlung der Einwohner am Oberlauf des Flusses Tetsch führte zur Entstehung einer chronischen Strahlenkrankheit, besonders im Dorf Mjetlino, wo chronische Strahlenkrankheiten im Jahre 1956 bei 64,7% der Erwachsenen und 63,15% der untersuchten Kinder festgestellt wurden. Diese Strahlenkrankheit wurde laut medizinischer Dokumente bei 935 Menschen diagnostiziert. Dabei wurden nicht alle Bestrahlten untersucht. So z.B. wurden im Dorf Assanowo, das in der Nähe des Dorfes Mjetlino liegt, keine Fälle der Strahlenkrankheit registriert, was vielleicht dadurch erklärt werden kann, daß die Einwohner dieses Dorfes nicht regelmäßig medizinisch untersucht wurden... 3-5% der Bevölkerung am Oberlauf des Flusses Tetsch könnten, wie man vermuten kann, eine chronische Strahlenkrankheit haben.

In den ersten Parlamentssitzungen behauptete Akademiemitglied W.A. Buldakow:

Wir tun alles Mögliche, verschicken Steckbriefe, halten öffentliche Vorlesungen. Das bringt aber wenig Effekt, weil die Leute an nichts glauben. Sie sagen, wir glauben den sowjetischen Gelehrten nicht, weil sie im Dienste des Staates stehen. Es gelingt nicht, sie von etwas anderem zu überzeugen. Man braucht Zeit.

Das bezog sich auf Tschernobyl. In der Prawda vom 25. August 1989 schrieb Buldakow jedoch folgendes:

> Wir haben den Menschen offen die Situation erklärt, und sie zeigten Verständnis für das, was geschah...

Das bezog sich auf Kystim. Es war so offen und ehrlich, daß man erst 30 Jahre später laut darüber sprechen durfte. Wie die *Prawda* in derselben Nummer mitteilte seien 30 Jahre nach der Havarie der erste Stellvertreter des Ministers für Maschinenbau A.J. Nikipelow, Akademiemitglied Buldakow und Professor Knishnikow über die Dörfer des Gebiets Tscheljabinsk gefahren, hätten sich mit der Bevölkerung getroffen und von der Havarie und ihren Folgen berichtet.

War das nun die einzige Havarie? Der Korrespondent der *Prawda*, Wladimir Gubarjew, ein Sänger der Tschernobyl-Katastrophe, wirft den Menschen Kenntnislosigkeit und Radiophobie vor und verteidigt praktisch die an dieser ökologisch verbrecherischen Situation im Ural Schuldigen. Dabei erwähnt er nebenbei, als wäre das etwas Unbedeutendes, *einen See, der schon seit den 50er Jahren radioaktiv verseucht ist.* Er empört sich, daß die Menschen hier gegen den Bau des Jushno-Uralsk-KKW auftreten: *Kann es denn sein, daß Angst und Unwissenheit über den gesunden Verstand die Oberhand gewinnen?* – fragt der Autor.

Was ist nun tatsächlich vor mehr als 40 Jahren im Ural geschehen?

Im Jahre 1949 begann im Gebiet Tscheljabinsk der erste Produktionskomplex zur Herstellung von Plutonium im Lande zu arbeiten. Später wurde dieser Produktionskomplex *Majak* genannt. Hier wurde streng geheim (was verständlich ist) an unserer ersten Atombombe gearbeitet.

Im Laufe einiger Jahre – von 1949 bis 1951 – flossen in den Fluß Tetsch radioaktive Abwässer. Die Tetsch trug sie in den Isset, der Isset – in den Tobol. Insgesamt waren es etwa 3 Millionen Curie tödliche Abfallprodukte. Es war selbstverständlich, daß die Bevölkerung, die dort wohnte, nichts erfuhr. 124.000 Menschen, die am Fluß Tetsch lebten, wurden bestrahlt. Am stärksten waren die Einwohner des Dorfes Mjetlino betroffen, sie bekamen 170 rem ab.

Im Jahr 1957 ereignete sich die zweite Havarie in *Majak.* Es explodierte ein Behälter mit radioaktivem Abfall. 18 Mio Curie radioaktiver Produkte gingen in der Umgebung des Lagerraums nieder. Eine Wolke aus 2 Mio Curie bildete eine Strahlungsspur im Ostural. Sie verstrahlte 217 Dörfer, 272.000 Menschen. Nach der Havarie wurden allmählich mehr als 10.000 Menschen umgesiedelt. Die Einwohner von 3 Dörfern bekamen in einer Woche, die sie in der *schmutzigen* Zone verlebten, im Durchschnitt 52 rem pro Kopf ab.

1967 gab es eine weitere Strahlungsspur infolge der durch die Dürre verursachten Verwehung der Schwebstoffe aus dem See Karatschaj. Mehr als eine halbe Million Curie Radioaktivität stieg in die Luft.

Das Ergebnis der mehr als 40jährigen Arbeit des Betriebes des militärisch-industriellen Komplexes ist: Etwa 5,5 Millionen Curie Radioaktivität haben sich streifenweise über den Ural verteilt und fast 27.000 Quadratkilometer Erde verseucht. 18.000 Menschen wurden in andere Gegenden umgesiedelt.

Die Arbeit in *Majak* wurde unter der Leitung des stalinschen Folterknechts Beria begonnen (eine der Straßen des kleinen Städtchens Kystim trug seinen Namen). Alles war streng geheim, fast ein halbes Jahrhundert lang. Und wenn mit Gorbatschow nicht eine Liberalisierung des öffentlichen Lebens gekommen wäre, auch wenn es nur eine Anspielung auf die Redefreiheit war, wäre wohl alles noch einige Jahrzehnte geheim geblieben. Wer trägt die Verantwortung, daß die Vorgänge in *Majak* zur geheimen Verschlußsache erklärt wurden? Wessen Verordnungen sind das gewesen? Was Tschernobyl anbetrifft, so gelang es, das zu erfahren, anders mit dem Ural. Sogar in zwei Parlamentssitzungen des Komitees des Obersten Sowjets der UdSSR wurde in dieser Hinsicht nichts geklärt. W.I. Kirjuschkin, Doktor der Medizin, Mitglied des Koordinationsrates beim Exekutivkomitee der Stadt Tscheljabinsk, berichtete vor dem Komitee des Obersten Sowjets der UdSSR für den Umweltschutz:

> Die Sache ist die, daß damals, als, wie sie wissen, alles geheimgehalten wurde, es eine Anweisung gab, in die Krankenscheine eine verschlüsselte Diagnose zu schreiben. Sie hieß: neurolgisches Syndrom. So wurde es auch gemacht, die eingeweihten Personen wußten, daß darunter die Strahlenkrankheit zu verstehen ist.

Aus dem Gutachten der Experten des Obersten Sowjets der UdSSR:

> Die dringende Notwendigkeit der Entwicklung der Atomwaffen, die Unvollkommenheit der Technik, fehlende Erfahrung, unzureichende Information über die Einwirkung der ionisierenden Strahlen auf den Menschen führten dazu, daß ein erheblicher Teil des Personals, das im Betrieb zur Herstellung von Plutonium und der Bearbeitung der Kernprodukte arbeitete, in den ersten Jahren der Tätigkeit dieses Betriebes hohe Dosen der Bestrahlung abbekommen hat... 10.000 Mitarbeiter des Betriebes bekamen im Laufe seines 40jährigen Bestehens und vor allem in den ersten Jahren berufliche Krankheiten, 4.000 sind an akuter Strahlenkrankheit gestorben... Die Einwohner der nahe beim Betrieb liegenden Dörfer haben am Anfang nicht geahnt, welche Gefahr ihnen droht. Sie wurden größtenteils im Stich gelassen, weil in den ersten Jahren, als die größten Massen von Radionukliden in das Wasser des Flusses Tetsch gerieten, die Bevölkerung medizinisch gar nicht untersucht wurde. Die ersten medizinischen Untersuchungen wurden erst zwei Jahre später organisiert, nachdem die ersten radioaktiven Abfälle in die Tetsch gerieten, und sie betrafen die Einwohner nur eines Dorfes am Oberlauf des Flusses Tetsch, des Dorfes Mjetlino.

Heute ist *Majak* praktisch zum radioaktiv verseuchtesten Ort des Planeten Erde geworden. Das Volk hat die Situation auf seine Art eingeschätzt: es glaubt, daß das Gebiet Tscheljabinsk in eine Weltdeponie radioaktiver Abfälle verwandelt worden ist. Für diesen Pessimismus gibt es triftige Gründe. Im Jahre 1956 wurde an der Tetsch ein Staudamm gebaut, 1963 ein zweiter. Es entstanden zwei Stauseen, die als Objekt Nr. 10 und Objekt Nr. 11 bekannt sind. Sie sowie drei weitere Objekte enthalten radioaktive Abwässer – etwa 2 Mio Curie.

Unterhalb des Staudamms des Objektes Nr. 11 liegen die Assanowski-Sümpfe mit einer Fläche von 30 Quadratkilometern. Auch hier sind radioaktive Abfälle gelagert, die den Fluß Tetsch vergiften. Noch 2 Mio Curie Radioaktivität birgt der alte Sumpf in sich. Aber weit im Vordergrund steht der See Karatschaj, er enthält 120 Mio Curie Radioaktivität.

Gegen 2 Mio Curie Abfälle sind unmittelbar auf dem Territorium der Produktionsvereinigung *Majak* deponiert. Noch einmal 1.000 Mio Curie befinden sich im flüssigen Zustand in Behältern. Etwa 150 Mio Curie verbergen die in Spezialbehältern angesammelten radioaktiven Schlämme, die aus der flüssigen Substanz gewonnen wurden.

In die Umwelt gelangten ca. 25 Mio Curie Radioaktivität. Sie kontaminierten mehr als 626 Quadratkilometer Territorium in den Gebieten Tscheljabinsk, Swerdlowsk, Kurgan. Mehr als eine Milliarde Curie haben sich in Seen, Gräben, Deponien angesammelt. Eine besondere Gefahr stellen die als Deponien genutzten Lehmgräben dar, in denen 150 Tonnen niedrigaktiver Abfälle gelagert werden. Sie haben keine Überwachungssysteme. Bis heute sind nicht alle Deponien gefunden.

Vor kurzem wurde vom Stadtsowjet der Stadt Zlatoust im Gebiet Tscheljabinsk folgende Resolution an den Obersten Sowjet der UdSSR geschickt:

> Wir, die Volksdeputierten des Stadtsowjets der Stadt Zlatoust, sind dadurch besorgt und bekümmert, daß im Laufe von vielen Jahren auf das Territorium des Gebietes Tscheljabinsk radioaktive Abfälle aller Kernkraftwerke des Landes sowie der Atomflotte gebracht wurden und werden. Dadurch wird dieses Gebiet in eine radioaktive „Mülldeponie" für die ganze Sowjetunion verwandelt.
>
> Schon heute lagern auf dem Territorium des Betriebs „Majak" gegen eine Milliarde Curie Abfälle, ein Teil davon fließt direkt in den Fluß Tetsch, an dessen Ufern die Dörfer Musljumowo, Kunaschak, Mjetlino liegen, die schon mehrere Jahrzehnte der Einwirkung der Radioaktivität ausgesetzt worden sind. Die äußerliche Strahlenbelastung am Ufer des Flusses beträgt etwa 700 Mikroröntgen pro Stunde (normalerweise 20 Mikroröntgen).
>
> Indem wir das oben dargelegte in Betracht ziehen, wenden wir uns an die Einwohner des Gebietes Tscheljabinsk mit dem Aufruf, uns zu unterstützen und vom Obersten Sowjet der UdSSR zu fordern: 1) Die Situation der Strahlenbelastung im Gebiet Tscheljabinsk

soll gesetzlich geregelt werden. 2) Die Einfuhr radioaktiver Abfälle in das Gebiet Tscheljabinsk soll gestoppt werden. 3) Die dritte Hauptverwaltung des Ministeriums für das Gesundheitswesen der UdSSR soll unverzüglich alle Einwohner des Gebietes, die direkt oder indirekt mit den radioaktiven Abfällen zu tun haben, medizinisch untersuchen und die Kenndaten der Hauptverwaltung des Gesundheitswesens im Gebiet Tscheljabinsk übergeben.

Die Frage, ob das Gebiet Tscheljabinsk tatsächlich in eine *Atommülldeponie* verwandelt wurde, ist auch in der Parlamentssitzung am 5. Oktober 1990, die sich mit der ökologischen Situation in dieser Region beschäftigte, gestellt worden. Der Vertreter eines der zuständigen Ämter teilte mit, daß die *Wiederaufbereitung der aus allen Ländern des RGW gebrachten Abfälle kommerziell gewinnbringend ist.* Das rief Proteste von Seiten der Deputierten und der Vertreter der Gebiete hervor. Der Redner versuchte sie damit zu beruhigen, daß die Abrechnung solcher Dienste für ehemalige RGW-Länder *in frei konvertierbarer Währung geschehen werde.*

Aus dem Gutachten der Expertengruppe des Obersten Sowjets der UdSSR:

Die Situation geriet außer Kontrolle und ist in der Frage Wasserreservoir-Abwässerspeicher nicht beherrschbar. Es gibt keine Alternative als eine Strategie zur ökologischen Sanierung der Territorien. Die Verzögerung kann mit einer Tragödie enden, die unvergleichlich größer sein wird als die Tschernobyl-Katastrophe.

Hier wie in Tschernobyl wurden alle Folgen der Einwirkung des radioaktiven Fallout auf die Gesundheit der Bevölkerung geheimgehalten. In einer Parlamentssitzung wurde festgestellt,

es sei möglich, daß die Frühfolgen der Bestrahlung auch nicht registriert worden sind, daß zuverlässige medizinische Kenndaten über den Gesundheitszustand der infolge des Auswurfs bestrahlten Bevölkerung nicht gefunden wurden.

437.000 Menschen sind in 3 Havariesituationen von der erhöhten Strahlenbelastung getroffen worden. Aber ein Register dieser Bevölkerung wurde nicht zusammengestellt. Man begann damit erst im Jahre 1968, fast 20 Jahre nach dem ersten Abfluß der radioaktiven Abwässer in den Fluß. Das ist eine für die Medizin verlorene Zeit, eine verlorene Erfahrung. Es erwies sich als praktisch unmöglich, die weit zurückliegenden Folgen der Bestrahlung für die Bevölkerung einzuschätzen. Tausende von Menschen leben auch heute weiter unter ständiger Bestrahlung. Bis heute sind die Einwohner des Dorfes Musljumowo, das 30 Kilometer entfernt von der Produktionsvereinigung *Majak* liegt, nicht umgesiedelt. Im Jahre 1949 lebten dort 4000 Einwohner, heute sind es nur noch etwas mehr als 2000. Im Schlamm des Flusses Tetsch neben dem Dorf Musljumowo sammelte sich so viel Cäsium-137 an, daß er praktisch schon zum radioaktiven Abfall geworden ist. Aus dem Gutachten der Expertengruppe des Obersten Sowjets der UdSSR:

Nach der Bestrahlungsdosis ist das Dorf Musljumowo als recht kritisch zu betrachten: die Durchschnittsstrahlenbelastung macht 28 rem aus. Bei den Kindern dieses Dorfes übersteigt die effektive Äquivalenzdosis 0,5-1 rem pro Jahr.

Hierher, nach Musljumowo, kamen in der letzten Zeit mehrere Kommissionen aus dem Zentrum. Tatsächlich aber ist für diese Leute nichts gemacht worden. Es gibt im Dorf nicht einmal ein Krankenhaus.

Schmutzige Nahrungsmittel sind hier genauso ein Problem wie rund um Tschernobyl. Aber nur wenige Menschen ziehen das in Betracht. In den Uraldörfern, genauso wie in Polessje, ißt man seine *schmutzigen* Kartoffeln, trinkt man *schmutzige* Milch. Dadurch werden die Menschen auch von innen bestrahlt. Von diesem Standpunkt aus sind auch noch einige weitere Dörfer gefährdet: Tatarskaja Karabolka, Bagarjak... Wie man feststellen kann, interessiert das kaum jemanden. Die Leute sind sich selbst überlassen.

Als die Bevölkerung in den letzten Jahren erfuhr, unter welchen ökologischen Bedingungen sie fast ein halbes Jahrhundert lebte, glich das einem Schock. Die Menschen waren empört, daß die Tschernobyl-Opfer, die erst fünf Jahre unter ähnlichen Bedingungen leben, von der Regierung finanzielle *Privilegien* erhalten. Für sie sind spezielle Gesetze und Beschlüsse angenommen worden. Und die Einwohner des Urals verloren ihre Gesundheit, wie sich herausstellte, *umsonst*. Übrigens, viele von ihnen – Atom-Arbeiter – haben ihr Leben auf dem Altar des *Atomschildes des Landes* ganz bewußt geopfert.

Die Strahlenkundler hatten vor, die außerordentliche Situation – mögliche Überfüllung der radioaktiven Abwasserspeicher und Dammbrüche – dadurch zu beheben, daß man hier das Jushno-Uralsk-Kernkraftwerk bauen wollte. Wie wunderlich es auch klingen mag, die Autoren des Projekts haben als Vorwand gerade ökologische Beweggründe angeführt.

Aus dem Gutachten der Expertengruppe des Obersten Sowjets der UdSSR:

In dem im November 1990 der staatlichen Expertengruppe vorgelegten Projekt des Baus des Jushno-Uralsk-KKW wurden in Fragen der nuklearen ökologischen Sicherheit die Lehren der Tschernobyl-Katastrophe nicht berücksichtigt, die verheerende Folgen für große Territorien Rußlands, der Ukraine und Belorußlands hatte.

Wenn Tschernobyl vom KKW immerhin 16 Kilometer entfernt lag, so wollte man das Kernkraftwerk in Jushno-Uralsk nur 12 Kilometer entfernt von der Stadt mit 100.000 Einwohnern bauen.

Die vorgelegte Variante des Projekts des Jushno-Uralsk-KKW's muß eindeutig abgelehnt werden, weil es elementaren ökologischen Anforderungen an die Auswahl des Bauortes für ein KKW und den Baumöglichkeiten in der konkreten ökologischen Krisensituation, die erst gründlich studiert und analysiert werden muß, nicht entspricht.

Es vergingen 7 Jahre nach der Bestätigung des Projekts des KKW in Jushno-Uralsk, bevor es begutachtet wurde; zu diesem Zeitpunkt wurde schon fünf

Jahre an dem künftigen Kernkraftwerk gebaut. Investitionssumme: 200 Mio Rubel. Nach der Vorlage des Projekts sollten 8 Jahre vergehen bis zum Referendum im Gebiet Tscheljabinsk. Soll hier ein KKW gebaut werden oder nicht? Die Mehrheit der Bevölkerung gab eine negative Antwort. Und wenn man nach der gegenwärtigen Situation urteilt, hätte es auch nicht anders sein können. Der Fluß Tetsch warnt…
Wenn die *Tschernobyl-Opfer* die Lehren der Uralbewohner nicht nutzen konnten (weil sie über die Katastrophen nicht im Bilde waren), so können die Uralbewohner die Lehren von Tschernobyl in Betracht ziehen.

Die Rettung der Ertrinkenden ist Sache der Ertrinkenden selbst

Fünf Jahre nach dem schwarzen Tag der Katastrophe schienen fast alle Machthaber in Moskau und in den drei Unionsrepubliken sich intensiv Gedanken darüber zu machen, wie sie den leidgeprüften Menschen helfen können. Überall bekam man von Vorrechten für die Betroffenen zu hören. Sind diese Leute etwa auf einmal privilegiert? Privilegien sind dann aber wohl nicht für alle gleich. Die einen ziehen in palastähnliche staatliche Datschen ein und verschwenden Devisen aus dem Staatsbudget für die Aufrechterhaltung der Verbindungen mit den kommunistischen Bruder-Parteien. Für die anderen ist bereits das Recht auf Leben ein Privileg. Ist es nicht ein Hohn, Sarggeld, saubere Nahrungsmittel, adäquate medizinische Untersuchung und Betreuung, die Möglichkeit, das strahlenbelastete Gebiet zu verlassen, als Privilegien zu bezeichnen?
Ein solches Vorzugsleben führen heute Millionen von Menschen in den kontaminierten Regionen. Und nicht nur sie. Einige Jahre nach dem Tschernobyl-Unglück entsann sich die Regierung der 600.000 sogenannten *Liquidatoren*, also der Teilnehmer an den Entaktivierungsmaßnahmen. Der Leute, die in jenen schweren Stunden, Tagen, Monaten keine Mühe und Gesundheitsgefahr gescheut hatten, um das Kernmonstrum zu bändigen und die Verbreitung der Radioaktivität einzudämmen.
600.000 ist nur eine ungefähre Zahl. Wer weiß heute, ob es mehr oder weniger waren? Mit einer nuklearen Bräune auf der Haut waren sie in alle Richtungen des riesigen Landes gezogen. Das Vaterland hatte sie gerufen. Das Vaterland hat sie vergessen.
W.Ch. Doguschijew, Vorsitzender der staatlichen Sonderkommission für die Behebung der Folgen von Unglücken und Naturkatastrophen:

> Die Hauptrichtung in der Arbeit der Institutionen des Gesundheitswesens ist eine bessere medizinische Betreuung der Menschen, die an der Folgenbekämpfung der Kernkraft-

werkkatastrophe teilgenommen haben. Diese Leute verdienen natürlich mehr Respekt und Aufmerksamkeit. Leider erwies sich die überwiegende Mehrheit des medizinischen Personals der Gesundheitsbehörden als unvorbereitet für die Betreuung dieser Patientenkategorie.

Noch bis vor kurzem gab es im ganzen Land einen einzigen zwischenbehördlichen Expertenrat in Kiew, der allein berechtigt war, eine Erkrankung mit der Teilnahme an Strahlenschutzaktionen in Verbindung zu bringen. Stellen sie sich das vor! Von überall her kamen Tausende von Leuten nach Kiew, um sich untersuchen zu lassen und zu beweisen, daß sie sich gerade nach der monatelangen Arbeit in der Zone schlecht fühlten. Aber das gelang nur wenigen. Denn der genannte Expertenrat wirkte im Rahmen des wissenschaftlichen Allunionszentrum für Strahlungsmedizin, zu dessen Direktor der Gesundheitsminister der Ukrainischen SSR A. Romanenko ernannt worden war. Derjenige, der kurze Zeit zuvor auf der Plenartagung des Obersten Sowjets der Öffentlichkeit versichert hatte, daß alles glatt gehe und es keine Gründe für Aufregung gäbe. Herr Romanenko konnte später unmöglich dem Herrn Romanenko widersprechen!

Und erst im Frühjahr 1990 faßte der Ministerrat der UdSSR den Beschluß Nr. 189 über die Bildung von regionalen Expertenräten in Minsk, Charkow, Tscheljabinsk, Donezk, Dnepropetrowsk, Woroschilowgrad, Moskau, Leningrad, Kiew. Erst fast vier Jahre nach dem Unglück kam die Verordnung des Ministerrates und des Zentralrates der Gewerkschaften *Über die Maßnahmen zur Verbesserung der medizinischen Betreuung und der Sozialversicherung von Personen, die an der Beseitigung der Folgen der Katastrophe im Kernkraftwerk Tschernobyl teilgenommen haben.*

Ganz im Geiste unserer Tradition wurde der Beschluß gefaßt und – vergessen. Heute schicken diese Menschen haufenweise Klagebriefe an alle möglichen Behörden: Sowjets, Exekutivkomitees, Parteikomitees, Volksdeputierte. Auf allen Ebenen. Sie schreiben, daß nicht nur eine normale Behandlung und Verpflegung unmöglich ist, sondern daß sie bis jetzt nicht in den Besitz von Papieren gekommen sind, die sie als Teilnehmer der Entaktivierungsmaßnahmen ausweisen.

Ähnliche Briefe kommen auch an meine Adresse. Die Leute bitten darum, ihnen ihre *Vorzugsrechte* zu erklären. Sogar die Mitarbeiter einer Hygiene- und Epidemiestation in Shitomir bekamen nirgendwo eine vernünftige Antwort auf ihre Frage: Wer ist für die Ausstellung der entsprechenden Ausweise zuständig? Ich sah mich gezwungen, mich an die ukrainische Regierung zu wenden. Die Angelegenheit, bedeutete man mir, sei äußerst einfach: man müßte lediglich ein Bestätigungspapier vorweisen und damit beim örtlichen Exekutivkomitee des Gebietssowjets vorbeikommen. Warum

stellen dann die örtlichen Behörden diese Tatsache als ein unlösbares Problem für jeden Liquidator hin? Und wie, werde ich gefragt, sind die 200.000 Soldaten einzustufen, die die Dekontaminationsarbeiten durchführten?
Und wie ist die Verordnung des Ministerrates der UdSSR vom 19. November 1986 (Nr. 2308) *Über die Bewachung des Kernkraftwerks Tschernobyl und der anliegenden Sonderzone* zu bewerten? Hier verloren mehr als 4.000 achtzehnjährige Soldaten ihre Gesundheit. Nach der Bitte einiger Mütter, meiner Wählerinnen, gelang es mir, ihre Söhne vom Reaktor *loszureißen*.
Am 25. Mai 1989 wurde auf einer Sitzung des Aktivs der Tschernobyl-Veteranen folgendes Telegramm an die Volksdeputierten der UdSSR diskutiert und angenommen:

Wir wenden uns an Sie im Namen aller, die die Katastrophenfolgen bekämpften, die das Tschernobyl-Kraftwerk wiedererstehen ließen. Wir sind Veteranen, Sie sind unsere letzte Hoffnung. Unsere Aufrufe an Partei- und Sowjetorgane, an Gesundheitsbehörden, Maßnahmen für den Sozialschutz der von der Katastrophe betroffenen Menschen zu treffen, blieben ergebnislos. Wir haben uns mit unseren Problemen an Ryschkow gewandt – keine Antwort. Gorbatschow wurde auch davon informiert und hat uns versprochen, sich unserer Probleme anzunehmen. Aber nach drei Monaten ist nichts geschehen. In dem Artikel „Der Brief ist aktuell. Veröffentlichung unzulässig" in der Zeitung „Iswestija" legten wir unsere Probleme noch einmal dar. Bald darauf erschien ein Mitarbeiter des Gesundheitsministeriums und versprach, uns schriftliche Beschlüsse zu schicken. Wieder – eine Mauer des Schweigens, der Geheimnistuerei. Die ganze Zeit verhindert das wissenschaftliche Allunionszentrum für Strahlenmedizin die Ausführung des Beschlusses des Gesundheitsministerialkollegiums der UdSSR, seit August 1988 verweigert es den Mitarbeitern des Tschernobylkraftwerkes die Krankenhausaufnahme für ihre Untersuchung und Behandlung. So geschehen dem Laboranten Beloserzew, der bald darauf gestorben ist, dem Fahrer Nasarenko; auch viele andere wurden nicht ins Krankenhaus eingewiesen. Das ist eine Diskriminierung von aktiven Teilnehmern der Liquidation der Katastrophenfolgen, eine antihumane Herausforderung, nackte Willkür der Ärzte. Die Leitung des Zentrums für Strahlenmedizin richtete ihre Tätigkeit nach den telefonischen Anweisungen von oben, die berufliche Ehre und die dienstlichen Verpflichtungen wurden vergessen.
Unter dem Druck der Öffentlichkeit und der unwiderlegbaren Fakten mußte der zentrale zwischenbehördliche Expertenrat beginnen, die unzähligen Krankheiten der Havarieliquidationsteilnehmer in einigen Fällen auf die Strahlung zurückzuführen. Dabei sind neue Probleme entstanden. Im Falle der Feststellung eines solchen Zusammenhangs wird die entsprechende Entscheidung des Expertenrates nicht anerkannt und ist für den einzelnen Menschen nutzlos. Das verletzt die Leute noch tiefer als die Strahlung. Die Versuche, sein Recht auf gerichtlichem Wege zu erlangen, sind in den juristischen Institutionen der Stadt Kiew gescheitert. Amoralität, Willkür auf allen Ebenen nehmen immer

größere Ausmaße an. Die den Kindern von Pripjat gebührende Aufmerksamkeit läßt nach wie vor auf sich warten. Dafür mangelt es nicht an zahlreichen Erklärungen der pseudowissenschaftlichen Vertreter der Medizin über die befriedigende Lage der Dinge. Bis jetzt verhindern die örtlichen Organe von Kiew die Ausführung der Regierungsverordnungen über die obligatorische Wohnungszuweisung für die ausgesiedelte Bevölkerung, die beschlossenen Vergünstigungen werden extrem vertraulich behandelt und vor dem Volk verschwiegen...

Gorbunowa, die Volksdeputierte der UdSSR:

Die meisten Erkrankungsfälle sind verständlicherweise unter den Liquidatoren zu erwarten, und ich war befriedigt, als unser sehr geehrtes Akademiemitglied Iljin, Leonid Andrejewitsch endlich zugegeben hatte, daß die Häufigkeit der onkologischen Erkrankungen um bis zu 10% ansteigen kann. Wir, Ärzte in örtlichen medizinischen Einrichtungen, können diesen Prozeß unmittelbar beobachten. Das wird auch von der Öffentlichkeit anerkannt. Nehmen wir aber eine medizinische Zeitung, den Artikel „Tschernobyl: Gerüchte und Fakten". Herr Romanenko vom radiologischen Zentrum bestreitet in diesem Artikel jede Verbindung der Schilddrüsenerkrankungen mit der Strahlung. Er will das anhand von Zahlen nachgewiesen haben, obwohl in dem Vortrag (von Iljin) nachdrücklich betont wurde, daß 1.600.000 Kinder eine Strahlendosis erhalten hatten, die eine intensive Überwachung erforderte.

Die Tschernobyler waren in alle Richtungen und Regionen des Landes auseinandergefahren und hatten Hunderttausende *kleine Tschernobyls* mitgeschleppt. Die nationale Katastrophe dreier Republiken verwandelte sich in ein transnationales Desaster des ganzen Landes.

Im September 1989 ging beim Komitee für Rechte und Anfragen der Bürger die Kopie eines Briefes ein, adressiert an den Generalsekretär des ZK der KPdSU Genosse Gorbatschow M.S., den Vorsitzenden des Ministerrates der UdSSR Genosse Ryschkow N.I., den Vorsitzenden des Zentralrates der Gewerkschaften Genosse Schalajew S.A., die Redaktion der Fernsehsendung Wsgljad. Es ging darin u.a. um folgendes:

Wir sind Menschen unterschiedlichen Alters, verschiedener Berufe und sozialer Stellungen, aber wir sind alle von einem Unglück getroffen worden. Das ist nicht unser persönlicher Kummer, sondern der des ganzen Landes: Die Katastrophe im Kernkraftwerk Tschernobyl. Wir alle waren 1986-1987 an der Liquidation der Katastrophenfolgen beteiligt. Die Sonderzone haben wir erst verlassen, als die Gesamtdosis der Verstrahlung die obere Sicherheitsgrenze erreicht hatte.

Es bedarf keiner besonderen Erwähnung, daß wir die Politik unserer Partei und Regierung bedingungslos untersützen. Die Grundlagen dieser Politik bilden Ehrlichkeit, Öffentlichkeit und Demokratisierung. Das ist es gerade, was bei der Lösung unserer Probleme fehlt. Wir möchten im folgenden auf unsere Schwierigkeiten näher eingehen.

In der Presse ist wiederholt offen proklamiert worden, daß die Leute, die an der Beseitigung der Unglücksfolgen teilnahmen, bestimmte Vorzugsrechte genießen würden, u.a. was die medizinische Betreuung betrifft. Tatsächlich, uns sind spezielle Krankenhäuser zugeteilt worden, wo man uns eine erhöhte Aufmerksamkeit widmet. Aber mit der Aufmerksamkeit allein ist es nicht getan. Der Aufenthalt in diesen Einrichtungen hat unsere Gesundheit keineswegs verbessert, unsere Erkrankungen gelten als allgemein und mit der Verstrahlung nicht zusammenhängend. Es ist zu betonen, daß sich unser Unwohlsein gerade während der Tätigkeit in der Zone oder gleich danach etabliert hat. Vor dem Aktionsbeginn waren wir alle einer Musterung unterzogen und als gesund befunden worden.

Jetzt wirken sich unsere Krankheiten selbstverständlich auf unsere Arbeitsleistung aus. Wir lassen uns oft und für längere Zeit krankschreiben, was bei unseren Arbeitskollegen zu Recht Anstoß erregt. Unser sehnlichster Wunsch ist es, zum normalen gesunden Leben zurückzukehren, die Freude an der Arbeit und einer vollwertigen Erholung wiederzuerlangen. Diese Möglichkeit bleibt uns leider vorenthalten. Wir sind daher in die Kategorie der lebensuntüchtigen Sowjetmenschen eingestuft worden. Wir werden als Invaliden der zweiten und dritten Gruppen anerkannt (Allgemeinerkrankungen) und somit über Bord des aktiven Lebens geworfen.

Wir wissen, daß die Partei und die Regierung einige Beschlüsse über Vergünstigungen verabschiedet hat – wir wissen aber nichts über ihren Inhalt. Haben wir demnach keine Lehren aus dem Umgang mit Veteranen des afghanischen Krieges gezogen? Manche von uns haben keine Wohnung, kein Telefon, überhaupt keine Existenzgrundlage. Und vielen von uns steht diese Misere noch bevor.

Die Unterschriften des Briefes legen den Gedanken nahe, daß er irgendwo in einem Spital, wo die Verfasser gemeinsam zur Behandlung waren, zusammengestellt worden ist. Oder vor der Tür des Expertenrates in Kiew: E.N. Kolesnikow aus Taschkent, G.W. Guschtscha aus Dnepropetrowsk, W.E. Fissun aus Donetzk, M.G. Danieljan aus Spitak. Aus Kiew, Charkow, Kriwoj Rog, Oktemberjan in Armenien…

L.M. Petrow, der Vorzugsausschußvorsitzende der Union *Tschernobyl*:

Ich habe das Protokoll einer wissenschaftlichen Konferenz, die im Zentrum für Strahlenmedizin in Kiew von den Vertretern der Gesundheitsministerien abgehalten wurde. Es steht dort geschrieben: die zur Verfügung stehenden Informationen über die von den Liquidatoren akkumulierten Dosen sind sehr unzuverlässig. Sie sind zum Teil zu hoch, zum Teil zu tief bewertet, einige Angaben sind verlorgengegangen... Es bestehen gute Gründe für eine Revision und Wiederbewertung dieser Daten. Auf der Tagesordnung steht die Gründung eines Spezialinstituts für die Taxierung der aufgenommenen Dosen. Das ist eine wichtige Frage. (Aus dem Stenogramm der Sitzung des Ökologiekomitees des Obersten Sowjets der UdSSR.)

Im Gebiet Shitomir leben fast 5.000 Liquidatoren. Dazu kommen die 2.000 in der Stadt lebenden. Sie alle brauchen zusätzliche Ernährung, Medikamente.

Aber woher sollen Nahrung und Medikamente kommen, wenn weder die Zentralregierung, noch die republikanische Führung die dazu notwendigen Mittel zur Verfügung stellen? Und nun hat man scheinbar doch einen Lösung gefunden: aus den Ressourcen der Region. Das heißt, wiederum auf Kosten der betroffenen Bevölkerung, die in den nördlichen Gebieten ebenfalls nicht genug saubere Lebensmittel hat.

Aus dem Gutachten der staatlichen Expertenkommission, zuständig für die Prüfung der Programme über die Beseitigung der Tschernobylunglücksfolgen in der Ukrainischen SSR, Belorussischen SSR, Russischen SFSR:

> In den Programmen finden Fragen der medizinischen Überwachung und Unterstützung der Personen, die das radioaktiv verstrahlte Gebiet nach der Akkumulierung erheblicher Dosen in der Schilddrüse und im ganzen Körper verlassen haben (Evakuierte und Ausgesiedelte), keine Berücksichtigung. Nicht präzisiert wird auch die Anzahl dieser Personen in jeder Republik.
>
> Eine medizinische Betreuung der Personen, die zu den Dekontaminationsarbeiten auf dem extrem verstrahlten Gelände des Kernkraftwerks herangezogen worden waren, ist ebenfalls nicht vorgesehen, obwohl die Anzahl dieser Leute sehr hoch ist und die von ihnen absorbierten Dosen biologisch relevante Werte überschreiten.

Desinformation. Lüge. Gleichgültigkeit. Betrug. Lange konnte das so nicht weitergehen. Unter der Asche der Lüge glomm die gerechte Wut des Volkes. Sie fand in Demonstrationen, Streiks und Protestaktionen vor den Räumen der Machtorgane ihren Ausdruck. In einem Krankenhaus traten Liquidatoren in den Hungerstreik. Am 1. Juni 1989 fand vor dem regionalen Parteikomitee von Tscherikow eine Kundgebung statt. Die Wahl des Kundgebungstages hatte eine symbolische Bedeutung: es war Kindertag.

Zu dieser Zeit tagte in Moskau gerade der erste Kongreß der Volksdeputierten und eine Delegation aus Tscherikow fuhr in die Hauptstadt. Hier wurde sie zusammen mit den belorussischen Volksdeputierten von Nikolaj Iwanowitsch Ryshkow empfangen. Der Vorsitzende des Ministerrates der UdSSR soll in diesem Gespräch gesagt haben, daß er von vielen berichteten Fakten – zum erstenmal höre. Damals versprach Ryshkow den verzweifelten Menschen, daß in die betroffenen Gebiete Belorußlands eine Kommission der IAEA und der Weltgesundheitsorganisation kommen würde: Zur Erarbeitung einer Sicher-wohnen-Konzeption zusammen mit sowjetischen Kollegen. Dieselbe Kommission besuchte auch die Ukraine. Sie ist weggefahren, so wie sie gekommen war – für die Leute hat sich nichts geändert. Unterstützung fand lediglich die offizielle Medizin.

Eine Kundgebungswelle rollte über die nördlichen Bezirke des Gebiets Shitomir. Am Eröffnungstag einer Gebietssowjet-Sitzung im Juni 1989 wollten einige Bürger Shitomirs einen Unterstützungsbrief für die Menschen aus den betroffenen Zonen im Saal verlesen. Das war aber alles andere als einfach. Aus dem Brief der Einwohner von Shitomir:

Vor dem Eingang des Gebietsexekutivkomitees stellten wir Posten mit Losungen wie „Medizinische Hilfe und Kuren für die Kinder von Naroditschi!", „Wir fordern Aussiedlung aus der verstrahlten Zone!" auf. In den Sitzungssaal wurden wir nicht hineingelassen. Wir blieben auf den Treppenstufen am Eingang stehen. Um uns versammelten sich Leute. Die Abgeordneten eilten in den Sitzungssaal. Diejenigen, die vor uns stehenblieben, schwiegen entweder, versicherten ihre Zustimmung, oder verlangten, daß wir uns entfernen. Aber wir bewahrten Ruhe. Endlich kam eine blonde Frau und gestattete uns, die von einem Milizionär bewachte Vorhalle zu betreten. Nachdem sie sich nach dem Zweck unserer Visite erkundigt hatte, ließ sie uns in ein Nebenzimmer kommen. Sie begann uns zu erklären, daß wir in den Saal nicht hineindürften, weil es kein entsprechendes Gesetz gäbe. Wir seien dort fehl am Platze. Wir hielten ihr die Resolution der 19. Parteikonferenz „Über die Öffentlichkeit" entgegen. Das hat aber nichts geholfen.

Auch die Leitung des Exekutivkomitees kam heraus, um dieses äußerst komplizierte Problem zu lösen. Man versuchte, uns zu überreden, nicht darauf zu bestehen, in den Sitzungssaal zu gelangen; wir sollten statt dessen ihnen den Brief zur Prüfung übergeben. Da wir wußten, was es mit solchen „Prüfungen" auf sich hat, beharrten wir auf unserem Willen.

Das letzte Argument der Führung war: „Wie könnten die Deputierten sich weiter an der Arbeit der Sitzung beteiligen, nachdem sie von der Tragödie der Nordregionen erschüttert seien (als ob sie davon früher keine Ahnung gehabt hätten!)?" Dann ging die Führung, die mit uns verhandelt hatte, sich von der noch höheren Führung beraten lassen. Nach der Pause wurden wir endlich hineingelassen. Wir kündigten unser Mißtrauen gegen den Apparat an und verlangten, daß der Brief unbedingt in unserer Anwesenheit auf der Sitzung verlesen wird. Sollte der Apparat dagegen sein – vor dem Gebäude wird weiter der Streikposten stehen.

Am 25. Februar 1990 fand im Stadion von Shitomir eine Kundgebung statt. Sie wurde vom stellvertretenden Vorsitzenden des Komitees für Privilegien G.A. Gotowtschitz geführt. Er war gleichzeitig der Vorsitzende der regionalen Sonderkommission. Vertreter der nördlichen, von der Strahlung betroffenen Bezirke, Mitglieder der Bürgerfront, der Volksbewegung *Ruch*, Amtspersonen, Volksdeputierte der UdSSR, der USSR und örtlicher Sowjets traten auf. Am Ende meiner Rede brachte ich eine Resolution ein, in der folgende Forderungen enthalten waren: Mißtrauensantrag gegen die ukrainische Regierung wegen der unbefriedigenden Lage nach dem Tschernobyl-Unglück; Rücktritt des Büros des Gebietsparteikomitees; die ehemalige Führung der Republik und der Region für die Verheimlichung von Informationen vor der Bevölkerung zur Verantwortung ziehen; Verurteilung der fehlerhaften Konzeption 35 rem in 70 Jahren; Abschaffung des Kernkraftwerks Tscher-

nobyl; den Volksdeputierten des Obersten Sowjet der Ukrainischen SSR aufzutragen, ein Gesetz über die nukleare Sicherheit, über den Status der radioaktiv verseuchten Gebiete und der Opfer der Katastrophe zu verabschieden. (Diesen Auftrag hat der frischgewählte Oberste Sowjet erfüllt: fünf Jahre nach dem Unfall.)
Damals unterstützten Tausende Einwohner Shitomirs diesen Resolutionsentwurf, ergänzt durch einige andere Vorschläge. Aber der Leiter der Kundgebung, der Vorsitzende der Sonderkommission, wollte eine inkonsequente, an Bürokratentischen entworfene Resolution durchpeitschen. Das Volk hat sie abgelehnt. Georgij Alexandrowitsch brachte meine Resolution, trotz nachdrücklicher Proteste der Teilnehmer, nicht zur Abstimmung. Das tat der Arbeiter, Mitglied des Rates der Bürgerfront, Oleg Hameidjuk. (Er ist später unter unklaren Umständen ums Leben gekommen.) Der Wille des Volkes wurde durchgesetzt, die Resolution angenommen.
Die Frage entsteht: Warum setzt sich ein Vertreter der örtlichen Macht über die Meinung Tausender Teilnehmer der Kundgebung offen hinweg? Wo es um eine politische Einschätzung von Tschernobyl geht! Wen will er verteidigen?
Hat nicht gerade eine solche Taktik der Vertreter der Macht die betrogenen Menschen in Minsk und Narowlja dazu gezwungen, für die Verteidigung ihres Rechts auf ein Leben unter ökologisch annehmbaren Bedingungen zu dem äußersten Mittel zu greifen – zur Bildung von Streikausschüssen?
Hier ein Ausschnitt aus einer Erklärung der Einwohner von Korosten im Gebiet Shitomir, die sie an den Obersten Sowjet der UdSSR schickten:

> Wir, Einwohner von Korosten, sind über das Verhalten des Staates gegenüber den Opfern der Tschernobyl-Tragödie aufs tiefste empört. Das ist ein Desaster im Weltmaßstab, und wir fühlen uns berechtigt, mit der Hilfe des ganzen Landes zu rechnen. Das jämmerliche Almosen von 15 Rubeln, für die man nichts kaufen kann, können wir nur als eine Schikane betrachten. Wenn der Oberste Sowjet der UdSSR die Politik des Verschweigens weiterführt und den Tschernobyl-Opfern nicht entgegenkommt, werden wir gezwungen, ihm unser Mißtrauen auszusprechen und selbst für Leben und Gesundheit unserer Kinder mit äußersten wirtschaftlichen und politischen Mitteln zu kämpfen.

Immer wenn die Rede auf Tschernobyl-Opfer, Aussiedler, Liquidatoren kommt, haben die Führer aller Ränge zwei Gegenargumente: *die Gesundheit der Kinder ist nicht gefährdet* und *wir haben kein Geld*. Das Verhalten jener zu werten, die die Informationen über den Gesundheitszustand der Menschen geheimhielten, überlassen wir ihrem Gewissen. Aber gibt es denn wirklich keinen *Notausgang*, um die Menschen zumindest zeitweilig zu unterstützen, bevor neue Häuser in *sauberen* Regionen gebaut sind? Können schwerkranke Menschen, die damals am vierten Reaktor sich keine Gedanken darüber gemacht hatten, welche Folgen das Duell mit dem Atommonstrum für sie haben würde, sich heute nicht einen besseren Alltag gönnen? Das ist möglich.

Allerdings muß man dafür seine persönlichen Interessen und Wünsche etwas einschränken und *fremde* Interessen *fremder* Kinder wahrnehmen. Viele Jahre versucht die Öffentlichkeit von Shitomir eine Poliklinik und ein Krankenhaus, die der medizinischen Verwaltung des ukrainischen Gesundheitsministeriums unterstellt sind, auf die Behandlung betroffener Kinder umzustellen. Vergebens. Auch ich hatte mich mit diesem Vorschlag an den damals ersten Sekretär des regionalen Parteikomitees W. Kawun gewandt. In seiner Antwort teilte er mit, daß sich dieser Frage die gerade gebildete Kommission des Obersten Sowjets der UdSSR für Vorzugsrechte und Privilegien annehmen würde. Hätte denn das Mitglied des ZK der KPdSU, der erste Sekretär eines Gebietskomitees die Verantwortung dafür nicht selber übernehmen können?

Als sich das Unglück in Tschernobyl ereignete, sollten viele Einwohner von Shitomir auf den Einzug in neue Wohnungen verzichten: das Stadtexekutivkomitee hat eine Reihe von Wohnungen an Aussiedler aus der 30 km-Zone übergeben. Gleichzeitig, im Frühjahr 1986, wurde in Shitomir ein mit geräumigen Wohnungen ausgestattetes Haus für die Mitglieder des Gebietsparteikomitees übergeben. Den Bau hatte der ehemalige Vorsitzende des Ministerrates der Ukrainischen SSR Ljaschko bewilligt. Hat der Apparat wenigstens eine Wohnung an die Tschernobyl-Opfer abgegeben? Es waren Arbeiter der Flachsfabrik, die ihre paar Quadratmeter den Aussiedlern gaben, obwohl sie selbst 10-15 Jahre lang auf eine Wohnung gewartet hatten. Und diejenigen, die schon immer ein kostenfreies bequemes Logis hatten, haben sich noch komfortabler eingerichtet.

Auf Kundgebungen und in Versammlungen der Arbeitskollektive verlangten die Einwohner von Shitomir eine unverzügliche Übergabe von Luxuswohnungen an die Schwerstbetroffenen aus dem Bezirk Naroditschi. Der Stellvertretende Vorsitzende des Stadtexekutivkomitees W. Nikulin teilte auf einer Plenartagung des Stadtparteikomitees mit:

> Der Gebietsrat der Gewerkschaften hat den Beschluß der Staatsanwaltschaft geprüft (!) und festgestellt, daß nur vier Wohnungen ungesetzlich zugewiesen worden sind.

Seit wann kann die Marionettengewerkschaft eine Entscheidung der Staatsanwaltschaft abändern? Als ich den Vorsitzenden des Exekutivkomitees bat, die schriftliche Bestätigung der von der Staatsanwaltschaft durchgeführten Prüfung der rechtlichen Grundlagen der Wohnungszuweisung publik zu machen, war die Antwort:

> Das von Ihnen angeforderte Dokument ist aus dem Gebietskomitee der kommunisti-

schen Partei der Ukraine eingegangen und gilt als Verschlußsache. Ihrer Anfrage nach einer Kopie dieses Dokuments kann daher nicht nachgekommen werden.

Im Herbst 1989 sollte ich nach Moskau fahren, um meinen Verpflichtungen als Deputierte nachzukommen. Vor der Abreise setzte mich der Streikausschuß der Fabriken von Shitomir in Kenntnis, daß er an die örtliche Macht folgende Forderungen stellte: das spezialisierte Krankenhaus und die Poliklinik, sowie 28 widerrechtlich besetzte Wohnungen unverzüglich den Kindern und jungen Familien von Naroditschi zur Verfügung zu stellen.

Der Apparat wies alle Forderungen zurück. Am 25. September 1989 wurde in der Stadt ein zweistündiger Warnstreik durchgeführt. Der Apparat ist offensichtlich bereit, den Kampf bis zum letzten *Privilegiumstropfen* zu führen!

Im Sommer 1989 kam es zu einer Protestaktion in Tatarien. Zwei Tage lang protestierten in einer eigens errichteten Zeltstadt in der Nähe der Siedlung Kamskije Poljany Bürger gegen den Bau eines Tatarischen Kernkraftwerkes.

Im Sommer 1989 wurde in Narowlja in Belorußland ein Streik ausgerufen. Der Arbeitsausfall verursachte Verluste in Höhe von mehr als 300.000 Rubel. Die gespannte Situation entschärfte sich erst, als der Gesundheitsminister der Belorussischen SSR W. Ulaschtschik und drei Mitglieder des Politbüros der kommunistischen Partei Belorußlands in die Stadt kamen, um sich mit den Streikenden zu treffen. Aber der Friede hielt nicht lange. Alles verlor sich in leeren Versprechungen.

1989 rollte eine Protestwelle gegen das geplante Kernkraftwerk Tschigirinskaja über Tscherkassy. Im Herbst 1989 fand im Kiewer Stadion eine Kundgebung statt, auf der dem Minister für Gesundheitswesen der Ukrainischen SSR A. Romanenko das Mißtrauen ausgesprochen wurde. Der Stadtsowjet von Kiew faßte den Beschluß, daß das Akademiemitglied Iljin persona non grata in der Stadt ist.

Aus dem Gutachten der Staatlichen Expertenkommission, zuständig für die Prüfung der Programme über die Strahlenschutzmaßnahmen in der Ukrainischen SSR, Belorussischen SSR, Russischen SFSR:

> Eine der Folgen der sozial-psychologischen Spannung in der Bevölkerung von radioaktiv verseuchten Gebieten ist die Entstehung einer sozial-politischen Bewegung, die das Streiken als eines der Kampfmittel anwendet. Den Entwicklungstendenzen nach kann diese Bewegung in der nächsten Zukunft sehr radikale Formen annehmen, was durch die aktive Beteiligung von „Ruch" in der Ukraine und der Volksfront in Belorußland stimuliert wird.

Die Explosion der öffentlichen Empörung schien man endlich auch auf der höchsten Machtebene bemerkt zu haben. Ein interessantes Detail: Eine Gruppe von Volksdeputierten der UdSSR hatte sich im Sommer 1989 an den Generalstaatsanwalt der UdSSR A.J. Sucharew mit der Forderung gewandt, die an der Verheimlichung von Informationen über Kontaminationsfolgen schuldigen Personen zur Verantwortung zu ziehen. In dem Antwortbrief hatte der stellvertretende Staatsanwalt der UdSSR W.I. Andrejew einzig und allein *Fälle von Verantwortungslosigkeit, schlechter Organisation und Pflichtvergessenheit, die durch Verschulden der einzelnen Amtspersonen von Sowjet-, Wirtschafts- und Kontrollorganen und medizinischen Institutionen möglich wurden*, erwähnt. Aber fünf Jahre später teilte derselbe Herr Andrejew der Kommission des Obersten Sowjets der UdSSR für die Prüfung der Tschernobyl-Unglücksursachen und die Beurteilung der Entscheidungen von Amtspersonen im Anschluß an die Katastrophe mit:

> In Befolgung des Auftrages des 28. Parteitages der KPdSU, der Beschlüsse des Obersten Sowjets der UdSSR, der Belorussischen SSR, der Ukrainischen SSR und der Russischen SFSR führte die Staatsanwaltschaft der UdSSR eine zusätzliche Prüfung der Einhaltung der Gesetze bei den Strahlenschutzmaßnahmen durch.

Das ist ja sehr erfreulich, daß wenigstens nach fünf Jahren *eine Prüfung durchgeführt* und dementsprechend zusätzlich *Schlußfolgerungen gezogen* wurden, und das *mit Rücksicht auf die sozialen Spannungen*. Aus dem angeführten Zitat ist ersichtlich, daß für den Staatsanwalt *der Auftrag des 28. Parteitages der KPdSU* an erster Stelle rangiert, die höchsten Legislativorgane der UdSSR und der drei größten Republiken kommen erst danach. Für den stellvertretenden Generalstaatsanwalt geht die Partei über die legislative Gewalt! Aus dem Brief des stellvertretenden Staatsanwalt der UdSSR W.I. Andrejew an die Kommission des Obersten Sowjets der UdSSR:

> Der vom Ministerium für Kernkraftwerke ausgearbeitete „Typisierte Plan der Maßnahmen für Personal- und Bevölkerungsschutz im Notfall" wurde vom Anfang der Störung an mißachtet, keine befriedigende Strahlungsaufklärung und -meßkontrolle auf dem Kernkraftwerkgelände und im anliegenden Bereich wurde durchgeführt, keine Prognose der möglichen Entwicklung der Strahlungssituation wurde gemacht, kein Plan für den Strahlenschutz von Personal und Bevölkerung erarbeitet. Infolge dessen wurde die Bevölkerung der angrenzenden Regionen ungeschützt der Strahleneinwirkung ausgesetzt, die Einwohner der Städte Pripjat und Tschernobyl nicht rechtzeitig evakuiert, was zu einem ungerechtfertigt hohem Bestrahlungsgrad der Bevölkerung führte.
>
> Längere Zeit nach der Katastrophe wurden keine Daten der Strahlungssituation an die Bevölkerung der betroffenen Regionen weitergegeben. Die Regierungskommission hatte einer Verordnung vom 24.09.87 Nr. 423 verabschiedet, in der die Informationen über die Katastrophe und die darauffolgenden Strahlungsschutzmaßnahmen, die schon immer von der Veröffentlichung in den Massenmedien ausgeschlossen waren, für geheim erklärt wurden. Das erschwerte zusätzlich die Planung notwendiger Maßnahmen für die Gewährleistung der Strahlungssicherheit der Bevölkerung und nahm den Leuten die Möglichkeit, selbständige Vorkehrungen gegen die ionisierende Strahlung zu treffen.

Die genannten Umstände hatten zur Folge, daß 1986-1989 die Bevölkerung auf den Territorien der USSR, BSSR, RSFSR Überdosen der Bestrahlung erhalten hat. Die Ministerräte der UdSSR, der USSR, der BSSR ignorierten Angaben über die starke Intensivierung der Gamma-Aktivität und ließen trotzdem zahlreiche Demonstrationen am 1. Mai nicht ausfallen (Kiew, viele andere Städte und Siedlungen der USSR und der BSSR).

Einwohner von Städten und Dörfern, die den gesundheitsgefährdenden Strahlungsdosen ausgesetzt waren, wurden nicht rechtzeitig genug evakuiert. Der Ministerrat der UdSSR faßte erst am 25. Mai 1989 den Beschluß über die Umsiedlung in den Jahren 1989-1993 von Einwohnern einzelner Ortschaften in den Gebieten Brjansk, Kiew, Shitomir, Mogiljow, Gomel mit einer gesamten Bevölkerungszahl von 20 Tausend Menschen, die während einer langen Zeitperiode der gesundheitsgefährdenden Strahleneinwirkung ausgesetzt waren. Der Ministerrat der RSFSR erließ erst am 26. Januar 1990, fast vier Jahre nach der Katastrophe (!), die Verordnung über eine Teilreduzierung des Milchkonsums und unter Umständen von anderen Lebensmittelerzeugnissen der örtlichen und privaten Wirtschaft in über 500 Ortschaften der Gebiete Brjansk und Kaluga.

Von den Ministerräten der UdSSR, USSR und BSSR wurden Entscheidungen über den Bau von Städten und Dörfern auf kontaminierten Territorien getroffen, die infolge eines hohen Verstrahlungsgrades unbewohnbar sind. Die Verluste des Staates betrugen im Ergebnis fast 600 Millionen Rubel... Die genannten Umstände trugen dazu bei, daß 75 Millionen Menschen unter lebensunfreundlichen Bedingungen leben mußten (in der Ukraine, in Belorußland, in zentralen Gebieten Rußlands), was u.a. folgende Auswirkungen hatte: hohe Sterblichkeit, Ansteigen der Anzahl von bösartigen Neubildungen, Mißbildungen, somatischen und Erbkrankheiten und eine Beschränkung der Arbeitsfähigkeit der Bevölkerung.

Die Anweisung zur Verwendung des stabilen Jods für den Schutz der menschlichen Schilddrüse gegen die Einwirkung von radioaktiven Jodisotopen wurde nicht gebührend befolgt, die Jodprophylaxe der Bevölkerung in an das Kernkraftwerk angrenzenden Regionen und anderen vom radioaktiven Jod verstrahlten Territorien ist nicht zur richtigen Zeit und unzulänglich durchgeführt worden, was eine radioaktive Überbestrahlung der Bevölkerung durch Jod-131 zur Folge hatte... Allein Untersuchungen von 1,5 Millionen Menschen (darunter 160 Tausend Kinder im Alter bis zu 7 Jahren), die zum Zeitpunkt der Katastrophe in der am meisten durch Jod-131 kontaminierten Zone wohnhaft waren, ergaben bei 87% der Erwachsenen bzw. bei 48% der Kinder Bestrahlungsdosen der Schilddrüse von 30 rem, bei 11% bzw. 35% – von 30 bis 100 rem, bei 2% bzw. 17% – über 100 rem.

Provisorische Grenzwerte für den Jodgehalt in Trinkwasser und Nahrungsmitteln, Grenzwerte für den Gehalt von radioaktiven Stoffen in Nahrungsmitteln sind vom Gesundheitsministerium der UdSSR erst zehn oder mehr Tage nach dem Unglück

> bestimmt und bekanntgegeben worden, was eine zusätzliche Bestrahlung der Bevölkerung durch Konsum von kontaminierten Lebensmitteln verursachte.

Im Brief des stellvertretenden Generalstaatsanwaltes werden auch Fehler des Staatlichen Komitees für Landwirtschaft der UdSSR und der Zivilverteidigung erwähnt, die ebenfalls eine Überbestrahlung der Bevölkerung und eine *Migration* von Radionukliden durch das ganze Land begünstigten.

Fünf Jahre nach der Katastrophe leitete die Staatsanwaltschaft der UdSSR endlich ein Strafverfahren *aufgrund des durch die Prüfung aufgedeckten Tatbestandes, der einer Untersuchung bedarf*, ein.

Zu diesem Tatbestand gehören viele unterschiedliche Behörden und Organisationen. Nur zwei sind davon ausgeschlossen: das Politbüro des ZK der KPdSU, dessen Kommission jeden zweiten Tag Sondersitzung hatte, und das Aufsichtsorgan – die Staatsanwaltschaft –, das die Einhaltung von Menschenrechten kontrollieren sollte.

Unsere Kommission des Obersten Sowjets der UdSSR arbeitete bereits ein Jahr. Die Expertengruppe der Gelehrten mit Professor A.G. Nasarow an der Spitze half den Deputierten, die *Lügenberge* um Tschernobyl abzutragen. Viele Behörden übergaben uns nach der Bitte der Kommission ihre Unterlagen für eine Analyse. Einige waren zu den Kommissionssitzungen eingeladen. Die zwei Einrichtungen, die bis heute die für unsere Arbeit erforderlichen Dokumente nicht zur Verfügung gestellt haben sind das Politbüro des ZK der KPdSU und der Ministerrat der UdSSR. Das sind *Glasnost* und *Perestroika.* Man sagt, das *System* ist schuld. Zweifellos. Aber das *System* schafft konkrete Menschen. Aus dem Bericht der Presseagentur TASS über den Beitrag des stellvertretenden Ministers für Auswärtige Angelegenheiten der UdSSR A.G. Kowaljow auf der Pressekonferenz am 6. Mai 1986:

> Der ganze Verlauf der Ereignisse im Anschluß an die Katastrophe, die Maßnahmen für die Bekämpfung ihrer Folgen heben mit einem neuen und gewaltigen Akzent solche Eigenschaft des sowjetischen politischen und Staatssystem hervor, wie das Verantwortungsgefühl. Verantwortung für Leben und Gesundheit sowohl von Sowjetmenschen, als auch von ausländischen Bürgern.

„Unsere Kinder sterben. Helft uns!“

Briefe aus hochbelasteten Regionen sind wie brennende Dokumente. Ich bekomme sie fast täglich. Bekenntnisse. Von Kollektiven. Von Einwohnern. Von Initiativgruppen. Von örtlichen Behörden. Von Arbeitskollektiven. Von öffentlichen Organisationen. Manchmal schicken mir verzweifelte Menschen ihre Gedichte voller Schmerz. Tagebücher.

Ich bin nicht einmal 32 Jahre alt, aber ich muß mehrmals im Jahr in die Klinik. Und alle meine vier Kleinkinder werden ständig krank (Schwäche, Gelenkschmerzen in den Armen und Beinen; der Hämoglobinspiegel ist niedrig, die Schilddrüse ist vergrößert, Lymphknoten auch, Kopfschmerzen, Magenschmerzen, Erkältungen ohne Zahl). Und so in jeder Familie.

Wir wollen leben. Wir wollen, daß unsere Kinder leben und gesund bleiben, daß sie eine Zukunft haben. Doch durch Herzlosigkeit, Gefühllosigkeit, Härte seitens derjenigen, von denen unser Schicksal sowie das Schicksal unserer Kinder abhängt, sind alle dem Schlimmsten ausgeliefert. Nur die Bürokraten in Polstersesseln verstehen das nicht und wollen es auch nicht verstehen.

Dem Rayon Naroditschi wurde versprochen, wenigstens einige Dörfer umzusiedeln. Über unseren Rayon wird aber geschwiegen. Wir sind gezwungen, so viel Jahre lang die Strahlung zu essen und zu trinken, sie zu atmen und auf unseren letzten Tag zu warten. Und das im Sowjetland, wo überall und immer (im Funk, in den Zeitungen, in der Schule) behauptet wurde, daß das Hauptaugenmerk auf den Menschen gerichtet sei.

Das stimmt nicht! Keiner braucht uns. An wen können wir uns wenden? Wäre mir die Adresse bekannt, hätte ich an die UNO geschrieben, weil unsere örtlichen Behörden, auch die Presse, genauso machtlos sind wie wir. Wir bitten Euch, wir flehen Euch an: Helft uns in unserer Not, helft, unsere Kinder zu retten!

Ochremtschuk, Walentina Nikolajewna, Mutter von vier Söhnlein, alle Mütter von Olewschtschina.

Es schreiben Ihnen die Einwohner der Dörfer Norinzy, Klotschki, Marjanowka, Sawtschenki, Niwotschki, Lataschi, Staryj Dorogin, Snityschtscha, Kolchosbauern des Kolchos Gorkij, Rayon Naroditschi, Gebiet Shitomir.

Wir haben alle Instanzen angesprochen. Doch blieben alle unserem Leid, dem Schicksal unserer Kinder gegenüber gleichgültig. Es sind drei Jahre vergangen. Das Echo der Tragödie von Tschernobyl wirkt sich immer mehr auf die Gesundheit unserer Kinder aus. Wir alle wohnen 60 km von Tschernobyl entfernt. Einer Mutter blutet das Herz, wenn man auf sie schaut. In der letzten Zeit hat sich die Gesundheit der Kinder bedeutend verschlechtert. Die Kinder fühlen sich oft schwach, erschöpft, haben oft Kopfschmerzen, Sehschwäche, werden ohnmächtig, Brüche der Gliedmaßen sind häufiger geworden. Die Leistung der Kinder beim Unterricht in der Schule hat rapide abgenommen. In den Klassenbüchern ist eine enorme Zahl von Schulversäumnissen verzeichnet. Die Lebensfreude ist verschwunden. Und das alles lediglich im Laufe von drei Jahren. Und was passiert weiter – in 5-10 Jahren? Was kommt auf die zu, die das Licht der Welt noch erblicken werden?

Zweimal im Jahr wurden unsere Kinder untersucht (falls man das eine Untersuchung nennen darf), wir bleiben aber in Unwissenheit. Wiewohl allein die Daten, über die wir verfügen, uns schon jetzt beunruhigen. Von 132 Kindern der Norinzowskaja-Mittelschule und 65 Kindern der Lataschowskaja-Mittelschule wurden 42 Kinder untersucht. Bei 39 wurden pathologische Abweichungen festgestellt. Die Kinder wurden zur weiteren, eingehenderen Untersuchung ins republikanische Strahleninstitut geschickt. Wir haben Angst, sie zum Fluß oder in den Wald spazierengehen zu lassen. Aber das alles macht doch die Kindheit eines Menschen aus. Nur ein Bürokrat ist imstande, die Zone in „saubere" und „nicht saubere" einzuteilen. Uns beunruhigt, wenn behauptet wird, die Situation sei normal, im Laufe des ganzen Lebens, das sind 70 Jahre, wird ein Mensch 35 rem aufnehmen. Wir sehen aber, daß jemand Versuchskaninchen braucht. Nur in einem Dorf bei uns, das untersucht wurde, haben die Menschen in einem Jahr 1,087 rem in ihrem Körper aufgespeichert. Da entsteht die Frage: wer wird für unsere Gesundheit verantwortlich sein, was wird mit unseren Kindern? Fast bei allen Kindern ist eine vergrößerte Schilddrüse festgestellt worden, bei vielen Kindern ist die Leber vergrößert, Kreislauferkrankungen sind häufiger geworden.

Bei Erwachsenen wurde ein Anstieg der onkologischen Erkrankungen festgestellt. Zur Zeit sind im onkologischen Institut 40 Patienten erfaßt. In unserem Kolchos wurden allein in zwei Jahren, 1987, 1988, 14 Patienten erfaßt. Als aus Kiew eine große Gruppe Ärzte zu Untersuchungen in unseren Rayon kam, im März dieses Jahres, reichte ihnen die Zeit der Dienstreise nicht, um unsere Kinder zu untersuchen. Trotzdem wissen wir, daß die Zahl der kranken Kinder in den Dörfern unseres Kolchoses nicht geringer ist als in hochbelasteten Dörfern. In diesen Fragen wandten wir uns mehrmals an das Gesundheitsministerium der UdSSR, an den Ministerrat, an die Redaktion der Sendung „Perestrojka-Scheinwerfer", an den Ministerrat der Ukraine, an Genossen Katschalowskij persönlich (er hat unsere Delegation empfangen), wir bekamen jedoch keine einzige Antwort von diesen Instanzen.

Nach dem Reaktorunfall in Tschernobyl haben wir geglaubt, daß man für uns Verständnis haben wird, sowohl im Gebiet, als auch in der Republik. Im Gegenteil: bereits das dritte Jahr schenkt uns niemand Aufmerksamkeit. Die Gebietsbehörden, die uns besuchten, versuchen nur, uns zu beruhigen, bei allem anderen drücken sie ein Auge zu. Niemand will sich in unsere Lage hineinversetzen. Man hat uns alle mit unserer Not im Stich gelassen. Daher bitten wir um Ihre Aufmerksamkeit und Ihr Eingreifen als Volksdeputierte der UdSSR, um folgende Fragen lösen zu können: die Frage über den Lohnzuschlag zu entscheiden und 30 Rubel zusätzlich zum Lohn für jedes Familienmitglied für saubere Nahrung zu zahlen; saubere Nahrungsmittel zu liefern. Verstehen Sie unsere Lage als Mütter. Was werden wir unseren Kindern in 5-10 Jahren sagen, ganz zu schweigen von den Enkelkindern. Kann sein, daß wir und unsere Kinder keine Zukunft haben werden. Die Unterschriften der Dorfeinwohner unseres Kolchoses legen wir bei.

(Dieser Brief hat ca. 600 Unterschriften.)

Wir, Einwohner des Dorfes Marjanowka, Rayon Naroditschi, Gebiet Shitomir bitten Sie um Unterstützung. Man hat uns in unserer Not im Stich gelassen. Der April 1986 bleibt für immer in unserer Erinnerung. Obwohl bereits drei Jahre vergangen sind, beunruhigt uns der Reaktorunfall im KKW Tschernobyl immer mehr. Er wirkt sich immer stärker auf die Gesundheit unserer Kinder aus. Die Augen voller Tränen schauen wir auf sie, sind aber nicht imstande, ihnen zu helfen. Schon jetzt merkt man, daß unsere Kinder anders sind als früher. Wo sind Munterkeit, Freude, Lachen hin? Sie werden oft krank. Das sind keine Einzelfälle. Zumal wir das Essen sowohl für uns, als auch für die Kinder von dem kochen, was wir in unserem Gemüsegarten anbauen. Obwohl wir wissen, daß man das nicht tun darf. Anders handeln können wir aber nicht. Im ganzen Kolchos ist die Milchkontamination am höchsten, sie liegt ums Mehrfache über dem zulässigen Wert. Obst und Gemüse werden in unseren Laden überhaupt nicht geliefert. Milch wird sehr selten geliefert. Wurst und Fleisch bringt man erst, wenn in anderen Dörfern etwas übrig bleibt, wohin man „saubere" Nahrungsmittel liefert. Die Dörfer liegen von unserem 3 bis 4 Kilometer entfernt. Unser Dorf ist klein. Die Bewohner sind fast alle Kolchosbauern, so viel Arbeit gibt es nicht, deswegen sind auch die Löhne nicht hoch. Im Durchschnitt je 60-70 Rubel im Monat. Es gibt Familien, die 3 bis 4 Kinder haben.

Dieser Brief hat 13 Unterschriften der Kolchosbauern aus Marjanowka.

Nicht wenige Einwohner des Dorfes Mezhileska haben ihren Wohnort gewechselt. Die Mehrheit ist trotzdem hier geblieben. Wir glauben, unser Staat wird seine Werktätigen nicht im Stich lassen. Nur folgendes veranlaßte uns, an Sie zu schreiben: in der Nachbarschaft, in Basar, Golubijewitschi, Bol'schije, Min'ki und anderen Dörfern bekommen die Leute einen 25prozentigen Zuschlag und auch noch je 30 Rubel pro Kopf der Bevölkerung. Wir wissen nicht, welcher Unterschied zwischen der Lage bei uns und dort besteht. Es war ja bei uns in der Farm ein Strahlenmeßlabor und aus dem Gespräch mit dessen Mitarbeitern wurde uns klar, daß die Labormeßwerte bei uns dieselben wie bei denen sind.

Um nicht unbegründet zu reden, wollen wir das durch die Tatsache beweisen, daß die Schafe aus unserer Farm bereits in die benachbarten Rayons abtransportiert wurden. Weil es nicht möglich war, die Wolle aus unserer Farm wegen bestimmter Strahlenwerte weder im letzten, noch in diesem Jahr für die allgemeine Verwendung zu akzeptieren. Die Belastung wurde an den Kühen ebenfalls gemessen. Sie war so hoch, daß man sie nicht einmal in die Mastgruppe in der Fleischfabrik abgeben durfte.

Bei 70% unserer Kinder im Vorschul- und Schulalter gibt es Veränderungen mit Neigung zu Schilddrüsenerkrankungen. Man verordnete den Kindern eine 6-monatige Behandlung und empfahl, auf den Verzehr von Milch aus eigenem Haushalt zu verzichten. Und generell mit sauberen, gelieferten Nahrungsmitteln zu kochen.

Es gibt in unserem Dorf eine Grundschule. Die Soldaten, die kamen, trugen aus irgendeinem Grund die obere Bodenschicht an der Schule ab und schütteten sie mit Schotter zu. Als die Leute fragten, wozu, bekamen sie als Antwort, sie sei stark belastet.

Das alles ließ uns nach einer gerechten Lösung dieser Frage suchen. Denn wir arbeiten tadellos in den Farmen, auf dem Feld, und werden auch weiterhin arbeiten, wenngleich wir uns große Sorgen wegen unserer Kinder machen. Man erklärt uns aber, daß sich die Lage mit der Zeit normalisieren wird. Wir bitten, daß es bei uns genauso wie in benachbarten Dörfern einen Lohnzuschlag gibt. Wir könnten dann „saubere" Nahrungsmittel für unsere Kinder kaufen. Werktätige des Dorfes Mezhileska und Osoka

Zehn Unterschriften.

Es wenden sich an Sie die Einwohner des Dorfes Rokitno, Rayon Owrutsch, Gebiet Shitomir, die sich in einer Strahlenzone befinden. Die Fachleute, die mehrmals den Boden, das Wasser, Nahrungsmittel aus dem eigenen Haushalt untersuchten, sagen uns Einwohnern, daß die Strahlenbelastung um einiges höher als die natürliche liegt. Man sagte uns, daß uns 25% Lohnzuschlag sowie 30 Rubel zu zahlen sind, wie in Dörfern mit hoher Belastung. Wir wandten uns mehrmals an Moskau, Sie wissen aber, daß alle Briefe zurück in das Gebiet kommen, und dort sitzt in der Gebietsabteilung des Komitees für Landwirtschaft Bystrizkij, und antwortet auf unsere Briefe, daß die Belastung innerhalb der Normalwerte liege.

Es kommt die Sanitätsstation (sanitätsepidemiologische Behörde – A.P.) angereist, Vertreter aus Kiew, und sagen, daß man uns zahlen und „saubere" Nahrungsmittel liefern soll. Nahrungsmittel werden manchmal geliefert. Wir wandten uns an das Rayonexekutivkomitee wegen des Lohnzuschlages für hohe Belastung, da wurde uns gesagt, daß das Geld dafür bereitgestellt wird, aber diese Frage wird schon drei Jahre lang gelöst. Die Menschen unseres Dorfes haben während des Krieges gelitten. Das Dorf überlebte das Unglück, ähnlich wie Chatyn. Im Namen der Dorfbewohner von Rokitno Baranowskij, Antolij Iwanowitsch.

Es schreiben an Sie die Einwohner des Dorfes Priluki, Gebiet Shitomir, Rayon Owrutsch sowie die Mitarbeiter der zweiten psychiatrischen Klinik von Shitomir, die ebenfalls in diesem Dorf liegt.

Im Dorf Priluki war die Gammadosisleistung nach dem Reaktorunfall im KKW Tschernobyl erhöht, die Nahrungsmittel und das Wasser waren kontaminiert. Vom Juli 1986 bis Februar 1987 wurde hier der 25%-Lohnzuschlag ausgezahlt. Dann wurde die Auszahlung mit der Begründung eingestellt, daß sich die Situation normalisiert hat. Zur gleichen Zeit wurde die Siedlung und das Grundstück der Klinik durch die Einheiten der Chemieschutztruppen zweimal (im Juni und im Oktober 1988) dekontaminiert. Bei der medizinischen Untersuchung der Kinder (90 Personen) wurden bei 43% Pathologien festgestellt: fünf der untersuchten Kinder wurden zu gründlicherer Untersuchung und Behandlung nach Kiew weitergeschickt. Die Ergebnisse der Blutuntersuchung werden geheimgehalten. Die Kinder der Dorfbewohner und der Klinikmitarbeiter, die im Dorf Priluki wohnen, werden in die Schule der Siedlung Perwomajskij mit einem Bus gebracht, weil diese Schule am nächsten liegt. Die Kinder befinden sich in der Schule von 7 Uhr 40 Minuten bis 16 Uhr. Und das in einer kontaminierten Siedlung, deren Bewohner eine Abgeltung für stärkere Nahrung sowie einen 25%-Lohnzuschlag bekommen. Während wir, die wir in derselben Zone leben und arbeiten, keine zusätzlichen Auszahlungen bekommen und die Versorgung unserer Kinder mit „sauberen" Nahrungsmitteln nicht gewährleisten können. Die Nachbardörfer (Berezhest', Rudnja Metschnaja, Pechozkije, Duminskije, Wystupowitschi, 4-9 km entfernt) werden mit „sauberen" Nahrungsmitteln versorgt, auch mit dem 25%-Lohnzuschlag und 30 Rubeln pro Familienmitglied. Durch unsere Siedlung ist die Straße Minsk-Ismail gelegt. Der gesamte Verkehr aus hochbelasteten Dörfern erfolgt auf dieser Straße.

Im April 1989 wurden nach ausdrücklichem Verlangen der Dorfbewohner von Priluki durch die sanitätsepidemiologische Rayonstation von Owrutsch Nahrungsmittelproben genommen. Im Ergebnis der Strahlenmessungen erwiesen sich Milch, Pilze und Beeren als ungeeignet für den Verzehr. Wir wandten uns an das Rayonexekutivkomitee, das Gebietsexekutivkomitee, die Gebietsgesundheitsbehörde, an den Vorsitzenden des ukrainischen Wetterdienstes mit der Bitte, die ökologische Situation zu untersuchen und Maßnahmen zu treffen, um deren negative Einwirkung auf die Gesundheit der Menschen zu minimieren. Aber das hatte alles bisher keine Wirkung. Mitarbeiter der zweiten psychiatrischen Klinik und Einwohner des Dorfes Priluki.

Unser Sanatorium „Nowaja Ratscha", das im Rayon Naroditschi liegt, arbeitet bis heute mit 400 Patientenbetten. Es kam zu uns der Chefarzt des Tb(c)-Dispansärs, ließ das Personal zusammenkommen und erklärte, daß das Sanatorium liquidiert wird, die Station für Lungenpatienten wird in die Tb(c)-Klinik nach Belokorowitschi überführt, die Orthopädiestation – in das Dorf Sadki, Rayon Shitomir... Der Grund für die Liquidierung: unbegründete Beschwerden. Da unser Rayon durch die Strahlenbelastung betroffen wurde, hatten wir den Eindruck, daß das Sanatorium wegen der Strahlenbelastung liquidiert werden soll. Wenn das so ist, und die Strahlung es nicht zuläßt, daß das Sanatorium weiter besteht, so liquidieren sie es. Das muß man aber den Menschen ehrlich sagen und sie umsiedeln, wie man sie aus belasteten Regionen umsiedelt.

Wir leben in der Zeit der Demokratisierung unserer Gesellschaft, in der Zeit ehrlicher und offener Diskussionen. So handeln Sie ehrlich. Denn wie die Presse schreibt, ist die Strahlenkontamination bei uns die geringste.

Im August 1989 übergab mir eine Frau aus Naroditschi ihr Tagebuch. Ein Schulheft mit karierten Seiten. Dieses Selbstbekenntnis war wie eine offene Wunde. Ob viele Dorfbewohner Tagebücher führen? Was mußte mit einem Menschen passieren, in seinem Inneren, daß er den Stift zur Hand nahm und für sich selbst schrieb? Hier nur ein Tagesablauf aus dem Tagebuch:

17. Juni 1989. Das schrecklichste für einen Menschen ist, den Glauben zu verlieren. Den Glauben an die Wahrheit, wenn auch die bitterste. Es schmerzt mich, mir tun die Men-

schen, die Wissenschaftler, die Leiter, in deren Händen Gesetze sind, ihre Schlauheit, ihre Lügen fürchterlich leid.
Man sagt, wir sind krank. Alle Menschen des Rayons sind an ein- und derselben Krankheit krank. Ihr Name ist Radiophobie. Wie kommt es, daß wir, alle so unterschiedlich im Hinblick auf das Alter, die körperliche Entwicklung, den Charakter, von dieser Krankheit erfaßt sein sollen? Nein, sehr geehrte Genossen Romanenko und Spishenko, wir sind nicht an Radiophobie krank, wir sind krank am Unglück von Tschernobyl. Und Sie und Ihresgleichen, die drei Jahre lang vor uns alles verheimlichten, womit uns das Unheil von Tschernobyl bedacht hatte, Sie haben das Vertrauen der Menschen verloren. Und was ist ein Mensch wert, dem man keinen Glauben mehr schenkt?
Ich bin eine Mutter, ich habe meine vier Kinder und vier Enkelkinder. 23 Jahre lang habe ich in der Schule gearbeitet, wo mich jedes Kind von der ersten Schulklasse bis zu der zehnten kennt. Wiewohl ich keine Lehrerin bin. Aber als eine Mutter und eine Frau schaue ich auf Kinder genau hin. Und was fällt mir auf? In den letzten Jahren haben sich die Kinder unmerklich verändert. Sie sind gegen alles gleichgültig, sie lassen sich durch nichts verwundern oder erfreuen. Sie gähnen die ganze Zeit, sind schläfrig, müde, reizbar. Sie haben keinen Appetit, ihre Gesichtsfarbe änderte sich: sie sind blaß, gelb, grau. Wenn früher der Schalk in ihren Augen blitzte, so sind die Augen der Kinder heute matt geworden. Unsere Kinder verlieren das Bewußtsein beim Schulappell, nachdem sie nur 10 bis 20 Minuten da gestanden haben.
Alle, ob Erwachsene oder Kinder, beschweren sich über Augenschmerzen, Trockenheit im Mund, Brennen und Kratzen im Hals, Schwindelgefühle, quälende Schmerzen in den Arm- und besonders Beingelenken. Ist das Radiophobie?
Warum wollen Sie und Ihresgleichen nicht zugeben, daß wir seit dreieinhalb Jahren Strontium aufnehmen, und aus frischem Gemüse – Cäsium. Wir und unsere Kinder leben doch seit dreieinhalb Jahren auf einem Boden, der leuchtet, wir atmen Luft, die lodert, wir essen das, was wir auf unserem Boden gezüchtet haben und was strahlt. Wir sind ja reinen Wassers beraubt. Untersuchen Sie unser Wasser – das ist ein Reagenzstoff.
Ich bin Assistent im Fachlabor für Chemie an der Mittelschule von Naroditschi. Ich hatte im Unterricht eine Kupfersulfatlösung zu bereiten. Als ich Kupfervitriol ins Röhrchen hineinschüttete und Wasser aus der Leitung hineingoß, da sahen die Kinder statt blauer Lösung eine grüne. Da mußte ich in der Apotheke um destilliertes Wasser bitten. Unser Organismus wird durch Wasser, Erde und Luft vergiftet. Und dazu kommt noch Streßbelastung durch Lüge und Bürokratismus.
Früher, als wir zusammenkamen und leere Gespräche führten, ging es gewöhnlich um folgendes: wieviel und was gesät wurde, wieviel und was gemäht, geerntet, eingemacht. Es ist schon lange her, daß ich solche Gespräche gehört habe. Sollten zwei-drei Frauen einander begegnen, geht es nur um Erkrankungen der Kinder.
In unserem Rayon leben 26.000 Menschen. Für den Neubau wurden bereits 65 Mio Rubel ausgegeben. Für dieses Jahr stehen uns weitere 37 Mio zu. Nach einfachen Berech-

nungen kann man für dieses Geld 90 fünfstöckige Wohnhäuser bauen, mit drei Aufgängen, wo der gesamte Rayon wohnen könnte. In was wird dieses Geld investiert, wenn die Frage so steht: soll man die Menschen aus dieser Gegend umsiedeln? Wem nützt das, die Millionen zum Fenster hinauszuschmeißen? Wem nützt das, die Strahlensitutation im Rayon zu verheimlichen? Warum wird dieses Geld nicht für Wohnungsbau in nicht belasteten Regionen aufgewendet und warum werden die Menschen nicht umgesiedelt? Der Staat würde ja mehr Nutzen haben, falls unsere Leben gerettet würden, als wenn wir langsam sterben müssen. Wozu uns nicht belastete Nahrungsmittel liefern, wenn wir selbst sie auf nicht belasteten Böden züchten könnten?
Man hat zu uns eine Wasserleitung gelegt, die Gasleitung wird gerade gelegt, Straßen werden mit Asphalt eingedeckt, es werden auf unseren durch Cäsium verstrahlten Böden Wohnhäuser und Kindergärten gebaut. Das freut uns aber nicht. Für unsere Kinder sind ja Fluß, Wald und Wiesen gesperrt. Kann man so leben?
Nachdem Ärzte bei uns waren, brachten wir liegengelassene Flaschen mit Schutzmitteln. Sie wuschen sich die Hände mit Mineralwasser. Sie aßen Produkte in Blechdosen. Möge Minister Romanenko zusammen mit dem ganzen Gesundheitsministerium der Ukraine zu uns umziehen. Möge er so leben, wie wir es tun. Für die Wissenschaft wird es von Nutzen sein. Allein in dieser Woche schickte man nach Ljubar einen LKW, um Kartoffeln zu holen, er kehrte leer zurück. Nach Cherson, um Tomaten zu holen, dasselbe. Da soll man sich von nicht belasteten Nahrungsmitteln ernähren. Aber wie?
In meinem Gemüsegarten gedieh früher der Kürbis schlecht. 1986 gedieh er so groß, daß ich ihn nicht bis zum Hof schleppen konnte. Der Mais änderte die Farbe der Blätter, sie wurden gestreift. Die Kuh brachte ein Ungetüm zur Welt, es wurden Hündchen ohne Schwanz geboren, die Katze bekam ein Junges ohne Haare, das nachher starb, sie auch. Haben sie, die Tiere, etwa auch Radiophobie? Haben sie auch Streß?
Wodurch haben wir uns eigentlich an unserem Staat so vergangen, daß man uns behandelt als gäbe es uns nicht? Man weiß ja von uns. Wüßte man nichts, wer würde dann die 30-Rubel-Zuwendung auszahlen? Wüßte man nichts, wer würde den 25-Rubel-Lohnzuschlag auszahlen? Man weiß auch von 12 Dörfern, die dringend umzusiedeln sind.
Wir leben seit dreieinhalb Jahren in der dritten Zone, in der Isolierzone. Allein am Rayonparteikomitee, in der Mitte von Naroditschi, beträgt die Bodenkontamination 1,5 mrem pro Stunde. An dem Rayonkonsumentenverband – über 1 mrem, in der Swerdlow-Straße, wo die Poliklinik liegt, am Wohnhaus von Karas' Nina Alexandrowna – bis 2 mrem. Die Luftkontamination beträgt 0,2-0,5 mrem pro Stunde.
Wieviel Briefe wir in der Zwischenzeit an verschiedene Behörden verschickt haben! Wohl Hunderte. Wieviel Kommissionen waren hier. Und wieviel braucht man eigentlich noch, daß man uns endlich versteht, daß wir nicht irgendwelche Kläger sind, daß wir uns nichts erbitten, daß wir keine „Privilegien" und Almosen brauchen. Wir sind an nichts schuld. Wir wollen ein normales Leben.

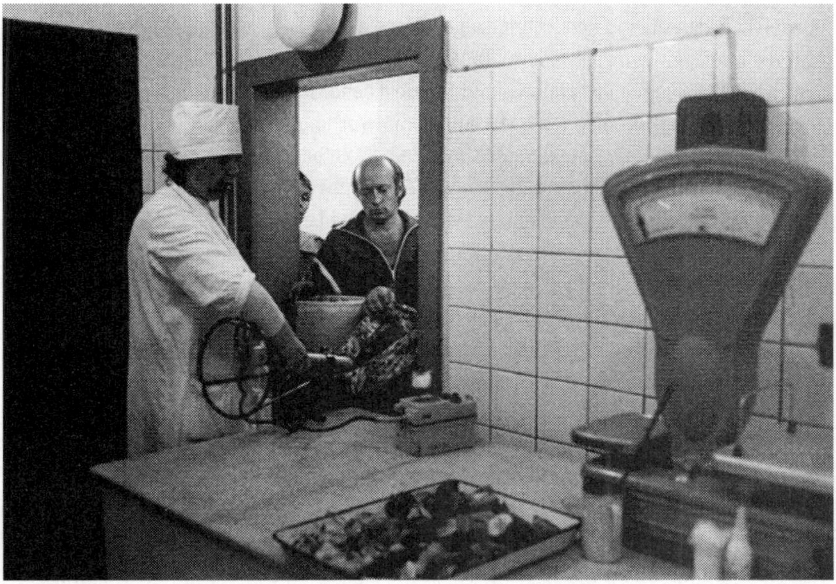

Radiologische Kontrolle von Lebensmitteln, die für den Bauernmarkt bestimmt sind, Minsk, August 1990.

Angebot von Gemüse aus dem bestrahlten Gebiet, Chojniki, August 1990.

Jeder Tag, den man in der „schmutzigen" Zone gelebt hat, besätigt aufs Neue, wie brutal wir betrogen wurden, indem die Wahrheit über Tschernobyl verheimlicht wurde. Hochrangige Beamte aus Unions- und Republikbehörden bemänteln ihre Tatenlosigkeit und Gleichgültigkeit, indem sie auf eine verantwortungslose und kriminelle Weise uns bereits das fünfte Jahr beteuern, daß man in belasteten Gegenden leben kann, und verzögern somit die Umsiedlung der Menschen in umweltsaubere Regionen. Inzwischen kostet uns das unsere Gesundheit und wohl auch das Leben.
Das Unglück von Tschernobyl machte keine Ausnahmen, ob Erwachsene oder Kinder, ob alt oder jung, und kam in jedes Haus von uns, in jede Familie, in jedes Arbeitskollektiv. Es machte einen Strich durch die Zukunft vieler Tausender Menschen, brachte Schmerzen und Trauer in ihr Leben hinein, wurde zu einer aussichtslosen Tragödie. Unsere Geduld ist bald erschöpft. Um so weiterzuleben, gibt es keine Möglichkeit und auch keine Kräfte mehr.
Wir erwarten, daß konkrete, am meisten brennende, unaufschiebbare Probleme dringend gelöst werden: die Beschleunigung der Umsiedlung der Menschen aus belasteten Regionen, die Gewährleistung einer völligen Offenheit über die Erfüllung des staatlich-republikanischen Programms der Liquidierung der Folgen des Reaktorunfalls sowie der früher angenommenen Regierungsentscheidungen zu diesen Fragen; eine komplette Lösung der Probleme der Kuraufenthalte für alle durch den Reaktorunfall betroffenen Menschen und in erster Linie für die Kinder; Versorgung von allen mit ökologisch sauberen Nahrungsmitteln in ausreichenden Mengen; Erarbeitung und Verabschiedung (in der laufenden Tagung) des Gesetzes über den Status der durch den Reaktorunfall im KKW Tschernobyl Betroffenen, das qualifizierte medizinische Versorgung sowie systematische ärztliche Untersuchung unter Beteiligung von Fachleuten garantiert sowie das Recht auf einen kostenlosen Bezug von effektiven Arzneimitteln nach ärztlichen Rezepten; auch das Recht auf Rentenversorgung mit 50 Jahren für Frauen und 55 Jahren für Männer, und zwar unter der Bedingung, daß sie in belasteten Regionen entsprechend 5 und 6 Jahre lang gelebt und gearbeitet haben, und nicht 12, wie es die jüngst angenommene Verordnung über „Privilegien" vorsieht. Nach solchen „Privilegien" hat man keinen, dem man eine Rente berechnen kann. Wissen die Verfasser dieser Verordnung etwa nicht, daß die Gesundheit bei uns, bei unseren Kindern und Eltern untergraben ist? Infolge der Strahlenbelastung sind unsere Altersgenossen von der Bandweberei sowie anderer industrieller Betriebe nicht imstande, den 8-Stunden-Arbeitstag auszuhalten. Können etwa Mechaniker, Fahrer, Traktoristen, Arbeiter der Viehzuchtfarmen 12 Jahre lang kontaminierten Staub einatmen und mit einer „privilegierten" Rente rechnen?
Und was ist mit den Kindern, unserer Hoffnung, die beim Schulunterricht ohnmächtig werden, die im Schulunterricht nicht mehr mitkommen können? Die Verordnung über „Privilegien" verpflichtet sie auch, mindestens 12 Jahre lang in der Zone zu leben. Und was sollen die Menschen im Vorrentenalter machen, die ihre Kräfte und ihre Gesundheit verloren haben und die nun erbarmungslos schon von geringen Strahlendosen erledigt

werden? Sollen sie auch 12 Jahre warten? Oder sterben, ohne die „Privilegien" in Anspruch genommen zu haben?

Wir halten die Aktivitäten der ranghohen Personen und Ämter für ein unentschuldbares Verbrechen, weil sie durch solch eine Verordnung die Menschen, die den schwersten Erstschlag der Strahlung überstanden haben, zwingen, längere Zeit in der Atomhölle zu leben und zu arbeiten.

Ausgehend von den gegenwärtigen Umständen halten wir es für gerecht, eine entsprechende Bestimmung anzunehmen, wonach jedes Jahr der Arbeitszeit in der hochbelasteten Zone wie zwei Jahre Berufstätigkeit berechnet werden.

Der Gesundheitsschutz ist ohne allseitig abgewogene Normativdokumente, die auf höchster Entscheidungsebene verabschiedet werden müßten. Gerade deswegen verlangen wir, daß jeder Einwohner, der zum Tschernobyl-Opfer wurde, einen von der Regierung ausgestellten und von konkreten Personen unterschriebenen sanitären Garantie-Paß bekommt. Dieses Dokument würde den Betroffenen reale Privilegien gewähren, ihre Interessen schützen, menschenwürdige Alltags- und Wohnbedingungen sowie eine Garantie für die Zukunft gewährleisten.

Ohne das alles empfinden wir uns als Atomgeiseln, mit unseren Sorgen und Nöten im Stich gelassen. Eine nie dagewesene Volkstragödie währt bereits das fünfte Jahr, doch weder W.W. Schtscherbizkij, noch die ehemalige Vorsitzende des Präsidiums des Obersten Sowjets der Ukraine W.S. Schewtschenko, noch W.A. Massol (viermal wandte man sich an ihn), noch W.A. Iwaschko fanden den Weg nach Naroditschi. Das bedeutet, daß unsere Leiden, das Leben unserer Kinder und Väter für sie nichts wert sind. Wir überzeugen uns immer mehr, daß wir nur noch einen Ausweg haben: die Organisation der Vereinten Nationen um Unterstützung zu bitten oder gemeinsam mit den Kindern und Eltern in unserer durch das Atom zerfleischten Heimat zu sterben. Hochachtungsvoll.

Unter diesen ruhigen, verzweifelten Brief setzten 25 Komsomolsekretäre von Kolchosen, Betrieben, Krankenhäusern, einer Poliklinik, der Abteilung für Kultur des Rayonkonsumentverbandes, einer Schule sowie anderer Einrichtungen des Rayons Naroditschi ihre Unterschrift.

Ein Telegramm, das am 30. September an M.S. Gorbatschow, N.I. Ryshkow, W.A. Iwaschko, W.Ch. Doguzhijew abgeschickt wurde:

Die Veröffentlichung in der „Prawda" vom 29. September d.J. über die Sitzung der Regierungskommission für die Liquidierung der Auswirkungen des Reaktorunfalls im KKW Tschernobyl zeugt davon, daß bei der aktuellen Lösung der Probleme unseres sowie ähnlicher Rayons das Wichtigste vergessen wird – das Recht der Familien mit Kindern, auszureisen.

Den Menschen wird die letzte Hoffnung auf Sicherheit für das Leben und die Gesundheit ihrer Kinder genommen. Die an unserer Situation schuldigen Behörden, insbesondere das Gesundheitsministerium, nahmen eine Haltung ein, die an ein Verbrechen grenzt.

Die Situation im Rayon kann unberechenbar werden. Wir bitten, dringend unsere Probleme, die keinen Aufschub dulden, zu untersuchen und zu lösen. Im Auftrag des Büros des Rayonkomitees von Naroditschi, Gebiet Shitomir, der Kommunistischen Partei der Ukraine, Rayonsekretär W. Bud'ko.

Der Strom der Briefe aus dem Rayon Naroditschi ist unerschöpflich.

Einwohner des Rayon Owrutsch, Gebiet Shitomir. Wir bitten Sie, bei der Tagung des Obersten Sowjets der Ukraine (beim Plenum des ZK der Kommunistischen Partei der Ukraine) unsere Vorschläge zu behandeln. Uns ist die Gesundheit und die Zukunft unserer Kinder sowie unserer Einwohner nicht gleichgültig. Wir glauben, daß die Einwohner der Ukrainischen Republik für unsere Vorschläge Verständnis haben und unserem Rayon als einem der am meisten betroffenen, in der unmittelbaren Nähe des KKW Tschernobyl gelegenen Rayons in folgenden Fragen Unterstützung geben werden:
1. Lieferung von nicht belasteten Nahrungsmitteln aus den Rayons und Gebieten, die der Strahlenbelastung nicht ausgesetzt wurden (in erster Linie deren Verteilung an Kindergärten und Schulen der Stadt und des Rayons);
2. Ein jährlicher dreimonatiger Kuraufenthalt für Vorschul- und Schulkinder im Zeitraum vom 25. Mai bis 25. August in Begleitung eines Elternteils einschließlich Untersuchung und Kontrolle des Gesundheitszustandes;
3. Gründung von territorialen Sanatorien mit obligatorischem Kuraufenthalt und ärztlicher Aufsicht über jeden Stadt- und Rayoneinwohner in diesem Sanatorium, das auch Tag und Nacht funktionieren sollte,
4. Zuwendungen für den Aufenthalt in einer belasteten Gegend;
5. Reduziertes Rentenalter;
6. Ausstattung mit individuellen Strahlenmeßgeräten;
7. Beschleunigung des Inbetriebnahmetermins der Gasleitung für die Stadt und den Rayon wegen der Holzkontamination;
8. Aufhebung der Rationierung von Waschmitteln für unseren Rayon.
Anhang auf 15 Seiten mit den Unterschriften der Bürger unseres Rayons.

Die Schlußfolgerungen der Kommission, die die Strahlensituation im Rayon Luginy untersuchte, sind nicht objektiv, widersprechen den vorhergehenden Angaben, und sind auf Minimierung der Zuwendungen gerichtet. Ich bitte, bei der Entscheidung über diese Frage sich von den früher erhaltenen Unterlagen für den Rayon leiten zu lassen. Luginy, Gebiet Shitomir. Gontscharenko, Wladimir Maximowitsch.

Ich wohne in der Stadt Mogiljow, aber ich schreibe an Sie. Wir warten immer noch, wann endlich mal eine klare Antwort auf die Frage kommt: Wann wird das KKW Tschernobyl völlig geschlossen? (je schneller, desto besser) Wir leben wie Atomgeiseln. Dosismeßgeräte hat keiner, Daten prüfen können wir nicht. Die Hoffnung, sie zu kaufen,

ist auch gleich Null, wiewohl man irgendwo schreibt, daß die Produktion aufgenommen wurde. Offizielle Messungen wurden ausgehend von zwei Meßwerten pro ein Quadratkilometer gemacht. Man sollte aber alle 10-15 m eine Messung machen (wie bei der Suche nach einer Strahlenquelle). Ich denke, es kommen noch viele Überraschungen auf uns zu.
Haben Sie sich die Sendung „Blick" über unsere hämatologische Klinik in Moskau angesehen, wo solch ein Platzmangel herrscht, daß man nicht einmal die Patienten, die im Sterben liegen, von anderen Patienten im gemeinsamen Zimmer isolieren kann? Ganz davon zu schweigen, daß sie keine Einwegspritzen haben. Die Zahl der Krebsfälle, der Schleimhauterkrankungen, der Bronchitis steigt an, es häufen sich Schilddrüsenerkrankungen usw. Daß die Produkte nicht kontaminiert sind, dessen sind wir nicht sicher, weder im staatlichen Handel, noch auf dem Markt – im Hinblick auf langwierige Lügen, mit denen man uns so lange gefüttert hat (und auch jetzt füttert). Warum sollen wir also für unsere (gelinde gesagt) ungünstige ökologische Situation nochmals dem Kongreß Beweise vorlegen? Die Lawsan-Fabrik haben wir und man hat vor, diese Chemiefabrik auszubauen und Wursthaut herzustellen, obgleich wir keine Würste sehen. Man muß gegen den Ausbau der chemischen Kapazitäten in unserer Gegend generell ein Veto einlegen. Denn unsere Fabrik ist eine Quelle für Schwefelkohlenstoff und Schwefelwasserstoff in der Stadt. Alle schreiben über die Explosionsgefahr und Unzuverlässigkeit des Reaktortyps, der bei uns im Land in Tschernobyl installiert ist. Worauf sollen wir noch warten? Bis der nächste Reaktorblock hochgeht? Ich glaube, wir haben unsere Dosis schon aufgenommen. Sie nimmt auch jeden Tag zu. Was aber den „Strommangel" im Land betrifft, falls man die KKWs abschalten würde, so stimmt das nicht. Dem Bericht von Gorbatschew zufolge exportieren wir Strom ins Ausland, während wir selber sterben. Pilze und Beeren kaufen wir nicht, Rindfleisch auch nicht, in den Wald gehen wir nicht, und bemühen uns, weniger in der Sonne zu sein...
Wir müssen alle nachdenken und um die Einstellung des Kernkraftwerks von Tschernobyl kämpfen. Ozheskaja, Sinaida Filipowna, Ärztin. Mogiljow.

Es ist so, daß es unter den Fachleuten (Akademiemitglied A.D. Sacharow) darum nicht geht: zu bauen oder nicht? Es geht vielmehr darum, wie man etwas bauen und betreiben soll. Aber so bauen, wie früher, darf man nicht mehr. Kernreaktoren soll man unter Tage bauen und sofort mit einem Schutz versehen, um im schlimmsten Fall ihn dort zu begraben, ohne schwere Auswirkungen für die Umwelt zu befürchten.
Das macht den Bau sicherlich teuerer. Aber war Tschernobyl billig? Hätten alle früher auf das Akademiemitglied A.D. Sacharow gehört, gäbe es heute die Tschernobyl-Tragödie nicht. Es trifft zu, was der Volksmund sagt: der Geizige muß doppelt zahlen. Während wir nicht doppelt, sondern zweihundertmal mehr gezahlt haben, und unsere Nachkommen werden noch zahlen müssen. So hoch ist der Preis für Verantwortungslosigkeit.
Wir können ohne Kernenergetik nicht auskommen, aber die technischen Fragen sowie

Fragen des Betriebs der kerntechnischen Anlagen müssen in der AdW der UdSSR unter strenger Aufsicht nicht der Parteikomitees, sondern der Fachleute gelöst werden. Zu groß ist die Verantwortung, zu katastrophal sind die Folgen, als daß sich damit Dilettanten beschäftigen dürfen. Sie können sich übrigens bald mit Andrej Dmitrijewitsch (Sacharow) treffen und diese Fragen konkret, qualifiziert und kompetent diskutieren.
Und noch etwas. Es werden zur Zeit in durch Tschernobyl betroffenen Gebieten enorme Geldsummen und Sachwerte in verschiedene Bauaktivitäten investiert. Zur gleichen Zeit wird die Frage über die Evakuierung vieler Dörfer aus dem Krisengebiet diskutiert. Werfen wir diese Ressourcen nicht zum Fenster hinaus, falls diese Dörfer umgesiedelt werden? Diese Frage muß von den Fachleuten ehrlich untersucht werden. A. Olenizkij, Ingenieur, Ihr Wähler, Shitomir.

In der letzten Zeit hat sich der Charakter der Briefe aus der Zone etwas geändert. Die Menschen schreiben über das Durcheinander bei der Umsiedlung, über Gewissenslosigkeit mancher Amtspersonen oder über die, die ihre Dienststellung ausnutzen und schneller als andere in bessere Wohnungen umgesiedelt werden.

Wir, Einwohner der Dörfer Malyje Kleschtschi und Staroje Scharne, Rayon Naroditschi, sind für die Umsiedlung vorgesehen. Umgesiedelt wurden wir bereits ab 20. Juli 1989. Wohnungen haben wir bis jetzt nicht bekommen. Obwohl Vertreter des Gebietsexekutivkomitees versprochen haben, uns Wohnungen zu kaufen. Wir wandten uns wegen Unterstützung an das Rayonexekutivkomitee, wir hörten viele Versprechungen im Rayonexekutivkomitee Baranowo. Gotowtschiz und Malinwskij (Mitarbeiter des Gebietsexekutivkomitees von Shitomir) versprachen in Naroditschi alles Mögliche, aber als wir ankamen und Häuser für uns fanden, versagten uns diese Genossen die Unterstützung. Genosse Gotowtschiz schmiß den Hörer auf und weigerte sich, mit uns zu reden. An wen sollen wir uns weiter wenden? Wohin mit unseren Kindern? Wo sollen sie zur Schule gehen? Sie haben dafür keine Möglichkeit. Wir bitten um dringende Unterstützung, da wir keine Unterkunft haben.

12 Umsiedlerunterschriften

Sie suchten mich in der Nacht auf, als ich Dienst in der Druckerei hatte. Die jungen Frauen weinten. Die Männer sprachen, daß, wenn ihre Familien keine Wohnunterkunft bekommen, sie auf dem Platz am Gebietskomitee der Partei Zelte aufschlagen würden. So bitter begann für ihre Familien das neue Leben nach der Umsiedlung.

Ich bitte Sie inständig, eine ungerechte Wohnungsverteilung bei der Umsiedlung aus Naroditschi zu klären.
Ich, Nizowitsch Natalja Jewgenjewna, wohne in Naroditschi seit 1975. Ich kam hierher gemäß dem Absolventeneinsatz nach dem Abschluß der Musikschule. Ich habe geheiratet. Aus der Ehe habe ich zwei Söhne im Alter von 10 und 13 Jahren. Seit 1984 bin ich

Witwe. Nach zwei Jahren des Aufenthalts in einer hochbelasteten Gegend wurden die Kinder immer häufiger krank, dem Rat der Ärzte folgend mußte ich sie aus dieser Gegend wegbringen. Den jüngeren Sohn schickte ich zu meinen Eltern nach Shitomir. Den älteren Sohn brachte ich zu meiner Schwiegermutter ins Gebiet Iwano-Frankowsk. So zerfiel meine Familie. Und bereits zwei Jahre lang kann ich nicht mit meiner Familie zusammen leben. Die Kinder sind ohne Vater geblieben. Sie entbehren jetzt auch noch Mutters Zärtlichkeit und Wärme. Und nun entstand 1989 eine Hoffnung auf Umsiedlung und Wohnung, und daß wir alle zusammenleben können. Aber die Mitglieder der Kommission für die Verteilung der Wohnungen haben mir diese Hoffnung genommen. Ihre Begründung war die folgende: ich hätte ein Verbrechen begangen, um den Preis der Trennung von den Kindern hätte ich sie aus Naroditschi weggebracht.

In die erste Evakuierungsphase nach Shitomir geriet ich nicht (es wurden 37 Wohnungen zugeteilt). Dann gab Kiew 200 Wohnungen. Ich ließ mich eintragen. Das sagte man mir ab, ich trug mich für Shitomir für die zweite Etappe ein. Aber Shitomir gab bis jetzt keine Wohnungen und verspricht erst welche für 1991.

Von 37 Personen, die bereits Wohnungen erhalten haben, verzichteten drei auf die Wohnungen. Dann nahmen die Mitglieder des Rayonexekutivkomitees diese Wohnungen für sich, obwohl ihre Kinder schon groß sind, älter als 18. Lukjanenko, stellvertretender Vorsitzender des Rayonexekutivkomitees für Bautätigkeit und Schuljarenko, stellvertretender Vorsitzender des Rayonexekutivkomitees. Wo bleibt also die Gerechtigkeit?

Der Vorsitzende der Kommission für die Verteilung der Wohnungen Kowaltschuk wurde in die Listen von vier Gebieten eingetragen, entschied sich aber für Kiew. Inwantschenko arbeitet in der Planungsabteilung des Rayonexekutivkomitees, hat bereits eine Wohnungszuweisung für Chmelnizkij, aber nach einer Woche – eine neue Wohnungszuweisung für Kiew. Scheljuk, Standesamt-Leiterin, stand in der Liste für Shitomir. Aber bevor sie einen Abmeldungsschein ausstellen ließ, erhielt sie eine Wohnungszuweisung für Kiew. Es ergibt sich so: ist man Mitarbeiter des Exekutivkomitees oder ein Nahestehender, so kann man Wohnungen wechseln, wo und wie man will. Während solchen wie ich niemand Aufmerksamkeit schenkt. Obwohl in erster Linie die Familien mit Kindern unter 14 Jahren umzusiedeln sind. Diese Liste von Ungerechtigkeiten kann man fortführen. Aus diesem Anlaß wende ich mich an Sie. Ich habe schon die Staatsanwaltschaft im Rayon angesprochen. Die Mitglieder der Kommission wurden vom stellvertretenden Staatsanwalt gewarnt, darauf reagierte aber niemand. Ich wende mich also an Sie mit der Bitte, diesen Fall zu klären und mir zu helfen, zusammen mit den Kindern zu leben und eine Wohnung in Shitomir zu bekommen. Nizowitsch.

Ich wandte mich an das Gebietsexekutivkomitee von Shitomir und bekam folgende Antwort:

Nizowitsch wurde eine Zuweisung Nr. 4/2 vom 05.06.1990 ausgehändigt, um in die Wohnung in Shitomir, Schewtscheko Straße 85 einzuziehen. Man plant, das Wohnhaus in der ersten Jahreshälfte fertigzubauen.

Kein Wort über Amtsmißbräuche. Ich mußte eine Kopie des Briefes von Nizowitsch an die Staatsanwaltschaft schicken. Solche Briefe erhalte ich oft.

Entschuldigen Sie, daß ich Ihnen schreibe. Ich weiß nicht, ob mein Brief Sie erreicht. Wohin ich auch schrieb, es half mir niemand. Ich schrieb an die Tagung des Obersten Sowjets der Ukraine und überall hin. Ich wurde aus dem Dorf Bolschije Kleschtschi, Rayon Naroditschi, in das Dorf Galtschin, Rayon Berditschew, auch in unserem Gebiet, umgesiedelt. Von einfachen Menschen wurde ich gut aufgenommen. Ich danke ihnen dafür. Als ich umgesiedelt wurde, hat man alles versprochen.

„Schmutzige" Sachen wollten wir nicht mitnehmen. Drei Enkelkinder fuhren mit mir zusammen: die Tochter des Sohnes, 10 Jahre alt und die Söhne der Tochter – 3 und 11 Jahre. Kleinkinder. Der Sohn lebte nahe Owrutsch, in Perwomajskij, da liegt ein hochbelastetes Gebiet. Die Tochter lebt in Naroditschi, vor einem Monat zog sie nach Brussilow um. Aber das neue Haus dort ist sehr feucht, so ist der jüngste Enkel bei uns.

So laufe ich durch die Märkte von Berditschew, daß mir jemand einen Teppich oder 5-6 m lange Läufer verkauft. Die Kinder sitzen auf dem Boden. Ich bitte auch um eine Möbelgarnitur für das Schlafzimmer oder wenigstens etwas ähnliches. Am Wochenende kommen alle zusammen, zehn Mann, so gibt es keinen Platz zum Schlafen. Ich gehe immer wieder mit meinen Anträgen hin, aber es hat keine Wirkung. Ich schäme mich, weiter in diese Amtsstuben zu gehen, wo sich deren Chefs über mich lustig machen.

Wir sind ständig krank, insbesondere Frau und Kinder. Die Frau wurde schon zweimal ins Leben zurückgeholt. Wir sind alte Menschen. Zu zweit haben wir 80 Jahre lang gearbeitet. Einen Rettungswagen zu bestellen, ist für uns ein Problem, da müssen wir zu unseren Nachbarn laufen. Gut, wenn das am Tage ist. Und wenn in der Nacht, so wecken wir sie. Wir fallen ihnen richtig auf die Nerven. Seit einem Jahr bitte ich den Chef der Telefonzentrale von Berditschew um einen Telefonanschluß für uns. Auch wenn der erst nach sechs Uhr abends funktioniert. Aber das stellte mich, einen alten Mann, vor die Tür. Ich bitte darum nicht einfach so. Der Chef der Telefonzentrale hat kein Gewissen. Er könnte mein Sohn sein.

Man hat eine Gasleitung nach Galtschin gelegt, mir wurde auch ein Anschluß versprochen. Bei Spekulanten habe ich Rohre gekauft. Wir haben zusammen mit dem Sohn einen Graben mitten im Hof ausgehoben. Und so stand dieser Graben, bis mein Enkel hineinfiel und sich den Arm verstauchte. An die Tochter schickten wir ein Telegramm. Wo ich auch wegen dieser Gasleitung hinging, nichts half mir. So heizen wir weiterhin mit Holz, das wir aus Kleschtschi mitgebracht haben. So vergiften wir uns selbst und auch Galtschin. Da muß man nur noch 30 m Rohre zusammenschweißen und den Kessel umstellen.

Gott bewahre diese Chefs, ihre Enkelkinder und Kinder vor so viel Leiden, wie wir sie haben. Hätten wir gewußt, daß es so kommt, wären wir niemals weggefahren. Wir hatten ja in Kleschtschi alles, dort ist unsere Heimat, dort wurden wir geboren.

Ich arbeite seit meinem 14. Lebensjahr. Meine Frau auch. Ist es unsere Schuld, daß wir umsiedeln mußten? Ausländer helfen, während die eigenen Leute... Das kommt uns bitter an. Und unsere Kinder, Enkelkinder? Wie soll man ihnen in die Augen schauen? Ein ganzes Jahr fahre ich herum und bitte: gebt was oder verkauft was. Wären sie in Not, würde ich ihnen das Meine geben.

Wissen Sie, niemals, mein ganzes Leben habe ich hinter mir, dachte ich, daß solch eine Ordnung bei uns herrscht. Auf Wiedersehen. Entschuldigen Sie. Sajtschenko, Alexander Fjodorowitsch und seine Familie. Das Dorf Galtschin.

Auf meine Anfrage bekam ich vom Gebietsexekutivkomitee folgende Antwort:

In der Tschenolosy-Försterei wurden Sajtschenko A.A. 5 (fünf) Quadratmeter Holz bestellt, und im Kolchos „Progreß" im Dorf Nikonowka – zwei Ferkel.

Im Februar wurden entsprechende Arbeiten zur Verlegung der Außengasleitung und des Innenanschlusses in der Küche verrichtet. Der Anschluß an die Gasleitung in der Straße wird ermöglicht, nachdem das Gasverteilerwerk fertiggebaut worden ist. Im Haus des Antragstellers ist ein Telefon angeschlossen worden.

Solche Briefe könnte man ohne Ende zitieren. Sie blieben nicht ohne Antwort. Nach einer Reihe meiner Artikel über hochbelastete Gebiete im Sommer 1989 landete auf meinem Tisch neben solchen auch andere Briefe – mit Hilfsangeboten. Von überall her.

Neulich waren wir mit dem Vater in seinem Heimatdorf Korino, Rayon Tejkowo, schreibt mir O.D. Gussewa aus Iwanowo, dort stehen sehr viele Häuser leer. Sie sind immer noch in gutem Zustand. Ich dachte mir, warum können die Einwohner aus belasteten Rayons im Gebiet Shitomir nicht hierher ziehen? Diese armen Menschen können, nachdem sie so viel durch die Strahlung gelitten haben, sicherlich neue Häuser, offizielle Unterstützung sowie alles andere von der Regierung verlangen. Aber kommt die offizielle Unterstützung nicht zu spät? Wäre es nicht besser, wenn sich die Öffentlichkeit dafür einsetzt? Falls meine Hilfe gebraucht wird, stehe ich Ihnen immer zur Verfügung.

Ihrem Brief legte Olga Dmitrijewna einen Ausschnitt aus der örtlichen Zeitung *Rabotschij Kraj* mit der Liste der Kolchosen und Sowchosen im Gebiet Iwanowo bei, die die Menschen zum ständigen Aufenthalt einladen und sofort Einfamilienhäuser zur Verfügung stellen.

Eine Frau aus Berditschew, Invalide der 2. Gruppe, N.I. Samojlenko, teilte uns mit, daß es in den Dörfern Nowo-Alexandrowka, Nisgurzy, Singajewka, Sadki, Rayon Berditschew, ebenfalls zahlreiche leerstehende Wohnhäuser gibt.

Man muß den Menschen auch diese Häuser anbieten, solange es keine neuen Wohnungen gibt. Die Kinder müssen gerettet werden!

Zu meiner Deputiertensprechstunde kam ein Rentner mit der Bitte:

Ich wohne zur Zeit in der Stadt bei meinen Kindern, auf dem Lande habe ich ein Haus stehen. Übergeben Sie es den Umsiedlern.

Der ukrainische Verein in Littauen brachte zusammen mit *Sajudis* für die Kleinen in Naroditschi einen ganzen KamAS-LKW voll nicht belasteter Baby-Nahrung. Die gemeinnützige internationale Organisation *Ärzte ohne Grenzen*, deren Vertreter aus Paris anrief, botkostenlose Hilfe an: Medizinische Untersuchungen, Strahlenmeßgeräte. Ich sprach den Vorsitzenden des Rayonexekutivkomitees W.S. Bud'ko an: Braucht der Rayon diese Hilfe? *Ja! Braucht er!*, gab er mir fest zur Antwort. Es ist bekannt, daß diese gemeinnützige Organisation schon mehrmals unserem Land geholfen hat – in Armenien, in Tbilissi.
Die Stadt Jerusalem schlägt vor, unsere Kinder aus Naroditschi zum Ferienaufenthalt einzuladen. Armenische Kinder erholten sich nach dem Erdbeben auch dort…
Oh, wenn die Worte der Barmherzigkeit uns vor Strahlung retten könnten! Wenn.

Streng geheim

„Das große Volksunglück von Tschernobyl ist ein unausweichliches Ergebnis der kommunistischen Geheimniskrämerei, die eine Reihe von Verbrechen der Sowjetbehörden nach sich zog.“
A. Solshenizyn

Vierzig Protokolle der Weisen im Kreml

Es hatte sich ergeben, daß ich im Obersten Sowjet der UdSSR im Parlamentausschuß für die Untersuchung der Aktivitäten von Amtspersonen im Zusammenhang mit dem Reaktorunfall im KKW Tschernobyl tätig war. Seinem Status nach war der Ausschuß berechtigt, beliebige Dokumente anzufordern und zu bekommen. Fast alle Behörden, das Gesundheitsministerium, das Verteidigungsministerium, das Staatliche Komitee für Hydrometeorologie und andere, legten, wenn auch nicht reibungslos, notwendige vertrauliche Informationen vor. Nur das Politbüro des ZK der KPdSU reagierte auf offizielle Anfragen nicht. Ich bin überzeugt: wir hätten diese Unterlagen niemals erhalten, wenn es den August 1991 nicht gegeben hätte.
Nach dem Erlaß von Jelzyn über das Verbot der kommunistischen Partei begann die Übergabe ihrer Archivdokumente und wir konnten endlich geheime Protokolle der Sitzungen der Operativen Gruppe des Politbüros des ZK der KPdSU, geleitet von N. Ryshkow, über die Fragen, die mit der Liquidierung der Auswirkungen des Reaktorunfalls im KKW Tschernobyl zusammenhängen, einsehen. Aber wie unsere Experten auch baten, eine Arbeitskopie der Protokolle wurde ihnen verweigert. Also mußte ich einen Antrag stellen. Es stellte sich heraus, daß das Kopierverbot auch für einen Deputierten galt. Veto wurde von einem gewissen Pronin eingelegt, der sich Berater des zweiten geheimen Sektors des Obersten Sowjets der UdSSR nannte. Sein Chef aus der Spezialabteilung des Sekretariats des Obersten Sowjets, A. Burko, erklärte mir, daß sie angeblich kein Recht hätten, Genehmigungen für das Kopieren von Unterlagen mit dem Vermerk *Geheim* und *Streng geheim* zu erteilen, das gelte auch für Parlamentsausschüsse. Um eine Genehmigung zu bekommen, müsse man sich an die Organisationen wenden, die diese Unterlagen für geheim erklärt hatten. Ich wiederhole, daß war nach dem Putsch, einige Monate später. Es gab die KPdSU schon nicht mehr, manche Mitglieder ihres Politbüros dachten über ihr Leben im Gefängnis nach. Die Geheimnisse dieser Organisationen wurden von ihren Handlangern auch noch im sterbenden Parlament des Landes streng bewahrt.

Wenn ich diese einmaligen Dokumente lese, denke ich darüber nach, daß das wichtigste und schrecklichste Isotop, das sich aus dem Reaktorschlot freisetzte, in der Tabelle von Mendelejew gerade fehlt. Es ist Lüge-86. Der Betrug war genauso global, wie die Katastrophe global war.

LÜGE NR. 1. – Über Strahlenschäden.

Die erste Sitzung der Operativen Gruppe des ZK der KPdSU fand am 29. April 1986 statt. Bis etwa Mitte Mai fanden täglich Sitzungen statt. (Das betrifft die Meldungen, die man uns jahrelang einredete, die Leitung hätte keine Informationen. Noch vor kurzem, in einem Interview des russischen Fernsehens, wollte Nikolaj Ryshkow beinahe schwören, daß *sie damals wenig wußten*.) Seit dem 4. Mai erhielt die Operative Gruppe Meldungen darüber, daß Menschen in die Krankenhäuser eingewiesen werden.

Geheim. Protokoll Nr. 5. 4. Mai 1986. Anwesend: Mitglieder des Politbüros des ZK der KPdSU, die Genossen Ryshkow N.I., Ligatschow J.K., Worotnikow W.I., Tschebrikow W.M., Kandidaten des Politbüros, die Genossen Dolgich W.I., Sokolow S.L., Sekretär des ZK der KPdSU Jakowlew A.N., Minister für Innere Angelegenheiten Wlassow A.W.

Es wird zur Kenntnis genommen, daß per Stand vom 4. Mai insgesamt 1.882 Personen hospitalisiert waren. Die Gesamtzahl der Untersuchten hat 38.000 erreicht.Bei 204 Personen, darunter 64 Kinder, wurde Strahlenkrankheit verschiedenen Grades ermittelt. 18 Personen befinden sich in ernstem Zustand. Seit dem Zeitpunkt des Reaktorunfalls sind zwei Personen verstorben.

Geheim. Protokoll Nr. 7. 6. Mai 1986. Anwesend: Mitglieder des Politbüros des ZK der KPdSU die Genossen Ligatschow J.K., Tschebrikow W.M., Kandidat des Politbüros des ZK der KPdSU Dolgich W.I., Sekretär des ZK der KPdSU Jakowlew A.N.

Die Mitteilung des Genossen Schtschepin wird zur Kenntnis genommen, wonach gemäß dem Stand vom 6. Mai, 9 Uhr die Gesamtzahl der hospitalisierten Patienten 3.454 Personen erreichte. Davon werden 2.609 Menschen stationär behandelt, darunter 471 Kinder. Nach präzisierten Angaben beträgt die Zahl der strahlengeschädigten Patienten 367 Personen, davon 19 Kinder. Von ihnen befinden sich 34 Personen in ernstem Zustand. In stationärer Behandlung in der Klinik 6 in Moskau befinden sich 179 Personen, darunter zwei Kinder.

Geheim. Protokoll Nr. 8. 7. Mai 1986. An der Sitzung der Operativen Gruppe nahm der Generalsekretär des ZK der KPdSU Genosse Gorbatschow M.S. teil. Anwesend: Mitglieder des Politbüros des ZK der KPdSU die Genossen Ryshkow N.I., Ligatschow J.K., Worotnikow W.I., Tschebrikow W.M., Kandidat des Politbüros des ZK der KPdSU Dolgich W.I., Innenminister Wlassow A.W.

Während der vergangenen 24 Stunden wurden zusätzlich 1.821 Personen hospitalisiert. Die Zahl der Patienten, die stationär behandelt werden, betrug am 7. Mai um 10 Uhr

4.301 Personen, darunter 1.351 Kinder. Von ihnen wurde bei 520 Personen, einschließlich Mitarbeitern des Innenministeriums der UdSSR, eine Strahlenkrankheit diagnostiziert. In ernstem Zustand befinden sich 34 Patienten.

Geheim. Protokoll Nr. 12. 12. Mai 1986. Die Mitteilung des Genossen Schtschepin wird zur Kenntnis genommen, daß im Laufe des vergangenen Tages zusätzlich 2.703 Patienten, hauptsächlich in Belorußland, hospitalisiert wurden. 678 Patienten wurden aus den Kliniken entlassen. 10.198 Patienten werden stationär behandelt, 345 von ihnen weisen Symptome der Strahlenkrankheit auf. Unter ihnen sind 35 Kinder.

Wie kann man die Entwicklung der Meldungen in den Sitzungen der Operativen Gruppe mit dem hartnäckigen Schweigen in den Massenmedien in Übereinstimmung bringen? Wahrheit für Patrizier und Wahrheit für Sklaven. Im Protokoll Nr. 21 vom 4. Juni 1986 gab es in den *Direktiven an die Teilnehmer der nächsten Pressekonferenz für sowjetische und ausländische Wissenschaftsjournalisten* folgende Mitteilung:

Zur Entscheidung über eine Klinikeinweisung wurden(...) entsprechende Richtwerte festgelegt. (...) Während des vergangenen Zeitraums wurden alle Menschen, die medizinische Einrichtungen aufgesucht hatten, untersucht. Bei 187 Betroffenen, alle vom Personal des KKW, wurde Strahlenkrankheit diagnostiziert, davon starben 24 Menschen (zwei kamen während des Reaktorunglücks ums Leben). Bei hospitalisierten Patienten, einschließlich Kindern, wurde keine Strahlenkrankheit diagnostiziert.Es wurden umfassende prophylaktische Maßnahmen durchgeführt.

Es hatte den Anschein, daß das Sowjetvolk gesünder wurde, je mehr sich die Strahlung im Land verbreitete. Der Gesundheitsminister der Ukraine A. Romanenko wiederholte auch noch mehrere Jahre nach dem Reaktorunfall ständig dasselbe wie auf dem Mai-Plenum des ZK der kommunistischen Partei der Ukraine (1986): *Mit ganzer Verantwortung kann ich mitteilen, daß außer den 209 es heute keine Menschen gibt, deren Krankheitsanfälligkeit in Zusammenhang mit der Strahlenwirkung gebracht werden kann oder muß.*

Die Erklärung dieser Widersprüche wurde mit den Dokumenten der Operativen Gruppe geheimgehalten. Auf eine solch wunderliche Weise wurden Tausende Menschen, die durch Strahlung betroffen wurden, plötzlich gesund.

Geheim. Protokoll Nr. 9. 8. Mai 1986. Das Gesundheitsministerium legte neue Richtwerte für die zulässige Bestrahlung der Bevölkerung durch radioaktive Strahlungen fest, die die früheren um das 10fache übersteigen (Anhang). In Sonderfällen ist es möglich, diese Richtwerte auf das 50fache (! – A.J.) im Vergleich zu den früheren Belastungswerten zu erhöhen.

Dieser Wert liegt um das 5fache höher, als der zulässige Wert für das Personal, das in den Maschinenhallen des KKW arbeitet. Weiter im Protokoll:

...so wird die Sicherheit für die Gesundheit der Menschen aller Altersgruppen garantiert, selbst wenn die jetzige Strahlensituation in den kommenden 2,5 Jahren bestehen bleibt.

Diesen Richtwerten wurden sogar schwangere Frauen und Kinder angepaßt. Der geheime medizinisch-hygienische Befund wurde aufgrund der Daten des Staatlichen Komitees für Hydrometeorologie vom ersten stellvertretenden Gesundheitsminister der UdSSR O. Schtschepin und vom ersten stellvertretenden Vorsitzenden des Staatlichen Komitees für Hydrometeorologie J. Sedunow unterschrieben. Auf diese Weise wurden Tausende unserer Mitbürger ohne Behandlung und Medikamente am 8. Mai 1986 im Nu geheilt. (Die Effektivität, Einfachheit und *Wissenschaftlichkeit* dieses Verfahrens bringen mich auf einen Gedanken: Warum könnten wir nicht, im Hinblick auf unsere heutigen Engpässe bei Medikamenten, Geräten und Patientenplätzen in den Kliniken, eine Direktive verabschieden, wonach, z.B., vom 1. Mai des laufenden Jahres als normale Körpertemperatur nicht 36,6 Grad, sondern, sagen wir, 38 oder in *Sonderfällen* 39 gilt? Dann gäbe es überhaupt keine Kranken.) Einige Jahre nach dem Reaktorunfall, bei der Anhörung im Parlament, mußte sogar das Akademiemitlgied L.A. Iljin, Patriarch der Konzeption *35 rem in 70 Jahren*, die die Wissenschaftler Belorußlands und der Ukraine sowie Experten des Obersten Sowjets der UdSSR abgelehnt hatten, zugeben, daß,

wenn man sie nur auf 7 rem in 35 Jahren reduziert, so wären es nicht 166.000 Menschen, die man jetzt insgesamt umzusiedeln hätte, wir müßten diese Zahl heute ungefähr verzehnfachen. Es würde um die Umsiedlung von mehr als eineinhalb Millionen Menschen

„Wir gehen zum Sieg des Sozialismus", auf dem Gelände des KKW Tschernobyl, Oktober 1990.

gehen... Die Gesellschaft muß das ganze Risiko und den ganzen Nutzen dieser Aktion genau abwägen.

Ich hörte diesen Worten zu, dachte mir, wer spricht denn da – ein Arzt oder ein geiziger Buchhalter, der Kugeln auf dem Rechenbrett hin und her schiebt: Leben hin, Leben her? Aber später mußte auch Iljin zugeben, daß *1.600.000 Kinder Dosisbelastungen aufgenommen haben, die uns beunruhigen, man muß entscheiden, was weiter zu unternehmen ist.* Ich möchte bemerken, daß diese Dosisbelastungen ausgehend von neuesten Rezepten der offiziellen Wissenschaft berechnet wurden, die unter dem ZK-Vermerk *Geheim* geführt wurden. Und würde man auf diese Kinder vom Standpunkt des moralischen Imperativs der Unzulässigkeit von Opfern schauen, der in zivilisierten Ländern gilt, mit welchem Faktor müßte man diese Zahl multiplizieren?

LÜGE NR. 2. – Über nicht belastete Produkte von verstrahlten landwirtschaftlichen Nutzflächen.

Geheim. Protokoll Nr. 32. 22. August 1986. Die Mitteilung des Genossen Murachowskij W.S. (Anlage) wird zur Kenntnis genommen, daß (...) Empfehlungen und Maßnahmen zur landwirtschaftlichen Produktion auf den durch langlebige Isotope kontaminierten Landflächen erarbeitet wurden.

„Ruhm dem sowjetischen Volke – dem Erbauer des Kommunismus", Dorfklub in Ulassy (Belorußland) innerhalb der Zone der „strengsten Kontrolle", August 1990.

Die Weisen vom Kreml, die diese Protokolle abfaßten, mußten wissen, daß Kühe schon verstrahlte Milch geben, wenn sie von Weideplätzen kommen, die mit nur 1 Curie Cäsium-137 pro Quadratkilometer gedüngt worden sind.

Bei der Verarbeitung von Vieh aus der Zone, die im Bereich des Fallouts des KKW Tschernobyl liegt, enthält ein Teil des Fleisches radioaktive Stoffe in einer Menge, die über dem Grenzwert liegt.

In den Kühllagern der fleischverarbeitenden Industrie befinden sich aus einer Reihe von Gebieten der Belorussischen SSR, der Ukrainischen SSR und der Russischen Föderation ca. 10.000 t Fleisch mit einer Kontamination von 1,1 x 10^{-7} Ci/kg bis 1,0 x 10^{-6} Ci/kg. Von August bis Dezember d.J. hat man mit weiteren 30.000 t solchen Fleisches zu rechnen.

Um der hohen Aufnahme radioaktiver Stoffe beim Verzehr kontaminierter Lebensmittel vorzubeugen, empfiehlt das Gesundheitsministerium der UdSSR, das kontaminierte Fleisch im Land zu verteilen und es für die Herstellung von Würsten, Konserven und halbfertigen Fleischprodukten im Verhältnis 1 zu 10 mit normalem Fleisch zu verwenden.

Das Staatliche Komitee für Landwirtschaft der UdSSR hat entsprechende Anweisungen, die mit dem Gesundheitsministerium der UdSSR abgestimmt wurden, erarbeitet und verabschiedet. Es sind Maßnahmen zur Strahlenüberwachung vorgesehen, die es ermöglichen, Fleischprodukte in den festgelegten Grenzwerten herzustellen.

Die Ministerräte der Belorussischen SSR und der Ukrainischen SSR stellten die Bitte, kontaminiertes Fleisch in andere Regionen des Landes ausführen zu dürfen.

Das Staatliche Komitee für Landwirtschaft der UdSSR unterstützt diese Bitte. Um dieses Fleisch entsprechend den Forderungen des Gesundheitsministeriums der UdSSR unter Berücksichtigung seiner zehnfachen Vermengung mit unbelastetem Fleisch zu verarbeiten, ist es notwendig, die Verarbeitung in den Fleischfabriken der Russischen Föderation (außer Moskau), Moldawiens, der transkaukasischen Republiken, des Baltikums, Kasachstans und Mittelasiens zu organisieren.

Vorsitzender des Staatlichen Komitees für Landwirtschaft der UdSSR W.S. Murachowskij

Ein weiterer Anhang zum Protokoll Nr. 32, Punkt 11:

Über die Verwendung von Milch in einigen Gebieten der Belorussischen SSR und der Russischen Föderation im Hinblick auf die Reduzierung der Verunreinigungen mit radiokativen Stoffen: Am 1. August 1986 trat auf dem ganzen Territorium der UdSSR eine Verordnung für den zulässigen Grenzwert des Gehaltes von radioaktiven Stoffen in Milch in Kraft, das 1 x 10^{-8} Ci/l beträgt. In einzelnen Rayons der Belorussischen SSR enthält die Milch immer noch radioaktive Stoffe in Höhe von 1 x 10^{-7} Ci/l und stabilisiert sich nicht auf der Ebene der eingeführten Verordnung, was die kontinuierliche Versorgung der Bevölkerung dieser Rayons erschwert. In Hinblick auf die hohen Aufnahmemengen radioaktiver Stoffe durch Milch im Verhältnis zur Gesamtjahresaufnahme radioaktiver Stoffe beim Verzehr anderer Nahrungsmittel erlaube ich hiermit, die Einführung der genannten Verordnung bis 1. November 1986 zu verschieben. (...) Die in diesen Rayons hergestellten Produkte sind nicht exportgeeignet. N. Burgassow

Eine besondere Sorge um die kontinuierliche Versorgung der Bevölkerung mit Milch, nicht wahr? Gibt es keine unbelastete Milch? Man erhöht den Richtwert, und belastete wird sofort zu unbelasteter. In geheimen Papieren stimmt ja alles überein – und zwar in den Normen, Dosen und Grenzwerten, die die Partei, die Regierung und der Westen brauchen.

Das Mitglied der Expertenkommission des Obersten Sowjets Professor J. Burlakowa erzählte, wie ein hochrangiger Beamter mit Stolz behauptete: *Dank der Erhöhung der (provisorisch zugelassenen Grenzwerte) hat der Staat 1,7 Mrd Rubel eingespart!*

Erst fünf Jahre nach dem Reaktorunfall, nach zahlreichen Anfragen der Volksdeputierten der UdSSR, leitete die Staatsanwaltschaft der Sowjetunion ein Strafverfahren aufgrund des Vertriebs von kontaminierten Produkten ein. Der stellvertretende Generalstaatsanwalt der UdSSR W. Andrejew teilte dem Parlamentsausschuß folgendes mit:

> Im Zeitraum von 1986 bis 1989 wurden in den genannten Zonen 47.500 Tonnen Fleisch mit Kontaminationswerten produziert, die über den zugelassenen Grenzwerten lagen, sowie 2 Mio Tonnen Milch... Allein aus Belorußland wurden 15.000 Tonnen von radioaktiv kontaminiertem Fleisch ausgeführt. Die genannten Umstände bewirkten die Kontamination der Nahrungsmittel durch Radionuklide praktisch im ganzen Land und können sich negativ auf den Gesundheitsstand der Menschen auswirken.

Entsprechend dem offiziellen Beschluß des Ministerrates der Russischen Föderation wurde 1989 das kontaminierte Fleisch aus den Gebieten Brjansk, Mogiljow, Kiew und Shitomir in die Gebiete Archangelsk, Kaliningrad, Gorkij, Jaroslawl, Iwanowo, Wladimir und andere geschickt, sowie nach Tschuwaschijen und in die autonome Republik Komi.

Die Sowjetunion ist zerfallen. Es gibt nun weder die Staatsanwaltschaft der UdSSR, noch den Generalstaatsanwalt. Sogar in Bulgarien lief bereits ein Gerichtsverfahren gegen diejenigen, die die Informationen über die Strahlung verheimlichten.

Dagegen gab es bei uns, wo diese Katastrophe im Weltmaßstab passierte, keine Schuldigen, weder bei den Partokraten, die dazu aufrufen, propagandistische Maßnahmen zu intensivieren, die auf die Enthüllung von Lügenmärchen der kapitalistischen Massenmedien und Geheimdienste über die Ereignisse im KKW Tschernobyl gerichtet sind, noch bei den Demokraten: souveräne Staatsanwaltschaften bewahren Schweigen.

LÜGE NR. 3 – Über Mitteilungen für die Presse.

Der Presse wurde zu den Sitzungen der Operativen Gruppe des Politbüros selbstverständlich kein Zutritt gestattet. Nur einmal, am 26. Mai (Protokoll Nr.

18), wurden Chefredakteure der Zentralzeitungen eingeladen und instruiert.

Das Hauptaugenmerk ist auf die durch das ZK der KPdSU und den Ministerrat der UdSSR getroffenen Maßnahmen zur Gewährleistung normaler Arbeits-, Lebens- und Wohnbedingungen für die evakuierte Bevölkerung und auf die aktive Beteiligung der Werktätigen an der Umsetzung dieser Maßnahmen zu richten.

Beinahe in jeder Sitzung wurde über solche Fragen diskutiert – Informationen für die Presse, das Fernsehen, die Pressekonferenz. Alle Texte wurden bestätigt, das Datum der Veröffentlichung ebenfalls festgelegt.

Geheim. Protokoll Nr. 9. 8. Mai 1986. 4. Zur Fernsehansprache der Genossen Worobjow A.I. und Gogin J. Unter Berücksichtigung der Tatsache, daß sich die Situation im KKW Tschernobyl verbessert hat, wird es für zweckmäßig gehalten, von dieser Ansprache Abstand zu nehmen. 6. Zur TASS-Mitteilung zur Einführung von Einfuhrbeschränkungen für Waren aus der UdSSR in einige europäische Staaten. Der Text der genannten Mitteilung wird gebilligt. Sie ist in der Presse am 9. Mai 1986 zu veröffentlichen. (...) 9. Zur nächsten Verlautbarung der Regierung. Der Text der Verlautbarung wird gebilligt. Nach der Sonderverfügung ist er in der Presse zu veröffentlichen.

Geheim. Protokoll Nr. 5. 4. Mai 1986. (...) Der Text der TASS-Mitteilung über diese Frage wird gebilligt. DieVeröffentlichung der nächsten Verlautbarung des Ministerrates der UdSSR wird auf den 5. Mai verlegt.

Interessant, daß sowohl Texte, als auch deren Verfasser in den Protokollen fehlen. Und das ist vermutlich kein Zufall. Sogar hier hatten sie Angst, Spuren zu hinterlassen.

Geheim. Protokoll Nr. 1. 29. April 1986. 10. Über Verlautbarungen der Regierung. Der Text der Regierungsverlautbarung wird zur Veröffentlichung in der Presse bestätigt. Der Text der Information an die Führung einiger kapitalistischer Staaten über den Reaktorunfall im KKW Tschernobyl und über zu treffende Maßnahmen bei der Beseitigung der Folgen wird bestätigt. Der Text der Information an die Führung einer Reihe sozialistischer Staaten über den Stand der Aktivitäten bei der Beseitigung der Auswirkungen des Reaktorunfalls im KKW Tschernobyl wird bestätigt.

Beachtenswert, nicht wahr: für den inneren Gebrauch eine Information, richtiger – Desinformation, für die Brüder im sozialistischen Lager – eine andere, für die *verdammten* Kapitalisten – wieder eine andere?

Geheim. Protokoll Nr. 7. 6. Mai 1986. (...) Dem Vorschlag des Staatlichen Komitees für Hydrometeorologie wird zugestimmt, daß es sinnvoll ist, die IAEA systematisch über Strahlenwerte im Umfeld des KKWs Tschernobyl zu informieren. Die für die Übergabe an die IAEA bestimmten Informationen sind vorläufig in den Sitzungen der Operativen Gruppe zu erörtern. (...) Dem Vorschlag des Gesundheitsministeriums der UdSSR wird zugestimmt, wonach es sinnvoll ist, Daten über die Patientenzahl in der Klinik 6 in Moskau sowie deren Zustand zu veröffentlichen, im Hinblick auf die Tatsache, daß in dieser Klinik Amerikaner arbeiten (! – A.J.).

Geheim. Protokoll Nr. 3. 1. Mai 1986. (...) In die an den Standort des KKW Tschernobyl angrenzenden Bezirke ist eine Gruppe sowjetischer Reporter zu entsenden, um Informationen für Presse und Fernsehen vorzubereiten, die ein normales Leben in diesen Bezirken belegen.

Ein Aufsatz zu einem vorgegebenen Thema, sozusagen.

Nicht gelungen war der Versuch des Sonder-Berichterstatters der Iswestija in Belorußland N. Matukowskij, die hohe Sitzung auf die Lage dort aufmerksam zu machen:

Geheim. Anhang zum Protokoll Nr. 28. An das Personal: Dieses Telegramm soll niemandem außer dem Chefredakteur gezeigt werden.Kopie ist zu vernichten. ...hiermit teile ich zu Ihrer Kenntnis mit, daß sich die Strahlenbelastungssituation in Belorußland bedeutend verschlechtert hat. In vielen Rayons des Gebietes Mogiljow wurde eine Strahlenbelastung gemessen, deren Höhe weit über der von den Rayons liegt, über die wir berichteten. Nach allen medizinischen Erfahrungen ist der Aufenthalt von Menschen in diesen Rayons mit einem enormem Gesundheitsrisiko verbunden. Ich habe den Eindruck, daß unsere Genossen in Verwirrung geraten sind und nicht wissen, was zu tun ist. Zumal Moskauer Instanzen den Vorgängen nicht glauben wollen. Ich teile Ihnen das per Telex mit, da sämtliche Telefongespräche über dieses Thema bei uns streng verboten sind. 8. Juli 1986. N. Matukowskij.

Das alarmierende Telegramm des Reporters wurde an die Operative Gruppe des Politbüros übergeben. Man hat es sich angehört und entschieden:

Das Staatliche Komitee für Hydrometeorologie (Israel), das Gesundheitsministerium der UdSSR (Burenkow) und die Akademie der Wissenschaften der UdSSR werden beauftragt, gemeinsam mit dem Ministerrat der Belorussischen SSR (Kowaljow) die Strahlenbelastung in den im Bericht genannten Rayons (liegt bei) zu prüfen und die Operative Gruppe bis zum 20. Juli zu informieren.

Man kam auf diese unangenehme Frage in den Sitzungen nicht mehr zurück. Ergebnisse wurden von keinem gemeldet. Und so bereitete man sich auf Pressekonferenzen für sowjetische und ausländische Journalisten vor.

Geheim. 4. Juni 1986. Anhang zum Protokoll Nr. 21. Direktiven zur Erläuterung der Hauptfragen im Zusammenhang mit der Beseitigung der Folgen des Reaktorunfalls im Block 4 des KKW Tschernobyl in der Pressekonferenz. (...) 2. Zur Erläuterung des Verlaufs der Beseitigung der Folgen des Reaktorunfalls im KKW Tschernobyl: sind umfassende Informationen über den Verlauf der Beseitigung der Folgen des Reaktorunfalls im Kraftwerk zu geben sowie die Strahlensituation in dieser Region zu charakterisieren; ist die erfolgreiche Bewältigung von großangelegten technischen und organisatorischen Maßnahmen zu zeigen, die auf die Beseitigung der Folgen des Reaktorunfalls sowie auf die Verhütung eines möglichen Strahlenschadens gerichtet sind. Hierfür gibt es in der Welt keine Präzedenzfälle; ist der massenhafte Arbeitsheroismus bei der Durchführung dieser Arbeiten zu betonen. 3. Es ist auf großangelegte Maßnahmen zur Gewährleistung der Sicherheit der Bevölkerung hinzuweisen. Insbesondere ist die Sorge um Menschen, die sich in strahlenbelasteten Gebieten befinden, zu betonen (medizinische Betreuung, Arbeitsplatzzuweisung, Wohnungsbau etc.). 4. Es ist auf die Haltlosigkeit der Anmaßungen und Einschätzungen sowohl einzelner offizieller Personen als auch der Presse mehrerer westlicher Länder hinzuweisen, die über einen angeblich hohen ökologischen und materiellen Schaden berichten, der durch die Verbreitung kleiner Mengen radioaktiver Stoffe mit Luftmassen aus der Region des KKW Tschernobyl entstanden sein sollen.

Kleinere Mengen sind 300 Hiroshima-Sprengkörper – schon allein bezogen auf das Cäsium-137. *Unwesentlicher Schaden* (nach Schätzungen unabhängiger Experten): das Land verliert bis zum Jahr 2000 etwa 180 bis 200 Mrd Rubel in den Preisen von 1989. Uneingerechnet der Verluste, die mit den Krankheiten vieler Tausender Menschen zusammenhängen.

In diesem Buch veröffentliche ich 40 geheime Protokolle der Sitzungen der Operativen Gruppe des Politbüros des ZK der KPdSU über Tschernobyl von 1986 bis 1988. Ich veröffentliche diese Dokumente in der Form, wie ich sie besorgen konnte: Einige Seiten gingen verloren, einige Texte sind doppelt.

Kann man mit dem Atomreaktor leben?

Noch vor kurzem schien es, daß man über die Katastrophe von Tschernobyl nun alles wüßte. Diesen Eindruck hatte man vor allem, nachdem die geheimen Dokumente aus der Kanzlei der von Nikolai Ryshkow geleiteten Einsatzgruppe des Politbüros des ZK der KPdSU freigegeben worden waren. Bekannt war das genaue Ausmaß der Strahlenverseuchung in den Ländern der ehemaligen UdSSR ebenso wie in den Nachbarländern. Strafprozesse hatten auch in Bulgarien stattgefunden, ... und die an der Explosion Schuldigen, der Direktor des KKW Tschernobyl Brjuchanow und sein stellvertretender Hauptingenieur Djatlow waren vom Gericht inzwischen wieder auf freien Fuß gesetzt worden. Stanislaw Schuschkjewitsch hatte die schrecklichen Zahlen der Krebserkrankungen in Belorußland bekanntgegeben, ... und die ganze Welt hatte die ungeheuerlichen Rezepte des ZK der KPdSU zur Zubereitung von radioaktivem Fleisch und verseuchter Milch erfahren. Diejenigen, die die Folgen der Explosion und deren Ausmaß vertuscht hatten, erhielten schon wieder Leninorden und sogar internationale Auszeichnungen (z.B. Juri Israel, der ehemalige Vorsitzende des Staatlichen Komitees der UdSSR für Hydrometeorologie).

Ans Tageslicht gekommen war auch die Lüge über den Einsatz der Armee – 1986 wurden in nur sechs Monaten etwa 100.000 Offiziere und Soldaten des Ministeriums für Verteidigung der UdSSR radioaktiven Strahlen ausgesetzt.

Und *herausgerutscht* war noch eine andere Unwahrheit über den Bau der neuen Siedlung *Seljony Mys* (*Grünes Kap*) für die Arbeiter des KKW Tschernobyl. Ich besitze in meinem Archiv zwei Schreiben des verstorbenen Marschalls Achromejew, Berater des Präsidenten Gorbatschow, die an die Einsatzgruppe des Politbüros adressiert sind. Im ersten wird der Bau der neuen Siedlung an dem vorgesehenen Ort für möglich gehalten. Der etwas später geschriebene zweite Brief sagt genau das Gegenteil. Doch die Siedlung wurde gebaut. Wie auch Slawutitsch, das auf Caesium verseuchtem Boden steht.
Es schien also, daß das ganze Lügengebäude, das die Machthaber zur Tschernobyl-Katastrophe aufgebaut hatten, restlos zusammengebrochen war. Immerhin sind ja seither auch sieben Jahre vergangen! Doch da tauchten plötzlich neue, streng geheimgehaltene Dokumente über verschiedene Tagungen des Politbüros des ZK der KPdSU mit dem Vermerk *Einziges Exemplar* auf. Eines stammt vom 3. Juli 1986; es gibt Einblick in eine Tabuzone, die jahrzehntelang ein nicht nur vor den Journalisten und der Öffentlichkeit, sondern auch vor den *nicht eingeweihten* Wissenschaftlern streng gehütetes Geheimnis war: die Sicherheit der sowjetischen Kernreaktoren. Dabei geht es nicht nur um die berühmt-berüchtigten RBMK-1000 (Tschernobyl-Reaktor), sondern auch um alle anderen Atomreaktoren in Rußland, in den aus der UdSSR hervorgegangenen Staaten und in den früheren *Bruderländern*.

Clan-Interessen

Nach dem ersten Volksdeputiertenkongreß der UdSSR wandte sich eine Gruppe von Abgeordneten, zu der auch ich gehörte, an den Generalstaatsanwalt der UdSSR, Aleksandr Sucharew, und forderte ihn auf, ein Strafverfahren gegen alle einzuleiten, die die Verbreitung der Wahrheit über die Störfallfolgen behindert und bewußt Informationen zurückgehalten hatten und so die in den radioaktiv verseuchten Gebieten lebenden Menschen zu einem langsamen Tod verurteilt hatten.
Im Dezember 1989 schickte uns der Stellvertreter des Generalstaatsanwalts der UdSSR, W. Andrejew, seine Antwort. Es war eines der üblichen nichtssagenden Schreiben, in dem uns mitgeteilt wurde, daß die *Schuldigen*, die Leiter des Tschernobyler Kerkraftwerks, gerichtlich zur Verantwortung gezogen worden seien (als ob wir das nicht schon gewußt hätten!). In dem Schreiben hieß es weiter, daß das Strafverfahren im Zusammenhang mit der Konstruktionssicherheit des RBMK-Reaktors, das als getrenntes Verfahren behandelt worden war, *eingestellt wurde, da der Störfall das Ergebnis zahlreicher Verstöße gegen die für den Betrieb der Reaktoranlage geltenden Sicherheitsvorschriften darstellte.*

Die Tschernobyl-Kommission des Obersten Sowjets der UdSSR, die Ende 1990 den radioaktiven Staub abgeschüttelt hatte (die Sache dagegen strahlt bis zum heutigen Tag) hörte während dieses Verfahrens interessante Expertenaussagen.

Ich möchte nur ein Beispiel anführen:

> Frage: Hatten Kontruktionsbesonderheiten des Reaktors einen Einfluß auf die Entstehung der Havarie? — Antwort: Ja, sie beeinflußten sie.

Gleiches steht auch im Bericht der Regierungskommission:

> Die Entstehung der Havarie, die schließlich zur Zerstörung des Reaktors führte, ist auf die Unzulänglichkeiten in der Reaktorkonstrukion zurückzuführen ... Die unmittelbare Ursache für den anfänglichen Anstieg der Reaktorreaktivität war das Sieden des Wassers in der aktiven Zone... Darin zeigte sich sein Konstruktionsfehler: ein positiver Dampfeffekt, der durch die Struktur der aktiven Zone entsteht.
>
> Der Anstieg der Reaktivität wurde in der Anfangsetappe durch das Steuerungs- und Sicherungssystem nach Einschalten des Havarieschutzes des Reaktors nicht gestoppt, was auf den zweiten Konstruktionsfehler des Reaktors verweist: die unzulängliche Konstruktion des Steuerungs- und Sicherungssystems.

Und trotz all dieser Mängel wurde das Verfahren betreffs der Konstruktionsfehler des RBMK-1000 eingestellt. Damit blieb die ganze Schuld für die Havarie ausschließlich an der Belegschaft des KKW hängen. Das Gericht hat den Reaktor als über jeden Verdacht erhaben hingestellt, ohne die wichtigen Dokumente zur Sicherheit seiner Konstruktion in Betracht zu ziehen, von denen es vor und nach der Havarie so viele gab, daß sie schon nicht mehr zu übersehen waren.

Ein halbes Jahr vor der Explosion im KKW Tschernobyl hatte Aleksandr Jadrichinski, Reaktorspezialist aus dem Kernkraftwerk Kursk (dort arbeitet man ebenfalls mit dem RBMK-1000), einen Brief an die Staatliche Atomenergiebehörde der UdSSR geschickt, um vor der Gefährlichkeit dieser Reaktoren zu warnen. Er sprach in seinem Brief von der Notwendigkeit unabhängiger Gutachten und von der Rekonstruktion derselben Steuerungs- und Sicherungssysteme, die dann in Tschernobyl eine der Unglücksursachen bildeten. Niemand im *Zentrum* nahme diese Warnungen ernst.

Nach der Havarie, am 1. Mai 1986, wandte sich der Leiter der Gruppe Sicherheit der Kernkraftwerke, W.P. Wolkow, in einem Schreiben an den Direktor des Kurtschatow-Instituts für Atomenergie, in dem er darauf hinweist, daß die Havarie *nicht durch das Bedienungspersonal, sondern als Folge der Konstruktion der aktiven Zone und der falschen Interpretation der in ihr ablaufenden neutronenphysikalischen Prozesse verursacht worden ist.* Dieses Schreiben ist von ihm am 9. Mai 1986 auch an die Führung unseres Landes abgeschickt worden.

Am 5. Mai 1986 hatte die Gemischte Kommission auf die Konstruktionsmängel des RBMK-1000-Reaktors aufmerksam gemacht. Etwa aus der gleichen Zeit stammt die Ergänzung zur Untersuchungsakte des Störfalls über die Konstruktionsmängel des Reaktors durch eine Spezialistengruppe des Ministeriums für Energiewirtschaft der UdSSR.
Am 2. und 17. Juni 1986 tagte der Gemischte Wissenschaftlich-Technische Rat unter dem Vorsitz von Akademiemitglied A. Aleksandrow; während dieser Tagungen wurden auch die Konstruktionsmängel des Reaktors demonstriert.
Was fehlte also eigentlich noch?
Keines dieser Argumente gelangte zur Geltung. Praktisch wurden alles Ursachen für den Störfall allein auf das Fehlverhalten der Belegschaft zurückgeführt. Dies wurde auch die offizielle Position der Regierung der UdSSR auf internationaler Ebene und vor allem in der Internationalen Atomenergiebehörde. Im Protokoll des Kurtschatow-Instituts für Atomenergie, das nach dem Bericht an die Internationale Atomenergiebehörde bestätigt worden ist, heißt es,

> daß die Hauptursache für das Unglück das äußerst seltene Zusammentreffen von Verstößen gegen die Betriebsvorschriften durch die am Reaktorblock arbeitende Belegschaft darstellt, wobei Mängel in der Konstruktion des Reaktors und dem Steuerungs- und Sicherungssystem zutage getreten sind.

Die von mir hervorgehobenen Worte fehlen in den offiziellen Berichten, die von der UdSSR auf den Expertenberatungen der Internationalen Atomenergiebehörde 1986 und 1987 vorgelegt wurden. Wie heißt es doch: Eine Wahrheit für den internen Gebrauch, und eine andere für den Export.
Wie hätte es auch anders sein können? Ist es denn vorstellbar, daß der RBMK-*Experte* Akademiemitglied Aleksandrow gegen den RBMK-*Konstrukteur* Akademiemitglied Aleksandrow vorgeht?
Am 17. Mai 1989 erschien in der *Literaturnaja Gaseta* (Literaturzeitung) unter dem Titel *Ist das der Weg?* ein Artikel des politischen Beobachters Igor Beljajew. Sein Gesprächspartner war W. Bobrow, amtierender Leiter des Laboratoriums zur staatlichen Begutachtung von Erfindungen am Zentralinstitut für Atominformation. Er erzählt, warum der Reaktor RBMK-1000 nicht als Erfindung registriert worden ist. Der Antrag war damals vom Direktor des Instituts für Atomenergie, Akademiemitglied A. Aleksandrow, und von weiteren Mitarbeitern des Instituts gestellt worden.

> 1967 schickte ich den ersten Antrag (eineinhalb Seiten eines maschinengeschriebenen Textes ohne Formeln und Zeichnungen) an die Autoren zur Weiterbearbeitung zurück. Danach geschah etwa Unglaubliches: Der für den RBMK neuformulierte Antrag vom 6.10.1967 war noch gar nicht geprüft, als am 10. November 1967, also nur einen Monat

später, Akademiemitglied A. Aleksandrow in der „Prawda" erklärte (Artikel „Der Oktober und die Physik"), „daß es den sowjetischen Wissenschaftlern gelungen sei, die Aufgabe einer ökonomischeren Gestaltung der Kernkraftwerke zu lösen". ... Einer der Gründe für die Nichtanerkennung als Erfindung bestand aber gerade darin, daß das Verfahren zur Energieeinsparung bei Verwendung des RBMK-Reaktors mit seinem vorsintflutlichen Wirkungsgrad von etwa 30% wirtschaftlich nicht gerechtfertigt war. Und gerade diesen Grund bestritt der Antragsteller und forderte nach seiner (gemeint ist der RBMK-1000-Reaktor – A.J.) massiven Einführung in die Atomenergiewirtschaft im Jahre 1973 die Anerkennung seiner „Erfindung".

Zur Erinnerung sei ergänzt, daß diese *Einführung* im Leningrader Kernkraftwerk begann, wo es regelmäßig zu Havarien kommt. Nichts konnte Aleksandrow und seine Kollegen auf dem Weg nach Tschernobyl aufhalten, auch die Tatsache nicht, daß in der Staatlichen Patentprüfung das *hohe technische Niveau des Reaktors* in der UdSSR nicht als Erfindung anerkannt worden ist. Die sowjetische Wirtschaft wurde dazu verdammt, allein im Fünfjahrplanzeitraum 1971-1975 zwei Drittel der Kernkraftwerke mit diesen Reaktoren auszurüsten.

Das war der Anfang der in der Welt verbreiteten Lüge über die besondere Zuverlässigkeit und Sicherheit unserer Reaktoren.

Die Sicherheit der Reaktoren muß durch die Physik und nicht durch organisatorisch-technische Maßnahmen gewährleistet werden.

Diesen Satz sagte der zur Tagung des Politbüros des ZK der KPdSU eingeladene Leiter der Staatlichen Atomenergiebehörde der UdSSR J. Kulow in der Auseinandersetzung mit Akademiemitglied Aleksandrow. Im Sitzungsprotokoll heißt es:

Sitzung: geheim, Arbeitsprotokoll in 1 Exemplar.

Tagung des Politbüros des ZK der KPdSU. 3. Juli 1986.

Vorsitz: M.S. Gorbatschow

Teilnehmer: G.A. Alijew; W.I. Worotnikow; A.A. Gromyko; L.N. Saikow; J.K. Ligatschow; N.I. Ryshkow; M.S. Solomenzew; W.W. Schtscherbizki; P.N. Demitschew; W.I. Dolgich; N.N. Sljunkow; S.L. Sokolow; A.P. Birjukowa; A.F. Dobrynin; W.P. Nikonow; I.W. Kapitonow.

1. Bericht der Regierungskommission zur Untersuchung der Ursachen der Havarie im KKW Tschernobyl am 26. April 1986.

Gorbatschow (...): Ich erteile das Wort der Genossin Schtscherbina.

B.J. Schtscherbina (Stellvertretende Vorsitzende des Ministerrats der UdSSR): (...) Der Störfall ereignete sich infolge äußerst schwerwiegender Verstöße durch das Bedienungspersonal gegen die technischen Vorschriften und im Zusammenhang mit ernsten

Mängeln in der Reaktorkonstruktion. Diese Mängel haben jedoch nicht die gleiche Tragweite. Die Kommission betrachtet die vom Bedienungspersonal begangenen Fehler als die die Havarie auslösenden Ursachen.

Das alte Lied! Und zum damaligen Zeitpunkt kannte die Regierungskommission ohne jeden Zweifel schon alle eindeutig negativen Expertenurteile über die Konstruktionssicherheit des Reaktors. Die Rednerin fährt fort, als ob sie sich selbst widerlegen solle:

Bei der Beurteilung der Betriebssicherheit des RBMK-Reaktors ist die von der Kommission beauftragte Expertengruppe zu der Schlußfolgerung gelangt, daß die Kennziffern des Reaktors nicht den gegenwärtigen Anforderungen entsprechen. In ihrem abschließenden Urteil heißt es, daß im Falle eines internationalen Gutachtens der Reaktor außer Betrieb gesetzt würde. Die RBMK-Reaktoren stellen eine potentielle Gefahr dar.

Offensichtlich standen alle unter dem Einfluß der hartnäckig beanspruchten angeblich hohen Sicherheit der Kernkraftwerke. (...) Es muß der nicht leichte Beschluß gefaßt werden, den Bau neuer Kernkraftwerke mit RBMK-Reaktoren einzustellen (...).

Das Kollegium des Ministeriums (für Energiewirtschaft und Elektrifizierung – A.J.) hat die mit der Sicherheit der Kernkraftwerke zusammenhängenden Fragen seit 1983 kein einziges Mal diskutiert.

Während des Elften Fünfjahrplans kam es in den Kraftwerken zu von 1.042 Havarien verursachten Produktionsausfällen der Reaktorblöcke, von denen sich 381 in Kernkraftwerken mit RBMK-Reaktoren ereigneten. Im Kernkraftwerk Tschernobyl kam es zu 104 derartigen Unfällen, von denen 35 dem Bedienungspersonal zuzuschreiben sind. Im Block 1 dieses Kraftwerks geschah im September 1982 ein Störfall, bei dem der Brennelementkanal zerstört und die Brennelementkassette in die Graphitkonstruktion geschleudert wurden. (...)

Nach dem Bericht des Kommissionsvorsitzenden begann die *Auseinandersetzung* über Reaktorsicherheit: Dabei kamen ganz unerwartete und kaum bekannte Geheimnisse aus der Welt der sowjetischen Reaktoren zutage:

Gorbatschow: Die Kommission hat sich mit dieser Frage beschäftigt. Warum wurde der nicht ausgereifte Reaktor in die Industrie überführt? In den USA hatte man sich gegen diesen Reaktortyp entschieden. Wie sehen Sie das, Genosse Legasow?

Legasow: In den USA sind derartige Reaktoren nicht entwickelt und zur Energiegewinnung nicht eingesetzt worden.

Gorbatschow: Der Reaktor ist in die Industrie überführt worden, die theoretischen Untersuchungen wurden jedoch nicht weitergeführt.

Schtscherbina: 1956 wurde ein für die Energiewirtschaft folgenschwerer Beschluß zu diesen Reaktoren gefaßt. Die Sicherheit des Industriereaktors wurde auf den Energiereaktor übertragen.

Gorbatschow: Warum aber wurden die theoretischen Untersuchungen nicht fortgesetzt? Es sieht so aus, daß der Voluntarismus einiger Leute das ganze Land ins Abenteuer

gestürzt hat? (...) Wer machte den Vorschlag, die Kernkraftwerke in die Nähe der Städte zu verlegen? Wessen Empfehlung war das? (...) Die Amerikaner haben im übrigen nach ihrem Störfall von 1979 keine neuen Kernkraftwerke mehr gebaut.
Schtscherbina: Die Frage der Sicherheit galt als gelöst. So steht es auch in der vom Kurtschatow-Institut vorbereiteten Publikation, an der auch Genosse Legasow beteiligt war. (...)
Gorbatschow: Wieviel Havarien hat es gegeben?
Brjuchanow (Direktor des KKW Tschernobyl – A.J.): Etwa ein bis zwei Havarien im Jahr. ... Wir wußten nicht, daß sich 1975 im Leningrader KKW etwa Ähnliches ereignet hatte.
Gorbatschow: Es haben 104 Störfälle stattgefunden, wer trägt die Verantwortung?
Meschkow (erster Stellvertreter des Ministers für mittleren Maschinenbau): Dieses Kraftwerk gehört nicht zu uns, sondern zum Ministerium für Energiewirtschaft.
Gorbatschow: Was können Sie über den RBMK-Reaktor sagen?
Meschkow: Der Reaktor ist erprobt. Nur die Kuppel nicht. (Nicht vergessen, lieber Leser – A.J.) Wenn die Betriebsvorschriften streng eingehalten werden, ist er sicher.
Gorbatschow: Wieso haben Sie dann das Dokument unterschrieben, in dem es heißt, daß die Energiegewinnung mit diesem Reaktortyp eingestellt werden muß? (...) Sie setzen mich in Erstaunen. Alle sagen, daß dieser Reaktor nicht ausgereift ist, daß seine Nutzung mit Gefahren verbunden ist, und Sie verteidigen hier die Ehre der eigenen Kaste.
Meschkow: Ich verteidige die Ehre der Kernenergetik. (...)
Gorbatschow: Sie behaupten nur, was 30 Jahre lang behauptet worden ist, und das ist ein Zeichen dafür, daß es im mittleren Maschinenbau keine wissenschaftliche Kontrolle und auch keine Kontrolle durch den Staat und die Partei gegeben hat. Ich habe außerdem erfahren, Genosse Meschkow, daß Sie die Arbeit der Regierungskommission auf die leichte Schulter genommen und versucht haben, offenkundige Tatsachen zu vertuschen.
Ligatschow: Es gibt eine internationale Kernenergietechnik. Wie kommt es, daß diese sich auf den Bau eines anderen Reaktortyps orientiert hat?
Meschkow: Unser Reaktor hat seine Vorzüge. Der RBMK ist ein Industriereaktor.
Gorbatschow: Er ist jedoch am wenigsten erforscht. Ist das so, Genosse Legasow?
Legasow: Ja, das ist so.
Worotnikow: Wieso haben Sie ein Dokument unterschrieben, in dem gesagt wird, daß die RBMK-Reaktoren nicht mehr weiter gebaut werden sollen? (...)
Gorbatschow: W.A. Sidorenko (einer der Leiter der Staatlichen Atomenergiebehörde der UdSSR – A.J.) schreibt, daß die RBMK-Reaktoren auch nach ihrem Umbau den gegenwärtig geltenden internationalen Anforderungen nicht entsprechen werden. (...)
G.A. Schascharin (stellvertretender Minister für Energiewirtschaft und Elektifizierung der UdSSR): Die Reaktorphysik hat das Ausmaß der Havarie untersucht. Die Leute wußten nicht, daß der Reaktor in einer derartigen Situation explodieren kann. Man kann nicht

sicher sein, daß die Überarbeitung des Reaktors ihn sicherer machen wird. Man kann sich ein Dutzend Situationen vorstellen, in denen das gleiche wie in Tschernobyl passieren kann. Das betrifft vor allem die Blöcke 1 der Kernkraftwerke von Leningrad, Kursk und Tschernobyl. Das KKW Ignalinsk kann nicht mit seiner installierten Leistung betrieben werden. Ihnen allen fehlt ein Havarie-Kühlsystem. Sie müssen als erste außer Betrieb genommen werden. (...) Ich bin davon überzeugt, daß keine weiteren RBMK-Reaktoren gebaut werden dürfen. In bezug auf ihren Umbau lohnen sich die aufzuwendenden Kosten nicht. Es ist auf keinen Fall immer gerechtfertigt, zur Lösung des Energieproblems weiterhin auf die Kernkraftwerke zu setzen.

Gorbatschow: Was muß das Kurtschatow-Institut für Kernphysik tun?

Aleksandrow: Ich bin der Auffassung, daß diese Eigenschaft des Reaktors im Zusammenhang mit seiner Reaktivität beseitigt werden kann. Wir haben bestimmte Vorstellungen, wie dieses Problem gelöst werden kann. Das ist in ein bis zwei Jahren zu schaffen.

Gorbatschow: Betrifft das die gegenwärtig in Betrieb befindlichen Reaktoren?

Aleksandrow: Bei den gegenwärtig in Betrieb befindlichen Reaktoren kann man erreichen, daß sie ungefährlich sind. Ich halte meinen alten Kopf dafür hin, daß sie in Ordnung gebracht werden können. Ich bitte, mich von der Funktion des Präsidenten der Akademie der Wissenschaften zu entbinden und mir die Möglichkeit zu geben, meinen Fehler hinsichtlich der unzureichenden Sicherheit dieses Reaktors gutzumachen.

Gorbatschow: Kann man diese Reaktoren so weit bringen, daß sie den internationalen Anforderungen entsprechen?

Aleksandrow: (...) Alle Länder mit einer entwickelten Kernenergietechnik arbeiten mit einem anderen Reaktortyp als wir.

(Noch am 28. Dezember 1984 (!) waren in einem Beschluß des Wissenschaftlich-Technischen Rates für Atomenergietechnik die Vorschläge der Expertenkommissionen bestätigt worden, die in Betrieb befindlichen Reaktorblöcke RBMK-1000 zu rekonstruieren, damit sie den Sicherheitsvorschriften entsprechen.)

Majorez (Mitglied der Regierungskommission): In bezug auf den RBMK-Reaktor ist die Antwort ganz eindeutig: Niemand sonst in der Welt hat sich für diesen Reaktortyp entschieden. Ich versichere Ihnen, daß der RBMK auch nach seiner Weiterentwicklung nicht allen gegenwärtig geltenden Regeln entsprechen wird. (...)

Ryshkow: Wir sind auf die Havarie zugesteuert. Wenn sie sich nicht jetzt ereignet hätte, hätte sie angesichts der Situation, in der wir uns befinden, jeden Tag eintreten können. Auch dieses Kraftwerk wäre schon zweimal fast explodiert, passiert ist es dann beim dritten Mal. Wie man jetzt weiß, hat es für die Kernkraftwerke kein Jahr ohne Vorkommnisse gegeben. (...) Auch die Mängel in der Konstruktion des RBMK-Reaktors waren bekannt, doch die entsprechenden Schlußfolgerungen sind weder vom Ministerium noch von der Akademie der Wissenschaften der UdSSR gezogen worden.

Die Einsatzgruppe vertritt die Ansicht, daß die Kraftwerke mit RBMK-Reaktoren, deren

Bau weit fortgeschritten ist, fertiggestellt und damit dann der Bau von Kraftwerken mit diesem Reaktortyp eingestellt werden sollten.

So also sahen die Schlußfolgerungen der Spezialisten aus, die an der streng geheimen Tagung des Politbüros des ZK der KPdSU über die Sicherheit der RBMK-Reaktoren teilgenommen hatten. Zahlreiche Kommissionen und Wissenschaftler legten Beweise für die unzureichende Sicherheit vor. Und doch: Ein Jahr nach dem Störfall von Tschernobyl wurden zwei weitere RBMK-Reaktorblöcke in Betrieb genommen: der Block 3 im KKW Smolensk und der Block 2 im KKW Ignalinsk …

Nach dem Stenogramm der Tagung des Politbüros zu urteilen, war Michail Gorbatschow, Generalsekretär des ZK und von seiner Ausbildung her studierter Jurist, ein äußerst sachkundiger Experte für all unsere Reaktoren. Während meiner Nachforschungen zum Störfall von Tschernobyl fiel mir ein Dokument in die Hände, das an keinem unserer Reaktoren, auch nicht an dem *guten* Reaktor WWER, ein gutes Haar ließ. Ich bin sicher, daß wir davon niemals etwas erfahren hätten, hätte es nicht den August 1991 gegeben. Denn selbst die ältesten Mitglieder des Politbüros, Gromyko und Solomzew, äußerten auf dieser Tagung des Politbüros mit großer Erregung, daß sie derartige Enthüllungen über unseren Reaktorbau zum ersten Mal hörten.

Gorbatschow: Wie oft haben Sie sich in der Staatlichen Atomenergiebehörde mit dem Problem dieses Reaktors beschäftigt?

Kulow: In den drei Jahren meiner Tätigkeit ist die Frage in der Weise, wie sie hier gestellt wird, nicht behandelt worden. Wir hatten uns mehr auf den WWER-1000 konzentriert. Seine Blöcke sind weniger steuerbar. Es verging kein Jahr ohne Havarie am WWER.

Gorbatschow: Was sagen Sie zu der Erklärung Sidorenkos, daß es in der Welt keine Erfahrungen mit der Nutzung vom RBMK-Reaktoren gibt, daß unsere WWER und RBMK nicht den internationalen Normen entsprechen und daß es im Falle einer internationalen Inspektion besser wäre, sich für den WWER anstelle des RBMK zu entscheiden?

Kulow: Der WWER weist gewisse Vorteile auf, doch ist er mit Gefahren verbunden.

Gorbatschow: Das heißt also, daß Ihrer Meinung nach auch der Bau des WWER einzustellen ist? Warum haben Sie nicht informiert, daß der WWER nicht gebaut werden darf?

Kulow: Der WWER ist besser als der RBMK, die Serie WWER-1000 ist jedoch schlechter als die in den ersten Blöcken eingebauten Reaktoren.

Ligatschow: Woran liegt das?

Kulow: An den Projekten.

Dolgich: Wurde der WWER-1000 nach den geltenden Normen entwickelt?

Kulow: Ja, doch WWER-1000, die jetzt gebaut werden, sind schlechter als die alten.

Verstehen Sie noch etwas, lieber Leser? Wenn die WWER-Reaktoren, die gegenwärtig gebaut werden, *schlechter sind als alten*, warum baut man sie dann überhaupt? Wer hat das beschlossen und warum?

Majorez: Der WWER-1000 ist neu, er entspricht den neuesten Sicherheitsnormen, doch er ist nicht zuverlässig im Betrieb, die Anzeigegeräte fallen aus.

„Welcher Reaktor ist Ihnen lieber?"

Diese Frage im Geheimprotokoll hat mich eigentlich am meisten erschüttert. Sie wurde vom Mitglied des Politbüros des ZK der KPdSU, N. Sljunkow, an den stellvertretenden Minister für Energiewirtschaft und Elektrifizierung der UdSSR, G. Schascharin, gestellt. Und Schascharin hat geantwortet: *Der WWER.* Gott sei Dank hat Sljunkow dem stellvertretenden Minister nicht auch noch gesagt, welcher Reaktor dem Politbüro des ZK der Kommunistischen Partei Belorußlands *lieber* ist.

Sieben Jahre nach der Katastrophe von Tschernobyl hat sich in der Atomenergiewirtschaft der aus der UdSSR hervorgegangenen unabhängigen Staaten kaum etwas geändert: Es wird mit den gleichen RBMK- und WWER-Reaktoren Kernenergie gewonnen. Das mit RBMK-Reaktoren ausgerüstete KKW Ignalinsk, das von dem verhaßten *Zentrum* auf Druck der baltischen Patrioten geschlossen worden war, ist wieder in Betrieb. Und in Armenien werden jetzt ganz andere Forderungen laut: Der Präsident Ter-Petrosjan spricht von der beschleunigten Inbetriebnahme des Armenischen Kernkraftwerkes, obwohl es in einer erdbebengefährdeten Region steht. Der Energiemangel läßt auch das vergessen. Obwohl das ukrainische Parlament beschlossen hatte, das Kernkraftwerk Tschernobyl 1993 zu schließen, wurden Ende vergangenen Jahres die Reaktorblöcke 2 und 1 wieder in Betrieb genommen. Auch der Präsident des Obersten Sowjets Belorußlands, S. Schuschkewitsch, erklärte vor kurzem, daß in Belorußland zwei neue Kerkraftwerke gebaut werden müssen.

Besonders aktiv jedoch agiert Rußlands Kernenergiewirtschaft. Am 26. März 1992 unterzeichnete der damalige Regierungschef Jegor Gaidar eine Anweisung über die Wiederaufnahme des Baus von Kernkraftwerken auf dem Territorium Rußlands – ohne irgendeine Analyse über den Zustand der Atomreaktoren zu veröffentlichen und ohne der Öffentlichkeit die Notwendigkeit dieser Entscheidung zu erklären. Unberücksichtigt blieb auch die Empfehlung, die die Russische Akademie der Wissenschaften 1991 kurz vor der Reise von Präsident Jelzin in die USA ausgesprochen hatte, die meisten russischen Kernkraftwerke in Anbetracht der internationalen Sicherheitsanforderungen zu schließen. Die Kernkraftwerke von Leningrad, Bilibinsk, Kursk, Belojarsk, Smolensk, Kola (2 Blöcke) und Nowoworonesh (2 Blöcke) kamen auf die *schwarze* Liste. Es wurde empfohlen, die gefährlichen Reaktoren im Verlaufe von zehn Jahren außer Betrieb zu setzen. Den Schluß-

folgerungen der Russischen Akademie der Wissenschaften zufolge entsprachen nur zwei von neun Kernkraftwerken den geltenden Sicherheitsanforderungen.
Die Anweisung Gaidars war der erste Schritt zu verstärkten Anstrengungen der Atomlobby, einen Sektor neu zu beleben, der vor sieben Jahren zusammen mit dem Reaktor von Tschernobyl zusammengebrochen war. Heute erhebt sich der Phönix wieder aus der Asche und schüttelt den radioaktiven Staub von den Flügeln.
Am 28. Dezember 1992 erfuhr man von dem Beschluß der Regierung Rußlands zu *Fragen des Baus von Kernkraftwerken auf dem Territorium der Russischen Föderation*. Er sieht die Inbetriebnahme von 33 neuen Blöcken in Kernkraftwerken und Kernheizwerken vor, davon 19 im zentralen und nordwestlichen Teil sowie im Schwarzerdegebiet Rußlands, also in dichtbesiedelten Gebieten, durch die die Erdgas- und Erdölleitungen in die GUS-Länder und das Baltikum führen. Unter den neu in Betrieb zu nehmenden Reaktoren finden wir auch unseren alten Bekannten, den RBMK, wieder.
In der *Konzeption zur Entwicklung der Kernenergietechnik in der Russischen Föderation*, die am 14. Juli 1992 vom Kollegium des Ministeriums für Atomenergie der Russischen Föderation gebilligt worden ist, wird viel Aufmerksamkeit auf die Sicherheit der Kernkraftwerke verwendet. Es heißt dort, daß *die erreichten Sicherheitswerte die Möglichkeit einer schweren Havarie, bei der Spaltprodukte in die Umwelt gelangen, ausschließen müssen*. Dabei geht es auch um die bestehenden Kernkraftwerke und um ihre neuen Generationen. Ist es denn prinzipiell überhaupt möglich, gerade bei diesen Reaktortypen die maximal mögliche Sicherheit zu erreichen?
Sicher erinnern sich noch viele an den tragischen Tod von Akademiemitglied Waleri Legasow, der sich an der Beseitigung der Folgen des Reaktorunglücks von Tschernobyl beteiligt und am Tag nach dem zweiten Jahrestag der Tschernobyl-Katastrophe dem Untersuchungsergebnis zufolge Selbstmord begangen hat. Auf der streng geheimen Tagung des Politbüros des ZK der KPdSU hatte Legasow zu Gorbatschow gesagt:

> Der RBMK-Reaktor entspricht in einigen Positionen nicht den nationalen und internationalen Anforderungen. Es fehlen ein Schutzsystem, ein Dosimetriesystem und die Außenkappe. Es ist natürlich unsere Schuld, daß wir diesen Reaktor nicht regelmäßig kontrolliert haben. Die beiden führenden Wissenschaftler, die in der entsprechenden Abteilung gearbeitet und sich mit der Physik dieses Reaktors beschäftigt haben, sind gestorben. Danach wurde den physikalischen Fragen nicht mehr die notwendige Aufmerksamkeit gewidmet. Wir sehen nun, wie falsch diese Aufteilung war. Und darin sehe ich auch meine Schuld. Gleiches betrifft auch die ersten WWER-Blöcke, von denen 14 ebenfalls nicht den geltenden nationalen und internationalen Sicherheitsanforderungen entsprechen.

Zwei Jahre später, kurz vor seinem Tode, sagte Waleri Legasow bei Aufnahmen zum Dokumentarfilm *Swesda Polyn (Wermutstern)* noch deutlicher:

> Apropos Reaktor, es ist jetzt vielleicht der Moment gekommen, offen darüber zu sprechen. Kaum einer von uns hat sich zu diesem Thema wirklich offen und präzis geäußert. Will man die Sicherheit eines Kernreaktors gewährleisten, ... muß man drei Voraussetzungen erfüllen:
>
> Erstens muß das Objekt selbst, also in diesem Falle der Kernreaktor maximal sicher sein; zweitens muß der Betrieb dieses Objekts maximal sicher gestaltet werden, wobei „maximal" nicht mit hundertprozentig gleichzusetzen ist. Die Philosophie der Sicherheit stützt sich auf eine unverzichtbare dritte Voraussetzung, bei der davon ausgegangen wird, daß es trotz allem zu einer Havarie kommen kann, bei der radioaktive oder irgendwelche chemischen Stoffe aus dem Reaktor austreten. Und für diesen Fall muß das gefährliche Objekt unbedingt mit einer Schutzhülle umgeben werden, die man Containment nennt ... Und diese dritte Voraussetzung ist in der sowjetischen Kernenergetik nach meiner Ansicht sträflich vernachlässigt worden. Hätte es eine solche Philosophie gegeben, die die Umhüllung jedes Kernreaktors mit einem Containment als unerläßlich betrachtet, hätte der RBMK-Reaktor überhaupt nicht konstruiert werden dürfen. Schon allein die Tatsache, daß dieser Reaktor entwickelt worden ist, stellt vom Standpunkt der internationalen und überhaupt der normalen Sicherheitsstandards eine Ungesetzlichkeit dar.
>
> Hinzu kommt noch, daß man sich im Reaktor selbst drei schwere Konstruktionsfehler erlaubt hatte.
>
> Die Hauptursache liegt jedoch in der Verletzung eines grundlegenden Sicherheitsprinzips für derartige Reaktoren: Diese gefährlichen Objekte müssen in Schutzkapseln eingebaut werden, die die Möglichkeit des Austretens von Radioaktivität aus dem Kraftwerk und aus dem Reaktor selbst einschränken.

In diesem Kontext sollte daran erinnert werden, daß (wie auch Legasow, Israel und andere Wissenschaftler bestätigen), der Störfall von Tschernobyl nicht die größte Havarie war, die es bis dahin weltweit gegeben hatte. Das schwerste Reaktorunglück hatte lang vor Tschernobyl stattgefunden, und zwar 1979 im Kernkraftwerk *Three-Mile Island* in den USA. Der dortige Reaktor besaß jedoch eine Schutzkappe. Die Havarie spielte sich unter dieser Kappe ab. Die Kappe wurde erschüttert, doch es gelangte nur sehr wenig Radioaktivität in die Umwelt. Seither ist in den USA kein einziges Kernkraftwerk mehr gebaut worden, auch keines mit einer sicheren Schutzkappe.

In der neuen *Konzeption zur Entwicklung der Atomenergietechnik* wird festgestellt, daß sich am 1. Juli 1992

> 28 industrielle Reaktorblöcke in 9 Kernkraftwerken in Betrieb befinden, ... davon 12 Blöcke mit WWER-Druckwasserreaktoren, 15 Blöcke mit graphitmoderierten Druckröhrenuranreaktoren (11 RBMK-1000-Reaktorblöcke und 4 EGP-Blöcke) und ein Block mit einem Schnellneutronenreaktor.

Zu diesen Reaktorblöcken hatte Waleri Legasow vor fünf Jahren gesagt:

> Man muß sich Gedanken machen, mit welchen besonderen Maßnahmen Havarien an den 28 Reaktorblöcken lokalisiert werden können, da es weder wirtschaftlich noch „technisch möglich ist, sie mit einer Schutzkappe auszurüsten".

Schlußfolgerung:

> Was immer die Wissenschaftler auch getan haben und welche Sicherheitsmaßnahmen auch ergriffen worden sein mögen (und nach der Katastrophe von Tschernobyl ist tatsächlich viel für die Verbesserung der Sicherheit der RBMK-Reaktoren geschehen), die Hauptursache für die Gefährlichkeit der in Betrieb befindlichen Reaktorblöcke in Rußland läßt sich nicht beseitigen. Darin liegt die ganze bittere Wahrheit und Tragödie der Atomenergetik in unserem Lande, die von Anfang an eine verhängnisvolle Entwicklung eingeschlagen hat. Über dieses Problem muß man heute, muß vor allem die sowjetische Gesellschaft nachdenken, denn es ist unser Problem ...,

sagte Legasow vor seinem Tode. Er hatte schon auf der streng geheimen Tagung des Politbüros im Sommer 1986 betont, daß *der Schwachpunkt der RBMK-Reaktoren seit 15 Jahren bekannt ist.*

Doch es gibt in dieser Frage auch andere Meinungen. Auf der gleichen Tagung des Politbüros sagte Akademiemitglied Aleksandrow, daß die Schutzkappe die Havarie *nur noch verstärkt.* Einige andere Wissenschaftler vertreten die Ansicht, daß *das keiner so genau sagen kann.* Einerseits ist es technisch also nicht möglich, den RBMK-Reaktor mit einer Schutzkappe zu versehen, andererseits würde eine solche Kappe – angenommen der Reaktor wäre mit einer ausgestattet – die Havarie nur noch verstärken. Und doch werden Fünfjahrplan für Fünfjahrplan gerade diese gefährlichen Reaktorblöcke von den führenden Abenteuerern der Physik in unsere Volkswirtschaft eingeführt. Um noch einmal Legasow zu zitieren:

> Die Reaktorphysik und die Kerntechnik waren ein für mich unzulängliches Gebiet ..., ein „Tabu", das Anatoli Petrowitsch Aleksandrow und seinen ihm unterstellten, in diesem Sektor tätigen Mitarbeitern vorbehalten war.

Mittlerweile leben wir schon einige Jahre ohne Politbüro und ohne ZK der KPdSU. Die Gutachten von zahlreichen kompetenten Kommissionen und Wissenschaftlergruppen über die Ursachen der Reaktorexplosion im KKW Tschernobyl sagen aus, daß diese im Reaktor selbst liegen. Dazu gehört auch die maßgebliche *Diagnose*, die schon 1990 von einer Kommission der Staatlichen Atomenergiebehörde der UdSSR mit Beteiligung des bekannten Wissenschaftlers N. Schtejnberg gestellt worden ist:

> Die Mängel in der Konstruktion des RBMK-1000-Reaktors, der im Reaktorblock 4 des KKW Tschernobyl eingesetzt war, bilden die Ursache für die schweren Folgen des Unglücks.

Ein anderes Herangehen an diese Sache – und dabei geht es doch um unser

Leben – ist jedoch nicht erkennbar. Wo sollte eine andere Haltung auch herkommen, wo doch das Politbüro (im weitesten Sinne des Wortes) noch nicht einmal seine Sessel gewechselt hat: Es sitzt noch an der gleichen Stelle, am *Staraja Ploschtschad*. Ihre Namen und Gesichter sind bekannt, nicht nur in Rußland. Zuerst belogen sie uns über die Ursachen und die Folgen der Havarie von Tschernobyl, ließen für die umgesiedelte Bevölkerung in den gefährdeten Zonen neue Häuser bauen, wälzten dann, obwohl sie die wirklichen Ursachen für das Unglück kannten, die ganze Schuld auf die Belegschaft des Kernkraftwerkes ab und stehen jetzt schon wieder an der Spitze und führen uns, genau wie früher.

Sie nutzen die Uninformiertheit der breiten Öffentlichkeit aus und entwickeln verantwortungslose Pläne zur *Atomisierung* des an Reaktoren armen Rußlands, wohl wissend, daß die Gefahr, die von ihnen ausgeht, konstruktiv nicht zu beseitigen ist.

Der Berater des russischen Präsidenten, Akademiemitglied Aleksej Jablokow, sagte in seinem Kommentar zur neuen Konzeption zur Entwicklung der Atomenergietechnik, daß *sie vom juristischen, ökologischen, ökonomischen und politischen Standpunkt unannehmbar* sei.

Vor jedem Jahrestag der Tschernobyl-Katastrophe erarbeitete das Politbüro des ZK der KPdSU jeweils einen *Plan zur Abwehr gegnerischer propagandistischer Aktionen*. Mit besonderem Eifer hat am Vorabend des ersten Jahrestages Herr Falin seine Dienste angeboten, der 1987 die Presseagentur *Nowosti* leitete. Er befürchtete

> mögliche Versuche seitens gewisser Diversionszentren des Imperialismus, den Jahrestag des Störfalls im KKW Tschernobyl zur Entfaltung großangelegter antisowjetischer Kampagnen zu nutzen. (Anlage zum streng geheimen Protokoll des Sekretariats des ZK der KPdSU Nr. 42 vom 26.2.1987)

Jetzt verbringt Herr Falin selbst seine Zeit recht angenehm in einem dieser *Diversionszentren* – in Deutschland. Korrigiert wurde der Plan von Jegor Kusmitsch Ligatschow persönlich, Mitglied des Politbüros und Sekretär des ZK der KPdSU für den Bereich Ideologie. Am 10. April 1987 wurde über die geplante Lüge im Sekretariat des ZK der KPdSU wie immer einstimmig abgestimmt (streng geheimes Protokoll Nr. 46):

> Folgende Genossen stimmten: mit Ja – Gorbatschow, mit Ja – Alijew, mit Ja – Worotnikow, mit Ja – Gromyko, im Urlaub – Saikow, mit Ja – Ligatschow, mit Ja – Ryshkow, mit Ja – Solomenzew, mit Ja – Tscherbrikow, mit Ja – Schewardnadse, mit Ja – Schtscherbizki.

Die Ja-Stimmen machten immer 100% aus. Auf ihren streng geheimen Zusammenkünften bezeichneten die Herrschenden die Folgen der Reaktorexplosion von Tschernobyl als *Folgen eines kleinen Krieges* (A. Gromyko)

und verglichen sie mit dem *Einsatz von Massenvernichtungswaffen* (M. Gorbatschow, S. Sokolow), doch dieses Wissen war nur für sie selbst bestimmt. Dem Plebs versicherte man, daß das Bedienungspersonal an allem schuld gewesen sei, daß man diese Leute unverzüglich bestrafen werde und daß im übrigen *für die Gesundheit der Menschen keine Gefahr drohe.*
Ist nicht auch die neue *Konzeption zur Entwicklung der Atomenergietechnik* des Ministeriums für Kernenergie der Russischen Föderation eine *Art Plan zur Abwehr gegnerischer propagandistischer Aktionen?* Das Leben wäre dann mit dem Reaktor nur noch möglich, wenn jeder Mensch unter einer *Schutzhülle* lebte – wenn man das dann noch leben nennen kann.

Die Schuld ist erwiesen. Ein Gericht wird es nicht geben

Sieben Jahre hat die ukrainische Staatsanwaltschaft gebraucht, bis sie endlich die Schuldigen für die Vertuschung der Wahrheit über die Folgen der Tschernobyl-Katastrophe vor der den radioaktiven Strahlungen ausgesetzten Bevölkerung ermittelt hatte. Dazu mußte sich die Ukraine erst zum unabhängigen Staat erklären und die Kommunistische Partei verbieten, die die eigene Bevölkerung dem langsamen Strahlentod ausgeliefert hatte. Ich bin davon überzeugt, daß wir sonst niemals das offizielle Eingeständnis gehört hätten, daß die hohen kommunistischen Bonzen der Ukraine am Vertuschen der Wahrheit von Tschernobyl schuld sind:
Wladimir Schtscherbizki, einst Mitglied des Politbüros des ZK der KPdSU und Erster Sekretär des ZK der Kommunistischen Partei der Ukraine (postum für schuldig befunden), Walentin Schewtschenko, Mitglied des Politbüros des ZK der Kommunistischen Partei der Ukraine und Vorsitzender des Präsidiums des Obersten Sowjets der Ukrainischen SSR, Aleksandr Ljaschko, Vorsitzender des Ministerrats der Ukrainischen SSR, Leiter der Zivilverteidigung der Republik, Leiter der Einsatzgruppe des Politbüros des ZK der Kommunistischen Partei der Ukraine zur Beseitigung der Unfallfolgen und Mitglied des Politbüros, und Anatoli Romanenko, Minister für Gesundheitswesen der Ukrainischen SSR. Im übrigen war diese ungeschminkte Wahrheit nach nunmehr sieben Jahren nur für die ukrainische Staatsanwaltschaft eine Entdeckung. Den einfachen Bürgern, die nicht zur Nomenklatura gehörten, war seit langem klar, wer am meisten log, wenn es um die Folgen der Katastrophe von Tschernobyl ging.
Nach acht Jahren liegen die Schlußfolgerungen der Generalstaatsanwaltschaft der Ukraine zur Strafsache Nr. 49-441 im Zusammenhang mit Tschernobyl nun auf dem Tisch. Hier die Chronik der verbrecherischen Lügen:

26. April 1986: Schtscherbizki, Schewtschenko und Ljaschko erhalten in der Nacht und am Morgen aus verschiedenen Quellen, vom Leiter des Kernkraftwerks, vom Kiewer Gebietskomitee der Kommunistischen Partei, vom Gebietsexekutivkomitee, von den Stäben der Zivilverteidigung, vom ZK der Kommunistischen Partei der Ukraine, vom Ministerrat, vom Ministerium für Gesundheitswesen, vom Ukrainischen Amt für Hydrologie und Meteorologie und von führenden Genossen des ZK der Kommunistischen Partei der Ukraine, des Obersten Sowjets und der Regierung zuverlässige Informationen über die tatsächlichen Ereignisse im Kernkraftwerk von Tschernobyl. Doch keiner von ihnen denkt daran, die Menschen in Sicherheit zu bringen. Mehr noch: Ljaschko informiert noch am gleich Tag den Ministerrat der UdSSR darüber, daß die Strahlungsintensität zurückgehe und im Kraftwerk und in der Stadt Pripjat Ruhe herrsche.
28. April 1986: Auf dem Tisch Schtscherbizkis, Schewtschenkows und Ljaschkos liegt die Mitteilung vom Ukrainischen Amt für Hydrologie und Meteorologie über die radioaktive Verseuchung des Territoriums der Republik. In ihr heißt es, daß in den Rayons Tschernobyl und Polessk des Gebiets Kiew die Grundstrahlung von 80-120 Mikroröntgen pro Stunde auf 800-1200 Mikroröntgen angestiegen sei, im Rayon Owrutsch des Gebiets Shitomir die Strahlung einen Wert von 1000-2000 Mikroröntgen pro Stunde erreicht habe und in den Orten Semenowka und Schtschors des Gebietes Tschernigow Werte von 1000 Mikroröntgen registriert worden seien. Im Umfeld des Kernkraftwerks von Tschernobyl liegen die Werte bei 500.000 Mikroröntgen. Doch auch diese schrecklichen Zahlen zeigen keinerlei Wirkung auf diese Troika der Kommunistischen Partei. Keiner von ihnen macht einen Finger krumm, um wenigstens die Kinder vor der vernichtenden Strahlung in Sicherheit zu bringen.
30. April 1986: Der stellvertretende Minister für Gesundheitswesen der Ukrainischen SSR, A. Kasjanenko, informiert den Ministerrat der Republik über das starke Ansteigen der Gamma-Strahlung in Kiew auf bis zu 1100-3000 Mikroröntgen pro Stunde in den Rayons Dneprowsk und Podolsk sowie im Stadtzentrum von Kiew. In Bodenproben aus dem Rayon Polessk, Tschernobyl und Iwanowsk des Kiewer Gebiets erreicht die Verseuchung Werte von bis zu 20.000 Mikroröntgen pro Stunde (fast das 1.700fache der natürlichen Untergrundstrahlung).
In den Gebieten Shitomir, Lwow, Rowensk, Kirowograd und Tscherkassk wird außerdem eine Erhöhung des Gamma-Strahlungsuntergrunds festgestellt. In der Mitteilung dieser geheimen Angaben an die führenden Genossen des Ministerrates der Republik schlägt der stellvertretende Minister für Gesundheitswesen gleichzeitig vor, die Bevölkerung über die Strahlungs-

gefahr in Kenntnis zu setzen. Ljaschko jedoch schickt noch am gleichen Tag eine mit dem ZK der Kommunistischen Partei der Ukraine abgestimmte Lügenmeldung des Ministerrats der Ukrainischen SSR an das Fernsehen und den Rundfunk der Republik, in der behauptet wird, daß sich die Strahlensituation im Raum des Kernkraftwerks und in den umliegenden Ortschaften verbessert habe und die Untergrundstrahlung in Kiew keine Bedrohung darstelle.
30. April 1986: Im Ministerrat der Ukrainischen SSR wird eine Einsatzgruppe gebildet, die die Aufgabe hat, die vom Ukrainischen Amt für Hydrologie und Meteorologie, dem Ministerium für Gesundheitswesen der Ukrainischen SSR, der Akademie der Wissenschaften der Ukrainischen SSR und anderen Organisationen über Tschernobyl herausgegebenen Informationen zusammenzutragen.
Seit dem 1. Mai 1986 erhält die Führung der Republik täglich eine Zusammenfassung dieser Informationen. Ljaschko hat sich eine persönliche Karte angelegt, in die er täglich die Strahlungswerte für die gesamte Republik einträgt. Diesen Angaben zufolge beträgt die Untergrundstrahlung seit dem 30. Mai 1988 in den verschiedenen Kiewer Bezirken 1.500 Mikroröntgen pro Stunde. (Das ist das 125fache der natürlichen Untergrundstrahlung. Kiew hat sich in eine mörderische Röntgenkammer verwandelt, in der am 1. Mai vor den wohlwollenden Augen der väterlichen Führer der Demonstrationszug der Werktätigen vorbeizieht. Die eigenen Kinder haben sie freilich in Sicherheit gebracht.)
Die Beta-Aktivität des Wassers im Kiewer Staubecken, das die Hauptstadt mit Trinkwasser versorgt, liegt insgesamt 1000- bis 5000fach über dem Niveau der natürlichen Radioaktivität. Fast in der Hälfte aller ukrainischen Gebiete wird eine Verseuchung der Wasserbecken, Flüsse, Brunnen, des Gemüses und der Milch festgestellt.
Am 6. Mai 1986 müssen schon 1.560 Menschen – davon 244 Kinder – stationär untersucht und behandelt werden. Das alles deutet auf eine gefährliche Situation hin, die sofortige Maßnahmen zum Schutz der Bevölkerung erfordert. In der Folgezeit steigt die Zahl der stationär zu behandelnden Menschen auf Zehntausende an.
30. April 1986: Der Minister für Gesundheitswesen der UdSSR, S. Burenkow, erteilt dem Ministerium für Gesundheitswesen der Ukraine die Anweisung, die medizinische Versorgung der Bevölkerung im Zusammenhang mit dem Unfall im Kernkraftwerk von Tschernobyl zu gewährleisten. In dieser Anweisung verpflichtet er das Ministerium, im Falle erhöhter radioaktiver Verseuchung die notwendigen Maßnahmen zum Schutz der Bevölkerung, vor allem der Kinder, insbesondere vor Schädigungen durch radioaktives Jod zu ergreifen. Bekanntlich kann bei sofortiger Verabreichung

von stabilisierenden Kalium-Jod-Tabletten die Strahlungsschädigung der Schilddrüse um 96% gesenkt werden, erfolgt die Einnahme erst nach sechs Stunden, wird die Schädigung nur noch um 50% vermindert, und nach 24 Stunden ist es praktisch nutzlos, derartige Päparate zu verabreichen. Am 3. Mai 1986 gibt Romanenko auf der Sitzung der Einsatzgruppe des Politbüros des ZK der Kommunistischen Partei der Ukraine jedoch keine Empfehlung zur Jodprophylaxe für die Einwohner Kiews. Noch am gleichen Tag erteilt er den geheimen Befehl Nr. 21c, die geheimen Angaben über den Unfall nicht an die Öffentlichkeit gelangen zu lassen.

4. Mai 1986: An diesem Tag wendet sich W. Didytschenko, Leiter der Abteilung Gesundheitsschutz des Kiewer Stadtrats, in einem Brief an Romanenko, in dem er darauf hinweist, daß seine Abteilung seit dem 28. April Maßnahmen fordert, um die Kiewer Bevölkerung, vor allem die Kinder, vor Schädigungen durch radioaktives Jod zu schützen, und in dem er den Minister bittet, entsprechende Empfehlungen zu erteilen. Solcherart *Empfehlungen* gibt es dann auch gleich am nächsten Tag.

5. Mai 1986: In einem geheimen, an die Adresse des ZK der Kommunistischen Partei der Ukraine und des Ministerrats der Ukrainischen SSR gerichteten Brief teilt Romanenko mit, daß Maßnahmen zu ergreifen sind, damit die Bevölkerung keiner zu starken Strahlenbelastung ausgesetzt wird. Das gilt natürlich nur für die *Patrizier*. Für die *Sklaven* sind die drei Reden im ukrainischen Fernsehen vom 6., 8. und 21. Mai 1986 bestimmt, die eine einzige Desinformation über die Folgen der Havarie sind. Der Minister hat jede seiner Reden direkt mit der obersten Führung, also mit Schtscherbizki, Schewtschenko und Ljaschko abgestimmt. Sie haben den Betrug sanktioniert.

21. Juli 1986: Der Minister für Gesundheitswesen Romanenko teilt dem Ministerium für Gesundheitswesen der UdSSR mit, daß in der Republik in den Gebieten Kiew, Shitomir und Tschernigow sowie in der Hauptstadt selbst 3.000.427 Erwachsene und 676.000 Kinder prophylaktisch mit Jod behandelt worden seien.

15. August 1986: Romanenko gibt an das Zentrum in Moskau die Falschmeldung, daß in diesen Gebieten und in Kiew 4,5 Millionen Menschen, davon 1.038.000 Kinder prophylaktisch mit Jod behandelt worden seien.

5. Dezember 1986: Romanenko teilt Moskau mit, daß die gesamte Bevölkerung der Republik in die Jodprophylaxe einbezogen worden sei. Eine so gigantische Katastrophe braucht offensichtlich eine ebenso gigantische Lüge.

Allein im Verlauf der ersten Monate nach der Havarie hatten Romanenko und sein Stellvertreter Selinski sieben geheime Anweisungen herausgegeben und sie an die Gesundheitsabteilungen der Gebiete und die Forschungseinrichtungen mit der Aufforderung geschickt, die Folgen der Havarie geheimzuhal-

ten und in den Krankenblättern die Bestrahlungsdosen nicht anzugeben, sodern *zu kodieren* und die mit der Havarie zusammenhängenden Patientenakten getrennt in einem gesonderten Archiv aufzubewahren, zu dem keiner ohne Sondergenehmigung durch die Leitung des Ministeriums für Gesundheitswesen der Ukraine oder die übergeordneten Organe Zugang habe.
Nachdem der Minister auf diese Art und Weise den Mantel des totalen Schweigens über die Auswirkungen der Katastrophe von Tschernobyl gebreitet hatte, erklärte er noch 1989 auf dem Maiplenum des ZK der Kommunistischen Partei der Ukraine mit Überzeugung:

> Ich kann vollverantwortlich mitteilen, daß es außer den 209 erkrankten Personen heute niemanden gibt, dessen Krankheit mit Strahlungsauswirkungen in Zusammenhang gebracht werden kann oder muß.

Die ebenso verlogene kommunistische Presse – *Prawda Ukrainy und Radjanska Shitomirschtschina (Sowjetisches Shitomir)* – folgte ihm im Chor. Den Preis für die Lüge werden die kommenden Generationen zu zahlen haben.
Schewtschenko, Ljaschko und Romanenko beziehen sich darauf, daß

> sie die ihnen durch die ukrainische Verfassung auferlegte Verpflichtung, die Gesundheit der Bürger zu schützen, nicht erfüllen konnten, weil das Kernkraftwerk Tschernobyl exterritoriales Gebiet war, daß sie durch die Schaffung der Regierungskommission der UdSSR und der Einsatzgruppe des Politbüros des ZK der KPdSU faktisch ihrer Entscheidungs- und Kontrollmöglichkeiten beraubt waren, daß sie gemäß Artikel 6 der Verfassung der Ukrainischen SSR über die führende Rolle der Partei gehandelt und die Gesetze über die Geheimhaltung eingehalten haben und daß sie den Anordnungen aus dem Partei- und Staatsapparat gefolgt sind.

Die Generalstaatsanwaltschaft gab diesen Hinweisen nicht statt und stellte fest, daß *sie sich um ihr eigenes Wohlbefinden und ihre eigene Karriere gesorgt, ihre Macht und ihre Dienststellung mißbraucht und damit schwerwiegende Folgen* für die Bevölkerung *herbeigeführt* haben und daß *die Schuld von Schtscherbizki, Ljaschko, Schewtschenko und Romanenko ... erwiesen ist*. Hat die Wahrheit also doch gesiegt und werden die Schuldigen nun bestraft? Aber nicht doch, genau das geht aus dem Spruch der Generalstaatsanwaltschaft nicht hervor. Er lautet:

> Die Strafsache im Zusammenhang mit den Aktivitäten der während der Havarie im Kernkraftwerk Tschernobyl und für die Beseitigung der Folgen des Unglücks verantwortlichen Personen ist einzustellen. Die Betreffenden sind davon in Kenntnis zu setzen.

Ich bin sicher, daß die Betreffenden diesen Beschluß mit großer Genugtuung aufgenommen haben. Wie werden ihn wohl die Mütter empfinden, die wegen der verbrecherischen Handlungsweise dieser *Personen* mit ihren Kindern nur noch an deren Gräbern sprechen können?
Die Generalstaatsanwaltschaft der Ukraine fand einen sehr gewichtigen

Grund, um die Schuldigen vor der Bestrafung zu retten: Die Verjährungsfrist ist abgelaufen! Die Parteinomenklatur hat das Strafgesetz stets so abgefaßt, daß ihre eigenen Interessen entsprechend berücksichtigt wurden. Und daran hat sich bis heute kaum etwas geändert. Die offizielle Wahrheit mußte aus der Staatsanwaltschaft buchstäblich herausgepreßt werden. Dies gelang nur durch zweifachen Druck: Druck seitens der Öffentlichkeit und der Bewegung *Seleni swit*, die, als noch die Sowjetunion existierte, ein gesellschaftliches Gericht abgehalten und die Schuldigen beim Namen genannt hatte, und Druck seitens der Tschernobyl-Kommission des Obersten Sowjets der Ukraine und ihrem außerordentlichen Beschluß vom 6. Dezember 1991.

War denn die Staatsanwaltschaft nicht selbst in der Lage, innerhalb von sieben Jahren eine eigene Untersuchung durchzuführen, ohne daß sie damit erst vom Parlament beauftragt werden mußte? So, wie die Dinge gelaufen sind, gewinnt man den Eindruck, daß sie sich von den gleichen Gesetzen leiten ließ, auf die sich nun die ihnen *anbefohlenen* Herren Schewtschenko, Ljaschko und Romanenko berufen: Artikel 6 der Verfassung der Ukrainischen SSR über die führende Rolle der Partei. Und außerdem waren ja die Staatsanwälte selbst Mitglied des Büros und des ZK der Partei. Nur so läßt sich erklären, daß zur Beantwortung meiner parlamentarischen Anfragen zur Verantwortung der führenden Persönlichkeiten, die die Wahrheit über Tschernobyl verschwiegen haben, aus der Staatsanwaltschaft der UdSSR und der Staatsanwaltschaft des Gebietes Shitomir nur nichtssagendes Geschreibsel geschickt worden ist. Die *Beipferde der Partei* haben die von ihren Herren vorgegebene Richtung genau eingehalten.

Heute gibt es in der Ukraine keine Kommunistische Partei mehr, sie ist verboten. Doch nach wie vor versuchen die ehemaligen Genossen, die Arbeit der Staatsanwaltschaft mit allen Mitteln zu behindern. So wußte kürzlich die Zeitung *Kijewskije Wedomosti* (*Kiewer Nachrichten*) zu berichten, daß der ehemalige Staatsanwalt der Ukraine, Michail Potebenko, versucht hatte, den mit der *Strafsache Tschernobyl* Nr. 49-441 beauftragten Untersuchungsrichter der Generalstaatsanwaltschaft, Aleksandr Kusmak, einzuschüchtern. Er hatte ihm nämlich empfohlen, Romanenko unbehelligt zu lassen, wobei er vielsagend hinzugefügt hatte, daß sich die Zeiten ändern können. Der Untersuchungsrichter teilte dies in seinem Bericht an den Generalstaatsanwalt der Ukraine, W. Schischkin, mit. Aus Ärger darüber, daß man ihn von seiner wichtigen Funktion entbunden hatte, war M. Potebenko plötzlich zum unversöhnlichen Kämpfer für die Reinheit in den Reihen der Staatsanwaltschaft geworden und trat in der Presse mit Anschuldigungen gegenüber der Leitung der Generalstaatsanwaltschaft auf. Im übrigen ist in letzter Zeit nicht nur der ehemalige Staatsanwalt zu neuem Mut erwacht.

Diejenigen, die sich an der verbrecherischen Vertuschung der Wahrheit über die Folgen von Tschernobyl praktisch mitschuldig gemacht hatten, sind nicht nur in ihren Funktionen geblieben, sondern wurden sogar noch befördert und sitzen nun in Ministersesseln. So war der jetzt für die Tschernobyl-Probleme in der Ukraine verantwortliche Georgi Gotowtschiz früher stellvertretender Vorsitzender des Exekutivkomitees des Gebietes Shitomir. Wer sonst als er hatte in den Jahren 1986-1988 den Bau neuer, für die umgesiedelten Menschen bestimmter Wohnhäuser in bekanntermaßen gefährlichen Zonen *vorangetrieben*. Seine Ernennung erfolgte zu einem Zeitpunkt, als das ganze Land schon aus der Presse davon erfahren hatte.

Anstelle von Romanenko (er wurde Leiter des Strahlenzentrums) wurde Spishenko zum Gesundheitsminister ernannt; er war 1986 stellvertretender Leiter der Abteilung Gesundheitsschutz im Exekutivkomitee des Gebietes Shitomir und einer derjenigen, an die Romanenko seine geheimen Anweisungen über die notwendige Geheimhaltung und Kodierung der Informationen zur Täuschung der Bevölkerung erteilt hatte. Einwände gegen diese Anweisungen hatte er nicht vorgebracht.

Gleiches gilt auch für Rußland. An der Spitze des Staatlichen Tschernobyl-Komitees stehen Leute, die direkten Anteil daran haben, daß die Öffentlichkeit über die Folgen der Havarie hinters Licht geführt wurde: Wasili Wosnjak als Vorsitzender und Juri Zaturow als erster Stellvertreter.

1989 beauftragte Ryshkow nach dem ersten Volksdeputiertenkongreß den damaligen Leiter des Büros für Brennstoffe und Energieressourcen beim Ministerrat der UdSSR, Wladimir Majan, meine parlamentarische Anfrage zur Strahlengefährdung der im Rayon Naroditschi, Gebiet Shitomir lebenden Menschen zu beantworten. Es war Marjan, der mir zusammen mit seinem damaligen Mitarbeiter Wosnjak herablassend versicherte, daß bei uns alles in Ordnung sei. Und mit einem Blick auf meine aus Naroditschi mitgebrachten medizinischen Unterlagen hatte er geantwortet: *Sie haben Ihre Dokumente, wir haben unsere.*

Ein paar Tage später wurde beschlossen, die Bewohner aus zwölf Ortschaften zu evakuieren. Und heute stellt sich heraus, daß sogar das Rayonzentrum Naroditschi selbst geräumt werden muß. Das hängt offensichtlich damit zusammen, daß dort alles in Ordnung ist. Ähnlich hinterhältige Antworten erhielt ich auch von Juri Zaturow, Stellvertreter von Juri Israel, dem Vorsitzenden des Staatlichen Komitees für Hydrometeorologie der UdSSR. Ist die Tatsache, daß erst im vergangenen Jahr (!) bekannt wurde, daß in Rußland 16 Gebiete verseucht sind, etwa kein Verbrechen? Fast drei Millionen Russen wurden sieben Jahre lang und werden nach wie vor einer Dauerbestrahlung ausgesetzt.

Wie kommt es, daß diese Leute, die an der verbrecherischen Lüge mitbeteiligt waren, heute in den nunmehr unabhängigen Staaten damit beauftragt sind, die Menschen von Tschernobyl *zu retten*? Wer hat sie beauftragt? Es stellt sich heraus – sie selbst.

Und wo ist die Staatsanwaltschaft, die endlich die ehemaligen Mitglieder der sowjetischen Regierung und des ZK der KPdSU, mit deren Wissen und unmittelbarer Beteiligung die Tschernobyl-Lüge unter den Losungen des *Neuen Denkens* und der *Perestroika* verbreitet wurde, zur strafrechtlichen Verantwortung zieht? Die meisten *Geheimen, Streng Geheimen* und nur als *Einziges Exemplar* existierenden Dokumente sind längst schon in der Presse bekanntgemacht worden. Worauf warten die Rechtsorgane denn noch? Oder ist etwa die Verjährungsfrist noch nicht abgelaufen?

Viele Abgeordnete sind mit dem Urteil der Staatsanwaltschaft der Republik nicht einverstanden. Eine Kommission des Obersten Sowjets der Ukraine arbeitet an einem Entwurf für einen Parlamentsbeschluß zur Veränderung der Gesetzgebung, durch den die Möglichkeit einer gerichtlichen Verfolgung von Schewtschenko, Ljaschko und Romanenko geschaffen werden soll.

Gericht über diejenigen zu halten, die das eigene Volk betrogen haben, ist für die Ukraine weit über den Rahmen von Tschernobyl hinaus von Bedeutung, denn es geht um ein Gericht nicht allein über konkrete Personen, sondern über das System, daß sie verkörpern.

Das ist für viele auch deshalb wichtig, weil die National-Bolschewiken im ukrainischen Parlament die Frage der Rücknahme des Beschlusses über das Verbot der Kommunistischen Partei der Ukraine stellen wollen. Die Entscheidung der Staatsanwaltschaft, die einst führenden Vertreter von Partei und Regierung (selbst wenn sie jetzt Rentner sind) nicht anzuklagen, ermutigt deren Beschützer. Es scheint nur noch wenig zu fehlen, daß sie erklären: Es hat überhaupt kein Tschernobyl gegeben, das haben nur die Demokraten erfunden, um die *Sowjetunion zu zerstören* und den Kommunismus zu verbieten.

Eingang zum Kernkraftwerk Tschernobyl „W.I. Lenin“, April 1992.

Dokumente
aus dem Geheimarchiv des Politbüros des ZK der K

An das Sekretariat des Obersten Sowjets *Geheim*
Unterliegt der Rückgabe an den Sondersektor der Geschäftsführung des Ministerrates der UdSSR

Protokoll Nr. 1
der Sitzung der Operativen Gruppe des Politbüros des ZK der KPdSU zu Fragen im Zusammenhang mit der Beseitigung der Folgen des Reaktorunfalls im KKW Tschernobyl

29. April 1986

1. Zur Situation infolge des Unfalls im Energieblock 4 des KKW Tschernobyl.
Die Information des Genossen Dolgich wird zur Kenntnis genommen.
2. Zur Strahlensituation im KKW Tschernobyl, in der Siedlung am Kraftwerk und in den umliegenden Rayons.
Die Information des Genossen Israel wird zur Kenntnis genommen.
Genosse Israel wird beauftragt, präzise und glaubwürdige Informationen über die Strahlenbelastung auf einzelnen Landflächen zu veranlassen sowie unverzüglich in das Krisengebiet zu fliegen, um vor Ort praktische Maßnahmen zu treffen.
3. Über die Organisation der ärztlichen Betreuung der Bevölkerung in den belasteten Rayons.
Genosse Burenkow wird auf ernsthafte Mängel bei der Organisation der medizinischen Betreuung der Bevölkerung, die aus dem Havariegebiet evakuiert wurde, und der ärztlichen Hilfe aufmerksam gemacht. Genosse Burenkow wird beauftragt, unverzüglich vor Ort zu fliegen, um umfassende Maßnahmen zur grundsätzlichen Verbesserung dieser Arbeit zu treffen.
4. Zum Einsatz der Einheiten der Zivilverteidigung bei der Beseitigung der Folgen des Reaktorunfalls.
Genosse Altunin wird darauf hingewiesen, daß ein präzises Programm zur Verwirklichung umfassender Maßnahmen im Zusammenhang mit der Krisensituation im KKW Tschernobyl fehlt. Von der Zivilverteidigung wird verlangt, umgehend notwendige Maßnahmen zur Beseitigung der Auswirkungen des Reaktorunfalls zu erarbeiten und zu realisieren.
5. Zur Evakuierung der Bevölkerung der Stadt Pripjat.
Die Information des Genossen Wlassow wird zur Kenntnis genommen.
Die Notwendigkeit einer präzisen Organisation der Arbeit zur Evakuierung der Bevölkerung und ihrer Unterbringung in neuen Rayons wird betont.
6. Zum Fall des Aussteigens einer Gruppe von Fahrgästen innerhalb der Sperrzone.
Genosse Ginko wird darauf aufmerksam gemacht, daß die Dienststellen des Verkehrsministeriums die festgelegte Ordnung des Personentransports per Eisenbahn in der Sperrzone beim KKW Tschernobyl zu befolgen haben.
7. Zur Aufstellung einer Brigade der Chemietruppen.
Die Information des Genossen Achromejew wird zur Kenntnis genommen.
Das Verteidigungsministerium hat die Brigade innerhalb kürzester Zeit aufzustellen.
8. Zur Bewilligung der Übergabe von 10.000 Verpflegungsrationen der Armee an die evakuierte Bevölkerung.
Genosse Achromejew wird beauftragt, Möglichkeiten zu finden, der evakuierten Bevölkerung aus Armeevorräten 10.000 Verpflegungsrationen zu übergeben.

. Zu vermutlichen Ursachen des Reaktorunfalls im KKW Tschernobyl.
Diese Information wird zur Kenntnis genommen. Genosse Alexandrow hat unter Beteiligung des Energieministeriums der UdSSR, des Ministeriums für mittleren Maschinenbau, der Staatlichen Atomenergieaufsichtsbehörde, von Wissenschaftlern und Fachleuten die Arbeit zur Ermittlung der Unfallursachen fortzusetzen, um solche Fälle in der Zukunft auszuschließen.
10. Über Verlautbarungen der Regierung.
Der Text der Regierungsverlautbarung wird zur Veröffentlichung in der Presse bestätigt.
Der Text der Information an die Führung einiger kapitalistischer Staaten über den Reaktorunfall im KKW Tschernobyl und über zu treffende Maßnahmen bei der Beseitigung der Folgen wird bestätigt.
Der Text der Information an die Führung einer Reihe sozialistischer Staaten über den Stand der Aktivitäten bei der Beseitigung der Auswirkungen des Reaktorunfalls im KKW Tschernobyl wird bestätigt.
N.Ryshkow

An das Sekretariat des Obersten Sowjets der UdSSR *Geheim*
Unterliegt der Rückgabe an den Sondersektor der Geschäftsführung des Ministerrates der UdSSR

Protokoll Nr. 2
der Sitzung der Operativen Gruppe des Politbüros des ZK der KPdSU zu Fragen im Zusammenhang mit der Beseitigung der Folgen des Reaktorunfalls im KKW Tschernobyl

30. April 1986

1. Zur Situation im KKW Tschernobyl.
Die Information des Genossen Dolgich wird zur Kenntnis genommen.
2. Über die Strahlensituation im europäischen Teil der UdSSR.
Die Mitteilung des Genossen Sedunow darüber, daß die Strahlenwerte insgesamt sinken, wird zur Kenntis genommen. Es wurde jedoch bereits eine Ausdehnung der radioaktiven Niederschläge auf Polen festgestellt. Bei möglichen Änderungen der Windrichtung ist auch in der Tschechoslowakei, Ungarn und Rumänien mit dem Auftreten radioaktiver Niederschläge zu rechnen.
Das Staatliche Komitee für Hydrometeorologie wird beauftragt, täglich Informationen über die Strahlensituation im europäischen Teil der UdSSR vorzulegen.
3. Zum Einsatz der Einheiten des Verteidigungsministeriums bei der Beseitigung der Folgen des Reaktorunfalls.
Es werden zur Kenntnis genommen:
— der Bericht des Genossen Altunin darüber, daß durch die Einheiten der Zivilverteidigung ein Netz von Beobachtungsstellen über die Strahlensituation, darunter in Bahnhöfen und auf Flughäfen, aufgebaut und daß die Technik für eine Dekontaminierung der Straßen vorbereitet wird;
— der Bericht des Genossen Achromejew über die Ankunft von funkgesteuerten Maschinen im KKW Tschernobyl, über die Ausgabe von 10.000 Verpflegungsrationen an die evakuierte Bevölkerung, über die am 2. Mai d.J. bevorstehende Aufstellung einer Brigade der Chemietruppen in Stärke von 2.000 Mann und 650 Geräteeinheiten, die am 4. Mai am Ort der Havarie die Arbeit aufnehmen werden. Zur Zeit sind dort bereits 600 Mann im Einsatz.
Genosse Achromejew wird beauftragt, die Dekontaminationsaktivitäten am Standort des KKW und in seiner Umgebung maximal zu beschleunigen.

4. Zur Abberufung der Studenten aus England, Frankreich und Italien, die in Kiew und Minsk studieren.
Die Information des Genossen Jagodin wird zur Kenntnis genommen.
N. Ryshkow

An das Sekretariat des Obersten Sowjets der UdSSR *Geheim*
Unterliegt der Rückgabe an den Sondersektor der Geschäftsführung des Ministerrates der UdSSR

Protokoll Nr. 3
der Sitzung der Operativen Gruppe des Politbüros des ZK der KPdSU zu Fragen im Zusammenhang mit der Beseitigung der Folgen des Reaktorunfalls im KKW Tschernobyl

1. Mai 1986

1. Zur Organisation der medizinischen Betreuung der durch den Reaktorunfall betroffenen Bevölkerung.
Die Information, die von Schtschepin und Buldakow vorgelegt wurde, wird als unbefriedigend bezeichnet. Es wird betont, daß das Gesundheitsministerium eine geeignete Erfassung und Auswertung der Informationen, die aus der Provinz kommen, nicht gewährleistet hat.
Genosse Schtschepin wird aufgefordert, umgehend Maßnahmen zu ergreifen, um in dieser Sache Ordnung zu schaffen. Das Gesundheitsministerium wird beauftragt, einen Stab für die Organisation der ärztlichen Untersuchung und Behandlung der Bevölkerung, die in den Bezirken mit erhöhten Belastungswerten lebt, zu schaffen. Genosse Schtschepin hat diesen Stab zu leiten. Er wird beauftragt, der Operativen Gruppe täglich Meldungen über die Zahl der hospitalisierten Patienten, darunter Kinder, und über die Zahl der Patienten vorzulegen, bei denen eine Strahlenkrankheit diagnostiziert wurde. Desweiteren ist ein Entwurf für eine Regierungsentscheidung in dieser Sache auszuarbeiten.
Das Ministerium für Außenhandel (Aristow) hat umgehend Verträge über den Einkauf entsprechender Mengen von Medikamenten im Ausland entsprechend einer vom Gesundheitsministerium der UdSSR vorzubereitenden Liste abzuschließen.
Das Gesundheitsministerium der UdSSR (Schtschepin) hat eingegangene Angebote über die Anreise führender ausländischer Ärzte in die UdSSR zu prüfen, die auf die Behandlung strahlenkranker Patienten spezialisiert sind. Die Empfehlungen sind der Operativen Gruppe zur Prüfung vorzulegen.
2. Zur Entsendung einer Zweitbesetzung der Regierungskommission zum KKW Tschernobyl.
Es wird für zweckmäßig gehalten, eine Zweitbesetzung der Regierungskommission zum KKW Tschernobyl zu schicken. Genosse Silajew wird beauftragt, sie zu leiten. Die neue Besetzung der Kommission hat am 2. Mai zum Standort des KKW zu fliegen.
3. Zu einer Pressekonferenz mit ausländischen Journalisten.
Es wird für zweckmäßig erachtet, eine solche Pressekonferenz zu veranstalten. Mit der Vorbereitung werden die Genossen Schtscherbina, Kowaljow, Alexandrow, Petrosjanz, Israel und Burenkow beauftragt. Das Datum der Pressekonferenz ist nach der Zusammenfassung aller notwendigen Daten festzulegen.
4. Zur Entsendung sowjetischer Reporter ins Havariegebiet.
In die an den Standort des KKW Tschernobyl angrenzenden Bezirke ist eine Gruppe sowjetischer Reporter zu entsenden, um Informationen für Presse und Fernsehen vorzubereiten, die ein normales Leben in diesen Bezirken belegen.

5. Zum Fortgang der Arbeiten zur Dekontamination der Landflächen in den an das KKW Tschernobyl angrenzenden Bezirken.
Die Mitteilung des Genossen Achromejew wird zur Kenntnis genommen, wonach am Standort des KKW Tschernobyl durch chemische Truppen des Verteidigungsministeriums Arbeiten zur Dekontamination der Menschen und Geräte aufgenommen wurden.
Es wurden 2.600 Menschen und 400 Fahrzeuge behandelt. 16 Dekontaminationspunkte wurden eingerichtet. Die Bezirke mit der höchsten Strahlenbelastung wurden ermittelt. Umgehend erfolgt die Aufstellung neuer Militäreinheiten zur Erweiterung der zu kontrollierenden Zone.
5. Zur Arbeit ausländischer Fachleute beim Aufbau des Hüttenwerkes im Gebiet Gomel.
Die Mitteilung des Genossen Jastrebow wird zur Kenntnis genommen, wonach österreichische Arbeiter und Fachleute, die beim Aufbau dieses Werkes beschäftigt sind, sich weigern, zur Arbeit zu gehen. Nach Mitteilung des Vertreters der Firma wird ihre Evakuierung in die Heimat vorbereitet. Zum Standort des Werkes ist ein österreichischer Fachmann zur Messung der Strahlenwerte abgeflogen.
Genosse Jastrebow wird beauftragt, Maßnahmen zur Organisation gemeinsamer Messungen sowjetischer Fachleute und des Vertreters der österreichischen Firma zu treffen.
7. Zur Presseverlautbarung.
Der Text der nächsten Regierungsverlautbarung über die Situation im KKW Tschernobyl wird gebilligt.
N.Ryshkow

An das Sekretariat des Obersten Sowjets der UdSSR *Geheim*
Unterliegt der Rückgabe an den Sondersektor der Geschäftsführung des Ministerrates der UdSSR

Protokoll Nr. 4
der Sitzung der Operativen Gruppe des Politbüros des ZK der KPdSU zu Fragen im Zusammenhang mit der Beseitigung der Folgen des Reaktorunfalls im KKW Tschernobyl.

3. Mai 1986

1. Information des Genossen Ryshkow N.I. und des Genossen Ligatschow J.K. zum Besuch im Kernkraftwerk Tschernobyl am 2. Mai 1986.
Es wird festgestellt, daß die Arbeiten zur Liquidierung des Reaktorunfalls und der Beseitigung seiner Auswirkungen organisiert und unter Einbeziehung aller notwendiger Mittel durchgeführt werden. Vor Ort wurden Entscheidungen über zusätzliche Maßnahmen zur Beschleunigung der begonnenen Arbeiten getroffen.
In den Ortschaften, wo evakuierte Menschen aus der Region des KKW Tschernobyl untergebracht wurden, ist die Lage normal. Der notwendige Handelsservice und die öffentliche Verpflegung werden organisiert. Der Schulunterricht wurde wieder aufgenommen. Trotzdem bestehen ernsthafte Mängel bei der Organisation medizinischer Untersuchungen und der ärztlichen Betreuung.
2. Zur Arbeitsplatzbeschaffung für Menschen, die aus der Region des KKW Tschernobyl evakuiert wurden und die Kompensation des entstandenen Schadens.
Das Staatliche Komitee für Arbeit (Gladkij I.I.) sowie der Allunionsrat der Gewerkschaften (Schalajew S.A.), das Energieministerium (Majorez A.I.) und andere beteiligte Ministerien und Behörden werden beauftragt, innerhalb einer zweitägigen Frist entsprechende Vorschläge auszuarbeiten und dem Ministerrat vorzulegen.

3. Der Bericht des Genossen Schtschepin O.P. zur Organisation der medizinischen Betreuung der Bevölkerung, die sich in den Rayons mit erhöhten Strahlenwerten befand, und über dringende ärztliche Hilfeleistungen für die Menschen, die in den Kliniken des Gesundheitsministeriums der UdSSR behandelt werden.
Es wird auf die ungenügende Organisation der Arbeit des Gesundheitsministeriums der UdSSR bezüglich der ärztlichen Untersuchung der Menschen, die aus den Rayons mit erhöhten Strahlenwerten evakuiert wurden, sowie bezüglich dringender medizinischer Hilfeleistungen für sie hingewiesen.
Das Verteidigungsministerium (Sokolow L.S.) wird beauftragt, die medizinische Betreuung der evakuierten Bevölkerung zu organisieren. Zu diesem Zweck sind am entsprechenden Wohnort spezialisierte medizinische Militäreinheiten aufzubauen.
Genosse Schtschepin O.P. wird beauftragt, innderhalb von 24 Stunden Vorschläge für den Ankauf notwendiger Medikamente, Geräte und medizinischer Werkzeuge im Ausland auszuarbeiten und diese Vorschläge dem Ministerium für Außenhandel zu übergeben. Das Ministerium für Außenhandel (Aristow B.I.) hat innerhalb kürzester Zeit mit ausländischen Firmen Verhandlungen über den Einkauf und die Lieferung entsprechender Arzneimittel und medizinischer Geräte in die Sowjetunion zu führen.
Der Vorschlag des Genossen Schtschepin O.P. wird angenommen, die Klinik Nr. 6 des Gesundheitsministeriums der UdSSR von den Patienten, die sich in befriedigendem Zustand befinden, zu entlasten, um sie hauptsächlich für die Behandlung der Menschen zu nutzen, die hohen Strahlendosen ausgesetzt waren. Für diese Zwecke sind dem Gesundheitsministerium der UdSSR unter Abstimmung mit dem Allunionsrat der Gewerkschaften zwei Sanatorien bei Moskau zur Verfügung zu stellen.
4. Zur Überwachung der Strahlensituation in Moskau.
Das Staatliche Komitee für Hydrometeorologie (Sedunow J.S.) wird beauftragt, eine ständige Kontrolle der Strahlensituation auf dem Territorium der Stadt Moskau zu organisieren. Ab dem 4. Mai ist täglich dem ZK der KPdSU und dem Ministerrat der UdSSR Bericht über die aktuelle Strahlenbelastung zu erstatten.
Das Staatliche Komitee für Hydrometeorologie hat gemeinsam mit dem Gesundheitsministerium der UdSSR und der Zivilverteidigung der UdSSR die Strahlenüberwachung auf Flughäfen, Bahnhöfen und Autostraßen an der Einfahrt nach Moskau zu sichern.
5. Bericht des Genossen Sedunow J.S. zur Strahlensituation auf dem Territorium der Gebiete der Ukraine und Belorußlands.
Der Bericht des Genossen Sedunow J.S. wird zur Kenntnis genommen.
6. Zum Telegramm an den Botschafter der UdSSR in Rumänien.
Der Text des Telegramms an den sowjetischen Botschafter in der SRR in Beantwortung der Anfrage der rumänischen Seite wird gebilligt.
Das Staatlichen Komitee für die Nutzung der Atomenergie (Petrosjanz A.M.) und das Staatliche Komitee für Hydrometeorologie (Sedunow J.S.) werden beauftragt, am 4. Mai die ersten Stellvertreter der Vorsitzenden der Komitees zusammen mit einer Gruppe sowjetischer Fachleute nach Rumänien zu beordern.
7. Zum Einkauf einer speziellen Emulsion in Frankreich und entsprechender technischer Mittel zum Auftragen der Emulsion auf belastete Flächen.
Die Spezialemulsion aus Frankreich ist anzukaufen. Genosse Aristow B.I. hat dringende Verhandlungen zu führen und sie in den nächsten Tagen nach Tschernobyl zu liefern. Die Genossen Rjabow J.P. und Listow W.W. haben Vorschläge für die Produktion der Emulsion in einheimischen Fabriken zu erarbeiten und vorzulegen.
8. Zum Einsatz eines Vertreters des Verteidigungsministeriums im Havariegebiet.

Mit der Koordinierung der Aktivitäten verschiedener Waffengattungen der Streitkräfte der UdSSR bei der Realisierung der Maßnahmen im Zusammenhang mit der Beseitigung der Auswirkungen des Reaktorunfalls im KKW Tschernobyl, wird der Oberbefehlshaber des Truppenabschnitts Süd-West, Armeegeneral Gerassimow A.I., beauftragt.
Genosse Sokolow hat entsprechende Befehle zu erteilen.
9. Zur Erarbeitung und Realisierung von Maßnahmen zum Entfernen des Wassers aus dem Druckmischer-Becken des Energieblocks 4 im KKW Tschernobyl.
Das Ministerium für Kohleindustrie (Schtschadow M.I.), das Ministerium für mittleren Maschinenbau (Ussanow A.N.), das Ministerium für Transportbau (Breshnew W.A.), das Ministerium für Geologie der UdSSR (Koslowskij J.A.) unter Beteiligung der Akademie der Wissenschaften der UdSSR (Welichow J.P.), Wissenschaftlern und Fachleuten, werden beauftragt, diese Frage auf einer Reise vor Ort zu untersuchen und bei der nächsten Sitzung der Operativen Gruppe Vorschläge zu unterbreiten.
10. Zur Durchführung eines Gesprächs mit den Botschaftern sozialistischer Staaten im Außenministerium der UdSSR.
Die Genossen Kowaljow A.G., Alexandrow A.P., Petrosjanz A.M. werden beauftragt, im Außenministerium der UdSSR ein Gespräch mit den Botschaftern sozialistischer Staaten über Fragen durchzuführen, die mit dem Reaktorunfall im KKW Tschernobyl zusammenhängen.
11. Zur Einladung des Generaldirektors der Internationalen Atomenergiebehörde bei der UNO (IAEA) H. Blicks in die UdSSR.
Das Ministerium für mittleren Maschinenbau (Petrosjanz A.M.) hat den Generaldirektor der IAEA H. Blicks zu empfangen und ein Gespräch über ihn interessierende Fragen durchzuführen. Aufgrund der Ergebnisse des Besuches ist eine Verlautbarung für die Presse vorzubereiten.
12. Zum Datum der Pressekonferenz für sowjetische und ausländische Journalisten zu Fragen im Zusammenhang mit dem Reaktorunfall im KKW Tschernobyl.
Die Genossen Schtscherbina B.J., Alexandrow A.P., Petrosjanz A.M. und Kowaljow A.G. werden beauftragt, die Pressekonferenz am 6. Mai in Moskau durchzuführen.
N. Ryshkow

An das Sekretariat des Obersten Sowjets der UdSSR *Geheim*
Unterliegt der Rückgabe an den Sondersektor der Geschäftsführung des Ministerrates der UdSSR

Protokoll Nr. 5
der Sitzung der Operativen Gruppe des Politbüros des ZK der KPdSU zu Fragen im Zusammenhang mit der Beseitigung der Folgen des Reaktorunfalls im KKW Tschernobyl

4. Mai 1986

1. Mitteilung des Genossen Ryshkow N.I. zur Information des Genossen Ljaschko A.P. bezüglich der Lage in Kiew und den an das KKW Tschernobyl angrenzenden Rayons.
Es wird festgestellt, daß die Situation in Kiew weiterhin normal ist.
Am Mündungsort des Flusses Pripjat in den Stausee von Kiew ist eine 2-3fache Erhöhung der Konzentration radioaktiver Stoffe im Wasser im Vergleich zur natürlichen Belastung zu beobachten.
In einer Reihe von Rayons wurde ein Verbot der Nutzung von Trinkwasser aus offenen Wasserquellen erlassen.
Den Parteiorganen und sowjetischen Behörden der Ukrainischen SSR wird empfohlen, die

Organe der Massenmedien aktiver zur Aufklärung von Fragen zu nutzen, die mit den Auswirkungen des Reaktorunfalls im KKW Tschernobyl zusammenhängen.
2. TASS-Mitteilung bezüglich ausländischer Hilfsangebote im Zusammenhang mit dem Reaktorunfall im KKW Tschernobyl.
Der Text der TASS-Mitteilung über diese Frage wird gebilligt. DieVeröffentlichung der nächsten Verlautbarung des Ministerrates der UdSSR wird auf den 5. Mai verlegt.
3. Mitteilung des Genossen Komarow zur Organisation der medizinischen Betreuung der Bevölkerung, die aus der 30 km-Zone evakuiert wurde.
Es wird zur Kenntnis genommen, daß das Verteidigungsministerium 2.000 Militärangehörige mobilisiert, fünf Sanitätsbataillone aufgestellt und ihre Standorte in den Rayons, in denen die evakuierte Bevölkerung lebt, festgelegt hat. Sie werden ihre Arbeit am 5. Mai nachmittags aufnehmen. Ab dem 6. Mai wird gewährleistet, daß 7.000 Menschen pro Tag untersucht werden können.
Das Gesundheitsministerium der Ukrainischen SSR wird beauftragt, die von den medizinischen Einheiten des Verteidigungsministeriums ermittelten Patienten zu hospitalisieren und zu behandeln.
4. Mitteilung des Genossen Schtschepin zur Hospitalisierung und Behandlung der Bevölkerung, die einer Strahleneinwirkung ausgesetzt war.
Es wird zur Kenntnis genommen, daß per Stand vom 4. Mai insgesamt 1.882 Personen hospitalisiert waren. Die Gesamtzahl der Untersuchten hat 38.000 erreicht.
Bei 204 Personen, darunter 64 Kinder, wurde Strahlenkrankheit verschiedenen Grades ermittelt. 18 Personen befinden sich in ernstem Zustand. Seit dem Zeitpunkt des Reaktorunfalls sind zwei Personen verstorben. (Zusätzlich zwei Personen, die am Anfang ums Leben kamen.) In den medizinischen Einrichtungen der Ukrainischen SSR wurden für die Hospitalisierung der Betroffenen 1,9 Mio Betten bereitgestellt.
Das Gesundheitsministerium der UdSSR hat zusammen mit dem Allunionsrat der Gewerkschaften für die Unterbringung der leicht Erkrankten das spezialisierte Sanatorium der Dritten Hauptverwaltung beim Gesundheitsministerium der UdSSR und das Sanatorium in Michajlowskoje bei Moskau zur Verfügung gestellt, sowie die Sanatorien in den Städten Odessa und Jewpatorija mit einer Gesamtzahl von 1.200 Plätzen. Bei Kiew wurden 6.000 Plätze in Sanatorien sowie 1.300 Plätze in Kinderferienlagern bereitgestellt.
Genosse Schtschepin wird beauftragt, innerhalb von 24 Stunden Vorschläge über die Bezahlung des für die genannten Arbeiten herangezogenen medizinischen, Personals, sowie, gemeinsam mit Genossen Schalajew, Vorschläge für die Bezahlung der Krankenscheine für hospitalisierte Menschen zu erarbeiten.
Es wird dem Vorschlag des Gesundheitsministeriums der UdSSR zugestimmt, Professor Tarasaki (USA) zur Beratung bei der Auswahl der Spender und Rezipienten für Knochenmarktransplantationen in die UdSSR einzuladen.
Was Professor Maté (Frankreich) betrifft, ist ihm Dank auszusprechen und mitzuteilen, daß über die Frage seines Einsatzes später entschieden wird.
Die Genossen Schalajew und Mischin haben die Verschickung von aus hochbelasteten Rayons evakuierten Kinder für die Sommerzeit in Erholungsheime und Ferienlager zu gewährleisten, und, falls notwendig, auch einen längeren Aufenthalt vorzusehen. Gemeinsam mit den Bildungsbehörden hat man für den Unterricht der Kinder in den Schul-Internaten und den ganzjährig belegbaren Ferienlagern zu sorgen.
5. Über Einkäufe notwendiger Medikamente, Geräte und Ausstattungen im Ausland.
Die Mitteilung des Genossen Aristow, daß notwendige Gespräche mit ausländischen Firmen aufgenommen wurden, wird zur Kenntnis genommen.

Genosse Aristow wird beauftragt, den Abschluß der Verträge zu beschleunigen. Die Lieferung notwendiger Medikamente ist ab 5. Mai zu sichern. Die Genossen Aristow und Bugajew haben den Einkauf in Frankreich und die Lieferung der Dekontaminationsemulsion, in einem Gesamtvolumen von 8-10 Tonnen, sowie der Geräte zum Auftragen der Flüssigkeit auf belastete Flächen am 7. Mai zu organisieren. Genosse Aristow hat unverzüglich die Frage über den Einkauf ferngesteuerter Baggertechnik in der BRD zu prüfen. Genosse Rajbow hat die Lieferung chemischer Stoffe aus einheimischer Produktion in das KKW Tschernobyl zu organisieren, die für die Herstellung von Dekontaminationslösungen vor Ort benötigt werden.
6. Zu Vorbeugungsmaßnahmen gegen die Strahlenkontamination der Gewässer.
Die Mitteilung des Genossen Achromejew wird zur Kenntnis genommen, wonach im KKW Tschernobyl sieben Spezialeinheiten zur Dekontamination der Landflächen konzentriert sind. Zum 6. Mai wird der Plan der Dekontaminationsarbeiten im KKW und in der Stadt Pripjat fertiggestellt und der Operativen Gruppe vorgelegt.
Es wird davon ausgegangen, daß der Schutz des Flusses Pripjat vor radioaktiven Stoffen eine der wichtigsten Aufgaben darstellt. Die Genossen Silajew und Gerassimow werden aufgefordert, unverzüglich Arbeiten zur Aufschüttung eines 10 km langen Erdwalls am Pripjat-Ufer im Umfeld des KKW Tschernobyl zu veranlassen. Für diese Zwecke sind Fahrzeuge und Bagger der republikeigenen Organisationen einzusetzen. Die Frage der Abdeckung der Baustelle mit einem Dekontaminations-Film ist zu prüfen. Der Plan zur Dekontamination der strahlenbelasteten Landflächen ist in der Sitzung am 6. Mai zu behandeln.
7. Zu Maßnahmen zum Entfernen des Wassers aus dem Druckmischer-Becken.
Es wird betont, daß das Entfernen des Wassers aus dem Druckmischer-Becken als wichtigste Aufgabe anzusehen ist, die umgehend gelöst werden muß, um eine gefährliche Weiterentwicklung des Unfalls zu verhindern.
Die Genossen Alexandrow und Slawskij werden beauftragt, für eine umgehende Berechnung des Temperaturanstiegs im Reaktor sowie in den umliegenden Baukonstruktionen zu sorgen sowie eine Prognose zur Tragfähigkeit zu erarbeiten. Die Ergebnisse sind am 5. Mai vorzulegen.
Genosse Aganow hat am 5. Mai mit Ingenieurarbeiten zu beginnen, um einen Zugang zum Druckmischer-Becken zu schaffen. Radioaktive Materialien sind dabei mit Hilfe von Spezialgeräten zu sammeln und zu entsorgen.
Genosse Breshnew hat umgehend nach Moskau zu fliegen und unverzüglich Maßnahmen zu treffen, daß Kühlrohre unter der Fundamentplatte der Reaktoranlage verlegt werden.
8. Zur Strahlensituation im europäischen Teil der UdSSR.
Die Mitteilung des Genossen Sedunow wird zur Kenntnis genommen, wonach die Strahlensituation in Moskau normal bleibt.
Es ist der Entwurf einer Verordnung des Ministerrates der UdSSR vorzubereiten, wonach dem Staatlichen Komitee für Hydrometeorologie zwei mit notwendigen Strahlenmeßgeräten ausgestattete Flugzeuge des Ministeriums für Zivilluftfahrt zur Verfügung gestellt werden. Genosse Sedunow wird beauftragt, eine Vergleichsanalyse des vorliegenden Reaktorunfalls mit der Strahlenbelastung bei Kernwaffentests zu machen. Die Ergebnisse sind der Operativen Gruppe vorzulegen.
9. Zum Empfang des Generaldirektors der IAEA in der UdSSR.
Genosse Petrosjanz wird beauftragt, das Aufenthaltsprogramm des Generaldirektors der IAEA H. Blicks in der UdSSR vorzulegen.
N. Ryshkow

An das Sekretariat des Obersten Sowjets der UdSSR *Geheim*
Unterliegt der Rückgabe an den Sondersektor der Geschäftsführung des Ministerrates der UdSSR

Protokoll Nr. 6
der Sitzung der Operativen Gruppe des Politbüros des ZK der KPdSU zu Fragen im Zusammenhang mit der Beseitigung der Folgen des Reaktorunfalls im KKW Tschernobyl.

5. Mai 1986

1. Zur medizinischen Betreuung der Menschen, die im Bereich der Strahleneinwirkung leben.
Die Mitteilung des Genossen Schtschepin wird zur Kenntnis genommen, wonach die Gesamtzahl der hospitalisierten Partienten 2.757 Personen, darunter 569 Kinder erreicht hat. Bei 914 Personen wurde eine Strahlenkrankheit festgestellt, 18 Menschen befinden sich in einem sehr ernsten und 32 in einem ernsten Zustand. Die gesamte Bevölkerung der Ukraine und Belorußlands ist durch entsprechende Kontrollen erfaßt. In Moskau ist Professor Tarasaki eingetroffen. Er wird am 6. Mai die Arbeit aufnehmen.
Die Wasserversorgung ist bis auf die Einzugsgebiete der Flüsse Teterew und Usch in allen Rayons normal. Genosse Schtschepin wird beauftragt, Konzentrationswerte der radioaktiven Stoffe in den Nutz- und Trinkwasserquellen zu präzisieren und die Aktivitäten zur Prophylaxe und ärztlichen Behandlung der Bevölkerung in den zu kontrollierenden Rayons zu verstärken.
2. Zur Durchführung der Dekontaminationsarbeiten und den Erdwallbau am Ufer des Flusses Pripjat.
Die Mitteilung des Genossen Achromejew wird zur Kenntnis genommen, wonach spezialisierte Einheiten des Verteidigungsministeriums auf dem Gelände des KKW Tschernobyl Dekontaminationsarbeiten in Angriff genommen haben. 7.500 Menschen und 4.000 Fahrzeuge wurden bereits dekontaminiert. Es sind Arbeiten im Gange, durch die ein Zugang zu dem beschädigten Reaktor geschaffen werden soll. Auf einer Länge von 2,5 km werden am Ufer des Flusses Pripjat Erdwälle aufgeschüttet. Die Sanitätsbataillone haben die Arbeit an ihrem Standort aufgenommen.
Die Genossen Achromejew und Gerassimow werden beauftragt, die Arbeiten zur Dekontamination des KKW-Geländes und zur Aufschüttung der Erdwälle am Pripjat-Ufer zu beschleunigen. Über die Ausführung des Auftrages ist der Operativen Gruppe am 6. Mai Meldung zu machen.
3. Zum Einkauf von Medikamenten, Geräten und Ausstattung im Ausland.
Die Mitteilung des Genossen Aristow wird zur Kenntnis genommen, wonach in Frankreich 9,6 Tonnen der Dekontaminationsemulsion eingekauft wurden. Am 7. Mai werden sie mit dem Flugzeug nach Tschernigow gebracht. Die nächste Lieferung der Emulsion, 10 Tonnen, wird am 13. Mai eintreffen. Mit den Firmen der BRD wird über den Einkauf ferngesteuerter Fahrzeuge und schaumbildender Materialien verhandelt. Alle Aufträge für den Ankauf der Medikamente sind erteilt. Erste Lieferungen der Medikamente treffen bereits in der UdSSR ein.
Genosse Schtscherbina wird beauftragt, umgehend die Beschaffung der notwendigen Mengen schaumstoffbildender Stoffe zu veranlassen. Genosse Aristow hat am 6. Mai die Frage des Einkaufs der ferngesteuerten Technik in der BRD und von Baggergeräten des Typs „Maulwurf" in Japan zu entscheiden.
4. Zur Organisation der Produktion von Dekontaminationsemulsionen und -stoffen.
Die Mitteilung des Genossen Listow wird zur Kenntnis genommen, daß chemische Materialien zur Herstellung von Dekontaminationsemulsionen und -filmen gesammelt werden. Es wurden Fabriken festgelegt, die sie an das KKW Tschernobyl liefern werden. Versandbereit sind 250 Tonnen flüssiger Stickstoff. Diese Menge kann auf 1.000 Tonnen erhöht werden.
Genosse Achromejew wird beauftragt, vor Ort die Herstellung und das Testen der Dekonta-

minationsemulsionen aus den Materialien des Ministeriums für chemische Industrie zu realisieren. Die Ergebnisse sind umgehend an die Operative Gruppe zu melden. Genosse Listow hat die Arbeit an der Auswahl notwendiger schaumbildender Stoffe fortzusetzen.

5. Zu Maßnahmen zur Entfernung des Wassers aus dem Druckmischer-Becken des beschädigten Reaktors.

Die Mitteilung des Genossen Majorez wird zur Kenntnis genommen, wonach die Arbeiten zum Abpumpen des Wassers aus dem Druckmischer-Becken veranlaßt wurden. Ihr Abschluß ist für das Tagesende des 6. Mai geplant. Es werden Vorbereitungsarbeiten zur Verlegung von Kühlrohren unter der Fundamentplatte des Reaktors durchgeführt. Es wurde mit dem Aufbau von Deponien für radioaktive Stoffe begonnen. Die Höchsttemperatur im Reaktor verlagert sich mit geringer Geschwindigkeit auf die unteren Konstruktionen.

Genosse Majorez wird verpflichtet, die Arbeiten zur Wasserabsaugung aus dem Druckmischer-Becken durch den Einsatz zusätzlicher Pumpen zu beschleunigen. Genosse Breshnew hat unverzüglich die Arbeiten zur Verlegung der die Fundamentplatte kühlenden Rohre aufzunehmen.

6. Zum Aufenthaltsprogramm des Generaldirektors der IAEA, H.Blicks, in der UdSSR.

Dem Vorschlag des Genossen Petrosjanz über das Aufenthaltsprogramm des Generaldirektors der IAEA in der UdSSR wird zugestimmt.

7. Zur Vorbereitung der Pressekonferenz mit ausländischen Journalisten.

Den Genossen Schtscherbina und Petrosjanz wurden bezüglich des Ablaufs und des Inhalts der Pressekonferenz Empfehlungen unterbreitet. Die Durchführung der Pressekonferenz ist auf 16 Uhr am 6. Mai festzulegen.

8. Zur Arbeitsplatzbeschaffung und zu den Entlohnungsbedingungen für die aus dem Gebiet des KKW Tschernobyl evakuierte Bevölkerung.

Die Mitteilung des Genossen Gladkij über den Entwurf für die Entscheidung der Regierung der UdSSR in dieser Frage wurde entgegengenommen.

Es wird für zweckmäßig gehalten, auf die Frage einer Entschädigung der aus dem Havariegebiet evakuierten Bevölkerung zu verzichten, da sie nicht genügend vorbereitet ist.

9. Zu Maßnahmen zur Verhinderung einer Strahlenverseuchung landwirtschaftlicher Produkte.

Die Mitteilung des Genossen Murachowskij wird zur Kenntnis genommen, wonach durch radiologische Einrichtungen des Landes im Havariegebiet die Strahlenbelastung der landwirtschaftlichen Nutzflächen bewertet wird und Maßnahmen in Vorbereitung sind, um schädliche Auswirkungen dieser Stoffe auf die Produktion der landwirtschaftlichen Produkte, einschließlich Milch und Fleisch, auszuschließen.

Genosse Murachowskij wird verpflichtet, innerhalb von zwei Tagen einen umfassenden Arbeitsplan zu diesen Problemen zu erarbeiten und die störungsfreie Versorgung der Bevölkerung der zu überwachenden Rayons mit Nahrungsmitteln zu gewährleisten.

10. Zur Erarbeitung eines Verzeichnisses der wichtigsten Fragen, die im Zusammenhang mit dem Reaktorunfall im KKW Tschernobyl einer Lösung bedürfen.

Dem Vorschlag von Genossen Dolgich wird beigepflichet, daß es notwendig ist, ein Verzeichnis der wichtigsten Probleme langfristigen Charakters im Zusammenhang mit negativen Auswirkungen des Reaktorunfalls im KKW Tschernobyl zu erarbeiten.

Genossen Dolgich wird angeboten, die Vorbereitung eines solchen Verzeichnisses zu leiten.

11. Zur Vorbereitung der Ansprache des ZK der KPdSU, des Präsidiums des Obersten Sowjets, des Ministerrates der UdSSR und des Allunionsrates der Gewerkschaften.

Es wird für notwendig gehalten, im Namen des ZK der KPdSU, des Präsidiums des Obersten Sowjets der UdSSR, des Ministerrates der UdSSR und des Allunionsrates der Gewerkschaften eine Ansprache vorzubereiten, in der insbesondere der wesentliche Inhalt der Entscheidung über die Entlohnungsbedingungen und die materielle Versorgung der Mitarbeiter von Betrieben und

Organisationen der Region des KKW Tschernobyl wiederzugeben ist, sowie in geeigneter Form den sowjetischen Familien, die von dem Reaktorunfall betroffen wurden, Beileid auszudrücken ist. Mit der Vorbereitung des Entwurfs der Ansprache wird Genosse Dolgich beauftragt.
12. Zur Organisation operativer Reisen der Mitglieder der Regierungskommission.
Das Ministerium für Zivilluftfahrt wird verpflichtet, zwei Flugzeuge vom Typ TU-134 mit Standort in Kiew und Moskau sowie einen Dienstplan der Besatzungen für dringende Flüge der Mitglieder der Regierungskommission und der Fachleute zur Verfügung zu stellen, der einen Einsatz rund um die Uhr gewährleistet.
N. Ryshkow.

An das Sekretariat des Obersten Sowjets der UdSSR *Geheim*
Unterliegt der Rückgabe an den Sondersektor der Geschäftsführung des Ministerrates der UdSSR

Protokoll Nr. 7
der Sitzung der Operativen Gruppe des Politbüros des ZK der KPdSU zu Fragen im Zusammenhang mit der Beseitigung der Folgen des Reaktorunfalls im KKW Tschernobyl.
6. Mai 1986
1. Zur Strahlensituation im europäischen Teil der UdSSR.
Die Mitteilungen der Genossen Sedunow und Sacharow werden zur Kenntnis genommen, wonach sich die Strahlensituation im europöischen Teil der UdSSR insgesamt innerhalb zulässiger Grenzwerte bewegt. Ein unwesentlicher Anstieg der Strahlenbelastung liegt in Kiew, Zhlobin und Fastow vor. In den Rayons, die an der Westgrenze der UdSSR liegen, sinken die Strahlenwerte. Zwei zusätzliche Flugzeuge für die Messung der Strahlenwerte in der Luft wurden vorbereitet.
Genosse Sedunow wird beauftragt, sofort eine Gruppe von Fachleuten zur Präzisierung der Daten der radioaktiven Verschmutzung in dieser Region nach Gomel zu schicken. Die Ergebnisse sind der Operativen Gruppe zu melden.
Dem Vorschlag des Staatlichen Komitees für Hydrometeorologie wird zugestimmt, daß es sinnvoll ist, systematisch die IAEA über Strahlenwerte im Bereich des KKW Tschernobyl zu informieren. Die für die Übergabe an die IAEA vorbereitete Information ist vorher bei den Sitzungen der Operativen Gruppe zu erörtern.
Genosse Sedunow wird beauftragt, Vorschläge zur Realisierung der Bitte des Generaldirektors der IAEA, H.Blicks, zu erarbeiten und der Operativen Gruppe vorzulegen, 30 km vom KKW Tschernobyl entfernt Kontrollgeräte der IAEA zu installieren.
2. Zur Hospitalisierung und ärztlichen Behandlung der von dem Reaktorunfall im KKW Tschernobyl betroffenen Bevölkerung.
Die Mitteilung des Genossen Schtschepin wird zur Kenntnis genommen, wonach gemäß dem Stand vom 6. Mai, 9 Uhr die Gesamtzahl der hospitalisierten Patienten 3.454 Personen erreichte. Davon werden 2.609 Menschen stationär behandelt, darunter 471 Kinder. Nach präzisierten Angaben beträgt die Zahl der strahlengeschädigten Patienten 367 Personen, davon 19 Kinder. Von ihnen befinden sich 34 Personen in ernstem Zustand. In stationärer Behandlung in der Klinik 6 in Moskau befinden sich 179 Personen, darunter zwei Kinder.
Erhöhte Kontaminationswerte des Wassers der Flüsse Pripjat und Teterew werden bestätigt. Die Konzentration radioaktiver Stoffe in den Wasserentnahmestellen in Kiew bewegt sich innerhalb zulässiger Werte.

Dem Vorschlag des Gesundheitsministeriums der UdSSR wird zugestimmt, wonach es sinnvoll ist, Daten über die Zahl der in der 6. Moskauer Klinik in Behandlung befindlichen Patienten sowie deren Zustand zu veröffentlichen, und zwar im Hinblick darauf, daß in dieser Klinik amerikanische Fachleute arbeiten.

3. Zu Maßnahmen zur Entfernung des Wassers aus dem Druckmischer-Becken des beschädigten Reaktors des KKW Tschernobyl. (Im Laufe der Diskussion bestand Funkkontakt auf einem speziellen Sonderkanal mit Silajew I.S.)

Die Mitteilung des Genossen Silajew wird zur Kenntnis genommen, wonach im KKW Tschernobyl Arbeiten zur Vorbereitung des Wasserentfernens aus dem Druckmischer-Becken begonnen wurden. Der Beginn des Abpumpens wird für den 6. Mai, 24 Uhr geplant. Danach wird in das Druckmischer-Becken gekühlter gasförmiger Stickstoff eingeleitet. Die Vorbereitung auf das nachfolgende Ausfüllen des Druckmischer-Beckens mit Betonmörtel ist im Gange.

Gleichzeitig werden Vorbereitungsarbeiten zum Verlegen der Kühlrohre unter der Fundamentplatte des Reaktors durchgeführt. Notwendige Geräte und Fachleute befinden sich vor Ort.

Nach indirekten Messungen hat sich der Temperaturanstieg verlangsamt. Es werden Maßnahmen getroffen, um diese Daten zu überprüfen.

Die Säuberung des KKW-Geländes von radioaktiven Stoffen wird fortgesetzt. Die Erdwälle am Pripjat-Ufer im Bereich des KKW sind auf einer Länge von 4 km fertiggestellt. Am 7. Mai werden 10 km Erdwälle fertiggestellt sein.

Genosse Achromejew wird beauftragt, umgehend eine Anlage zum KKW Tschernobyl zu befördern, um Stickstoff aus dem flüssigen in den gasförmigen Zustand zu verwandeln.

Genossen Silajew wurde empfohlen, die Durchführung der Notarbeiten so weit wie möglich zu beschleunigen.

4. Zum Plan der Dekontaminationsarbeiten auf dem Gelände des KKW Tschernobyl und der anliegenden Rayons.

Der vom Verteidigungsministerium erarbeitete Plan zur Dekonatmination des Geländes des KKW Tschernobyl und der anliegenden 50 km-Zone wird gebilligt.

Dem Verteidigungsministerium (Achromejew, Pikalow) wird empfohlen, zusätzliche Maßnahmen zur Verkürzung der Realisierungstermine dieses Planes von sechs auf vier Monate zu treffen.

Genosse Achromejew wird beauftragt, bis zum 12. Mai den Entwurf eines Beschlusses des ZK der KPdSU und des Ministerrates der UdSSR vorzubereiten, in dem Maßnahmen zur materiellen Ausstattung der Dekontaminationsarbeiten im Umfeld des KKW Tschernobyl vorzusehen sind.

N.Ryshkow

An das Sekretariat des Obersten Sowjets der UdSSR *Geheim*
Unterliegt der Rückgabe an den Sondersektor der Geschäftsführung des Ministerrates der UdSSR

Protokoll Nr. 8
der Sitzung der Operativen Gruppe des Politbüros des ZK der KPdSU zu Fragen im Zusammenhang mit der Beseitigung der Folgen des Reaktorunfalls im KKW Tschernobyl.

7. Mai 1986

1. Zur Strahlensituation im europäischen Teil der UdSSR.
Die Mitteilung des Genossen Sedunow wird zur Kenntnis genommen, daß es im Laufe des vergangenen Tages bezüglich der Strahlensituation im europäischen Teil der UdSSR keine wesentlichen Veränderungen gab. Bis 0,7 mR/h ist die Strahlenbelastung in Kiew gestiegen.
Die Genossen Sedunow und Schtschepin werden verpflichtet, die von den Einwohnern Kiews nach dem Stand vom 7. Mai 1986 aufgenommenen Dosisbelastungen zu berechnen, das Ausmaß der biologischen Wirkung einzuschätzen, sowie eine Prognose hinsichtlich des Zeitraumes aufzustellen, innerhalb dessen in Kiew spezielle Prophylaxemaßnahmen nicht erforderlich sind. Die Ergebnisse sind der Operativen Gruppe am 8. Mai bis 15 Uhr vorzulegen.
Die Genossen Silajew und Israel werden beauftragt, den Aufbau einer Meßstelle des Staatlichen Komitees für Hydrometeorologie unmittelbar auf dem Gelände des KKW Tschernobyl zu veranlassen, um jederzeit Daten über die Intensität der Freisetzung radioaktiver Stoffe aus dem beschädigten Reaktor zu erhalten.
2. Zur ärztlichen Behandlung der vom Reaktorunfall im KKW Tschernobyl betroffenen Menschen.
Während der vergangenen 24 Stunden wurden zusätzlich 1.821 Personen hospitalisiert. Die Zahl der Patienten, die stationär behandelt werden, betrug am 7. Mai um 10 Uhr 4.301 Personen, darunter 1.351 Kinder. Von ihnen wurde bei 520 Personen, einschließlich Mitarbeitern des Innenministeriums der UdSSR, eine Strahlenkrankheit diagnostiziert. In ernstem Zustand befinden sich 34 Patienten.
Die Konzentration radioaktiver Stoffe in den Flüssen Dnjepr und Desna liegt nicht über den Grenzwerten. In einer Reihe von Orten in den Gebieten Mogiljow und Gomel ist sie in den Trinkwasserquellen bis auf Werte gestiegen, die über 10^{-7} Ci/l liegen.
Genosse Schtschepin wird beauftragt, der Operativen Gruppe einen Vorschlag zur Auszeichnung des amerikanischen Arztes Tarasaki vorzulegen.
Das Ministerium für chemische Industrie (Listow) wird verpflichtet, umgehend die Produktion von 130 Tonnen Kaliumjod zu veranlassen, und zwar im Hinblick auf dessen mögliche Verwendung für prophylaktische Maßnahmen zur Reduzierung der schädlichen Auswirkungen der Strahlenbelastung auf die menschliche Gesundheit.
Genosse Schtschepin wird beauftragt, eine ständige Überwachung der Konzentration radioaktiver Stoffe in den Flüssen Pripjat, Teterew und Usch zu gewährleisten. Die Ergebnisse sind der Operativen Gruppe regelmäßig vorzulegen.
3. Zum Aufenthalt des Generaldirektors der IAEA, H.Blicks, in der UdSSR.
Die Mitteilung der Genossen Schtscherbina und Petrosjanz darüber, daß der Text des gemeinsamen Kommuniques mit H.Blicks über den Reaktorunfall im KKW Tschernobyl mit ihnen abgestimmt wurde, wird zur Kenntnis genommen. Dieses Dokument wird nach der Abreise von H. Blicks aus der UdSSR veröffentlicht.
Dem Vorschlag von Petrosjanz über die Zweckmäßigkeit der Reise von H. Blicks in die Region des KKW Tschernobyl wird zugestimmt. Genosse Petrosjanz wird beauftragt, ihn zu begleiten und für ein erforderliches Aufenthaltsprogramm der IAEA-Vertreter zu sorgen.

Dem Vorschlag von Schtscherbina und Petrosjanz wird zugestimmt, eine Pressekonferenz von H. Blicks in der UdSSR durchzuführen. Sie wird vorläufig für den 9. Mai festgelegt.
4. Zum Ankauf notwendiger Materialien und Geräte im Ausland.
Die Mitteilung von Genossen Schtscherbina wird zur Kenntnis genommen, daß alle Maßnahmen getroffen werden, um Ankäufe notwendiger Materialien und Geräte im Ausland zu beschleunigen. Das Ministerium für Energiewirtschaft (Majorez) wird verpflichtet, die Ausreise von zwei Fachleuten des Ministeriums in die BRD zu beschleunigen, um Fragen zu den Lieferbedingungen für ferngesteuerte Technik zu lösen.
Genosse Schtscherbina wird beauftragt, von ausländischen Firmen und Vertretungen eingehende Hilfsangebote zur Liquidierung der Auswirkungen des Reaktorunfalls zu analysieren und der Operativen Gruppe entsprechende Empfehlungen vorzulegen.
5. Zur Lage im KKW Tschernobyl und dem Verlauf der Arbeiten bei der Beseitigung der Folgen des Reaktorunfalls.
Die Mitteilung des Genossen Silajew wird zur Kenntnis genommen, daß von der Regierungskommission Entscheidungen getroffen wurden, den oberen Teil des beschädigten Reaktors mit einer speziellen chemischen Masse auf Kautschukgrundlage abzudecken. Gegen 21 Uhr soll die Einleitung von gasförmigem Stickstoff in das Druckmischer-Becken beginnen. Erdwälle sind auf 8 km Länge des Pripjat-Ufers errichtet worden. Erfolgreich wurde die Emulsion getestet, die aus einheimischen Produkten hergestellt wurde und für die Dekontamination strahlenbelasteter Flächen bestimmt ist.
Das Abpumpen des Wassers aus dem Entleerungstank des Druckmischer-Beckens wird fortgesetzt. Es laufen Vorbereitungsarbeiten, um Betonmörtel hineinzupumpen sowie Kühlrohre unter der Fundamentplatte der Reaktorhalle zu verlegen.
Die Strahlenbelastung auf dem Gelände des Kraftwerkes sinkt.
Es wird auf die unbefriedigende Arbeit der Bautruppen des Ministeriums für Energiewirtschaft der UdSSR hingewiesen. Genosse Majorez wird verpflichtet, umgehend notwendige Maßnahmen zu ergreifen.
Der Vorschlag der Regierungskommission, sofort 600 Bauarbeiter des Ministeriums für Energiewirtschaft der UdSSR, die in der Region des KKW Tschernobyl wohnen, zur Armee einzuberufen, wird gebilligt.
Genosse Lemajew wird beauftragt, umgehend Maßnahmen zur Herstellung von 300 Tonnen chemischer Stoffe und Substanzen zu ergreifen, die für das Eindecken des oberen Reaktorteils zur Reduzierung der Freisetzung radioaktiver Stoffe erforderlich sind.
Dem Vorschlag des Genossen Silajew wird zugestimmt, die Entlohnung der Militärangehörigen, die bei den Arbeiten zur Liquidierung der Auswirkungen des Reaktorunfalls im KKW Tschernobyl beschäftigt sind, zu regeln. Genosse Sokolow wird beauftragt, entsprechende Befehle zu erlassen. Genosse Silajew wird verpflichtet, umfassende Maßnahmen zur Beschleunigung sämtlicher Arbeiten zur Liquidierung der Auswirkungen des Reaktorunfalls im KKW Tschernobyl zu ergreifen.
Die Regierungskommission wird auf die Gefahr von Bränden im beschädigten sowie in den stillgelegten Energieblöcken aufmerksam gemacht. Es wird verlangt, umgehend Maßnahmen zu ergreifen, die die Entstehung eines Brandes sowie dessen Verbreitung ausschließen.
6. Zum Entwurf der Ansprache des ZK der KPdSU, des Präsidiums des Obersten Sowjets der UdSSR, des Ministerrates der UdSSR und des Allunionsrates der Gewerkschaften.
Die Verfahrensweise der Veröffentlichung des wesentlichen Inhalts des o.g. Dokuments wurde abgestimmt.
N.Ryshkow

An das Sekretariat des Obersten Sowjets der UdSSR *Geheim*
Unterliegt der Rückgabe an den Sondersektor der Geschäftsführung des Ministerrates der UdSSR

Protokoll Nr. 9
der Sitzung der Operativen Gruppe des Politbüros des ZK der KPdSU zu Fragen im Zusammenhang mit der Beseitigung der Folgen des Reaktorunfalls im KKW Tschernobyl.

8. Mai 1986

1. Zur Strahlensituation im europäischen Teil der UdSSR.
Die Mitteilung des Genossen Sedunow wird zur Kenntnis genommen, daß es im Laufe des vergangenen Tages keine wesentlichen Veränderungen der Strahlensituation gab. In Kiew sank die Strahlenbelastung auf 0,5 mR/h. Die Landflächen um Tula bleiben nach wie vor stark belastet. Die Gesamtdosis der Strahlenbelastung, der die Bevölkerung nach dem Reaktorunfall ausgesetzt war, beträgt: in Kiew 0,1, in Bragin 3,9, in Polesskij 1,8 R. Die Situation in ausländischen Staaten hat sich normalisiert, bis auf Rumänien, wo die Strahlenbelastung in mehreren Gebieten 0,2 mR/h beträgt.
Es wird dem Vorschlag zugestimmt, der IAEA Informationen über Strahlenwerte an der Grenze der UdSSR von folgenden Ortschaften zu übergeben: Leningrad, Riga, Wilna, Brest, Rachow, Kishinjow, sowie an einer, 68 km vom KKW Tschernobyl entfernten Stelle, in der Stadt Ostjor.
Es wird für zweckmäßig gehalten, die Bitte der rumänischen Seite zu erfüllen, in die UdSSR zwei Fachleute zwecks Konsultationen zu Fragen der Strahlensituation einreisen zu lassen.
Die Genossen Sedunow und Petrosjanz werden beauftragt, die Zusammenarbeit mit ihnen zu organisieren.
2. Zur Hospitalisierung und ärztlichen Behandlung der Patienten, die einer Strahlenwirkung ausgesetzt waren.
Die Mitteilung Genossen Schtschepins wird zur Kenntnis genommen, daß sich im Laufe der letzten 24 Stunden die Zahl der hospitalisierten Personen um 2.245 erhöht hat, darunter 730 Kinder. Aus den Kliniken wurden 1.131 Patienten entlassen. Nach dem Stand am 8. Mai um 10 Uhr beträgt die Zahl der Personen in stationärer Behandlung 5.415, darunter 1.928 Kinder. Bei 315 Patienten wurde eine Strahlenkrankheit diagnostiziert. Das Gesundheitsministerium legte neue Richtwerte für die zulässige Bestrahlung der Bevölkerung durch radioaktive Strahlungen fest, die die früheren um das 10fache übersteigen (Anhang). In Sonderfällen ist es möglich, diese Richtwerte auf das 50fache im Vergleich zu den früheren Belastungswerten zu erhöhen.
Das Gesundheitsministerium der UdSSR (Schtschepin) wird verpflichtet, drei medizinische Einrichtungen für die Aufnahme der aus betroffenen Regionen anreisenden Patienten in Moskau aufzubauen. Ihre Ausstattung mit Kleidung ist Aufgabe des Handelsministeriums (Waschtschenko). Über die ergriffenen Maßnahmen ist der Operativen Gruppe am 10. Mai Bericht zu erstatten.
3. Zum Verlauf der Dekontaminationsarbeiten.
Die Mitteilung von Genossen Achromejew wird zur Kenntnis genommen.
Das Verteidigungsministerium (Achromejew) wird beauftragt, die Kontamination durch radioaktive Stoffe bei Tula zu messen und, falls notwendig, Maßnahmen zur Dekontamination der belasteten Landflächen zu ergreifen. Über die Ausführung dieser Maßnahme ist der Operativen Gruppe am 10. Mai Meldung zu machen.
4. Zur Fernsehansprache der Genossen Worobjow A.I. und Gogin J.
Unter Berücksichtigung der Tatsache, daß sich die Situation im KKW Tschernobyl verbessert hat, wird es für zweckmäßig gehalten, von dieser Ansprache Abstand zu nehmen.

5. Zum Ankauf von Medikamenten, Materialien und Geräten im Ausland.
Die Mitteilung des Genossen Aristow zu dieser Frage wird zur Kenntnis genommen.
Genosse Schtscherbina wird beauftragt, aus England zu liefernde Schutzanzüge vorher testen zu lassen. Bei positiven Ergebnissen sind diese Schutzmittel unverzüglich ins KKW Tschernobyl zu schicken. Das Außenministerium der UdSSR (Kowaljow) soll die Lieferfirma ansprechen und im Namen der Regierung seinen Dank aussprechen.
Das Ministerium für Energiewirtschaft der UdSSR (Majorez) wird verpflichtet, umgehend einen Mechaniker, einen Elektriker und einen Radiotechniker zum Erlernen der Steuerung der aus diesem Land zu liefernden Robotervorrichtungen in die BRD zu schicken.
Die Genossen Aristow, Schtschepin, Sedunow und Basowskij werden beauftragt, über das Verfahren der Ausfertigung von Dokumenten zu entscheiden, die das Nichtvorhandensein einer radioaktiven Kontamination für Exportwaren sowie von Transportmitteln, die sie in andere Länder befördern, beschleunigen.
Das Außenministerium der UdSSR (Kowaljow) hat die sowjetischen Botschafter zu beauftragen, Außenhandelsorganisationen beim Einkauf notwendiger Präparate und Geräte zu unterstützen. Falls Regierungen ausländischer Staaten ein Embargo über die Ausfuhr einiger Waren in die UdSSR verhängen, sind entsprechende diplomatische Maßnahmen zu ergreifen, die darauf gerichtet sind, die Unzulässigkeit solcher Einschränkungen in der entstandenen Situation zu verdeutlichen.
6. Zur TASS-Mitteilung zur Einführung von Einfuhrbeschränkungen für Waren aus der UdSSR in einige europäische Staaten.
Der Text der genannten Mitteilung wird gebilligt. Sie ist in der Presse am 9. Mai 1986 zu veröffentlichen.
7. Zur Herstellung chemischer Produkte, die für die Liquidierung der Auswirkungen des Reaktorunfalls im KKW Tschernobyl notwendig sind.
Die Mitteilungen der Genossen Listow und Lemajew über diese Frage werden zur Kenntnis genommen. Die durch diese Ministerien zu ergreifenden Maßnahmen zur Erhöhung der Produktionsmengen der Materialien, die man für die Durchführung der Arbeiten zur Liquidierung der Auswirkungen des Reaktorunfalls benötigt, werden gebilligt.
8. Zum Verlauf der Arbeiten zur Beseitigung der Folgen des Reaktorunfalls im KKW Tschernobyl.
Die Mitteilung des Genossen Silajew wird zur Kenntnis genommen, daß infolge der getroffenen Maßnahmen die Temperatur im Reaktor auf 300 Grad sank.
Genosse Silajew wird beauftragt, die Angaben zur Temperatur im Reaktor zu präzisieren. Seinem Vorschlag wird zugestimmt, mit Arbeiten zu beginnen, bei denen mit Hilfe von Artillerieausrüstungen Durchbrüche in den Mauern der Reaktoranlage geschaffen werden, die man für das Einbringen des Betonmörtels benötigt.
Genosse Jeshewskij ist zum KKW Tschernobyl zu schicken, um Maßnahmen zur Sicherung der Funktionsfähigkeit der Planierraupen zu ergreifen.
Genosse Silajew wird beauftragt, umgehend Maßnahmen zum Betonieren der Schutthaufen am beschädigten Reaktor zu treffen, um dem Ausschwemmen radioaktiver Stoffe durch Regenfälle und ihrer Verbreitung in der Umwelt vorzubeugen.
Genosse Majorez wird verpflichtet, unverzüglich die Durchführung von Arbeiten zur zuverlässigen Isolierung der Regenkanalisation am Standort des ausgefallenen Reaktors zu organisieren.
Genosse Silajew wird beauftragt, umgehend Maßnahmen zur Erhöhung der Brandsicherheit der stillgelegten Reaktorblöcke zu ergreifen sowie ein Projekt zur endgültigen Abdeckung des beschädigten Reaktorblocks zu erarbeiten.

9. Zur nächsten Verlautbarung der Regierung.
Der Text der Verlautbarung wird gebilligt. Nach der Sonderverfügung ist er in der Presse zu veröffentlichen.
10. Zu einigen Vorschlägen des Genossen Schtscherbina.
Dem Vorschlag des Genossen Schtscherbina wird zugestimmt, in jedem Kernkraftwerk eine Hochfrequenz-Nachrichtenverbindung mit der Regierung zu installieren. Genosse Majorez wird beauftragt, eine entsprechende Verordnung des Ministerrates vorzubereiten.
In die Tagesordnung der nächsten Sitzung der Operativen Gruppe ist die Frage operativer Maßnahmen zur Erhöhung der Sicherheit in Betrieb befindlicher Energieblöcke von Kernkraftwerken aufzunehmen. Als Referenten werden die Genossen Majorez und Meschkow bestimmt.
Das Staatliche Komitee für Wissenschaft und Technik (Martschuk) und die Staatliche Atomenergieaufsichtsbehörde (Sidorenko) werden beauftragt, unter Beteiligung führender Wissenschaftler und Fachleute des Landes eine Einschätzung der Ursachen des Reaktorunfalls im KKW Tschernobyl zu erstellen sowie die Übereinstimmung der Energieblöcke der Reaktoren vom Typ RBMK mit den modernen Sicherheitsanforderungen an Kernkraftwerke zu bestätigen.
N.Ryshkow

Geheim

Medizinisch-hygienischer Befund anhand der Daten des Staatlichen Komitees für Hydrometeorologie vom 8. Mai 1986

Vom Gesundheitsministerium der UdSSR wurden 1976 Normen der Strahlensicherheit (NRB-76 Nr. 141-76) erlassen, wonach der Grenzwert für Strahlenbelastungsdosen eines begrenzten Teils der Bevölkerung 0,5 rem pro Jahr beträgt (0,5 R/Jahr, 500 mR/Jahr). Der genannte Dosisgrenzwert wurde mit einer 10fachen Reserve festgelegt. Die Zuverlässigkeit dieses Richtwertes wurde durch langjährige Arbeitserfahrungen des Personals bestätigt, das mit Quellen ionisierender Strahlung Umgang hat. (Der Dosisgrenzwert beträgt für Personal 5 rem im Jahr, 5000 mR/Jahr). Der genannte Richtwert, 5 rem, wurde im Hinblick darauf festgelegt, das Entstehen negativer Folgen jeglicher Art auszuschließen. Der genannte Richtwert kann unter außergewöhnlichen Bedingungen (Notsituationen) auf 25 rem festgelegt werden.
Nach der Auskunft des Staatlichen Komitees für Hydrometeorologie vom 7. Mai 1986 betrug die Ortsdosisleistung in Kiew am 6. Mai um 1 Uhr 0,53 mR/h. Unter Berücksichtigung der realen Lebensumstände der Bevölkerung ist von folgenden Strahlenwerten auszugehen: innerhalb von 24 Stunden etwa 6 mR (0,006 rem oder 0,006 R), im Laufe einer Woche ca. 40 mR (0,04 rem oder 0,04 R), im Laufe eines Monats ca. 200 mR (0,2 rem oder 0,2 R).
Auf diese Weise wird die Sicherheit der Gesundheit der Menschen aller Altersgruppen garantiert, auch bei einem Andauern dieser Strahlensituation über 2,5 Jahre.
In den Städten Zhlobin und Fastow ist die Strahlensituation und ihre Einschätzung ähnlich wie in Kiew. In den Städten Tschitschersk und Polesskij sind die Belastungsdosen um das 4-6fache höher als in Kiew, haben jedoch keine reale Bedeutung für die Entstehung von Erkrankungen.
Die Einführung von irgendwelchen Einschränkungen und Maßnahmen zur Änderung der Lebensgewohnheiten ist in der bestehenden Strahlensituation nicht sinnvoll.
1. Nach den Daten des Staatlichen Komitees für Hydrometeorologie betrug die Konzentration von Jod-131 in Wasserproben in der Mündung des Flusses Pripjat am 4. Mai 1×10^{-8} Ci/l, im Kiewer Stausee (nahe der Siedlung Ljubesch) 1×10^{-7} Ci/l.

Im Hinblick auf die Bereitstellung von Trinkwasser, das ins Wasserversorgungsnetz der Stadt Kiew eingespeist wird, sind die Konzentrationswerte von Jod-131 nicht gefährlich.
2. Die Strahlensituation in Moskau erregt keine Besorgnis.
Erster Stellvertreter des
Gesundheitsministers der UdSSR
O.P. Schtschepin
Erster Stellvertreter des Vorsitzenden des
Staatlichen Komitees für Hydrometeorologie der UdSSR
J.S. Sedunow

An das Sekretariat des Obersten Sowjets der UdSSR *Geheim*
Unterliegt der Rückgabe an den Sondersektor der Geschäftsführung des Ministerrates der UdSSR

Protokoll Nr. 10
der Sitzung der Operativen Gruppe des Politbüros des ZK der KPdSU zu Fragen im Zusammenhang mit der Beseitigung der Folgen des Reaktorunfalls im KKW Tschernobyl.

10. Mai 1986

1. Zur Strahlensituation im europäischen Teil der UdSSR.
Die Mitteilung des Genossen Sedunow wird zur Kenntnis genommen, daß die Strahlensituation im europäischen Teil der UdSSR keine wesentlichen Änderungen aufwies. Die Ortsdosisleistung in Kiew sank auf 0,32 mR/h. Das Staatliche Komitee für Hydrometeorologie entschied über den Einsatz von Flugzeugen zum meteorologischen Schutz Kiews vor Niederschlägen vom 11. Mai an. Es wurde (durch die Staatliche Atomenergiebehörde der UdSSR) die Übergabe von Daten über Strahlenwerte aus sechs Ortschaften an der Westgrenze der UdSSR und aus einer 70 km vom KKW Tschernobyl entfernten Ortschaft an die IAEA organisiert.
Es wird für sinnvoll gehalten, die Daten über Strahlenwerte in diesen Ortschaften sowie in Kiew in den offiziellen Verlautbarungen zu veröffentlichen.
Das Staatliche Komitee für Hydrometeorologie wird beauftragt, einen Beschluß vorzubereiten, wonach seine Einheiten zusätzlich mit den erforderlichen Geräten auszustatten sind.
Genosse Sedunow und Achromejew werden verpflichtet, die Ursachen für die Erhöhung der Strahlenwerte in mehreren Rayons der Gebiete Tula, Orel, Brjansk und Kaluga im Hinblick auf die Witterungsbedingungen innerhalb des Beobachtungszeitraums zu analysieren. Über die Ergebnisse ist am 11. Mai 1986 Bericht zu erstatten.
2. Zur Hospitalisierung und ärztlichen Behandlung der vom Reaktorunfall betroffenen Patienten.
Die Mitteilung des Genossen Schtschepin ist zur Kenntnis zu nehmen, daß im Laufe der vergangenen zwei Tage 4.019 Menschen, darunter 2.360 Kinder hospitalisiert wurden. Insgesamt werden 8.695 Patienten stationär behandelt, darunter mit der Diagnose Strahlenkrankheit 238 Patienten, unter ihnen 26 Kinder. Im Laufe der vergangenen 24 Stunden sind zwei Patienten gestorben, in einem ernsten Zustand befinden sich 33 Personen. Die Zahl der im Ergebnis des Unfalls verstorbenen Personen beträgt fünf.
Es wurde über die Hospitalisierung und Dekontamination der Personen entschieden, die aus der Ukrainischen SSR und der Belorussischen SSR nach Moskau anreisen.
Das Staatliche Komitee für Landwirtschaft der UdSSR (Murachowskij) wird beauftragt, für die Einstellung der Lebensmittellieferungen aus den Rayons mit erhöhten Strahlenbelastungswerten nach Moskau zu sorgen sowie die Durchführung dieser Anweisung zu überwachen.

3. Zum Verlauf der Dekontaminationsarbeiten.
Die Mitteilung des Genossen Achromejew zu dieser Frage wird zur Kenntnis genommen
Genosse Achromejew wird beauftragt, Maßnahmen zum verstärkten Einsatz adsorbierender Dekontaminationsemulsionen auf der Basis einheimischer chemischer Substanzen zu ergreifen. Der Kauf einer ähnlichen Emulsion in Frankreich wird auf 20 Tonnen beschränkt.
4. Zur Verlautbarung der Regierung.
Der Text der nächsten Regierungsverlautbarung wird gebilligt. Die Daten über Belastungsdosen in den Regionen, über die die IAEA informiert wird, sowie über Kiew, sind einzufügen.
5. Zum Verlauf der Arbeiten zur Beseitigung der Folgen des Reaktorunfalls im KKW Tschernobyl.
Die Mitteilung des Genossen Silajew wird zur Kenntnis genommen, daß zur Zeit das Hauptaugenmerk darauf gerichtet ist, die Strahlenquellen auf dem gesamten Gelände des Kernkraftwerkes zu dekontaminieren.
Es werden weiterhin Kühlrohre unter der Fundamentplatte der Reaktoranlage verlegt, die am 11. Mai mit flüssigem Stickstoff gefüllt werden sollen. In Hinblick darauf, daß das Kühlsystem der abgebrannten Brennstäbe, die sich im Lagerungsbecken des Energieblocks 4 befinden, ausgefallen ist, werden Maßnahmen zur Normalisierung der Temperaturen in diesem Becken erarbeitet.
Genosse Aristow wird beauftragt, umgehend ein Verzeichnis der ferngesteuerten Technik, die bereits früher im Ausland eingekauft wurde, zusammenzustellen, damit diese nach Bedarf zum KKW Tschernobyl verlegt werden kann.
Genosse Majorez wird verpflichtet, am 11. Mai zum KKW Tschernobyl zu fliegen und Maßnahmen zur präzisen Organisation der Arbeiten zu ergreifen, die durch die Einheiten des Ministeriums für Energiewirtschaft der UdSSR durchzuführen sind, sowie einen Entwurf zur Entsorgung des Reaktors 4 zu erarbeiten.
Dem Vorschlag des Genossen Schtscherbina wird zugestimmt, die Genossen Legassow und Schascharin zur Untersuchung der Ursachen des Reaktorunfalls nach Moskau zu beordern.
6. Zur Erarbeitung eines Planes zur Abdeckung des beschädigten Reaktorblocks.
Die Mitteilung der Genossen Majorez und Batalin wird zur Kenntnis genommen. Dabei ist von der Notwendigkeit einer schnellstmöglichen Vorbereitung dieses Projektes auszugehen.
Die Genossen Batalin, Majorez und Achromejew werden beauftragt, am 13. Mai 1986 der Operativen Gruppe Terminpläne für die Arbeiten zur Liquierung der Auswirkungen des Unfalls (Erarbeitung der Projekte, Ausführung der Hauptetappen der Dekontamination des Geländes und der Einrichtungen, Abdecken des beschädigten Reaktors usw.) zur Bestätigung vorzulegen. Das Hauptaugenmerk ist auf die Verhinderung einer ungleichmäßigen Absenkung der zu bauenden Konstruktionen, auf ihre zuverlässige Kühlung für den Erhalt des 3. Reaktorblocks zu richten.
Genosse Batalin wird beauftragt, die Leitung der Projektvorbereitung zur Abdeckung des beschädigten Reaktors zu übernehmen.
7. Zu Sicherheitsmaßnahmen in den Energieblöcken 1, 2 und 3 des KKW Tschernobyl und die Erhöhung der Betriebssicherheit anderer Kernkraftwerke.
Die Mitteilung des Genossen Majorez wird zur Kenntnis genommen, daß das Ministerium für Energiewirtschaft
— die Überwachung des Zustands der Reaktoren in den Energieblöcken 1, 2 und 3 des KKW Tschernobyl gewährleistet, einschließlich der Frage der Brandsicherheit, des Einsatzes unabhängiger Kühlquellen für die Reaktoren und der Stromversorgung für eigene Zwecke;
— unter Berücksichtigung des Reaktorunfalls im KKW Tschernobyl Maßnahmen zur Gewährleistung der Sicherheit in allen anderen Atomkarftwerken sowie zur Erhöhung der Ordnung und Disziplin in deren Belegschaften ergriffen hat.
N.Ryshkow

An das Sekretariat des Obersten Sowjets der UdSSR *Geheim*
Unterliegt der Rückgabe an den Sondersektor der Geschäftsführung des Ministerrates der UdSSR

Protokoll Nr. 11
der Sitzung der Operativen Gruppe des Politbüros des ZK der KPdSU zu Fragen im Zusammenhang mit der Beseitigung der Folgen des Reaktorunfalls im KKW Tschernobyl.

11. Mai 1986

1. Zur Strahlensituation im europäischen Teil der UdSSR.
Die Mitteilung des Genossen Sedunow, daß die Belastungswerte allmählich sinken, wird zur Kenntnis genommen. In Kiew betrug die Ortsdosisleistung um 16 Uhr 0,32 mR/h. An der Westgrenze bleibt die Situation normal. Erhöhte Strahlenwerte bei Tula sind Folge der Niederschläge am 28. und 29. April. Es wurden Arbeiten zur Bestimmung der Isotopenzusammensetzung des radioaktiven Fallouts aufgenommen.
2. Zur medizinischen Betreuung der durch die Strahlenbelastung betroffenen Bevölkerung.
Die Mitteilung des Genossen Schtschepin wird zur Kenntnis genommen, daß im Laufe der vergangenen 24 Stunden 495 Menschen hospitalisiert wurden. Aus den Kliniken wurden 1.017 Patienten entlassen. Insgesamt werden zur Zeit 8.137 Patienten stationär behandelt und untersucht, 264 von ihnen sind strahlenkrank. In ernstem Zustand befinden sich 37 Patienten. Die Gesamtzahl der Umgekommenen und Verstorbenen infolge des Reaktorunfalls beläuft sich auf sieben.
Die Situation bezüglich der Milch wird komplizierter, insbesondere in Belorußland und in der Ukraine, da erhöhte Konzentrationen von Jod-131 ermittelt wurden. In mehreren Gebieten Belorußlands bleibt die Wasserkontamination in Brunnen über den Grenzwerten.
Es wird für notwendig gehalten, auf der nächsten Sitzung der Operativen Gruppe die Frage der Belastungswerte in Belorußland zu erörtern. Dazu soll in der Sitzung der Vorsitzende des Ministerrates der Belorussischen SSR Kowaljow angehört werden.
Das Handelsministerium (Waschtschenko) wird beauftragt, die Frage einer Steigerung der Lieferungen von Milchpulver in die Rayons, in denen ein Mangel an Milchprodukten auftritt, zu prüfen.
Das Ministerium für mittleren Maschinenbau (Meschlow) wird verpflichtet, umgehend dem Gesundheitsministerium 30 Strahlenmeßgeräte vom Typ SRP 68-01 zur Verfügung zu stellen.
Die Genossen Schtschepin und Sedunow werden beauftragt, Prognoseberechnungen zu der zu erwartenden Strahlenkontamination von Trinkwasserquellen im Falle von Regenfällen zu machen. Die Ergebnisse sind am 12. Mai 1986 an die Operative Gruppe zu melden.
3. Zur Situation der Ausländertouristik im Zusammenhang mit dem Unfall.
Im Zusammenhang mit der Mitteilung des Genossen Pawlow, daß sich die Zahl der Touristen aus kapitalistischen Ländern um 20 Prozent reduziert hat und daß mit einem weiteren Rückgang im Mai/Juni zu rechnen ist, wird festgestellt, daß das Ministerium für Touristik nicht alle bestehenden Möglichkeiten nutzt, um dieser Tendenz entgegenzuwirken. Genosse Pawlow wird beauftragt, gemeinsam mit dem Außenministerium verstärkt dafür zu wirken, ausländische Touristen für Reisen in die UdSSR zu gewinnen.
4. Zum Verlauf der Arbeiten zur Beseitigung der Folgen des Reaktorunfalls.
Die Mitteilung des Genossen Silajew wird zur Kenntnis genommen, daß im beschädigten Reaktor ein 2 mal 3 m großer Fleck aus erhitztem Metall entdeckt wurde. Es besteht nach wie vor die Gefahr, daß er durch das Fundament der Reaktoranlage in den Boden einsickert.
Als wichtigste Aufgabe gilt eine Beschleunigung der Arbeiten an der Isolierung des beschädigten Reaktors und der Schaffung einer zuverlässigen Wärmeabführung aus der erhitzten Zone. Zu

diesem Zweck hat Genosse Silajew den Beginn der Arbeiten an der Betonierung des Druckmischers zu beschleunigen, die Verlegung der Kühlrohre unter der Fundamentplatte der Reaktoranlage und die Schaffung einer Betonplatte mit Wasserkühlung darunter zu intensivieren. Genosse Batalin hat eine beschleunigte Erarbeitung der Projekte für diese Anlagen zu sichern und sie mit dem Projekt der endgültigen Entsorgung des Energieblocks zu verknüpfen.
Genosse Alexandrow wird beauftragt, unter Einbeziehung führender Wissenschaftler und Fachleute die entstandene Situation zu analysieren und der Operativen Gruppe notwendige Empfehlungen vorzulegen.
5. Zum Entwurf des Beschlusses des ZK der KPdSU und des Ministerrates „Über die Organisation der Arbeiten zur Beseitigung der Folgen des Reaktorunfalls im KKW Tschernobyl".
Genosse Achromejew hat den durch das Verteidigungsministerium vorgelegten Entwurf des genannten Beschlusses fertigzustellen, indem er ihn mit den Genossen Schtscherbizkij, Sljunkow, Schtscherbina, Silajew, Ljaschko, Kowaljow und Alexandrow abstimmt.
6. Zur nächsten Verlautbarung der Regierung.
Der Text der genannten Verlautbarung wird gebilligt.
7. Zu Maßnahmen zur Inbetriebnahme der Energieblöcke 1 und 2.
Genosse Majorez wird beauftragt, einen Arbeitsplan zur Gewährleistung der Inbetriebnahme und des normalen Betriebs der Energieblöcke 1 und 2 des KKW Tschernobyl zu erarbeiten und der Operativen Gruppe vorzulegen.
8. Zu den Genossen Legassow, Sidorenko und Schascharin.
Unter Berücksichtigung der Länge des Aufenthaltes der genannten Genossen am KKW Tschernobyl, wird es für notwendig gehalten, sie durch andere Fachleute zu ersetzen. Die Frage der für diesen Austausch in Frage kommenden Kandidaten hat Genosse Dolgich zu lösen.
9. Zu Fragen der Regierungen der USA, Englands und anderer kapitalistischer Länder nach den Umständen und Auswirkungen des Reaktorunfalls.
Auftragsgemäß wurden unter Beteiligung der Genossen Schewardnadse E.A., Sajkow L.N. und Dobrynin A.F. die Vorstellungen des Genossen Tschebrikow W.M. zu möglichen Antworten auf die Fragen der Regierungen der genannten Länder auf der Basis schriftlicher Berichte des Außenministeriums der UdSSR erörtert.
Um die Regierungen der Länder, die uns angesprochen haben, zu informieren, hält die Operative Gruppe es für möglich, ein Treffen der Botschaften der interessierten Länder Europas, der USA und Kanadas mit den Vertretern der Regierungskommission und führenden Wissenschaftlern sowie eine Reise der Vertreter der entsprechenden Moskauer Botschaften in die Region des KKW Tschernobyl durchzuführen, um sich mit der Situation vertraut zu machen.
Über die Vorschläge der Operativen Gruppe ist dem ZK der KPdSU am 11. Mai Bericht zu erstatten.
10. Zur Schaffung einer internationalen Ordnung für die sichere Entwicklung der Kernenergiewirtschaft.
Auftragsgemäß wurden unter Beteiligung der Genossen Schewardnadse E.A., Sajkow L.N. und Dobrynin A.F. die Überlegungen Genossen Tschebrikow W.M. auf der Basis der schriftlichen Berichte des Außenministeriums der UdSSR und der Internationalen Abteilung des ZK der KPdSU zur Frage erörtert, eine internationale Ordnung für die sichere Entwicklung der Kernenergiewirtschaft zu schaffen.
Die korrigierte Fassung des Beschlußentwurfs zu dieser Frage ist dem ZK der KPdSU am 11. Mai vorzulegen.
N.Ryshkow

An das Sekretariat des Obersten Sowjets der UdSSR *Geheim*
Unterliegt der Rückgabe an den Sondersektor der Geschäftsführung des Ministerrates der UdSSR

Protokoll Nr. 12
der Sitzung der Operativen Gruppe des Politbüros des ZK der KPdSU zu Fragen im Zusammenhang mit der Beseitigung der Folgen des Reaktorunfalls im KKW Tschernobyl.

12. Mai 1986

1. Zur Strahlensituation im europäischen Teil der UdSSR.
Die Mitteilung des Genossen Sedunow wird zur Kenntnis genommen, daß die Strahlensituation etwas besser geworden ist. Der Strahlenwert in Kiew sank auf 0,29 mR/h. Nach Prognoseberechnungen ist mit einer Strahlenkontamination durch Radioisotope von Strontium und Jod über die Grenzwerte hinaus in den Einzugsgebieten der Flüsse Pripjat und Dnjepr vor dem Stausee von Kiew für den Fall zu rechnen, daß es über diesen Einzugsgebieten zu starken Regenfällen kommt.
Genosse Sedunow wird beauftragt, in der nächsten Sitzung der Operativen Gruppe Vorschläge zur Verhinderung einer radioaktiven Verschmutzung des Einzugsgebiets der Flüsse Pripjat und Dnjepr im Falle starker Regenfälle vorzulegen. Es sind Schätzungen der für die Lösung dieser Aufgabe notwendigen materiellen Aufwendungen vorzulegen.
Genosse Sedunow wird beauftragt, am 13. Mai Vorschläge zur Nutzung spezieller Einrichtungen der Ministerien und Behörden für eine erweiterte Bearbeitung und Analyse der Daten zur Strahlenkontamination von Boden, Wasser, Pflanzen und Luft vorzulegen.
2. Zur medizinischen Betreuung der durch den Reaktorunfall betroffenen Bevölkerung.
Die Mitteilung des Genossen Schtschepin wird zur Kenntnis genommen, daß im Laufe des vergangenen Tages zusätzlich 2.703 Patienten, hauptsächlich in Belorußland, hospitalisiert wurden. 678 Patienten wurden aus den Kliniken entlassen. 10.198 Patienten werden stationär behandelt, 345 von ihnen weisen Symptome der Strahlenkrankheit auf. Unter ihnen sind 35 Kinder. Seit dem Zeitpunkt des Reaktorunfalls sind zwei Patienten umgekommen und sechs verstorben. In ernstem Zustand befinden sich 35 Patienten.
Es wird darauf hingewiesen, daß das Gesundheitsministerium es für möglich hält, den Grenzwert für die Ganzkörperjahresdosis für schwangere Frauen und Kinder auf bis zu 10 R/Jahr zu erhöhen, für den Rest der Bevölkerung bis zu 50 R.
In Zusammenhang damit, daß im Gebiet Gomel immer noch erhöhte Strahlenbelastungswerte gemessen werden, wird das Gesundheitsministerium (Schtschepin) verpflichtet, die prophylaktische Arbeit im Gebiet zu intensivieren.
Dem Vorschlag des Gesundheitsministeriums wird zugestimmt, daß es zweckmäßig ist, eine Pressekonferenz von Dr. Gale (USA) zu veranstalten. Mit ihrer Vorbereitung werden das Außenministerium der UdSSR (Kowaljow) und das Gesundheitsministerium der UdSSR (Schtschepin) beauftragt.
Der Vorschlag des Gesundheitsminsteriums wird angenommen, die Angaben über Strahlenwerte, die an die IAEA geliefert werden, auch an die WHO zu übergeben. Zuständig dafür ist das Gesundheitsministerium.
3. Zu Maßnahmen, die in der Belorussischen SSR zur Beseitigung der Folgen des Reaktorunfalls getroffen werden.
Die Mitteilung des Genossen Kowaljow wird zur Kenntnis genommen.
Der Ministerrat der Belorussischen SSR (Kowaljow), das Gesundheitsministerium der UdSSR (Schtschepin) und das Staatliche Komitee für Hydrometeorologie der UdSSR (Sedunow) werden verpflichtet, umgehend Maßnahmen zu ergreifen, um Kinder, schwangere Frauen und stillende

Mütter, die eine Ganzkörperdosis von mehr als 10 R aufgenommen haben, zu ermitteln und in sichere Gegenden zu transportieren. Dazu hat das Staatliche Komitee für Hydrometeorologie den Genossen Koloskow in das Gebiet Gomel zu schicken.
Genosse Achromejew wird beauftragt, frei gewordene Einheiten des militärmedizinischen Dienstes des Verteidigungsministeriums ins Gebiet Gomel zu verlegen.
Die Genossen Kowaljow und Achromejew werden beauftragt, mit der Dekontamination der Straßen und Ortschaften in hochbelasteten Rayons der Belorussischen SSR zu beginnen. Dafür sind zusätzliche materiell-technische sowie menschliche Ressourcen heranzuziehen. Über die getroffenen Maßnahmen ist der Operativen Gruppe am 13. Mai 1986 Bericht zu erstatten.
4. Zu Maßnahmen, die in der Ukrainischen SSR zur Beseitigung der Folgen des Reaktorunfalls getroffen werden.
Die Mitteilung des Genossen Ljaschko zu dieser Frage wird zur Kenntnis genommen.
Genosse Schtschepin wird beauftragt, nach Kiew zu fahren und zusammen mit Genossen Israel die Frage der Zweckmäßigkeit und Durchführung der Evakuierung von Kindern, schwangeren Frauen und stillenden Mütter aus Kiew und anliegenden Rayons zu untersuchen. Über die Ergebnisse ist der Operativen Gruppe am 13. Mai Bericht zu erstatten.
Dem Ministerrat der Ukrainischen SSR (Ljaschko) wird angeboten, notwendige Maßnahmen zum Verlustausgleich in der industriellen und landwirtschaftlichen Produktion im Zusammenhang mit dem Reaktorunfall im KKW Tschernobyl durch eine Erhöhung des Produktionsausstoßes in der Republik auszugleichen. Die Genossen Meschkow und Perwyschin werden beauftragt, am 13. Mai 1986 Vorschläge zur Steigerung der Produktion von Strahlenmeßgeräten und ihre Bereitstellung für Organisationen, die die Strahlensituation überwachen, vorzubereiten und der Operativen Gruppe vorzulegen.
5. Zum Verlauf der Arbeiten zur Beseitigung der Folgen des Reaktorunfalls im KKW Tschernobyl.
Die Mitteilung des Genossen Silajew wird zur Kenntnis genommen. Es wird darauf hingewiesen, daß die Arbeiten in einigen Bereichen im Zeitverzug sind.
Als Verantwortlicher für die Durchführung der Arbeiten an dem Kühlunterbau des Fundaments der Reaktorhalle wird Genosse Schtschadow eingesetzt. Der stellvertretende Minister für mittleren Maschinenbau Usanow wird verpflichtet, umgehend zum KKW Tschernobyl zu fliegen, um die Arbeiten an dem genannten Kühlunterbau zu organisieren.
Genosse Silajew wird auf die besondere Wichtigkeit einer Beschleunigung der Arbeiten zur Verlegung der Kühlrohre unter der Fundamentplatte sowie zur Errichtung des zusätzlichen Unterbaus aufmerksam gemacht.
6. Zum Verlauf der Dekontaminationsarbeiten in der 30 km-Zone.
Die Mitteilung des Genossen Achromejew über diese Frage wird zur Kenntnis genommen. Er wird beauftragt, in der Sitzung der Operativen Gruppe am 13. Mai 1986 einen detaillierten Aktionsplan vorzulegen.
7. Zu Bedingungen der Arbeitshygiene auf dem Gelände des KKW Tschernobyl.
Die Mitteilung des Genossen Weretennikow wird zur Kenntnis genommen.
Es wird darauf hingewiesen, daß die Arbeitshygiene im unmittelbaren Bereich des KKW Tschernobyl ernsthafte organisatorische Fehler aufweist, die zu vermeidbaren Bestrahlungen der Menschen führen, die zur Beseitigung der Folgen des Reaktorunfalls eingesetzt sind und die den Zustand der drei ersten Energieblöcke unter Kontrolle halten. Genosse Meschkow wird verpflichtet, umgehend Maßnahmen zur Ausstattung der Arbeiten im KKW Tschernobyl mit noch fehlenden Strahlenmeßgeräten entsprechend der dem Energieministerium der UdSSR vorgelegten Liste zu ergreifen.
Der Genosse Achromejew wird beauftragt, Maßnahmen zur Einrichtung eines Feldsanitäts-

punktes zur Dekontamination und zum Kleiderwechsel der Menschen zu ergreifen, die für Arbeiten auf dem Gelände des KKW eingesetzt sind. Die Durchführung eben jener Arbeiten innerhalb der Räume des KKW wird dem Energieministerium der UdSSR (Weretennikow) aufgetragen. Der Ministerrat der Ukrainischen SSR (Lajschko) wird verpflichtet, umgehend Maßnahmen zur Umrüstung eines Teils der Badehäuser im Rayon Tschernobyl in Stützpunkte zu veranlassen, in denen die im KKW Tschernobyl beschäftigten Personen einer Spezialbehandlung unterzogen und die durch radioaktive Stoffe kontaminierte Kleidung gewaschen werden soll.
Die Genossen Silajew, Gerassimow, Ljaschko, Majorez und Schtschepin werden auf die Unzulässigkeit einer ungerechtfertigten Strahlenbelastung der zur Beseitigung der Auswirkungen des Reaktorunfalls eingesetzten Menschen aufmerksam gemacht, und daß die Sicherheit der stillgelegten Energieblöcke zu gewährleisten ist. Sie haben wirksame Maßnahmen zur Schaffung entsprechender Arbeitshygienebedingungen sowohl auf dem Gelände, in den Innenräumen des KKW als auch in den Wohn- und Erholungsbereichen der Mitarbeiter zu ergreifen.
8. Zur Durchführung einer Arbeitsberatung der Vertreter von Gesundheitshygiene- und Veterinärämtern aus den RGW-Staaten.
Dem Vorschlag von Genossen Murachowskij wird zugestimmt, daß es sinnvoll ist, zur Koordinierung der Reaktion auf nichtgerechtfertigte Maßnahmen der EG-Staaten bezüglich des Imports von in sozialistischen Ländern produzierten Nahrungsmitteln und Waren eine Beratung zu veranstalten. Mit der Organisation dieser Beratung werden die Genossen Antonow, Murachowskij und Schtschepin unter Abstimmung mit dem Außenministerium der UdSSR beauftragt.
9. Zum Treffen der Regierungskommission mit den Botschaftern der westlichen Staaten.
Der Vorschlag des Genossen Kowaljow zu dieser Frage wird gebilligt.
10. Zur Reise der ausländischen Botschafter zum KKW Tschernobyl.
Es wird für sinnvoll gehalten, eine Reise für eine Gruppe ausländischer Botschafter zum KKW Tschernobyl zu veranstalten.
11. Zum Beschlußentwurf des ZK der KPdSU und des Ministerrates der UdSSR zur Organisation der Arbeiten zur Beseitigung der Folgen des Reaktorunfalls im KKW Tschernobyl.
Genosse Achromejew wird beauftragt, der Operativen Gruppe am 15. Mai d.J. eine korrigierte Fassung des genannten Beschlußentwurfes vorzulegen.
12. Zur nächstfolgenden Presseverlautbarung der Regierung.
Der Text der Verlautbarung wird gebilligt.
N.Ryshkow

An das Sekretariat des Obersten Sowjets der UdSSR *Geheim*
Unterliegt der Rückgabe an den Sondersektor der Geschäftsführung des Ministerrates der UdSSR

Protokoll Nr. 13
der Sitzung der Operativen Gruppe des Politbüros des ZK der KPdSU zu Fragen im Zusammenhang mit der Beseitigung der Folgen des Reaktorunfalls im KKW Tschernobyl.

13. Mai 1986

1. Zum Verlauf der Arbeiten zur Beseitigung der Folgen des Reaktorunfalls.
Die Mitteilung des Genossen Silajew wird zur Kenntnis genommen.
Es wird für sinnvoll gehalten, die Arbeiten zur Betonierung von Aufschüttungen und Flächenabschnitten des Kraftwerkes, die radioaktive Reaktorteile enthalten, vorübergehend einzustellen.
Die Genossen Alexandrow und Legassow werden beauftragt, umgehend Empfehlungen bezüglich der Realisierbarkeit und Reihenfolge dieser Arbeiten sowie bezüglich der Verstärkung des Fundaments unter dem zerstörten Reaktor zu erarbeiten.
Es wird für notwendig erachtet, die Arbeiten zur Schaffung der Durchgänge zum Druckmischer-Becken zu intensivieren, um eine effektiverere Zufuhr von gasförmigem Stickstoff in das Becken zu gewährleisten und das Gelände des Kraftwerkes zu dekontaminieren sowie es vor allen Dingen von hochbelasteten Reaktorteilen zu befreien.
2. Zur Strahlensituation im europäischen Teil der UdSSR.
Die Mitteilung des Genossen Sedunow wird zur Kenntnis genommen, daß sich die Strahlensituation insgesamt weiterhin verbessert. Die Strahlenbelastung in Kiew sank auf 0,21 R/h.
Die Genossen Israel und Sedunow werden beauftragt, abgestimmte Vorschläge zum Schutz der Wasserquellen im Bereich des Kraftwerkes gegen das Eindringen radioaktiver Stoffe mit dem Grund- und Regenwasser sowie gegen die radioaktive Anreicherung weiterer Gewässer in hochbelasteten Gebieten zu erarbeiten. Die Vorschläge sind persönlich bei der Sitzung der Operativen Gruppe am 14. Mai 1986 vorzulegen.
3. Zur medizinischen Betreuung der von dem Reaktorunfall betroffenen Bevölkerung.
Es wird festgestellt, daß im Laufe der vergangenen 24 Stunden 443 Personen hospitalisiert und 908 aus den Kliniken entlassen wurden. 9.733 Personen, unter ihnen 4.200 Kinder, werden stationär behandelt. Bei 299 Menschen, darunter 37 Kinder, wurde eine Strahlenkrankheit diagnostiziert. Im Verlauf der letzten 24 Stunden ist eine Person verstorben. Insgesamt starben zwei Menschen und zwei kamen beim Unfall um.
Die Mitteilung des Genossen Schtschepin wird zur Kenntnis genommen, daß am 13. Mai im Auftrag der Operativen Gruppe in Kiew eine Beratung mit Vertretern des Gesundheitsministeriums der Ukrainischen SSR und der Akademie der Wissenschaften der Ukrainischen SSR stattfand.
Die Beratung kam aufgrund wissenschaftlich begründeter Daten zu dem Schluß, daß keine Veranlassung besteht, aus Kiew Kinder, schwangere Frauen und stillende Mütter zu evakuieren. Darüber wurde die Regierung der Republik informiert.
Es wird festgestellt, daß das Gesundheitsministerium der Ukrainischen SSR fehlerhaft gehandelt sowie unbegründete, überstürzte Empfehlungen vorgelegt bzw. umgesetzt hat, die zu einer panikartigen Stimmung in der Bevölkerung von Kiew führte sowie Lügen und Gerüchte förderte.
4. Zur Realisierung der Strahlenmeßkontrolle in der Ukraine und Belorußland durch Bereitstellung von Strahlenmeßgeräten.
Die Genossen Meschkow und Perwyschin werden beauftragt, den Bedarf an solchen Geräten sowie die zu ergreifenden Maßnahmen zur Deckung dieses Bedarfes detailliert zu analysieren und auf der Sitzung der Operativen Gruppe am 14. Mai 1986 darzulegen.

5. Zum Zustand des beschädigten Reaktors und über vordringliche Maßnahmen zur Beseitigung der Folgen des Reaktorunfalls.

Die Mitteilung der Genossen Alexandrow und Legassow zur Stabilisierung des Reaktorzustandes wird zur Kenntnis genommen. Die Menge der freigesetzten radioaktiven Stoffe ist wesentlich zurückgegangen. Sie übersteigt jedoch nach wie vor bei Normalbetrieb die Werte um das 15- bzw. 20fache. In den freigesetzten radioaktiven Stoffen steigt der Anteil langlebiger Isotope, deren Dekontamination große Schwierigkeiten bereitet.

Der Operativen Gruppe wurden Vorschläge zu folgenden vorrangigen Maßnahmen zur Beseitigung der Unfallfolgen zur Prüfung vorgelegt:

1) Verhinderung des Eindringens radioaktiver Stoffe vom Kraftwerksgelände in den Fluß Pripjat, u.a. durch die Errichtung von Schutzmauern;

2) Entfernen großer Reaktorteile vom Gelände des KKW, Dekontamination und Betonieren des Geländes;

3) Einbau eines gekühlten Unterbaus unter der Fundamentplatte des Reaktors;

4) Errichtung eines Schutzmantels über dem zerstörten Reaktor, um die Freisetzung von radioaktiven Stoffen in die Atmosphäre zu vermindern;

5) Erarbeiten eines detaillierten Projektes für einen Sarkophag zur endgültigen „Bestattung" des Energieblocks 4, das unbedingt eine effektive Wärmeableitung sowie Überwachung der Atmosphäre beinhalten muß, um der Entstehung explosionsgefährlicher Wasserstoffkonzentrationen vorzubeugen.

Für die wissenschaftliche Fundierung der genannten Maßnahmen, für die Erarbeitung konkreter Empfehlungen und Projekte wird vorgeschlagen, in Moskau unter Einbeziehung kompetenter führender Wissenschaftler und Fachleute ein Koordinierungszentrum zu gründen.

N. Ryshkow

An das Sekretariat des Obersten Sowjets der UdSSR *Geheim*

Unterliegt der Rückgabe an den Sondersektor der Geschäftsführung des Ministerrates der UdSSR

Protokoll Nr. 14

der Sitzung der Operativen Gruppe des Politbüros des ZK der KPdSU zu Fragen im Zusammenhang mit der Beseitigung der Folgen des Reaktorunfalls im KKW Tschernobyl.

14.Mai 1986

1. Zum Stand der Projektierung von Anlagen zur Lokalisierung radioaktiver Stoffe und völligen Konservierung des Energieblocks 4.

Die Mitteilung des Genossen Batalin, daß zur Projektierung der genannten Objekte entsprechende Projektierungs- und Entwicklungsorganisationen sowie wissenschaftliche Abteilungen der interessierten Ministerien und Ämter herangezogen wurden, wird zur Kenntnis genommen. Die Prioritäten für die Durchführung der vorrangigen Arbeiten wurden festgelegt. Zu den wichtigsten gehören das Einbetonieren der baulichen Aufschüttungen, Errichtung eines Kühlunterbaus unter der Fundamentplatte, Vorbereitung einer möglichen Betonierung des Druckmischer-Beckens, Schutz des Flusses Pripjat vor Strahlenkontamination durch Grund- und Regenwasser, endgültige „Bestattung" des beschädigten Energieblocks.

Genosse Batalin wird verpflichtet, die Erarbeitung des Arbeitsprojekts zu den Schutzeinrichtungen zu beschleunigen. Es sind Vorschläge zur Organisationsstruktur der für diese Arbeiten eingesetzten Einheiten vorzulegen.

2. Zum Schutz der Wasserquellen vor Kontamination durch radioaktive Stoffe.
Die Mitteilung des Genossen Israel zu dieser Frage wird zur Kenntnis genommen. Genosse Batalin wird beauftragt, die vom Genossen Batalin unterbreiteten Empfehlungen bei der Projektierung der entsprechenden Schutzanlagen zu berücksichtigen.
3. Zum Aktionsplan zur Dekontamination der 30 km-Zone um das KKW Tschernobyl.
Der vom Genossen Achromejew vorgelegte Aktionsplan zu den genannten Arbeiten wird insgesamt gebilligt.
Das Verteidigungsministerium der UdSSR (Achromejew), das Gesundheitsministerium (Schtschepin) und das Staatliche Komitee für Hydrometeorologie (Israel) werden beauftragt, innerhalb einer Woche die restlichen Kontaminationsgrenzwerte einschließlich des Isotopengehalts festzulegen, bei denen eine Rückkehr der Menschen in zu dekontaminierende Ortschaften sowie ein dauernder und sicherer Aufenthalt zulässig wäre.
Das Verteidigungsministerium (Achromejew) hat eine größtmögliche Reduzierung der Termine für die Dekontamination der 30 km-Zone um das KKW zu gewährleisten, für die größtmögliche Beschleunigung dieser Arbeiten sind zusätzliche Militäreinheiten einzusetzen.
Die Akademie der Wissenschaften der UdSSR (Alexandrow), die Akademie der medizinischen Wissenschaften der UdSSR (Blochin) und das Staatliche Komitee für Landwirtschaft (Murachowskij) werden beauftragt, unter Einbeziehung von Fachorganisationen anderer Ministerien und Ämter ein Programm zu erarbeiten und mit detaillierten Untersuchungen darüber zu beginnen, welchen Einfluß die Unfallfolgen auf die Tier- und Pflanzenwelt sowie den Wasser- und Luftraum haben, um aktuelle Empfehlungen sowie Prognosen zur Gewährleistung eines normalen Lebens in den durch die Strahlenbelastung betroffenen Rayons auszuarbeiten.
Das Innenministerium der UdSSR (Wlassow) wird beauftragt, gemeinsam mit dem Ministerrat der Belorusischen SSR die Frage zu prüfen, wie ein regelmäßiger Besuch der Umsiedlungszonen durch Arbeitskräfte zu gestalten ist, die sich um die landwirtschaftlichen Nutzflächen kümmern sollen.
4. Zur medizinische Betreuung der vom Reaktorunfall betroffenen Bevölkerung.
Die Mitteilung des Genossen Schtschepin, daß im Laufe der vergangenen 24 Stunden zusätzlich 1.059 Menschen hospitalisiert und 1.200 Menschen aus den Kliniken entlassen wurden, wird zur Kenntnis genommen. Die Zahl der Patienten, bei denen eine Strahlenkrankheit diagnostiziert wurde, reduzierte sich auf 203 Patienten, von denen sich 32 in ernstem Zustand befinden. Im Verlauf der letzten 24 Stunden verstarben drei Menschen.
5. Zur Ausstattung der Arbeiten zur Beseitigung der Folgen des Reaktorunfalls mit Strahlenmeßgeräten.
Die Mitteilung des Genossen Meschkow, daß vom Ministerium für mittleren Maschinenbau Maßnahmen für eine endgültige Lösung dieser Frage erarbeitet und verwirklicht werden, wird zur Kenntnis genommen.
Genosse Meschkow wird beauftragt, am 19. Mai 1986 eine Ausstellung einheimischer und ausländischer Muster von Strahlenmeßgeräten und deren Ausstattung durchzuführen.
6. Zur Entsendung einer weiteren Ersatzbesetzung der Regierungskommission in die Region des KKW Tschernobyl.
Es wird für sinnvoll gehalten, eine weitere Ersatzbesetzung der Regierungskommission, geleitet von L.A. Woronin, zum KKW Tschernobyl zu entsenden.
Die neue Besetzung der Kommission hat am 16. Mai 1986 vor Ort zu fliegen.
7. Zum Vorschlag des Genossen Welichow.
Dem Vorschlag des Genossen Welichow wird zugestimmt, daß es sinnvoll ist, amerikanische Vorschläge bezüglich der Übergabe von Unterlagen an die UdSSR anzunehmen, die Berechnungen und experimentelle Untersuchungen im Zusammenhang mit dem Durchgang eines hoch-

erhitzten uranhaltigen Tropfens durch verschiedenartige Baukonstruktionen und -stoffe enthalten. Mit der Übernahme dieser Unterlagen aus den USA werden das Außenwirtschaftsministerium (Aristow) und das Ministerium für mittleren Maschinenbau (Petrosjanz) beauftragt.
N.Ryshkow

An das Sekretariat des Obersten Sowjets der UdSSR *Geheim*
Unterliegt der Rückgabe an den Sondersektor der Geschäftsführung des Ministerrates der UdSSR

Protokoll Nr. 15
der Sitzung der Operativen Gruppe des Politbüros des ZK der KPdSU zu Fragen im Zusammenhang mit der Beseitigung der Folgen des Reaktorunfalls im KKW Tschernobyl.

16. Mai 1986

1. Zur Strahlensituation im europäischen Teil der UdSSR.
Die Mitteilung des Genossen Sedunow, daß die Strahlensituation in dem genannten Gebiet eine Tendenz zur Besserung aufweist, wird zur Kenntnis genommen. Genosse Batalin wird beauftragt, die Frage zusätzlicher kurzfristiger Maßnahmen zur Verhinderung des Ausspülens radioaktiver Stoffe vom Gelände des KKW durch Regenwasser für den Zeitraum bis zur Errichtung der Schutzmauern zu prüfen.
2. Zur medizinischen Betreuung der vom Reaktorunfall betroffenen Bevölkerung.
Die Mitteilung des Genossen Schtschepin wird zur Kenntnis genommen, daß die Zahl der hospitalisierten Patienten per 16. Mai 1986 7.858 beträgt, darunter 3.410 Kinder. Die Diagnose Strahlenkrankheit wurde in 201 Fällen bestätigt. Die Gesamtzahl der Verstorbenen und Umgekommenen beträgt 15, darunter seit dem 15. Mai zwei Personen. Genosse Schtschepin wird beauftragt, die Zahl der hospitalisierten und strahlenkranken Patienten zu präzisieren, welche sich in den Kliniken Moskaus, anderer Städte der RSFSR, der Ukraine und Belorußlands befinden, einschließlich der Mitarbeiter des Innenministeriums der UdSSR und von Militärangehörigen.
Das Gesundheitsministerium der UdSSR ist darauf aufmerksam zu machen, daß die gesamte Arbeit der medizinisch-sanitären Einrichtungen des Landes im Zusammenhang mit der Beseitigung der Folgen des Reaktorunfalls im KKW Tschernobyl sorgfältig zu dokumentieren und zu verallgemeinern ist.
3. Zum Verlauf der Arbeiten zur Beseitigung der Folgen des Reaktorunfalls.
Die Mitteilung des Genossen Silajew wird zur Kenntnis genommen.
Genosse Silajew wird beauftragt, einen Terminplan für die Dekontamination des KKW-Geländes bei vollständiger Betonierung zu erarbeiten, und ihn der Operativen Gruppe am 18. Mai 1986 vorzulegen.
Genosse Bakin wird verpflichtet, sofort zum KKW Tschernobyl zu fahren, um Maßnahmen zur vollständigen Konservierung des Energieblocks 4 zu erarbeiten.
Genosse Achromejew hat die Arbeiten zur Dekontaminierung der Baukapazitäten des KKW, in erster Linie des Betonwerks, zu beschleunigen.
4. Zur Vorbereitung eines Beschlusses des ZK der KPdSU und des Ministerrates der UdSSR über Maßnahmen zur Wiederinbetriebnahme der Energieblöcke 1 und 2 des KKW Tschernobyl.
Die Mitteilung des Genossen Schtscherbina zu dieser Frage wird zur Kenntnis genommen.
Genosse Aristow wird beauftragt, mit Finnland über den Einkauf von Fertighäusern für den Bau einer Wachsiedlung zu verhandeln.
Die Genossen Schtscherbina und Ljaschko werden beauftragt, die Frage der Unterbringung (evtl.

auch in Kiew) der Familien von Mitarbeitern des KKW Tschernobyl zu prüfen, die in den Energieblöcken 1 und 2 beschäftigt sind.
5. Zum Beschlußentwurf des ZK der KPdSU und des Ministerrates der UdSSR zu Dekontaminationsmaßnahmen im Umkreis bis zu 30 km um das KKW Tschernobyl.
Die Mitteilung des Genossen Schtscherbina zu dieser Frage wird zur Kenntnis genommen. Er wird beauftragt, die Vorbereitung des genannten Entwurfes zu beschleunigen, wobei zu berücksichtigen ist, daß das Verteidigungsministerium die Hauptverantwortung für die Durchführung der Arbeiten trägt.
6. Zum Beschlußentwurf des ZK der KPdSU und des Ministerrates der UdSSR zu Projektierung und Bau der für die Konservierung des beschädigten Energieblocks notwendigen Anlagen.
Die Mitteilung des Genossen Batalin zu dieser Frage wird zur Kenntnis genommen.
Genosse Salwskij wird verpflichtet, die Einrichtung einer speziellen Bau- und Montageverwaltung beim KKW Tschernobyl zu beschleunigen und einen erfahrenen Fachmann zu ihrem Leiter zu machen.
7. Zu Angeboten japanischer Firmen.
Genosse Batalin wird beauftragt, eine Einschätzung der Zweckmäßigkeit des Ankaufs von Vorrichtungen für die Einspeisung von Flüssigbeton über große Entfernungen aus Japan vorzulegen.
Genosse Schtscherbina wird beauftragt, eine Entscheidung über die Zweckmäßigkeit des Ankaufs von bleihaltigen Polymermatten aus Japan vorzulegen.
8. Zur Wohnungszuweisung an Familien Verstorbenener und Schwerkranker sowie über materielle und soziale Hilfeleistungen für sie.
Das Staatliche Komitee für Arbeit der UdSSR und die Verwaltung des Ministerrates der UdSSR werden beauftragt, einen Beschlußentwurf des Ministerrates der UdSSR zu dieser Frage vorzubereiten. Er ist der Operativen Gruppe am 20. Mai 1986 vorzulegen.
N.Ryshkow

An das Sekretariat des Obersten Sowjets der UdSSR *Geheim*
Unterliegt der Rückgabe an den Sondersektor der Geschäftsführung des Ministerrates der UdSSR

Protokoll Nr. 16
der Sitzung der Operativen Gruppe des Politbüros des ZK der KPdSU zu Fragen im Zusammenhang mit der Beseitigung der Folgen des Reaktorunfalls im KKW Tschernobyl.

20. Mai 1986

1. Zur Strahlensituation im europäischen Teil der UdSSR.
Die Mitteilung des Genossen Israel wird zur Kenntnis genommen, daß sich die Strahlensituation im allgemeinen stabilisiert hat und die Strahlenwerte allmählich absinken. Die Isotopenzusammensetzung der radioaktiven Verunreinigungen auf den überwachten Flächen wurde ermittelt. In einzelnen Orten, die an die 30 km-Zone grenzen, liegt der Isotopengehalt über den Grenzwerten, die eine Evakuierung der Bevölkerung aus diesen Gebieten notwendig macht.
2. Zur medizinischen Betreuung der vom Reaktorunfall betroffenen Menschen.
Die Mitteilung des Genossen Schtschepin wird zur Kenntnis genommen, daß sich die Zahl der hospitalisierten Patienten im Laufe von vier Tagen um 716 erhöht hat. Eine Strahlenkrankheit wurde bei 211 Personen bestätigt, darunter bei sieben Kindern. Die Gesamtzahl der Verstorbenen beträgt 17, in ernstem Zustand befinden sich 28 Patienten. Merkmale einer Strahlenkrankheit wurden nur bei den Personen festgestellt, die sich in unmittelbarer Nähe des Entstehungsbereichs

und der Entwicklung des Unfalls befanden. Wasserproben ergeben überall Werte innerhalb der zulässigen Konzentrationen.
Die Genossen Schtschepin und Iljin werden beauftragt, bei der nächsten Sitzung der Operativen Gruppe die durch das Gesundheitsministerium der UdSSR korrigierten Grenzwerte für die Belastung von Ortschaften, der Natur, von landwirtschaftlichen Nutzflächen, Nahrungsmitteln und Wasserquellen durch radioaktive Isotope vorzulegen.
Auf ihrer Grundlage sind gemeinsam mit dem Genossen Israel Empfehlungen über zulässige Restwerte der Belastung nach der Dekontamination sowie über Termine der Rücksiedlung der Bevölkerung und notwendige medizinisch-prophylaktische Maßnahmen zu erarbeiten.
3. Zum Beschlußentwurf des ZK der KPdSU und des Ministerrates der UdSSR über Maßnahmen zur Wiederinbetriebnahme der Energieblöcke 1 und 2 des KKW Tschernobyl.
Der Beschlußentwurf wird insgesamt gebilligt.
Es wird für sinnvoll gehalten, die Möglichkeit eines Betriebs des Energieblocks 3 gesondert zu erörten, nachdem Daten über den Zustand seiner Baukonstruktionen und Ausstattung vorliegen.
Es wird für notwendig erachtet, den Termin der Inbetriebnahme eines automatisierten Systems zur Strahlenüberwachung auf dem Gelände des KKW vom 3. Quartal 1987 auf das 4. Quartal 1986 vorzulegen.
Genosse Schtscherbina wird beauftragt, entsprechende Änderungen im Beschlußentwurf vorzunehmen und ihn am 21. Mai 1986 vorzulegen.
4. Zum Stand der Projektierung von Anlagen zur endgültigen Konservierung des beschädigten Energieblocks.
Die Mitteilung des Genossen Batalin wird zur Kenntnis genommen.
Genosse Batalin wird beauftragt, regelmäßig der Operativen Gruppe über den Verlauf dieser Arbeiten Bericht zu erstatten.
5. Zur Erweiterung der zu den Folgen des Reaktorunfalls an die IAEA zu übergebenden Daten.
Die Mitteilung des Genossen Petrosjanz zu dieser Frage wird zur Kenntnis genommen.
Es wird für zweckmäßig erachtet, eine endgültige Entscheidung bezüglich der Übergabe von Belastungswerten durch Jod-131- und Cäsium-137-Isotope im Bereich des KKW Tschernobyl an die IAEA erst nach der Erörtung der Punkte 1 und 2 des vorliegenden Protokolls durch die Operative Gruppe zu entscheiden.
6. Zum Angebot der Firma „Behtel" (USA), sich an den Arbeiten zur Beseitigung der Folgen des Reaktorunfalls zu beteiligen.
Die Mitteilung des Genossen Batalin zu dieser Frage wird zur Kenntnis genommen.
Es wird nicht für zweckmäßig gehalten, das Angebot der Firma „Behtel" anzunehmen, da die von ihr empfohlenen Maßnahmen zur Beseitigung der Folgen des Reaktorunfalls bekannt sind und von einheimischen Projekt- und Bauorganisationen bereits realisiert werden.
7. Zum Ankauf von Bautechnik in der BRD und in Japan.
Dem Vorschlag des Genossen Batalin über die Beschaffung von Betonpumpen und anderer Bautechnik in der BRD und Japan wird zugestimmt. Genosse Aristow hat mit entsprechenden Firmen Gespräche zu führen und innerhalb eines möglichst kurzen Zeitraums 25-30 mobile Betonpumpen und 18 Satz Betonpumpenausrüstung anzukaufen und liefern zu lassen.
N.Ryshkow

An das Sekretariat des Obersten Sowjets der UdSSR *Geheim*
Unterliegt der Rückgabe an den Sondersektor der Geschäftsführung des Ministerrates der UdSSR

Protokoll Nr. 17
der Sitzung der Operativen Gruppe des Politbüros des ZK der KPdSU zu Fragen im Zusammenhang mit der Beseitigung der Folgen des Reaktorunfalls im KKW Tschernobyl.

22. Mai 1986

1. Zur Strahlensituation in der Überwachungszone und Grenzwerten der Strahlenbelastung, bei denen eine Evakuierung der Bevölkerung notwendig oder deren Rücksiedlung möglich wird.
Die Mitteilung des Genossen Israel zu dieser Frage wird zur Kenntnis genommen.
Die vom Gesundheitsministerium der UdSSR, dem Staatlichen Komitee für Hydrometeorologie und dem Verteidigungsministerium erarbeiteten Grenzwerte der Strahlenbelastung (Anhang), bei denen eine Evakuierung der Bevölkerung notwendig oder eine Rückführung der Bevölkerung möglich ist, sowie die Kriterien, nach denen in mehreren Rayons Sperrzonen (Karte mit Angabe von genannten Rayons liegt bei) zu errichten sind, werden bestätigt.
Es wird für notwendig erachtet, die Sperrzonen durch Spezialvorrichtungen einzuzäunen und eine strenge Überwachungsordnung festzulegen, um einen unbefugten Zutritt von Menschen in diese Zone sowie das Eindringen von Haustieren und wilden Tieren zu verhindern. Das Innenministerium der UdSSR und das KGB (das Komitee für Staatssicherheit) der UdSSR haben unter Beteiligung des Ministeriums für mittleren Maschinenbau diesbezüglich entsprechende Unterlagen und Verordnungen vorzubereiten.
Genosse Schtschepin wird verpflichtet, innerhalb von 24 Stunden eine offizielle Einschätzung des Ministeriums für Gesundheitswesen der UdSSR über die Zweckmäßigkeit einer vorübergehenden Umsiedlung von Kindern, schwangeren Frauen und stillenden Müttern für die Sommerzeit aus den Rayons, in denen die Strahlenbelastung nach dem Stand vom 10. Mai 1986 zwischen 3 und 5 mR/h betrug, zu erarbeiten und der Operativen Gruppe vorzulegen. Der Einschätzung ist eine Karte mit Angabe der Lage dieser Rayons und Berechnungen bezüglich der Zahl der zu evakuierenden Menschen beizufügen.
Das Verteidigungsministeriums hat gemeinsam mit anderen Ministerien und Behörden effektive Verfahren und Mittel zur Dekontamination von Ortschaften und der Umwelt von Rayons mit unterschiedlicher Flächenkontamination durch radioaktive Isotope zu erarbeiten.
Es wird für notwendig gehalten, bei der Sitzung der Operativen Gruppe am 26. Mai 1986 unter Beteiligung der Vorsitzenden der Ministerräte der Ukrainischen SSR und der Belorussischen SSR sowie der Sekretäre des ZK der Kommunistischen Partei der Ukraine und Belorußlands die Frage der Unterbringung sowie der Schaffung entsprechender sozialer und Wohnbedingungen für die Menschen zu erörtern, die aus zusätzlich ermittelten Rayons mit erhöhten Strahlenwerten evakuiert werden.
Genosse Batalin wird beauftragt, unter Beteiligung der Ministerien und Ministerräte der Ukrainischen SSR und Belorussischen SSR innerhalb einer Woche einen Beschlußentwurf des ZK der KPdSU und des Ministerrates der UdSSR über Maßnahmen zur Versorgung der aus der Sperrzone umgesiedelten Menschen mit Dauerwohnraum vorzubereiten. Genosse Murachowskij wird beauftragt, innerhalb von zwei Tagen einen Entschluß über Maßnahmen zur Dekontamination und Entsorgung von Produkten der Feldwirtschaft und der Viehzucht, die in Rayons mit erhöhter Strahlenkontamination hergestellt wurden, vorzubereiten und der Operativen Gruppe vorzulegen.
Das Finanzministerium der UdSSR und das Staatliche Komitee der UdSSR für Arbeit haben innerhalb einer einwöchigen Frist Vorschläge für eine Entschädigung der Bevölkerung, in erster Linie von Umsiedlern, für im Zusammenhang mit dem Reaktorunfall im KKW Tschernobyl ent-

standene Sachschäden vorzulegen. Genosse Achromejew wird beauftragt, Arbeiten zur vorrangigen Dekontamination jener Ortschaften zu organisieren, in die eine Rückkehr der evakuierten Menschen möglich ist. Der präzisierte Plan zur Dekontamination der Unglücksregion ist der Operativen Gruppe am 28. Mai 1986 vorzulegen.
2. Zum Ankauf hochpräziser Strahlenmeßgeräte in Finnland.
Der Vorschlag des Staatlichen Komitees für Hydrometeorologie über den Ankauf von Meßgeräten in Finnland wird angenommen. Das Ministerium für Außenhandel (Aristow) wird beauftragt, mit der Firma „Vallak" (Finnland, Turku) zu verhandeln und bei Einigung für das Staatliche Komitee für Hydrometeorologie anhand der von ihm vorgelegten Liste Geräte und Ausstattung im Wert von ca. 0,5 Mio Rubel einzukaufen.
3. Zum Verlauf der Arbeiten zur Beseitigung der Folgen des Reaktorunfalls.
Die Mitteilung des Genossen Woronin wird zur Kenntnis genommen.
Genosse Woronin wird auf die Notwendigkeit aufmerksam gemacht, die Arbeiten zum Schutz des Flusses Pripjat vor Kontamination durch auf dem Gelände des KKW Tschernobyl angereicherte radioaktive Stoffe sowie zur Dekontamination der Energieblöcke 1 und 2, der Bauzentrale und des Betonwerks zu beschleunigen.
4. Zur außerordentlichen Sitzung des Vorstandes der IAEA.
Die Mitteilung des Genossen Petrosjanz wird zur Kenntnis genommen.
5. Zum Beschlußentwurf des ZK der KPdSU und des Ministerrates der UdSSR über die Dekontamination der 30 km-Zone.
Die Mitteilung des Genossen Schtscherbina zu dieser Frage wird zur Kenntnis genommen.
Genosse Schtscherbina wird beauftragt, den Entwurf unter Berücksichtigung der in dieser Sitzung festgelegten Grenzwerte für Strahlenkontamination zu korrigieren und am 26. Mai 1986 der Operativen Gruppe vorzulegen.
6. Zur zusätzlichen Funktion des stellvertretenden Ministers für Energiewirtschaft und Elektrifizierung der UdSSR.
Dem Vorschlag des Genossen Schtscherbina wird ausnahmsweise zugestimmt, im Zusammenhang mit der Notwendigkeit, innerhalb des Ministeriums die Arbeiten zur Beseitigung der Folgen des Reaktorunfalls im KKW Tschernobyl zu veranlassen, eine zusätzliche Funktion des Stellvertretenden Ministers für Energiewirtschaft und Elektrifizierung der UdSSR zu schaffen.
N.Ryshkow

Staatliches Komitee
für Hydrometeorologie der UdSSR
(Goskomgidromet)

Geheim

An den Vorsitzenden des Ministerrates der UdSSR
Genossen Ryshkow N.I.

21.05.86

Nr. mk 1895c

Hiermit übermittle ich Ihnen den in Ihrem Auftrag erarbeiteten Bericht zur Einschätzung der Strahlensituation und radioaktiven Umweltverschmutzung durch den Reaktorunfall im KKW Tschernobyl.
Anhang: dem Text nach, mk 1896c Ex. Nr.1 auf 5 Blatt, *geheim*.
Vorsitzender des Staatlichen Komitees
J.A. Israel

Geheim
Ex. Nr. 2

Zur Einschätzung der Strahlensituation und der radioaktiven Umweltverschmutzung durch den Reaktorunfall im KKW Tschernobyl

Infolge des Reaktorunfalls im KKW Tschernobyl wurden ca. 5% der innerhalb eines 3jährigen Betriebs im Reaktor angesammelten radioaktiven Produkte über das Betriebsgelände des Kraftwerkes hinaus freigesetzt.
Aus der entstandenen Wolke bildete sich auf dem in nördlicher und westlicher Richtung (entsprechend Witterungsbedingungen) gelegenen Gelände ein radioaktiver Streifen. Anschließend entwich aus dem Reaktorbereich mehrere Tage lang ein starker Strom gasförmiger und flüchtiger Produkte. Zwölf Tage nach dem Unfall war der Strom außerhalb des Kraftwerkes praktisch nicht mehr nachweisbar, seine Intensität verringerte sich auf ein Hundertstel bis Tausendstel.
Aus der Luft (5 Flugzeuge und 3 Hubschrauber) und auf dem Boden wurde mit Mitteln des Staatlichen Komitees für Hydrometeorologie eine detaillierte Bestandsaufnahme der Luft- und Bodenkontamination vorgenommen. Das belastete Gelände wird flaufend überwacht.
Das gesamte Netz meteorologischer Bodenstationen des Europäischen Teils des Landes ist in die Überwachung der Strahlensituation einbezogen. Die Zone der hohen Flächenbelastung (mit einer Ortsdosisleistung über 5 mR/h) erstreckt sich nach Westen auf eine Entfernung von 75 km, nach Norden bis zu 60 km vom Kraftwerk. Ihre Fläche beträgt ca. 3.000 km^2.
Es wurde die Isotopenzusammensetzung der Luft- und Bodenkontamination untersucht. Hauptbestandteile der Kontamination sind die Isotope Jod-131, Tellur-132, Strontium-89, Neptun-239, Ruthenium-103 und Strontium-90. In den ersten Wochen war das Isotop Jod-131, das leicht mit der Nahrung (besonders mit Milch) in den menschlichen Körper gelangt, besonders gefährlich (Anteil 10-15%), des weiteren die Isotope Strontium-89 (Halbwertzeit 2 Monate) und Strontium-90 (Halbwertzeit 28 Jahre) sowie Cäsium-137 (30 Jahre).
Auf belasteten Landflächen wurden große Mengen hochaktiver „heißer" Teilchen entdeckt, die sehr gefährlich sind, wenn sie mit dem Staub eingeatmet werden. Von besonderer Gefahr bei Aufnahme in die Lunge ist das Isotop des Plutonium-239, das ebenfalls auf den belasteten Landflächen entdeckt wurde.
Luftaufnahmen und Bodenmessungen ergaben, daß sich innerhalb der ersten 4-5 Tage nach dem Unfall Strahlenbelastungsprodukte über große Entfernungen in verschiedene Richtungen (entsprechend den Witterungsbedingungen) verbreitet haben. Ein Anstieg der Strahlenwerte (um das 10-50fache der natürlichen Gammadosisleistung) wurde praktisch im gesamten süd-westlichen Teil der UdSSR festgestellt. Die Fläche mit Kontaminationswerten über 0,2 mR/h betrug mehr als 200.000 Quadratkilometer.
Kleinere Mengen radioaktiver Produkte wurden durch Winde auf die Territorien Rumäniens, Polens, Bulgariens, Jugoslawiens sowie der Länder Skandinaviens verbreitet – in Mengen, die für die Gesundheit der Bevölkerung keinerlei Gefahr darstellen. Die Strahlenhöchstwerte an der Grenze zwischen Rumänien und Polen lagen nicht über 0,15 - 0,2 mR/h. Etwa gleiche Werte wurden auch in Rumänien, Bulgarien und Polen ermittelt. Auf den Territorien der anderen genannten Länder war die Strahlenbelastung weitaus geringer.
In allen Ländern war der Anstieg der in der Natur festgestellten Strahlenkontamination kurzfristig und lag weit unter den bestehenden Normen, auch unter den von der IAEA für den Fall von Reaktorunfällen empfohlenen.
In den folgenden Tagen hat sich die Strahlensituation durchweg stabilisiert – die Freisetzung gasförmiger und flüchtiger Produkte aus dem Reaktorbereich verringerte sich wesentlich, die Luftkontamination löste sich auf, in der belasteten Zone nimmt die Belastung entsprechend der

Halbwertzeit ab, ein wesentlicher Anstieg der Strahlenbelastung in der verstrahlten Zone ist praktisch ausgeschlossen.
Der Gesamtwert der im Nahbereich (ca. 100 km) ausgefüllten Kontamination wird auf 10^7 Curie, im Fernbereich auf 1,4 x 10^7 Curie (insgesamt ca. 2,4 x 10^7 Curie) geschätzt.
Zu den brennendsten Fragen der Strahlensituation und ihrer möglichen Folgen im Bereich des KKW Tschewernobyl gehört z.Z. (Mitte Mai) und auch in naher Zukunft die Frage der radioaktiven Verschmutzung der Oberflächengewässer und der Trinkwasserentnahmepunkte.
Der erste Spitzenwert der Wasserkontamination stand in Zusammenhang mit dem unmittelbaren Niederschlag radioaktiver Produkte aus der Wolke und aus dem Strom auf den Wasserspiegel. Diese Belastung nimmt durch Vermischung mit Strömen sauberen Wassers ab. Im Stausee von Kiew lag die Strahlenbelastung am 20.05.86 nicht höher als 1 bis 2 x 10^{-9} Ci/l.
Mit einem erneuten Anstieg der Kontaminationswerte ist durch das Auswaschen radioaktiver Stoffe bei Regen zu rechnen. Das betrifft in besonderem Maße die Flüsse Pripjat und andere kleinere Flüsse in den belasteten Regionen sowie den Stausee von Kiew und den Dnepr flußabwärts.
Dabei kann die Wasserkontamination im Kiewer Stausee um das 5 bis 10fache über dem Normalwert liegen. Sie wird sich jedoch innerhalb der Normalwerte bewegen, die für Reaktorunfälle festgelegt sind, sofern die Hauptquelle der Radioaktivität ausgeschlossen wird – der Abfluß von Radioaktivität aus dem Reaktorgelände und dem angrenzenden Gebiet (ca. 20 km^2 groß) einschließlich der Oberflächengewässer und des Grundwassers.
Dieses Gebiet ist im großen und ganzen eingedeicht, um den Oberflächenabfluß in den Pripjat zu verhindern. Dies reicht jedoch nicht aus, insbesondere im Hinblick auf die Nähe der Altgewässer des Pripjat und der Möglichkeit des Einsickerns der Verunreinigungen in das Grundwasser. In diesem Zusammenhang wurde vorgeschlagen, im Boden rund um das Gelände des KKW eine Mauer zu errichten (mit einem speziellen Greifer könnte ein 25 bis 70 m tiefer Graben gezogen und mit Mörtel aus Lehm und Zement aufgefüllt werden). Eine solche Mauer schließt den Abfluß der Radioaktivität und die Migration mit Grundwasser völlig aus.
Falls der Bereich des KKW isoliert wird, würde der Abfluß der Radioaktivität vom gesamten Falloutstreifen innerhalb eines Jahres nicht die Gesamtmenge der Radioaktivität übersteigen, die beim Durchzug der Wolke in die Gewässer gelangte.
Durch das Staatliche Komitee für Hydrometeorologie, das Gesundheitsministerium und das Verteidigungsministerium der UdSSR wurden Empfehlungen zu Kriterien bezüglich der Zulässigkeit des Aufenthalts bzw. der Notwendigkeit einer Umsiedlung der Bevölkerung aus belasteten Gebieten unter Berücksichtigung der Innen- und Außenbelastung, auch durch gefährliche langlebige Isotope, die vom Menschen mit der Nahrung aufgenommen werden (Strontium-90 und Cäsium-137), erarbeitet.
Die Flächen mit einer Strahlenbelastung über 5 mR/h (am 10. Mai 1986) wurden als so gefährlich für den Aufenthalt der Bevölkerung bezeichnet, daß eine vorübergehende Evakuierung notwendig ist (diese Fläche ist 2.900 km^2 groß). Auf Flächen mit einer Strahlenbelastung unter 5 mR/h (bis ca. 0,5 mR/h) ist es erforderlich, eine strenge Überwachung der Kontamination von Nahrungsmittel, insbesondere der Milch, einzuführen.
Somit wird in mehreren kleineren Rayons außerhalb der 30 km-Sperrzone mit einer Strahlenbelastung über 5 mR/h eine zusätzliche Evakuierung der Bevölkerung erforderlich.
Flächen mit einer Strahlenbelastung über 20 mR/h wurden als ungeeignet für den Aufenthalt von Menschen und für die landwirtschaftliche Nutzung anerkannt und sind für einen längeren Zeitraum abzusperren (die Gesamtfläche dieser Zone beträgt ca. 900 km^2). In dieser Zone stellt die hohe Dichte der Verunreinigungen durch langlebiges Strontium-90 (über 10 Ci/km^2) die Hauptgefahr dar.

In dieser Zone kann ein Naturschutzgebiet geschaffen werden und es ist notwendig, wissenschaftliche Untersuchungen zur Transformation und Migration radioaktiver Stoffe sowie breit angelegte strahlenökologische Untersuchungen durchzuführen.
Bei der Umsetzung des breiten Maßnahmenkomplexes zur Gewährleistung der Sicherheit der Bevölkerung sowie wirtschaftlicher Aktivitäten in den belasteten Regionen sind in größtmöglichem Maße die Erfahrungen zu nutzen, die nach der Havarie im Ural 1957 gewonnen wurden.
Auf den großen belasteten Flächen und in den Wassersystemen, die mit diesen Flächen in Verbindung stehen, ist eine regelmäßige Überwachung notwendig; sie findet bereits statt und soll auch weiterhin durch Einrichtungen des Staatlichen Komitees für Hydrometeorologie und anderer Behörden durchgeführt werden.
J.A.Israel

Geheim

An den Vorsitzenden des Ministerrates der UdSSR *Ex. Nr. 1*
Genossen Ryshkow N.I.

Das Staatliche Komitee für Hydrometeorologie, das Gesundheitsministerium der UdSSR und das Verteidigungsministerium der UdSSR legen die auftragsgemäß erarbeiteten „Empfehlungen für Kriterien der Zulässigkeit des Aufenthalts, der Notwendigkeit einer Umsiedlung und vorübergehenden Evakuierung der Bevölkerung auf dem durch den Reaktorunfall im KKW Tschernobyl einer Strahlenbelastung ausgesetzten Territorium", vor.
Anhang: nach dem Text, mk 1890c, Ex. Nr. 1 auf 3 Blättern, *geheim.*
J.A. Israel
O.P. Schtschepin
F.I. Komarow

Empfehlungen
für Kriterien der Zulässigkeit des Aufenthalts, der Notwendigkeit einer Umsiedlung und vorübergehenden Evakuierung der Bevölkerung auf dem durch den Reaktorunfall im KKW Tschernobyl einer Strahlenbelastung ausgesetzten Territorim

1. Die Festlegung der Flächen, von denen eine Evakuierung von Menschen erforderlich ist, sowie der Termine für die Rückkehr der Bevölkerung zum ständigen Aufenthalt basiert auf dem Prinzip der Nichtüberschreitung einer Gesamtdosisbelastung der Menschen von 10 rem im ersten Jahr nach dem Reaktorunfall, von denen 5 rem auf die äußere Gammabelastung entfallen, sowie von 50-75 rem einer lebenslangen Gesamtbelastung. Der Mittelwertdosis von 5 rem durch äußere Strahlen entspricht unter Berücksichtigung der örtlichen Bedingungen und der teilweisen Abschirmung der Belastung innerhalb der Wohnräume einer Gammadosisleistung im Freien von 3 mR/h am 15. Tag nach dem Reaktorunfall. Unter Berücksichtigung nationaler und internationaler Erfahrungen ruft die zugrundegelegte Dosis keine nachweisbaren gesundheitlichen Schäden beim Menschen hervor.
2. Für die Entscheidung der konkreten Fragen zum Aufenthalt der Bevölkerung auf diesen oder jenen Flächen werden Zonen festgelegt, deren Grenzen durch folgende Werte der Ortsdosis-

leistung am 15. Tag nach dem Reaktorunfall bestimmt werden (bei der gegenwärtig herrschenden Strahlensituation):
ZONE I mit einer äußeren Gammastrahlung unter 3-5 mR/h.
a) innerhalb der Zone mit Werten unter 3 mrem/h (sichere Zone) ist ein ständiger Aufenthalt der Bevölkerung zulässig, wobei eine Überwachung der Strahlenkontamination von Nahrungsmittel zu gewährleisten ist, die es ausschließt, daß belastete Produkte in größeren Mengen als zulässig in den menschlichen Körper gelangen.
b) innerhalb der Zone mit einer äußeren Gammabelastung von 3-5R/h ist der Aufenthalt der Bevölkerung unter der Voraussetzung einer strikten umfassenden Überwachung zulässig, die es praktisch ausschließt, daß radioaktive Stoffe zusammen mit belasteten Nahrungsmitteln in den menschlichen Körper gelangen. In diesem Fall wird die Landbevölkerung im ersten Jahr des Aufenthalts durch die Außenbelastung eine Dosis von 8,5 rem aufnehmen, im ganzen Leben – ca. 50 rem der Ganzkörperbelastung.
ZONE II mit Werten der äußeren Gammabelastung von 5 bis 20 mR/h.
Innerhalb der Zone mit Werten von 5 bis 20 mR/h werden die Menschen vorübergehend ausgesiedelt und kehren in einem bzw. mehreren Jahren je nach der konkreten Höhe der Strahlenbelastung sowie der ermittelten Verhaltensweise der radioaktiven Isotope zurück. In dieser Zone ist es zulässig, Arbeiten im Wachverfahren durchzuführen (bis zur Rückkehr der Bevölkerung). Als Kriterium für die Zulässigkeit einer Rückkehr der Bevölkerung nach der vorübergehenden Umsiedlung, gilt: die Strahlenbelastung muß unter 5 mR/h abgesunken sein (umgerechnet auf den 15. Tag), und in der hochbelasteten Zone muß sie nach einem halben Jahr auf 1,3 mR/h, nach einem Jahr unter 0,7 mR/h gesunken sein und die Bodenkontamination durch Strontium unter 3 Ci/km^2, durch Cäsium-137 auf 7 Ci/km^2 absinken. Das gleiche Kriterium gilt auch für die Durchführung der Dekontaminationsarbeiten.
ZONE III Sperrzone mit einer äußeren Gammabelastung von 20 mR/h und mehr.
Ein Aufenthalt der Bevölkerung in dieser Zone ist ausgeschlossen. Hier kann ein Naturschutzgebiet geschaffen und spezifische Untersuchungen durchgeführt werden.
Anmerkung:
a) Das Kriterium für die äußere und innere Belastung im ersten Jahr wird aufgrund aller im Fallout festgestellten Isotope, in erster Linie des Jod-131, berechnet.
b) Das Kriterium der inneren Belastung für die folgenden Jahre wird unter Berücksichtigung der realen (gemittelten) Menge der langlebigsten Isotope im Fallout des Strontium-90 (Halbwertzeit 28 Jahre) und des Cäsium-137 (30 Jahre) berechnet.
c) Das wichtigste Isotop, von welchem das Kriterium für die Festlegung der Sperrzonengrenze beeinflußt wird, ist das Strontium-90. Die zu erwartende Gesamtdosis der Belastung (im gesamten Leben) würde in dieser Zone (bei 20 mR/h) für den Fall des Aufenthalts von Menschen mehr als 100 rem betragen.
3. In allen Zonen werden anhand der Ergebnisse einer ununterbrochenen Überwachung der Strahlenbelastung und unter Berücksichtigung ihrer Dynamik begrenzte zusätzliche Maßnahmen durchgeführt.
4. Fragen, die mit den Terminen des Einzugs und den Wohnumständen der Bevölkerung in Pripjat zusammenhängen, sind separat unter Berücksichtigung der tatsächlichen Ergebnisse von Dekontaminationsarbeiten in dieser Stadt zu prüfen (anhand von Probearbeiten).
5. Die vorliegenden Empfehlungen berücksichtigen nicht mögliche zusätzliche Gefahren aufgrund einer Freisetzung von Plutonium-Isotopen. Ihre Rolle bei der Entstehung der inneren Belastung des Menschen ist gesondert zu untersuchen, sobald Versuchsergebnisse vorliegen.
Israel, Schtschepin, Komarow

Staatliches Komitee
für Hydrometeorologie der UdSSR
123376 Moskau, Pawlik-Morosow-Gasse 12
Moskau, Gosgimet

Ex. Nr. 1
Geheim

An den Vorsitzenden des Ministerrates der UdSSR
Genossen Ryshkow N.I.

24.05.86
Nr. mk 1937c

Das Staatliche Komitee für Hydrometeorologie legt eine Karte der Strahlensituation auf den Landflächen in den Regionen der Ukrainischen SSR und der Belorussischen SSR vor, die das KKW Tschernobyl umgeben. Die Karte wurde nach dem Stand vom 10. Mai 1986 auf der Basis von Messungen aus der Luft zusammengestellt. Die Isolinien von 3,0 und 20,0 mR/h wurden durch Interpolationsverfahren gezogen, daher ist ihr genauer Verlauf noch zu präzisieren.
Zur Zeit werden in den Regionen der Ukrainischen SSR und der Belorussischen SSR, die an das KKW Tschernobyl angrenzen, durch fünf Hubschrauber detaillierte Strahlenmessungen durchgeführt. Die Angaben zu Zonen mit Strahlenwerten über 5 mR/h werden mit der Liste der in diesen Zonen liegenden Ortschaften am Montag, dem 26. Mai, vorgelegt.
Die Angaben zu Zonen mit Strahlenwerten von 3 bis 5 mR/h werden mit der Liste der Ortschaften, die in diesen Zonen liegen, später vorgelegt.
Anhang: Karte, mk 1938c, Ex. Nr. 1 auf einem Blatt, *geheim.*
Erster Stellvertreter des Vorsitzenden des Staatlichen Komitees
J.S.Sedunow
(Das Schreiben enthält im Anhang eine Karte: Zur Strahlensituation auf den Landflächen um das KKW Tschernobyl anhand der Messungen aus der Luft am 10. Mai 1986 in mR/h.)

An das Sekretariat des Obersten Sowjets der UdSSR *Geheim*
Unterliegt der Rückgabe an den Sondersektor der Geschäftsführung des Ministerrates der UdSSR

Protokoll Nr. 18
der Sitzung der Operativen Gruppe des Politbüros des ZK der KPdSU zu Fragen im Zusammenhang mit der Beseitigung der Folgen des Reaktorunfalls im KKW Tschernobyl.

26. Mai 1986

1. Zur Lage und zu Maßnahmen, die die ZKs der Kommunistischen Parteien der Ukraine und Belorußlands, die Ministerräte der Ukrainischen SSR und der Belorussischen SSR zur Verbesserung der Wohn- und Lebensbedingungen der aus den Regionen mit erhöhter Strahlenbelastung evakuierten Bevölkerung ergreifen.
Die Information der Genossen Ljaschko, Katschura, Kowaljow und Lepeschkin zu dieser Frage wird zur Kenntnis genommen.
Die Vorschläge der Ministerräte der Ukrainischen SSR und der Belorussischen SSR zu Fragen der Evakuierung und Rücksiedlung sowie zur Ausstattung der Familien von Mitarbeitern des KKW Tschernobyl, anderer Betriebe, Kolchosen und Sowchosen, die in der Sperrzone und der Zone der zeitweiligen Evakuierung liegen, mit Wohnungen sind zu unterstützen (ab Juli d.J. sind 7.500 Wohnungen und 1.000 Plätze in Internaten in Kiew sowie 500 Wohnungen in Tschernigow zur Verfügung zu stellen; in den Landkreisen des Gebietes Kiew sind bis zum 1. Oktober d.J. 7.000 Reihenhäuser und die dazugehörigen sozialen und kulturellen Einrichtungen zu bauen;

6.000 z.Z. nicht bezogene Häuser in der Ukrainischen SSR sind zu renovieren und von den landwirtschaftlichen Betrieben an die Hausbesitzer zu verkaufen bzw. zu vermieten; außerdem sind in der Belorussischen SSR auf dem Lande 4.500 Einfamilienhäuser zu bauen).
Bei der Entscheidung über die Evakuierung bzw. Rücksiedlung der Bevölkerung sind die „Empfehlungen und Kriterien über die Zulässigkeit des Aufenthalts, über die Notwendigkeit der Umsiedlung oder vorübergehenden Evakuierung der Bevölkerung auf dem durch den Reaktorunfall im KKW Tschernobyl strahlenbelasteten Territorium", die vom Staatlichen Komitee für Hydrometeorologie, dem Gesundheitsministerium der UdSSR und dem Verteidigungsministerium erarbeitet wurden, zugrundezulegen.
Dem Vorschlag des Gesundheitsministeriums der UdSSR, Kinder bis 14 Jahre, schwangere Frauen und stillende Mütter aus Regionen, in denen die Strahlenbelastung am 10. Mai d.J. zwischen 3 und 5 mR/h lag, für die Sommerzeit vorübergehend umzusiedeln, wird zugestimmt.
Genosse Schtschepin hat am 27. Mai eine Liste der zu dieser Kategorie gehörenden Ortschaften vorzulegen. Die Mitteilung des Genossen Ljaschko, daß vom Ministerrat der Ukrainischen SSR entschieden wurde, innerhalb einer Woche entsprechend den Empfehlungen des Staatlichen Komitees für Hydrometeorologie und des Gesundheitsministeriums alle Maßnahmen zur Rückkehr der Bevölkerung in fünf Ortschaften der 30 km-Zone zu realisieren, wird zur Kenntnis genommen.
Dem Vorschlag des Ministerrates der Ukrainischen SSR und des Ministeriums für Energiewirtschaft der UdSSR wird zugestimmt, für das mit der Reparatur und dem Betrieb der Energieblöcke Nr. 1 und 2 des KKW Tschernobyl beschäftigte Personal in Stracholessje, Rayon Iwankowoskij (Gebiet Kiew) eine Wachsiedlung zu errichten. Der Vorschlag, in der Stadt Wyschgorod bei Kiew eine ständige Siedlung für die Mitarbeiter des KKW Tschernobyl zu bauen, wird nicht angenommen.
Die Genossen Majorez, Israel und Schtschepin werden beauftragt, unter Beteiligung des Ministerrates der Ukrainischen SSR, einen Standortvorschlag für den Bau der Siedlung vorzubereiten.
Das Komitee für Landwirtschaft der UdSSR wird beauftragt, die Bitten des Ministerrates der Ukrainischen SSR und des Ministerrates der Belorussischen SSR bezüglich einer Erhöhung der Grenzwerte für Milchpulver und Kondensmilch, sowie zusätzlicher Bewilligung von Mischfutter zu prüfen und entsprechende Entscheidungen zu treffen.
Genosse Batalin wird beauftragt, den im Beschlußentwurf des ZK der KPdSU und des Ministerrates der UdSSR über Maßnahmen zur Bereitstellung von Wohnungen für die evakuierte Bevölkerung enthaltenen Vorschlag des Genossen Ljaschko zur Bewilligung zusätzlicher Plattenbauten und Wohnzelte an den Ministerrat der Ukrainischen SSR weiterzuleiten.
Das Staatliche Komitee für Hydrometeorologie und das Gesundheitsministerium der UdSSR werden auf die Notwendigkeit hingewiesen, gemeinsam mit den Partei- und Staatsorganen der Ukrainischen SSR und der Belorussischen SSR unter der Bevölkerung der Rayons mit erhöhter Strahlenbelastung verstärkt Aufklärungsarbeit zum Strahlenschutz durchzuführen.
2. Zum Beschlußentwurf des ZK der KPdSU und des Ministerrates der UdSSR „Zur Durchführung von Dekontaminationsarbeiten in den infolge des Reaktorunfalls im KKW Tschernobyl strahlenbelasteten Rayons der Ukrainischen SSR".
Der grundsätzlich präzisierte Beschlußentwurf wird gebilligt.
Genosse Schtscherbina wird beauftragt, den Entwurf unter Berücksichtigung der Bemerkungen der Ministerräte der Ukrainischen SSR und der Belorussischen SSR sowie anderer Ministerien und Einrichtungen zu korrigieren und zur Vorlage beim ZK der KPdSU am 27. Mai 1986 vorzubereiten.
3. Zur Berichterstattung in der zentralen Presse zu den Ereignissen im Zusammenhang mit dem Reaktorunfall im KKW Tschernobyl.

Es wird festgestellt, daß es neben der umfangreichen Arbeit, die die Massenmedien für die objektive Berichterstattung über die mit dem Reaktorunfall im KKW Tschernobyl zusammenhängenden Ereignisse und für die Mobilisierung von Arbeitskräften zur Lösung der Aufgaben zur Beseitigung der Folgen des Reaktorunfalls geleistet haben, es in einigen Veröffentlichungen Ungenauigkeiten und Verzerrungen gegeben hat, wobei auch wissenschaftlich-technische Lösungen offengelegt worden sind.

Dem Staatlichen Komitee für Rundfunk und Fernsehen der UdSSR, TASS und den Redaktionen der überregionalen Zeitungen und Zeitschriften wird empfohlen, Veröffentlichungen im Zusammenhang mit dem Reaktorunfall im KKW Tschernobyl sorgfältiger und strenger zu handhaben. Angaben zu wissenschaftlich-technischen Entwicklungen, die bei der Beseitigung der Havariefolgen und beim Wiederaufbau angewandt werden, sind herauszulassen. Das Hauptaugenmerk ist auf die durch das ZK der KPdSU und den Ministerrat der UdSSR getroffenen Maßnahmen zur Gewährleistung normaler Arbeits-, Lebens- und Wohnbedingungen für die evakuierte Bevölkerung und auf die aktive Beteiligung der Werktätigen an der Umsetzung dieser Maßnahmen zu richten.

4. Zur Rede des Gesundheitsministers der CSSR (Telegramm aus Prag, Sondernummer 363).

Das Angebot des Gesundheitsministeriums der UdSSR (des Genossen Schtschepin), zwei tschechoslowakische Ärzte in die UdSSR einzuladen, um Erfahrungen bei der Behandlung von Strahlenerkrankungen zu vermitteln, wird angenommen. Es wird für nicht sinnvoll erachtet, Patienten mit einer diagnostizierten Strahlenkrankheit zur Behandlung ins Ausland zu schicken.

Der Allunionsrat der Gewerkschaften (Genossen Schalajew) wird beauftragt, Kur- und Behandlungsangebote der sozialistischen Länder für vom Reaktorunfall im KKW Tschernobyl betroffene sowjetische Staatsbürger zu prüfen und der Operativen Gruppe entsprechende Vorschläge vorzulegen.

5. Zu Vorschlägen des Außenministeriums Großbritanniens (Telegramm aus London, Sondernummer 937).

Der Meinung des Gesundheitsministeriums der UdSSR und des Verteidigungsministeriums wird zugestimmt, daß es nicht sinnvoll ist, den Vorschlag der englischen Seite anzunehmen, eine Gruppe von Onkologen und Fachleuten für Dekontamination in die UdSSR zu entsenden. Genosse Kowaljow wird beauftragt, eine entsprechende Antwort mit dem Ausdruck des Dankes vorzubereiten.

6. Zu den Arbeitshygienevorschriften im Umfeld des KKW Tschernobyl.

Es wird darauf hingewiesen, daß das Energieministerium der UdSSR und das Verteidigungsministerium grobe Verstöße gegen den Arbeitsschutz beim Umgang mit radioaktiven Stoffen zugelassen haben, was zu einer unnötigen Überbestrahlung der mit den Wiederaufbau- und Dekontaminationsarbeiten beschäftigten Menschen führte.

Die Genossen Worinin, Achromejew und Majorez werden verpflichtet, sofortige und umfassende Maßnahmen zu ergreifen, um entsprechende Richtlinien in dieser Frage durchzusetzen und die Disziplin und Überwachung der Einhaltung der Arbeitshygiene sowie der Strahlen- und Brandschutzforderungen zu stärken.

N.Ryshkow

An das Sekretariat des Obersten Sowjets der UdSSR *Geheim*
Unterliegt der Rückgabe an den Sondersektor der Geschäftsführung des Ministerrates der UdSSR

Protokoll Nr. 19
der Sitzung der Operativen Gruppe des Politbüros des ZK der KPdSU zu Fragen im Zusammenhang mit der Beseitigung der Folgen des Reaktorunfalls im KKW Tschernobyl.

28. Mai 1986

1. Zum Beschlußentwurf des ZK der KPdSU und des Ministerrates der UdSSR über die Organisation der Projektierungs- und Bauarbeiten im Zusammenhang mit der Konservierung des beschädigten Reaktors.

Die Mitteilungen der Genossen Batalin und Meschkow zu dieser Frage werden zur Kenntnis genommen.

Die Genossen Batalin, Majorez, Meschkow und Achromejew werden beauftragt, den Entwurf des genannten Beschlusses unter Berücksichtigung der bei der betreffenden Sitzung geäußerten Bemerkungen zu korrigieren und ihn der nächsten Sitzung der Operativen Gruppe vorzulegen. Der Abschluß der Hauptarbeiten zur Konservierung des Energieblocks 4 ist für September 1986 vorzusehen.

Die Genossen Batalin und Israel werden beauftragt, unter Beteiligung von Fachleuten des Ministeriums für Wasserwirtschaft der UdSSR und der Akademie der Wissenschaften der Ukrainischen SSR zu überlegen, ob es zur Verhinderung der Kontamination des Flusses Pripjat durch radioaktive Abflüsse sinnvoll ist, nördlich des KKW Tschernobyl einen Umleitungskanal zu bauen, und diesbezüglich ein Gutachten vorzulegen.

Es ist notwendig, im ZK der KPdSU eine Tagung über die Organisation und Durchführung der Projektierungs- und Bauarbeiten im Zusammenhang mit der Konservierung des beschädigten Reaktors und der Verhütung radioaktiver Abflüsse vom Gelände des KKW Tschernobyl durchzuführen. Vorgesehen ist, daß an der Tagung Leiter aller beteiligten Ministerien, Ämter und Organisationen sowie örtliche Mitarbeiter, die mit der Organisation der Arbeiten am KKW unmittelbar beschäftigt sind, teilnehmen.

2. Zum Schreiben der Akademie der Wissenschaften der Ukrainischen SSR zu Fragen der Beseitigung der Folgen des Reaktorunfalls im KKW Tschernobyl.

Die Mitteilung des Genossen Legassow zu dieser Frage wird zur Kenntnis genommen. Es wird darauf hingewiesen, daß in dem genannten Schreiben begründete Sorgen über die Gefahr der Strahlenkontamination des Flusses Dnjepr zum Ausdruck kommen. Ein großer Teil der im Schreiben vorgeschlagenen Maßnahmen zur Verhütung der Strahlenkontamination von Nutzwasserquellen im Bereich des Flusses Dnjepr und die Nutzung anderer Wasserressourcen wurde von der Operativen Gruppe bereits geprüft; Anweisungen zu deren praktischer Umsetzung wurden erteilt.

Das Staatliche Komitee für Hydrometeorologie wird beauftragt, die Daten über das durch Regenwasser hervorgerufene Auswaschen radioaktiver Stoffe im Bereich der Flüsse Pripjat und Dnjepr zu präzisieren und für die Errichtung von Anlagen zum Schutz beider Flüsse gemeinsam mit dem Verteidigungsministerium eine detaillierte Karte der radioaktiven Kontamination im Umfeld des KKW Tschernobyl zusammenzustellen.

Es wird für sinnvoll erachtet, um das KKW Tschernobyl Meßgeräte zur ständigen Überwachung der Strahlenkontamination der Außenwelt zu installieren. Mit der Organisation wird das Staatliche Komitee für Hydrometeorologie unter Beteiligung der Akademie der Wissenschaften der Ukrainischen SSR beauftragt.

3. Zur Vorbereitung des Beschlußentwurfes des ZK der KPdSU und des Ministerates der UdSSR

zu Fragen der Arbeits- und Wohnungsbeschaffung für die aus dem Krisengebiet evakuierte Bevölkerung.
Die Mitteilung des Genossen Batalin wird zur Kenntnis genommen.
Genosse Batalin wird beauftragt, die Unterbringung der Familien von Mitarbeitern des KKW Tschernobyl, die aus der Stadt Pripjat nach Kiew und in andere Ortschaften der Ukrainischen SSR umgesiedelt wurden, in den Entwurf des genannten Beschlusses einzubeziehen, wobei konkrete Termine für Wohnungszuweisungen anzugeben sind.
Das Komitee für Landwirtschaft der UdSSR, der Ministerrat der Ukrainischen SSR und der Ministerrat der Belorussischen SSR haben Vorschläge für den Bau notwendiger Wirtschaftseinrichtungen, vor allem von Ställen für die Überwinterung des Viehs, für die wegen der Strahlenbelastung evakuierten Kolchosen und Sowchosen vorzubereiten und dem Ministerrat der UdSSR vorzulegen.
Das Gutachten des Staatlichen Komitees für Hydrometeorologie, des Gesundheitsministeriums der UdSSR und des Verteidigungsministeriums wird zur Kenntnis genommen. Dem Gutachten zufolge ist es möglich, nachdem Kinder, schwangere Frauen und stillende Mütter aus der Stadt Bragin (Gebiet Gomel) in andere Rayons evakuiert wurden, die verbleibenden Einwohner der Stadt nicht umzusiedeln (das genannte Gutachten liegt bei).
4. Zum Arbeitsplan über die Dekontamination von Gebäuden und Anlagen in Regionen mit erhöhter Strahlenbelastung.
Die Mitteilung des Genossen Warennikow zu dieser Frage wird zur Kenntnis genommen.
Es wird auf die geringe Effektivität der Dekontaminationsarbeiten auf dem Gelände des KKW Tschernobyl und der anliegenden Rayons hingewiesen.
Das Verteidigungsministerium wird beauftragt, der Operativen Gruppe bis zum 4. Juni 1986 über Maßnahmen zur Erhöhung der Effektivität und zur Beschleunigung der Dekontaminationsarbeiten zu berichten. Vorrangige Aufmerksamkeit ist der Dekontamination von Objekten in der Sonderzone sowie der Schaffung von Voraussetzungen für die Rücksiedlung der Bevölkerung in die Zone der vorübergehenden Aussiedlung zu widmen.
5. Zur technologischen Dokumentation der Arbeiten im Zusammenhang mit der Beseitigung der Folgen des Reaktorunfalls im KKW Tschernobyl.
Im Hinblick darauf, daß die technologische Dokumentation der genannten Arbeiten von großem wissenschaftlichem und praktischem Wert ist, werden die Genossen Achromejew, Majorez und Slawskij unter Beteiligung der anderen Ministerien und Ämter beauftragt, Maßnahmen zu einer entscheidenden Verbesserung dieser Arbeit zu ergreifen.
Mit der Zusammenfassung der Unterlagen werden das Energieministerium der UdSSR und das Ministerium für mittleren Maschinenbau beauftragt.
6. Zur Durchführung einer Pressekonferenz für sowjetische und ausländische Journalisten zu Fragen im Zusammenhang mit der Beseitigung der Folgen des Reaktorunfalls.
Dem Vorschlag des Genossen Kowaljow wird zugestimmt.
Mit der Durchführung der Pressekonferenz werden die Genossen Batalin, Israel, Petrowskij, Legassow, Schtschepin und Petrosjanz beauftragt. Genosse Israel wird unter Beteiligung der genannten Genossen beauftragt, einen Überblick über die Situation im Zusammenhang mit dem Reaktorunfall im KKW Tschernobyl zu erarbeiten und ihn der Operativen Gruppe am 2. Juni 1986 vorzulegen.
7. Zur medizinischen Betreuung der vom Reaktorunfall betroffenen Bevölkerung.
Die Mitteilung des Genossen Schtschepin wird zur Kenntnis genommen, wonach 5.172 Menschen stationär untersucht und behandelt werden, unter ihnen 182 Menschen, bei denen Strahlenkrankheit diagnostiziert wurde (davon ein Kind).
In der letzten Woche ist ein Patient verstorben.

Die Gesamtzahl der Verstorbenen betrug am 28. Mai 22 Menschen (plus zwei tödlich Verunglückte am Anfang des Reaktorunfalls).
Der Bitte des amerikanischen Arztes R. Gale, Kiew und den Unglücksort zu besuchen sowie eine Pressekonferenz für sowjetische und ausländische Journalisten unter Teilnahme von Prof. Worobjow A.I. durchzuführen, kann nachgekommen werden.
Das Gesundheitsministerium der UdSSR (Genossen Schtschepin) wird beauftragt, der Bitte von R. Gale auf Einreise seiner Familie in die UdSSR zu entsprechen und die Möglichkeit des Aufenthalts seiner Kinder in einem Ferienlager zu schaffen.
Das Außenministerium (Genossen Kowaljow) wird beauftragt, Briefe amerikanischer Kinder an den Generalsekretär des ZK der KPdSU Gorbatschow M.S. aus der Hand Gales entgegenzunehmen.
8. Zum Wunsch einer Gruppe chinesischer Ärzte, Betroffenen des Reaktorunglücks medizinische Hilfe zukommen zu lassen (Telegramm aus Peking, Sondernummer 806).
Genosse Schtschepin wird beauftragt, diese Frage eingehend zu untersuchen und Vorschläge auf der nächsten Sitzung der Operativen Gruppe vorzulegen.
N. Ryshkow

Staatliches Komitee der UdSSR
für Hydrometeorologie
(Goskomgidromet)
123376 Moskau, Pawlik Morosow Gasse 12

Geheim
Ex. Nr. 2

An den Vorsitzenden des Ministerrates der UdSSR
Genossen Ryshkow N.I.
Moskau, Gosgimet

28.05.86
Nr. mk 1985c

Das Staatliche Komitee für Hydrometeorologie und das Gesundheitsministerium der UdSSR legen hiermit eine Liste der Ortschaften der Ukrainischen und Belorussischen SSR vor, die innerhalb der 30 km-Zone um das KKW Tschernobyl am 10. Mai 1986 Strahlenbelastungswerten über 5 mR/h ausgesetzt waren und daher für die vorübergehende Evakuierung bestimmt sind.
Außerdem wurden in die Liste Ortschaften der Ukrainischen SSR mit Strahlenbelastungswerten von 3 bis 5 mR/h (nach dem Stand vom 10. Mai 1986) aufgenommen, aus denen schwangere Frauen und Kinder zu evakuieren sind, und jene in der 30 km-Zone liegenden Ortschaften, in die die Bevölkerung im Mai d.J. zurückkehren kann.
Die genannten Listen sind an die Ministerräte der Ukrainischen SSR (27.05.86) und der Belorussischen SSR (28.05.86) geschickt worden.
Anhang: dem Text nach, mk 1973c, Ex. Nr. 3 auf 3 Blättern, *geheim.*
Anmerkung: Ortschaften in der Belorussischen SSR mit der Strahlenbelastung 3-5 mR/h sind im Anhang nicht enthalten, da die teilweise Umsiedlung aus diesen Ortschaften bereits erfolgte.

Vorsitzender des Staatlichen Komitees
J.A.Israel

Geheim
Ex. Nr. 3

Präzisierte Liste der Ortschaften der Belorussischen SSR (außerhalb der 30 km-Zone), in denen die Ortsdosisleistung am 10. Mai 1986 über 5 mR/h lag und die für die vorübergehende Evakuierung bestimmt sind

1. Über 5 mR/h

1. Putschin*
2. Petkowschtschina*
3. Sperizhje*
4. Iljitschi*
5. Nuditschi*
6. Jasmenzy*
7. Koseluzhzy*
8. Rafalow*
9. Siedl.Rafalow*
10. Krug-Rudka*
11. Gluchowitschi*
12. Jasseni*
13. Leniwez
14. Krasnaja Gora
15. Kussatschew*
16. Chatutscha*
17. Boguschi*
18. Petschi*
19. Ostrogljady
20. Soboli
21. Worotez
22. Babtschin
23. Nowopokrowsk*
24. Kozhuschki
25. Nowokuchnowschtschina*
26. Dronki*
27. Chwoschtschewka*
28. Gnesdenka*
29. Slobodka*
30. Dernowitschi*
31. Beresowka*
32. Buk

Anmerkung:
Die Ortschaften, die mit * gekennzeichnet sind, werden in erster Linie umgesiedelt.
Die Frage Bragins wird separat untersucht.

Präzisierte Liste der Ortschaften der Ukrainischen SSR (außerhalb der 30 km-Zone), in denen die Ortsdosisleistung am 10. Mai 1986 über 5 mR/h lag und die für die vorübergehende Evakuierung bestimmt sind (I) sowie die der Ortschaften mit einer Strahlenbelastung von 3 bis 5 mR/h (II)

1. Über 5 mR/h

1. Warowitsch (umgesiedelt)
2. Wesnjanoje (umgesiedelt)
3. Kliwiny
4. Kowschilowka (umgesiedelt)
5. Wladimirowka (umgesiedelt)
6. Nowoje Sharno
7. Forstwirtschaft Jakowezkoje (dringend umzusiedeln)
8. Dolgij Les (dringend umzusiedeln)
9. Staraja Radtscha
10. Zhurba
11. Lipskije Romany
12. Derkatschi
13. Martynowka

2. Von 3 bis 5 mR/h

1. Nowyj Mir
2. Buda-Warowitschi
3. Martynowitschi
4. Polesskoje
5. Wiltscha
6. Malenowka
7. Perejesd
8. Staraja Rudnja
9. Stepki
10. Swesdal
11. Bobjor
12. Christinowka
13. Rudnja Grisljanskaja
14. Greslja
15. Priluki

Einige in der 30 km-Zone liegende Ortschaften, in die im Hinblick auf die Strahlensituation die Bevölkerung zurückkehren kann (im Mai d.J.)

Ukrainische SSR

1. Glinka
2. Samoschnja
3. Bytschki
4. Niwezkoje
5. Tscheremoschnaja

Belorussische SSR

1. Gden
2. Karpowka

Vorsitzender des Staatlichen Komitees der UdSSR für Hydrometeorologie
J.A. Israel
Erster Stellvertreter des Gesundheitsministers der UdSSR
O.P. Schtschepin

Zum Punkt 3 des Protokolls Nr. 19 *Geheim*
Ex. Nr. 1

An den Vorsitzenden des Ministerrates der UdSSR
Genossen Ryshkow N.I.

Das Staatliche Komitee für Hydrometeorologie, das Gesundheitsministerium der UdSSR und das Verteidigungsministerium legen ein Gutachten über die Möglichkeit der Nichtumsiedlung der restlichen Einwohner der Stadt Bragin (Belorusische SSR) vor.
Anhang: das Gutachten, mk 1989c, auf einem Blatt, Ex. Nr. 1, *geheim.*
Vorsitzender des Staatlichen Komitees für Hydrometeorologie
J.A. Israel
Erster Stellvertreter des Gesundheitsministers der UdSSR
O.P. Schtschepin
Leiter der Zentralen militärmedizinischen Verwaltung der Streitkräfte der UdSSR
F.I. Komarow

Geheim

Gutachten über die mögliche Nichtumsiedlung der restlichen Einwohner der Stadt Bragin

Nachdem man auf Bitte der Führung der Belorussischen SSR die Frage nach der Möglichkeit einer Nichtumsiedlung der Einwohner der Stadt Bragin erörtert hat, halten es das Staatliche Komitee für Hydrometeorologie, das Gesundheitsministerium der UdSSR und das Verteidigungsministerium hinsichtlich der Strahlensituation (am 10. Mai 1986 betrug die Strahlenbelastung 5 mR/h) und der durch die Einheiten des Verteidigungsministeriums in Aussicht genommenen vorrangigen Dekontaminationsarbeiten sowie der Tatsache, daß Kinder, schwangere Frauen und stillende Mütter bereits aus der Stadt Bragin in andere Rayons umgesiedelt wurden, für möglich, die Umsiedlung des restlichen Einwohnerkontingents der Stadt Bragin nicht durchzuführen.

Vorsitzender des Staatlichen Komitees für Hydrometeorologie
J.A. Israel
Erster Stellvertreter des Gesundheitsministers der UdSSR
O.P. Schtschepin
Leiter der Zentralen militärmedizinischen Verwaltung der Streitkräfte der UdSSR
F.I. Komarow

An das Sekretariat des Obersten Sowjets der UdSSR *Geheim*
Unterliegt der Rückgabe an den Sondersektor der Geschäftsführung des Ministerrates der UdSSR

Protokoll Nr. 20
der Sitzung der Operativen Gruppe des Politbüros des ZK der KPdSU zu Fragen im Zusammenhang mit der Beseitigung der Folgen des Reaktorunfalls im KKW Tschernobyl.

2.Juni 1986

Hier weist der Text eine Lücke auf.
... Untersuchung des Zustandes von Baukonstruktionen und technologischen Systemen des Energieblocks 3 im KKW Tschernobyl und Vorschläge vorzubereiten (Vorschläge bezüglich der Zusammensetzung der Kommission liegen bei).
8. Über Fragen der Sicherheit in aktiven Atomkraftwerken.
In der nächsten Sitzung wird ein Referat der Genossen Majorez und Meschkow dazu angehört.
9. Zur medizinischen Betreuung der vom Reaktorunfall im KKW Tschernobyl betroffenen Bevölkerung.
Die Mitteilung des Genossen Schtschepin wird zur Kenntnis genommen, wonach 2.669 Menschen, darunter 171, bei denen Strahlenkrankheit diagnostiziert wurde, die stationär untersucht und behandelt werden. Bis zum 2. Juni 1986 erhöhte sich die Zahl der Toten auf 24 (außerdem kamen zwei zu Beginn des Reaktorunglücks ums Leben). In ernstem Zustand befinden sich 23 Menschen.
10. Zur Bitte des Ministerrates der Ukrainischen SSR, die Einsätze der meteorologischen Fluglabore zur Einwirkung auf Wolken im Bereich des KKW Tschernobyl vorübergehend einzustellen.
Der Genosse Israel wird beauftragt, in jedem konkreten Fall darüber zu entscheiden.
Hier weist der Text eine Lücke auf.
11. Zu Anfragen ausländischer Fachleute nach Daten über die Strahlenbelastung in ihren Aufenthaltsorten in der UdSSR (in der Stadt Zhlobin und anderen).

Der Genosse Israel wird beauftragt, solche Anträge zu untersuchen und darüber zu entscheiden.
12. Zu Vorschlägen einer belgischen und einer sowjetisch-englischen Firma, Geldmittel an den Hilfsfonds des KKW Tschernobyl zu übergeben.
Der Genosse Aristow wird beauftragt, mit diesen Firmen darüber zu verhandeln, ob die angebotenen Mittel für Lieferungen von medizinischen Geräten und Medikamenten verwandt werden können; den Firmenleitungen ist zu danken.
13. Zur Einladung sowjetischer Bürger durch das Industrieministerium der VR Ungarn; abgestimmt mit dem Allunionsrat der Gewerkschaften.
Der Allunionsrat der Gewerkschaften (Genosse Schalajew) wird beauftragt, unter Beteiligung des Energieministeriums der UdSSR und des Kiewer Gebietskomitees der Kommunistischen Partei der Ukraine den Vorschlag des Industrieministeriums der VR Ungarn über den Ferienaufenthalt von 400 bis 500 Mitarbeitern des KKW Tschernobyl im Juli-August 1986 in Ungarn zu erörtern.
Es wird nicht für sinnvoll erachtet, den Vorschlag des Industrieministeriums der VRU über die Beteiligung ungarischer Fachleute an der Beseitigung der Folgen des Reaktorunfalls im KKW Tschernobyl anzunehmen.
Das Energieministerium (Genossen Majorez) wird beauftragt, die Fragen einer möglichen Nutzung ungarischer Anlagen zum Bau wasserdichter Erdabdämmungen zu entscheiden.
N.Ryshkow

Anhang zum Protokoll Nr. 20

Vorschläge zur Zusammensetzung der Kommission zur Untersuchung des Zustandes der Baukonstruktionen und technologischen Anlagen im Energieblock Nr. 3 des KKW Tschernobyl

1. Majorez, Anatolij Iwanowitsch	Vorsitzender der Kommission
2. Deminow, Alexej Dmitrijewisch	Erster Stellvertreter des Vorsitzenden des Gosstroj der UdSSR (Bauministerium)
3. Sidorenko, Viktor Alexejewitsch	Erster Stellvertreter des Vorsitzen den des Gosatomenergonadsor (Atomenergieaufsichtsbehörde)
4. Schascharin, Gennadij Alexandrowitsch	Stellvertretender Minister für Energiewirtschaft und Elektrifizierung der UdSSR
5. Woronin, Leonid Michailowitsch	Stellvertretender Generaldirektor der NPO „Energija" des Energieministeriums der UdSSR
6. Kusnezow, Wladimir Wassiljewitsch	Direktor des Zentralen Melnikow-Forschungsinstituts Projektstalkonstrukzija des Staatlichen Komitees für Bauwesen der UdSSR
7. Michailow, Konstantin Wassiljewitsch	Direktor des Forschungsinstituts für Stahlbeton des Staatlichen Komitees für Bauwesen der UdSSR
8. Tscherkaschow, Jurij Michailowitsch	Stellvertretender Direktor des Forschungs- und Konstrukteursinstituts für Elektrotechnik des Ministeriums für mittleren Maschinenbau

9. Kramerow, Alexandr Jakowlewitsch	Chef des Labors für RMBK-Kernreaktoren des Kurtschatow-Instituts für Atomenergie des Ministeriums für mittleren Maschinenbau
10. Denissow, Gennadij Alexejewitsch	Chef der technischen Hauptverwaltung des Energieministeriums der UdSSR
11. Filimonzew, Juri Nikolajewitsch	Stellvertretender Chef der technischen Hauptverwaltung des Energieministeriums der UdSSR
12. Lissitschkin, Jewgenij Sergejewitsch	Leiter der Bauabteilung der KKW S.J. Zhuk-„Gidroprojekt“ des Energieministeriums der UdSSR
13. Grudakow, Anatolij	Stellvertretender Leiter u. Haupttechnologe der technischen Abteilung S.J. Zhuk-"Gidroprojekt“ des Energieministeriums der UdSSR

An das Sekretariat des Obersten Sowjets der UdSSR *Geheim*
Unterliegt der Rückgabe an den Sondersektor der Geschäftsführung des Ministerrates der UdSSR

Protokoll Nr. 21
der Sitzung der Operativen Gruppe des Politbüros des ZK der KPdSU zu Fragen im Zusammenhang mit der Beseitigung der Folgen des Reaktorunfalls im KKW Tschernobyl.

4. Juni 1986

1. Zu den durch das Energieministerium der UdSSR und das Ministerium für mitteleren Maschinenbau ergriffenen Maßnahmen zur Gewährleistung der Sicherheit in Betrieb befindlicher Kernkraftwerke und zur Behebung ihrer Mängel.
Die Mitteilungen der Genossen Majorez, Meschkow und Sidorenko werden zur Kenntnis genommen.
Es wird darauf hingewiesen, daß trotz der Beschleunigung der Arbeit des Energieministeriums und des Ministeriums für mittleren Maschinenbau für die Erhöhung der Sicherheit der in Betrieb befindlichen Kernkraftwerke ein entscheidender Umbruch in dieser Sache noch immer nicht erzielt wurde. Die durch diese Ministerien ergriffenen Maßnahmen sind den Anforderungen der durch das Politbüro des ZK der KPdSU aufgeworfenen Probleme nicht gewachsen. Äußerst unbefriedigend sieht es mit der Gewährleistung des Brandschutzes der Kernkraftwerke, ihrer Ausstattung mit feuerfesten Kabeln, Kontroll- und Meßgeräten und mit dem rechtzeitigen Ersatz von Anlagenteilen und -materialien, deren Laufzeit laut Norm überschritten ist, aus. Ungenügende Aufmerksamkeit wird der Einrichtung von Schulungszentren für Aus- und Weiterbildung des Personals der KKW beigemessen. Die Leitungen des Energieministeriums der UdSSR und des Ministeriums für mittleren Maschinenbau sehen trotz der Mängel und ungelösten Probleme keinen Grund zur Sorge wegen der in Betrieb befindlichen Kernkraftwerke. Wesentlich trägt dazu die prinzipienlose Haltung der staatlichen Atomenergieaufsichtsbehörde bei.
Die Genossen Majorez, Meschkow und Sidorenko werden verpflichtet, innerhalb von zehn Tagen die Situation in allen laufenden Energieblöcken gründlich zu analysieren, vorrangige Maßnahmen zu Erhöhung der Sicherheit ihres Betriebs festzulegen sowie für deren obligatorische Durchführung zu sorgen.

Das Büro des Ministerrates der UdSSR für den Brennstoff- und Energiekomplex (Genosse Schtscherbina) wird beauftragt, innerhalb einer 2wöchigen Frist einen Beschlußentwurf zu dringenden Maßnahmen im Rahmen mehrerer Wirtschaftszweige zur Gewährleistung eines sicheren und ungefährdeten Betriebs der Objekte der Atomenergiewirtschaft vorzubereiten und bei der Operativen Gruppe zwecks weiterer Vorlage beim Politbüro des ZK der KPdSU vorzulegen. In diesem Beschluß sind notwendige Maßnahmen zur Verbesserung der Ausstattung der Kernkraftwerke, der Reparaturarbeiten, der Ausstattung mit Ersatzteilen, feuerfesten Kabeln sowie der Lösung anderer dringender Fragen vorgesehen.

2. Zum Beschlußentwurf des ZK der KPdSU und des Ministerrates der UdSSR zu Konservierungsmaßnahmen der Objekte des KKW Tschernobyl in Zusammenhang mit dem Reaktorunfall im Energieblock 4 sowie zur Vorbeugung des Wasserabflusses vom Gelände des Kernkraftwerkes.

Der genannte Beschlußentwurf wird gebilligt, korrigiert und zur Bestätigung dem Politbüro des ZK der KPdSU vorgelegt.

3. Zum Entwurf des Beschlusses des Ministerrates der UdSSR und des Allunionsrats der Gewerkschaften über die Entlohnung und die materielle Versorgung der Mitarbeiter der Betriebe, Organisationen und Einrichtungen, die an den Arbeiten zur Beseitigung der Folgen des Reaktorunfalls im KKW Tschernobyl und zur Verhütung der Umweltverschmutzung beteiligt sind.

Der Entwurf des genannten Beschlusses wird gebilligt und beim Politbüro des ZK der KPdSU vorgelegt.

4. Zum Entwurf der Verordnung des Ministerrates der UdSSR über die Gründung einer Bauverwaltung des Ministeriums für mittleren Maschinenbau auf dem Gelände des KKW Tschernobyl.

Der Entwurf der genannten Verordnung wird gebilligt und dem Politbüro des ZK der KPdSU vorgelegt.

5. Zu den Direktiven für die Teilnehmmer der bevorstehenden Pressekonferenz für sowjetische und ausländische Journalisten.

Die Direktiven an die Teilnehmer der bevorstehenden Pressekonferenz für sowjetische und ausländische Journalisten werden insgesamt gebilligt. Genosse Batalin wird beauftragt, sie unter Berücksichtigung der in der Sitzung geäußerten Bemerkungen und Vorschläge zu korrigieren. (Der Text der Direktiven liegt bei.)

N.Ryshkow

Anhang zum Protokoll Nr. 21

Direktiven
zur Erläuterung der Hauptfragen im Zusammenhang mit der Beseitigung der Folgen des Reaktorunfalls im Block 4 des KKW Tschernobyl in der Pressekonferenz

1. Man hat sich bei Wortmeldungen und Antworten im allgemeinen von den Grundsätzen und Schlußfolgerungen der Ansprache des Generalsekretärs des ZK der KPdSU Genosse Gorbatschow M.S. im sowjetischen Fernsehen am 14. Mai d.J. leiten zu lassen.

2. Zur Erläuterung des Verlaufs der Beseitigung der Folgen des Reaktorunfalls im KKW Tschernobyl:

— sind umfassende Informationen über den Verlauf der Beseitigung der Folgen des Reaktorunfalls im Kraftwerk zu geben sowie die Strahlensituation in dieser Region zu charakterisieren;

— ist die erfolgreiche Bewältigung von großangelegten technischen und organisatorischen Maßnahmen zu zeigen, die auf die Beseitigung der Folgen des Reaktorunfalls sowie auf die Verhütung eines möglichen Strahlenschadens gerichtet sind. Hierfür gibt es in der Welt keine Präzedenzfälle;
— ist der massenhafte Arbeitsheroismus bei der Durchführung dieser Arbeiten zu betonen.
3. Es ist auf großangelegte Maßnahmen zur Gewährleistung der Sicherheit der Bevölkerung hinzuweisen. Insbesondere ist die Sorge um Menschen, die sich in strahlenbelasteten Gebieten befinden, zu betonen (medizinische Betreuung, Arbeitsplatzzuweisung, Wohnungsbau etc.).
4. Es ist auf die Haltlosigkeit der Anmaßungen und Einschätzungen sowohl einzelner offizieller Personen als auch der Presse mehrerer westlicher Länder hinzuweisen, die über einen angeblich hohen ökologischen und materiellen Schaden berichten, der durch die Verbreitung kleiner Mengen radioaktiver Stoffe mit Luftmassen aus der Region des KKW Tschernobyl entstanden sein sollen.
5. Die Teilnehmer der Pressekonferenz sind auf die enge Verknüpfung der Probleme der friedlichen und militärischen Atomenergienutzung in der heutigen Welt aufmerksam zu machen. Bevorzugt ist die wichtigste These der Ansprache des Genossen Gorbatschow M.S. zu verwenden: „Die Havarie in Tschernobyl hat erneut sichtbar gemacht, welch ein Abgrund sich auftut, falls ein Kernwaffenkrieg über die Menschheit herfällt. Gespeicherte Kernwaffenarsenale verbergen Tausende und aber Tausende von Katastrophen, viel schlimmer als die von Tschernobyl."
6. In den Antworten hat man sich auf die Informationen zu stützen, die im beiligenden Bericht „Über die Strahlensituation und zum Verlauf der Beseitigung der Folgen des Reaktorunfalls im KKW Tschernobyl" enthalten sind.

Zur Strahlensituation und zum Verlauf der Beseitigung der Folgen des Reaktorunfalls im KKW Tschernobyl (Unterlagen für die Pressekonferenz)

Das Kernkraftwerk von Tschernobyl, bestehend aus 4 Blöcken mit den Reaktoranlagen RBMK-1000 und einer elektrischen Leistung von je 1.000 MW, wurde von 1978 bis 1984 (blockweise) fertiggestellt und in Betrieb genommen. Der Block 4 wurde 1984 in Betrieb genommen.
Im Block 4 geschah am 26. April 1986 um 01 Uhr 23 Min. 50 Sek. ein Unfall. Hierbei wurden große Teile des aktiven Bereiches der Reaktoranlage und des Gebäudes zerstört.
Der Unfall ereignete sich während einer planmäßigen Abschaltung des Blocks 4 des KKW. Die Ursachen des Reaktorunfalls werden geklärt. Vorläufig kann man sagen, daß eine beträchtliche und schnelle Dampferzeugung zur Explosion, zur Zerstörung der Reaktoranlage und zur Freisetzung eines Teils der im aktiven Bereich angesammelten radioaktiven Produkte in die Atmosphäre führte. Bereits geklärte Umstände ließen den planmäßigen Weiterbetrieb des Kraftwerkes zu.
Während der Havarie am Block 4 funktionierten alle restlichen Blöcke des Kraftwerkes entsprechend ihrer Leistung. Nach der Havarie wurden für den Zeitraum der Beseitigung der Folgen die Blöcke 1, 2 und 3 planmäßig abgeschaltet und gekühlt. Ihre Reaktoranlagen werden in subkritischem Zustand gehalten.
Der Zustand der 1. Linie des KKW Tschernobyl (bestehend aus den Blöcken 1 und 2) ist normal, sie kann auf den Leistungsbetrieb vorbereitet werden.
Der Block 3 (gekoppelt mit dem Block 4, dem Havarieblock) wurde praktisch nicht beschädigt, muß aber nach Beseitigung der Folgen des Reaktorunfalls bezüglich der Hauptausstattung des Reaktors und der Systeme eingehend untersucht werden.

Während des Reaktorunfalls wurden aus der Reaktoranlage des Blocks 4 des KKW Tschernobyl nach den Schätzungen der Fachleute ein bis drei Prozent der in den Brennstäben des Reaktors gespeicherten Radioaktivität in die Atmosphäre freigesetzt. Ein wesentlicher Teil der Radioaktivität gelangte per Dampfexplosion in die an den Reaktor angrenzenden Räume.
Nach dem Unfall wurde der Betrieb des Reaktorblocks 4 eingestellt und der in den Räumen entstandene Brand gelöscht. Sämtliche Arbeiten zur Beseitigung der Folgen des Reaktorunfalls wurden auf die Begrenzung/Eindämmung der freigesetzten Radioaktivität, die Dekontamination des Geländes, die Untersuchung des Kraftwerks und die Verhütung der Kontamination der Gewässer durch Strahlenprodukte gerichtet.
Gleich nach dem Reaktorunfall wurden für den Fall einer wenig wahrscheinlichen, aber immerhin möglichen Gefahr der Erhitzung und Schmelzung der restlichen, im aktiven Bereich des Reaktors verbliebenen Brennelemente, Maßnahmen erarbeitet und eingeleitet, um den aktiven Bereich auf der unteren Schutzplatte des Reaktors aufzuhalten. Es wurde eine zusätzliche Kühlschicht unter der Fundamentplatte des Reaktorblocks 4 errichtet, um dadurch eine Kontamination des Bodens und des Grundwassers durch Strahlenprodukte und erhitzte Brennelemente zu verhindern.
Infolge der Freisetzung der Strahlenprodukte wurden die um das Kraftwerk liegenden Regionen stark belastet. Es wurden vorrangige Maßnahmen zur Evakuierung der Menschen aus den Bereichen, die unmittelbar an das Kraftwerksgelände sowie an die 30 km-Zone angrenzen, getroffen. Die Strahlenwerte beliefen sich in der Nähe des KKW auf mehrere Dutzende mR/h. Das Ausströmen von Gas- und flüchtigen Strahlenprodukten aus dem Bereich des zerstörten Reaktors hörte nach wenigen Tagen auf.
Z.Zt. hat sich die Strahlensituation im Umfeld des KKW Tschernobyl völlig stabilisiert, die Radioaktiviät sinkt den Zerfallszeiten entsprechend um das 5-6fache im Monat.
In den umliegenden Ortschaften sinkt die Strahlenbelastung infolge der Dekontaminationsmaßnahmen schneller.
Durch die Flug- und Bodenbeobachtung des Staatlichen Komitees für Hydrometeorologie wurde und wird eine detaillierte Strahlenerkundung der Atmosphäre und des Geländes durchgeführt. Die Daten werden ununterbrochen an die Regierungskommission und an die örtlichen Behörden weitergeleitet.
Die Lufterkundung sowie die Daten des auf dem Boden stationierten Überwachungsnetzes ergaben, daß sich die Strahlenkontamination mit dem Wind in nord-westliche, westliche sowie in südliche Richtung ausbreitete: In Kiew betrugen die Strahlenwerte kurzfristig bis 0,5 mR/h, in Zhlobin 0,5 mR/h, in Gomel 0,3 mR/h. Dies bedeutet keine Gefahr für die menschliche Gesundheit.
Die Isotopenzusammensetzung der Kontamination von Luftraum und Landflächen wurde jetzt untersucht. Ihre Hauptbestandteile sind Spaltelemente, in der Nähe des Kraftwerkes wurden Plutoniumisotope entdeckt. In den ersten Wochen war das Isotop Jod-131 vorherrschend.
In den Dörfern, aus denen die Bevölkerung evakuiert worden ist, wurden Räume, Wohnungen in einzelnen Fällen auch Landflächen dekontaminiert.
Zur Verhinderung der Auswaschung der Kontamination in der Nähe des KKW wurde der Fluß Pripjat eingedeicht.
Die Wasserkontamination beträgt z.Zt., wie auch früher im Stausee von Kiew 1-3 x 10^{-9} Ci/l, was unter den bestehenden Normwerten liegt.
Auf einem großen Territorium, das an den KKW-Bereich angrenzt, werden Nahrungsmittel, in erster Linie Milch und Wasser, ständig überwacht.
Das Staatliche Komitee für Hydrometeorologie organisierte und führte Strahlenmessungen in vielen Gebieten des Landes durch.

Sechs Wetterwarten leiten die Daten über Luft- und Landflächenkontamination regelmäßig an die IAEA weiter.
Zur genaueren Entscheidung von Fragen der Evakuierung der Bevölkerung aus hochbelasteten Regionen wurden Kriterien für Dosiswerte zur Evakuierung (bzw. zu einer Rücksiedlung) der Bevölkerung festgelegt und den Ministerräten der Ukrainischen und Belorussischen SSR übergeben.
Für die Bevölkerung wurde eine maximale Dosis der Ganzkörperbelastung im ersten Jahr mit 10 rem festgelegt. In diesen Regionen wurde die Bevölkerung medizinisch intensiv überwacht und untersucht. Entsprechend dieser Kriterien erfolgte eine zusätzliche Umsiedlung von mehreren Ortschaften, während eine gewisse Anzahl Menschen in ihre Dörfer zurückkehrte.
Die Gesundheitsbehörden der UdSSR und der Republiken entfalteten große Aktivitäten, um Kranke zu ermitteln und die Bevölkerung in den an das KKW Tschernobyl angrenzenden Regionen zu untersuchen. Radiometrisch und medizinisch wurde ein Großteil der Bevölkerung untersucht – aus allen Rayons, in denen ein Strahlenanstieg festgestellt worden war (z.B. auf den Territorien der Ukrainischen und der Belorussischen SSR, unbedeutend auch auf dem Territorium der RSFSR).
Falls die Strahlenkontamination während der radiometrischen Untersuchung über dem Grenzwert liegt, werden z.Zt. Blutproben entnommen, die Schilddrüsendosis gemessen sowie andere sanitäre Untersuchungen durchgeführt.
Zur Entscheidung über eine Klinikeinweisung wurden ebenfalls entsprechende Richtwerte festgelegt.
Über 600 ärztliche Gruppen wurden herangezogen, um medizinische Hilfe zu leisten und prophylaktische Maßnahmen durchzuführen.
Während des vergangenen Zeitraums wurden alle Menschen, die medizinische Einrichtungen aufgesucht hatten, untersucht.
Bei 187 Betroffenen, alle vom Personal des KKW, wurde Strahlenkrankheit diagnostiziert, davon starben 24 Menschen (zwei kamen während des Reaktorunglücks ums Leben). Bei hospitalisierten Patienten, einschließlich Kindern, wurde keine Strahlenkrankheit diagnostiziert.
Es wurden umfassende prophylaktische Maßnahmen durchgeführt.
Zur Durchführung der Prophylaxe gegen Strahlenschäden durch radioaktives Jod wurden in einigen Territorien der Ukrainischen SSR, der Belorussischen SSR und der RSFSR Vorräte von Kaliumjod angelegt und die erforderlichen Mengen an die Republiken geliefert, wodurch es möglich wurde, den Bedarf der Bevölkerung und vor allem der Kinder in Gebieten mit grenzwertüberschreitender Strahlenbelastung völlig zu decken sowie die Aufnahme von radioaktivem Jod durch Milch und Milchprodukte auszuschließen.
Zur Organisation sanitätshygienischer Kontrollen der Kontamination der Luft, des Wassers, der Milch sowie anderer Produkte wurden 7.093 Überwachungs- und Kontrollabors eingerichtet.
Es wurde die Kooperation mit allen Ministerräten der Unionsrepubliken, Ministerien und Ämtern zu Fragen der Durchführung der Sommererholungskampagne für Kinder, sowie der Erholung der Werktätigen angestrebt. Es wurde versichert, daß es außer den Evakuierungszonen keinerlei Einschränkungen für Erholung und andere Veranstaltungen geben würde.
Die Staatlichen Sanitätsbehörden leisten den Betrieben des Staatlichen Komitees für Landwirtschaft vor Ort beim Vertrieb der Produkte an die Bevölkerung notwendige praktische Hilfe. Weiterhin werden Wasser, Trinkwasser, Milch, Gemüse sowie Fleisch und andere Nahrungsmittel systematisch überwacht.
Es werden Maßnahmen zur Isolierung und Entsorgung der Reaktoranlage des Blocks 4 im KKW Tschernobyl, einschließlich aller zerstörten Gebäudekonstruktionen und kontaminierten Anlagen, erarbeitet und durchgeführt.

Weltweit arbeiten heute über 370 Atomreaktoren. In unserem Land werden ca. 10% der Elektroenergie in Kernkraftwerken, deren Leistung insgesamt 28 Mio kW beträgt, erzeugt.
Die Zukunft der Weltenergieentwicklung ist von der Entwicklung der Kernenergie nicht abzukoppeln.
Die weitere Entwicklung der Atomenergie muß durch größere Bemühungen der Wissenschaft und Technik für die Gewährleistung der Sicherheit und die Vermeidung geringster Abweichungen von den festgelegten technologischen Normen gekennzeichnet sein.

.An das Sekretariat des Obersten Sowjets der UdSSR *Geheim*
Unterliegt der Rückgabe an den Sondersektor der Geschäftsführung des Ministerrates der UdSSR

Protokoll Nr. 22
der Sitzung der Operativen Gruppe des Politbüros des ZK der KPdSU zu Fragen im Zusammenhang mit der Beseitigung der Folgen des Reaktorunfalls im KKW Tschernobyl.

9. Juni 1986

1. Zum Stand und den Maßnahmen zur Verbesserung der sanitärhygienischen Überwachung der Produktion und des Verbrauchs von Nahrungsmitteln im Zusammenhang mit der Strahlenbelastung mehrerer Regionen.
Die Mitteilungen der Genossen Murachowskij, Mosgowoj, Dementej und Israel werden zur Kenntnis genommen.
Es wird darauf hingewiesen, daß das Staatliche Komitee für Landwirtschaft der UdSSR bis jetzt keine genauen Empfehlungen bezüglich der sanitärhygienischen Überwachung der Produktion und des Verbrauchs von Nahrungsmitteln für die Regionen mit unterschiedlicher Strahlenbelastung erarbeitet hat.
Aus der Mitteilung des Genossen Mosgowoj geht hervor, daß ein ähnlicher Mangel auch auf dem Gebiet der Ukrainischen SSR zu beobachten ist.
Das Ministerium für mittleren Maschinenbau (Genosse Meschkow) legte Undiszipliniertheit bei der Erfüllung der Aufträge, das Staatliche Komitee für Landwirtschaft mit notwendigen Strahlen- und Dosismeßgeräten auszustatten, an den Tag.
Es ist unbedingt notwendig, sich von der Anweisung des Politbüros des ZK der KPdSU über dringende Maßnahmen zur Gewährleistung der sanitärhygienischen Ordnung beim Verbrauch von Milch, Gemüse, Gemüsegrün und anderen landwirtschaftlichen Produkten, leiten zu lassen:
Das Staatliche Komitee für Landwirtschaft der UdSSR (Genosse Murachowskij) wird beauftragt, innerhalb von zwei Tagen eine Verordnung des Komitees zu erlassen, in der aufgrund gemeinsamer Empfehlungen des Staatlichen Komitees für Hydrometeorologie, des Gesundheitsministeriums der UdSSR, des Staatlichen Komitees für Landwirtschaft der UdSSR, des Ministerrates der Ukrainischen SSR und des Ministerrates der Belorussischen SSR (siehe Anhang) eine Ordnung für die Produktion und Nutzung von Nahrungsmitteln und Trinkwasser je nach Kontaminationszonen genau festzulegen ist.
Zur strikten Einhaltung der genannten Ordnung in der Praxis hat das Verteidigungsministerium unter Beteiligung des Staatlichen Komitees für Landwirtschaft der UdSSR, des Staatlichen Komitees für Hydrometeorologie und des Gesundheitsministeriums der UdSSR eine Karte mit Angaben zu den Zonen mit unterschiedlichem Charakter der landwirtschaftlichen Tätigkeit und des Verbrauchs von Nahrungsmitteln sowie Trinkwasser zu erstellen.

Die Liste der Ortschaften, die den entsprechenden Zonen zugeordnet werden, sind unter Beteiligung der Ministerräte der entsprechenden Unionsrepubliken festzulegen;
Die Staatlichen Komitees für Hydrometeorologie der Ukrainischen SSR, der Belorussischen SSR und der RSFSR haben auf der Basis der Verordnung des Staatlichen Komitees für Hydrometeorologie der UdSSR entsprechende Entscheidungen zu diesen Frage zu treffen;
— das Staatliche Komitee für Hydrometeorologie der UdSSR, das Gesundheitsministerium der UdSSR, die Ministerräte der Ukrainischen SSR, der Belorussischen SSR und der RSFSR haben für eine umfassende Aufklärungsarbeit zu sorgen, daß es für die Bevölkerung notwendig ist, auf strikteste Weise sanitärhygienische Regeln beim Verzehr von Nahrungsmitteln aus belasteten Zonen einzuhalten. Es sind allerorts Dorfversammlungen, Parteiversammlungen, sowie andere Einrichtungen öffentlicher Kommissionen zu nutzen;
— von den Möglichkeiten der zentralisierten Verarbeitung landwirtschaftlicher Produkte ist maximal Gebrauch zu machen;
— das Ministerium für mittleren Maschinenbau (Genosse Meschkow) hat als führende Organisation innerhalb einer zweitägigen Frist bei der Operativen Gruppe den Lieferplan für Strahlen- und Dosismeßgeräte an landwirtschaftliche Betriebe und Organisationen der Ukrainischen und der Belorussischen SSR vorzulegen.
2. Zum Beschlußentwurf des ZK der KPdSU und des Ministerrates der UdSSR zu Fragen der Wiedergutmachung des Sachschadens für die Bevölkerung, die infolge des Reaktorunfalls im KKW Tschernobyl betroffen wurde.
Der Entwurf des genannten Beschlusses wird unter Einfügung eines geheimen Punktes über die Wiedergutmachung des Sachschadens an Militärangehörige des Verteidigungsministeriums, des Innenministeriums der UdSSR und des KGB der UdSSR gebilligt sowie zur Bestätigung dem Politbüro des ZK der KPdSU vorgelegt.
3. Zur Reihenfolge der Übergabe von Ortschaften für die Rücksiedlung der Bevölkerung nach den Dekontaminationsarbeiten.
Es wird zur Kenntnis genommen, daß das Verteidigungsministerium, das Staatliche Komitee für Hydrometeorologie und das Gesundheitsministerium der UdSSR unter Beteiligung des Ministerrates der Ukrainischen SSR und des Ministerrates der Belorussischen SSR ein Normativdokument zu dieser Frage erarbeitet haben.
Es wird für notwendig gehalten, daß die Kommissionen, bei denen die letzte Entscheidung über die Rücksiedlung der Bevölkerung liegt, von den Vorsitzenden der entsprechenden Gebietsexekutivsowjets (bzw. ihrer Stellvertreter) geleitet werden.
Eine Musterordnung zu dieser Frage ist ab 1. Juli 1986 in Kraft zu setzen.
4. Zu Überlegungen bezüglich moralisch-politischer, technischer, rechtlicher und anderer Aspekte unserer Initiativvorschläge im Zusammenhang mit dem Schaden durch den Reaktorunfall.
Die Information des Genossen Martschuk zu dieser Frage wird zur Kenntnis genommen.
Das Staatliche Komitee für Wissenschaft und Technik, das Ministerium für mittleren Maschinenbau, die Akademie der Wissenschaften der UdSSR sowie andere beteiligte Organisationen haben die Erarbeitung von konkreten Vorschlägen im Zusammenhang mit der Initiative fortzusetzen, eine internationale Ordnung für die sichere Entwicklung der Atomenergie zu schaffen, wie sie in der Ansprache von M.S. Gorbatschow im sowjetischen Fernsehen am 14. Mai 1986 gefordert wurde.
Bei der Erarbeitung der Vorschläge über internationale Aspekte im Zusammenhang mit Reaktorunfällen in KKW und der Entwicklung der Zusammenarbeit im Bereich der Atomenergie hat man sich strikt an die Leitsätze aus der genannten Ansprache von M.S. Gorbatschow sowie an seine Ansprache auf der Kundgebung für sowjetisch-ungarische Freundschaft in der Budapester Maschinenbaufabrik Csepel am 9. Juni 1986 zu halten.

5. Zur Vorbereitung des Vorschlags über die Stadt Pripjat.
Die Genossen Ljaschko, Achromejew, Majorez und Schtschepin werden beauftragt, innerhalb von zwei Wochen einen Vorschlag über die Möglichkeit der Wiederaufnahme der wirtschaftlichen Tätigkeit und des Aufenthaltes der Bevölkerung in der Stadt Pripjat zu erarbeiten und vorzulegen.

Anhang zum Protokoll Nr. 22

Zentralkomitee der KPdSU

Gemäß dem Auftrag des Politbüros des ZK der KPdSU vom 5. Juni 1986 haben das Staatliche Komitee für Landwirtschaft der UdSSR, das Gesundheitsministerium der UdSSR, das Staatliche Komitee für Hydrometeorologie der UdSSR gemeinsam mit dem Ministerrat der USSR und dem Ministerrat der BSSR Fragen der Nutzung von Nahrungsmitteln und Trinkwasser aus belasteten Regionen im Unglücksbereich des KKW Tschernobyl sowie die Frage ihrer Strahlenüberwachung erörtert und berichten hiermit über die gemeinsam erarbeiteten Empfehlungen:
1. Als einheitliches obligatorisches Normativ sind „Vorübergehende Grenzwerte für den Anteil der Radionuklide in Nahrungsmitteln, Trinkwasser, Heilkräutern", bestätigt vom Gesundheitsministerium der UdSSR am 30. Mai 1986, zu verwenden.
2. Es wird für möglich gehalten, landwirtschaftliche Produkte wie Fleisch, Milch, grünes Gemüse, Beeren, Obst vonLandflächen mit einer Strahlenbelastung unter 2,0 mR/h (am 10.05.86), Kartoffeln, Radieschen und andere Erdfrüchte sowie Getreide von Landflächen mit einer Strahlenbelastung unter 5,0 mR/h (am 10.05.86) von der Bevölkerung genauso verzehren zu lassen, wie auch Trinkwasser, ohne Einschränkungen, mit obligatorischer Stichprobenkontrolle, während landwirtschaftliche Produkte (Fleisch und Milch, Beeren und Obst), die auf Landflächen mit höherer Strahlenbelastung produziert werden, einer strikten Kontrolle unterliegen und falls sie nach den Normwerten nicht geeignet sind, der Bevölkerung für die industrielle Verarbeitung abzukaufen.
3. Das Sammeln von Wildfrüchten, -pilzen und -beeren und Heilkräutern auf Landflächen mit einer Strahlenbelastung über 2,0 mR/h (am 10.05.86) wird 1986 verboten.
4. Für die Gewährleistung einer effizienten Kontrolle der Grenzwerte der Strahlenaktivität in Nahrungsmitteln und im Trinkwasser ist es notwendig, in den Republiken ein spezielles Kontrollsystem zu schaffen. Die Mobilisierung der in den Republiken vorhandenen Meßgeräte, sowie dringend zu liefernde (an die BSSR) Geräte vom Ministerium für Geologie der UdSSR, dem Gesundheitsministerium der UdSSR, dem Ministerium für mittleren Maschinenbau und dem Staatlichen Komitee für Handel der UdSSR entsprechend dem Anhang Nr. 1 ermöglichen es, insgesamt den derzeitigen Bedarf zu decken. Um die Frage der Geräteaustsattung der USSR und der BSSR endgültig zu lösen, ist es sinnvoll, das Ministerium für mittleren Maschinenbau und das Ministerium für Kommunikationsmittel der UdSSR zu beauftragen, innerhalb von zwei Monaten Geräte für die umfassende Kontrolle der Strahlenkontamination von Nahrungsmitteln entsprechend dem Anhang Nr. 2 zu produzieren.

Kusnezow Abgestimmt: *Ljaschko*
Burenkow *Kowaljow*
Israel *7. Juni 1986*

Für den Dienstgebrauch
Wird bestätigt

Staatlicher Sanitätschefarzt der UdSSR
P.N. Burgassow

/

30. Mai 1986
Nr. 129-252

Vorübergehende Grenzwerte für den Gehalt an radioaktiven Stoffen in Nahrungsmitteln, Trinkwasser und Heilkräutern (gesamte Beta-Aktivität)
Einzuführen statt Nr. 4104-86 und 4105-86

Art	Grenzwert in Ci/l, Ci/kg
Trinkwasser	1×10^{-8}
Milch*	1×10^{-8}
Kondensmilch	5×10^{-7}
Milchpulver	1×10^{-7}
Quark	1×10^{-7}
Käse	2×10^{-7}
Butter	2×10^{-7}
Saure Sahne	1×10^{-7}
Pflanzenfett	2×10^{-7}
Margarine	2×10^{-7}
Fleisch und Fleischprodukte	1×10^{-7}
Geflügel	1×10^{-7}
Eier	5×10^{-8} Ci/St.
Fisch	1×10^{-7}
Gemüse	1×10^{-7}
Blattgemüse	1×10^{-7}
Kartoffel	1×10^{-7}
Obst, Beeren, frisch	1×10^{-7}
Obst, Beeren, trocken	1×10^{-7} Ci/kg Trockengewicht
Säfte	1×10^{-7}
Getreide, Produkte aus Getreide, Graupen	1×10^{-8}
Brot und Produkte aus Brot	1×10^{-8}
Zucker	5×10^{-7}
Pilze	5×10^{-7}
Heilkräuter	5×10^{-7} Ci/kg Trockengewicht

* wird ab 01.08.1986 eingeführt. Bis zu dem genannten Datum gilt der Wert 1×10^{-7} Ci/l.

Stellvertretender staatlicher Sanitätschefarzt
A.I. Saitschenko

An das Sekretariat des Obersten Sowjets *Geheim*
Unterliegt der Rückgabe an den Sondersektor der Geschäftsführung des Ministerrates der UdSSR

Protokoll Nr. 23
der Sitzung der Operativen Gruppe des Politbüros des ZK der KPdSU zu Fragen im Zusammenhang mit der Beseitigung der Folgen des Reaktorunfalls im KKW Tschernobyl

12. Juni 1986

1. Zum Referat der Regierungskommission über die Ermittlung der Ursachen des Reaktorunfalls im KKW Tschernobyl; entsprechende Konsequenzen und Vorschläge.
Die Mitteilung des Genossen Schtscherbina zu dieser Frage wird zur Kenntnis genommen.
Innerhalb einer Woche ist die Erarbeitung aller Dokumente unter Berücksichtigung des Meinungsaustauschs in der Sitzung der Operativen Gruppe am 12. Juni 1986 abzuschließen.
2. Zum Verlauf der Arbeiten bei der Beseitigung der Folgen des Reaktorunfalls.
Die Mitteilung des Genossen Masljukow wird zur Kenntnis genommen, daß auf dem Industriegelände des KKW weiterhin an der Errichtung einer Schutzeinrichtung unter dem Reaktor gearbeitet wird, die Räume im Block 1 und 2 weiterhin dekontaminiert sowie hochaktive Gegenstände gesammelt und entsorgt werden. Genauere Daten über den Zustand der Verschüttung ermöglichen es, auf die Errichtung einer Schutzplatte unter dem Reaktor zu verzichten.
Was die Arbeiten zur Verhütung der Kontamination des Grund- und Oberflächenwassers betrifft, so werden sie dadurch aufgehalten, daß ein ausreichender Vorschlag für die Errichtung von Wasserbauschutz- und Antifiltrationsanlagen sowie Bohrungen im Bereich des KKW Tschernobyl nach wie vor fehlt.
Es wird für notwendig gehalten, umgehend eine Gruppe von Fachleuten (die Liste liegt bei) zum KKW Tschernobyl zu entsenden, um über die Errichtung eines Komplexes von ingenieurtechnischen Anlagen endgültig zu entscheiden, wodurch die Kontamination von Wasserversorgungs- und -nutzquellen, in erster Linie des Flusses Pripjat und des Stausees von Kiew, durch radioaktive Stoffe vom Gelände des KKW sowie vom umliegenden Gelände völlig ausgeschlossen wäre.
Das Energieministerium (Genosse Majorez) hat dringende Maßnahmen zur Gewährleistung von Betonplattenlieferungen zu ergreifen, die für die Dekontamination des KKW-Geländes notwendig sind.
3. Zur Ausführung der Aufträge der Operativen Gruppe (Protokoll Nr. 22 vom 9.Juni 1986).
Die Mitteilung des Genossen Murachowskij wird zur Kenntnis genommen, daß das Staatliche Komitee für Landwirtschaft eine Verordnung erlassen hat, in der u.a. Rayons und Ortschaften festgelegt sind, in denen eine sanitär-hygienische Sonderordnung für die Produktion und den Verbrauch von Nahrungsmitteln eingeführt wurde, sowie eine Karte mit Angaben zu unterschiedlichen Bereichen der landwirtschaftlichen Tätigkeit erarbeitet hat.
Es wird darauf hingewiesen, daß das Ministerium für mittleren Maschinenbau bei der Operativen Gruppe den Lieferplan für Strahlen- und Dosismeßgeräte an landwirtschaftliche Betriebe und Organisationen der Ukrainischen SSR und der Belorussischen SSR nicht termingerecht vorgelegen hat.
Der Genosse Meschkow wird verpflichtet, in den nächsten Tagen den genannten Lieferplan vorzulegen.
4. Zur Entsendung von Expertengruppen in die Gebiete Kiew und Gomel.
Der Meinung des Genossen Dolgich wird zugestimmt, daß es sinnvoll ist, drei Gruppen von Fachleuten in die Gebiete Kiew und Gomel zu entsenden, um vor Ort die Erfüllung der Beschlüsse des ZK der KPdSU und des Ministerrates der UdSSR im Zusammenhang mit der Beseitigung der Folgen des Reaktorunfalls im KKW Tschernobyl zu überprüfen.

Es wird für notwendig erachtet, daß diese Gruppen von den Stellvertretenden Chefs bzw. Sektorenchefs des ZK der KPdSU für Schwerindustrie, Energiewirtschaft sowie Verteidigungsindustrie geleitet werden. Die Abreise dieser Gruppen ist auf Ende Juni 1986 festzulegen.
5. Zur zusätzlichen Fragenliste, die eine umfassende Beantwortung im Zusammenhang mit dem Reaktorunfall im KKW Tschernobyl erfordert.
Die Liste (liegt bei) ist an die Regierungskommission (Genossen Schtscherbina) zur Nutzung bei der Vorbereitung des Entwurfs für den Beschluß über dringende und umfassende Maßnahmen zur Gewährleistung einer sicheren und zuverlässigen Arbeit von Objekten der Atomenergiewirtschaft zu übergeben.
6. Zur Musterordnung für die Rücksiedlung der Bevölkerung in die durch Strahlenbelastung betroffenen Rayons.
Es wird zur Kenntnis genommen, daß das Verteidigungsministerium unter Beteiligung des Gesundheitsministeriums der UdSSR, des Staatlichen Komitees für Hydrometeorologie und des Staatlichen Komitees für Landwirtschaft der UdSSR entsprechend dem Auftrag der Operativen Gruppe vom 9. Juni 1986 die beiliegende Musterordnung erarbeitet hat.
7. Zur medizinischen Betreuung der durch den Reaktorunfall betroffenen Bevölkerung.
Die Mitteilung des Genossen Schtschepin wird zur Kenntnis genommen, daß 2.494 Patienten stationär untersucht und behandelt werden, bei 189 davon wurde Strahlenkrankheit diagnostiziert. Die Zahl der Toten betrug am 12. Juni 24 Personen (und zwei Personen, die am Anfang des Reaktorunfalls ums Leben kamen).
Das Gesundheitsministerium (Genosse Schtschepin) und das Außenministerium (Genosse Kowaljow) werden beauftragt, unter Berücksichtigung der abgehaltenen Gespräche die Zweckmäßigkeit einer weiteren Beteiligung von Dr. Gale an der Behandlung von strahlenkranken Patienten zu erörtern.
8. Zur Information des Genossen Schtschepin über eine mögliche Strahlenkontamination von Tee, der aus der Georgischen SSR geliefert wurde, und des Genossen Alexandrow über den hohen Anteil von radioaktiven Isotopen in der Kondensmilch, die in Betrieben der Belorussischen SSR produziert wurde.
Das Staatliche Komitee für Landwirtschaft (Genosse Murachowskij) hat unter Beteiligung des Gesundheitsministeriums der UdSSR, der Akademie der Wissenschaften der UdSSR und des Staatlichen Komitees für Hydrometeorologie die Frage nach den Quellen einer möglichen Strahlenkonatmination des georgischen Tees zu suchen sowie über die weitere Verwendung des Tees zu entscheiden.
Das Staatliche Komitee für Landwirtschaft (Genosse Murachowskij) und das Gesundheitsministerium der UdSSR (Genosse Schtschepin) haben für eine strengere Kontrolle der Strahlenbelastung von Milch, Fleisch und anderen Nahrungsmitteln zu sorgen.
9. Zu Ergebnissen der Erörterung des Angebots vom Industrieministerium der VRU, Mitarbeiter des KKW Tschernobyl zur Erholung in Ungarn aufzunehmen.
Im Hinblick darauf, daß alle Mitarbeiter des KKW Tschernobyl und ihre Familienmitglieder, wie Genosse Schtschepin berichtete, mit Ferienplätzen in Erholunsgheimen und Sanatorien im Land versorgt sind, wird es nicht für sinnvoll gehalten, die Mitarbeiter des genannten KKW zur Erholung nach Ungarn zu entsenden. Genosse Schalajew hat sich bei der ungarischen Seite für die uns entgegengebrachte Achtung zu bedanken.
N. Ryshkow

Zum Protokoll Nr. 23

Zusammensetzung der Kommission für die Ermittlung der wirksamsten Schutzverfahren für den Fluß Pripjat und der Untergrundwasserversorgungsquellen im Bereich des KKW Tschernobyl gegen Strahlenkontamination

Polad-sade, Polad Adzhijewitsch (Erster Stellvertreter des Ministers für Melioration und Wasserwirtschaft der UdSSR, Leiter der Kommission)
Sedunow, Juri Stepanowitsch (Erster Stellvertreter des Vorsitzenden des Staatlichen Komitees der UdSSR für Hydrometeorologie)
Burgassow, Pjotr Nikolajewitsch (Akademiemitglied, Stellvertretender Gesundheitsminister, Staatlicher Sanitäschefarzt)
Trefilow, Viktor Iwanowitsch (Akademiemitglied, Vize-Präsident der Akademie der Wissenschaften der Ukrainischen SSR, Kiew)
Schiklomanow, Igor Igorewitsch (Doktor für Geographie, Direktor des Staatlichen hydrologischen Instituts des Staatlichen Komitees für Hydrometeorologie)
Sytschow, Konstantin Igorewitsch (Leiter der Verwaltung für hydrologische Arbeiten des Geologieministeriums)
Schestopalow, Wjatschslaw Michajlowitsch (Doktor für Geologie und Mineralogie; Stellvertretender Direktor des Geologischen Instituts der Akademie der Wissenschaften der Ukrainischen SSR, Kiew)
Pikalow, Wladimir Karpowitsch (Leiter der Chemietruppen des Verteidigungsministeriums)
Dozenko, Taras Pawlowitsch (Leitender Ingenieur des S.J.-Zhuk-Allunionsforschungsinstituts „Gidroprojekt" des Energieministeriums der UdSSR)
Sergejew, Jewgenij Michajlowitsch (Akademiemitglied, Lehrstuhlinhaber für Bodenkunde und Ingenieurgeologie der Moskauer Staatlichen Lomonossow-Universität)
Nikiforow, Alexandr Sergejewitsch (Korrespondierendes Mitglied der AdW der UdSSR, Direktor des Allunionsforschungsinstituts für anorganische Stoffe des Ministeriums für mittleren Maschinenbau)
Woropajew,.Grigorij Wassiljewitsch (Korrespondierendes Mitglied der AdW der UdSSR, Direktor des Instituts für Wasserprobleme der AdW der UdSSR)
Jakowlew,.Jewgenij Alexejewitsch (Stellvertreter des Geologieministers der Ukrainischen SSR)

An den Vorsitzenden des Ministerrates der UdSSR
Genossen Ryshkow N. *Geheim*

Hiermit lege ich eine durch die Operative Gruppe des Politbüros des ZK der KPdSU am 9.6. d.J. bestätigte Musterordnung für die Rücksiedlung der Bevölkerung in belastete Rayons und die Übergabe von Ortschaften, einzelnen Objekten sowie Grundstücken nach deren Dekontamination an die örtlichen Behörden vor.

Marschall der Sowjetunion
S. Achromejew
10. Juni 1986

Musterordnung
für die Rücksiedlung der Bevölkerung in verstrahlte Rayons und die Übergabe von Ortschaften, einzelnen Objekten sowie Grundstücken nach deren Dekontamination an die örtlichen Behörden

I. Grundbestimmungen

1. Die vorliegende Ordnung legt allgemeine Rücksiedlungsbestimungen für die Bevölkerung in durch radiaktive Belastung betroffene Rayons und die Übergabe von Ortschaften, einzelnen Objekten sowie Grundstücken nach deren Dekontamination fest.
Aufgrund dieser Ordnung sind hinsichtlich einer konkreten Ortschaft, eines Objektes bzw. Grundstücks, Pläne für deren Übergabe an die örtlichen Behörden auszuarbeiten.
2. Als Kriterium für die Rücksiedlung der Bevölkerung gelten Grenzwerte der belasteten Zonen mit einer Gammadosisleistung von mindestens:
5 mR/h am 15. Tag nach dem Unfall;
1,3 mR/h 6 Monate nach dem Unfall;
0,7 mR/h 1 Jahr nach dem Unfall sowie einer Bodenkontamination durch Strontium-90 nicht mehr als 3 Ci/km^2 sowie 7 Ci/km^2 durch Cäsium-137.
Diese Kriterien berücksichtigen dabei eine mögliche zusätzliche Gefahr, die durch das Vorhandensein von Plutoniumisotopen bedingt ist.
Falls Plutoniumisotope vorhanden sind, wird über die Rücksiedlung der Bevölkerung gesondert entschieden. Bei der Rücksiedlung der Einwohner in dekontaminierte Objekte werden auch die Belastungsdosen berücksichtigt, denen die Einwohner vor ihrer Evakuierung ausgesetzt waren.
Die Dekontamination von Ortschaften, einzelnen Objekten und Grundstücken wird im Hinblick auf die oben genannten Kriterien und Werte der Gammadosisleistung ausgeführt, wie sie im Punkt 7 angegeben sind.
3. Ortschaften, einzelne Objekte und Grundstücke werden nach der Dekontamination an die örtlichen Behörden durch eine speziell dafür gebildete Kommission übergeben.
4. Die Kommission wird durch einen gemeinsamen Beschluß der Oblast-Behörden und der Militärführung einzelner Abschnitte sowie unter Einschluß der Vertreter der Partei- und Sowjetorgane, der daran beteiligten Ministerien und Behörden gebildet.
5. Kommandeure der Militäreinheiten, die mit der Dekontamination beschäftigt sind, haben vor der Übergabe der Objekte die Effektivität der Dekontamination durch eigene Arbeitsgruppen unter Einschluß der Vertreter der Sowchosen, Kolchosen und Betriebe zu prüfen.
6. Um die Sicherheit für die zurückkehrende Bevölkerung zu gewährleisten:
— haben das Gesundheitsministerium der UdSSR, das Staatliche Komitee für Hydrometeorologie der UdSSR und das Staatliche Komitee für Landwirtschaft provisorisch zugelassene Grenzwerte für die radioaktive Belastung nach Gamma-Strahlung, Alfa- und Beta-Kontamination der Außenoberflächen, die ständig benutzt werden, sowie maximal zugelassene Konzentrationen der Radionuklide in der Luft und in Gewässern auszuarbeiten, indem man von der Gesamtdosis der Belastung der Bevölkerung im Laufe des ersten Jahres nach dem Unfall von 10 rem und von weiteren 1-1,5 rem pro Jahr ausgeht.
Das Kriterium für die Strahlenbelastung der Bevölkerung im ersten Jahr nach dem Reaktorunfall ist unter Berücksichtigung der Dosisbelastungen durch die Gesamtheit der in den belasteten Gegenden entdeckten radioaktiven Isotopen zu ermitteln.
Um provisorische Grenzwerte für den Belastungsgrad sowie Werte für maximal zugelassene Konzentrationen der Radionuklide in der Luft und in Gewässern zu ermitteln, wird die Übergabe der dekontaminierten Objekte nur nach Gamma-Belastungswerten durchgeführt:

— Straßenoberfläche außerhalb von Ortschaften 1,0 mR/h, in Ortschaften 0,7 mR/h;
— freies Gelände in Ortschaften, auf Fluren, auf dem Gehsteig, auf Sport- und Kinderspielplätzen, Feldern, Grundstücken von Wohnhäusern usw. 0,7 mR/h;
— Außenwände von Wohnhäusern und anderen Bauten 0,7 mR/h;
— Innenwände von Wohn- und Diensträumen 0,3 mR/h;
— Trinkwasser – 1 x 10^{-8} Ci/l/kg.

Nachdem diese Werte erreicht worden sind, kehren die Einwohner in ihre Ortschaft ohne jegliche Einschränkungen zurück.

Die Gesundheitsbehörden der Rayons, die Behörden des Staatlichen Komitees für Landwirtschaft, die Behörden für Fischwirtschaft, Wasserwirtschaft und Forstwirtschaft haben gemeinsam mit den Stäben des Zivilschutzes auf der Grundlage von Empfehlungen der jeweiligen Ministerien und Behörden Strahlenschutzpläne und -empfehlungen für die Produktionstätigkeit sowie allgemeine Verhaltensregeln auszuarbeiten.

Das Staatliche Komitee für Hydrometeorologie der UdSSR hat gemeinsam mit dem Verteidigungsministerium eine ständige Radiometriekontrolle der Ortschaften und der anliegenden Gegenden durchzuführen. Zur Gewährleistung eines einheitlichen Verfahrens der Radiometriekontrolle sind die Geräte zu benutzen, mit denen die Sowjetarmee ausgestattet ist und wird (DP-5, DP-100, KRA, IMD-12 u.a.).

II. Übergabeordnung für Ortschaften, einzelne Objekte und Gebiete

1. In den Ortschften werden bei deren Übergabe nach der Dekontamination mindestens 30% der Wohnhäuser, Dienstleistungsobjekte, Produktionsstätten und Wasserquellen durch Kommissionen untersucht.
2. Für öffentliche und Wohngebäude, deren radioaktive Belastung nicht dekontaminiert werden konnte, treffen die Kommissionen Sonderentscheidungen über die Lokalisierung bzw. den Abriß (Deponierung) dieser Bauten.
3. Alle Gebäude und Räume, die nicht bezogen werden, sondern bis zum Absinken der Belastungswerte ungenutzt bleiben, werden deutlich mit „Kontaminiert RW" gekennzeichnet. Die Kontrolle über das Absinken ihrer Belastungswerte wird nach einem festgelegten Zeitplan durch die Einheiten des Verteidigungsministeriums und des Staatlichen Komitees für Hydrometeorologie ausgeübt.
4. Kontaminationsgrad und -werte der Innenräume in Einfamilienwohnhäusern sowie des Hausrats werden durch entsprechende Militärtruppen und -einheiten in Gegenwart der in diesen Häusern wohnenden Bürger auf Anforderung der örtlichen Behörden überprüft.
5. DieDekontamination der Innenräume von Einfamilienwohnhäusern wird durch deren Eigentümer vorgenommen, während die von Produktionsräumen durch Einheiten der Zivilverteidigung und das Personal der Betriebe erfolgt.

Zu diesem Zweck stellen ihnen die Militäreinheiten notwendige Schutz- sowie Dekontaminationsmittel zur Verfügung, gewährleisten notwendige Hilfe, methodische Beratung sowie Strahlenmeßkontrolle.

6. Einzelne Objekte außerhalb der Bebauungsgrenze werden gleich Ortschaften dekontaminiert und übergeben.
7. Grundstücke, Straßen und Gewässer werden je nach ihrer industriellen bzw. landwirtschaftlichen Zweckbestimmung an örtliche Behörden je nach Strahlenmeßergebnissen übergeben und nach entsprechenden Empfehlungen genutzt.

Das Absinken der Strahlenbelastung und die Reduzierung der Kontamination in den genannten

Objekten, wird, nachdem deren Nutzung begonnen hat, regelmäßig durch entsprechende ABC-Schutzeinheiten überwacht. Die Dekontamination sowie alle anderen Schutzmaßnahmen werden auf Anforderung der örtlichen Behörden durchgeführt.

Unterschrieben durch:
Verteidigungsministerium
Staatliches Komitee für Landwirtschaft der UdSSR
Gesundheitsministerium der UdSSR
Energieministerium der UdSSR
Ministerium für Wasserwirtschaft der UdSSR
Ministerium des Inneren der UdSSR
Verkehrsministerium der UdSSR
Staatliches Komitee für Forstwirtschaft der UdSSR
Staatliches Komitee für Hydrometeorologie der UdSSR

An das Sekretariat des Obersten Sowjets *Geheim*
Unterliegt der Rückgabe an den Sondersektor der Geschäftsführung des Ministerrates der UdSSR

Protokoll Nr. 24
der Sitzung der Operativen Gruppe des Politbüros des ZK der KPdSU zu Fragen im Zusammenhang mit der Beseitigung der Folgen des Reaktorunfalls im KKW Tschernobyl

20. Juni 1986

1. Zu Maßnahmen zur Steigerung der Produktion von Spezialcontainern und Transportmitteln für den Transport und die Lagerung der ausgebrannten Brennelemente.
Die Mitteilungen der Genossen Majorez, Afanassjew und Silajew werden zur Kenntnis genommen, daß sie für den Abtransport der ausgebrannten Brennelemente aus den Lagerbecken der Blöcke 1 und 2 des KKW Tschernobyl mit den vorhandenen Transportmitteln zur Gewährleistung eines sicheren Betriebs dieser Blöcke nach deren Wiederinbetriebnahme innerhalb der festgelegten Frist sorgen werden.
Das Energieministerium (Genosse Majorez) wird verpflichtet, die Lagerstätten für ausgebrannte Brennelemente des KKW Tschernobyl im September 1986 in Betrieb zu nehmen. Die Regierungskommission (Genosse Schtscherbina) hat für eine strenge Kontrolle bei der Ausführung dieses Auftrags zu sorgen.
Genosse Afanassjew hat dafür zu sorgen, daß in den Betrieben des Ministeriums für Schwermaschinenbau drei Waggon-Container TK-8 bis spätestens III. Quartal 1986 hergestellt werden. Das Ministerium für Energiemaschinenbau (Genosse Welitschko) hat daran teilzunehmen.
Die Genossen Silajew und Schtscherbina werden beauftragt, gemeinsam mit dem Ministerium für Schwermaschinenbau (Afanassjew), dem Ministerium für Energiemaschinenbau (Welitschko), dem Energieministerium der UdSSR (Majorez) und dem Ministerium für mittleren Maschinenbau (Meschkow) den Entwurf des Beschlusses über eine vollständige Ausstattung der Objekte der Atomenergie im 12. Planjahrfünft mit Sondercontainern und Transportmitteln für den Transport und die Lagerung von ausgebrannten Brennelementen vorzubereiten und ihn innerhalb von zwei Wochen der Operativen Gruppe vorzulegen.
2. Zur Ausführung des Beschlusses des ZK der KPdSU und des Ministerrates der UdSSR vom fünften Juni 1986 über die Lieferung von Holzhäusern für die aus der Zone des KKW Tscherno-

byl evakuierte Bevölkerung geht. Die Mitteilung der Genossen Woronin und Bussygin wird zur Kenntnis genommen, daß vom Staatlichen Komitee für Handel der UdSSR unter Beteiligung des Ministerrates der Ukrainischen SSR und des Ministerrates der Belorussischen SSR ein Zeitplan erarbeitet wurde, wonach die Lieferung der Wohnhäuser und Montagesätze bis spätestens 1. September 1986 erfolgen wird.
3. Zu Maßnahmen, die das Staatliche Komitee für Landwirtschaft der UdSSR und das Gesundheitsministerium der UdSSR für die strenge Kontrolle der Strahlenbelastung von Milch, Fleisch und anderen Produkten ergreifen.
Die Mitteilung des Genossen Murachowskij zu dieser Frage wird zur Kenntnis genommen.
Es wird darauf hingewiesen, daß aus manchen Rayons der Ukrainischen SSR über unzureichende Kenntnisse der örtlichen Behörden zu Fragen der sanitärhygienischen Ordnung bei der Produktion und beim Verbrauch von Nahrungsmitteln, sowie über Mängel in der Tätigkeit der Konsumgenossenschaft beim Einkauf von landwirtschaftlichen Produkten berichtet wird.
In diesem Zusammenhang hat das Staatliche Komitee für Landwirtschaft der UdSSR (Genosse Murachowskij) durch Entsendung von Fachleuten in die betreffenden Rayons der Ukrainischen SSR und der Belorussischen SSR eingehend zu untersuchen, inwieweit die eingeführte Ordnung dort eingehalten wird.
Es sind zusätzliche Maßnahmen zur Information der örtlichen Behörden und der Bevölkerung durch Empfehlungen zu Fragen der Produktion und des Verbrauchs von landwirtschaftlichen Produkten zu ergreifen.
Dem Vorsitzenden des Vorstandes von Zentrosojus, Genossen Trunow, wird empfohlen, in den nächsten Tagen in die von der Strahlenkontamination betroffenen Rayons der Ukrainischen SSR und der Belorussischen SSR zu reisen, um Maßnahmen zur Gewährleistung eines rechtzeitigen Einkaufs von Gemüse, Obst, Beeren und anderen Produkten bei der Bevölkerung zu ergreifen.
Über Ergebnisse ist die Operative Gruppe zu informieren.
4. Zur Schaffung und Aufnahme der Produktion von Nahrungsmitteln, die die Widerstandsfähigkeit des Körpers gegen die Strahlenwirkung erhöhen.
Im Hinblick auf die große Bedeutung dieser Frage, wird dem Staatlichen Komitee für Landwirtschaft der UdSSR (Murachowskij), dem Staatlichen Komitee für Wissenschaft und Technik (Martschuk), der Staatlichen Plankommission der UdSSR (Stroganow), der Akademie der Wissenschaften der UdSSR (Alexandrow) sowie dem Gesundheitsministerium der UdSSR (Schtschepin) unter Beteiligung von anderen Organisationen aufgetragen, notwendige Kapazitäten im Land zu schaffen, um Präparate zur Erhöhung der Widerstandsfähigkeit des Körpers gegen Strahlenwirkung zu entwickeln, sowie Nahrungsmittel zu produzieren, die solche Präparate enthalten. Ein umfassendes Programm ist innerhalb einer einmonatigen Frist bei der Operativen Gruppe vorzulegen.
5. Zur Antwort auf den Antrag von amerikanischer Seite, eine Expertengruppe nach Kiew zur Untersuchung der Strahlensituation im Zusammenhang mit der bevorstehenden Einweihung des Generalkonsulats der USA entsenden zu dürfen.
Im Hinblick auf die Mitteilung des Genossen Kowaljow, daß die amerikanische Seite ihre Bitte, eine Expertengruppe nach Kiew entsenden zu dürfen, bis Mitte Juli verschoben hat, wird auf diese Frage später eingegangen.
Das Verteidigungsministerium (Achromejew) hat notfalls in Abstimmung mit dem KGB der UdSSR für die Dekontamination der Dienst- und Wohnräume in Kiew zu sorgen, die für die Unterbringung des Personals des Generalkonsulats der USA bestimmt sind.
6. Zur Aufnahme von französischen Parlamentariern in der UdSSR, die sich mit den Erfahrungen bei der Arbeit an der Beseitigung der Folgen des Reaktorunfalls im KKW Tschernobyl bekanntmachen wollen.

Es ist eine grundsätzliche Zusage für die Aufnahme der französischen Parlamentarier zu geben. Der Genosse Petrosjanz wird beauftragt, Informationen für die französischen Parlamantarier im gleichen Umfang vorzubereiten, wie sie an die IAEA geliefert werden.

7. Zum Befund der Kommission für die Stadt Pripjat.

Der Meinung der Kommission, bestehend aus den Genossen Ljaschko, Achromejew, Majorez, Israel und Schtschepin wird zugestimmt, daß es in den nächsten Jahren unmöglich sein wird, die Stadt Pripjat wieder zu besiedeln und daß es nicht sinnvoll ist, die Stadt vor der Konservierung des verunglückten Energieblocks, der Hauptquelle für Strahlenkontamination, zu dekontaminieren (der Befund liegt bei).Gleichzeitig wird darauf hingewiesen, daß sich die Kommission nicht zu der entstehenden Aufgabe geäußert hat, wie für die Erhaltung der Stadt zu sorgen ist.

Dem Ministerrat der Ukrainischen SSR (Ljaschko), dem Energieministerium (Majorez), dem Staatlichen Komitee für Wissenschaft und Technik (Martschuk), der Akademie der Wissenschaften (Alexandrow), dem Gesundheitsministerium der UdSSR (Schtschepin), dem Verteidigungsministerium (Achromejew), dem Innenministerium der UdSSR (Wlassow) und dem Ministerium für mittleren Maschinenbau (Meschkow) wird aufgetragen, innerhalb kurzer Zeit ein spezielles Aktionsprogramm zur Gewährleistung der Erhaltung von Gebäuden und anderen Sachwerten in Pripjat zu erarbeiten, um Bedingungen für die Wiederaufnahme der wirtschaftlichen Tätigkeit und für den Aufenthalt der Bevölkerung zu schaffen.

8. Zur Ausführung der Aufträge der Operativen Gruppe.

Es wird zur Kenntnis genommen, daß vom Ministerium für mittleren Maschinenbau, dem Staatlichen Komitee für Handel der UdSSR und dem Ministerium für Nachrichtenwesen ein Plan für die Produktion und Lieferung der Dosismeßgeräte festgelegt wurde, um die Beseitigung der Folgen des Reaktorunfalls im KKW Tschernobyl 1986 zu sichern.

Genosse Meschkow hat gemeinsam mit dem Staatlichen Komitee für Landwirtschaft der UdSSR zusätzlich alle Fragen zu erörtern, die mit der Wartung und der Nutzung der Geräte zusammenhängen, sowie für eine entsprechende Ordnung in dieser Sache zu sorgen.

Die Mitteilung des Genossen Murachowskij wird zur Kenntnis genommen, daß infolge der vom Staatlichen Komitee für Landwirtschaft durchgeführten zusätzlichen Untersuchungen entschieden wurde, keine Einschränkungen für den Verzehr des georgischen Tees und der in den Betrieben der Belorussischen SSR produzierten Kondensmilch festzulegen.

9. Zu Erfahrungen der BRD bei der Ausbildung von Kadern für die Arbeit in den Kernkraftwerken (Telegramm aus Bonn Nr. 3479).

Dem Genossen Schtschepin wird empfohlen, die vorhandenen Informationen bei der Vorbereitung des Entwurfs für den Beschluß über Maßnahmen zur Gewährleistung eines sicheren und ungefährdeten Betriebs der kernenergetischen Objekte zu verwenden.

Das Energieministerium der UdSSR (Majorez) hat das Programm zur Ausbildung von Kadern für die Atomenergiewirtschaft unter Berücksichtigung der bestehenden in- und ausländischen Erfahrungen umzuarbeiten.

Über Ergebnisse ist die Operative Gruppe zu informieren.

10. Zu Arbeiten, die bei der Demontage des KKW in der Stadt Niederaichbach in der BRD geplant sind (Telegramm aus Bonn Nr. 3480).

Die Information über diese Frage hat Genosse Schtscherbina zu behandeln.

11. Zu Mängeln bei den Dekontaminationsarbeiten in einigen Ortschaften, die durch das Verteidigungsministerium ausgeführt werden (Telegramm aus Tschernobyl Nr. 9184).

Im Zusammenhang mit der eingegangenen Information zu Mängeln bei der Durchführung der Dekontamination auf einigen Landflächen wird das Verteidigungsministerium (Genosse Achromejew) beauftragt, umgehend Maßnahmen zur Schaffung von Ordnung in dieser Angelegenheit zu ergreifen.

12. Über die Unzweckmäßigkeit der Errichtung einer provisorischen Decke über dem Block 4 des KKW Tschernobyl.
Die Genossen Legassow und Pikalow werden beauftragt, unter Einbeziehung von Fachleuten der AdW der Ukrainischen SSR, diese Frage innerhalb von drei Tagen vor Ort zu klären. Dabei ist zu berücksichtigen, daß die Errichtung der provisorischen Decke in keinem Fall die Hauptarbeit an der Entsorgung des Blocks 4 aufhalten darf.
13. Ein Schreiben mehrerer Wissenschaftler und Fachleute zu Fragen des psychologischen Trainings für die verantwortlichen KKW-Mitarbeiter sowie über ergonomische Anforderungen bei der Projektierung von Schaltpulten zur Gewährleistung des sicheren Betriebs von kernenergetischen Anlagen.
Das Schreiben der Fachleute zu dieser Frage ist an den Genossen Schtscherbina weiterzuleiten, um es bei der Vorbereitung des Entwurfs eines Beschlusses über Maßnahmen zur Gewährleistung des sicheren und zuverlässigen Betriebs von kernenergetischen Anlagen zu verwenden.
N. Ryshkow

Anhang zum Protokoll Nr. 24

An den Vorsitzenden des Ministerrates der UdSSR
Genossen Ryshkow N.I.

18. Juni 1986

Gemäß dem Auftrag vom 9. Juni d.J. lege ich den Befund über die Möglichkeit der wirtschaftlichen Tätigkeit und des Aufenthalts der Bevölkerung in der Stadt Pripjat vor.
A. Ljaschko

Befund
über die Möglichkeit der Wiederaufnahme der wirtschaftlichen Tätigkeit sowie des Aufenthalts der Bevölkerung in der Stadt Pripjat

18. Juni 1986

Mehrfache Strahlenmessungen durch bodengestützte Mittel der Strahlenerkundung sowie die Bewertung von Proben, die in der Stadt Pripjat genommen wurden, ergeben eine Überschreitung der Grenzwerte für den Aufenthalt der Bevölkerung:

Landflächenbelastung	40-1000 mR/h
Gesamte Landflächenkontamination	300-55000 Ci/km^2
Strontium-90-Kontamination	6-1000 Ci/km^2
Cäsium-137-Kontamination	5-550 Ci/km^2
Kontamination nach Alphastrahler	4 x 10^3 - 2,2 x 10^4 Teilchen x min^{-1} x cm^{-2}

Die Grenzwerte sind um das Zehn- bzw. Hundertfache überschritten.
Die Kontamination der Stadt verstärkt sich durch freigesetzte Strahlung aus dem Reaktor (20-50 Ci/Tag) sowie durch Übertragung vom kontaminierten Gelände des KKW weiter.
Fazit:
1. Im Hinblick auf die bestehende und prognostizierte Strahlensituation ist das Besiedeln der Stadt in den nächsten Jahren nicht möglich.
2. Eine Dekontamination der Stadt vor Konservierung der Hauptquelle der Strahlung (des verun-

glückten Energieblocks) ist nicht sinnvoll. Eine Projektentscheidung zur Dekontamination der Stadt kann nach der Konservierung der Hauptquelle der Strahlung und der Durchführung einer detaillierten Strahlenuntersuchung der Stadt und der anliegenden Landflächen (mind. 10 km im Durchmesser) getroffen werden.
A. Ljaschko
S. Achromejew
A. Majorez
J. Israel
O. Schtschepin

An das Sekretariat des Obersten Sowjets *Geheim*
Unterliegt der Rückgabe an den Sondersektor der Geschäftsführung des Ministerrates der UdSSR

Protokoll Nr. 25
der Sitzung der Operativen Gruppe des Politbüros des ZK der KPdSU zu Fragen im Zusammenhang mit der Beseitigung der Folgen des Reaktorunfalls im KKW Tschernobyl
25. Juni 1986
1. Zum Verlauf der Projektierung und der Vorbereitungsarbeiten für die Konservierung des Energieblocks 4 des KKW Tschernoybyl.
Die Mitteilung der Genossen Batalin und Meschkow wird zur Kenntnis genommen, daß vom Ministerium für mittleren Maschinenbau als führender Organisation die Vorbereitungsarbeiten für die Konservierung des Havarie-Blocks begonnen wurden. Dem festgelegten Zeitplan zufolge, der den Abschluß der Konservierung im September vorsieht, werden Projektierungsarbeiten durchgeführt; für vorrangige Baumaßnahmen liegen Arbeitsunterlagen vor. In der Ersten Betonfabrik findet der Probelauf statt. Die Montage der Zweiten und der Dritten Fabrik wird am 5. bzw. 10. Juli abgeschlossen. Die wichtigste Bau- und Sondertechnik ist geliefert worden. An den Baumaßnahmen sind ca. 3.000 Menschen beteiligt.
Die Operative Gruppe weist darauf hin, daß es bei den Projektierungsarbeiten immer noch viele ungelöste Fragen gibt. Ingenieurlösungen, die effektive Betriebsverfahren sowie die notwendige Kontrolle der Arbeitsvorgänge gewährleisten, liegen nicht im vollen Umfang vor.
Genosse Meschkow wird darauf aufmerksam gemacht, daß die Konservierung des Energieblocks auf einem so hohen technischen Niveau durchzuführen ist, daß seine Sicherheit für einen längeren Zeitraum garantiert werden kann. Im diesem Zusammenhang ist es unabdingbar, daß die Ingenieurlösungen bei der Konservierung des Blocks unbedingt mit den Wissenschaftlern abgestimmt werden müssen.
Genosse Batalin hat für eine strengere Kontrolle der Projektierungsarbeiten für die Konservierung des Energieblocks 4 zu sorgen.
2. Zu Vorschlägen des Gesundheistministeriums der UdSSR und der Akademie der medizinischen Wissenschaften der UdSSR, in der Nähe des KKW Tschernobyl ein größeres wissenschaftlich-technisches Zentrum für Strahlenmedizin zu organisieren.
In Anbetracht der außerordentlichen Bedeutung, den Gesundheitszustand der Menschen im Bereich des Reaktorunfalls systematisch zu überwachen, wird dem Ministerrat der Ukrainischen SSR (Ljaschko), dem Gesundheitsministerium der UdSSR (Burenkow) und der Akademie der medizinischen Wissenschaften der UdSSR (Blochin) aufgetragen, einen Beschlußentwurf zur Gründung eines Zentrums für Strahlenmedizin vorzubereiten. Es ist von der Tatsache auszuge-

hen, daß dieses Zentrum auf der Basis eines der in Kiew liegenden Institute zu gründen ist, dessen Profil dabei entsprechend geändert werden soll. Das wissenschaftlich-technische Zentrum wird der Akademie der medizinischen Wissenschaften untergeordnet.
Das Projekt des Beschlusses ist innerhalb von zwei Wochen bei der Operativen Gruppe vorzulegen.
3. Zur Möglichkeit des Aufenthalts von Kindern in der Stadt Kiew und anderen Ortschaften der Ukrainischen SSR und der Belorussischen SSR nach den Sommerferien.
Das Gesundheitsministerium der UdSSR (Burenkow) und das Staatliche Komitee für Hydrometeorologie (Israel) werden beauftragt, innerhalb einer Woche der Operativen Gruppe einen Befund vorzulegen.
4. Zur Organisation von wissenschaftlichen Untersuchungen, zur Entwicklung von praktischen Empfehlungen in den Bereichen Ökologie, Wasserressourcenschutz, landwirtschaftlicher Produktion und zur Entwicklung von effekiven Dekontaminationsmitteln in Zusammenhang mit dem Reaktorunfall im KKW Tschernobyl.
Es wird darauf hingewiesen, daß das Staatliche Komitee für Wissenschaft und Technik und die Akademie der Wissenschaften der UdSSR die Vorlage von Vorschlägen an die Operative Gruppe und das ZK der KPdSU hinausgeschoben haben. Die Aufträge des ZK der KPdSU vom 22. und 29. Mai hatten vorgesehen, wissenschaftliche Forschungsarbeiten zu den Folgen der Strahlenkontamination bei Flora und Fauna zu organisieren sowie wissenschaftliche Forschungen im Bereich der Produktion von Dekontaminationsmitteln und der Erhöhung ihrer Effektivität zu entfalten.
Unter Berücksichtigung der Vielzahl von Problemen und der großen Zahl wissenschaftlicher Einrichtungen, die an diesen Arbeiten teilnehmen, wird es für notwendig erachtet, daß die Koordination der zu planenden Aktivitäten von der Akademie der Wissenschaften der UdSSR ausgeübt wird.
Die Abteilung für Wissenschaft (Grigorjew) und die Abteilung für Schwerindustrie und Energetik des ZK der KPdSU (Jasterbow) haben für eine strenge Kontrolle der Ausführung dieser Arbeiten zu sorgen.
5. Über Maßnahmen zur Schaffung einer internationalen Ordnung für die sichere Entwicklung der Atomenergie (Nr. 17/VIII).
Genosse Dolgich wird beauftragt, für die endgültige Fassung des Beschlußentwurfes des ZK der KPdSU entsprechend dem Meinungsaustausch in der Sitzung der Operativen Gruppe zu sorgen.
6. Zur Vorbereitung einer Datenliste für die Weitergabe in das Ausland.
Die Staatliche Kommission des Ministerrates der UdSSR für militärindustrielle Fragen, das Ministerium für mittleren Maschinenbau und das Energieministerium in Abstimmung mit dem Verteidigungsministerium, dem KGB der UdSSR und der Hauptverwaltung für Literatur (Zensurbehörde, dÜ.) beauftragt, eine Liste der Daten vorzubereiten, die an internationale Organisationen und ausländische Regierungen im Rahmen des Frühwarnabkommens bei Unfällen mit Freisetzung von Radioaktivität außerhalb der UdSSR herausgegeben werden dürfen.
7. Information des Innenministeriums der UdSSR zur Ausführung des Auftrages, der im Punkt 14 des Beschlusses des ZK der KPdSU und des Ministerrates der UdSSR vom 29. Mai 1986 vorgesehen war.
Die Information des Genossen Wlassow wird zur Kenntnis genommen, daß die Arbeit an der Umzäunung der Sperrzone und der Einrichtung ihrer Bewachung insgesamt beendet ist. Die Zone wird ab 1. Juli bewacht (die Information liegt bei).
8. Zum Angebot der Fa. Westinghouse über Zusammenarbeit im Bereich der Atomenergie.
Die Genossen Schtscherbina, Silajew, Alexandrow, Majorez und Meschkow werden beauftragt, die vorliegenden Unterlagen zu begutachten und ihre Meinung der Operativen Gruppe mitzuteilen.

9. Zur Entsendung einer weiteren Ersatzbesetzung der Regierungskommission in den Bereich des KKW Tschernobyl.
Es wird für sinnvoll erachtet, zum KKW Tschernobyl eine weitere Ersatzbesetzung der Regierungskommission, geleitet von Genossen Gussjew W.K., zu entsenden. Die neue Besetzung der Kommission (die Liste liegt bei) hat am 27. Juni 1986 an Ort und Stelle zu sein.
N.Ryshkow

Anhang zum Protokoll Nr. 25

Ersatzbesetzung
der Regierungskommission zur Untersuchung der Ursachen des Reaktorunfalls im KKW Tschernobyl und zur Beseitigung ihrer Folgen

	vorherige Besetzung	vorgeschlagene Besetzung
Leiter	Masljukow, J.D. stellv. Vorsitzender des Ministerrates der UdSSR	Gussew, Wladimir Unsmitsch stellv. Vorsitzender des Ministerrates der UdSSR
Ministerium für Energie der UdSSR	Korsun, J.N. stellv. Minister	Korsun, Juri Nikolajewitsch stellv. Minister (befindet sich in Tschernobyl)
Ministerium für mittleren Maschinenbau	Sacharenkow, A.D. stellv. Minister	Kruglow, A.K. Leiter der wissenschaftlich- technischen Abteilung (befindet sich in Tschernobyl)
Staatliche Atomenergie- aufsicht	Owtscharow, W.P. Abteilungsleiter	Schumitlow, A.W. stellv. Abteilungsleiter (befindet sich inTschernobyl)
Ministerium des Innern der UdSSR	Sabotin, B.W. stellv. Minister	Bogatniew, Iwan Timotejewitsch stellv. Minister
Ministerium für Gesundheit der UdSSR	Kaschtscheew, W.C. Abteilungsleiter am Institut für Biophysik	Kotschetkow, O.A. Abt.Ltr. am Institut für Biophysik (befindet sich in Tschernobyl)
ZK der Gewerkschaft für Energie- und Elektro- technik	Kusitschew, W.P. Sekretär des ZK der Gewerkschaften	Doroschkewitsch, A.S. Abteilungsleiter für Arbeitsschutz (befindet sich in Tschernobyl)
Komitee für Staats- sicherheit der UdSSR	Malych, M.F. Stellv. des Leiters der 6. Abteilung	Prilukow, Witalij Michailowitsch 1. Stellv. des Leiters der 6. Abteilung

Institut für Atomenergie I.-W.-Kurtschatow	Ziwinzew, J.W. Leiter des Laboratoriums	Adamow, Ewgenij Olegowitsch stellv. Direktor (befindet sich in Tschernobyl)
Kiewer Gebiets-exekutivkomitee	Furzow, K.T. stellv. Vorsitzender	Sidorenko, Igor Makarowitsch Sekretär des Gebiets-exekutivkomitees
Staatsanwaltschaft der UdSSR	Baschenow, N.A. 1. Stellv. des Generalstaats-anwalts der UdSSR	Naidenow, Viktor Wassiljewitsch stellv. Generalstaatsanwalt der UdSSR (Aufenthaltsort Moskau)
Ministerrat der Ukrainischen SSR	Dsis, G.W. stellv. Vorsitzender	Masik, Konstantin Iwanowitsch stellv. Vorsitzender
Stadtparteikomitee Pripjat	Gamanjuk, A.S. 1. Sekretär	Gamanjuk, A.S. 1. Sekretär (befindet sich in Tschernobyl)

Anhang zum Protokoll Nr. 25 *Geheim*

Ministerrat der UdSSR
Innenministerium der UdSSR
Moskau *24.06.86*

Zum Verlauf der Ausführung des Beschlusses des ZK der KPdSU und des Ministerrates der UdSSR vom 29. Mai 1986 Nr. 634-188

Entsprechend dem Beschluß des ZK der KPdSU und des Ministerrates der UdSSR vom 29. Mai 1986 Nr. 634-188 (Punkt 14) wurde das Innenministerium der UdSSR damit beauftragt, innerhalb einer einmonatigen Frist für die Umzäunung der für die wirtschaftliche Nutzung gesperrten Landflächen, die nach der Strahlenkontamination gefährlich sind, unter maximaler Nutzung von ingenieurtechnischen Bewachungsmitteln zu sorgen sowie eine Bewachungsordnung einzuführen.
Gemäß diesem Beschluß wurden durch Verordnung des Ministerrates der USSR vom 13. Juni 1986 Nr. 331-pc, durch den Beschluß des ZK der Kommunistischen Partei Belorußlands und des Ministerrates der Belorussischen SSR vom 11. Juni 1986 Nr. 170-9 gemeinsam mit dem Staatlichen Komitee der UdSSR für Hydrometeorologie, dem Gesundheitsministerium der UdSSR, dem Verteidigungsministerium und dem Innenministerium der UdSSR vom 13. Juni d.J. Grenzen der Sperrzone festgelegt.
Im Zeitraum vom 3. bis 20. Juni d.J. hat das Innenministerium der UdSSR für die rechtzeitige Lieferung von notwendigen Baumaterialien für die Umzäunung gesorgt: 83.000 Pfähle, 660 t Stacheldraht, 500 t Zement, 2.100.000 Isolatoren, 700 km Kabel divers. Typen, sowie andere Materialien.
Das Innenministerium der UdSSR hat unter Beteiligung des Ministeriums für mittleren Maschi-

nenbau vom 6. bis 20. Juni die Sperrzone (195,9 km lang) umzäunt. Dabei wurden 7.292 Mann und 750 Einheiten Technik eingesetzt.
Das Innenministerium der UdSSR hat das Bewachungssystem der Sperrzone, die notwendige Anzahl und Struktur der Truppen, ihren Standort und deren Unterbringung festgelegt.
Truppeneinheiten werden ausgewählt, ergänzt, gemustert und vorbereitet auf den Einsatz bei der Bewachung der Sperrzone. Es werden Wachgebäude und Militärlager gebaut. Ab 1. Juli d.J. wird die Sperrzone bewacht. Gleichzeitig werden ab 25. Juni gemeinsam mit dem Ministerium für mittleren Maschinenbau die Überwachungsgeräte „Skala" aufgestellt und eingerichtet, die am 30. Juli d.J. in Betrieb genommen werden.
Das Innenministerium der UdSSR trifft außerdem Maßnahmen zur Sicherung der öffentlichen Ordnung, zum Erhalt des staatlichen und des öffentlichen Eigentums, des Privateigentums der evakuierten Bevölkerung, zum Brandschutz der Ortschaften, zur ständigen Kontrolle der Bevölkerung sowie über Ein- und Ausfahrt von Verkehrsmitteln, deren Dekontamination u.a. innerhalb der Sperrzone.
Minister *A. Wlassow*

An das Sekretariat des Obersten Sowjets *Geheim*
Unterliegt der Rückgabe an den Sondersektor der Geschäftsführung des Ministerrates der UdSSR

Protokoll Nr. 26
der Sitzung der Operativen Gruppe des Politbüros des ZK der KPdSU zu Fragen im Zusammenhang mit der Beseitigung der Folgen des Reaktorunfalls im KKW Tschernobyl

2. Juli 1986

1. Zum Verlauf der Arbeiten an der Vorbereitung zur Wiederinbetriebnahme der Energieblöcke 1 und 2 des KKW Tschernobyl und der Errichtung einer Wachsiedlung.

Die Mitteilungen der Genossen Schtscherbina, Masljukow und Majorez werden zur Kenntnis genommen, daß die Arbeiten an der Vorbereitung zur Wiederinbetriebnahme der Energieblöcke 1 und 2 z.Zt. entsprechend dem bestätigten Zeitplan ausgeführt werden, nach dem die Inbetriebnahme der Energieblöcke, wie im Beschluß des ZK der KPdSU und des Ministerrates der UdSSR vorgesehen, im Oktober 1986 stattfinden soll. Dekontaminationsarbeiten wurden bereits in großem Umfang durchgeführt. In den nächsten Tagen fährt eine Gruppe von Fachleuten zwecks Revision und Reparatur der elektrotechnischen Ausstattung vor Ort, das Betriebspersonal wird ausgebildet.
Der Bau einer Wachsiedlung in Seljonyj Mys wurde aufgenommen. Im Oktober sollen hier Wohnräume für 3.000 Menschen fertiggestellt sein, 1.500 Menschen werden auf dazu hergerichteten Flußschiffen untergebracht.
Die Operative Gruppe weist darauf hin, daß es bei der Durchführung der genannten Arbeiten wesentliche Mängel gibt. Es ist z.B. die Stärke des notwendigen Betriebspersonals für die genannten Energieblöcke nocht nicht festgelegt worden, ebensowenig die Anzahl und die Arbeitsordnung der Wachschichten sowie die des leitenden Personals des KKW. Das kann die Gewährleistung des normalen Betriebs der Energieblöcke 1 und 2 gefährden. Die Wachsiedlung wird sehr langsam aufgebaut, es stellt sich die Frage, ob es sinnvoll ist, sie für bis zu 10.000 Personen aufzubauen. Zusätzlicher Überprüfung bedarf der Vorschlag über den Bau einer Eisenbahnstrecke von der Wachsiedlung zum KKW, der mit den Bauarbeiten einer zu rekonstruierenden Autobahn zu verbinden ist.

Die Genossen Schtscherbina und Majorez werden beauftragt, unter Beteiligung der anderen Organisationen, alle ungelösten Fragen im Zusammenhang mit der Vorbereitung zur Wiederinbetriebnahme der Energieblöcke 1 und 2 des KKW Tschernobyl zu untersuchen, über die Ergebnisse ist die Operative Gruppe innerhalb von zwei Wochen zu informieren.
Im Hinblick auf den Befund der Kommission der Genossen Ljaschko, Achromejew, Majorez, Israel und Schtschepin, daß es unmöglich ist, die Stadt Pripjat in den nächsten Jahren zu besiedeln, werden die Regierungskommission (Genosse Schtscherbina), der Ministerrat der Ukrainischen SSR (Genosse Ljaschko) und das Energieministerium der UdSSR (Genosse Majorez) beauftragt, die Frage nach dem Standort einer neu zu bauenden Siedlung für den ständigen Aufenthalt der Mitarbeiter des Kraftwerkes und ihrer Familien zu klären. Über Ergebnisse ist die Operative Gruppe innerhalb von zwei Wochen zu informieren.
Das Büro des Ministerrates der UdSSR für Brennstoff- und Energiekomplex hat für die strikte Kontrolle des Verlauf der Vorbereitung auf die Wiederinbetriebnahme der Energieblöcke 1 und 2 des KKW Tschernobyl zu sorgen.
2. Zur Arbeit der Kommission über Fragen zum Schutz der Wasserressourcen vor Strahlenkontamination.
Die Mitteilung des Leiters der Fachkommission Polad-sade wird zur Kenntnis genommen, daß auf der Reise zum KKW Tschernobyl alle Fragen zu den auf Beschluß des ZK der KPdSU und des Ministerrates der UdSSR vorgesehenen ingenieur-technischen Anlagen, die die Strahlenkontamination der Wasserversorgungs- und -nutzungsquellen ausschließen, erörtert wurden. Die Kommission hat die Wirksamkeit der Maßnahmen zum Schutz der Wasserressourcen vor Strahlenkontamination bestätigt. Es wurden jedoch bis jetzt keine endgültigen Entscheidungen, wie dies der Auftrag der Operativen Gruppe vorsah, getroffen.
Genosse Polad-sade wird beauftragt, innerhalb einer Woche die Vorbereitung des offiziellen Referats zu den genannten Fragen einschließlich notwendiger Schlußfolgerungen und Vorschläge abzuschließen und es bei der Operativen Gruppe zwecks weiterer Vorlage beim Politbüro des ZK der KPdSU vorzulegen.
Das Ministerium für Wasserwirtschaft der UdSSR (Wassiljew) und das Verteidigungsministerium (Achromejew) haben die Durchführung der Arbeiten am Bau der Wasserschutzanlagen zu beschleunigen, in erster Linie an besonders besonders stark kontaminierten Punkten.
3. Zu zusätzlichen Empfehlungen für Kriterien und Normen des möglichen Aufenthalts, der Wirtschaft und der Rücksiedlung der Bevölkerung in kontaminierte Regionen.
Die vom Gesundheitsministerium der UdSSR, dem Staatlichen Komitee für Hydrometeorologie und dem Staatlichen Komitee für Landwirtschaft der UdSSR vorgelegten zusätzlichen Empfehlungen (liegen bei) werden zur Kenntnis genommen. Die Genossen Israel, Schtschepin und Achromejew werden beauftragt, aufgrund der zusätzlichen Empfehlungen die Richtlinien zur Übergabe von Ortschaften für die Rücksiedlung der Bevölkerung zu korrigieren.
4. Zum Befund des Gesundheitsministeriums der UdSSR und des Staatlichen Komitees für Hydrometeorologie bezüglich der Möglichkeit des Aufenthalts von Kindern nach den Sommerferien in Kiew und anderen Ortschaften der Ukraine und Belorußlands.
Die Genossen Burenkow und Israel teilen mit, daß die Rückkehr der Kinder nach den Sommerferien nach Kiew uneingeschränkt möglich ist. Der Ministerrat der USSR hat sich davon in seiner praktischen Arbeit leiten zu lassen.
Kinder, die früher strahlenbelastet wurden, können in andere Ortschaften zurückkehren, nachdem sie zusätzlich ärztlich untersucht worden sind und nachdem die Strahlensituation in diesen Ortschaften geklärt ist.
Da dieses Problem binnen kürzester Zeit zu lösen ist, werden die Genossen Burenkow und Israel unter Beteiligung des Verteidigungsministeriums, des Ministeriums für mittleren Maschinenbau

und der Akademie der Wissenschaften der UdSSR beauftragt, für den Abschluß der Untersuchungen zu sorgen und innerhalb von zwei Wochen der Operativen Gruppe das endgültige Ergebnis vorzulegen.

5. Zu Mängeln der Arbeit der Sparkassen bei der Spendenannahme für den Hilfsfonds zur Beseitigung der Folgen des Reaktorunfalls im KKW Tschernobyl.

Die Mitteilung des Genossen Demenzew wird zur Kenntnis genommen, daß nach dem Stand vom 01.07.1986 für den Hilfsfonds Geldmittel in Höhe von 320 Mio Rubel gespendet wurden, darunter 260 Mio Rubel von der Bevölkerung und 60 Mio Rubel von Betrieben und Organisationen.

Wie eine Stichprobe ergab, wurde in den Sparkassen Moskaus kein entsprechender Service für Bürger geschaffen, die dem genannten Fonds spenden wollten.

Die Genossen Demenzew und Ryndin werden darauf aufmerksam gemacht, daß ihrerseits herzloses Verhalten und organisatorische Unfähigkeit an den Tag gelegt wurden.

Sie werden verpflichtet, unverzüglich für Ordnung in dieser Sache zu sorgen.

6. Zur Anreise von Vertretern französischer Fernsehanstalten, die über die Beseitigung der Folgen des Reaktorunfalls im KKW Tschernobyl berichten wollen.

Es wird dem Vorschlag des Außenministeriums der UdSSR zugestimmt, die Berichterstattung ohne den Besuch des KKW Tschernobyl zu genehmigen.

7. Zur Bitte des State Department der USA, Fachleute anläßlich der angekündigten Einweihung des Generalkonsulats der USA nach Kiew entsenden zu dürfen (Telegramm aus Washington Sonder-Nr. 3325).

Es wird der Vorschlag des Außenministeriums der UdSSR (Kowaljow) angenommen, daß es sinnvoll ist, die Anreise der amerikanischen Fachleute auf frühestens September 1986 zu verschieben.

8. Zur Einladung sowjetischer Fachleute nach Schweden, um die Überwachungssysteme des KKW Ringhals kennenzulernen.

Da sowjetische Fachleute daran kein Interesse haben, wird von der Einladung Abstand genommen.

9. Zur Bitte von Atomenergie-Spezialisten der VR China, sich mit den Maßnahmen zur Beseitigung der Folgen des Reaktorunfalls im KKW Tschernobyl bekannt machen zu dürfen (Telegramm aus Peking Sonder-Nr. 937).

Die Übergabe von bestimmten Informationen erfolgt im gleichen Umfang wie an die IAEA.

10. Zum Vorschlag des Generalsekretärs der IAEA, H. Blick, in Tschernobyl oder Kiew ein spezielles Zentrum für die Untersuchung von Strahlenwirkungen auf Menschen zu gründen (Telegramm aus Wien Sonder-Nr. 974)

Das Gesundheitsministerium der UdSSR (Burenkow), das Außenministerium der UdSSR (Kowaljow), das Verteidigungsministerium (Achromejew) sowie das KGB der UdSSR (Bobkow) werden beauftragt, diese Frage zu untersuchen.

N. Ryshkow

Anhang zum Protokoll Nr. 26

An den Vorsitzenden des Ministerrates der UdSSR
Genossen Ryshkow N.I.

30.Juni 1986

Das Gesundheitsministerium der UdSSR, das Staatliche Komitee für Hydrometeorologie und das Staatliche Komitee für Landwirtschaft der UdSSR erklären entsprechend dem Auftrag der Operativen Gruppe des Politbüros des ZK der KPdSU, daß sie zusätzliche Empfehlungen über Kriterien und Normen des möglichen Aufenthalts, der Produktionsaufnahme und der Rücksiedlung der Bevölkerung in Regionen, die im Zusammenhang mit dem Reaktorunfall im KKW Tschernobyl kontaminiert wurden, erarbeitet haben.
Schtschepin
Israel

Zusätzliche Empfehlungen
über Kriterien und Normen des möglichen Aufenthalts, der Produktionsaufnahme und der Rücksiedlung der Bevölkerung in Regionen, die im Zusammenhang mit dem Reaktorunfall im KKW Tschernobyl kontaminiert wurden und am 10.05.86 Kontaminationswerte unter 5 mR/h aufwiesen

30. Juni 1986

Aufgrund von Messungen der Uweltkontamination (hinsichtlich der Isotopenzusammensetzung) und der möglichen Übertragung radioaktiver Substanzen aus der Natur und aus landwirtschaftlichen Produkten auf Menschen (nach dem Stand vom Ende Juni 1986) empfehlen das Gesundheitsministerium der UdSSR, das Staatliche Komitee für Hydrometeorologie und das Staatliche Komitee für Landwirtschaft der UdSSR:

1. Bei Entscheidungen über die Rücksiedlung der Bevölkerung und die Rückkehr der Kinder nach den Sommerferien in relativ unkontaminierte Zonen ist von Kriterien auszugehen, die am 21.05.1986 angenommen wurden; bei Cäsium-137 ist vom Wert 15 Ci/km^2 auszugehen.
2. Als Grenzwert der Bodenkontamination sind hinsichtlich des Aufenthalts der Bevölkerung und der Produktion bei Plutonium-239 Werte von 0,1 Ci/km^2 und bei Strontium-90 von 3 Ci/km^2 festzulegen (ermittelt auf der Basis von Durchschnittswerten).
Die Festlegung dieser Werte führt nicht zu zusätzlichen Umsiedlungen.
3. Die Bevölkerung der Zone, in denen die Kontaminationswerte am 10. Mai 1986 unter 5 mR/h lagen und die Bodenkontamination mit Cäsium-137 über 15 Ci/km^2 betrug, ist nicht zu evakuieren, da dieses Isotop bei strikter Kontrolle der Grenzwerte in Nahrungsmitteln nicht kritisch ist.
Die Rückkehr der Kinder in diese Zonen ist frühestens ab 1. Oktober 1986 unter der Bedingung möglich, daß die Milchproduktion auf der Basis angelieferten Futters erfolgt.
4. Das Problem der Bodenbelastung durch Cäsium-137 ist bis Herbst 1987 zu lösen, nachdem detaillierte Daten darüber vorliegen, in welchem Maße dieses Isotop in den Böden enthalten ist, wie es sich über das gesamte verstrahlte Gelände verteilt und inwieweit es in die Nahrungskette Eingang gefunden hat.
5. In Zonen mit einer Strahlenbelastung über 5 mR/h (am 10.05.86) sind Feldarbeiten nicht zu empfehlen, da durch sekundäre Staubbildung Gefahr der Inhalation von Plutoniumisotopen und anderer radioaktiver Stoffe besteht.

Schtschepin
Israel
Kusnezow

Anmerkung: Das gilt für die Rayons Chojniki, Bragin und Narowlja im Gebiet Gomel der BSSR außerhalb der Isolinie 5 mR/h (am 10.05.86), sowie für die stark belastete Zone an den Grenzen der Gebiete Gomel, Mogiljow und Brjansk.

An das Sekretariat des Obersten Sowjets *Geheim*

Unterliegt der Rückgabe an den Sondersektor der Geschäftsführung des Ministerrates der UdSSR

Protokoll Nr. 27

der Sitzung der Operativen Gruppe des Politbüros des ZK der KPdSU zu Fragen im Zusammenhang mit der Beseitigung der Folgen des Reaktorunfalls im KKW Tschernobyl

7. Juli 1986

1. Auftrag des Politbüros des ZK der KPdSU vom 3. Juli 1986 (Nr. 19/I).

Dem korrigierten Beschlußentwurf zum Referat der Regierungskommission über Ursachen des Reaktorunfalls im KKW Tschernobyl und dem Entwurf einer Mitteilung zu dieser Frage wird zugestimmt.

Beide Entwürfe sind dem Politbüro des ZK der KPdSU vorzulegen.

2. Über die weitere Verwendung der Reaktoren des Typs RBMK in der Atomenergie.

Im Zusammenhang mit Überlegungen, die in der Sitzung des Politbüros zum Reaktor des Typs RBMK geäußert wurden, wird das Staatliche Komitee für Wissenschaft und Technik (Genosse Martschuk) beauftragt, unter Beteiligung des I.W.-Kurtschatow-Instituts für Atomenergie des Ministeriums für mittleren Maschinenbau (Genosse Alexandrow), des Wissenschaftlichen Forschungs- und Konstruktioninstituts für Energietechnik des Ministeriums für mittleren Maschinenbau (Tscherkaschow), der Atomenergieaufsichtsbehörde (Sidorenko), des Allunionsforschungsinstituts für den Betrieb der Kernkraftwerke des Energieministeriums der UdSSR (Abagjan) sowie unter Beteiligung der Fachleute anderer Zweige und Institute, die Forschungen im Bereich der Atomenergie führen, diese Frage zu untersuchen und Vorschläge zu Modernisierungen der arbeitenden Reaktoren des Typs RBMK vorzubereiten.

Die Vorschläge sind beim Ministerrat innerhalb von zwei Monaten vorzulegen.

3. Zur Reise einer Spezialistengruppe aus Italien in die UdSSR mit der Route Mailand-Kiew-Moskau-Mailand (Telegramm aus Rom Sonder-Nr. 1018).

Gegen die Reise der italienischen Gruppe mit der genannten Reiseroute (ohne Besuch der Zone des KKW Tschernobyl) gibt es keine Einwände.

N.Ryshkow

An das Sekretariat des Obersten Sowjets *Geheim*
Unterliegt der Rückgabe an den Sondersektor der Geschäftsführung des Ministerrates der UdSSR

Protokoll Nr. 28
der Sitzung der Operativen Gruppe des Politbüros des ZK der KPdSU zu Fragen im Zusammenhang mit der Beseitigung der Folgen des Reaktorunfalls im KKW Tschernobyl

10. Juli 1986

1. Die Mitteilung des Genossen Gussew W.K. über den Stand der Beseitigung der Folgen des Reaktorunfalls im KKW Tschernobyl.

Genosse Gussew teilt mit, daß die Arbeiten an der Beseitigung der Folgen des Reaktorunfalls im großen und ganzen in den festgelegten Zeitplänen laufen. Mit der Konservierung des Blocks 4 sind 4.800 Menschen beschäftigt, auf der Baustelle befinden sich 500 Technikeinheiten, darunter drei DEMAG-Kräne, der eine davon wird ab 20. Juli eingesetzt, der zweite und der dritte ab 1. bzw. 10. August. Zwei Betonwerke mit einer Leistung von 120 m^3/h sind in Betrieb genommen worden. Die Montage des dritten Betonwerkes nähert sich dem Ende. Die Dekontaminationsarbeiten an den Blöcken 1 und 2 werden am 15. Juli abgeschlossen sein, die Dekontamination des Geländes bis zum 1. August.

Zum 1. August wird die Entseuchung und Instandsetzung des Daches des Speichers für verbrauchten Kernbrennstoff abgeschlossen.

In der Wachsiedlung „Seljonyj Mys" wurde mit dem Bau von Wohnräumen für 3.000 Personen des Betriebspersonals begonnen, 1.100 sind auf acht Binnenschiffen untergebracht; Arbeiten für die Nutzung fünf weiterer Schiffe sind im Gange. Die Bauarbeiten an einer Schotterstraße zwischen „Seljony Mys" und dem KKW finden laut Terminplan statt.

Die Operative Gruppe betont, daß es bei den Arbeiten ernste Unzulänglichkeiten gibt. Der Bau der Schutzanlagen am Block 4 des KKW geht schleppend voran: von den geplanten 300.000 m^3 Beton wurden erst 8.000 m^3 eingebracht. Bis jetzt wurde keine endgültige Entscheidung zur technischen Lösung der Maschinenraumabdeckung des Block 4 getroffen. Der Bau der Wachsiedlung geht zu langsam voran.

Angesichts der Notwendigkeit, die Konservierungsarbeiten am Block 4 termingerecht abzuschließen, um dann die anderen Havariefolgen beseitigen und den Betrieb der Blöcke 1 und 2 wieder aufnehmen zu können, sind alle Arbeiten unter strenge Kontrolle der Regierungskommission (Genosse Schtscherbina), des Ministers für Maschinenbau (Genosse Slawko), des Ministers für Energie (Genosse Majorez), des Verteidigungsministeriums (Genosse Achromejew) und des Ministerrates der Ukrainischen SSR (Genosse Ljaschko) zu stellen. Ziel ist, das Tempo der Bauarbeiten in der nächsten Zeit drastisch zu beschleunigen, insbesondere die monatliche Betoneinbringung auf 100.000 m^3 und den Bau von Wohnräumen in der Wachsiedlung auf 1.000 Plätze pro Monat zu steigern.

2. Zur Erfüllung der Beschlüsse des ZK der KPdSU und des Ministerrates der UdSSR zur Dekontamination von Ortschaften und zur Schaffung von Arbeits- und Lebensbedingungen für die evakuierte Bevölkerung in den Gebieten Kiew und Gomel

Die Mitteilungen der Genossen Pljuschtsch und Grafowski sowie der Einsatzgruppenleiter des ZK der KPdSU Genossen Uschakow und Zubkow über die Dekontamination von Ortschaften und zur Schaffung der erforderlichen Arbeits- und Lebensbedingungen für die evakuierte Bevölkerung in den Gebieten Kiew und Gomel, entsprechend der Beschlüsse des ZK der KPdSU und des Ministerrates der UdSSR, sind zur Kenntnis zu nehmen.

Es sei hervorgehoben, daß eine Reihe ernster Mängel bei der Durchführung der Arbeiten bestehen. Die Entseuchung von Privatgrundstücken, Gärten, landwirtschaftlichen Nutzflächen und

Waldflächen ist unbefriedigend. Die Forderungen nach einer sicheren Entsorgung von radioaktiven Abfällen werden nicht eingehalten. Die Zivilbevölkerung und Armeeangehörige verstoßen vielfach gegen Vorschriften der persönlichen Hygiene. Der Versorgungsgrad der Militäreinheiten mit Ausrüstungen zur Mechanisierung der Arbeiten ist mangelhaft. Insgesamt ist die Wirksamkeit der Dekontaminationsarbeiten unzureichend.

Als besonders besorgniserregend wird von der Operativen Gruppe die Tatsache hervorgehoben, daß es bis jetzt keine klaren Empfehlungen von Spezialisten gibt bezüglich der Möglichkeit und der Fristen der Rücksiedlung der Bevölkerung in die Gebiete, in denen die Strahlungswerte zwischen 5 und 20 mR/h liegen, sowie hinsichtlich der Rückkehr von Kindern und schwangeren Frauen in Gebiete, wo diese Werte zwischen 2 und 5 mR/h liegen. Vom Staatlichen Komitee für Hydrometeorologie, dem Gesundheitsministerium der UdSSR und dem Verteidigungsministerium werden Fragen zur Bestimmung des Verseuchungsgrades des Territoriums mit radioaktiven Isotopen mit langen Zerfallszeiten nicht flexibel genug gelöst. Es fehlt die erforderliche Koordination dieser Arbeiten, die von Fachleuten verschiedener Ministerien und Behörden durchgeführt werden.

Die genannten Umstände tragen zu Unruhe unter der evakuierten Bevölkerung bei.

Vom Ministerrat der Ukrainischen SSR und dem Ministerrat der Belorussischen SSR sind unter besonderer Berücksichtigung der Versäumnisse der Allunionsorgane unverzüglich Maßnahmen zur Beseitigung der von den Einsatzgruppen des ZK der KPdSU aufgedeckten Mängel einzuleiten.

Die Staatliche Kommission (Genosse Schtscherbina) wird beauftragt, die Erfüllung der von den Ministerräten beider Republiken und den Exekutivkomitees von Kiew und Gomel beschlossenen Maßnahmen zur Verbesserung der materiell-technischen Versorgung der laufenden Arbeiten, der Verbesserung der Entlohnung von Mitarbeitern sowie der Entschädigungen für die Bürger, die materielle Schäden davongetragen haben, zu kontrollieren.

Das Staatliche Komitee für Hydrometeorologie (Israel), das Gesundheitsministerium der UdSSR (Burenkow) und das Verteidigungsministerium (Achromejew) werden verpflichtet, der Operativen Gruppe Berichte vorzulegen über:

— Möglichkeiten und Fristen der Rücksiedlung der Bevölkerung, die in Regionen mit Strahlenbelastungswerten von 5 bis 20 mR/h wohnte;

— Möglichkeiten der Rückkehr von Kindern und schwangeren Frauen in die Regionen, in denen die Strahlenbelastungswerte zwischen 2 und 5 mR/h betrugen;

— Möglichkeiten der Rücksiedlung der Bevölkerung von 47 Ortschaften im Gebiet Kiew, die zu der früher festgelegten 30 km-Zone gehören, in der die Strahlenbelastungswerte unter 5 mR/h lagen.

Der Bitte Genossen Israels nach einer Verschiebung des Termins zur Mitteilung der Daten über Landflächenkontamination einiger Gebiete der Ukrainischen SSR, der Belorussischen SSR und der RSFSR durch langlebige radioaktive Isotope auf den 20. Juli 1986 wird stattgegeben

Die Ministerräte, die örtlichen Partei- und Sowjetbehörden der Republiken sind darauf aufmerksam zu machen, alle Maßnahmen zu treffen, um an die evakuierte Bevölkerung Wohnungen mit allem Komfort noch vor der Herbstkälte zu übergeben und rechtzeitig Schulen, Kindergärten und andere soziale Objekte vorzubereiten. Die Aufklärungsarbeit unter der Bevölkerung ist zu verstärken.

3. Zum Verlauf der Dekontamination des Geländes, der Gebäude und Einrichtungen des KKW Tschernobyl sowie der Konservierung des Energieblocks 4.

Die Mitteilungen der Genossen Pikalow und des Leiters der Gruppe des ZK der KPdSU Agaschkow werden zur Kenntnis genommen.

Es wird darauf hingewiesen, daß die Organisation der Dekontamination des Energieblocks 4

nach wie vor ernsthafte Mängel aufweist. Die Effektivität der Arbeit an der Dekontamination des Geländes des KKW ist immer noch gering. Trotz der getroffenen Maßnahmen ist die Strahlung auf den meisten Abschnitten unzulässig hoch. Der Plan für die Konservierung des Energieblocks 4 ist bisher noch nicht in vollem Umfang erarbeitet und bestätigt worden. Es feht eine genaue technische Lösung für die Entsorgung seines Turbinenteils. Vorbereitungsarbeiten zur Konservierung des Energieblocks ziehen sich enorm in die Länge. Die Projektierung von zwei ständigen Entsorgungslagern für radioaktive Abfälle läuft nicht zufriedenstellend.
Es wird nach wie vor grob gegen die Strahlenschutzregeln verstoßen. Ca. 10% der Beschäftigten sind mit keinen Strahlendosismeßgeräten ausgestattet; es fehlt ein einheitliches Erfassungssystem für die an den Arbeiten beteiligten Menschen; es werden Fälle gemeldet, wo ohne Atemschutzgeräte gearbeitet wird. Ernsthafte Mängel weist die Einhaltung von sanitären Regeln bei der Verpflegung auf.
Das Ministerium für mittleren Maschinenbau (Slawskij), das Energieministerium der UdSSR (Majorez) und das Verteidigungsministerium (Pikalow) haben sofort für die Klärung dieser Fragen zu sorgen. Vor allen Dingen ist die Arbeit an der Dekontamination des Kraftwerkgeländes, an der Einrichtung von sicheren Entsorgungslagern und an der Konservierung des Energieblocks 4 zu beschleunigen und die Qualität der Arbeit zu erhöhen.
Die Regierungskommission (Schtscherbina), der Ministerrat der Ukrainischen SSR (Ljaschko) und das Energieministerium der UdSSR (Majorez) haben unverzüglich Maßnahmen zur Nutzung von auf dem KKW-Gelände vorhandenen und ungenutzten Materialen und Ausrüstungen, die für den Bau des Energieblocks 5 geliefert wurden, zu treffen.
Die Genossen Gussjew, Slawskij, Majorez und Achromejew haben für die strikte Einhaltung der Strahlenschutzvorschriften bei den Arbeiten im Bereich des KKW Tschernobyl zu sorgen.
Die Regierungskommission (Schtscherbina) wird unter Beteiligung des Energieministeriums der UdSSR, des Ministeriums für mittleren Maschinenbau, des Verteidigungsministeriums, des KGB der UdSSR und des Innenministeriums der UdSSR beauftragt, eine Sonderordnung für die Sperrzone zu erarbeiten, in der strenge Arbeitsregeln, die Erfassung der Strahlenbelastungen des Personals und die Verschärfung der Eingangskontrollen festgelegt werden.
4. Zur Einrichtung des Zentrums für Strahlenmedizin.
Dem von Genossen Ljaschko, Burenkow und Blochin entsprechend dem Auftrag der Operativen Gruppe erarbeiteten Projekt zur Einrichtung des Zentrums für Strahlenmedizin wird insgesamt zugestimmt.
Die Regierungskommission (Schtscherbina) wird beauftragt, gemeinsam mit dem Staatlichen Komitee für Wissenschaft und Technik, der Staatlichen Plankommission der UdSSR, dem Ministerrat der Ukrainischen SSR, dem Gesundheitsministerium der UdSSR, der Akademie der medizinischen Wissenschaften der UdSSR, dem Staatlichen Komitee für Arbeit der UdSSR und dem Finanzministerium der UdSSR die endgültige Fassung des Entwurfs zu erarbeiten und ihn innerhalb von drei Tagen dem Ministerrat der UdSSR vorzulegen.
5. Zu Berichtigungen der Musterordnung über die Übergabe von Ortschaften für die Reevakuierung der Bevölkerung.
Die Mitteilung der Genossen Israel, Schtschepin und Achromejew über Berichtigungen in der „Musterordnung" für die Rücksiedlung der Bevölkerung in strahlenbelastete Gebiete wird zur Kenntnis genommen.
6. Zur Produktion von chemischen Stoffen für die Bodenverfestigung (Vorschlag von W.A. Kabanow).
Der Genosse Schtschepin wird beauftragt, die Information über diese Frage (liegt bei) gemeinsam mit anderen Organisationen zu untersuchen und die Operative Gruppe über die Ergebnisse zu informieren.

7. Bericht des Minsker Korrespondenten der „Iswestija“ über die Strahlenbelastung in einigen Rayons des Gebiets Mogiljow.
Das Staatliche Komitee für Hydrometeorologie (Israel), das Gesundheitsministerium der UdSSR (Burenkow) und die Akademie der Wissenschaften der UdSSR werden beauftragt, gemeinsam mit dem Ministerrat der Belorussischen SSR (Kowaljow) die Strahlenbelastung in den im Bericht genannten Rayons (liegt bei) zu prüfen und die Operative Gruppe bis zum 20. Juli zu informieren.
8. Zur Ankunft von Dr. Gale in der UdSSR.
Dr. Gale und seiner Familie wird die Besichtigung der Klinik Nr. 6 in Moskau sowie eine Reise nach Kiew zugesagt (das Schreiben des Gesundheitsministeriums der UdSSR liegt bei).
Das Gesundheitsministerium der UdSSR (Burenkow) wird beauftragt, für die Organisation des Aufenthaltes von Dr. Gale samt Familie zu sorgen.
9. Das Schreiben der Genossen Schewardnadse und Slawskij zum Entwurf der Direktiven für die Beratung in der IAEA.
Der Entwurf der Direktiven für die sowjetische Delegation wird insgesamt gebilligt. Es wird für notwendig gehalten, im Laufe der Diskussionen Einzelheiten des Direktiventwurfs zu berichtigen.
10. Zur Gründung eines Koordinierungszentrums für wissenschaftliche Forschungen im Bereich des KKW Tschernobyl.
Im Hinblick darauf, daß die Forschungen im Bereich des KKW Tschernobyl von einer Vielzahl wissenschaftlicher Einrichtungen verschiedener Ressorts durchgeführt werden, ist an der Akademie der Wissenschaften ein Koordinierungszentrum zu gründen.
Die Genossen Schtscherbina und Alexandrow werden beauftragt, innerhalb von zwei Wochen der Operativen Gruppe konkrete Vorschläge über die Gründung dieses Zentrums vorzulegen.
11. Zum Vorschlag der sowjetischen Botschaft in Schweden zu einer Einladung des Ministers für Energie und Umweltschutz B. Dal in die UdSSR (Telegramm aus Stockholm, Sonder-Nr.. 942).
Es wird für nicht sinnvoll erachtet, daß z.Z. der Minister Schwedens B. Dal in die UdSSR zu einem Informationsaustausch über Sicherheitsprobleme in der Atomenergie einreist.
N.Ryshkow

Anhang zum Prokoll Nr. 28
Gesundheitsministerium der UdSSR

An den Vorsitzenden des Ministerrates der UdSSR
Genossen Ryshkow N.I. *10. Juli 1986*
Im Gesundheistsministerium der UdSSR ist ein Telegramm von Prof. Gale eingegangen, daß er sich der Reise von Dr. A. Hammer in die UdSSR anschließt und beabsichtigt, am 18. Juli 1986 in Moskau einzutreffen.
R. Gale äußert sein Interesse, in Moskau für zwei bis vier Wochen zu weilen, um die Arbeit in den Einrichtungen fortzusetzen, wo sich Patienten aus dem Unfallgebiet von KKW Tschernobyl befinden. Er fragt nach einer Genehmigung, mit seiner Frau und drei Kindern kommen und gemeinsam mit ihnen Kiew besuchen zu dürfen.
Das Gesundheitsministerium der UdSSR hat gemeinsam mit Fachleuten, die sich mit Hilfeleistungen für die Betroffenen des Reaktorunfalls befassen, den Vorschlag über die Fortsetzung der Arbeit von Gale in medizinischen Einrichtungen der UdSSR untersucht und sieht z.Z. keine Notwendigkeit seiner Tätigkeit in der UdSSR.

Gale ist ein Fachmann im Bereich der Knochenmarktransplantation. Zur Zeit gibt es unter den Betroffenen keine Personen, die dieses Verfahrens benötigen. Therapien für diese Patientenkategorie, wie sie Gale während des letzten Aufenthalts in der UdSSR anwandte, beherrschen sowjetische Fachleute bereits.
Ausgehend davon, hält es das Gesundheitsministerium für sinnvoll, Dr. Gale die Einreise für zwei bis drei Tage zu gestatten, damit er sich mit sowjetischen Fachleuten trifft und gemeinsam Patienten untersucht, die sich immer noch in medizinischen Einrichtungen befinden, sowie eine Reise für ihn und seine Familie in eine der Sowjetrepubliken für sieben Tage zu organisieren.
Mit dem Außenministerium der UdSSR (A.A. Bessmertnych) abgesprochen.
Hiermit bitte ich um Bestätigung.
Minister
S.P. Burenkow

Anhang zum Protokoll Nr. 28

An das Personal
Dieses Telegramm soll niemandem außer dem Chefredakteur gezeigt werden.
Kopie ist zu vernichten.

An den Chefredakteur von „Iswestija"
I.D. Laptew

8. Juli 1986

Information
Sehr geehrter Iwan Dmitrijewitsch,
hiermit teile ich zu Ihrer Kenntnis mit, daß sich die Strahlenbelastungssituation in Belorußland bedeutend verschlechtert hat.
In vielen Rayons des Gebietes Mogiljow wurde eine Strahlenbelastung gemessen, deren Höhe weit über der von den Rayons liegt, über die wir berichteten. Nach allen medizinischen Erfahrungen ist der Aufenthalt von Menschen in diesen Rayons mit einem enormem Gesundheitsrisiko verbunden.
Ich habe den Eindruck, daß unsere Genossen in Verwirrung geraten sind und nicht wissen, was zu tun ist. Zumal Moskauer Instanzen den Vorgängen nicht glauben wollen.
Ich teile Ihnen das per Telex mit, da sämtliche Telefongespräche über dieses Thema bei uns streng verboten sind.
N. Matukowskij

An das Sekretariat des Obersten Sowjets *Geheim*
Unterliegt der Rückgabe an den Sondersektor der Geschäftsführung des Ministerrates der UdSSR

Protokoll Nr. 29
der Sitzung der Operativen Gruppe des Politbüros des ZK der KPdSU zu Fragen im Zusammenhang mit der Beseitigung der Folgen des Reaktorunfalls im KKW Tschernobyl

23. Juli 1986

1. Über Vorschläge der Kommission zum Schutz der Wasserressourcen vor Strahlenkontamination.

Die Mitteilung des Genossen Polad-sade wird zur Kenntnis genommen, daß die Kommission aus Fachleuten des Ministeriums für Wasserwirtschaft der UdSSR, des Staatlichen Komitees für Hydrometeorologie, des Gesundheitsministeriums der UdSSR, der Akademie der Wissenschaften der Ukrainischen SSR, des Ministeriums für Geologie der UdSSR, des Verteidigungsministeriums, des Energieministeriums der UdSSR, des Ministeriums für mittleren Maschinenbau, des Ministeriums für Hochschulbildung der UdSSR und des Ministeriums für Geologie der Ukrainischen SSR im Auftrag der Operativen Gruppe vor Ort alle Fragen zum Bau von ingenieurtechnischen Einrichtungen, die die Kontammination der Wasserversorgungsquellen vom Gelände des KKW Tschernobyl und der umliegenden Landflächen ausschließen sollen, untersucht und folgende Maßnahmen erarbeitet hat.

Die meisten Anlagenprojekte hat das Ministerium für Wasserwirtschaft der UdSSR erarbeitet. Die Projektdokumentation wird in vollem Umfang bis zum 1. August 1986 abgeschlossen. Das Verteidigungsministerium hat notwendige Baumaßnahmen eingeleitet.

Die Operative Gruppe stimmt der Meinung der meisten Kommissionsmitglieder zu, daß es wegen dessen geringer Effektivität nicht sinnvoll ist, einen Umleitungskanal Pripjat-Dnjepr zu bauen; zudem ist es unmöglich, ihn vor dem Frühjahrshochwasser zu bauen und liegen die Kosten mit ca. 500 Mio Rubel zu hoch.

Da sich die Fachkommission nicht darüber einigen konnte, um das Betriebsgelände des KKW eine Grundwasserabdichtungsmauer einzulassen, wird die Regierungskommission (Schtscherbina) beauftragt, diese Frage zusätzlich zu untersuchen und der Operativen Gruppe innerhalb von fünf Tagen Bericht zu erstatten.

Genosse Batalin wird beauftragt, bis zum 1. August d.J. einen Beschlußentwurf für Baumaßnahmen von Anlagen zum Schutz der Wasserressourcen vor Strahlenkontamination, zu erarbeiten und ihn der Operativen Gruppe zur weiteren Vorlage beim Politbüro des ZK der KPdSU vorzulegen.

2. Über die Organisation des Ministeriums für Atomenergie.

Der vom Genossen Schtscherbina vorgelegte Entwurf wird in dieser Fassung nicht angenommen, weil die im Beschluß des ZK der KPdSU für den Bereich der Atomenergie aufgeworfenen Aufgaben ungenügend berücksichtigt sind, insbesondere die Gewährleistung eines sicheren Betriebs der Kernkraftwerke auf hohem wissenschaftlich-technischen Niveau.

Der Genosse Schtscherbina wird beauftragt, den Entwurf zu korrigieren und innerhalb einer Woche der Operativen Gruppe vorzulegen.

3. Über Möglichkeiten und Termine für die Rücksiedlung der Bevölkerung in strahlenbelastete Rayons.

Die Empfehlungen der Genossen Israel, Achromejew und Burenkow werden zur Kenntnis genommen (s. Anlage):

1. a In Rayons mit einer Strahlenbelastung von 5 bis 20 mR/h wird bis zum 1. April 1987 keine Rücksiedlung erfolgen;

b – In 32 von 47 Ortschaften der Gebieten Kiew und Gomel, die in der Sperrzone liegen und in denen die Strahlenbelastung am 10. Mai 1986 weniger als 5 mR/h lag, entspricht die derzeitige Belastung den für die Rücksiedlung der Bevölkerung festgelegten Kriterien. Aber im Hinblick auf die Nähe der hochbelasteten Zonen und die anhaltende Freisetzung von Radionukliden aus dem Havariereaktor erfolgt bis Oktober 1986 (Zeitraum der Konservierung des Reaktors) keine Rücksiedlung in diese Ortschaften.
15 der 47 genannten Ortschaften sind für die Rücksiedlung in diesem Jahr gänzlich ungeeignet.
2. Die Rücksiedlung von Kindern und schwangeren Frauen in Rayons mit einer Strahlenbelastung von 2 bis 5 mR/h wird in 237 von 458 Ortschaften genehmigt.
Die Rücksiedlung in 174 Ortschaften ist ab 1. Oktober möglich, wobei jedoch unbedingt auf den Verzehr kontaminierter Nahrungsmittel zu verzichten ist. In 47 Ortschaften wird die Rückkehr von Kindern und Frauen nicht genehmigt, es wird die Frage nach der Evakuierung der dort lebenden Menschen untersucht.
Die Operative Gruppe weist darauf hin, daß im Zusammenhang mit den vorgelegten Empfehlungen für 174 und 47 Ortschaften die Durchführung zahlreicher dringender Maßnahmen aktuell wird. Ausgehend davon wird dem Verteidigungsministerium, dem Staatlichen Komitee für Landwirtschaft der UdSSR, dem Staatlichen Komitee für Forstwirtschaft der UdSSR, dem Staatlichen Komitee für Hydrometeorologie und dem Gesundheitsministerium der UdSSR aufgetragen, unter Beteiligung des Ministerrates der Ukrainischen SSR, des Ministerrates der Belorussischen SSR und des Ministerrates der RSFSR sowie der örtlichen Partei- und Sowjetbehörden vor Ort alle entsprechenden Fragen zu untersuchen und über die Ergebnisse innerhalb einer Woche die Operative Gruppe zu informieren.
4. Zur Strahlenbelastung in einigen Rayons des Gebietes Mogiljow.
Die Mitteilung der Genossen Israel, Burenkow und Alexandrow wird zur Kenntnis genommen (Anlage).
5. Zur Information über den Reaktorunfall im KKW Tschernobyl an die IAEA-Tagung.
Bemerkungen der Mitglieder der Operativen Gruppe zum Entwurf der Genossen Alexandrow, Slawskij, Petrosjanz und Legassow, sind innerhalb von fünf Wochen mitzuteilen.
6. Zum Angebot des Staatsbürgers der USA Nassour, ein neues medizinisches Präparat liefern zu können (Telegramm aus Washington, Sonder-Nr. 3617).
Der Meinung des Gesundheitsministeriums der UdSSR (Burenkow) wird zugestimmt, daß das Angebot der amerikanischen Firma, kostenlos eine Sendung eines neuen Antistrahlungspräparates zu liefern, angenommen werden soll (das Schreiben des Gesundheitsministeriums liegt bei).
Das Außenministerium der UdSSR (Petrowskij) hat den sowjetischen Botschafter über diese Entscheidung zu informieren.
7. Zur Strahlenbelastung am Seljonyj Mys.
Die Mitteilung der Genossen Israel und Burenkow wird zur Kenntnis genommen, daß die Strahlenbelastung am Seljonyj Mys den Bau einer Wachsiedlung zuläßt. (Anlage)
8. Zur Entsendung einer weiteren Ersatzbesetzung der Regierungskommission zum KKW Tschernobyl.
Eine weitere Ersatzbesetzung der Regierungskommission, geleitet von G.G. Wedernikow, ist zum KKW Tschernobyl zu entsenden.
Die neue Besetzung der Kommission (Anlage) hat am 25. Juli 1986 vor Ort zu sein.
N. Ryshkow

Zum Punkt 3 des Protokolls Nr. 29 *Ne. 2364c*

19. Juli 1986

An den Vorsitzenden des Ministerrates der UdSSR
Genossen Ryshkow N.I.

Entsprechend dem Auftrag der Operativen Gruppe des Politbüros des ZK der KPdSU vom 10. Juli d.J. leiten wir an Sie folgende Befunde weiter:
— Über Möglichkeiten und Termine der Rücksiedlung der Bevölkerung, die in Rayons mit einer Strahlenbelastung von 5 bis 20 mR/h lebte;
— Über die Möglichkeit der Rücksiedlung der Bevölkerung von 47 Ortschaften aus den Gebieten Kiew und Gomel, die zur früher festgelegten 30 km-Zone gehören und in denen die Strahlenbelastung unter 5 mR/h lag.
Anhang: 2 Blätter, nicht geheim.
J.Israel
S.Burenkow

Befund
über Möglichkeiten der Rücksiedlung der Bevölkerung von 47 Ortschaften aus den Gebieten Kiew und Gomel, die zur früher festgelegten 30 km-Zone gehören und in denen die Strahlenbelastung unter 5 mR/h lag

19. Juli 1986

Das Staatliche Komitee für Hydrometeorologie, das Gesundheitsministerium und das Verteidigungsministerium, teilen mit, nachdem sie die Möglichkeit der Rücksiedlung der Bevölkerung in 47 in der 30 km-Zone liegenden Ortschaften, in denen die Strahlenbelastung am 10. Mai 1986 unter 5 mR/h lag, untersuchten:
1. Detaillierte Luft- und Bodenuntersuchungen ergaben, daß es unter den genannten Ortschaften auch solche gibt, in denen die Strahlenbelastung den Kriterien für eine Rücksiedlung entspricht. Aber im Hinblick auf die Nähe der hochbelasteten Zonen und die anhaltende Freisetzung von Radionukliden aus dem Havarie-Reaktor wird es keine Rücksiedlung in die 30 km-Zone bis zum 1. Oktober (Zeitraum der Konservierung des Reaktors) geben.
2. Das Staatliche Komitee für Hydrometeorologie und das Gesundheitsministerium der UdSSR haben unter Beteiligung des Verteidigunsgministeriums für eine ständige Kontrolle der Strahlenbelastung in der Evakuierunsgzone zu sorgen und bis 1. Oktober 1986 den Befund über die Möglichkeit der Rücksiedlung der Bevölkerung vorzulegen.
J. Israel
S. Burenkow
S. Achromejew

Befund
über Möglichkeiten und Termine für die Rücksiedlung der Bevölkerung, die früher in Rayons mit einer Strahlenbelastung von 5 bis 20 mrem/h lebte

19.Juli.1986

Das Staatliche Komitee für Hydrometeorologie, das Gesundheitsministerium der UdSSR und das Verteidigungsministerium, teilen mit, nachdem sie die Frage nach den möglichen Terminen einer Rücksiedlung der Bevölkerung, die früher in den Rayons mit einer Strahlenbelastung von 5 bis 20 mR/h lebte, untersuchten:

1. Detaillierte Luft- und Bodenuntersuchungen ergaben, daß in den meisten Ortschaften die Strahlenbelastung nach den festgelegten Kriterien keine Rücksiedlung der Bevölkerung bis zum 1. April 1987 zuläßt.

Lediglich in einigen Ortschaften liegt die Strahlenbelastung unter dem Grenzwert. Aber in Hinblick auf die Nähe der hochbelasteten Zonen sowie auf die anhaltende Freisetzung von Radionukliden aus dem Havariereaktor wird eine Rücksiedlung der Bevölkerung in die genannten Ortschaften bis zum 1. April 1987 nicht für sinnvoll gehalten.

2. Das Staatliche Komitee für Hydrometeorologie und das Gesundheitsministerium haben unter Beteiligung des Verteidigungsministeriums für eine ständige Kontrolle der Strahlenbelastung in der Evakuierungszone zu sorgen sowie bis 1. April 1987 den Befund über die Möglichkeit der Rücksiedlung der Bevölkerung vorzulegen.

S. Achromejew
J. Israel
S. Burenkow

Zum Punkt 3 des Protokolls Nr. 29 *Geheim*

Ex. Nr. 1

An den Vorsitzenden des Ministerrates der UdSSR *Nr. 2366c*
Genossen Ryshkow N.I *19. Juli 1986*

Entsprechend dem Auftrag der Operativen Gruppe des ZK der KPdSU vom 10. Juli d.J. leiten wir folgenden Befund weiter:

— Über die Möglichkeiten der Rückführung von Kindern und schwangeren Frauen in Rayons, in denen die Strahlenbelastung zwischen 2 und 5 mR/h liegt.

Anhang: auf 2 Blättern, Eintragungs-Nr. 2365c, geheim.

J. Israel
S. Achromejew
S. Burenkow

Befund *Geheim*
über die Möglichkeiten der Rückführung von Kinderen und schwangeren Frauen in Rayons, in denen die Strahlenbelastung zwischen 2 und 5 mR/h liegt.

Das Staatliche Komitee für Hydrometeorologie, das Ministerium für Gesundheitswesen der UdSSR und das Verteidigungsministerium, die die Frage der Möglichkeit der Rückführung von Kindern und schwangeren Frauen in die Zone mit einer Strahlenbelasung zwischen zwei und fünf mR/h (am 10. Mai 1986) sowie in Zonen mit erhöhten Kontaminationswerten durch Cäsium-137 (Aufträge der Operativen Gruppe des Politbüros des ZK der KPdSU vom 2. Juli 1986 und vom 10. Juli 1986) geprüft und untersucht haben, melden:

1. Aufgrund detailierter Luft- und Bodenerkundungen wurde die tatsächliche Strahlenbelastung in der Zone mit Werten von 2 bis 5 mR/h (am 10.Mai 1986) präzisiert. Präzisiert wurden auch Bereiche mit erhöhten Kontaminationswerten durch Cäsium-137. Insgesamt wurden 458 Ortschaften untersucht (in der USSR, BSSR und RSFSR), 1.500 Proben durch Cäsium-137, 200 Proben durch Strontium-90 und 50 Proben durch Plutonium-239. Es ist eine Karte der Bodenkontamination nach diesen Isotopen aufgestellt worden.

2. Aufgrund der Karte wurden Dosen für die innere und äußere Belastung von Kindern und schwangeren Frauen im Falle ihrer Rückkehr in diese Ortschaften, unter Berücksichtigung der vor der Evakuierung erhaltenen Dosen, berechnet.

Es wird empfohlen:

– Die Rücksiedlung von Kindern und schwangeren Frauen in alle 237 Ortschaften zu genehmigen, in denen die berechnete Gesamtdosis nicht mehr als 10 rem im ersten Jahr beträgt.

– Die Rücksiedlung von Kindern und schwangeren Frauen in die Ortschaften, in denen die errechneten Gesamtdosen (ohne Einschränkung des Verzehrs von kontaminierten Nahrungsmitteln) höher als 10 rem sind, wird ab 1. Oktober 1986 genehmigt, wobei kontaminierte Nahrungsmittel (in erster Linie Milch), die zu einer Überschreitung der Gesamtdosis von 10 rem führen, aus der Ration auszuschließen sind (174 Ortschaften).

Neben den zu treffendenden Maßnahmen, die den Verzehr von kontaminierten Nahrungsmitteln ausschließen, wird empfohlen, die Evakuierung der Bevölkerung aus 16 Ortschaften der Region Mogiljow (mit einer Gesamteinwohnerzahl von 4.109 Menschen) zu erwägen.

Diese Mitteilung wurde mit dem Vorsitzenden des Ministerrates der BSSR Genossen M.S. Kowaljow abgestimmt.

Israel
Burenkow
Aleksandrow
21. Juli 1986

An das Sekretariat des Obersten Sowjets *Geheim*
Unterliegt der Rückgabe an den Sondersektor der Geschäftsführung des Ministerrates der UdSSR

Protokoll Nr. 30
der Sitzung der Operativen Gruppe des Politbüros des ZK der KPdSU zu Fragen im Zusammenhang mit der Beseitigung der Folgen des Reaktorunfalls im KKW Tschernobyl

31. Juli 1986

1. Zum Verlauf der Konservierungsarbeiten des Energieblocks 4 des KKW Tschernobyl.

Die Mitteilungen der Genossen Rjabew und Ussanow werden zur Kenntnis genommen (Anlage).

Die Operative Gruppe hält es für notwendig, darauf hinzuweisen, daß die Konservierungsarbeiten am Energieblock 4 durch das Ministerium für mittleren Maschinenbau unbefriedigend durchgeführt werden. Wesentliche Bauaktivitäten wurden bis jetzt nicht entfaltet, es fehlt die Dokumentation für das Lüftungs- und Kontrollsystem, die Betonwerke funktionieren nicht mit voller Leistung, es gibt keine präzise Arbeitsorganisation.

Die Genossen Slawskij, Rjabew und Ussanow werden beauftragt, alle Maßnahmen zur Beschleu-

nigung der Arbeit an der Konservierung des genannten Energieblocks zu treffen. Es ist davon auszugehen, daß die Lösung dieser Frage die wichtigste Aufgabe zur Beseitigung der Folgen des Reaktorunfalls im KKW Tschernobyl ist. Das Ministerium für mittleren Maschinenbau wird verpflichtet, alle Arbeiten zur sicheren Konservierung des Energieblocks 4 zum 25. September 1986 abzuschließen. Mit der Abnahme der Arbeiten wird die Regierungskommission beauftragt.
Die Genossen Silajew und Warnatschew werden beauftragt, zur technischen Unterstützung und für Reparaturarbeiten an den Betonwerken Brigaden aus dem Bereich des Ministeriums für Straßenbaumaschinen zu entsenden, sowie umgehend Maßnahmen zur Auswechslung von defekten Teilen der Betontransporter einzuleiten und die für die Lieferung von Ersatzteilen verantwortlichen Personen streng zu bestrafen.
Der Genosse Batalin wird beauftragt, die Lieferung von Baustahlkonstruktionen zur Errichtung von Schutzmauern und Maschinenhallendecken durch den «Spezialmontagebau» der UdSSR zu beschleunigen.

2. Der Bericht des Energieministeriums der UdSSR zur Vorbereitung der Inbetriebnahme der Energieblöcke 1 und 2 des KKW Tschernobyl.
Die Mitteilung des Genossen Majorez (Anlage) wird zur Kenntnis genommen, daß die Vorbereitung entsprechend den erarbeiteten Zeitplänen erfolgt, die die Inbetriebnahme der Energieblöcke 1 und 2 am 18. und 25. Oktober d.J. vorsehen. In Ergebnis der Dekontamination sank die ionisierende Strahlenbelastung in den Räumen des Hauptgebäudes, der Nebengebäude und -einrichtungen sowie in den Lagerräumen für abgebrannte Brennstäbe auf zulässige Grenzwerte (bis 0,2-0,7 mR/h). Bis zum 10. August wird die Verlegung von Betonplatten auf dem Gelände des KKW zum Schutz gegen Bodenkontamination abgeschlossen. Zum 15. August werden die Isolierungsarbeiten an den Energieblöcken 1 und 2 von den Blöcken 3 und 4 abgeschlossen sein. Unter Beteiligung des Maschinenbauministeriums wurden Ausstattung, Geräte sowie Bauteile der Startenergieblöcke überprüft. Es wurden notwendige Reparaturarbeiten eingeleitet. Es läuft die Vorbereitung zum Abtransport von ausgebrannten Brennstäben aus den Lagerungsbecken der Energieblöcke 1 und 2. Die Einstellung des Betriebspersonals ist im wesentlichen abgeschlossen, deren Arbeitspläne wurden auf der Basis des Wachverfahrens erarbeitet, außerdem wurden Pläne für seine Aus- und Weiterbildung erarbeitet. Die Operative Gruppe weist darauf hin, daß es bei den genannten Arbeiten ernsthafte Mängel gibt. Zu langsam läuft z.B. die Vorbereitung der Inbetriebnahme des Lagers für ausgebrannte Brennstäbe, weshalb man sie zu anderen KKW bringen muß. Bis jetzt wurde der Bau der Wachsiedlung in Seljonyj Mys nicht in Gang gebracht, da nur in zwei Schichten gearbeitet wird. Es wurde ein Rückstand bei der Dekontamination des KKW-Geländes festgestellt.
Die Regierungskommission wird beauftragt, für eine strengere Kontrolle der Arbeit an den Vorbereitungen zur Inbetriebnahme der Energieblöcke 1 und 2 zu sorgen. Dabei ist davon auszugehen, daß die Inbetriebnahme der genannten Energieblöcke (nach der Konservierung des Energieblocks 4) nur unter Gewährleistung eines hohen Sicherheitsgrades erfolgen kann.
Das Staatliche Komitee für Handel der UdSSR (Woronin), das Ministerium für mittleren Maschinenbau (Slawskij) und das Außenhandelsministerium (Aristow) werden beaufgetragt, die Gerätelieferungen für das Raumlüftungssystem der Energieblöcke 1 und 2 durch das Energieministerium der UdSSR zu beschleunigen, ebenso die Lieferung von Fertighäusern aus Finnland für die Wachsiedlung.

3. Der Befund der Regierungskommission über die Zweckmäßigkeit einer Grundwasserabdichtungsanlage um das Gelände des KKW Tschernobyl.
Dem Vorschlag des Genossen Schtscherbina zu dieser Frage (Anlage) wird zugestimmt.

4. Vorschläge des Verteidigungsministeriums, des Staatlichen Komitees für Hydrometeorologie, des Gesundheitsministeriums der UdSSR, des Staatlichen Komitees für Landwirtschaft der

UdSSR, des Staatlichen Komitees für Forstwirtschaft der UdSSR, des Ministerrates der RSFSR, der Ministerräte der Ukrainischen und der Belorusischen SSR und anderer Ministerien und Ämter über den Charakter und den Umfang möglicher Maßnahmen im Zusammenhang mit der Strahlenbelastung mehrerer Rayons der Gebiete Mogiljow, Gomel, Brjansk und Kiew.
Die Mitteilungen der Genossen Worotnikow, Israel, Achromejew, Kowaljow und Orlik (Anlage) zu Ergebnissen der durch Ministerien und Ämter gemeinsam mit Partei- und Sowjetbehörden der RSFSR, der Ukrainischen SSR und der Belorussischen SSR im Auftrag der Regierungskommission durchgeführten Untersuchungen in den Rayons, aus denen man die Bevölkerung evakuieren muß, werden zur Kenntnis genommen.
Im Hinblick darauf, daß von der Führung der Republiken für Maßnahmen zum ungefährdeten Aufenthalt der Bevölkerung gesorgt wird, hält es die Operative Gruppe für möglich, den vorgelegten Vorschlägen über die Rücksiedlung von Kindern und Frauen in die Ortschaften, in denen die Ganzkörperdosen im ersten Jahr nach dem Unfall 10 rem übertreffen können sowie den Vorschlägen über die Evakuierung der Bevölkerung aus 34 Ortschaften im August d.J. zuzustimmen.
Es wird für notwendig erachtet, einen Beschluß der Regierung der UdSSR über die Arbeitsplatzbeschaffung für die evakuierte Bevölkerung, über die Bereitstellung von Wohnungen, über Sachschadenentschädigungen und andere soziale Fragen dieser Bevölkerungsgruppe sowie für die, deren Rücksiedlung z.Z. nicht möglich ist, vorzubereiten.
Der Genossen Batalin wird beauftragt, das Projekt unter Beteiligung des Staatlichen Komitees für Handel der UdSSR, des Finanzministeriums der UdSSR, des Staatlichen Komitees für Arbeit der UdSSR, der Ministerräte der Ukrainischen und der Belorussischen SSR, des Ministerrates der RSFSR sowie anderer beteiligter Ministerien zu erarbeiten und es zum 8. August der Operativen Gruppe zur weiteren Vorlage beim Politbüro des ZK der KPdSU vorzulegen.
Das Staatliche Komitee für Landwirtschaft der UdSSR (Sisenko) wird beauftragt, gemeinsam mit dem Ministerrat der RSFSR, dem Ministerrat der Ukrainischen SSR und dem Ministerrat der Belorussischen SSR die Frage nach der Nutzung von landwirtschaftlichen Landflächen in den Rayons zu untersuchen, die für die Rücksiedlung der Bevölkerung in Frage kamen. Über die Ergebnisse ist die Operative Gruppe innerhalb eines Monats zu informieren.

Minister für Energiewirtschaft und Elektrifizierung der UdSSR *Geheim*
28.07.86

An die Operative Gruppe des Politbüros des ZK der KPdSU zu Fragen in Zusammenhang mit der Beseitigung der Folgen des Reaktorunfalls im KKW Tschernobyl

Zur Vorbereitung der Inbetriebnahme der Energieblöcke 1 und 2 des KKW Tschernobyl

Das Ministerium für Energiewirtschaft und Elektrifizierung der UdSSR informiert über die Vorbereitung der Inbetriebnahme der Energieblöcke 1 und 2 des KKW Tschernobyl im Oktober 1986, wie im Beschluß des ZK der KPdSU und des Ministerrates der UdSSR vom 22. Mai 1986 Nr. 583 festgelegt wurde.
Für diesen Auftrag wurden Terminpläne erarbeitet. Die wichtigsten davon sind: Terminpläne für die Dekontamination der Räume, Dächer und des KKW-Geländes, Einschätzung des technischen Zustandes und Durchführung von Reparaturarbeiten in den Startenergieblöcken, dem Auslagern von ausgebrannten Brennstäben aus den Lagerbecken, die Einleitung von höheren Sicherheitsmaßnahmen für die Reaktoren entsprechend der Entscheidung des wissenschaftlichen Leiters,

des Chefkonstrukteurs und der Atomenergieaufsichtsbehörde, sowie zur Ausbildung des Betriebspersonals und der Organisation des Wachverfahrens.
Umfangreiche Dekontaminationsarbeiten wurden durchgeführt, in deren Folge die ionisierende Strahlenbelastung in den Räumen des Hauptgebäudes des KKW, in den Nebengebäuden und Lagerräumen für ausgebrannte Brennstäbe im allgemeinen auf zulässige Grenzwerte reduziert wurde.
Die Dächer wurden teilweise gereinigt, darunter das der Maschinenhalle der ersten Linie. Mit der Entfernung von radioaktiven Belastungen des Daches der Reaktorhalle von Block 3 wurde begonnen. Bevor diese Arbeit völlig abgeschlossen und der 4. Havarieblock abgedichtet ist, erscheint es unmöglich, infolge der direkten Strahlenwirkung durch hochradioaktive Quellen normale (in den Grenzen verträglicher Belastungen) Arbeitsbedingungen für das Personal der Reparatur- und Betriebsarbeiten zu gewährleisten.
Die vom Ministerium für mittleren Maschinenbau ausgeführte Arbeit an der Abdeckung des Havarie-Energieblocks wird mit unzureichendem Tempo ausgeführt. Die durch das Verteidigungsministerium durchgeführten Dekontaminationsarbeiten auf dem Gelände der offenen Verteileranlage haben ebenfalls einen Rückstand. Es wurden erst 20% des Arbeitsumfangs ausgeführt.
Von positivem Effekt ist das Verlegen von Eisenbetonplatten auf dem KKW-Gelände, die das Personal vor ionisierenden Strahlenbelastungen durch Bodenkontamination schützen und der Staubbildung vorbeugen. 50% des geplanten Arbeitsumfangs wurden erfüllt. Durch das Verteidigungsministerium und das Energieministerium der UdSSR werden Maßnahmen getroffen, diese Arbeit spätestens am 10. August d.J. abzuschließen.
Entsprechend den durch das Energieministerium der UdSSR erarbeiteten Projekten wird an der Isolierung der Räume des 1. und 2. Energieblocks, in erster Linie des entsprechenden Teils der Maschinenhalle vor dem 3. und 4. Energieblock gearbeitet. Der Abschluß dieser Arbeit ist für den 15. August geplant. Vorher wird das Einbringen von Beton in entsprechende Sturzelemente beschleunigt.
Der Bau einer Trennwand zwischen dem 3. und 4. Energieblock durch das Ministerium für mittleren Maschinenbau ist im Rückstand. Nach dem Stand vom 28. Juli wurden erst 25% der geplanten Arbeiten ausgeführt.
Unter Beteiligung der Vertreter des Energieministeriums, des Ministeriums für chemischen Maschinenbau, des Ministeriums für allgemeinen Maschinenbau und anderer Maschinenbauministerien wurden Ausstattung, Geräte und Bauteile, die in den Startenergieblöcken installiert sind, überprüft, notwendige Reparaturmaßnahmen und Aggregatauswechselungen, festgelegt.
Zum endgültigen und schnellsten Abschluß dieser Arbeit muß man die Maschinenbauministerien beauftragen, den Einsatz ihrer Fachleute bei den Überprüfungen und Reparaturen zu verstärken.
Der Abtransport von ausgebrannten Brennstäben aus den Lagerungsbecken des 1. und 2. Energieblocks wird vorbereitet. Dies ist notwendig, um Maßnahmen zur Erhöhung der Sicherheit der Reaktoren entsprechend dem erarbeiteten Zeitplan zu realisieren sowie ihren normalen Betrieb nach dem Anlaufen zu gewährleisten.
Die Brennstäbe werden zum KKW Leningrad gebracht. Nachdem aber im September 1986 die Lagerkapazitäten für ausgebrannte Brennstäbe im KKW Tschernobyl fertiggestellt sind, werden sie dorthin gebracht. Der erste Transport von Container-Waggons mit ausgebrannten Brennstäben zum KKW Leningrad ist für den 5. August d.J. geplant.
Um normale Betriebsbedingungen in den Räumen des 1. und 2. Energieblocks zu gewährleisten, muß für die Luftreinigung in diesen Räumen gesorgt werden. Dazu ist vorgesehen, zusätzlich 35 Klimaanlagen mit Spezialfiltern aufzustellen. Mit dem Ministerium für mittleren Maschinenbau wurde vereinbart, daß bis Ende September 1.200 solche Filter geliefert werden.

Das Staatliche Komitee für Handel der UdSSR hat die Lösung der Frage zu beschleunigen, um das KKW Tschernobyl mit den Klimaanlagen für diese Filter-Lüftungsanlagen auszustatten.
Verstärkt werden müssen auch die Arbeiten zur Gewährleistung eines normalen Betriebs der Wasserversorgung des KKW aus dem Kühlteich.
Abgeschlossen ist die Einstellung des Personals für die Betriebsabteilungen des Kraftwerks. Es wurden Programme und Terminpläne für die Aus- und Weiterbildung des Personals erarbeitet. Es ist geplant, damit ab 1. August im KKW von Kursk zu beginnen; ab 4. August nehmen Lehrgänge für Weiterbildung des für die Sicherheit zuständigen Personals von KKW ihre Arbeit am Weiterbildungsinstitut des Energieministeriums auf.
Mit der Errichtung der Wachsiedlung wurde begonnen. Entsprechend dem festgelegten Plan werden im August-Oktober 1986 je 1.000 Plätze monatlich übergeben.
Damit der Aufbau dieser Siedlung beschleunigt wird, ist der Erste Stellvertreter des Ministers Sadowskij S.I. zum KKW Tschernobyl gereist.
Das Energieministerium bittet darum, das Außenhandelsministerium mit der Reduzierung der Lieferzeiten von Fertighäusern aus Finnland für die Wachsiedlung zu beauftragen, wodurch deren Errichtung mit höherem Tempo möglich wäre.
Es sind nicht alle Fragen bei der Übergabe von Wohnungen für Betriebs- und Bauorganisationen gelöst worden.
Die Revision vor Ort ergab, daß ein Teil der Wohnungen den Mietern im 4. Quartal d.J. durch den Ministerrat der Ukrainischen SSR übergeben wird. Die Lösung dieser Frage muß beschleunigt werden.
A.I. Majorez

Geheim

An die Operative Gruppe des Politbüros des ZK der KPdSU zu Fragen in Zusammenhang mit der Beseitigung der Folgen des Reaktorunfalls im KKW Tschernobyl

29. Juli 1986

Die Regierungskommission hat sich in Erfüllung des Auftrages und unter Einbeziehung von Wissenschaftlern und Fachleuten zusätzlich mit der Frage nach dem Bau einer Grundwasserabdichtung beschäftigt und teilt mit:
Im Mai 1986 wurde bei der Vorbereitung des Beschlußentwurfs über Dekontaminationsarbeiten in den durch die Strahlenbelastung in Zusammenhang mit dem Reaktorunfall im KKW Tschernobyl belasteten Rayons von einer Gruppe von Fachleuten, bestehend aus den Genossen Semjonow (Energieministerium der UdSSR), Ussanow (Ministerium für mittleren Maschinenbau), Subarew (Ministerium für Geologie der UdSSR), Polad-sade (Ministerium für Wasserwirtschaft der UdSSR), Burgassow (Gesundheitsministerium der UdSSR), Sedunow (Staatliches Komitee für Hydrometeorologie) und anderen, zur Vorbeugung des Auswaschens radioaktiver Stoffe vom KKW-Gelände und den umliegenden Landflächen in den Kühlteich und den Fluß Pripjat eine Begründung für den Bau einer Grundwasserabdichtungsmauer um das KKW vorgelegt sowie die Durchführung von Drainagebohrungen innerhalb des abgetrennten Geländes. Andere Maßnahmen zum Schutz von Gewässern und Wasserversorgungsquellen wurden ebenfalls im Schreiben der Genossen Paton und Israel vorgeschlagen.
Später hat die Kommission für Fragen zum Schutz der Wasserressourcen vor Strahlenkontamination (Polad-sade) empfohlen, auf den Bau der Grundwasserabdichtung zu verzichten, indem man sie durch einen Drainagevorhang aus 25 Bohrungen ersetzt und auf dem Gelände 400 solche Bohrungen anlegt.

Bei der Entscheidung darüber wurde von der Kommission berücksichtigt, daß seit dem Zeitraum der ersten Entscheidung wesentliche Änderungen erfolgten, vor allem in der Einschätzung der Verteilung der Brennstäbe, die sich vor dem Unfall im Reaktor befanden. Viel gründlicher wurden hydrogeologische Verhältnisse der am KKW anliegenden Landfläche untersucht. Es wurden Erfahrungen gesammmelt, wie man Gewässer und Flüsse vor radioaktivem Fallout schützt und den Betrieb von Drainagebohrungen kontrolliert.
Aus den vorgelegten Befunden der Wissenschaftler, geleitet vom Genossen Alexandrow A.P., folgt, daß die Geländekontamination des KKW viel geringer ist, als früher angenommen, und sich 96-97% der Brennstäbe im Reaktorgehäuse befinden. Die Freisetzung der Brennstäbe auf dem Gelände des Kraftwerkes wird auf 0,3% geschätzt (um das 3000-fache weniger, als früher angenommen), davon befinden sich 97% in der Verschüttung am 4. Block.
Die Dekontamination des Geländes und der Energieblöcke des Kraftwerkes zeigt, daß deren Belastung rapide sank. Das Eindringen von Radionukliden in den Boden erfolgte nicht tiefer als 3-5 cm, ihr Transfer in den Böden ist gering. Zur gleichen Zeit zeigte sich, daß die Fähigkeit der Schlamme, radioaktive Stoffe aufzunehmen, wesentlich ist.
Im Hinblick auf diese Umstände wird vorgeschlagen, die Grundwasserabdichtung nicht um das ganze Kraftwerk herum zu errichten, sondern sich nur auf den Teil zu beschränken, der das KKW-Gelände vom Kühlteich trennt (1,6-1,8 km lang statt 8,4 gemäß dem Projekt).
Den Projektinstituten des Ministeriums für Wasserwirtschaft der UdSSR, des Energieministeriums der UdSSR und des Ministeriums für Geologie der UdSSR wurde aufgetragen, ein berichtigtes Projekt zur Errichtung der Grundwasserabdichtung sowie der Drainagebohrungen auf dem KKW-Gelände vorzulegen.
Das Energieministerium der UdSSR und das Ministerium für Atomenergie wurden darauf aufmerksam gemacht, daß es notwendig ist, den Bau der Objekte zum Sammeln und Abführen von Oberflächen- und Regenwasser sowie Abwasser vom KKW-Gelände, und dessen Dekontamination zu beschleunigen sowie die Vorschriften für den Betrieb der Drainageeinrichtungen und der Kanalisation strikt einzuhalten.
Hiermit wird um die Annahme des Dokuments gebeten.
B. Schtscherbina

An den Vorsitzenden des Ministerrates der UdSSR
Genossen Ryshkow N.I.

30. Juli 1986

Hiermit lege ich die Vorschläge des Verteidigungsministeriums, des Gesundheitsministeriums der UdSSR, des Staatlichen Komitees für Hydrometeorologie der UdSSR, des Staatlichen Komitees für Landwirtschaft der UdSSR und des Staatlichen Komitees für Forstwirtschaft der UdSSR entsprechend dem Auftrag der Operativen Gruppe des Politbüros des ZK der KPdSU vom 23. Juli 1986 vor.
S. Achromejew

Geheim
30. Juli 1986

Vorschläge
des Verteidigungsministeriums, des Gesundheitsministeriums der UdSSR, des Staatlichen Komitees für Hydrometeorologie der UdSSR, des Staatlichen Komitees für Landwirtschaft der UdSSR und des Staatlichen Komitees für Forstwirtschaft der UdSSR über die Strahlenbelastungssituation und die Ergreifung von Maßnahmen in mehreren Rayons der Gebiete Mogiljow, Gomel, Brjansk und Kiew

Infolge des Reaktorunfalls im KKW Tschernobyl wurden durch die Freisetzung von Radioaktivität aus dem Havarie-Reaktor, ihrer Übertragung durch Winde auf große Entfernungen sowie durch den radioaktiven Fallout auf dem europäischen Teil der UdSSR große Flächen strahlenkontaminiert. In der Region Kiew-Gomel ist die Flächenkontamination durch Plutonium-239, Cäsium-137 und Strontium-90 in vielen Ortschaften höher als die vorübergehend zugelassenen Grenzwerte von jeweils 0,1; in der Region Mogilow-Brjansk beträgt die Cäsium-137-Belastung 15 bis 30 Ci/km^2.

In den Gebieten Mogiljow, Gomel, Brjansk und Kiew beträgt die strahlenkontaminierte Fläche nach den Angaben des Staatlichen Komitees für Hydrometeorologie, des Gesundheitsministeriums der UdSSR, des Staatlichen Komitees für Landwirtschaft der UdSSR und des Verteidigungsministeriums durch Cäsium-137 auf ca. 7.600 km^2 15 bis 40 Ci/km^2, auf 1.500 km^2 über 40 Ci/km^2. Umfassende Untersuchungen dieser Regionen auf Plutonium-239 gehen weiter.

Die durchgeführten Maßnahmen zur Absperrung der Landflächen um das KKW, zur vorübergehenden Evakuierung mehrerer Rayons in den Gebieten Kiew und Gomel, der verzögerten Rücksiedlung der Bevölkerung infolge hoher Werte der Flächenkontamination durch Plutonium-239, Cäsium -137 und Strontium-90 tragen zur Reduzierung der Dosisbelastung der Bevölkerung bei. Zur gleichen Zeit lebt in mehreren Rayons in den Gebieten Mogiljow, Gomel, Brjansk und Kiew die Bevölkerung in hochbelasteten Gegenden.

Zur Zeit ist nach den Angaben des Staatlichen Komitees für Hydrometeorologie, des Gesundheitsministeriums der UdSSR und des Verteidigungsministeriums die äußere Belastung in diesen Regionen nicht entscheidend. Hauptursache der Dosisbelastungen, insbesondere in der Zukunft, wird die innere Belastung durch Aufnahme von Radionukliden über die Nahrungsketten sein.

In diesem Zusammenhang wird für notwendig gehalten:

1. Die Beschränkung auf die zulässige Dosis von 10 rem im ersten Jahr kann für die Bevölkerung der Gebiete Mogiljow, Gomel, Brjansk und Kiew, die eine Flächenkontamination durch Cäsium-137 von über 40 Ci/km^2 aufweisen, durch ihre Versorgung mit nichtkontaminierten Lebensmitteln innerhalb eines längeren Zeitraums oder durch teilweise Evakuierung erreicht werden. Dazu sind Vorschläge und Empfehlungen von den Ministerräten der Republiken zu verabschieden. Dekontaminationsarbeiten sind in diesen Rayons, ebenso wie die Nutzung von landwirtschaftlichen Flächen, und eine wirtschaftliche Tätigkeit entsprechend den Empfehlungen des Staatlichen Komitees für Landwirtschaft auszuführen.

2. In den Rayons mit einer Flächenkontamination durch Cäsium-137 von 15 bis 40 Ci/km^2 ist die Dekontamination nur in Ortschaften mit einer Strahlenbelastung von mehr als 0,7 mR/h durchzuführen.

Das Staatliche Komitee für Landwirtschaft der UdSSR, des Gesundheitsministerium der UdSSR, die Ministerräte der RSFSR, USSR und BSSR haben alle agrotechnischen Maßnahmen zu treffen, die die Aufnahme von Radionukliden in die Nahrungsketten von Mensch und Tier reduzieren, Maßnahmen für die Verpflegung der Bevölkerung mit unbelasteten, angelieferten Lebensmitteln zu treffen; privates Vieh ist vorübergehend zu vergesellschaftlichen, sämtliche Tiere sind

in Ställen zu halten, wo sie mit unbelastetem, angeliefertem Futter zu versorgen sind. Die Aufklärungsarbeit unter der Bevölkerung zur Einhaltung der Schutzmaßnahmen in den hochbelasteten Regionen muß verbessert werden.
3. Die Strahlenüberwachung der belasteten Rayons der Gebiete Mogiljow, Gomel, Brjansk und Kiew ist kontinuierlich durchzuführen.
Das Staatliche Komitee für Hydrometeorologie der UdSSR hat gemeinsam mit dem Staatlichen Komitee für Landwirtschaft der UdSSR, dem Verteidigungsministerium, dem Ministerium für mittleren Maschinenbau und der Akademie der Wissenschaften bis Oktober d.J. die Grenzen für die Flächenkontamination durch Plutonium-239, Cäsium-137 und Strontium-90 festzulegen. Die Ergebnisse sind vor der Vorlage bei der Operativen Gruppe des Politbüros des ZK der KPdSU auf einer gemeinsamen Tagung der genannten Ministerien und Ämter zu diskutieren.
4. Das Staatliche Komitee für Landwirtschaft der UdSSR hat für die Landwirtschaft in den belasteten Regionen Richtlinien zu erarbeiten und für deren Umprofilierung mit der Staatlichen Plankommission der UdSSR und den Ministerräten der Republiken Vorschläge über die Beschäftigung der Bevölkerung in anderen Wirtschaftszweigen zu unterbreiten.
5. Das Staatliche Komitee für Forstwirtschaft der UdSSR hat gemeinsam mit den Ministerräten der RSFSR, USSR und BSSR für den Brandschutz in den Wäldern dieser Regionen zu sorgen.

S. Burenkow *J. Sisenko*
S. Achromejew *A. Swerew*
J. Israel

An den Vorsitzenden des Ministerrates der UdSSR — *Geheim*
Genossen Ryshkow N.I. — *Ex. Nr.1*
30. Juli 1986

Der Ministerrat der RSFSR, das Staatliche Komitee für Hydrometeorologie und das Gesundheitsministerium der UdSSR hat im Auftrag der Operativen Gruppe des Politbüros des ZK der KPdSU (vom 23. Juli 1986) die Frage nach der Rückkehr von Kindern in eine Reihe von Ortschaften im Gebiet Brjansk der RSFSR und über den möglichen Aufenthalt der Bevölkerung (einschließlich Kinder) in den durch Cäsium-137 hochbelasteten Zonen erörtert und teilt mit:
1. Aufgrund der Daten über die Strahlenbelastung und die Landflächenkontamination wurden alle Ortschaften in den hochbelasteten Zonen (der Rayons Krasnogorskij, Gordejewskij, Nowosybkowskij, Klinzowskij, Klimowskij) drei Kategorien zugeteilt: Landflächen mit einer Flächenkontamination unter 15 Ci/km^2 durch Cäsium-137, mit einer Kontamination von 15 bis 40 Ci/km^2 und mit einer Kontamination von mehr als 40 Ci/km^2.
2. Im ersten Jahr werden die Dosen der äußeren Belastung in der ersten Kategorie nicht über 10 rem liegen. In diesen Ortschaften ist ein uneingeschränkter Aufenthalt der Bevölkerung einschließlich der Kinder möglich.
3. Die Rückkehr von Kindern in Ortschaften, in denen die Außenbelastung im ersten Jahr 10 rem übertreffen können (100 Ortschaften mit 92.400 Einwohnern) wird ab 1. September d.J. unter der Voraussetzung genehmigt, daß die Aufnahme radioaktiver Stoffe durch den menschlichen Körper mit Milch, Fleisch und anderen Lebensmitteln ausgeschlossen ist. Unter dieser Voraussetzung ist der Aufenthalt der Bevölkerung, einschließlich der Kinder, in den genannten Ortschaften möglich.
Zur Aufwandentschädigung wegen der einzuführenden Einschränkungen wird in den genannten hochbelasteten Ortschaften für die Bevölkerung ein zusätzlicher Lohnfaktor von 0,75 festgelegt.

4. In zehn der oben genannten Ortschaften mit einer Einwohnerzahl von 1.991 Menschen (die Liste liegt bei), die einer Flächenkontamination durch Cäsium-137 von mehr als 40 Ci/km^2 ausgesetzt sind und die nur schwer mit unbelasteten Lebensmitteln versorgt werden können, wird eine besondere Versorgungskontrolle eingeführt. In diesen Ortschaften wird privates Vieh und Geflügel eingezogen und die Versorgung mit angelieferter unbelasteter Milch, mit Fleisch und anderen Produkten organisiert.
5. Aus vier Ortschaften des Rayons Krasnogorsk (172 Menschen) mit der höchsten Flächenkontamination wird die Bevölkerung evakuiert (aus den Ortschaften Knjazhewschtschina, Nizhnjaja Melniza, Barssuki und Progreß).
6. Das Staatliche Komitee für Landwirtschaft der RSFSR und das Gesundheitsministerium der RSFSR haben die regelmäßige Kontrolle des Anteils von Radionukliden in Lebensmitteln zu gewährleisten.
Das Gesundheitsministerium der UdSSR und das Gesundheitsministerium der RSFSR haben die regelmäßigen Kontrollen über die mögliche Aufnahme von radioaktiven Stoffen in den menschlichen Körper fortzusetzen, während das Staatliche Komitee für Hydrometeorologie gemeinsam mit dem Gesundheitsministerium der UdSSR und dem Staatlichen Komitee für Landwirtschaft der UdSSR die Kontrolle über den Anteil von Cäsium-137 und anderen Radionukliden im Boden und über deren Migration zu organisieren haben.
W. Worotnikow
J. Israel
S. Burenkow

Geheim
Ex. Nr. 1

Liste
von Ortschaften im Rayon Krasnogorsk (Gebiet Brjansk) mit einer Flächenkontamination von mehr als 40 Ci/km^2, in denen eine besondere Kontrolle notwendig ist

	Bezeichnung der Ortschaft	Anzahl der Bauernhöfe	Einwohnerzahl
1.	Malew	9	15
2.	Nikolajewna	174	472
3.	Guschtschi	18	34
4.	Saborje	420	1065
5.	Tugani	24	60
6.	Bukowez	56	181
7.	Kowali	19	51
8.	Borki	17	38
9.	Dolgoje	14	37
10.	Procherenki	14	38
	total	765	1991

An den Vorsitzenden des Ministerrates der UdSSR *Geheim*
Genossen Ryshkow N.I.

29. Juli 1986

Der Ministerrat der Ukrainischen SSR, das Staatliche Komitee für Hydrometeorologie und das Gesundheitsministerium der UdSSR, haben im Auftrag der Operativen Gruppe des ZK der KPdSU (vom 29. Juli 1986) die Frage der Rücksiedlung von Kindern in eine Reihe von Ortschaften der Ukrainischen SSR sowie nach dem Aufenthalt der Bevölkerung, einschließlich der Kinder, in den durch das Cäsium-137 hochbelasteten Zonen erörtert und teilen mit:

1. Die Rücksiedlung von Kindern in 35 Ortschaften der Ukrainischen SSR, wo nach Berechnungen die Ganzkörperdosis im ersten Jahr nach dem Reaktorunfall 10 rem nicht übertrifft, wird uneingeschränkt erfolgen.

2. Die Rücksiedlung von Kindern in die Ortschaften, in denen die Ganzkörperdosis im ersten Jahr nach dem Reaktorunfall 10 rem übertreffen können (11 Ortschaften), wird ab 1. September d.J. unter der Voraussetzung erlaubt, daß die Aufnahme radioaktiver Stoffe in den menschlichen Körper durch Vollmilch völlig ausgeschlossen ist und Maßnahmen zur Reduzierung der Aufnahme radioaktiver Stoffe mit anderen Nahrungsmitteln getroffen werden.

Dazu wird das private Milchvieh der Bevölkerung der elf genannten Ortschaften eingezogen und die Bevölkerung dieser Ortschaften mit angelieferter unbelasteter Milch und anderen Produkten versorgt. Unter diesen Voraussetzungen ist der Aufenthalt der Bevölkerung, einschließlich der Kinder, in den genannten Ortschaften möglich.

Zur Aufwandentschädigung in Zusammenhang mit den einzuführenden Einschränkungen wird in den genannten hochbelasteten Ortschaften ein zusätzlicher Tarif- und Rentenfaktor von 0,75 eingeführt.

3. Die Rücksiedlung von Kindern und schwangeren Frauen in die Ortschaft Bobjor wird wegen der hohen Cäsium-137-Kontamination nicht erlaubt. Die restliche Bevölkerung dieser Ortschaft wird im August d.J. evakuiert. Ihr wird die festgelegte Aufwandentschädigung für die Häuser zuteil.

4. Der Ministerrat der Ukrainischen SSR hat für den Bau von Wohnhäusern und anderen Objekten für die zu evakuierende Bevölkerung zu sorgen.

5. Das Staatliche Komitee für Landwirtschaft der UdSSR und das Gesundheitsministerium der UdSSR haben für die regelmäßige Kontrolle des Anteils von Radionukliden in Lebensmitteln zu sorgen.

Das Gesundheitsministerium der UdSSR und das Gesundheitsministerium der RSFSR haben die regelmäßige Überwachung der möglichen Aufnahme von radioaktiven Stoffen mit Lebensmitteln in den menschlichen Körper fortzusetzen; das Staatliche Komitee für Hydrometeorologie hat gemeinsam mit dem Gesundheitsministerium der UdSSR, dem Staatlichen Komitee für Landwirtschaft der UdSSR und der Akademie der Wissenschaften der USSR den Cäsium-137-Anteil sowie den anderer Radionuklide im Boden und ihre Migration zu überwachen.

Mit dem Vorsitzenden des Ministerrates der USSR Genossen Ljaschko A.P. vereinbart.

J. Israel
G. Burenkow

An den Vorsitzenden des Ministerrates der UdSSR — *Geheim*
Genossen Ryshkow N.I. — *26. Juli 1986*

Der Ministerrat der Belorussischen SSR, das Staatliche Komitee für Hydrometeorologie und das Gesundheitsministerium der UdSSR haben im Auftrag der Operativen Gruppe des Politbüros des ZK der KPdSU (vom 29. Juli 1986) die Frage der Rücksiedlung von Kindern in eine Reihe von Ortschaften der Belorussischen SSR und nach dem Aufenthalt der Bevölkerung in durch Cäsium-137 hochbelastete Zonen erörtert und teilen mit:
1. Eine Rücksiedlung von Kindern wird in 143 Ortschaften der Belorussischen SSR, in denen die Ganzkörperdosis im ersten Jahr nach dem Unfall nicht über 10 R liegt, uneingeschränkt erfolgen.
2. Eine Rücksiedlung von Kindern in die im Norden des Gebiets Gomel und im Süden des Gebiets Mogiljow liegenden Ortschaften der Belorussischen SSR, in denen die Ganzkörperdosis im ersten Jahr nach dem Unfall 10 R übertreffen können, wird ab 1. September unter der Voraussetzung erlaubt, daß die Aufnahme von radioaktiven Stoffen in den menschlichen Körper mit Vollmilch völlig ausgeschlossen ist und Maßnahmen zur Reduzierung der Aufnahme von radioaktiven Stoffen mit anderen Lebensmitteln getroffen werden.
Zur Durchsetzung wird in 110 Ortschaften das private Milchvieh eingezogen und die Bevölkerung dieser Ortschaften mit unbelasteter angelieferter Milch und anderen Lebensmitteln versorgt. Unter diesen Vorausetzungen ist der Aufenthalt der Bevölkerung in den genannten Ortschaften möglich. Zur Aufwandentschädigung in Zusammenhang mit den einzuführenden Einschränkungen wird in diesen Ortschaften der zusätzliche Lohnfaktor 0,75 eingeführt.
3. Die Rücksiedlung von Kindern in Ortschaften der Rayons Narowlja, Bragin und Chojniki (Gebiet Gomel), die unmittelbar an die „rote" Evakuierungszone grenzen (nach der Isolinie 5 mR/h am 10.05.86) und die durch die Isolinie 30-40 Ci/km^2 bezüglich des Cäsium-137 begrenzt sind, wird nicht erlaubt. Aus dieser Zone (29 Ortschaften mit einer Einwohnerzahl von 7.327) wird die Bevölkerung im August d.J. evakuiert (die Liste der Ortschaften liegt bei) und einen anderen ständigen Wohnsitz erhalten.
4. Im Hinblick auf die entstandene Situation unterbreitet der Ministerrat der Belorussischen SSR einen Vorschlag, der Bevölkerung der Rayons Narowlja, Bragin und Chojniki (12.700 Menschen), die zuvor schon aus der Zone 5-20 mrem/h (am 10.05.86) in andere Rayons evakuiert wurde, einen anderen ständigen Wohnsitz zuzuweisen.
Auf diesen Teil der Bevölkerung ist die Ordnung für Aufwandentschädigung und Bezahlung für Bauten zu erweitern. Das Gesundheitsministerium der UdSSR und das Staatliche Komitee für Hydrometeorologie unterstützen diesen Vorschlag.
Die Staatliche Plankommission der UdSSR und das Staatliche Komitee für Handel der UdSSR haben dem Ministerrat der BSSR Investitionsmittel und materielle Ressourcen, die man für den Wohnungsbau und den Bau von sozialen Objekten benötigt, bereitzustellen. Der Ministerrat der BSSR hat 1986 bis zur ersten Jahreshälfte 1987 für den Wohnungsbau und den Bau anderer Objekte für Umsiedler zu sorgen.
5. Das Gesundheitsministerium der UdSSR und das Gesundheitsministerium der BSSR haben die regelmäßige Überwachung der möglichen Aufnahme von radioaktiven Stoffen in den menschlichen Körper fortzusetzen. Das Staatliche Komitee für Hydrometeorologie hat gemeinsam mit dem Gesundheitsministerium der UdSSR und der Akademie der Wissenschaften der BSSR für die Überwachung des Cäsium-137-Anteils sowie anderer Radionuklide im Boden sowie deren Migration zu sorgen.
M. Kowaljow
J. Israel
S. Burenkow

Liste
von Ortschaften und Einwohnerzahlen der Rayons Bragin, Narowlja, und Chojniki (Gebiet Gomel), die zu evakuieren sind

	Bezeichnung der Ortschaft	Anzahl der Bauernhöfe	Einwohnerzahl
	Rayon Bragin		
1.	Ostrogljady	375	1041
2.	Krasnaja Gora	95	241
3.	Soboli	216	561
4.	Leninez	34	77
5.	Sawitschi	404	970
	Rayon Narowolja		
6.	Dubrowo	94	205
7.	Tichin	63	154
8.	Jassenok	58	114
9.	Okopy	51	106
10.	Borowitschi	51	106
11.	Ugly	290	703
12.	Lissawa	11	21
13.	Radomlja	14	23
15.	Michajlowka	57	102
16.	Tschapajewka	37	60
17.	Danilejewka	14	. 25
18.	Wjazhischtsche	85	171
19.	Ljachownja	25	39
20.	Gamarnja	6	15
21.	Beloberezhskaja Rudnja	124	258
22.	Belyj Bereg	66	142
24.	Teschkow	178	409
25.	Gridnja	121	300
26.	Karpowitschi	67	179
27.	Leninskij Posjolok	62	126
	Rayon Chojniki		
28.	Babtschin	238	728
29.	Worotez	134	344
	total	3026	7327

An den Vorsitzenden des Ministerrates der UdSSR
Genossen Ryshkow N.I.

Geheim
Ex. Nr. 1
19. Juli 1986

Hiermit werden Unterlagen über Maßnahmen zur Konservierung von Gebäuden, anderen Bauten und materiellen Werten in der Stadt Pripjat vorgelegt, die im Auftrag der Operativen Gruppe des ZK der KPdSU vom 20. Juni 1986 erarbeitet wurden.
S. Achromejew

Ministerrat der UdSSR

Geheim
Juli 1986
Moskau, Kreml

Beschluß
über Maßnahmen zur Gewährleistung der Konservierung von Gebäuden, anderen Bauten und materiellen Werten in der Stadt Pripjat (Gebiet Kiew)

Um Voraussetzungen für die künftige Wiederaufnahme der Produktion und des Aufenthalts der Bevölkerung in der Stadt Pripjat (Gebiet Kiew) zu schaffen, beschließt der Ministerrat der UdSSR:

1. Die vom Ministerrat der Ukrainischen SSR, dem Ministerium für Energiewirtschaft und Elektrifizierung der UdSSR, dem Staatlichen Komitee für Wissenschaft und Technik, der Akademie der Wissenschaften der UdSSR, dem Gesundheitsministerium der UdSSR, dem Staatlichen Komitee für Hydrometeorologie, dem Verteidigungsministerium, dem Innenministerium der UdSSR und dem Ministerium für mittleren Maschinenbau erarbeiteten Hauptmaßnahmen zur Gewährleistung der Konservierung von Gebäuden, anderen Bauten und materiellen Werten in der Stadt Pripjat (Gebiet Kiew) werden bestätigt (Anlage). Das Ministerium für Energiewirtschaft und Elektrifizierung der UdSSR, das Ministerium für Industrie der Komunikationsmittel, das Gesundheitsministerium der UdSSR, das Verteidigungsministerium, das Staatliche Komitee für Hydrometeorologie sowie der Ministerrat der Ukrainischen SSR haben die vollständige Erfüllung der genannten Maßnahmen innerhalb der festgelegten Termine zu gewährleisten.
2. Das Ministerium für Energiewirtschaft und Elektrifizierung der UdSSR hat innerhalb eines Monats entsprechend der festgelegten Ordnung Vorschläge über den Personalplan des KKW Tschernobyl zur Gewährleistung der Aufbewahrung der konservierten Objekte in der Stadt Pripjat sowie über die für diese Personalstärke notwendigen Lohnfonds zu unterbreiten.
3. Der Ministerrat der Ukrainischen SSR hat eine Sonderkommission zu bilden und darin Vertreter des Ministeriums für Energiewirtschaft und Elektrifizierung der UdSSR, des Gesundheitsministeriums der UdSSR, des Staatlichen Komitees für Hydrometeorologie, des Ministeriums für Industrie der Kommunikationsmittel, des Verteidigungsministeriums, des Innenministeriums der UdSSR sowie des Ministeriums für mittleren Maschinenbau aufzunehmen und die Durchführung der Konservierungsarbeiten in der Stadt Pripjat sowie deren Kontrolle zu gewährleisten.

Vorsitzender des Ministerrates der UdSSR
N. Ryshkow

An den Vorsitzenden des Ministerrates der UdSSR
Genossen Ryshkow N.I.

In Erfüllung des Auftrages der Operativen Gruppe des Politbüros des ZK der KPdSU vom 20. Juni 1986 haben der Ministerrat der Ukrainischen SSR, das Energieministerium der UdSSR, das Staatliche Komitee der UdSSR für Wissenschaft und Technik, die Akademie der Wissenschaften der UdSSR, das Gesundheitsministerium der UdSSR, das Staatliche Komitee für Hydrometeorologie der UdSSR, das Verteidigungsministerium, das Innenministerium der UdSSR und das Ministerium für mittleren Maschinenbau unter Einbeziehung anderer Ministerien, Ämter und der K.D.-Pamfilow-Akademie für Kommunalwirtschaft der RSFSR Maßnahmen zur Gewährleistung der Konservierung von Gebäuden und anderen Bauten zur künftigen Wiederaufnahme der Produktion und des Aufenthalts der Bevölkerung zu erarbeiten, da die Stadt Pripjat in den kommenden Jahren nicht besiedelt werden kann. Zur Leitung der Konservierungsarbeiten wird angeboten, durch Verordnung des Ministerrates der USSR eine Sonderkommission zu bilden und darin Vertreter des Energieministeriums der UdSSR, des Gesundheitsministeriums der UdSSR, des Staatlichen Komitees für Hydrometeorologie der UdSSR, des Ministeriums für Industrie der Kommunikationsmittel, des Ministeriums für mittleren Maschinenbau, des Verteidigungsministeriums und des Innenministeriums aufzunehmen. Die Arbeiten zur Konservierung der Stadt Pripjat sind in zwei Etappen entsprechend des Plans durchzuführen, mit dessen Erarbeitung bis 1. September d.J. das Energieministerium der UdSSR zu beauftragen ist.

Erste Etappe – bis Abschluß der Arbeit an der Unterbindung radioaktiver Freisetzungen aus dem beschädigten Reaktor:
1. Es sind sämtliche nicht bewohnten und nicht benutzten Objekte in der Stadt bis auf die Nachtnotbeleuchtung der Straßen vom Netzwerk abzuschalten, ebenso die Kommunikationsverbindungen außer speziell eingerichteten Stellen.
2. Die Wasser- und Gaszufuhr in Wohnhäuser, andere Gebäude und Bauten ist abzustellen, Anschlußstellen von Brunnen sowie Kanalisationsluken sind dichtzumachen, der normale Betrieb der Regenkanalisation ist zu gewährleisten.
3. Es ist eine sanitäre Reinigung der Stadt durchzuführen. Sämtliche Türen und Fenster in Wohnhäusern und anderen Gebäuden sind zu schließen, Eingangstüren sind zu versiegeln.
4. Das Stadtgelände ist zu umzäunen, mobile Miliz-Streifen sind zur regelmäßigen Überwachung zu bilden.
5. Sämtliche wertvollen Anlagen, die sich in Räumen der Fabrik „Jupiter" der NPO „Majak" des Ministeriums für Industrie der Kommunikationsmittel aufgestellt befinden (ca. 600 Einheiten), sowie die anderer Betriebe und Organisationen sind abzumontieren. Diese Anlagen sind an der Grenze der 30 km-Zone speziell zu dekontaminieren. Nachdem zugelassene Grenzwerte erreicht sind, dürfen sie entsprechend den Anweisungen der betreffenden Ministerien genutzt werden.

Zweite Etappe – nach Abschluß der Arbeit an der Unterbindung radioaktiver Freisetzungen aus dem beschädigten Reaktor:
1. Entsprechend dem technischen Projekt sind alle Aktivitäten zur vollständigen Konservierung der Stadtwirtschaft in Pripjat durchzuführen, indem man, falls notwendig, einzelne Konservierungsobjekte dekontaminiert.
2. Es ist die Höhe der Strahlenbelastung zu ermitteln, brauchbare Nahrungs-und Industriewaren sind abzutransportieren, während stark belastete Waren entsprechend zu entsorgen sind.
3. Der technische Zustand der Häuser, Gebäude und Bauwerke ist zu prüfen, falls notwendig, sind die Dächer, Innen- und Außenrinnen, Eingangstüren, Fenster u.ä. zu renovieren.

4. Eine sanitäre Reinigung von Wohnhäusern, öffentlichen Gebäuden und Bauwerken ist durchzuführen, Keller, Müllschlucker, Mülltonen, Aufgänge von Wohnhäusern und öffentlichen Gebäuden sind zu entseuchen und zu entratten.

5. Der technische Zustand der Gebäude und die Strahlenbelastung der Stadt sind regelmäßig zu überwachen.

Hauptmaßnahmen zur Gewährleistung der Konservierung von Gebäuden der Stadt Pripjat liegen bei.

Vorschläge für den Personalplan der Mitarbeiter des KKW Tschernobyl, die für den Erhalt der konservierten Objekte in der Stadt Pripjat sorgen, und über die dafür notwendigen Lohnfonds sind vom Energieministerium der UdSSR innerhalb eines Monats zu unterbreiten.

Wir bitten um Kenntnisnahme.

A. Ljaschko	*S. Achromejew*
A. Majorez	*O. Schtschepin*
G. Martschuk	*A. Wlassow*
A. Alexandrow	*J. Israel*

Geheim
Ex. Nr. 1

Berlin, Budapest, Bukarest, Warschau, Prag, Sofia, Belgrad, Ulan-Bator, Havanna, Hanoi, Vientiane, Pjongjang, Peking
Sowjetischer Botschafter

Erstatten Sie Besuch beim Regierungschef der DDR (von Ungarn, Rumänien, Polen, Tchechoslowakei, Bulgarien, Jugoslawien, Mongolei, Kuba, Vietnam, Laos, KVDR, VR China) oder bei der Person, auf die man Sie hinweist, und teilen Sie im Auftrag des Vorsitzenden des Ministerrates der UdSSR Genossen N.I. Ryshkow, der die Operative Gruppe des Politbüros des ZK der KPdSU leitet, die in Zusammenhang mit dem Reaktorunfall im KKW Tschernobyl gebildet wurde, folgendes mit:

Am 14. Juli d.J. hat das Politbüro des ZK der KPdSU in seiner Sondersitzung den Bericht der Regierungskommission über die Ergebnisse der Untersuchung von Ursachen des am 26. April 1986 erfolgten Reaktorunfalls im KKW Tschernobyl angehört, sowie über Maßnahmen zur Beseitigung von dessen Folgen und zur Gewährleistung der Sicherheit der Atomenergiewirtschaft beraten. Ein ausführlicher Bericht über diese Sitzung wurde in der sowjetischen Presse veröffentlicht. Zur Information und Orientierung der Führung des betreffenden Landes werden zusätzlich zu den Angaben, über die man schon verfügt, folgende Daten über Charakter und Ursachen des Unfalls sowie über die Maßnahmen zur Beseitigung seiner Folgen mitgeteilt, die auch einige vertrauliche Momente enthalten.

Nach dem Stand vom April 1986 waren im KKW vier Energieblöcke mit den Reaktoren RBMK-1000 im Betrieb (der Block 4 wurde am 26. März 1984 auf Nominalleistung gebracht). Für den 25. April 1986 war die Stillegung des Blocks 4 wegen planmäßiger Reparaturen vorgesehen. Vor seiner Stillegung waren Tests des Turbogenerators geplant, die in der Nacht auf den 26. April begannen.

Wie die nachträgliche Analyse der Ereignisse ergab, waren die Leiter und Fachleute des KKW auf die Tests nicht entsprechend vorbereitet, diese wurden mit den zuständigen Behörden auch nicht vereinbart. Während der Tests fehlte auch die notwendige Kontrolle über den Zustand des Reaktors, es wurden keine ausreichenden Maßnahmen zu seiner Sicherheit getroffen. Im Laufe der Testvorbereitungen haben die Verantwortlichen mehrere grobe Verstöße gegen die Arbeitsvorschriften der Reaktoranlage zugelassen (vollständige Abschaltung der Notkühlung des Reak-

tors, Ausfahren von fast allen Steuer- und Schutzstäben aus dem aktiven Bereich, Blockieren anderer Schutzvorrichtungen usw.). Infolge dieser Verstöße geriet der Reaktor in einen unstabilen, nichtordnungsgemäßen Betrieb. Dennoch beschloß das Personal, mit den Tests zu beginnen. Die Leistung des Reaktors war um das Mehrfache kleiner, als für seinen sicheren Betrieb notwendig ist.
Unter diesen Umständen führten die Tests zu einer schnellen Erhitzung des aktiven Bereiches, zur Zerstörung von technologischen Kanälen und zu einer Wärmeexplosion. Dabei kamen auch einige spezifische Eigenschaften der Reaktorkonstruktion an den Tag, die bei groben Verstößen gegen die Betriebsvorschriften zu äußerst negativen Folgen führen können.
Im Ergebnis der Explosion wurde der aktive Bereich der Reaktoranlage zerstört, auch ein Teil des Gebäudes, in dem er sich befand, Feuer brach aus. Gegen 5 Uhr frühmorgens gelangen die Löscharbeiten.
Der zerstörte Reaktor setzte große Mengen Radioaktivität frei. Daher wurde beschlossen, den aktiven Bereich des Unfallortes durch Abwurf eines Gemisches aus Sand, Lehm, Blei, Borsäure usw. aus der Luft zu lokalisieren. Es wurden insgesamt ca. 5.000 Tonnen dieser Stoffe abgeworfen. Dadurch wurde der aktive Bereich des Reaktors sicher mit einer Schicht zugedeckt, die Schwebteilchen intensiv absorbiert. Die Freisetzung von Radioaktivität sank am 6. Mai bis auf einige Hundert Curie und gegen Monatsende auf einige Dutzend Curie pro Tag.
Insgesamt wurden ca. 3,5% der Gesamtmenge von Radionukliden, die sich zum Zeitpunkt des Reaktorunfalls im aktiven Bereich des beschädigten Reaktors befanden, freigesetzt.
Um die Temperatur im aktiven Bereich zu reduzieren, wurden unter den Reaktorschacht 1.200 Kubikmeter flüssiger Stickstoff pro Stunde gepumpt.
Am 6. Mai hörte die Temperatur im aktiven Bereich auf zu steigen und begann zu sinken.
Um einer möglichen Zerstörung der Fundamentplatte der Reaktorhalle durch geschmolzene Brennstäbe vorzubeugen, war es dringend nötig, darunter einen speziellen Wärmeaustauscher auf einer Betongrundlage zu installieren. Gegen Ende Juli war diese Arbeit abgeschlossen.
Gleich nach dem Reaktorunfall wurden die Energieblöcke 1, 2 und 3 stillgelegt und in den Reservezustand überführt. Ihr Zustand wird sicher überwacht.
Es wurde beschlossen, den Block 4 zu konservieren. Dazu ist geplant, Außenschutzmauern entlang dem Perimeter des Energieblocks, eine Innentrennwand aus Beton in der Maschinenhalle zwischen den Energieblöcken 3 und 4, ein Schutzdach über der Maschinenhalle zu errichten und die Reaktorhalle dichtzumachen. Die Stärke der Außenmauern aus Beton beträgt 1 m und mehr je nach der Konstruktionslösung. Es ist auch vorgesehen, den aktiven Bereich weiterhin zu kühlen sowie ihn ständig zu überwachen.
Im KKW laufen breitangelegte Aktivitäten zur Dekontamination des Geländes und der Gebäude. Es gelang, die Höhe der Strahlenbelastung enorm zu reduzieren. Das ermöglichte, die Vorbereitung der Wiederinbetriebnahme der Energieblöcke 1 und 2 aufzunehmen und sie zur Herbstsaison abzuschließen.
Große Aufmerksamkeit wurde dem Schutz der in der Umgebung des Kraftwerks liegenden Oberflächen- und Untergrundgewässer gewidmet. Zu diesem Zweck wird eine Reihe von Ingenieuranlagen gebaut, einschließlich Schutzdämmen, Kontroll- und Filterbohrungen, Eindeichung der Flußufer. Dabei werden radioaktive Stoffe absorbierende Materialien verwendet.
Allerorts laufen in den Ortschaften der 30 km-Zone um das KKW Dekontaminationsarbeiten in Wohnhäusern und Wirtschaftsgebäuden, auf Hofgrundstücken und Ackerflächen. Es wurde ein Netz von speziellen Entsorgungsstätten für radioaktive Abfälle eingerichtet.
Ein Teil der Menschen, die an den Antihavariemaßnahmen unmittelbar im KKW beteiligt waren, wurde mit hohen Dosen verstrahlt und zog sich Verbrennungen zu. Alle Betroffenen wurden unumgehend medizinisch behandelt. Für die Behandlung der Betroffenen wurden medizinische

Spezialeinrichtungen aus Moskau und Kiew eingesetzt. Die Gesamtzahl der an Verbrennungen und akuter Strahlenkrankheit Verstorbenen des Personals betrug Ende Juli 29 Personen.
Vorbeugend wurden mehrere hunderttausend Menschen ärztlich untersucht. Unter der Bevölkerung gibt es niemanden mit hohen Belastungsdosen.
Gleich nach dem Reaktorunfall wurde nach dem Havarieplan das planmäßige System für meteorologische, strahlen- und sanitärhygienische Kontrollen eingesetzt. Danach wurde das Kontrollsystem durch Einbeziehung zusätzlicher Fachleute und Technik ergänzt.
Die Analyse der strahlenbelasteten Umwelt der an das KKW angrenzenden Zone ermöglichte es, die mögliche Belastungsgefahr für die darin lebende Bevölkerung einzuschätzen.
Auf Grundlage dieser Schätzungen wurde über die Evakuierung der Einwohner der Stadt Pripjat und einer Reihe anderer Ortschaften entschieden. Insgesamt wurden über einhunderttausend Menschen evakuiert.
Systematisch werden die Gammastrahlung, die Konzentration von biologisch bedeutsamen Radionukliden in der Luft und in den Gewässern, die der Trinkwasserversorgung dienen, überwacht. Die Kontamination der Böden, Kleidung, Schuhe, Verkehrs- und Lebensmitteln, in erster Linie Milch, usw. wurde untersucht.
Die Belastungswerte außerhalb der 30 km-Zone um das KKW werden sich auf die Umwelt nicht auswirken. Die Auswirkung des Reaktorunfalls von Tschernobyl auf Lebewesen und die Ökosysteme wird weiter untersucht.
Zur Zeit werden die auf der Basis von Einschätzungen der Kontamination von Gras und Boden erarbeiteten speziellen agrotechnischen Maßnahmen in der 30 km-Zone durchgeführt. Dazu gehört die Änderung traditioneller Bodenbearbeitungsverfahren, die Verwendung von chemischen Sondergemischen gegen Staubbildung, der Einsatz von Sonderverfahren bei der Ernte, derer Verarbeitung usw.
Nach dem Reaktorunfall im KKW Tschernobyl wurden Berechnungs- und Experimentwerte für die Gewährleistung der Sicherheit aktiver Kernkraftwerke revidiert und eingeschätzt. Auf dieser Basis wurden entsprechende Maßnahmen erarbeitet und werden verwirklicht.
Es ist geplant, die Qualität der Aus- und Weiterbildung des Personals zu erhöhen, die Qualitätskontrolle der Produktion und Montage der Anlagen, über die Inbetriebnahme und Instandsetzung zu verstärken.
Es ist vorgesehen, die technologische Disziplin und das Verantwortungsbewußtsein des Personals zu erhöhen. Es wird eine Reihe von Maßnahmen zur Verstärkung der staatlichen Aufsicht über die Sicherheit der Atomenergiewirtschaft durchgeführt.
Die Durchführung der genannten Maßnahmen wird die Sicherheit der arbeitenden RBMK-Reaktoren gewährleisten. Auf den Bau neuer KKW mit Reaktoren dieses Typs wird vorübergehend verzichtet.
Genauere technische Informationen über den Reaktorunfall im KKW Tschernobyl werden an die Fachleute der sozialistischen Länder rechtzeitig vor der Expertentagung für die Sicherheit der Atomenergiewirtschaft in Wien Ende August 1986 zur Verfügung gestellt.
Im Namen der sowjetischen Führung wird erneut eine tiefe Dankbarkeit für die Solidarität mit dem Sowjetvolk im Zusammenhang mit dem Reaktorunfall im KKW Tschernobyl zum Ausdruck gebracht.

An das Sekretariat des Obersten Sowjets *Geheim*
Unterliegt der Rückgabe an den Sondersektor der Geschäftsführung des Ministerrates der UdSSR

Protokoll Nr. 31
der Sitzung der Operativen Gruppe des Politbüros des ZK der KPdSU zu Fragen im Zusammenhang mit der Beseitigung der Folgen des Reaktorunfalls im KKW Tschernobyl

13. August 1986

1. Zu Beschlußprojekten über Arbeitsplatzbeschaffung für die Bevölkerung, die aus einigen Rayons der Gebiete Mogiljow, Gomel, Brjansk und Kiew evakuiert wurde, über ihre Versorgung mit Wohnungen, Schadenersatz und andere soziale Fragen.

Die vom Genossen Batalin entsprechend dem Auftrag der Operativen Gruppe vorgelegten Entwürfe zu den genannten Fragen werden im allgemeinen bestätigt.

Der Genosse Batalin wird beauftragt, die genannten Beschlußentwürfe unter Berücksichtigung der Diskussionen auf der Sitzung zu korrigieren, und zwar:

Es wird angeordnet, daß der Schadenersatz für die Bevölkerung, der im Anhang 2 genannten evakuierten Ortschaften, entsprechend der im Beschluß des ZK der KPdSU vom 20. Juni 1986 festgelegten Ordnung erfolgen soll;

Es wird darauf hingewiesen, daß Geldunterstützungen an Bürger, die in Ortschaften wohnen, in denen der Verbrauch von Lebensmitteln aus eigener Wirtschaft eingeschränkt wird, bis zu dem Zeitpunkt erfolgen, zu dem eine normale Strahlenbelastung in diesen Rayons vorliegt;

Aus dem Entwurf werden der Anhang 5 und die damit verbundenen Fragen ausgeklammert. Falls nötig, werden sie separat erörtert. Korrigierte Entwürfe sind am 14. August der Operativen Gruppe zur weiteren Vorlage beim Politbüro des ZK der KPdSU vorzulegen.

2. Zum Standort für den Bau einer neuen Siedlung für die Mitarbeiter des KKW Tschernobyl und ihrer Familien.

Die Mitteilung der Genossen Israel, Burenkow und Achromejew zu dieser Frage (Anlage) wird zur Kenntnis genommen.

Die Operative Gruppe weist darauf hin, daß die Regierungskommission (Schtscherbina) die Vorbereitung der Vorschläge über den Bau der Siedlung für die Mitarbeiter des Kraftwerkes und ihrer Familien hinausgezögert hat. Sie berücksichtigte nicht, daß dadurch zusätzliche Schwierigkeiten bei der Einstellung des Betriebspersonals entstehen können.

Der Regierungskommission (Schtscherbina), dem Ministerrat der Ukrainischen SSR (Ljaschko), dem Energieministerium der UdSSR (Majorez), dem Ministerium für Atomenergie der UdSSR (Lukonin), dem Staatlichen Komitee für Hydrometeorologie der UdSSR (Israel), dem Gesundheitsministerium der UdSSR (Burenkow) und der Akademie der Wissenschaften der UdSSR (Alexandrow) wird aufgetragen, sämtliche Probleme des Baus der neuen Siedlung zu behandeln und die Operative Gruppe bis zum 1. September darüber zu informieren.

Es ist davon auszugehen, daß die Projektierung der Siedlung dringend zu beginnen ist; die Strahlenbelastung hat zum Zeitpunkt der Besiedlung den Kriterien zu entsprechen, die bei ähnlichen Siedlungen unter normalem Betrieb gelten.

3. Zum Truppeneinsatz im Zeitraum Herbst/Winter bei der Beseitigung der Folgen des Reaktorunfalls im KKW Tschernobyl.

Die Operative Gruppe hält es für möglich, dem Vorschlag des Verteidigungsminsteriums (Sokolow) zuzustimmen, daß die Truppenstärke bei den Aktivitäten zur Beseitigung der Folgen des Reaktorunfalls im KKW Tschernobyl um ca. 30% reduziert werden kann.

Genosse Achromejew hat im Hinblick auf den vorliegenden Beschluß dafür zu sorgen, daß der Gesamtumfang der Dekontaminationsarbeiten im KKW und in belasteten Ortschaften, in denen

Menschen wohnen, beim Bau von Wasserschutzanlagen, bei der Strahlenerkundung und -überwachung durch die Truppen im Zeitraum Herbst/Winter und Frühjahr 1987 realisiert wird.
4. Zum Besuch der Genossen Ryshkow N.I. und Tschebrikow W.M. in der Region des KKW Tschernobyl sowie in mehreren Rayons der Gebiete Kiew und Gomel am 8./9. August 1986.
Die Information der Genossen Ryshkow N.I. und Tschebrikow W.M. zu dieser Frage wird zur Kenntnis genommen. Die Regierungskommission, die Ministerien und Ämter haben Überlegungen, die in der Information enthalten sind, in ihrer weiteren Tätigkeit zur Beseitigung der Folgen des Reaktorunfalls im KKW Tschernobyl zu verwenden.
5. Zur Vorschlägen über den Schutz der Wasserressourcen in den Gebieten Brjansk (RSFSR) und Gomel (BSSR).
In Zusammenhang mit der Ansprache des Ministerrates der RSFSR wird das Staatliche Komitee für Hydrometeorologie der UdSSR (Israel) beauftragt, den möglichen Abfluß von kontaminiertem Wasser aus einem Teil des Gebiets Brjansk der RSFSR und des Gebiets Gomel der BSSR zu berechnen, durch die die Flüsse Iput und Bessed (Nebenflüsse des Sozh) strömen und entsprechende Vorschläge vorzubereiten.
6. Zur Lieferung von Dosismeßgeräten an die Belorussische SSR. *Streng geheim*
In Zusammenhang mit der Bitte des Ministerrates der Belorussischen SSR über eine zusätzliche Bewilligung von Dosismeßgeräten für die Arbeit an der Beseitigung der Folgen des Reaktorunfalls im KKW Tschernobyl werden dem Ministerium für mittleren Maschinenbau (Rjabew), dem Ministerium für Industrie der Kommunikationsmittel der UdSSR (Perwyschin), dem Staatlichen Komitee für Handel der UdSSR (Woronin) und der Staatlichen Plankommission der UdSSR (Smyslow) aufgetragen, diese Frage zu untersuchen, notwendige Maßnahmen zu treffen sowie über die Ergebnisse die Operative Gruppe innerhalb einer Woche zu informieren. (Schreiben des Ministerrates der BSSR vom 07.08.86 und des Ministeriums für mittleren Maschinenbau vom 12.08.86 liegen bei).
7. Zur Lieferung von Strahlen- und Dosismeßgeräten an die Georgische SSR. *Streng geheim*
In Zusammenhang mit der Bitte des Ministerrates der Georgischen SSR über den Einkauf von Strahlen- und Forschungsmeßgeräten werden dem Staatlichen Komitee für Handel der UdSSR (Woronin) und dem Ministerium für mittleren Maschinenbau (Slawskij) aufgetragen, gemeinsam mit dem Ministerrat der Georgischen SSR diese Frage zu untersuchen und die Operative Gruppe innerhalb einer Woche über die Ergebnisse zu informieren. (Das Schreiben des Ministerrates der Georgischen SSR vom 05.08.86 liegt bei.)
8. Zum französischen Vorschlag, vorübergehend einen Waggon mit Geräten für die massenhafte Kontrolle von Ganzkörperbelastungen zur Verfügung zu stellen.
Dem Vorschlag des Genossen Burenkow zu dieser Frage (Anlage) wird zugestimmt, daß der Einsatz dieses Waggons von sowjetischen Fachleuten vorgenommen werden soll.
Das Außenministerium der UdSSR (Petrowskij) hat den sowjetischen Vertreter in Genf über die getroffene Entscheidung zu informieren.
9. Zur Abhaltung einer Pressekonferenz, auf der Journalisten mit dem Hauptinhalt des bei der IAEA vorgelegten Berichtes über die Ursachen und Folgen des Reaktorunfalls im KKW Tschernobyl vertraut gemacht werden sollen.
Dem Vorschlag des Außenministerium der UdSSR (Petrowskij) zur Pressekonferenz am 22. August d.J. in Moskau wird zugestimmt. Die Genossen Petrosjanz, Legassow, Israel, Schtschepin und Gerassimow werden beauftragt, die Pressekonferenz durchzuführen.
N. Ryshkow

Zum Punkt 2 des Protokolls Nr. 31 *Geheim*

Ex. Nr.

An den Vorsitzenden des Ministerrates der UdSSR
Genossen Ryshkow N.I. *12. August 1986*

Wir informieren Sie auftragsgemäß über die Strahlenbelastung im Seljonyj Mys (Ortschaft Stracholessje) und legen den Befund über die Möglichkeit des Baus einer Siedlung für Mitarbeiter des KKW vor.

Die Belastungswerte, die mit boden- und luftgestützten Mitteln an der bestehenden Siedlung und am geplanten Bauort gemessen wurden, liegen zwischen 0,25-0,4 mR/h. Die Ganzkörperdosis durch Außenbelastung wird im ersten Jahr, nachdem die Einwohner im Oktober d.J. hier eingezogen sind, ca. 0,5 R betragen.

Die Flächenkontamination mit Cäsium-137 (nach 13 Proben) beträgt 0,28-3,12 Ci/km^2. Die Flächenkontamination durch Strontium-90 (nach 6 Proben) beträgt 0,1-2,5 Ci/km^2, durch Plutonium-239 0,027 Ci/km^2.

Alle angegebenen Daten liegen unter den Werten, die für den Aufenthalt der Bevölkerung in der Region des KKW Tschernobyl festgelegt wurden.

Die Konzentration der Radioaktivität (nach der gesamten Beta-Aktivität) beträgt im Wasser des Stausees von Kiew rund 10^{-9} Ci/l und weniger, im Bodenschlamm $4{,}4 \times 10^{-8}$ Ci/kg (nach dem Stand vom Juli d.J.).

Aufgrund der Analyse der Umweltstrahlenbelastung von Seljonyj Mys (Ortschaft Stracholessje) ist der Bau der Siedlung in dieser Gegend möglich.

Unter Berücksichtigung einer möglichen Erhöhung der Wasserbelastung im Bereich des Stausees von Kiew (während der Regen- und Hochwasserzeit) ist es notwendig, für die Möglichkeit einer Reservewasserversorgung aus dem Fluß Teterew sowie aus Untergrundwasserquellen zu sorgen.

Der Befund über die Möglichkeit des Baus einer Wachsiedlung in dieser Gegend wurde Ihnen am 19. Juli d.J. zugeleitet.

Der endgültige Befund über die Möglichkeit des Baus der Siedlung und der Zweckmäßigkeit einiger Einschränkungen für die Landwirtschaft wird Ihnen am 1. September vorgelegt, nachdem zusätzliche Informationen über die Strontium-90-Kontamination der landwirtschaftlichen Nutzflächen eingegangen sind.

J. Isarael
S. Burenkow
S. Achromejew

Zum Punkt 6 des Protokolls Nr. 31 *Geheim*

Ex. Nr. 1

Belorussische Sowjetische Sozialistische Republik
Ministerrat

7. August 1986
Nr. 30/03-396c

An den Ministerrat der UdSSR
Über die Bewilligung von einigen Strahlen- und Dosismeßgeräten an die Belorussische SSR

Ministerien und Ämter der Belorussischen SSR haben gemeinsam mit Unionsorganisationen eine Reihe von Maßnahmen zur Gewährleistung der Ausstattung von Betrieben und Organisationen mit Geräten zur radiometrischen und dosimetrischen Kontrolle von Nahrungsmitteln , für die Untersuchung der Umweltbelastung und die Duchführung von dringenden Forschungsarbeiten realisiert.
Zur Zeit wurde es notwendig, die spezifische Kontamination von Nahrungsmitteln, Böden, Pflanzen und Wasser bis 10^{-10} Ci/kg und weniger zu bestimmen. Die Zahl der bewilligten Geräte kann die Durchführung dieser Arbeit nicht in vollem Maße garantieren. Von manchen Geräten wurden nur 20% des Bedarfs bewilligt.
Der Ministerrat der Belorussischen SSR bittet, über die Bewilligung von folgenden Geräten für die Belorussische SSR zu entscheiden: 650 Stück RKB-4-1BM, 3.400 Stück SRP-68-01, 200 Stück KRK-1, 40 Stück KRWP-3AB, 40 Stück AI-1024, 100 Stück KDT-02-02.

Stellvertretender Vorsitzender des Ministerrates der Belorussischen SSR
W. Jewtuch

Zum Punkt 7 des Protokolls Nr. 31 *Streng geheim*

Georgische Sowjetische Sozialistische Republik
Tbilissi *5. August 1986*

An den Vorsitzenden des Ministerrates der UdSSR
Genossen Ryshkow N.I.

Sehr geehrter Nikolaj Iwanowitsch,
in Zusammenhang mit dem Reaktorunfall im KKW Tschernobyl und der Freisetzung von Radioaktivität in die Atmosphäre wurden fast alle westgeorgischen Rayons zu stark belasteten Zonen, wie die Sonderkomision unter Beteiligung von Vertretern des Staatlichen Komitees für Landwirtschaft der UdSSR und des Gesundheitsministeriums der UdSSR bestätigte.
Die Lage wird durch die Möglichkeit erschwert, daß in Zonen mit hoher Akkumulation langlebiger radioaktiver Isotope diese im Zusammenhang ihrer relativ hohen Migrationsfähigkeit aus dem Boden in die Pflanzen übergehen und zu biologisch gefährlichen Strahlenbelastungen landwirtschaftlicher Produkte führen. Im Laufe erster Untersuchungen wurde eine wesentliche Belastung von Teeplantagen festgestellt.
In Zusammenhang damit, daß weder die einheimische Industrie, noch die der RGW-Staaten notwendige Geräte für umfassende Großraumuntersuchungen zur Umweltstrahlenbelastung und die

von landwirtschaftlichen Produkten herstellen, hat die Republik keine Möglichkeit, wissenschaftlich begründete Maßnahmen zur Reduzierung der Ernteverluste zu ergreifen.
In diesem Zusammenhang bittet der Ministerrat der Georgischen SSR, daß Sie der Staatlichen Plankommission der UdSSR und dem Außenwirtschaftsministerium verordnen, zentralisiert bis zum Ende des III. Quartals in kapitalistischen Staaten radiometrische sowie Kontroll- und Forschungsgeräte für das Georgische wissenschaftliche Forschungsinstitut für landwirtschaftliche Strahlenkunde des Staatlichen Komitees für Landwirtschaft der Georgischen SSR im Wert von 600.000 Rubeln in Devisen der Gruppe 1 gemäß der beiliegenden Spezifikation einzukaufen.
Stellvertretender Vorsitzender des Ministerrates der Georgischen SSR
S. Tscheidse

Zum Punkt 8 des Protokolls Nr. 31 *Geheim*
Ex. Nr. 1

Gesundheitsministerium der UdSSR

An den Vorsitzenden des Ministerrates der UdSSR
Genossen Ryshkow N.I. *7.8.1986*

Entsprechend Ihrem Auftrag (Nr. 373-NR vom 31.07.1986) teile ich mit, daß das französische Angebot, unserem Land einen speziellen für umfassende Untersuchungen der Belastung des Menschen (insbesondere durch Cäsium-137) bestimmten Eisenbahnwaggon zur Verfügung zu stellen, zweifelsohne von Interesse ist.
Gleichzeitig kann man nicht ausschließen, daß der Waggon mit geheimen Geräten zur Erfassung der Geländebelastungswerte durch Radionuklide, mit Geräten für die Aufzeichnung von (Telefon-)gesprächen sowie mit anderen technischen Aufklärungsgeräten ausgestattet ist. Zumal der Waggon in einigen Monaten nach Frankreich zurückzugeben ist.
In diesem Zusammenhang wäre es sinnvoll, der französischen Seite vorzuschlagen, daß drei bis vier unserer Fachleute hinreisen, um sich vor Ort mit Meßgeräten, deren technischen Daten und Möglichkeiten bekannt zu machen.
Die Frage, ob das französische Angebot angenommen werden soll, ist nach Rückkehr der sowjetischen Fachleute unter Berücksichtigung des von ihnen vorgelegten Gutachtens zu entscheiden.
Nach unserer Ansicht könnten sowjetische Fachleute Interesse am Erwerb von zwei bis drei Spezialfahrzeugen für Belastungsmessungen an Menschen haben, da Automobilanlagen bei der Arbeit, insbesondere auf dem Lande, beweglicher sind.
Mit dem Außenministerium (Genossen Petrowskij W.F.) abgestimmt.
Ein Entwurf der Anweisungen an den sowjetischen Repräsentanten in Genf liegt bei.
Anhang: Eingangs-Nr. 4168, 1 Seite, *geheim.*
Minister
S.P. Burenkow

Entwurf *Geheim*
GENF-Sow(jetischer)repräsentant

1693. Bei weiteren Überlegungen zur möglichen Annahme des französischen Spezialwaggons gehen Sie davon aus, daß für die Lösung dieser Frage die Delegierung von drei bis vier unserer Fachleute notwendig sein wird, um sich mit dem Waggon und den darin installierten Meßgeräten sowie deren technischer Daten und Möglichkeiten vertraut zu machen.
Zur Ihrer Orientierung teilen wir mit, daß die sowjetischen Fachleute den Auftrag haben werden, spezielle, mit Strahlenmeßgeräten für umfassende Untersuchungen der Bevölkerung ausgestattete Fahrzeuge zu erwerben.
Das Gutachten der Fachleute wird durch unsere zuständigen Organe untersucht. Über die angenommene Entscheidung werden Sie informiert.
Ausgangs-Nr. mk 3016c
vom 12.08.86

An das Sekretariat des Obersten Sowjets *Geheim*
Unterliegt der Rückgabe an den Sondersektor der Geschäftsführung des Ministerrates der UdSSR

Protokoll Nr. 32
der Sitzung der Operativen Gruppe des Politbüros des ZK der KPdSU zu Fragen im Zusammenhang mit der Beseitigung der Folgen des Reaktorunfalls im KKW Tschernobyl

22. August 1986

1. Zu Vorschlägen des Genossen Schtscherbizkij über Beschlußvorhaben zusätzlicher Maßnahmen zur sozialen Unterstützung der Bevölkerung in Zusammenhang mit dem Reaktorunfall im KKW Tschernobyl.
Die Vorschläge des Genossen Schtscherbizkij W.W., zehn Ortschaften in den Gebieten Kiew und Shitomir zusätzlich in die Liste der Ortschaften aufzunehmen, in denen der Verbrauch von Nahrungsmitteln aus eigener oder örtlicher Produktion bzw. eingeschränkt wird, sind anzunehmen.
Über den Vorschlag, den Unterpunkt c im Punkt 10 des Beschlusses des ZK der KPdSU „Zu zusätzlichen Maßnahmen zur Arbeitsplätzebeschaffung, Sicherstellung von Wohnungen und sozialen Unterstützung der Bevölkerung, die aus ihrer Ortschaften in Zusammenhang mit dem Reaktorunfall im KKW Tschernobyl evakuiert wurde, und ihren Sachschadenersatz“ auf 24 Ortschaften auszudehnen, die nicht zum Sperr- bzw. zum Gebiet der vorübergehenden Evakuierung gehören, ist erst zu entscheiden, nachdem die Arbeit an der Entsorgung des Energieblocks 4 des KKW Tschernobyl abgeschlossen und die Strahlenbelastung diesen Ortschaften untersucht wurde (das Schreiben von Schtscherbizkij vom 19.08.1986 liegt bei).
2. Zum Vorschlag des Bürgermeisters von Hiroshima T. Araki.
Auf den Vorschlag von T. Araki ist positiv zu reagieren, nach Hiroshima eine Gruppe sowjetischer Fachleute zu entsenden, denen die Japaner ihre Erfahrungen bei der Behandlung von Strahlenkrankheiten vermitteln und sie mit den Archivunterlagen der letzten dreißig Jahre vertraut machen.
Das Gesundheitsministerium der UdSSR (Burenkow) und das Außenministerium der UdSSR (Kowaljow) haben nach Abstimmung mit dem KGB der UdSSR und dem Verteidigungsministerium der UdSSR innerhalb von fünf Tagen dazu entsprechende Vorschläge vorzulegen (Information über das Anschreiben von T. Araki liegt bei).

3. Zum Stand der Arbeit an der Entsorgung des Energieblocks 4 des KKW Tschernobyl und über Maßnahmen zu deren Intensivierung.
Die Mitteilung der Genossen Rjabew und Kurnossow wird zur Kenntnis genommen, daß infolge der getroffenen Maßnahmen das Arbeitstempo bei der Entsorgung des Reaktors etwas gestiegen ist. Z.Z. sind 8.200 Menschen beschäftigt, die Tagesleistung der Betonwerke wurde auf 5.500 Kubikmeter erhöht. Es wird im 3-Schicht-Verfahren gearbeitet. Von 200.000 Tonnen Beton, die in die Konstruktionen der Schutzanlage zu verbauen sind, werden bis zum 1. September 135.000 Tonnen verbaut sein. Die Außenschutzmauern um den Energieblock sind fertiggebaut worden. Es ist geplant, bis zum 26. August den Bau der Trennwand in der Maschinenhalle zwischen den Energieblöcken 3 und 4 abzuschließen. Die Projektdokumentation für die Lüftungs- und Gasreinigungsanlage wurden erarbeitet und bestätigt. Bis zum 15. September ist sie in Betrieb zu nehmen.
Aus den Bemerkungen der Genossen Lukonin und Legassow folgt jedoch, daß bis jetzt keine optimale technische Lösung für einen sicheren und effektiven Betrieb der Filter im System der Gasreinigung gefunden wurde. Die Fragen zur Gewährleistung der Kernsicherheit des Energieblocks ist ebenfalls noch nicht abgeschlossen.
Die Operative Gruppe hält es für notwendig, das Ministerium für mittleren Maschinenbau nochmals darauf aufmerksam zu machen, daß die Arbeit an der Konservierung des Energieblocks unbedingt innerhalb der festgelegten Frist sowie auf hohem technischen Niveau für dessen Sicherheit zu leisten ist.
4. Zur Nutzung von Ackerland in den durch radioaktive Belastung betroffenen Rayons.
Die Mitteilung des Genossen Murachowskij W.S. (Anlage) wird zur Kenntnis genommen, daß vom Staatlichen Komitee für Landwirtschaft der UdSSR gemeinsam mit dem Ministerrat der RSFSR, den Ministerräten der Ukrainischen und der Belorussischen SSR, dem Gesundheitsministerium der UdSSR und dem Staatlichen Komitee für Hydrometeorologie der UdSSR Empfehlungen und Maßnahmen zur landwirtschaftlichen Produktion auf den durch langlebige Isotope kontaminierten Landflächen erarbeitet wurden.
Auf Landflächen mit einer Cäsium-137-Kontamination bis zu 15 Ci/km^2, (1,6 Mio ha Kulturland), erfolgt die Bewirtschaftung wie gewöhnlich, nur mit radiometrischer Stichprobenentnahme der Böden und Produkte. Auf Landflächen mit einer Kontamination von 15 bis 40 Ci/km^2 (760.000 ha Kulturland) wird die Landwirtschaft bei ständiger radiometrischer Überwachung sowie unter Einsatz umfangreicher organisatorischer, agrotechnischer und veterinärmedizinischer Maßnahmen zur Reduzierung der Erntekontamination betrieben.
150.000 ha mit einer Bodenkontamination durch das Isotop Cäsium-137 über 40 Ci/km^2 werden nicht bewirtschaftet.
Die Operative Gruppe ist der Ansicht, daß es bei der Durchführung der genannten Arbeit Mängel gibt. Es sind u.a. nicht alle durch langlebige Isotope kontaminierte Landflächen ermittelt. Die Koordination dieser Arbeit durch Fachleute aus verschiedenen Ministerien und Ämtern verläuft unbefriedigend. Die festgelegten Maßnahmen zur Nutzung der genannten landwirtschaftlichen Flächen sind viel zu allgemein.
Das Staatliche Komitee für Landwirtschaft der UdSSR (Murachowskij) und das Staatliche Komitee für Hydrometeorologie der UdSSR (Israel) werden beauftragt, bis zum 15. September 1986 die genaue Erfassung der durch langlebige Isotope kontaminierten Landflächen abzuschließen. Das Ministerium für Geologie der UdSSR (Koslowskij) hat bis 1. September 1986 die Ergebnisse der Strahlenmeßuntersuchungen der verseuchten Landflächen an das Staatliche Komitee für Hydrometeorologie der UdSSR zu übergeben.
Im Hinblick auf die enorme wirtschaftliche und soziale Bedeutung, in den genannten Rayons Landwirtschaft zu betreiben, wird das Staatliche Komitee für Landwirtschaft der UdSSR (Mura-

chowskij) beauftragt, gemeinsam mit dem Ministerrat der UdSSR, dem Ministerrat der Ukrainischen SSR, dem Ministerrat der Belorussischen SSR, dem Staatlichen Komitee für Hydrometeorologie der UdSSR, dem Gesundheitsministerium der UdSSR sowie unter Beteiligung der Fachleute aus dem landwirtschaftlichen Bereich ein präziseres Programm für die sichere und rationelle Nutzung von verseuchtem Ackerland zu erarbeiten.
Über die Ergebnisse ist die Operative Gruppe im Laufe eines Monats zu informieren.
5. Zur Erhöhung der Effektivität der Dekontaminationsmaßnahmen im KKW Tschernobyl und auf den angrenzenden Landflächen.
Dem Schreiben des Genossen Dolgych (Anhang) wird zugestimmt. Entsprechenden Ministerien und Ämtern wird aufgetragen, für die Erfüllung der vorgeschlagenen Maßnahmen zu sorgen.
6. Zu den vom Ministerrat der RSFSR zu realisierenden Maßnahmen zur Beseitigung der Folgen der radioaktiven Belastung einzelner Rayons im Gebiet Brjansk.
Die Mitteilung des Genossen Worotnikow W.I. (Anhang) wird zur Kenntnis genommen, daß im Einvernehmen mit der Entscheidung der Operativen Gruppe vom Ministerrat der RSFSR ein Arbeitsplan für die Beseitigung der Folgen der radioaktiven Belastung einiger Rayons im Gebiet Brjansk erarbeitet und realisiert wird.
7. Zur Lieferung von Dosismeßgeräten an die Belorussische SSR und an die Georgische SSR.
Die Mitteilung der Ministerien für mittleren Maschinenbau (Rjabew), für Kommunikationmittel (Kripajtis) und des Staatlichen Komitees für Handel der UdSSR (Winogradow) zu dieser Frage wird zur Kenntnis genommen (Anhang).
8. Über die Ansiedlung des Personals des KKW Tschernobyl in der Stadt Kiew.
Der Vorschlag der Genossen Ljaschko und Majorez, den Termin der Ansiedlung des Personals des KKW Tschernobyl in Kiew bis Ende 1986 zu verlängern, wird nicht angenommen.
Der Ministerrat der Ukranischen SSR (Ljaschko) hat sich bei der Entscheidung zu dieser Frage von dem Beschluß des ZK der KPdSU und des Ministerrates der UdSSR vom 5. Juni 1986 Nr. 664 leiten zu lassen.
9. Zur Unterbringung des Zentralapparates des Ministeriums für Atomenergie der UdSSR.
Dem Vorschlag der Abteilung für Schwerindustrie und Energiewirtschaft des ZK der KPdSU (Anhang) wird im allgemeinen zugestimmt, den Zentralapparat des Ministeriums für Atomenergie der UdSSR im Gebäude in der Kitajskij Projesd 7 zu unterbringen. Die Genossen Smirtjukow, Masljukow, Semjonow und Sajkin haben innerhalb einer Woche für entsprechende Entscheidungen zu sorgen.
10. Zur Nutzung von Fleisch, das in einigen Gebieten der Belorussischen SSR, der Ukrainischen SSR und der RSFSR produziert wurde.
Die Mitteilung des Genossen Murachowskij zu dieser Frage (Anhang) wird zur Kenntnis genommen. Es wird für sinnvoll gehalten, Fleisch mit erhöhtem Gehalt von radioaktiven Stoffen in staatliche Reserve zu nehmen. Das Staatliche Komitee für die Staatsreserven der UdSSR (Loschtschenkow) und das Staatliche Komitee für Landwirtschaft der UdSSR (Murachowskij) haben für entsprechende Lagerbedingungen und die Strahlenüberwachung zu sorgen.
11. Zur Nutzung von Milch in einigen Gebieten der Belorussischen SSR und der RSFSR in Zusammenhang mit den verschärften Grenzwerten für radioaktive Stoffe.
Die Mitteilung des Gossen Burenkow S.P. zu dieser Frage (die Entscheidung des Gesundheitsministeriums der UdSSR liegt bei) wird zur Kenntnis genommen.
N. Ryshkow

Zum Punkt 1 des Protokolls 32 *Geheim*

An die Operative Gruppe des ZK der KPdSU

ZK KPdSU *19. August 1986*

Hiermit bitten wir, folgende Vorschläge zu untersuchen:

1. Es ist notwendig, in den Anhang Nr. 2 des Beschlusses des ZK der KPdSU und des Ministerrates der UdSSR „Zu zusätzlichen Maßnahmen zur Arbeitsplätzebeschaffung, Unterbringung und soziale Versorgung der Bevölkerung, die aus den Ortschaften im Zusammenhang mit dem Reaktorunfall im KKW Tschernobyl evakuiert wurde, sowie über materielle Aufwandsentschädigung an sie" die zur 30 km-Zone gehörenden Ortschaften des Rayons Tschernobyl, Gebiet Kiew aufzunehmen, aus denen die Einwohner evakuiert wurden, obwohl diese Ortschaften nicht zur Sperrzone (Schwarze Zone) oder Evakuierungszone (Rote Zone) zugeordnet wurden und ihre Rücksiedlung bis Oktober 1986 für nicht sinnvoll erklärt wurde (Protokoll der Sitzung der Operativen Gruppe des ZK der KPdSU vom 23. Juli 1986 Nr. 29):

die Dörfer Nowosselki, Kupowatoje, Pljutowischtsche, Bytschki, Iljinzy, Gorodischtsche, Kamenka, Stetschanka, Rudnja, Otaschew, Parischew, Rasjeszheje Iljinezkaja, Korogod, Ladyzhitschi, Koschowka, Terechow, Samoschnja, Teremzy, Rassocha, Andrejewka, Glinka, Opatschitschi, Ilowniza, Saglybje.

Wir halten es für möglich, über diese Ortschaften den Wirkungsbereich des Unterpunktes „b" im Punkt 10 des vorliegenden Beschlusses anzuwenden. Die Frage nach anderen Arten der Kompensation könnte man nach Oktober 1986 erörtern.

2. Im Zusammenhang damit, daß bei der Untersuchung der Bevölkerung Ortschaften entdeckt wurden, in denen die Dosisbelastungen nahe der Grenzwerte liegen oder sie überschreiten, muß man in den Anhang des Projektes des Beschlusses des Ministerrates der UdSSR „Zur Verbesserung der materiellen Lage der Bevölkerung, die in den Ortschaften mit dem eingeschränkten Verzehr von landwirtschaftelichen Produkten aus einheimischer Produktion in Zusammenhang mit dem Reaktorunfall im KKW Tschernobyl wohnt" zusätzlich folgende Ortschaften aufnehmen (das Staatliche Komitee für Hydrometeorologie der UdSSR unterstützt diesen Vorschlag):

Gebiet Kiew, Rayon Polesskoje: Puchowo, Gresljа, Rudnja Gresljanskaja, Zhowtnjowoje

Gebiet Shitomir, Rayon Naroditschi: Stadtsiedlung Naroditschi und die Dörfer Nosdrischtsche, Christinowka, Welikije Kleschtschi, Malyje Kleschtschi, Polesskoje.

Im gleichen Anhang ist statt des Dorfes Polesskoje, Gebiet Kiew die Stadt Polesskoje anzugeben.

W. Schtscherbizkij

ZK der KPdSU

Geheim
12. August 1986
Nr. 0130

Im Zusammenhang mit den Maßnahmen zum 41. Jahrestag des Atombombenangriffs auf Hiroshima und Nagasaki, weilte an der Spitze der Delegation des sowjetischen Friedensfonds der Stellvertretende Direktor des Instituts für die USA und Kanada der Akademie der Wissenschaften der UdSSR Genosse Bogdanow P.G. in Japan. Während seines Aufenthaltes in Hiroshima wurde er vom Bürgermeister der Stadt Tekeo Araki angesprochen, der darum bat, folgendes nach Moskau weiterzuleiten:

Er drücke genau wie alle Einwohner von Hiroshima große Dankbarkeit gegenüber Genossen Gorbatschow wegen seiner Entscheidung für das Moratorium über Atomwaffentests wie auch für seinen Vorschlag, bis Ende dieses Jahrhunderts alle Atomwaffen zu vernichten, aus. Als Bürgermeister einer Stadt, deren Einwohner besser als andere wissen, welche Leiden die Folgen einer Atomexplosion mit sich bringen, legte Araki ein Angebot vor, nach Hiroshima eine Gruppe sowjetischer Strahlenforscher zu entsenden, der die japanische Seite ihre Erfahrungen bei der Behandlung der Strahlenkrankheiten vermitteln und die im Laufe der letzten 30 Jahre gesammelten Archivdokumente zur Verfügung stellen kann. Der Bürgermeister von Hiroshima meint, daß die Kenntnisse der japanischen Fachleute und die gesammelten Unterlagen von Nutzen für die UdSSR, insbesondere bei der Behandlung der in Tschernobyl betroffenen Menschen sein könnten. Araki ließ verstehen, daß das von ihm Gesagte mit dem Premierminister Nakasone abgestimmt worden war.

Falls die sowjetische Seite Araki wissen läßt, sie sei an seinen Angeboten interessiert, würde er Maßnahmen treffen, um möglichst schnell praktische Gespräche aufzunehmen.

Direktor des Instituts für die Vereinigten Staaten von Amerika und Kanada
G. Arbatow

Geheim

Zur landwirtschaftlichen Produktion auf den durch die radioaktive Belastung in Zusammenhang mit dem Reaktorunfall im KKW Tschernobyl betroffenen Landflächen

In den Gebieten Kiew, Shitomir, Tschernogow, Gomel, Mogiljow, Minsk und Brjansk wurden 2,5 Mio ha Ackerland radioaktiv belastet, was große Schwierigkeiten für die Kolchosen, Sowchosen und privaten Betriebe bei der Produktion und Versorgung der Bevölkerung mit Qualitätsgemüse und -obst, Vollmilch und anderen Nahrungsmitteln zur Folge hatte.

Unter diesen Bedingungen war es notwendig, dringend die Produktionstechnologien zu ändern, unter Abstimmung mit dem Gesundheitsministerium der UdSSR entsprechende Richtlinien zu erarbeiten und zu verabschieden, die die Ordnung der Beschaffung, Abnahme, Lagerung, Verarbeitung und Nutzung von Produkten aus der Pflanzen- und Tierproduktion festlegen.

Gleichzeitig wurden gemäß den Anweisungen der Operativen Gruppe des Politbüros des ZK der KPdSU gemeinsam mit Partei-, Sowjet- und Wirtschaftsinstitutionen Maßnahmen zur Organisation eines ungefährdeten Aufenthalts der Bevölkerung in der belasteten Zone, zum Wohnungsbau für die Umsiedler sowie zu deren Arbeitsplätzebeschaffung getroffen.

Die radioaktive Belastung wird ständig durch agrochemische und veterinärmedizinische Behörden des Staatlichen Komitees für Landwirtschaft der UdSSR überwacht; auf deren Grundlage werden die notwendigen Maßnahmen getroffen.

Gegenwärtig sind die ersten Bodenuntersuchungen der belasteten Ackerflächen abgeschlossen.

Es stellte sich dabei heraus, daß auf den Landflächen der Ukrainischen SSR überwiegend das Strontium-90 vorkommt, während in der Belorussischen SSR und im Gebiet Brjansk das Cäsium-137 vorherrscht. Die Bodenkontamination ist ungleichmäßig, einzelne Flecken mit hoher Konzentration von Radionukliden verlangen es, zusätzlich auf die Cäsium-137- und Strontium-90-Kontamination untersucht zu werden.
Da die Außenbelastung nicht mehr entscheidend ist, hat das Staatliche Komitee für Landwirtschaft der UdSSR folgende Rayon-Einteilung nach der Bodenkontamination durch Radionuklide festgelegt (Verordnung Nr. 7-16c vom 12.08.86), ("c" bedeutet „sekretnoje", d.h. *geheim*, d.H.):

	Cäsium-137	**Strontium-90**
Landflächen	bis 15 Ci/km^2	bis 3 Ci/km^2
Landflächen	15-40 Ci/km^2	bis 10 Ci/km^2
Landflächen	über 40 Ci/km^2	über 10 Ci/km^2

Ausgehend von den vorhandenen experimentellen Daten der Forschungseinrichtungen in unserem Land und im Ausland sowie von den Erfahrungen bei der Nutzung radioaktiv verseuchten Ackerlandes im Ural legten das Staatliche Komitee für Landwirtschaft der UdSSR, die Allunionsakademie für Landwirtschaft gemeinsam mit dem Gesundheitsministerium der UdSSR, dem Staatlichen Komitee für Hydrometeorologie und anderen Behörden folgende Ordnung für die Landwirtschaft je nach Flächenkontamination fest:
Landflächen mit einer Kontamination bis zu 15 Ci/km^2 durch Cäsium-137 umfassen 1,6 Mio ha Kulturland. Es wird empfohlen, ihre Bewirtschaftung wie üblich, jedoch mit Stichprobenkontrolle der Böden und landwirtschaftlichen Produkte auszuüben. Landflächen mit einer Kontamination von 15 bis 40 Ci/km^2 durch Cäsium-137 betragen 760.000 ha. Die landwirtschaftliche Produktion wird hier bei ständiger Strahlenüberwachung unter Eisatz umfangreicher organisatorischer, agrotechnischer und veterinärmedizinischer Maßnahmen erfolgen, die die Reduzierung der Erntekontamination sowie die Herstellung von Nahrungsmitteln hoher Qualität gewährleisten.
Dazu ist vorgesehen, die Struktur der Anbauflächen teilweise zu ändern, indem man den Anbau von Futtergetreide, technischen Kulturen (Flachs, Hanf, Zuckerrübe) und Samenzucht ausbaut. Weniger kontaminierte Landflächen werden für den Futteranbau für Milchvieh genutzt. Das System der Bodenbestellung auf diesen Landflächen umfaßt agrotechnische Verfahren, die auf maximale Reduzierung der Übertragung von Radioisotopen aus dem Boden in Produkte der Pflanzenzucht orientiert sind.
Man hat sich zum Ziel gesetzt, im laufenden Jahr sämtliche Ackerflächen für Winterkulturen so zu bearbeiten, daß die Ackerkrume um 3-5 cm tiefer zu liegen hat. Anschließend wird der Acker meist ohne Umwenden der Bodenschicht bestellt.
Die Erfahrungen ergaben, daß das Tiefpflügen sowohl die Kontamination der oberen Bodenschicht als auch die Gesamthöhe der Gammabelastung reduziert.
Es wurde bewiesen, daß der Belastungsgrad der Produkte direkt abhängig von der Erntemenge ist, d.h. je größer die Ernte, desto geringer ist die Kontamination der Produkte.
Daher sind die Fragen von Düngemittelverwendung, Kalkung sowie die Einhaltung optimaler Fristen der Bodenbestellung von besonderer Bedeutung.
Da die meisten Ackerböden in dieser Gegend von geringer Fruchtbarkeit sind, ist vorgesehen, die natürliche Düngung um 15-20% zu erhöhen. Die Lieferung von Mineralkunstdüngern wird entsprechend dem empfohlenen Verhältnis von Nährstoffen in solchen Mengen erfolgen, daß die geplante Ernte gesichert wird. Die Kalkung der sauren Böden vor ihrer Düngung wird angeordnet. Da sich die Arbeitsbedingungen sowie einige technologische Verfahren des Anbaus mancher landwirtschaftlicher Kulturen ändern müssen, wird die Ausstattung mit Maschinen und Geräten präzisiert.

Die Erfahrungen der ersten Monate ergaben, daß unter den derzeitigen Bedingungen die Tierzucht und vor allem die Milch- und Fleischproduktion am schwierigsten waren.
Die im Bereich des Ackerbaus zu treffenden Maßnahmen sind darauf gerichtet, die Übertragung von Radionukliden aus dem Boden in das Futter zu reduzieren. Sie ermöglichen es jedoch nicht, daß das Futter völlig frei von Radionukliden ist. So gibt es z.Z. ca. je 5.000 t hochbelastetes Fleisch in der Ukrainischen SSR und der Belorussischen SSR. In der Ukraine werden 600 t Milch oder 6,3% vom Tagesmilchertrag in vier Gebieten zu Butter verarbeitet. In Belorußland sind es 2.769 t oder 46% vom Tagesmilchertrag in zwei Gebieten.
Für die Zukunft ist vorgesehen, auf Landflächen mit einer Kontamination von 15 bis 40 Ci/km² die Struktur der Tierzucht teilweise zu ändern und die Zahl von Milchvieh etwas zu reduzieren, da Milchprodukte für die Bevölkerung am gefährlichsten sind. Gleichzeitig wird die Rinder- und Schweinezucht intensiviert. Um unbelastete Produkte herzustellen, werden die Tiere vor der Schlachtung über 3-4 Wochen mit unbelastetem Futter versorgt.
Um das Verfahren der Viehmast zu vervollkomnen, wird im Rayon Chojniki ein Spezialproduktionstest durchgeführt.
Veterinärhygienische sowie medizinisch-prophylaktische Maßnahmen wurden intensiviert.
Um der Abwanderung der Landbevölkerung vorzubeugen und normale Bedingungen für ihren ungefährdeten Aufenthalt zu schaffen, wird auf private Produktion großer Wert gelegt.
Es werden z.Z. sämtliche individuellen Hofgrundstücke auf radioaktive Kontamination untersucht. Aufgrund der Ergebnisse der Untersuchung werden auf Kosten der Eigentümer Sorbentien (Cäolit, Vermikulit), Phosphor- und Kalidünger sowie Kalk eingebracht.
Falls notwendig, sollen auf Kolchosen und Sowchosen öffentliche Gemüsegärten angelegt werden, um unter besonderer Aufsicht durch Fachleute dieser Wirtschaften Kartoffeln, Gemüse und andere Produkte anbauen zu können. Für das Weiden von privatem Vieh werden ständige Weideplätze zur Verfügung gestellt, auf denen umfangreiche Maßnahmen zur Reduzierung der Futterkontamination im kommenden Jahr durchzuführen sind.
Um unbelastete Viehzuchtprodukte in der kommenden Winterzeit herzustellen, werden z.Z. die von der Bevölkerung angelegten Grobfutterreserven auf ihre Strahlenbelastung untersucht. Falls notwendig, werden diese durch Futter ausgetauscht, in dem die Grenzwerte für Radionuklide eingehalten werden. Gleichzeitig wird es notwendig sein, der Bevölkerung mehr Konzentratfutter zu verkaufen.
Falls diese Maßnahmen in den einzelnen Wirtschaften nicht möglich sein sollten, wird es für sinnvoll gehalten, vorübergehend das Milchvieh zu vergesellschaftlichen und die Bevölkerung mit angelieferter Milch und Milchprodukten zu versorgen.
Je nach örtlichen Bedingungen werden private Wirtschaften größtenteils auf die Produktion von Fleisch, Eiern, Kartoffeln, den Anbau von Getreide und Futterkulturen, die geeignet für die Viehmast sind, orientiert.
Landflächen mit einer Bodenkontamination über 40 Ci/km² durch Cäsium-137 umfassen 150.000 ha. Da die Strahlenbelastung für Menschen sehr hoch und es nicht möglich ist, geeignete Produkte herzustellen, ist hier keine landwirtschaftliche Produktion geplant. Die auf manchen Landflächen eingebrachte Ernte an Getreide und Grobfutter wird für die Mast von speziell zu diesem Zweck bereitgestellten jungen Rindern genutzt, die in der zweiten Jahreshälfte 1987 zu schlachten sind.Es ist vorgesehen, in diesen Gegenden ein staatliches Waldschutzgebiet zu gründen.
Um die richtige Einteilung und rationelle Nutzung von Arbeitskräften festzulegen, um die Abnahme, Lagerung und Verarbeitung von landwirtschaftlichen Produkten zu gewährleisten, ist im Staatlichen Komitee für Landwirtschaft der UdSSR eine Sonderkommission gegründet worden, die mit der Erarbeitung eines Planes für die Landwirtschaft der nahen Zukunft im Hinblick auf die radiologischen Prognosen 1. Oktober d.J. beauftragt wurde.

Um die Arbeit der radiologischen Behörde des Staatlichen Komitees für Landwirtschaft zu verbessern und kurzfristig über Fragen der Kontrolle und des Strahlenschutzes zu entscheiden, ist vorgesehen, das Personal aus- und weiterzubilden.
Im Hinblick auf das Ausmaß der Strahlenbelastung und die lange Dauer einer komplizierten Strahlensituation haben das Staatliche Komitee für Landwirtschaft der UdSSR und die Allunionsakademie für Landwirtschaft ein Programm wissenschaftlicher Untersuchungen erarbeitet, das in den Allunionsplan für die Koordination von Aktivitäten der Ministerien und Behörden aufgenommen wird.
Um Voraussetzungen für den ungefährdeten Aufenthalt der Bevölkerung und für die landwirtschaftliche Produktion zu schaffen, verordnete das Staatliche Komitee für Landwirtschaft der UdSSR (am 12. August), entsprechende Maßnahmen je nach Belastungsgrad der Wirtschaftsflächen.
Vor Ort wurden Gruppen von qualifizierten Fachleuten entsandt, um praktische Unterstützung bei der Durchführung dieser Maßnahmen zu leisten.
(Unterschriften sind nicht lesbar)

An Genossen Ryshkow N.I. *Geheim*

Am 20. August d.J. fand im ZK der KPdSU eine Tagung führender Wissenschaftler und Fachleute statt, in der die Arbeiten und möglichen Maßnahmen zur Erhöhung der Effektivität der Dekontamination des KKW Tschernobyl und der Landflächen, die radioaktiv verseucht sind, beraten wurden. Alle waren sich einig, daß die Aktivitäten, die durch den entsprechenden Beschluß des ZK der KPdSU und des Ministerrates der UdSSR festgelegt wurden, richtig sind. Der Umfang der erbrachten Leistungen entspricht den Aufgaben. Der Grad der Dekontamination von Innenräumen des Kernkraftwerkes sowie der von einzelnen Landflächen und Ortschaften ist befriedigend.
In der Tagung wurde eine Reihe von Fragen aufgeworfen, die zu untersuchen sind und Entscheidungen erfordern. Davon sind folgende von besonderer Wichtigkeit.
1. Notwendigkeit, das Koordinierungssystem der beteiligten Ministerien und Behörden im KKW Tschernobyl sowie in hochbelasteten Zonen zu vervollkomnen.
Allgemeine Ansicht ist, daß sich das bestehende Koordinierungssystem, in dem die Regierungskommission jeden Monat ausgetauscht wird, überlebt hat. Es ist ein ständiges Organ notwendig, das Verantwortung für die Erfüllung der Aufträge trägt.
Es wird vorgeschlagen, ein ständiges Regierungsorgan mit kleinerem Apparat zur Koordination der Ministerien der Republiken zu gründen. Dieses Organ hat ein stellvertretender Vorsitzender des Ministerrates der UdSSR bzw. ein Sonderbevollmächtigter der Regierung zu leiten. Seine Verordnungen sind für die Republiken, Ministerien und alle in der Sonderzone tätigen Organisationen verbindlich. Dieses Organ hat eng mit dem Büro für den treibstoffenergetischen Komplex sowie mit den Republiken zusammenzuarbeiten.
Man könnte die Genossen Dolgich W.I., Schtscherbina B.J., Achromejew S.F. mit der Vorbereitung von Vorschlägen dazu beauftragen.
2. Erarbeitung und Realisierung von Maßnahmen zur aktiveren Bindung von Radionukliden an den Punkten, wo der radioaktive Fallout niederging, und zur Verhütung ihrer Verbreitung über große Entfernungen.

Dieses Problem bleibt in Zusammenhang mit der Gefahr, daß die Landflächen erneut bei starkem Wind und anderen Erscheinungen verseucht werden können, nach wie vor eines der wichtigsten. Falls das passiert, können Regionen, in denen zur Zeit die Strahlenbelastung normal ist, zu Zonen mit gefährlicher Strahlenwirkung werden. Mittel zur Lösung dieser Aufgabe, sind in bestimmtem Maße vorhanden. Das ist vor allem die Komplexverbindung „Minwus 1". Die durchgeführten Tests mit dieser Suspension ergaben eine hohe Effektivität und Umweltfreundlichkeit. Sie bildet auf belasteten Oberflächen einen Film, der vom Regen nicht weggespült wird und jahrelang erhalten bleibt und das Pflanzenwachstum auf landwirtschaftlichen Nutzflächen nicht stört, sondern zum Wachstum beiträgt.
Mit der Erarbeitung von Vorschlägen zu dieser Frage sind die Genossen Achromejew S.F., Sisenko J.I., Lukonin N.F., Kabanow W.A. zu beauftragen.
3. Die Arbeit an der selektiven Befreiung der Objekte und der Umwelt von besonders gefährlichen langlebigen Radionukliden.
Die Fachleute sind der Meinung, daß in einzelnen Fällen spezielle Dekontaminationen von entsprechenden Isotopen notwendig sind. Man muß daher auf das Wegspülen verzichten und auf Verfahren wie Flotation, Adsorbtion u.ä. übergehen. Bestimmte Erfahrungen bestehen bei wissenschaftlichen Organisationen der Akademie der Wissenschaften der UdSSR, des Ministeriums für mittleren Maschinenbau sowie anderen Ministerien. Mit diesem Auftrag sind entsprechende Institute zu beauftragen.
Diese Arbeit könnten die Genossen Alexandrow A.P., Legassow W.A. und Rjabew L.D. übernehmen.
4. Entwicklung von technischen Mitteln zur Dekontamination der Oberfläche von Gebäuden und Anlagen.
Zur Zeit haben wir keine technischen Mittel zur Bearbeitung von Hochbauten und -anlagen. Das Militär bereitet Vorschläge dazu vor.
Diese Vorschläge untersuchen und Vorschläge über die Organisation ihrer Herstellung könnten die Genossen Silajew I.S., Achromejew S.F., Rjabew L.D. und Lukonin J.A. machen.
5. Organisation eines einheitlichen Systems zur operativen Strahlenüberwachung der belasteten Regionen, einschließlich der Objekte des KKW Tschernoybl.
Die Strahlenbelastung verändert sich in diesen Regionen ständig. Zur Zeit funktioniert auf dem KKW-Gelände ein automatisches System, während außerhalb des KKW-Geländes die Daten nur noch zeitweise überwacht werden. Sie werden durch die Überwachungsbehörde des Militärs vorgelegt, sowie durch die des Staatlichen Komitees für Hydrometeorologie. Nachdem sich das Militär aus manchen Rayons zurückzieht, kann dieses System verlorengehen.
Es ist notwendig, ein einheitliches System zur automatischen Überwachung der Strahlenbelastung der gesamten Landfläche zu schaffen, in dem alle Daten zusammenfließen.
Mit Vorbereitungen zu dieser Frage könnte man die Genossen Schtscherbina B.J., Israel J.A., Pikalow W.K., Lukonin J.A. und Rjabew L.D. beauftragen.
6. Es sind zusätzliche Maßnahmen zur Intensivierung der Dekontaminationsarbeiten erforderlich, und zwar:
a) am Energieblock Nr. 3 des KKW Tschernobyl;
b) an der Eisenbahnstrecke auf dem KKW-Gelände;
c) an Baumaschinen und Transportmitteln auf der Baustelle;
d) an landwirtschaftlichen Geräten, die sich in der „Roten Zone" befinden.
7. Es sind die vom Staatlichen Komitee für Landwirtschaft der UdSSR zum Umpflügen von Kulturland in der „Roten Zone" eingesetzten Betriebe mit Spezialkleidung und individuellen Strahlenschutzmitteln auszustatten.
Genossen Achromejew S.F. und Murachowskij W.S.: Frist bis 15. September 1986.

8. Das Staatliche Komitee für Hydrometeorologie ist zu beauftragen, das Auswaschen von Isotopen aus dem Boden zu untersuchen und diese Untersuchungen bis zum 15. September d.J. abzuschließen.
9. Es sind Vorschläge vorzubereiten, im Bereich des Ministeriums für Atomenergiewirtschaft im KKW Tschernobyl eine spezielle Dienststelle zu gründen, die die Quellen der radioaktiven Belastung untersuchen und lokalisieren soll, die nach Abschluß der Dekontamination entdeckt werden.
Verantwortlich sind die Genossen Schtscherbina B.J., Sidorenko W.A. und Lukonin N.F.
Frist bis 20. September 1986.

Zum Punkt 6 des Protokolls Nr. 32 *Geheim*

An den Vorsitzenden des Ministerrates der UdSSR
Genossen Ryshkow N.I.

Gemäß den Empfehlungen der Operativen Gruppe des Politbüros des ZK der KPdSU vom 1. August 1986 Nr. 345-20 ist vorgesehen, umfangreiche Maßnahmen zur Beseitigung der Folgen der radioaktiven Belastung einzelner Rayons im Gebiet Brjansk durchzuführen.
Um Partei- und Sowjetbehörden operative Unterstützung zu leisten, weilten im Gebiet Brjansk im Zeitraum vom 04.08. bis 11.08. d.J. der Stellvertretende Vorsitzende des Ministerrates der RSFSR Tabejew F.A., leitende Mitarbeiter des Gesundheitsministeriums der RSFSR sowie einer Reihe anderer Ministerien und Behörden der RSFSR.
Mit der Führung der Republik wurde ein Maßnahmeplan, der auf der gemeinsamen Sitzung des Büros des Parteikomitees Brjansk und des Gebietsexekutivkomitess diskutiert und angenommen wurde.
Zur Erfüllung der festgelegten Maßnahmen wurden im Zeitraum vom 6. bis 8. August die Einwohner der Ortschaften Nizhnjaja Melniza, Progreß, Knjasewschtschina, Barssuki im Rayon Krasnogorsk (75 Familien) evakuiert.
Die Arbeit am Ausbau der Dörfer, von Wohnhäusern und Straßen wurde aufgenommen. Besondere Aufmerksamkeit gilt dem Rayon Krasnogorsk, in dem sich Ortschaften mit einer Kontamination über 40 Ci/km^2 befinden. Dazu wurden 150 Fertighäuser, die notwendige Zahl von Straßenbau-, Transport- und Lademaschinen, sowie Baustoffe bereitgestellt.
Wichtig waren Fragen zur Organisation der Verpflegung der Bevölkerung in den Rayons mit der höchsten Kontamination.
Dem Gebiet Brjansk wurden in der zweiten Jahreshälfte zusätzlich entsprechende Mengen Fleisch, Milch und anderer Lebensmittel bereitgestellt.
Der Bau von 27 gastronomischen Einrichtungen wurde beschlossen. Staatlichen Handelskooperativen sowie gastronomischen Einrichtungen wurden Verkaufs-LKWs, LKWs mit Kühlcontainern, LKWs für den Brottransport, Kühl- und Handelsausstattungen in entsprechender Menge bereitgestellt.

Zum Punkt 7 des Protokolls Nr.32 *Geheim*

An die Operative Gruppe des Politbüros des ZK der KPdSU über Fragen in Zusammenhang mit der Beseitigung der Folgen des Reaktorunfalls im KKW Tschernobyl
Genossen Ryshkow N.I.

21.08.86

Hiermit erstatten wir Bericht über die Erörterung der Bitte des Ministerrates der Belorussischen SSR bezüglich der zusätzlichen Bereitstellung von Dosismeßgeräten für die Arbeit an der Beseitigung der Folgen des Reaktorunfalls im KKW Tschernobyl sowie der Bitte des Ministerrates der Georgischen SSR bezüglich des Einkaufs von Strahlenmeß- sowie Kontroll- und Forschungsgeräten (Auftrag der Operativen Gruppe des Politbüros des ZK der KPdSU vom 13. August 1986, Protokoll Nr. 31, Punkte 6 und 7).

Die vom Ministerrat der Belorussischen SSR vorgelegte Frage wurde am 15. August d.J. in Minsk unter Beteiligung von verantwortlichen Vertretern des Ministeriums für mittleren Maschinenbau, vom Staatlichen Komitee für Handel der UdSSR und der BSSR, der Staatlichen Komitees für Landwirtschaft der UdSSR und der BSSR, vom Gesundheitsministerium der BSSR und dem Stab für Zivilverteidigung der BSSR erörtert. Im Protokoll der Tagung wird darauf hingewiesen, daß die Anzahl der Strahlen- und Dosismeßgeräte für den Bedarf der Republik im Jahr 1986, mit Ausnahme der Geräte für die spezifische Beta-Aktivität-Überwachung der Lebensmittel, ausreichend ist. Es wurde entschieden, der Belorussischen SSR für das Jahr 1986 zusätzlich 30 Strahlenmeßgeräte RKB-4-1eM, 40 Strahlenmeßgeräte KRWP-3AB und ein Set des Geräts MSG-01 bereitzustellen, das für die Untersuchung strahlenbelasteter Menschen bestimmt ist.

Dem Staatlichen Komitee für Handel der BSSR wurde aufgetragen, bis 15. September 1986 eine präzisierte Bedarfsliste der Belorussischen SSR für Dosis- und Strahlenmeßgeräte für 1987 unter Berücksichtigung der Änderungen der Strahlensituation vorzulegen.

Der Ministerrat der Georgischen SSR geht davon aus, daß es notwendig ist, eine radiologische Untersuchung Westgeorgiens unter Einsatz von Importgeräten durchzuführen. Die Bearbeitung dieser Frage ergab, daß genannte Untersuchungen auch mit Geräten durchgeführt werden können, die die einheimische Industrie herstellt.

Zur Präzisierung der Bestellung der Georgischen SSR von Strahlenmeß-, Hilfskontroll- und Forschungsgeräten wurde die Leitung des wissenschaftlichen Forschungsinstituts für landwirtschaftliche Radiologie des Staatlichen Komitees für Landwirtschaft der Georgischen SSR eingeladen.

Erster Stellvertreter des Ministers für mittleren Maschinenbau
L.D. Rjabew
Erster Stellvertreter des Ministers für Kommunikationsmittel
W.A. Kripajtis
Stellvertreter des Vorsitzenden des Staatlichen Komitees für Handel der UdSSR
S.S. Winogradow

An die Operative Gruppe des Politbüros des ZK der KPdSU zu Fragen in Zusammenhang mit der Beseitigung der Folgen des Reaktorunfalls im KKW Tschernobyl

Staatliches Komitee für Landwirtschaft der UdSSR *Geheim*
Moskau

Zur Nutzung von durch radioaktive Stoffe belastetem Fleisch

Bei der Verarbeitung von Vieh aus der Zone, die im Bereich des Fallouts des KKW Tschernobyl liegt, enthält ein Teil des Fleisches radioaktive Stoffe in einer Menge, die über dem Grenzwert liegt.
In den Kühllagern der fleischverarbeitenden Industrie befinden sich aus einer Reihe von Gebieten der Belorussischen SSR, der Ukrainischen SSR und der Russischen Föderation ca. 10.000 t Fleisch mit einer Kontamination von 1,1 x 10^{-7} Ci/kg bis 1,0 x 10^{-6} Ci/kg. Von August bis Dezember d.J. hat man mit weiteren 30.000 t solchen Fleisches zu rechnen.
Um der hohen Aufnahme radioaktiver Stoffe beim Verzehr kontaminierter Lebensmittel vorzubeugen, empfiehlt das Gesundheitsministerium der UdSSR, das kontaminierte Fleisch im Land zu verteilen und es für die Herstellung von Würsten, Konserven und halbfertigen Fleischprodukten im Verhältnis 1 zu 10 mit normalem Fleisch zu verwenden.
Das Staatliche Komitee für Landwirtschaft der UdSSR hat entsprechende Anweisungen, die mit dem Gesundheitsministerium der UdSSR abgestimmt wurden, erarbeitet und verabschiedet. Es sind Maßnahmen zur Strahlenüberwachung vorgesehen, die es ermöglichen, Fleischprodukte in den festgelegten Grenzwerten herzustellen.
Die Ministerräte der Belorussischen SSR und der Ukrainischen SSR stellten die Bitte, kontaminiertes Fleisch in andere Regionen des Landes ausführen zu dürfen.
Das Staatliche Komitee für Landwirtschaft der UdSSR unterstützt diese Bitte. Um dieses Fleisch entsprechend den Forderungen des Gesundheitsministeriums der UdSSR unter Berücksichtigung seiner zehnfachen Vermengung mit unbelastetem Fleisch zu verarbeiten, ist es notwendig, die Verarbeitung in den Fleischfabriken der Russischen Föderation (außer Moskau), Moldawiens, der transkaukasischen Republiken, des Baltikums, Kasachstans und Mittelasiens zu organisieren.
Ich bitte um Zustimmung.
Vorsitzender
W.S. Murachowskij

Kopie
Für den Dienstgebrauch
An den Vorsitzenden des Ministerrates der BSSR
Genossen Kowaljow M.W.

Am 1. August 1986 trat auf dem ganzen Territorium der UdSSR eine Verordnung für den zulässigen Grenzwert des Gehaltes von radioaktiven Stoffen in Milch in Kraft, das 1 x 10^{-8} Ci/l beträgt (WDU Nr. 129 DSP vom 30. Mai 1986).
In einzelnen Rayons der Belorussischen SSR enthält die Milch immer noch radioaktive Stoffe in Höhe von 1 x 10^{-7} Ci/l und stabilisiert sich nicht auf der Ebene der eingeführten Verordnung, was die kontinuierliche Versorgung der Bevölkerung dieser Rayons erschwert.

In Hinblick auf die hohen Aufnahmemengen radioaktiver Stoffe durch Milch im Verhältnis zur Gesamtjahresaufnahme radioaktiver Stoffe beim Verzehr anderer Nahrungsmittel erlaube ich hiermit, die Einführung der genannten Verordnung bis 1. November 1986 zu verschieben.
In diesem Zusammenhang wurden das Staatliche Komitee für Landwirtschaft der BSSR (Chussainow J.M.) und der Staatliche Sanitätschefarzt der BSSR (Kondrussew A.R.) beauftragt, innerhalb dreier Tage konkrete Gebiete zu bestimmen, in denen die Einführung der Verordnung bis zum genannten Termin verschoben werden kann.
Kindereinrichtungen sind in diesen Rayons mit Milch zu versorgen, die der geltenden Verordnung entspricht.
Die in diesen Rayons hergestellten Produkte sind nicht exportgeeignet.
P.N. Burgassow

An das Sekretariat des Obersten Sowjets *Geheim*
Unterliegt der Rückgabe an den Sondersektor der Geschäftsführung des Ministerrates der UdSSR

Protokoll Nr. 33
der Sitzung der Operativen Gruppe des Politbüros des ZK der KPdSU zu Fragen im Zusammenhang mit der Beseitigung der Folgen des Reaktorunfalls im KKW Tschernobyl

5. September 1986

1. Zu Beschlußentwürfen über die Arbeitsplatzbeschaffung für die umgesiedelte Bevölkerung in einigen Rayons der Gebiete Mogiljow, Gomel, Brjansk und Kiew, deren Wohnungsversorgung, materiellen Schadenersatz sowie über andere soziale Fragen.
Die vom Genossen Batalin entsprechend dem Auftrag der Operativen Gruppe vorgelegten Beschlußentwürfe zu den genannten Fragen werden allgemein gebilligt.
Der Genosse Batalin wird beauftragt, die genannten Entwürfe unter Berücksichtigung des Meinungsaustauschs auf dieser Sitzung zu vervollkommnen und zwar:
— es wird beschlossen, daß die Kompensation des materiellen Schadens gegenüber der Bevölkerung, die aus den im Anhang 2 genannten Ortschaften umgesiedelt wurde, entsprechend dem Beschluß des ZK der KPdSU und des Ministerrates der UdSSR vom 20. Juni 1986 zu erstatten ist;
— es wird präzisiert, daß die Auszahlung der Geldunterstützung an die Bevölkerung aus Ortschaften, in denen der Verzehr von Lebensmitteln aus eigener Produktion eingeschränkt wird, nur bis zur Wiedereinsetzung normaler Strahlenbelastung erfolgen wird;
— aus dem Entwurf wird der Anhang Nr. 5 und die damit zusammenhängenden Fragen gestrichen. Sie werden, falls notwendig, separat erörtert.
Die überarbeiteten Entwürfe werden am 14. August bei der Operativen Gruppe zur weiteren Vorlage beim Politbüro des ZK der KPdSU vorgelegt.
2. Zum Bauort einer neuen Siedlung für den ständigen Aufenthalt der Mitarbeiter des KKW Tschernobyl und ihrer Familien.
Die Mitteilung der Genossen Israel, Burenkow und Achromejew zu dieser Frage wird zur Kenntnis genommen. (Anhang).
Die Operative Gruppe weist darauf hin, daß die Regierungskommission (Schtscherbina) die Erarbeitung der Vorschläge über den Bau einer neuen Siedlung für die Mitarbeiter des Kernkraftwerkes und ihrer Familien in die Länge gezogen hat und nicht einsieht, daß zusätzliche Schwierigkeiten mit der Einstellung des KKW-Personals entstehen können.

Der Regierungskommission (Schtscherbina), dem Ministerrat der Ukrainischen SSR (Ljaschko), dem Ministerium für Energiewirtschaft der UdSSR (Majorez), dem Ministerium für Atomenergie (Lukonin), dem Staatlichen Komitee für Hydrometeorologie der UdSSR (Israel), dem Gesundheitsministerium der UdSSR (Burenkow) und der Akademie der Wissenschaften (Alexandrow) wird aufgetragen, alle Fragen des Baus der neuen Siedlung zu untersuchen, über die Ergebnisse ist die Operative Gruppe bis zum 1. September zu informieren.
Es ist davon auszugehen, daß die Projektierungsarbeiten für den Bau der Siedlung unverzüglich aufzunehmen sind und daß die Strahlenbelastung zum Zeitpunkt ihrer Besiedlung den Kriterien zu entsprechen hat, die für ähnliche Siedlungen beim normalen Betrieb eines KKW gelten.
3. Zum Truppeneinsatz bei den Aktivitäten zur Beseitigung der Folgen des Reaktorunfalls im KKW Tschernobyl im Zeitraum Herbst/Winter.
Die Operative Gruppe hält es für möglich, dem Vorschlag des Verteidigungsministeriums der UdSSR (Sokolow) zuzustimmen, die Stärke der Truppen, die bei den Arbeiten an der Beseitigung der Folgen des Reaktorunfalls im KKW Tschernobyl eingesetzt sind, um ca. 30% zu reduzieren.
Genosse Achromejew hat im Hinblick auf die jetzige Entscheidung dafür zu sorgen, daß die Truppen im Zeitraum Herbst/Winter und Frühjahr 1987 das volle Ausmaß der Arbeit an der Dekontamination des KKW und der belasteten Ortschaften, in denen Menschen wohnen, erfüllt sowie am Bau der Wasserschutzanlagen, an der Strahlenerkundung und Überwachung der Strahlenbelastung arbeitet.
4. Zum Besuch der Zone des KKW Tschernobyl und einer Reihe von Rayons in den Gebieten Kiew und Gomel am 8./9. August 1986 durch die Genossen Ryshkow N.I. und Tschebrikow W.M.
Die Information der Genossen Ryshkow N.I. und Tschebrikow W.M. zu dieser Frage wird zur Kenntnis genommen.
Die Regierungskommission, Ministerien und Behörden haben die Überlegungen, die dieser Bericht enthält, in ihrer weiteren Arbeit zur Beseitigung der Folgen des Reaktorunfalls im KKW Tschernobyl zu berücksichtigen.
5. Zur Vorbereitung der Vorschläge zum Schutz der Wasserressourcen in den Gebieten Brjansk der RSFSR und Gomel der BSSR.
Das Staatliche Komitee für Hydrometeorologie der UdSSR (Israel) wird beauftragt, die mögliche Abflußmenge belasteten Wassers von einem Teil der Gebiete Brjansk der RSFSR und Gomel der BSSR zu berechnen, durch die die Flüsse Iput und Besed (Nebenflüsse des Sozh) strömen, und entsprechende Vorschläge vorzulegen.
6. Zur Lieferung von Dosismeßgeräten an die Belorussische SSR. *Streng geheim*
In Zusammenhang mit der Bitte des Ministerrates der Belorussischen SSR nach zusätzlicher Bereitstellung von Dosismeßgeräten für die Arbeit an der Beseitigung der Folgen des Reaktorunfalls im KKW Tschernobyl werden dem Ministerium für mittleren Maschinenbau der UdSSR (Rjabew), dem Ministerium für Kommunikationsmittel der UdSSR (Perwyschin), dem Staatlichen Komitee für Handel der UdSSR (Woronin) und der Staatlichen Plankommission der UdSSR (Smyslow) aufgetragen, diese Frage zu erörtern, notwendige Maßnahmen zu ergreifen und über deren Ergebnisse die Operative Gruppe im Laufe einer Woche zu informieren (Schreiben des Ministerrates der BSSR vom 07.08.86 und des Ministeriums für mittleren Maschinenbau vom 12.08.86 liegen bei).

Streng geheim

7. Zur Lieferung von Strahlenmeß-, Kontroll- und Forschungsgeräten an die Georgische SSR.
In Zusammenhang mit der Bitte des Ministerrates der Georgischen SSR nach dem Einkauf von Strahlenmeß-, Kontroll- und Forschungshilfsgeräten werden das Staatliche Komitee für Handel der UdSSR (Woronin) und das Ministerium für mittleren Maschinenbau (Slawskij) beauftragt,

diese Frage gemeinsam mit dem Ministerrat der Georgischen SSR zu erörtern und die Operative Gruppe im Laufe einer Woche darüber zu informieren (Schreiben des Ministerrates der Georgischen SSR vom 05.08.86 liegt bei).

8. Zum französischen Angebot, zur vorübergehenden Nutzung einen Waggon bereitzustellen, der mit Geräten für umfassende Strahlungsganzkörpermessung ausgestattet ist.

Dem Vorschlag des Genossen Burenkow wird zugestimmt (Anhang). Es wird jedoch darauf hingewiesen, daß der Betrieb dieses Waggons von sowjetischen Fachleuten zu erfolgen hat.

Das Außenministerium der UdSSR (Petrowskij) hat den sowjetischen Vertreter in Genf über die angenommene Entscheidung zu informieren.

9. Zur Durchführung einer Pressekonferenz, auf der Journalisten mit dem Inhalt des Berichtes über die Ursachen und Folgen des Reaktorunfalls im KKW Tschernobyl bekannt gemacht werden sollen, der bei der IAEA vorgelegt wurde.

Dem Vorschlag des Außenministeriums der UdSSR (Petrowskij) wird zugestimmt, in Moskau die Pressekonferenz am 22. August durchzuführen. Mit der Durchführung der Pressekonferenz werden die Genossen Petrosjanz, Legassow, Israel, Schtschepin und Gerassimow beauftragt.

N. Ryshkow

Zum Punkt 2 des Protokolls Nr. 33 *Geheim*

Ukrainische Sowjetische Sozialistische Republik
Ministerrat

An den Vorsitzenden des Ministerrates der UdSSR *Nr. C-271*
Genossen Ryshkow Nikolaj Iwanowitsch *1. September 1986*

Zum Standort der Siedlung für die Mitarbeiter des KKW Tschernobyl und ihre Familien
Auftrag der Operativen Gruppe des Politbüros des ZK der KPdSU vom 13. August d.J., Protokoll Nr. 31

Der Ministerrat der Ukrainischen SSR hat alle möglichen Varianten des Bauortes einer neuen Siedlung für die Mitarbeiter des KKW Tschernobyl und ihre Familien untersucht und hält für sinnvoll, sie bei dem Dorf Nedantschitschi, Gebiet Tschernigow, 40 km östlich vom KKW Tschernobyl und 45 km von der Stadt Tschernigow entfernt, unmittelbar an der Eisenbahnstrecke Tschernigow-Owrutsch, zu errichten.

Dabei wurde berücksichtigt, daß für den genannten Zweck 500 ha unfruchtbares Land genutzt werden. Die Anlieferung von Baumaterialien sowie die spätere Anreise des Personals wird per Bahn erfolgen. Nach Überschlagsrechnungen wird es allein für den Bau von Wohnhäusern mit insgesamt 400.000 Quadratmeter erforderlich sein, ca. 900.000 t Baumaterial sind zu liefern. Die Zulieferung per Auto würde für jede Tonne Masse doppelt soviel kosten wie mit der Eisenbahn. Beim Eisenbahntransport kann auch auf den sonst notwendigen Transit- und Umladeplatz bei Kiew verzichtet werden. Andere in der Nähe des KKW Tschernobyl liegende Bauorte, die günstig in Bezug auf die Strahlung sind, besitzen keinen Eisenbahnanschluß.

Ein wichtiger Umstand besteht ebenfalls in der in diesem Fall bestehenden Möglichkeit für den Ablauf der gereinigten Abwässer der neuen Siedlung beim Dorf Nedantschitschi (ca. 20.000 Kubikmeter pro Tag) in den Dnjepr stromaufwärts vom Stausee Kiew, was in beträchtlichem Maße seine natürliche Reinigung gewährleisten kann.

Im Hinblick auf das Schichtverfahren der Arbeit im KKW Tschernobyl halten wir es für sinnvoll, eine Siedlungsstruktur festzulegen, die sich von den bestehenden Siedlungen unterscheidet und zu 50 bis 60% aus niedrigen Wohnhäusern mit den dazugehörenden Wohnungs- und Hausgrundstücken besteht.
Die Nähe der neuen Siedlung zur Stadt Tschernigow ermöglicht es, die Familienmitglieder der Energiearbeiter einzustellen.
Für die Erschließung des Baugeländes beim Dorf Nedantschitschi wird es notwendig sein, eine Autostraße zum KKW Tschernobyl mit Brücken über die Flüsse Dnjepr und Pripjat zu verlegen.
Nach Angaben des Gesundheitsministeriums der Ukrainischen SSR, des Staatlichen Komitees für Hydrometeorologie der Ukrainie und des Stabs für Zivilverteidigung der Ukrainischen SSR ist die Strahlensituation am Dorf Nedantschitschi zur Zeit am günstigsten.
Um endgültig darüber zu entscheiden, halten wir wir es für notwendig, durch eine Kommission der beteiligten Ministerien und Behörden den Bauplatz zu analysieren und danach ein technisch-wirtschaftliches Konzept zu erarbeiten.
Vorsitzender des Ministerrates der Ukrainischen SSR
A. Ljaschko

Zum Punkt 2 des Protokolls Nr. 33 *Geheim*
Ex. Nr. 1

Ministerrat der UdSSR

Zum Bauort der neuen Siedlung für den ständigen Aufenthalt des Personals des KKW Tschernobyl und seiner Familienmitglieder

Entsprechend dem Auftrag der Operativen Gruppe des Politbüros des ZK der KPdSU vom 13. August 1986 „Zum Bauort der neuen Siedlung für den ständigen Aufenthalt des Personals des KKW Tschernobyl und seiner Familienmitglieder“ haben das Energieministerium der UdSSR und das Atomenergieministerium der UdSSR mögliche Orte einer neuen Siedlung für das KKW-Personal und dessen Familienmitglieder untersucht und teilen folgendes mit: Bei der Untersuchung der Standorte für den Bau der genannten Siedlung wurde berücksichtigt, daß die Strahlensbelastung zum Zeitpunkt der Besiedlung den Schutzanforderungen zu entsprechen hat, die für ähnliche Siedlungen beim normalen KKW-Betrieb festgelegt sind. Dosisbelastungen sollen für die dort wohnenden Menschen nicht über dem Grenzwert von 0,5 rem/Jahr liegen. Es wurde ebenfalls berücksichtigt, daß die Dosisbelastung für das Personal des KKW Tschernobyl für die Summe aus dessen Arbeits-, Reise- und Aufenthaltszeit in der Siedlung nicht über dem Grenzwert von 5 rem/Jahr zu liegen hat. Es wurde auch die Notwendigkeit berücksichtigt, daß ein stabiles Arbeitskollektiv auf viele Jahre geschaffen werden muß. Transportwege, die Verkehrsunfallrate und die Dauer der An- und Abreise des Personals sind hinsichtlich möglicher Veränderungen der Strahlenbelastung infolge der Übertragung von Radioaktivität durch Staub zu berücksichtigen. Es wurde die Möglichkeit des Verzehrs von Nahrungsmitteln aus eigener Produktion und die Organisation eigener Wirtschaften für die Bewohner der Siedlung sowie die Bereitstellung von Datschagrundstücken überlegt. Bei der Auswahl des zu empfehlenden Standortes wurden die Kosten für den Investitionsbau und die Betriebskosten für den Transport des Personals miteinkalkuliert.
Die Analyse der Veränderungen der Strahlenbelastung auf den Landflächen, die bei den Ortschaften in den Gebieten Kiew (Seljonyj Mys, Dymer, Termachowka, Bogdany, Polesskoje und Iwankow), Tschernigow (Nedantschitschi) und Gomel (Bragin und Chojniki) liegen, sowie die

zu erwartenden Dosen der Innen- und Außenbelastung der Bevölkerung in den Orten der möglichen Unterbringung der Siedlung für das KKW ergaben nach Angaben des Staatlichen Komitees für Hydrometeorologie der UdSSR und des Instituts für Biophysik des Gesundheitsministeriums der UdSSR, daß den Anforderungen der Normen für die Strahlensicherheit der Bevölkerung im dritten Jahr nur die Landflächen entsprechen, die bei den Ortschaften Dymer, Termachowka, Iwankow und Nedantschitschi liegen.
Die Ortschaft Dymer wurde abgelehnt, weil sie keine wesentlichen Vorteile gegenüber den Ortschaften Termachowka und Iwankow hat; weiterhin gibt es Bedenken, daß es nicht möglich sein wird, eine stabile Belegschaft wegen der Nähe zur Stadt Kiew zu schaffen aber auch wegen unzulässiger Entfernung vom KKW Tschernobyl.
Die Ortschaften Termachowka und Iwankow unterscheiden sich voneinander im wesentlichen durch die Strahlenbelastungen, wobei Termachowka vorteilhaft im Hinblick auf die Strahlenbelastung für das KKW-Personal ist. Nach anderen Kriterien sind die Ortschaften praktisch gleichwertig und können daher gemeinsam erörtert werden.
Die genannten Ortschaften haben eine Reihe von entscheidenden Nachteilen im Vergleich zu der favorisierten Ortschaft Nedantschitschi.
Trotz der Tatsache, daß die Strahlenbelastung in der Ortschaft Nedantschhitschi etwas höher ist als in der Ortschaft Termachowka (Anhang 1), kann man annehmen, daß bei dem vorherrschenden Nordwestwind der Rückgang der Strahlenbelastung infolge Staubübertragung in Termachowka weniger intensiv sein wird als in Nedantschitschi.
Das Fehlen von ausgebauten Verkehrsverbindungen zwischen Termachowka (Iwankow) und dem KKW Tschernobyl wird den Bau einer Autostraße der Kategorie I zwischen diesen Ortschaften für den Transport des KKW-Personals erforderlich machen. Gleichzeitig wird es beim Bau der Siedlung in Nedantschitschi nur noch erforderlich sein, die Anschlüsse an die bestehende Eisenbahnstrecke Nedantschitschi-Jakow provisorisch zu rekonstruieren sowie eine Reserveautostraße der Kategorie III mit zwei Brücken über den Fluß Dnjepr und den Fluß Pripjat zu bauen. Der Eisenbahntransport des Personals wird die Sicherheit und Zuverlässigkeit der Reisen bedeutend erhöhen, insbesondere im Zeitraum Herbst/Winter. Die Reserveautostraße wird nur noch für den Personentransport zur Durchführung von Notarbeiten im KKW erforderlich sein. Die hohe Sicherheit des Eisenbahntransports wird die Reisezeit des Personals reduzieren und ist im Vergleich zum Autotransport die kürzeste aller Varianten.
Die Einschätzung der Kosten für den Bau der Siedlung sowie der Betriebskosten im Hinblick auf den Transport des Personals (Anhang 2) spricht ebenfalls für die Ortschaft Nedantschitschi im Vergleich zu Termachowka und Iwankow.
Ausgehend von den oben genannten Faktoren und sozialökologischen Aspekten schlagen das Energieministerium der UdSSR und das Atomenergieministerium der UdSSR vor, die Siedlung für den ständigen Aufenthalt des Personals des KKW Tschernobyl am Dorf Nedantschitschi im Gebiet Tschernigow unterzubringen.
Anhang: auf einer Seite, *geheim*, mk. Nr. 949 c., auf 3 Seiten nicht geheim.

Minister für Energie und Elektrifizierung der UdSSR
A.I. Majorez
Minister für Atomenergiewirtschaft der UdSSR
N.F. Lukonin

Zum Punkt 2 des Protokolls Nr. 33 *Geheim*

Ex. Nr. 1

Die zu erwartenden Dosen der inneren und äußeren Belastung in den möglichen Standorten für die Siedlung des KKW Tschernobyl

	Stadt Kiew		Gebiet Tschernigow	
	Dymer	Iwankow	Termachowka	Nedantschitschi
Entfernung vom KKW (direkt) in km	68	52	50	38
Summe der Außen- und Innenbelastung in rem/Jahr				
1. Jahr	0,27	0,51	0,1	0,33
2. Jahr	0,3	0,53	0,11	0,31
3. Jahr	0,21	0,31	0,07	0,19
4. Jahr	0,19	0,28	0,06	0,16
5. Jahr	0,13	0,26	0,04	0,14

Anmerkung: 1. Jahr – vom 01.10.86 bis 26.04.87
2. Jahr – vom 26.04.87 bis 26.04.88

Die Tabelle wurde auf Grundlage von Daten des Instituts für Biophysik des Gesundheitsministeriums der UdSSR aufgestellt.
Stellvertretender Leiter des Atomenergieministeriums der UdSSR
A.G. Kornejenko

Zum Punkt 2 des Protokolls Nr. 33 *Geheim*

Operative Gruppe des Politbüros des ZK der KPdSU zu Fragen in Zusammenhang mit dem Reaktorunfall im KKW Tschernobyl

Auftragsgemäß wurden unter Beteiligung des Atomenergieministeriums der UdSSR (Lukonin), des Energieministeriums der UdSSR (Majorez), des Gesundheitsministeriums der UdSSR (Burenkow) und des Staatlichen Komitees für Hydrometeorologie der UdSSR (Israel) die Standorte für die neue Siedlung des KKW-Personals und seiner Familien erörtert.
Bei der Auswahl des Bauplatzes für die genannte Siedlung wurde berücksichtigt, daß die Strahlenbelastung zum Zeitpunkt ihrer Besiedlung den Anforderungen an die Strahlensicherheit zu entsprechen hat, die für ähnliche Siedlungen bei normalem KKW-Betrieb festgelegt sind. Die Dosisbelastungen sollen für die dort wohnenden Menschen nicht über dem Grenzwert von 0,5 rem/Jahr liegen. Es wurde auch die Möglichkeit des Verzehrs von Nahrungsmitteln aus eigener Produktion sowie die Organisation von eigenen Wirtschaften und die Bereitstellung von Datschagrundstücken beraten.
Die vom Staatlichen Komitee für Hydrometeorologie der UdSSR durchgeführte Untersuchung der Strahlenbelastung der Ortschaften im Gebiet Kiew (Stracholessje, Dymer, Termachowka, Bogdany, Polesskoje und Iwankow), im Gebiet Tschernigow (Nedantschitschi) und in Gomel (Bragin und Chojniki) sowie die vom Institut für Biophysik des Gesundheitsministeriums der

UdSSR gemachten Berechnungen der zu erwartenden Dosen der Außen- und Innenbelastung der Bevölkerung in den möglichen Standorten der KKW-Siedlung ergaben, daß gemäß den Anforderungen der Normen für Strahlensicherheit nur die Landflächen in Frage kommen, die an die Ortschaften Dymer, Termachowka und Nedantschitschi grenzen.
Aus den oben genannten sowie anderen Faktoren, die den Standort für den Bau der Siedlung bedingen, ist das Gelände am günstigsten, das bei der Ortschaft Nedantschitschi im Gebiet Tschernigow, 40 km vom KKW Tschernobyl, liegt.
Um eine operative Transportverbindung zwischen der neuen Siedlung und dem KKW Tschernobyl zu gewährleisten, wird es erforderlich sein, außer der bestehenden einspurigen Eisenbahnstrecke auch noch eine Autostraße mit Brücken über die Flüsse Dnjepr und Pripjat zu bauen.
Die Unterlagen mit den Berechnungen und Einschätzungen des Gesundheitsministeriums der UdSSR für die zu erwartenden Belastungsdosen der Bevölkerung in den möglichen Standorten der Siedlung des KKW Tschernobyl liegen bei.
Stellvertretender Vorsitzender des Büros
des Ministerrates der UdSSR für den Treibstoff- und Energiekomplex
J. Semjonow

Zum Punkt 2 des Protokolls Nr. 33 *Geheim*
Ex. Nr. 1

An den Stellvertretenden Vorsitzenden des Ministerrates der UdSSR
Genossen Schtscherbina B.J.

Entsprechend dem Auftrag der Operativen Gruppe des Politbüros des ZK der KPdSU vom 13. August 1986 „Zum Bauort der neuen Siedlung für den ständigen Aufenthalt des Personals des KKW Tschernobyl und seiner Familienmitglieder" legen wir hiermit die Unterlagen der Berechnungen und Einschätzungen für die zu erwartenden Dosen der Außen- und Innenbelastung von Menschen in den möglichen Standorten der genannten Siedlung vor.
Es wurden dabei die Landflächen untersucht, die an folgende Ortschaften angrenzen: im Gebiet Kiew – Stracholesje, Dymer, Termachowka, Bogdany, Polesskoje, Iwankow; im Gebiet Tschernigow – Nedantschitschi; im Gebiet Gomel – Bragin und Chojniki. Die Ergebnisse der Berechnungen sind in der beiliegenden Tabelle angeführt.
Als Grundvoraussetzung für die Auswahl des Standortes der Siedlung nach ihrer Strahlenbelastung wurde der Hinweis der Operativen Gruppe des Politbüros des ZK der KPdSU angenommen, nach der die Strahlenbelastung in den Siedlungen den Kriterien der Strahlensicherheit beim normalem KKW-Betrieb zu entsprechen hat, was einem Nichtüberschreiten des Grenzwertes von 0,5 rem/Jahr (NRB-76) für seine Einwohner, einschließlich der Kinder entspricht.
Aus den Daten der Tabelle folgt, daß diesen genannten Anforderungen nur die Landflächen entsprechen, die an die Ortschaften Dymer, Termachowka und Nedantschitschi angrenzen.
Es ist zu beachten, daß die Hauptbelastungsdosis sowohl im ersten Jahr wie auch später durch das Cäsium-137 entstehen wird, das vom Körper mit Produkten aus der örtlichen Landwirtschaft aufgenommen wird. In diesem Zusammenhang ist die Oberflächenbelastung durch Cäsium-137 bei der Entscheidung über den Standort der Siedlung zu beachten. Es sind auch private Wirtschaften und Datschagrundstücke in der Siedlung vorgesehen, was also die Produktion und den Verzehr der Nahrungsmittel aus eigener Produktion zur Folge haben wird. Nachfolgend werden die durch das Cäsium-137 bedingten Dosen nicht wesentlich absinken, weil die Halbwertzeit dieses Radionuklids, das sich im Boden befoindet, ca. 14 Jahre beträgt.

Anhang: auf 1 Seite, *geheim*, Lfd. Nr. 2819c.
Anmerkung: Die Untersuchung der fünf im Dorf Nedantschitschi zusätzlich entnommenen Bodenproben zur Bestimmung der Flächenkontamination durch das Strontium-90 wird am 5. September 1986 abgeschlossen sein.

Gesundheitsminister der UdSSR
S. Burenkow
Vorsitzender des Staatlichen Komitees für Hydrometeorologie der UdSSR
J. Israel

Zum Punkt 2 des Protokolls Nr. 33

Geheim
Ex. Nr. 1
26. August 1986

An den Vorsitzenden des Ministerrates der UdSSR
Genossen Ryshkow N.I.

Entsprechend Ihrem Auftrag informieren Sie das Gesundheitsministerium der UdSSR, das Staatliche Komitee für Hydrometeorologie und das Verteidigungsministerium über die Strahlenbelastungssituation bei Seljonyj Mys (Ortschaft Stracholessje) in Zusammenhang mit der erteilten Anweisung, diese Gegend im Hinblick auf den möglichen Bauort einer Siedlung für das Personal des KKW Tschernobyl und derer Familien zu untersuchen.
Bei der Untersuchung dieser Frage wurde von uns das Sicherheitskriterium angewendet, das für Siedlungen in der Nähe von KKW beim normalem Betrieb gilt, d.h.das 0,5 rem/Jahr (NRB-76) für die Einwohner der Siedlung, einschließlich der Kinder, nicht überschritten werden.
Die Daten über die derzeitige Strahlenbelastung und die zu erwartenden Dosen der Außen- und Innenbelastung an der Ortschaft Stracholessje sowie die auf langlebige Radioisotope untersuchte Oberflächenbodenproben sind im Anhang 1 und 2 angeführt.
Aus den Daten der Tabelle geht hervor, daß die Summen der Belastungsdosen für die Bevölkerung nahe der Ortschaft Stracholessje während der ersten fünf Jahre jährlich über dem festgelegten Grenzwert liegen werden. Es ist dabei typisch, daß die Hauptdosis sowohl im ersten Jahr als auch in den nachfolgenden Jahren durch Cäsium-137 entsteht, das in den Körper durch Lebensmittel aus eigener Produktion aufgenommen wird.
Die angeführten Daten weisen darauf hin, daß es nicht möglich ist, diesen Standort für den Bau der Siedlung für die KKW-Mitarbeiter und ihrer Familienmitglieder im Rahmen der genannten Grenzwerte (0,5 rem/Jahr) in Betracht zu ziehen.
Anhang: Lfd. Nr. 2827c-1 Seite, Lfd. Nr. 2826c-1, *geheim.*
(Unterschriften: S. Burenkow, J. Israel, S. Achromejew)
Unterschriften nicht lesbar

Zum Punkt 2 des Protokolls Nr. 33 *Geheim*

Ex. Nr. 1

Anhang 1

Daten über die derzeitige und die zu erwartenden Strahlenbelastungen der Bevölkerung nahe der Ortschaft Stracholessje

Faktor	Wert	Zahl der Messungen bzw.Proben
Gammadosisleistung am 21.08.86 mR/h	0,21	89
Flächenkontamination durch Cäsium-137, Ci/km²	2,0	89
Flächenkontamination durch Strontium-90, Ci/km²	0,58	12

Zum Punkt 2 des Protokolls Nr. 33 *Geheim*

Ex. Nr. 1

Anhang 2

Dosen der Außen- und Innenbelastung der Bevölkerung nahe der Ortschaft Stracholessje

Jahr	Dosen der Innenbelastung in R	Dosen der Außenbelastung in R	Gesamtdosis in R
1. Jahr (7 Monate vom 1.10.86 bis 26.4.87)	0,67	0,43	1,1
2. Jahr	0,97	0,14	1,1
3. Jahr	0,57	0,10	0,67
4. Jahr	0,52	0,07	0,59
5. Jahr	0,48	0,05	0,53

Zum Punkt 7 des Protokolls Nr. 33 *Geheim*

Genossen Ryshkow N.I.

Die Operative Gruppe des Politbüros des ZK der KPdSU hielt es im August d.J. nicht für sinnvoll, daß amerikanische Fachleute nach Kiew reisen, um Strahlenmessungen durchzuführen und um zu klären, ob für das Vorbereitungspersonal des geplanten Generalkonsulats der USA in der Stadt Gefahr besteht.

Zur Zeit hat sich die Strahlensituation in der Stadt Kiew aufgrund der durchgeführten Dekontaminationsarbeiten normalisiert.

In diesem Zusammenhang möchte das Außenministerium der UdSSR die Operative Gruppe des ZK der KPdSU bitten, der Anreise amerikanischer Experten nach Kiew in der zweiten Septemberhälfte zuzustimmen. Eine positive Entscheidung dieser Frage erscheint um so nowendiger, weil damit ein wesentliches Hindernis für die Realisierung der amerikanisch-sowjetischen Vereinbarung über die Eröffnung von Generalkonsulaten in New York und Kiew, die bei dem

Spitzengespräch in Genf erzielt wurde, aus dem Wege geräumt wird. Es geht, wie die amerikanische Seite erklärt, darum, daß sie ihre Vertreter nicht nach Kiew entsenden könne, ohne sich davon überzeugt zu haben, daß die Strahlensituation in Kiew keine Gefahr für deren Gesundheit darstellt.
Die Amerikaner wollen entsprechende Messungen nur an den künftigen Wohnorten ihrer Vertreter sowie am Standort des Generalkonsulats gemeinsam mit sowjetischen Fachleuten durchführen. Sowohl die Tatsache, daß solche Messungen durchgeführt werden, als auch deren Ergebnisse werden nicht veröffentlicht.
Mit dem Staatlichen Komitee für Hydrometeorologie (Israel J.A.) und dem KGB der UdSSR (Markelow I.A.) vereinbart.
(Unterschriften sind nicht deutlich)
(W. Petrowskij) Nr. 553-O USA und Kanada

An das Sekretariat des Obersten Sowjets *Geheim*
Unterliegt der Rückgabe an den Sondersektor der Geschäftsführung des Ministerrates der UdSSR

Protokoll Nr. 34
der Sitzung der Operativen Gruppe des Politbüros des ZK der KPdSU zu Fragen im Zusammenhang mit der Beseitigung der Folgen des Reaktorunfalls im KKW Tschernobyl

19. September 1986

1. Zum Verlauf der Arbeit in den Gebieten Kiew, Gomel und Brjansk bei der Arbeitsplätzebeschaffung und sozialen Versorgung der evakuierten Bevölkerung, ihrer Versorgung mit Lebensmitteln und der Dekontamination der belasteten Regionen.
Die Mitteilungen der Genossen Rewenko, Kamaj und Wojstrotschenko werden zur Kenntnis genommen, daß in den genannten Gebieten unter der Führung von Partei- und Sowjetbehörden während kurzer Zeit vieles bei der Arbeitsplätzebeschaffung und sozialen Versorgung der umgesiedelten Bevölkerung, bei der Versorgung mit Nahrungsmitteln, bei der Dekontamination der Ortschaften und landwirtschaftlichen Nutzflächen geleistet wurde. Die Ziele des Wohnungsbaus für die umgesiedelte Bevölkerung sind in großem Umfang erfüllt worden. In den Schulen begann organisiert das Schuljahr. Unter komplizierten Bedingungen erfüllen Arbeitskollektive erfolgreich Planaufgaben, die im Staatlichen Plan für die soziale und wirtschaftliche Entwicklung der UdSSR festgelegt wurden.
Gleichzeitig weist die Operative Gruppe auf schwerwiegende Mängel hin:
— eine Reihe von Partei- und Sowjetbehörden verringerten ihre Aktivität bei der Realisierung der Maßnahmen zur Unterbringung der umgesiedelten Bevölkerung. Der Wohnungsbau verläuft an manchen Stellen nicht umfassend – es verzögert sich der Bau von Handelsgeschäften, gastronomischen und Dienstleistungseinrichtungen. Langsam verlaufen Dekontaminationsarbeiten in den Ortschaften und auf Landflächen, die durch langlebige Radionuklide belastet sind;
— schwerwiegende Versäumnisse gibt es in der propagandistischen und Aufklärungsarbeit unter der Bevölkerung in den Gebieten Kiew und Brjansk, wenn es um den realen Stand bei der Durchführung der Maßnahmen zur Beseitigung der Folgen des Reaktorunfalls im KKW Tschernobyl geht.
Der Ministerrat der Ukrainischen SSR, der Ministerrat der Belorussischen SSR, der Ministerrat der RSFSR und die Parteigebietskomitees von Kiew, Gomel und Brjansk haben umgehend Maßnahmen zur Beseitigung der durch Gruppen des ZK der KPdSU aufgedeckten Mängel zu ergrei-

fen, insbesondere indem man die Termine für die Übergabe von Wohnungen und entsprechenden Objekten der sozialen und kulturellen Betreuung an die evakuierte Bevölkerung vorverlegt, sowie schwerwiegende Versäumnisse bei der Durchführung der propagandistischen und Aufklärungsarbeit unter der Bevölkerung beseitigt.
Die Gebietsexekutivkomitees von Kiew und Gomel werden beauftragt, die Entscheidung über die Auflösung von Wirtschaften, die sich in der Sperrzone befinden, entsprechend der gültigen Vorschriften schneller zu ergreifen, das Gleiche gilt für die Sicherstellung von Gebäuden, Anlagen, Geräten und landwirtschaftlicher Technik.
Die Regierungskommission (Schtscherbina) hat:
— den Verlauf der Aktivitäten bei der Dekontamination von Ortschaften und Ackerland, insbesondere in den Rayons, die durch Cäsium-137 belastet wurden, zu prüfen und über ihre Ergebnisse die Operative Gruppe bis zum 5. Oktober 1986 zu informieren;
— dringende Maßnahmen zur Verbesserung der Koordination aller Arbeiten zu ergreifen, die das Staatliche Komitee für Hydrometeorologie der UdSSR, das Verteidigungsministerium der UdSSR und das Staatliche Komitee für Landwirtschaft der UdSSR bei der Untersuchung der Strahlensituation in den verseuchten Rayons durchführen und entsprechende Empfehlungen vorzulegen.
Das Staatliche Komitee für Landwirtschaft der UdSSR wird gemeinsam mit dem Ministerrat der Ukrainischen SSR, dem Ministerrat der Belorussischen SSR und dem Ministerrat der RSFSR verpflichtet:
— die Erarbeitung eines Langzeitprogramms zur Nutzung von Kulturland in radioaktiv belasteten Regionen zu beschleunigen und konkrete Aufgaben für die unmittelbar verantwortlichen Personen zu formulieren;
— die Frage nach dem rechtzeitigen Vertrieb von Gemüse- und Obstprodukten, die in den Gebieten Kiew, Gomel und Brjansk geerntet wurde, zu erörtern und zu entscheiden; über die Ergebnisse ist die Operative Gruppe im Laufe einer Woche zu informieren.
Die Abteilung des ZK der KPdSU für Rüstungsindustrie (Schachow) und die Abteilung des ZK der KPdSU für Maschinenbau (Pimenow) haben im Laufe einer Woche einer Analyse zur Situation der Versorgung der Betriebe und Organisationen, die an der Beseitigung der Folgen des Reaktorunfalls im KKW Tschernobyl teilnehmen, mit Strahlenmeßgeräten, vorzubereiten und dem Sekretariat des ZK der KPdSU vorzulegen; darin ist auf die Frage nach der Verantwortung von Personen, die am Scheitern der Aufträge der Operativen Gruppen in dieser Frage schuld sind einzugehen.
2. Zum Verlauf der Vorbereitung der Inbetriebnahme der Energieblöcke 1 und 2 des KKW Tschernobyl.
Die Mitteilung des Genossen Lukonin wird zur Kenntnis genommen, daß die Vorbereitung der Inbetriebnahme der genannten Energieblöcke entsprechend den festgelegten Zeitplänen erfolgt. Sie werden zu dem durch den Beschluß des ZK der KPdSU und des Ministerrates der UdSSR festgelegten Termin in Betrieb genommen.
Die Genossen Majorez und Lukonin haben im September den Rückstand beim Bau der Siedlung „Seljonyj Mys“ zu beseitigen sowie den Bau sozialer Einrichtungen und Kommunikationsmittel in der Siedlung zu beschleunigen.
Die Operative Gruppe macht das Atomenergieministerium der UdSSR (Lukonin) auf die Notwendigkeit aufmerksam, die Aus- und Weiterbildung des Betriebspersonals der Energieblöcke 1 und 2 des KKW Tschernobyl zu intensivieren, um dessen besondere Veranwortung für den sicheren und zuverlässigen Betrieb des Kernkraftwerkes zu erhöhen.
Es wird für sinnvoll gehalten, auf der nächsten Sitzung der Operativen Gruppe das vom Atomenergieministerium der UdSSR erarbeitete Programm der Ausbildung des Betriebspersonals der

Kernkraftwerke zu diskutieren. Das Atomenergieministerium der UdSSR, das Innenministerium der UdSSR, das Verteidigungsministerium der UdSSR, das Ministerium für mittleren Maschinenbau der UdSSR, das Gesundheitsministerium der UdSSR haben unter Beteiligung der anderen Organisationen innerhalb kürzester Zeit vorhandene Mängel in der Einhaltung der sanitärhygienischen Ordnung bei der Arbeit in hochbelasteten Gebieten zu beseitigen.

3. Zum Entwurf des Beschlusses des ZK der KPdSU und des Ministerrates der UdSSR „Zu Fragen der Organisation der Führung der Aktivitäten im Zusammenhang mit der Beseitigung der Folgen des Reaktorunfalls im KKW Tschernobyl".

Der Entwurf des genannten Beschlusses wird gebilligt und zur Bestätigung dem Politbüro des ZK der KPdSU vorgelegt.

4. Zum Entwuf des Beschlusses des Ministerrates der UdSSR „Zum Bau einer neuen Stadt für die ständige Unterbringung der Mitarbeiter des KKW Tschernobyl".

Der von Genossen Batalin entsprechend dem Auftrag der Operativen Gruppe vorgelegte Entwurf des Beschlusses wird im allgemeinen gebilligt. Der Genosse Batalin wird beauftragt, diesen Beschlußentwurf unter Berücksichtigung des Meinungsaustausches in dieser Sitzung zu überarbeiten.

Im Hinblick auf die politische Bedeutung der Beteiligung einer Reihe von Unionsrepubliken am Bau der neuen Stadt wird es für sinnvoll gehalten, zu dieser Frage einen Beschluß des ZK der KPdSU und des Ministerrates der UdSSR anzunehmen.

Der überarbeitete Entwurf ist innerhalb einer Woche dem ZK der KPdSU vorzulegen.

5. Zum Entwurf des Beschlusses des ZK der KPdSU „Über die Ergebnisse der Tagung der IAEA-Staaten zu Fragen der weiteren Erhöhung der Sicherheit in der Kernenergie".

Der genannte Entwurf wird gebilligt und dem Politbüro des ZK der KPdSU vorgelegt.

6. Zur Auszeichnungsordnung für die Mitarbeiter, die sich bei der Beseitigung der Folgen des Reaktorunfalls im KKW Tschernobyl besonders verdient gemacht haben.

Es wird den Vorschlägen der Abteilungen des ZK der KPdSU für Schwermaschinenbau und Energiewirtschaft und Partei-und Organisationsarbeit zu dieser Frage zugestimmt (Anhang).

Ministerien und Behörden haben ordnungsgemäß beim ZK der KPdSU Auszeichnungsunterlagen bis zum 20. Oktober 1986 vorzulegen.

7. Zum Vorschlag des Genossen Alexandrow A.P. über eine Beschleunigung der Dekontaminationsarbeit in der Sperrzone.

Dem Verteidigungsministerium der UdSSR (Achromejew) wird aufgetragen, den Vorschlag des Genossen Alexandrow A.P. über die genannte Frage zu untersuchen und ihn in den Dekontaminationsplänen strahlenbelasteter Landflächen zu berücksichtigen.

8. Zur Einladung eines sowjetischen Experten, der an einer Diskussion im dänischen Fernsehen über Perspektiven der Entwicklung der Kernenergie teilnehmen soll (Fernschreiben aus Kopenhagen, Sonder-Nr. 925).

Es wird für nicht sinnvoll gehalten, daß ein sowjetischer Experte an dieser Diskussion teilnimmt. Das Außenministerium der UdSSR (Kowaljow) hat den sowjetischen Botschafter in Kopenhagen über die Entscheidung zu informieren.

9. Zur Einladung der sowjetischen Delegation bei der Sondertagung der IAEA nach London zu Konsultationen mit dem Energieminister Großbritanniens über Probleme der Sicherheit der Kernenergie (Fernschreiben aus London, Sonder-Nr. 1682).

Es wird für sinnvoll gehalten, die genannten Konsultationen in Wien während der Sondertagung der Generalkonferenz der IAEA durchzuführen. Das Außenministerium der UdSSR (Kowaljow) hat den sowjetischen Botschafter in London über diese Entscheidung zu informieren.

J. Ligatschow

Zum Punkt 6 des Protokolls Nr. 34 *Geheim*

An die Operative Gruppe des Politbüros des ZK der KPdSU zu Fragen im Zusammenhang mit der Beseitigung der Folgen des Reaktorunfalls im KKW Tschernobyl

Zur Auszeichnungsordnung für die Mitarbeiter, die sich bei der Beseitigung der Folgen des Reaktorunfalls im KKW Tschernobyl besonders verdient gemacht haben

17. September 1986

Durch den Beschluß des ZK der KPdSU vom 14. Juli 1986 Nr. P 21/10 ist es den ZKs der Kommunistischen Parteien der Unionsrepubliken, den Regional- und Bezirkskomitees der Partei sowie den Ministerien und Ämtern erlaubt, zur Auszeichnung mit Orden und Medaillen der UdSSR Mitarbeiter vorzuschlagen, die sich bei der Beseitigung der Folgen des Unfalls im KKW Tschernobyl besonders ausgezeichnet haben. Wir würden es für sinnvoll halten, bei der Vorbereitung entsprechender Vorschläge von der unmittelbaren Teilnahme und der differenzierten Einstellung der Teilnehmer bei der Realisierung der wichtigsten Maßnahmen zur Beseitigung der Folgen des Unfallssowie bei der Erfüllung von besonders wichtigen Aufträgen und Aufgaben auszugehen.

Nach den Angaben von Ministerien und Ämter sowie der Ministerräte der RSFSR, der Ukrainischen SSR und der Belorussischen SSR nehmen an der Beseitigung der Unfallfolgen in verschiedener Form über 500.000 Menschen teil. Zur Verteilung der staatlichen Auszeichnungen unter den Beteiligten wurden von den Abteilungen des ZK der KPdSU unter Berücksichtigung der Schwere und Kompliziertheit der zu verrichteten Arbeit Vorschläge vorbereitet. Die Gesamtzahl der Auszeichnungen beträgt 5.400 Orden und Medaillen (die Vorschläge liegen bei).

Für das Verteidigungsministerium liegt durch den Beschluß des ZK der KPdSU Nr. P25/33 vom 27. August 1986 eine Zustimmung vor, bis zu 1.000 Personen zur Auszeichnung mit staatlichen Orden und Medaillen der UdSSR vorzuschlagen.

Unter Berücksichtigung der mitunter extremen Umstände, bei der Beseitigung der Unfallfolgen, halten wir es für möglich, sich bei der Auszeichnung der Mitarbeiter ausnahmsweise nicht an Einschränkungen bezüglich der Zeiträume seit der letzten Auszeichnung zu halten (vier bis fünf Jahre), die durch einen entsprechenden Beschluß des ZK der KPdSU festgelegt worden sind.

Stellvertretender Abteilungsleiter des ZK der KPdSU für Schwerindustrie und Energiewirtschaft
W. Frolyschew

Stellvertretender Abteilungsleiter für organisatorische Parteiarbeit
J. Rasumow

Anhang *Geheim*

Vorschläge
für die Verteilung der staatlichen Auszeichnungen für die Beseitigung der Reaktorunfallfolgen im KKW Tschernobyl unter Ministerien und Ämtern

Der Name des Ministeriums bzw. des Amtes	Vorzuschlagende Anzahl der staatlichen Auszeichnungen
Ministerium für Atomenergie	300
Energieministerium der UdSSR	400
Ministerium für mittleren Maschinenbau der UdSSR	500

Ministerium für Zivilluftfahrt der UdSSR	300
Innenministerium der UdSSR	500
Gesundheitsministerium der UdSSR	400
Ministerium für Wasserwirtschaft der UdSSR	100
Ministerium für Verkehrsbau der UdSSR	150
Ministerium für Kohlewirtschaft der UdSSR	300
Staatliches Komitee für Hydrometeorologie der UdSSR	70
Ministerium für Montage und Spezialbau der UdSSR	300
Staatliches Komitee für Kontrolle der Energiewirtschaft der UdSSR	10
Ministerium für Automobilindustrie der UdSSR	40
Ministerium für Erdölindustrie der UdSSR	30
Ministerium für Erdgasindustrie der UdSSR	25
Ministerium für Verteidigungsindustrie der UdSSR	20
Ministerium für Kommunikationsindustrie der UdSSR	20
Ministerium für Verkehrsstraßen der UdSSR	60
Ministerium für Straßenbaumaschinen der UdSSR	70
Ministerium für Erdöl- und -gasbau der UdSSR	40
Ministerium für Landmaschinenbau der UdSSR	50
Ministerium für Düngemittel der UdSSR	20
Ministerium für Gerätebau der UdSSR	20
Ministerium für chemische Industrie der UdSSR	20
Ministerium für chemische Maschinenbau der UdSSR	30
Ministerium für Holz- und Papierindustrie der UdSSR	60
Ministerium für Industriebaustoffe der UdSSR	10
Ministerium für Buntmetalle der UdSSR	30
Staatliches Baukomitee der UdSSR	15
Staatliches Komitee für Versorgung der UdSSR	20
Staatliches Komitee für Staatssicherheit der UdSSR	40
Staatsanwaltschaft der UdSSR	10
Akademie der Wissenschaften der UdSSR	20
Ministerrat der RSFSR	200
Ministerrat der Ukrainischen SSR	800
Ministerrat der Belorussischen SSR	350
Mitarbeiter der Partei-, Sowjet-, Gewerkschafts- und Komsomolbehörden der RSFSR	10
der Ukrainischen SSR	30
der Belorussischen SSR	20
total:	5.400

An das Sekretariat des Obersten Sowjets *Geheim*
Unterliegt der Rückgabe an den Sondersektor der Geschäftsführung des Ministerrates der UdSSR

Protokoll Nr. 35
der Sitzung der Operativen Gruppe des Politbüros des ZK der KPdSU zu Fragen im Zusammenhang mit der Beseitigung der Folgen des Reaktorunfalls im KKW Tschernobyl

17. Oktober 1986

1. Zum Programm der Ausbildung des Betriebspersonals der Kernkraftwerke im Hinblick auf einheimische und ausländische Erfahrungen.

Die vorgelegten Unterlagen sowie die Mitteilung des Genossen Lukonin zu dieser Frage werden als Basis genommen.

Es wird dem Atomenergieministerium der UdSSR (Lukonin), dem Ministerium für mittleren Maschinenbau (Slawskij), der Staatlichen Atomaufsichtsbehörde (Malyschew), der Akademie der Wissenschaften der UdSSR (Martschuk), dem Ministerium für Hochschulbildung der UdSSR (Jagodin), dem Verteidigungsministerium der UdSSR (Achromejew), dem Innenministerium der UdSSR (Wlassow) aufgetragen, unter Beteiligung von anderen beteiligten Organisationen ein Entwurf des Beschlusses der Regierung der UdSSR über die genannte Frage vorzubereiten und im Laufe von anderthalb Monaten bei der Operativen Gruppe vorzulegen.

Es sind im Entwurf u.a. begründete Maßnahmen zur Reduzierung der Personalstärke der Kernkraftwerke sowie die Nutzung moderner ausländischer Erfahrungen im Bereich der Aus- und Weiterbildung des Betriebspersonals zu berücksichtigen.

Genosse Schtscherbina hat die Ausführung dieses Auftrags zu kontrollieren.

2. Zum Beschlußentwurf des Ministerrates der UdSSR „Zur Gründung eines Koordinationsrates für wissenschaftliche Probleme beim Präsidium der Akademie der Wissenschaten der UdSSR“ in Zusammenhang mit der Beseitigung der Folgen des Reaktorunfalls im KKW Tschernobyl.

Der Entwurf des genannten Beschlusses, der entsprechend dem Auftrag der Operativen Gruppe vorbereitet wurde, wird gebilligt und zur Bestätigung dem Ministerrat der UdSSR vorgelegt.

3. Zum Entwurf der Verordnung des Ministerrates der UdSSR über Maßnahmen zur Ausstattung der Dekontaminationsarbeiten an den Außenflächen der Gebäude und Anlagen des KKW Tschernobyl mit technischen Mitteln.

Der Entwurf der genannten Verordnung zu dieser Frage wird gebilligt und zur Bestätigung dem Ministerrat der UdSSR vorgelegt.

4. Zu Fragen der Abnahme und Bedienung des konservierten Energieblocks Nr. 4 des KKW.

Der Entwurf der Verordnung zu dieser Frage wird gebilligt.

Es wird für sinnvoll erachtet, in die Staatliche Kommission für die Abnahme des konservierten Energieblocks Nr. 4 des KKW Tschernobyl den stellvertretenden Vorsitzenden des Ministerrates der Ukrainischen SSR Nikolajew N.F. zu kooptieren.

Der korrigierte Entwurf der Verordnung wird dem Ministerrat der UdSSR vorgelegt.

5. Zur Möglichkeit der Rückführung der Einwohner von 47 Ortschaften in den Gebieten Kiew und Gomel, die zu der früher festgelegten Zone gehörten.

Dem Befund des Staatlichen Komitee für Hydrometeorologie der UdSSR (Israel), des Gesundheitsministeriums der UdSSR (Burenkow) und des Verteidigungsinisteriums der UdSSR (Achromejew) zu dieser Frage (Anhang) wird zugestimmt.

Es wird für notwendig erachtet, mit der Rücksiedlung der Bevölkerung ordnungsgemäß zu beginnen, nachdem von der Staatlichen Kommission für die Abnahme des konservierten Energieblocks Nr. 4 des KKW Tschernobyl ein entsprechendes Dokument unterschrieben worden ist. Über die Entscheidung ist das ZK der KPdSU zu informieren.

6. Zur Strahlensituation in der Stadt Bragin und im Rayon Bragin, Gebiet Gomel.
Der Bericht der Genossen Achromejew, Israel und Burenkow zu dieser Frage (Anhang) wird zur Kenntnis genommen.
Dem Ministerrat der Belorussischen SSR wird aufgetragen:
— die Möglichkeit der Rücksiedlung der Einwohner in die Ortschaften Gden, Karlowka, Krasnoje, Ljady, Nowyje Ljady, Staryje Ljady, Pesseka, Suwidy, Ljudwinow, Skorodnoje, Alexandrowka, Golubowka zu untersuchen;
— gemeinsam mit dem Gesundheitsministerium der UdSSR und dem Staatlichen Komitee für Hydrometeorologie der UdSSR im April 1987 die im Anhang Nr. 2 des Berichtes genannten Ortschaften auf Strahlung zu untersuchen, um die Möglichkeit der Rücksiedlung der Bevölkerung in diese Ortschaften im Frühjahr zu beurteilen, nachdem agrotechnische Dekontaminationsarbeiten durchgeführt worden sind;
— gemeinsam mit dem Staatlichen Komitee für Landwirtschaft der UdSSR und dem Gesundheitsministerium der UdSSR auch weiterhin für eine strenge Strahlenmeßüberwachung sowie für die eine Kontrolle der Nahrungsmittel, des Wasser, des Futters und der landwirtschaftlichen Produkte zu sorgen;
— für die Einhaltung der Vorschiften über unbelastete Nahrung in den im Anhang Nr. 3 genannten Ortschaften zu sorgen, bis sich die Strahlensituation dort normalisiert hat.
Das Staatliche Komitee für Landwirtschaft der UdSSR hat bis zum 1. März 1987 Maßnahmen zu ergreifen, um alle Wirtschaften dieses Rayons mit Düngemitteln und Kalk zu versorgen, sowie der Bevölkerung des Rayons bei der Durchführung meliorativer Maßnahmen auf Hausgrundstücken zu helfen, um die Aufnahme der Radionuklide durch landwirtschaftliche Kulturen zu reduzieren.
7. Zur Organisation eines Überwachungssystems der Strahlensituation und des Zustandes strahlenbelasteter Landflächen infolge des Reaktorunfalls im KKW Tschernobyl.
Der Entwurf der Verordnung wird gebilligt.
Der Entwurf ist in dem Punkt zu präzisieren, daß das genannte System zur operativen Überwachung der Strahlensituation nicht nur im Bereich des KKW Tschernobyl und angrenzender Landflächen, sondern im ganzen Land geschaffen wird. Der Entwurf wird zur Bestätigung dem Ministerrat der UdSSR vorgelegt.
8. Zur Frage zur Zweckmäßigkeit, ein zentralisiertes Feuermeldesystem zum Schutz der Objekte in der Stadt Pripjat zu schaffen.
Es wird dem Vorschlag der Regierungskommission (Schtscherbina), der auch vom Innenministerium der UdSSR und dem Ministerrat der Ukrainischen SSR (Anhang) unterstützt wurde, zu dieser Frage zugestimmt.
9. Zum Aufbau einer langfristigen Zusammenarbeit mit der Firma „Westinghouse" (USA).
Es wird im wesentlichen dem Vorschlag der Genossen Schtscherbina und Silajew zu dieser Frage zugestimmt.
Der Genosse Schtscherbina wird beauftragt, unter Berücksichtigung des Meinungsaustausches Ministerien und Behörden festzulegen, die die Vorbereitung der Zusammenarbeit mit der genannten Firma in die Wege zu leiten, sowie die Kontinuität dieser Zusammenarbeit sicherstellen sollen.
Der Genosse Dolgich hat über diese Frage endgültig zu entscheiden.
10. Information des Genossen Tschebrikow W.M zum ökologischen Schutz der Wassersysteme vor Strahlenbelastung.

Streng geheim

Die Akademie der Wissenschaften der UdSSR (Martschuk) wird beauftragt, gemeinsam mit anderen beteiligten Organisationen diese Information sowie das Schreiben der Abteilung des ZK

der KPdSU für Schwerindustrie und Energiewirtschaft (Anhang) zu erörtern; das Problem der möglichen Verseuchung der Fischvorkommen im Dnjepr sowie anderen Gewässern, die in strahlenbelasteten Regionen liegen, ist detailliert zu untersuchen.
Das Ministerium für Wasserwirtschaft der UdSSR (Wassiljew), das Staatliche Komitee für Hydrometeorologie der UdSSR (Israel) haben unter Beteiligung des Instituts für Biophysik des Gesundheitsministeriums der UdSSR Untersuchungen zur Prüfung der Effektivität der geleisteten Ingenieurmaßnahmen zum Schutz der Wasserressourcen vor Strahlenbelastung durchzuführen. Über die geleistete Arbeit haben die Akademie der Wissenschaften der UdSSR und das Ministerium für Wasserwirtschaft der UdSSR die Operative Gruppe im November d.J. zu informieren.
11. Zur Durchführung von Dekontaminationsarbeiten im Bereich des KKW Tschernobyl im Zeitraum Herbst/Winter und Frühjahr 1986-1987.
Dem Vorschlag des Verteidigungsministeriums der UdSSR (Achromejew) zu dieser Frage wird zugestimmt.
12. Zur Beseitigung von Mängeln bei der Einhaltung von sanitär-hygienischen Vorschriften während der Arbeit in hochbelasteten Bereichen.
Der Bericht des Atomenergieministeriums der UdSSR (Lukonin), des Verteidigungsministeriums der UdSSR (Achromejew), des Ministeriums für mittleren Maschinenbau der UdSSR (Rjabew) und des Gesundheitsministeriums der UdSSR (Schtschepin) zu dieser Frage, der im Auftrag der Operativen Gruppe erarbeitet wurde, wird zur Kenntnis genommen.
13. Zum Verlauf der Dekontamination von Ortschaften, Straßen und landwirtschaftlichen Nutzflächen.
Der Bericht der Regierungskommission zu dieser Frage (Schtscherbina) wird zur Kenntnis genommen.
14. Zur Durchführung von Untersuchungen in der sowjetischen Wirtschaftszone der Ostsee durch ein westdeutsches Forschungsschiff.
Dem Vorschlag des Außenministeriums der UdSSR (Kowaljow), diese Frage zusätzlich zu untersuchen, wird zugestimmt.
15. Zum Besuch der Vertreter der sozialistischen Partei Belgiens in der Region des KKW Tschernobyl (Fernschreiben aus Brüssel, Sonder-Nr. 970).
Dem Vorschlag des Außenministeriums der UdSSR (Kowaljow), diese Frage später zu erörtern, wird zugestimmt.
16. Zum Besuch des Ministers für Energiewirtschaft Großbritanniens, Herrn Waker im KKW Tschernobyl.
Dem Vorschlag des Genossen Schtscherbina B.J. zu dieser Frage (Anhang), der vom Außenministerium der UdSSR (Kowaljow) unterstützt wurde, wird zugestimmt.
Das Außenministerium der UdSSR (Kowaljow) hat den sowjetischen Botschafter in London über die Entscheidung zu informieren.
17. Zur Bitte des Energiespezialisten des „Schattenkabinetts“ der Labour-Partei Großbritanniens, für ihn eine Reise in die UdSSR einschließlich des Besuchs des KKW Tschernobyl zu organisieren.
Die Erörterung dieser Frage wird verschoben.
18. Zum Besuch von Herrn H. Blix in der UdSSR, um sich mit dem Verlauf der Arbeit an der Beseitigung der Folgen des Reaktorunfalls im KKW Tschernobyl vertraut zu machen (Fernschreiben aus Wien, Sonder-Nr. 1516).
Dem Vorschlag des Außenministeriums der UdSSR (Kowaljow) zu dieser Frage wird zugestimmt; es ist zu berücksichtigen, daß der Besuch von Herrn H. Blix im KKW Tschernobyl frühestens im Dezember d.J. stattfinden kann.

Dem Ministerium für mittleren Maschinenbau der UdSSR (Petrosjanz) und dem Außenministerium der UdSSR (Kowaljow) wird aufgetragen, den Empfang von H. Blix zu organisieren.
19. Zum Vorschlag des Außenministeriums der UdSSR, schnell Maßnahmen zur Erfüllung der Verpflichtungen zu ergreifen, die mit der Unterzeichnung zweier Konventionen zur Kernenergiesicherheit durch die Sowjetunion zusammenhängen.
Die Regierungskommission (Schtscherbina) wird beauftragt, notwendige Entscheidungen zu dieser Frage zu treffen und über die Ergebnisse im Laufe einer Woche zu informieren.
N. Ryshkow

An den Vorsitzenden des Ministerrates der UdSSR *Geheim*
Genossen Ryshkow N.I.30. *September 1986*

Entsprechend dem Auftrag der Operativen Gruppe des Politbüros des ZK der KPdSU vom 23. Juli d.J. legen wir hiermit den Befund über die Möglichkeit der Rücksiedlung der Einwohner von 47 Ortschaften der Gebiete Kiew und Gomel, die zur früher festgelegten 30 km-Sperrzone gehören, in denen die Strahlenwerte am 10.05.86 unter 5 mR/h lagen.
Anhang: mk 3709c, mk 3710c, mk 3711c, mk 3712c, Ex. Nr. 1 geheim, auf 5 Seiten.
J. Israel
S. Burenkow
S. Achromejew

Befund *Geheim*
zur Möglichkeit der Rücksiedlung der Einwohner von 47 Ortschaften in den Gebieten Kiew und Gomel, die zur früher festgelegten 30 km-Sperrzone gehörten, in denen die Strahlenwerte am 10. Mai 1986 unter 5 mR/h lagen

Entsprechend der Entscheidung der Operativen Gruppe des Politbüros des ZK der KPdSU vom 23.07.86 teilen das Staatliche Komitee für Hydrometeorologie der UdSSR, das Gesundheitsministerium der UdSSR und das Verteidigungsministerium der UdSSR folgendes mit, nachdem sie die Fragen nach der Möglichkeit der Rücksiedlung der Einwohner von 47 Ortschaften, die in der 30 km-Zone liegen und in denen die Strahlenwerte am 10. Mai 1986 unter 5mR/h betrugen (unter Berücksichtigung der im August/September d.J. ermittelten Daten über die Flächenkontamination durch langlebige Radionuklide) untersucht haben, folgendes mit:
1. In 26 Ortschaften (Anhang 1) entspricht die Strahlensituation den für die Rücksiedlung festgelegten Kriterien (Flächenkontamination durch Cäsium-137 unter 15 Ci/km^2, durch Strontium-90 unter 3,0 Ci/km^2, Plutonium-239+240 unter 0,1 Ci/km^2, Gesamtdosis der Strahlenbelastung der Bevölkerung im ersten Jahr nach der Rücksiedlung unter 10 rem).
In alle diese 26 Ortschaften können, nachdem die Arbeit an der Konservierung des Unfall-Reaktors abgeschlossen ist, die Einwohner rückgesiedelt werden (die Ortschaften Niwezkoje und Tscheremoschnaja wurden entsprechend der Entscheidung der Regierungskommission im Juli 1986 rückgesiedelt).
2. In 7 Ortschaften (Anhang 2) liegt die Flächenkontamination durch langlebige Radionuklide bedeutend über den Grenzwerten, die für die Rücksiedlung maßgebend sind. Daher ist hier die Rücksiedlung nicht möglich.

3. Nicht sinnvoll ist auch die Rücksiedlung in 14 Ortschaften (Anhang 3), in denen z.Z. einzelne Werte der Strahlenbelastung die Rücksiedlungskriterien überschreiten.
Es wird vorgeschlagen, die Entscheidung über die Möglichkeit der Rücksiedlung der Bevölkerung in diese 14 Ortschaften bis April 1987 zu verschieben und diese Frage unter Berücksichtigung der Strahlensituation zu untersuchen, die nach dem Abtauen des Schnees entstehen wird.
J. Israel
S. Burenkow
S. Achromejew

Anhang *Geheim*

Liste der Ortschaften,
die in der 30 km-Zone liegen und in welche die Bevölkerung zurückkehren kann

USSR

1. Andrejewka
2. Bytschki
3. Blistjun
4. Glinka
5. Dibrowa
6. Samoschnja
7. Kamenka
8. Niwezkoje
9. Otaschew
10. Parischew
11. Rudnja-Iljinezkaja
12. Rasjeszheje
13. Rassocha
14. Terechow
15. Chotor Solotnejew
16. Tscheremoschnaja

BSSR

1. Gden
2. Karlowka
3. Krasnoje
4. Ljudwinow
5. Ljady
6. Nowyje Ljady
7. Staryje Ljady
8. Passeka
9. Skorodnoje
10. Suwidy

An den Vorsitzenden des Ministerrates der UdSSR *Geheim*
Genossen Ryshkow N.I. *Ex. Nr. 1*
15. Oktober 1986

Entsprechend dem Punkt 8 des Protokolls Nr. 33 vom 5. September 1986 der Operativen Gruppe des Politbüros des ZK der KPdSU wurde die Strahlensituation in der Stadt Bragin und im Rayon Bragin (Gebiet Gomel) zusätzlich untersucht und die Effektivität der dort zu treffenden Maßnahmen zur Gewährleistung der Sicherheit für die Bevölkerung eingeschätzt.
Im Laufe der Untersuchungen in der Stadt Bragin und in 136 Ortschaften wurden an den Wänden der Häuser und Gebäude sowie stichprobenweise auch in den Innenräumen der Häuser und Gebäude Strahlenbelastungen gemessen. Es wurden Flächenkontaminationen durch Radionuklide von Cäsium-137, Strontium-90, Plutonium-239 ermittelt, radiometrische Bodenuntersuchung auf Alpha- und Beta-Strahlen durchgeführt, die Trinkwasserkontaminationen gemessen

und medizinische Kontrolluntersuchungen verschiedener Altersgruppen im Rayon Bragin durchgeführt.
Besonderer Wert wurde auf die Untersuchung von 21 Ortschaften gelegt, die in der 30 km-Zone außerhalb der Isolinie von 5 mR/h für den 10. Mai 1986 liegen und die für die Rücksiedlung der Bevölkerung in Frage kommen. Es wurde festgestellt, daß in der Stadt Bragin keine zusätzlichen Evakuierungsmaßnahmen erforderlich sind.
Die Untersuchungen kamen zu dem Ergebnis, daß nach dem Stand vom 15.10.86 die Rücksiedlung der Bevölkerung nach allen Kriterien von 21 Ortschaften in 12 Ortschaften möglich ist (Anhang 1), während in 9 Ortschaften die Rücksiedlung unzulässig ist (Anhang 2). Gleichzeitig wurde bestätigt, daß in 10 Ortschaften, aus welchen die Einwohner nicht umgesiedelt wurden, die Flächenkontamination durch Radionuklide des Cäsiums über dem Grenzwert liegt (Anhang 3). Aus diesem Grund muß der Aufenthalt der Einwohner weiterhin unter strenger Kontrolle und unter Einhaltung der Maßnahmen zur Strahlensicherheit bleiben, wobei die Einwohner mit unbelasteten Nahrungsmitteln zu versorgen sind. Die Untersuchung der Kontamination von Brunnen, arthesischen Bohrungen etc., ergab, daß die Gesamtaktivität des Wassers nicht über dem Grenzwert liegt (1×10^{-8} Ci/L). Kontrolluntersuchungen bei Einwohnern des Rayons ergaben, daß der Anteil an Cäsium-134 und Cäsium-137 im Körper 1-2 mCi beträgt, was der Dosis der Innenbelastung von 0,15-0,3 rem im ersten Jahr entspricht, und die Gesamtdosis der äußeren- und inneren Belastung nicht mehr als 2-8 rem beträgt.
Auf Grundlage der Ergebnisse weiterer Strahlenuntersuchungen in der Stadt Bragin und im Rayon Bragin wird vorgeschlagen:
1. daß der Ministerrat der BSSR die Möglichkeit der Rücksiedlung der Bevölkerung in die Ortschaften Gden, Karlowka, Krasnoje, Ljady, Nowyje Ljady, Staryje Ljady, Pesseka, Suwidy, Ljudwinow, Skorodnoje, Alexandrowka, Golubowka untersucht;
2. daß der Ministerrat der BSSR gemeinsam mit dem Gesundheitsministerium der UdSSR und dem Staatlichen Komitee für Hydrometeorologie der UdSSR im April 1987 eine Strahlenuntersuchung der Ortschaften (Anhang 2) durchführt, um die Möglichkeit einer Rücksiedlung der Einwohner in diese Ortschaften im Frühjahr zu bestimmen, nachdem agrotechnische Dekontaminationsmaßnahmen abgeschlossen sind;
3. daß der Ministerrat der BSSR gemeinsam mit dem Staatlichen Komitee für Landwirtschaft der UdSSR und dem Gesundheitsministerium der UdSSR in diesem Rayon eine strenge Strahlenüberwachung der Nahrungsmittel, des Wassers, des Futters und der landwirtschaftlichen Produkte weiterführen;
4. daß der Ministerrat der BSSR in den im Anhang 3 aufgeführten Ortschaften für unbelastete Nahrung sorgt, bis sich die Strahlenbelastung normalisiert hat;
5. daß das Staatliche Komitee für Landwirtschaft der UdSSR bis zum 1. März 1987 Maßnahmen zur vollständigen Versorgung der Ortschaften mit notwendigen Düngemitteln und Kalk ergreift sowie der Bevölkerung bei meliorativen Maßnahmen auf Haugrundstücken Hilfe leistet, um die Aufnahme von Radionukliden durch landwirtschaftliche Kulturen zu reduzieren.
S. Achromejew
S. Burenkow
J. Israel

Anhang 1 *Geheim*

Ortschaften, in welche die Rücksiedlung, derer Einwohner nach dem Stand vom 19.10.1986 möglich ist

Ortschaft	R mR/h	137 Ci/km^2	90 Ci/km^2	239 Ri Ci/km^2
1. Alexandrowka	0,22	3,0	1,17	0,08
2. Gden	0,3	4,0	0,83	0,04
3. Golubowka	0,24	5,0	1,06	1,08
4. Karlowka	0,25	5,0	1,19	0,06
5. Krasnoje	0,25	3,0	1,05	0,08
6. Ljady	0,2	3,0	0,9	0,06
7. Nowyje Ljady	0,35	10,0	1,07	0,036
8. Staryje Ljady	0,25	10,0	1,2	0,09
9. Ljudwinow	0,16	9,0	1,25	0,1
10. Passeka	0,2	2,0	1,1	0,02
11. Skorodnoje	0,15	3,0	0,85	0,01
12. Suwidy	0,3	5,0	2,08	0,026

Anhang Nr. 2 *Geheim*

Ortschaften, in welche die Rücksiedlung, derer Einwohner nach dem Stand vom 15.10.86 unzulässig ist

Ortschaft	R mR/h	137 Ci/km^2	90 Ci/km^2	239 Ri Ci/km^2
1. Kaporenka	0,6	25	1,5	0,28
2. Kolyban	0,93	53	1,6	0,1
3. Pirki	0,35	20	3,1	0,035
4. Sawitschi	0,3	20	1,3	0,36
5. Tschernew	1,8	60	2,3	0,22
6. Pristanskoje	0,5	80	4,3	0,04
7. Katitschew	0,32	3,0	1,96	0,124
8. Osinnik	0,2	15,0	1,68	0,105
9. Tschikalowitschi	0,35	5,0	3,36	0,08

Ortschaften mit dem Anteil von Cäsiumradionukliden im Boden von 15 bis 40 Ci/km²

Ortschaft	137 Ci/km²
1. Burki	15
2. Wolochowschtschina	20
3. Wjasok	30
4. Dubrownoje	15
5. Kawaka	16
6. Kowali	16
7. Krasnaja Gorka	40
8. Mariton1	15
9. Mikulitschi	34
10. Pozharki	22

Geheim

An die Operative Gruppe des Politbüros des ZK der KPdSU zu Fragen in Zusammenhang mit der Beseitigung der Folgen des Reaktorunfalls im KKW Tschernobyl

13. Oktober 1986

Im Schreiben des Politbüromitgliedes des ZK der KPdSU, des Vorsitzenden des Komitees für Staatssicherheit der UdSSR, Genossen Tschebrikow W.M. geht es um aktuelle Fragen zur Intensivierung der wissenschaftlichen Untersuchungen für den Schutz von Wasserressourcen bei Kernreaktorunfällen und insbesondere beim Schmelzen des aktiven Reaktorbereiches. Es wird in unserem Lande in dieser Richtung nicht ausreichend aktiv geforscht und es hat sich bereits ein bestimmter Rückstand im Vergleich zu den führenden kapitalistischen Ländern gebildet.
Besonders beachtenswert sind u.a. folgende Probleme:
In Zusammenhang mit dem Reaktorunfall im KKW Tschernobyl gelangten große Mengen von Radionukliden in offene und geschlossene Gewässer. Sie wurden größtenteils von Bodenschlammablagerungen absorbiert. Dadurch entsteht die Gefahr, Fische durch radioaktive Stoffe zu verseuchen. Im Hinblick auf große Fischwanderungen, darunter auch in Seegewässern, ist die Wahrscheinlichkeit nicht ausgeschlossen, daß beim Verzehr von kontaminiertem Fisch diese Substanzen vom menschlichen Körper aufgenommen werden.
Die im Bereich des KKW Tschernobyl errichteten Bauten zum Schutz der Wasserressourcen garantieren nach Ansicht der Fachleute die Nichtkontaminiertheit der Fischwelt. Es sind aber auch umfangreiche Untersuchungen durchzuführen, um die Richtigkeit der gemachten Prognose zu prüfen, um weitere effektive Maßnahmen, falls nötig, zu erarbeiten und durchzuführen, u.a. auch solche, die von ausländischen Wissenschaftlern empfohlen werden.
Angesichts der von Genossen Tschebrikow W.M. aufgeworfenen wichtigen Fragen hielten wir es für notwendig, sie in der Sitzung der Operativen Gruppe zu erörtern. Es ist sinnvoll, der Akademie der Wissenschaften der UdSSR aufzutragen, unter Beteiligung der Ministerien und Behörden das Problem der möglichen Verseuchung von Fischvorkommen im Dnjepr und in anderen Gewässern, die in strahlenbelasteten Regionen liegen, eingehend zu untersuchen und in kürzester Zeit notwendige Befunde und Empfehlungen vorzulegen.

Es wäre auch sinnvoll, das Ministerium für Wasserwirtschaft der UdSSR, das Staatliche Komitee für Hydrometeorologie der UdSSR zu verpflichten, unter Beteiligung des Instituts für Biophysik die Effektivität aller getroffenen Baumaßnahmen zu untersuchen.
Man sollte die Berichte über die Durchführung der Arbeiten auf der Sitzung der Operativen Gruppe anhören.
Stellvertreter des Leiters der Abteilung des ZK der KPdSU für Schwerindustrie und Energie
W. Frolyschew

Komitee für Staatssicherheit der UdSSR *Streng geheim*
ZK der KPDSU

4.10.86 1981

Zum ökologischen Schutz der Wassersysteme vor Strahlenkontamination

Mit der Entwicklung der Kernenergiewirtschaft wird in den führenden kapitalistischen Ländern großer Wert auf Forschungen über die Radioökologie von Gewässern gelegt. An diesen Forschungen nehmen führende Fachleute von nationalen und internationalen Forschungszentren teil – Kernlabors von Owk Ridge und Los Alamos (USA), das Kernforschungszentrum in Karlsruhe, das Wasserinstitut in Baden (BRD), das Labor von Riso (Dänemark) u.a.
Um den Grad der Strahlenkontamination von ökologischen Wassersystemen einzuschätzen, wurden von westlichen Wissenschaftlern spezielle mathematische Modelle für verschiedene Varianten der Kernreaktorunfälle entwickelt.
Es wurden praktische Empfehlungen zur Reduzierung der wahrscheinlichen Kontamination von Gewässern durch Radionuklide und zur Dekontamination von großen Wassermengen erarbeitet.
Es wurden moderne Verfahren für den Ingenieur-, hydrologischen und chemischen Schutz von künstlichen- und Naturgewässern vor Radionukliden entwickelt. Es wurden mögliche Kontaminationswege der für die menschliche Gesundheit besonders gefährlichen Isotope von Jod-131, Strontium-89,-90 und Cäsium-137 untersucht.
Nach Ansicht westlicher Experten kann eine besonders schwerwiegende Strahlenkontamination von Flüssen, Seen, anderen Gewässern sowie von Bodenwasser beim Einschmelzen des aktiven Reaktorbereiches während eines Unfalls entstehen.
Westdeutsche Wissenschaftler haben die Höhe der Belastungsdosis der Menschen eingeschätzt, die in der Nähe eines verunglückten Kernkraftwerkes wohnen, wenn sie landwirtschaftliche Produkte im Falle bewässerten Feldbaus (Gemüse, Milch, Fleisch) verzehren sowie Fisch und Trinkwasser.
Laut Berechnungen kann bei ausgeglichener Ernährung ein wesentlicher Anteil (bis 85%) der gesamten Strahlenbelastung als Folge des Verzehrs von kontaminiertem Fisch durch die Bevölkerung aufgenommen werden. Die restlichen 15% fallen auf Trinkwasser (5%), Milch (5%), Gemüse (3%) und Fleisch (2%). Die äußere Belastung ist beim Kontakt mit kontaminiertem Wasser sehr gering. Unter Berücksichtigung der Forschungsergebnisse empfehlen westliche Wissenschaftler, auf den Verzehr von Fisch aus kontaminierten Gewässern zu verzichten.
In ihren wissenschaftlichen Schriften werten westliche Fachleute ihre Erfahrungen bei der Folgenbeseitigung von Kernreaktorunfällen sowie Ergebnisse beim Betrieb kerntechnischer Anlagen bei der Abwasserreinigung.
Man ist der Meinung, daß im Falle der Kontamination von Grundwasser umgehend eine Reihe von Ingenieurmaßnahmen zur Vorbeugung weiterer Verbreitung zu ergreifen ist. Es sind künstliche Hindernisse für die Verbreitung der Radionuklide zu schaffen.

Zu den effektivsten Maßnahmen der Konservierung von Bodenwasser im Bereich eines Havarie-KKW gehören:
Eine sichere Blockade durch Einführung spezieller Bohrlöcher im Boden, Füllung mit Lösungen und Zementier-und Polymerisationsmaterial, Vergießen vorgefertigter Gräben mit unterschiedlichen Bentonit-Gemischen, Verlegen von Stahlplatten in einer entsprechenden Tiefe, Errichtung von Filtermauern auf Ionenaustauschharz-Basis im Verlauf des Hauptflusses der Radionuklide.
Zu ausreichend effektiven Mitteln gehören ebenfalls die Veränderung der Bodenwasserbewegung durch Hochpumpen von Bodenwasser und durch Ausfüllen des Grundwasserträgers an bestimmten Stellen mit unbelastetem Wasser und Einschränkung des Wasserflusses durch Einfrieren.
Nach vorliegenden Informationen werden im Westen zur Reinigung strahlenkontaminierten Wassers traditionelle Verfahren verwendet: Verdampfen, Sorbtion durch Ionenaustausch, chemische Fällung und Mikrofiltrierung. Bei Dekontaminationsmaßnahmen nach dem Reaktorunfall im amerikanischen KKW in Three Mile Island wurde das radioaktive Wasser, das im wesentlichen Isotope von Cäsium und Strontium enthielt, auf Säulen mit Zeolith dekontaminiert.
Detailliert wurden der Genosse Ryshkow N.I., das Verteidigungsministerium, die Akademie der Wissenschaften und das Gesundheitsministerium der UdSSR informiert.
Die Mitteilung erfolgt zur Informierung.

Zum Punkt 11 des Protokolls Nr. 35 *Geheim*
Vorsitzender des Komitees
W. Tschebrikow

An den Vorsitzenden des Ministerrates der UdSSR
Genossen Ryshkow N.I. *15. Oktober 1986*

Hiermit melde ich:
In Erfüllung des Auftrages im Punkt 7 des Protokolls Nr. 34 vom 19. September 1986 der Operativen Gruppe des Politbüros des ZK der KPdSU werden durch Truppen, die in süd-westlicher Richtung für die Dekontamination in der Region des KKW Tschernobyl eingesetzt werden, im Zeitraum Herbst/Winter und Frühjahr 1986-87 folgende Maßnahmen zur Vorbeugung der Verbreitung der Aktivität aus besonders gefährlichen strahlenbelasteten Regionen durchgeführt:
Nachdem der Energieblock Nr. 4 dichtgemacht ist, wird entsprechend des vom Energieministerium der UdSSR erarbeiteten Dekontaminationsplans auf dem KKW-Gelände gearbeitet.
Dekontamination des Geländes und aller Anlagen auf dem Baugelände des KKW.
Dekontamination des Kühlteichufers, um der Abtragung der Radioaktivität in den Teich vorzubeugen (z.Z. 0,4 R).
Dekontamination und Vernichtung des „Roten Waldes“ in der Nähe des KKW Tschernobyl und der Stadt Pripjat.
Lokalisierung der Strahlenbelastungen auf dem Eisenbahnabschnitt Wiltscha-Nedantschitschi, volle Dekontamination der Eisenbahnstrecke in der Eisenbahnstation Janow und Austausch der Gleise.
Dekontamination des Baugeländes am Energieblock 5 und 6.
Dekontamination von Gebäuden und des Geländes in den entsprechenden Stadtbezirken der Stadt Pripjat, um die Arbeit der schichtweise abzulösenden örtlichen Behörden, wie Kommunalverwaltung, Feuerwehr und anderen zu gewährleisten.

Vom Verteidigungsministerium, unter Beteiligung des Ministeriums für mittleren Maschinenbau, des Verkehrsministeriums, des Atomenergieministeriums der UdSSR, des Energieministeriums der UdSSR, des Ministeriums für Wasserwirtschaft der UdSSR und des Staatlichen Komitees für Forstwirtschaft der UdSSR, werden derzeit konkrete Zeitpläne für alle genannten Aufgaben erarbeitet.
Es wurde bereits mit der Dekontamination des Eisenbahnabschnittes Wiltscha-Nedantschitschi, des KKW-Kühlteiches und des „Roten Waldes" begonnen.
Im Hinblick darauf, daß die Chaussee Tschernobyl-Pripjat längere Zeit hohen Verkehrsbelastungen ausgesetzt und zur Zeit relativ hoch strahlenkontaminiert ist, schlägt das Verteidigungsministerium die Dekontamination dieser Straße durch das Verlegen eines neuen Asphaltbelages vor. Es wird vorgeschlagen, diese Arbeit sofort nach dem Abschluß der wichtigsten Betonarbeiten beim Dichtmachen des Energieblocks 4 zu beginnen.
Die Regierungskommission für die Beseitigung der Folgen des Reaktorunfalls im KKW (Stadt Tschernobyl) stimmte diesem Vorschlag zu.
Ich bitte um Erörterung des Berichts.
S. Achromejew

Zum Punkt 12 des Protokolls Nr. 35 *Geheim*

An den Vorsitzenden des Ministerrates der UdSSR
Genossen Ryshkow N.I.
Stadt Moskau

In Erfüllung des Auftrages der Operativen Gruppe des Politbüros des ZK der KPdSU vom 19.9.1986 (Protokoll Nr. 34 P. 2) melde ich:
Alle Ministerien und Behörden haben im Zeitraum vom 20. bis 30. September d.J. bestehende Mängel in der Einhaltung von sanitärhygienischen Vorschriften bei der Ausführung der Arbeit in hochbelasteten Bereichen beseitigt.
Mit Systemen für individuelle Dosisüberwachung sind alle in der 30 km-Zone tätigen Personen ausgestattet.
Die Dosiserfassung wird entsprechend den gültigen Vorschriften vorgenommen.
Die Personen, die eine Dosis von 25 rem aufgenommen haben, werden abberufen und zur ärztlichen Untersuchung geschickt.
Es wurde ein Vorbeugesystem gegen nicht gerechtfertigte Bestrahlung erarbeitet, zu welcher gehören:
— eingehende dosimetrische Voruntersuchung der Gegenden, wo gearbeitet werden muß;
— individuelle Aufträge und Zulassungen zur Arbeit, indem für jedes einzelne Objekt eine zulässige Arbeitszeit festgelegt wird;
— Nutzung von individuellen Haut- und Atemschutzmitteln, speziellen Schutzanzügen aus Blei sowie andere Maßnahmen.
Es wurde für einen ständigen Betrieb von Sanitätskontrollstellen zum Kleidungswechsel gesorgt.
Am Aufenthaltsort des KKW-Personals sowie an den Stationierungsorten der Truppen wurden Maßnahmen zur Verbesserung der sanitärhygienischen Bedingungen eingeleitet:
— Straßen und Gelände werden regelmäßig mit Wasser bespritzt;
— Fußböden in den Räumen und Zelten sind mit Polyäthylenfilm bedeckt;
— regelmäßige Strahlenüberwachung von Wasser und Nahrungsmitteln wird durchgeführt.

Es wurde ein Beschlußprojekt der Regierungskommission erarbeitet, das u.a. vorsieht:
— stärkere Kontrolle der Dosisbelastungen von allen in der 30 km-Zone tätigen Personen;
— Erörterung und Festlegung einer einheitlichen dosimetrischen Überwachung im KKW;
— Bereitstellung einer notwendigen Menge von Fahrzeugen für die Arbeit in der Sperrzone und Verbot für diese, die Zone zu verlassen.

N. Lukonin
S. Achromejew
L. Rjabew
O. Schtschepin

Zum Punkt 13 des Protokolls Nr. 35 *Geheim*

Operative Gruppe des Politbüros des ZK der KPdSU

5. Oktober 1986

Entsprechend ihrem Auftrag hat die Regierungskommission den Verlauf der Dekontamination von Ortschaften, Straßen, landwirtschaftlichen Nutzflächen untersucht.
Die Strahlensituation in der 30 km-Zone und auf angrenzenden Landflächen verzeichnete in den letzten Monaten eine stabile Verbesserung. Die Flächenbelastung der Sperrzone (20-100 mR/h) verringerte sich innerhalb der letzten zwei Monate um das 5fache, die der Umsiedlungszonen (5-20 mR/h) um das 2fache, die der Zonen strikter Kontrolle (2-5 mR/h) um das 1,2fache. Dies erfolgte als Ergebnis des Zerfalls von relativ kurzlebigen Isotopen und der Durchführung von Dekontaminationsarbeiten, in erster Linie auf dem KKW-Gelände. Die Räume und das Gelände der ersten KKW-Linie (Blöcke Nr. 1 und Nr. 2) sind bearbeitet. Dadurch wurde möglich, mit dem komplexen Probeanfahren des Energieblocks Nr. 1 zu beginnen.
Mit der Dekontamination des Blocks Nr. 3 wurde begonnen. Der Abschluß dieser Arbeit wird entsprechend dem festgelegten Zeitplan im November d.J. erfolgen.
Die Hauptarbeiten für die Konservierung und Abdeckung des Blocks Nr. 4 sind ausgeführt. Termine für den Abschluß dieser Arbeit und für die Abnahme des konservierten Blocks durch die Staatliche Kommission sind festgelegt.
Die Dekontamination von Ortschaften, Straßen und landwirtschaftlichen Nutzflächen der strahlenbelasteten Landflächen der Republiken und Gebiete wurde von Einheiten des Verteidigungsministeriums der UdSSR, der Zivilverteidigung der USSR, BSSR und RSFSR und dem Staatlichen Komitee für Landwirtschft durchgeführt.
Nach dem Stand vom 1. Oktober d.J. wurden in den Gebieten Kiew, Shitomir, Gomel und Brjansk 426 Ortschaften dekontaminiert. Besonderer Wert wurde auf die Dekontamination von Schul- und Vorschulkindereinrichtungen (über 800) und des umliegenden Geländes gelegt. Es wurden mehr als 60.000 Wohnhäuser und öffentliche Gebäude dekontaminiert. Über 80% der Ortschaften in den Gebieten Kiew und Shitomir wurden mehrmals dekontaminiert.
Regelmäßig wurden die befestigten Landstraßen dekontaminiert und deren Straßenrand befestigt.
Der größte Effekt wurde bei der komplexen Dekontamination erreicht, indem die Bodenoberschicht abgetragen und einzelne Stellen asphaltiert wurden. Auf diese Weise gelang es, in den meisten Ortschaften die Belastung durch Cäsium-137 wesentlich zu reduzieren. In den Gebieten Gomel, Mogiljow, Kiew und Shitomir wurden ca. 7 Mio Quadratmeter Boden abgetragen und in speziell für diesen Zweck errichteten provisorischen Deponien 208.000 Kubikmeter Erde untergebracht.
Die Strahlenbelastung sank nach der Dekontamination in der Regel um das 2-3fache. So gelang

es z.B., in 34 Ortschaften im Gebiet Kiew die Strahlenbelastung von 1,2-1,8 auf 0,4-0,6 mR/h zu reduzieren.
In 26 Ortschaften in den Gebieten Kiew und Shitomir sanken die Belastungswerte bis 0,2 mR/h und weniger. Als Ergebnis der im Gebiet Gomel durchgeführten Maßnahmen sank die Strahlenbelastung auf dem Gelände der Schulen und Vorschulkindereinrichtungen um das 5-7fache und beträgt im allgemeinen 0,1 mR/h.
Ein großer Arbeitsumfang wurde bei der Dekontamination von landwirtschaftlichen Nutzflächen durch Umpflügen von Äckern, deren Kalkdüngung und Einbringung von organischen und Mineraldüngern. Die Umstellung von Wirtschaften in den Regionen mit durch langlebige Radionuklide hochbelasteten Böden auf neue Arbeitsbereiche wird gerade abgeschlossen.
Die Kommission hörte die Berichte der Staatlichen Komitees für Landwirtschaft der Ukrainischen SSR und der Belorussischen SSR, der Gebietsexekutivkomitees von Kiew, Shitomir, Gomel, Mogiljow und Brjansk und nahm zur Kenntnis, daß die Maßnahmen zur Dekontamination der landwirtschaftlichen Landflächen einschließlich Hausgrundstücke der Einwohner gegen Mitte November abgeschlossen werden.
Gleichzeitig gibt es immer noch in vielen Ortschaften und auf landwirtschaftlichen Nutzflächen viel Gelände, auf denen es nicht gelang, die Flächenkontamination notwendig zu reduzieren. Dekontaminationspläne für die Ortschaften einiger Rayons in der Ukrainischen SSR (Rayons Polesskij und Naroditschi) und der Belorussischen SSR (Rayon Narowlja) wurden nicht erfüllt.
Arbeiten der Militäreinheiten bei der Dekontamination der Ortschaften und Straßen werden in einigen Fällen mit den Aktivitäten, die die Organisationen der Staatlichen Komitees für Landwirtschaft durchführen, nicht koordiniert. Die Verfahren und technischen Mittel, die bei der Dekontamination eingesetzt werden, müssen weiterentwickelt werden. Es sind nicht genügend Dosismeßgeräte für die Kontrolle der Effektivität der Dekontaminationsmaßnahmen vorhanden, es fehlen Strahlenmeßgeräte für die Schnellbestimmung von Cäsium-137.
Die Dekontamination von Äckern und Hausgrundstücken wird in einigen Gebieten wegen Mangels an Dolomitmehl, Zeolith und Mineraldüngern verzögert. Es mangelt auch an Spezialtechnik, z.B. Anhängerschleudern, Maschinen zum Einbringen von Dünger.
Um den Effekt der Dekontamination von Ortschaften, Straßen und landwirtschaftlichen Nutzflächen zu erhöhen, insbesondere in den Rayons, die durch Cäsium-137 kontaminiert wurden, hat die Kommission folgenden Autäge erteilt:
— das Verteidigungsministerium der UdSSR, die Stäbe der Zivilverteidigung der USSR, BSSR, RSFSR und andere Ministerien und Behörden haben unter Berücksichtigung der entstandenen Strahlensituation unter Abstimmung mit den Gebietsexekutivkomitees für die Erfüllung von notwendigen Maßnahmen zur Dekontamination der Ortschaften und Straßen zu sorgen, in erster Linie dort, wo „Cäsium-Flecken" entdeckt wurden. Es geht um die Reduzierung von Belastungen auf festgelegte Grenzwerte:
— das Verteidigungsministerium der UdSSR, die Akademie der Wissenschaften der UdSSR und das Ministerium für mittleren Maschinenbau haben für Maßnahmen zur Einführung von Selektionsverfahren zur Dekontamination besonders gefährlicher langlebiger Isotope zu ergreifen;
— die Staatlichen Komitees für Landwirtschaft der USSR, BSSR und RSFSR haben die Dekontamination von landwirtschaftlichen Nutzflächen im November d.J. abzuschließen. Diese Maßnahmen sind mit der Dekontamination, die durch Militäreinheiten und Einheiten der Zivilverteidigung der UdSSR in Ortschaften durchgeführt wird, zu koordinieren;
— das Staatliche Komitee für Landwirtschaft der UdSSR hat die Lieferung von technischen Mitteln, Mineraldüngern, chemischen Melioranten und Dosismeßgeräten zu gewährleisten;
— das Gesundheitsministerium der UdSSR hat Prognoseeinschätzungen für Dosisbelastungen der Einwohner in den in der Zone der strikten Kontrolle liegenden Ortschaften zu präzisieren.

Die Kommission erörtete auch die Einhaltung der sanitärhygienischen Vorschriften bei der Arbeit in hochbelasteten Bereichen, machte die Leiter der Betriebe und Organisationen auf bestehende Mängel aufmerksam, trug ihnen auf, einen Komplex von Maßnahmen zur weiteren Verstärkung der Kontrolle der sanitärhygienischen Vorschriften zu erarbeiten. Der Bericht über diese Frage des Atomenergieministeriums der UdSSR, des Innenministeriums der UdSSR, des Verteidigungsministeriums der UdSSR, des Ministeriums für mittleren Maschinenbau der UdSSR und des Gesundheitsministeriums der UdSSR wurde bei der Operativen Gruppe vorgelegt.
B. Schtscherbina

Zum Punkt 16 des Protokolls Nr. 35 *Geheim*
Operative Gruppe des Politbüros des ZK der KPdSU

1. Oktober 1986

In Zusammenhang mit dem Fernschreiben des Botschafters der UdSSR in England Genossen Samjatin vom 27. September 1986 (Sonder-Nr. 1781) ist es sinnvoll, den Besuch des KKW Tschernobyl durch den Energieminister von England, Herrn Waker, in der ersten Dezemberhälfte 1986 zu genehmigen.
B. Schtscherbina

An das Sekretariat des Obersten Sowjets *Geheim*
Unterliegt der Rückgabe an den Sondersektor der Geschäftsführung des Ministerrates der UdSSR

Protokoll Nr. 36
der Sitzung der Operativen Gruppe des Politbüros des ZK der KPdSU zu Fragen im Zusammenhang mit der Beseitigung der Folgen des Reaktorunfalls im KKW Tschernobyl

15. November 1986

1. Zur Überprüfung der Beschwerde einer Gruppe von Teilnehmern an der Beseitigung der Folgen des Reaktorunfalls im KKW Tschernobyl und dessen Folgen (Auftrag des Politbüros des ZK der KPdSU vom 30. Oktober 1986 Nr. P39/X).

Im Ergebnis der Überprüfung vor Ort, die von den verantwortlichen Mitarbeitern des Apparats des ZK der KPdSU, des Gesundheitsministeriums der UdSSR und des Staatlichen Komitees für Arbeit der UdSSR (der Bericht liegt bei) vorgenommen wurde, bestätigten sich die Fakten eines herzlosen, formalbürokratischen Verhaltens gegenüber einer Gruppe von Personen, die an der Beseitigung des Reaktorunfalls im KKW Tschernobyl teilgenommen hatte und zur Behandlung und Rehabilitation im Sanatorium „Rai-Jelenowka“ (Gebiet Charkow) untergebracht war.
Es wurden schwerwiegende Mängel bei der Organisation der ärztlichen und sozialen Betreuung der betroffenen Personen, etwa die Bereitstellung von Komfortwohnungen, entdeckt. Solche Mängel sind in keiner Weise zu einer Zeit zulässig, in der die Partei und die Regierung alles Notwendige für eine baldige Beseitigung der Folgen des Reaktorunfalls unternehmen, wenn enorme Mittel für die Gewährleistung von normalen Wohn- und Arbeitsbedingungen der Bevölkerung der Region des KKW Tschernobyl bereitgestellt werden.
Zu den genannten Tatsachen ist es deshalb gekommen, da keine gebührende Kontrolle durch den Ministerrat der Ukrainischen SSR, die Parteibehörden der Republik, des Gesundheitsministeriums

der UdSSR über die Tätigkeit von ensprechenden Ministerien, Behörden und Organisationen sowie Betrieben und Einrichtungen stattfand, in denen die betroffenen Personen tätig waren.
Die Abteilung des ZK der KPdSU für Schwermaschinenbau und Energiewirtschaft (Jastrebow) wird beauftragt, unter Beteiligung der entsprechenden Abteilungen des ZK der KPdSU im Laufe einer Woche das Verhalten einiger führender Mitarbeiter, die an schwerwiegenden Mängeln der ärztlichen, materiellen und sozialen Betreuung von Personen, die infolge des Reaktorunfalls im KKW Tschernobyl betroffen wurden, zu untersuchen und einen Bericht vorzulegen.
Die Regierungskommission (Schtscherbina) hat gemeinsam mit dem Ministerrat der RSFSR, dem Ministerrat der Ukrainischen SSR, dem Ministerrat der Belorussischen SSR, dem Allunionsrat der Gewerkschaften, dem Gesundheitsministerium der UdSSR, dem Staatlichen Komitee für Arbeit der UdSSR, dem Finanzministerium der UdSSR und dem Handelsministerium der UdSSR eingegangene Vorschläge zur Verbesserung der medizinischen und sozialen Betreuung der strahlenbelasteten Bürger zu erörtern, sie hat umgehend Maßnahmen zu ergreifen und der Operativen Gruppe im Laufe von zehn Tagen Vorschläge zu unterbreiten.
Über die getroffenen Maßnahmen ist das Politbüro des ZK der KPdSU bis zum 1. Dezember 1986 zu informieren.
2. Zur Abnahme der Gebäude und technischen Anlagen des stillgelegten Energieblocks Nr. 4.
Die Mitteilung der Regierungskommission (Schtscherbina) über den Abschluß aller wichtigen Maßnahmen zur Stillegung des Energieblocks Nr. 4, die im Entwurf vorgesehen sind, werden zur Kenntnis genommen. Die Lüftungssysteme sind getestet, Anforderungen an die Abnahme des stillgelegten Energieblocks wurden festgelegt, Arbeitskommissionen begannen mit der Abnahme von einzelnen Objekten und Systemen. Der zerstörte Reaktor übt zur Zeit keinen Einfluß auf die Strahlensituation aus (der Bericht der Regierungskommission liegt bei).
Der Regierungskommission (Schtscherbina), dem Ministerium für mittleren Maschinenbau (Rjabew), dem Ministerium für Atomenergie der UdSSR (Lukonin), der Atomenergieaufsichtsbehörde (Malyschew) und dem Ministerrat der Ukrainischen SSR (Ljaschko) wird aufgetragen, alle Arbeiten für den Abschluß zur Stillegung des Energieblocks 4 zu gewährleisten, die im technischen Entwurf und in Ergänzungen dazu festgelegt wurden. Das ist Voraussetzung, damit die Staatliche Kommission die Möglichkeit hat, die Abnahme des Objektes für seinen Betrieb sowie für ein langjähriges Programm der Überwachung dessen Zustandes und der Durchführung von notwendigen Untersuchungen bis 1. Dezember 1986 zu unterschreiben.
Die Operative Gruppe bestätigt ihre frühere Entscheidung, daß die Inbetriebnahme der Energieblöcke Nr. 1 und 2 nur nach dem Abschluß der Arbeit an der Stillegung des Energieblocks 4 erfolgen darf.
3. Zum Verlauf der Modernisierung von funktionierenden und zu bauenden Energieblöcken mit RBMK-Reaktoren, die der Erhöhung ihrer Betriebssicherheit dienen.
Aus dem Bericht des Genossen Lukonin (Anhang) und der Mitteilung des Genossen Malyschew zu dieser Frage geht hervor, daß die Arbeit an der Erhöhung der Sicherheit von Energieblöcken mit RBMK-Reaktoren unzufriedenstellend verläuft. Es wurde u.a. nicht in allen funktionierenden Energieblöcken und nicht in vollem Umfang die erste Etappe der für diesen Zweck erarbeiteten Maßnahmen realisiert. Das Ministerium für mittleren Maschinenbau der UdSSR und das Ministerium für Atomenergie der UdSSR verzögern die Lösung von vielen wichtigen technischen Fragen sowie die Realisierung der Forderungen von der Atomenergieaufsichtsbehörde der UdSSR.
Der Regierungskommission (Schtscherbina) hat unter Beteiligung des Atomenergieministeriums der UdSSR, des Ministeriums für mittleren Maschinenbau der UdSSR, der Atomenergieaufsichtsbehörde der UdSSR, entsprechender wissenschaftlicher Forschungs- und Konstruktionseinrichtungen umgehend Maßnahmen zur Behebung der Mängel bei der Erhöhung der Sicherheit

von Energieblöcken mit RBMK-Reaktoren zu ergreifen. In Fragen, bei denen eine Entscheidung der Regierung der UdSSR erforderlich ist, sind Vorschläge vorzulegen.
Es wird festgelegt, daß die Genossen Rjabew, Lukonin, Malyschew und Alexandrow für den sicheren Betrieb der KKW mit RBMK-Reaktoren persönlich verantwortlich sind.
Das Büro des Ministerrates der UdSSR für den Treibstoff- und Energiekomplex hat eine systematische Kontrolle aller Arbeiten an der Erhöhung der Sicherheit der funktionierenden und zu bauenden Kernkraftwerke mit RBMK-Reaktoren einzuführen.
Zu Ergebnissen der geleisteten Arbeit ist die Operative Gruppe im Januar 1987 zu informieren.
4. Zu Ergebnissen der Untersuchung des Zustandes von Baukonstruktionen und Ausstattung des Energieblocks 3 des KKW Tschernobyl.
Die Mitteilungen der Genossen Lukonin (Anhang) und Schtscherbina werden zur Kenntnis genommen, daß im Ergebnis der Untersuchung des Zustandes des Energieblocks 3 ein Arbeitsplan erarbeitet wurde, nach dem die Wiederinbetriebnahme des Energieblocks im II. Quartal 1987 vorgesehen ist.
5. Über Maßnahmen zur Verwendung von vorhandenen und nicht benötigten Materialen und Anlagen des KKW Tschernobyl.
Die Mitteilung des Genossen Woronin wird zur Kenntnis genommen, daß im KKW Tschernobyl eine Bestandsaufnahme von Sachwerten nach dem Stand vom 12. November 1986 vorgenommen wurde. Zur Beseitigung der Folgen des Reaktorunfalls wurden insgesamt Materialien und Anlagen im Wert von 230 Mio Rubel geliefert, von welchen 193,8 Mio Rubel entsprechend ihrer Bestimmung verwendet wurden. Es wurden an andere Verbraucher Sachwerte in Höhe von 16 Mio Rubel umverteilt. Von den restlichen 20,2 Mio Rubel werden in der nächsten Zeit 3,8 Mio verwendet. Sachwerte in Höhe von 16,4 Mio Rubel werden z.Z. wegen hoher Kontamination nicht verwendet.
Das Staatliche Komitee für Handel der UdSSR (Woronin) wird beauftragt, gemeinsam mit den beteiligten Ministerien und Behörden die Frage nach einer möglichen Dekontamination der genannten Sachwerte und deren Wiederverwendung zu untersuchen. Anhand der Untersuchung ist streng nach den Vorschriften über Strahlenschutz zu entscheiden.
In Zusammenhang mit den Berichten, daß außerhalb der 30 km-Zone in großen Mengen Technik liegengelassen wurde, die von Unbekannten zur Ersatzteilgewinnung auseinandergenommen wird, sind der Ministerrat der Ukrainischen SSR, das Innenministerium der UdSSR und das Verteidigungsministerium der UdSSR beaufgetragt, Maßnahmen zur Unterbindung solcher Fälle zu ergreifen.
6. Zum Stand der medizinischen Betreuung und Behandlung der Menschen, die infolge des Reaktorunfalls im KKW Tschernobyl betroffen wurden und zum Aufbau des wissenschaftlichen Allunionszentrums für Strahlenmedizin zu diesem Zweck.
Die Berichte der Genossen Burenkow und Sinopalnikow zu dieser Frage werden zur Kenntnis genommen.
Es wird darauf hingewiesen, daß die Erfassung der durch die Strahlung betroffenen Personen keine qualifizierte medizinische Unterstützung erfährt, daß die Untersuchung von Spätfolgen der Strahleneinwirkung unzulässig langsam erfolgt. Das wissenschaftliche Allunionszentrum für Strahlenmedizin des Gesundheitsministeriums der UdSSR, das diese Arbeit übernehmen sollte, ist immer noch im Stadium des Aufbaus.
Dem Gesundheitsministerium der UdSSR (Burenkow) und dem Ministerrat der Ukrainischen SSR (Ljaschko) wird aufgetragen, umgehend Maßnahmen zum Ausbau der materiellen Basis des Zentrums sowie zu dessen Ausstattung mit hochqualifizierten Kadern zu ergreifen, damit diese Einrichtung in der nächsten Zeit imstande ist, effektiv ihre Funktionen wahrzunehmen.
Das zu schaffende Register wird alle Personen erfassen, die einer Strahlenbelastung ausgesetzt

wurden, damit kein Mensch von der notwendigen Behandlung durch die Gesundheitsbehörden ausgeschlossen bleibt.
Die Ministerräte der RSFSR (Tabejew), der Ukrainischen SSR (Ljaschko) und der Belorussischen SSR (Kowaljow) werden verpflichtet, umfassende Maßnahmen zur Behebung vorhandener Mängel und zur besseren medizinischen Betreuung der genannten Personenkategorie zu ergreifen. Leiter von Sowjetbehörden, medizinischen Einrichtungen, Betrieben und Organisationen werden für Gleichgültigkeit und formalbürokratisches Verhalten bei der Entscheidung zu Fragen des Gesundheitsschutzes der Menschen, die infolge des Reaktorunfalls im KKW Tschernobyl betroffen wurden, zu verantworten haben.
Das Ministerium für mittleren Maschinenbau (Rjabew) hat die Entscheidungen zur Entwicklung und Herstellung von Strahlen- und Dosismeßgeräten nach den Aufträgen des Gesundheitsministeriums der UdSSR zu treffen.
Dem Staatlichen Komitee für Hydrometeorologie der UdSSR (Israel), dem Gesundheitsministerium der UdSSR (Burenkow) und dem Verteidigungsministerium der UdSSR (Achromejew) werden aufgetragen, die Karte der Strahlenbelastungen bis zum 10. Dezember 1986 zu präzisieren und bei der Operativen Gruppe vorzulegen.
7. Zu Vorschlägen über Auszeichnungen von leitenden Mitarbeitern, die an der Beseitigung des Reaktorunfalls im KKW Tschernobyl teilgenommen haben.
Der Genosse Dolgich wird beauftragt, unter Berücksichtigung des Meinungsaustausches ein Entwurf des Schreibens an das Politbüro des ZK der KPdSU zu Vorschlägen der Operativen Gruppe über diese Frage vorzubereiten. Falls sie gebilligt werden, sind die Vorschläge ordnungsgemäß vorzulegen.
8. Zum Vorschlag des Generaldirektors der IAEA H. Blix, die Lieferung von Informationen über Strahlenbelastungswerte an die Agentur einzustellen, weil sich die Situation im KKW Tschernobyl normalisiert hat (Fernschreiben aus Wien, Sonder-Nr. 1560).
Diesem Vorschlag wird zugestimmt. Das Außenministerium der UdSSR (Kowaljow) hat H. Blix zu dieser Entscheidung zu informieren.
9. Zum Vorschlag von Japan, sowjetische Fachleute zum Studium von japanischen Erfahrungen bei der Behandlung von Strahlenkrankheiten zu entsenden (Fernschreiben aus Tokio, Sonder-Nr. 1550).
Der Meinung des Gesundheitsministeriums der UdSSR (Burenkow) und des Außenministeriums der UdSSR (Kowaljow) wird zugestimmt, vier Fachleute nach Japan zu entsenden.
10. Zur Bitte des italienischen Fernsehreporters E. Biaggi, ihm bei der Vorbereitung einer Sondersendung über den Reaktorunfall im KKW Tschernobyl, dessen Folgen und heutige Situation in dieser Region Unterstützung zu leisten (Fernschreiben aus Rom, Sonder-Nr. 1581).
Dem Vorschlag der Genossen Schtscherbina und Kowaljow wird zugestimmt, diese Frage später zu erörtern.
11. Zur Bitte des Vorsitzenden der christlichen Friedenskonferenz Bischof K. Tott, den Teilnehmern an dem für die zweite Novemberhälfte 1986 in Kiew festgelegten Sitzung des Präsidiums dieser Konferenz eine Reise in die Region des KKW Tschernobyl zu gestatten (Fernschreiben aus Budapest, Sonder-Nr. 696).
Dem Vorschlag des Außenministerums der UdSSR (Kowaljow) über diese Frage wird zugestimmt. Das Stadtexekutivkomitee von Kiew und das Gebietsexekutivkomitee von Kiew haben den Besuch von ein bis zwei Siedlungen zu organisieren, wohin Menschen aus dem Unglücksgebiet evakuiert wurden.
12. Zur Veranstaltung der Expertengruppentagung des Exekutivrates der weltweiten meteorologischen Organisation in der UdSSR und zum Besuch des Gebietes des KKW Tschernobyl durch deren Teilnehmer.

Es ist auf die Überlegungen zu dieser Frage, die das Schreiben des Genossen Israel (Anhang) enthält, positiv zu reagieren. Das Staatliche Komitee für Hydrometeorologie der UdSSR (Israel), das Außenministerium der UdSSR (Petrowskij) und der Ministerrat der Ukrainischen SSR (Ljaschko) haben den entsprechenden Entscheidungsentwurf vorzubereiten und es dem ZK der KPdSU vorzulegen.

13. Zum Besuch von Vertretern der Sozialistischen Partei Belgiens in Kiew, um Erfahrungen beim Schutz der Bevölkerung vor den Folgen eines Kernreaktorunfalls kennenzulernen.

Dem Vorschlag des Außenministeriums der UdSSR wird zugestimmt, die Vertreter der Sozialistischen Partei Belgiens in Kiew im Dezember 1986 zu empfangen.

14. Zum Besuch des Gemeraldirektors der IAEA H. Blix im KKW Tschernobyl während seiner Reise in die UdSSR im Januar 1987.

Der Vorschlag des Außenministeriums der UdSSR (Kowaljow) wird unterstützt. Dem Außenministerium der UdSSR (Kowaljow), dem Ministerium für mittleren Maschinenbau (Petrosjanz) und dem Ministerium für Atomenergie der UdSSR (Lukonin) wird aufgetragen, entsprechende Vorschläge dem ZK der KPdSU vorzulegen.

N. Ryshkow

Zum Punkt 2 des Protokolls Nr. 36 *Geheim*

Operative Gruppe des Politbüros des ZK der KPdSU

Genossen Ryshkow N.I.

12. November 1986

Eine der wichtigsten Aufgaben zur Beseitigung der Folgen des Reaktorunfalls im KKW Tschernobyl ist die Wiederinbetriebnahme des Kernkraftwerkes und die Wiederherstellung der Leistung seiner drei Energieblöcke.

Zwei der Energieblöcke sind wiederaufgebaut. Es wurden darin vorrangig Maßnahmen zur Erhöhung der Betriebssicherheit durchgeführt. Der Energieblock 1 befindet sich seit Anfang Oktober d.J. im Probebetrieb und unter stabiler Projektbelastung. Block 2 wurde am 5. November d.J. eingeschaltet und hat gemäß den Vorschriften z.Z. eine Leistung von 700 MW. Eine weitere Belastungssteigerung ist vorgesehen.

Die Inbetriebnahme der Energieblöcke erfolgte entsprechend dem Beschluß des ZK der KPdSU und des Ministerrates der UdSSR erst, als das Atomenergieministerium der UdSSR, das Energieministerium der UdSSR, das Minsterium für mittleren Maschinenbau der UdSSR, die Atomenergieaufsichtsbehörde der UdSSR, das Ministerium für Energiemaschinenbau der UdSSR, das Ministerium für elektrotechnische Industrie der UdSSR, das Ministerium für chemischen Maschinenbau der UdSSR und das Ministerium für Gerätebau der UdSSR Renovierungs- und Einrichtungsarbeiten abgeschlossen und eine umfassende Überprüfung der Systeme und Anlagen beendet und darüber Bericht beim wissenschaftlich-technischen Allunionsbehördenrat zu Fragen der Atomenergie erstattet haben. Und nachdem der genannte Rat das Büro des Ministerrates der UdSSR für den Treibstoff- und Energiekomplex zur Bereitschaft der Energieblöcke informiert hat, sie in Betrieb zu nehmen.

Obwohl das Abdecken des Energieblocks durch komplizierte technische Probleme verzögert wurde und für dessen Abnahme durch die Staatliche Kommission noch Zeit erforderlich sein wird, unter Berücksichtigung des Befundes des I.W. Kurtschatow-Instituts für Atomenergie, des Staatlichen Komitees für Hydrometeorologie der UdSSR und des Ministeriums für mittleren Maschinenbau (es wurden auch Untersuchungsergebnisse der Chemietruppen des Verteidigungsministeriums der UdSSR benutzt), daß der zerstörte Reaktor keine Quelle von Strahlenbelastung für das Gelände des KKW und seine Umgebung ist, hält die Regierungskommission es für sinnvoll, die Einschaltung und den regulären Betrieb von zwei Energieblöcken des KKW Tschernobyl zu gestatten, ohne auf die Unterzeichnung des Abnahmeberichts durch die Staatliche Kommission warten.

Innerhalb von zwei Monaten können diese Blöcke über eine Milliarde kWh Strom erzeugen, die Situation im südlichen Energiesystem des Landes wesentlich verbessern sowie die Verpflichtungen zu Stromlieferungen an die sozialistische Staaten erfüllen. Nach Abnahme der Abdeckung des Energieblocks 4 hat die Staatliche Kommission ihn an die Direktion des Kernkraftwerkes Tschernobyl zur entsprechenden Pflege und Erfüllung eines langfristigen Überwachungs- und Forschungsprogramms zu übergeben. Mit der wissenschaftlichen Betreuung dieses Programms ist das I.W. Kurtschatow-Institut für Atomenergie beauftragt.

Kriterien der Abnahmeforderungen an die Konstruktion der Abdeckung, die seine Sicherheit gewährleisten, wurden von der Regierungskommission festgelegt. Es wurden Kommissionen gebildet, die mit der Abnahme einzelner Objekte begannen.

Der Bericht über den Zustand des Energieblocks 4 liegt bei.

B. Schtscherbina

Tabelle 1

Gesamtanteil von Alpha- und Beta-Radionukliden in der Luft nach Meßpunkten (Ci/l)

Meßpunkt	1986 Monat	Alpha-Radionuklide	Beta-Radionuklide
T. 142 (KKW Tsch., Bez. 4, Straße bei ABK-2)	Aug. Sept.	$1,6 \times 10^{-14}$ $7,7 \times 10^{-15}$	$5,8 \times 10^{-12}$ $8,0 \times 10^{-12}$
T. 143 (KKW Tsch., Bez. 4, Transportkorridor des Blocks 3	Aug. Sept.	$4,2 \times 10^{-14}$ $1,0 \times 10^{-13}$	$1,4 \times 10^{-11}$ $3,7 \times 10^{-11}$
T. 131 (KKW Tsch., Bez. 3, Straße bei ABK-1)	Aug. Sept.	$9,8 \times 10^{-15}$ $4,6 \times 10^{-15}$	$8,4 \times 10^{-13}$ $1,5 \times 10^{-12}$
Spedition (Verwaltung US-605)	Aug. Sept.	$3,0 \times 10^{-15}$ $1,6 \times 10^{-15}$	$1,2 \times 10^{-13}$ $4,1 \times 10^{-14}$

Zur Arbeit des Medizinischen Dienstes der Streitkräfte der UdSSR bei der ärztlichen Betreuung der betroffenen Menschen infolge des Reaktorunfalls im KKW Tschernobyl

Zur Beseitigung der Folgen des Reaktorunfalls im KKW Tschernobyl wurden dem Medizinischen Dienst der Streikräfte zwei Aufgaben gestellt:

— praktische Hilfeleistungen für die Gesundheitsbehörden bei umfassenden Untersuchungen der Bevölkerung in der Umgebung des Reaktorunfalls;

— Organisation von Maßnahmen zur Vorbeugung der Strahlenüberbelastung von Militär-

angehörigen, die bei der Beseitigung der Folgen des Reaktorunfalls im KKW Tschernobyl eingesetzt werden sowie zur Vorbeugung der Entstehung massenhafter Infektionskrankheiten.
Zur Realisierung dieser Aufgaben wurde am 3. Mai 1986 die Operative Gruppe des Zentralen Medizinischen Dienstes des Verteidigungsministeriums gebildet und zum Unfallort entsandt. Innerhalb von 24 Stunden wurden alle für diesen Zweck notwendigen Kräfte und Mittel aufgestellt: 5 Sanitätsbataillone, 4 sanitärepidemiologische Abteilungen, 20 medizinische Stellen sowie 300 Personen medizinischen Personals der Militärmedizinischen Akademie und der Zentralspitäler einschließlich entsprechender Ausstattung.
In Anbetracht der Auflösung zahlreicher Wohnorte und der Evakuierung ihrer Bewohner mußte viel Arbeit innerhalb kurzer Zeit verrichtet werden; dazu wurden zu allgemeinmedizinischen sowie hämologischen und radiometrischen Untersuchungen über 30 Sanitätsgruppen gebildet.
Zur Hilfe bei der Untersuchung und Behandlung von strahlenbelasteten Zivilpersonen wurde am 30. April d.J. in die Klinik Nr. 6 von Moskau eine Gruppe von Fachärzten aus militärmedizinischen Einrichtungen entsandt.
Zum 11. Mai d.J. wurde die umfassende Untersuchung der evakuierten Bevölkerung praktisch abgeschlossen. Es wurden insgesamt 78.000 Personen der einheimischen Bevölkerung ambulant untersucht, 36.000 hämatologische und 70.000 radiometrische Untersuchungen durchgeführt. 454 Personen wurden stationär untersucht (98 Personen in der C.M.-Kirow-Klinik der Militärmedizinischen Akademie und 356 Personen in den Sanitätsbataillonen).
Es wurden keine Fälle der Strahlenkrankheit entdeckt.
6.500 Kinder von Militärangehörigen, Mitarbeitern und Angestellten der Sowjetarmee und der Kriegsmarine wurden nach ihrer Untersuchung aus dem Unglücksgebiet evakuiert und in Ferienlagern und Sanatorien des Verteidigungsministeriums, die an der Südküste der Krim und bei Moskau liegen, untergebracht.
Zur Vorbeugung einer Überbelastung wurde ein umfassendes Programm zur Kontrolle des Gesundheitszustandes von Militärangehörigen erarbeitet, die in das Unglücksgebiet entsandt werden. Dazu gehören regelmäßige ärztliche Laborkontrollen während der Arbeit, stationäre Behandlung von Personen, die Belastungsdosen über 25 rem aufgenommen haben, langzeitige dynamische Überwachung nach der Einstellung der Bestrahlung. 75.000 Militärangehörige wurden ambulant untersucht, 4.000 stationär.
Die Kontinuität der Dispensairebetreuung von Militärangehörigen, die aus dem Reservestand einberufen wurden, wird mit dem Gesundheitsministerium durch das Verschicken entsprechender Dokumente an die Militärkommissariate gewährleistet, wodurch Informationen über diese Personen in das Allunionsregister eingetragen werden können.
Zur Erhöhung der Körperresistenz gegen ungünstige Faktoren wurden zugelassene sowie Perspektivschutzmittel eingesetzt (Präparat B-190, Cistamin, Bemitil, Emivis u.ä.).
Dank der genauen Realisierung des gesamten Systems der medizinischen Versorgung wurde unter Militärangehörigen kein einziger Fall der akuten Strahlenkrankheit festgestellt, was die Effektivität des für den Kriegsfall angenommenen Systems zum Schutz der Truppen vor Atomwaffen bestätigt.
Die Untersuchung der synergetischen Strahlenwirkung kleiner Dosen der äußeren und inneren Belastung, die gemeinsam vom Gesundheitsministerium der UdSSR, der AdW der UdSSR und der USSR, der AdMW der UdSSR durchgeführt wurde, ergab, daß die als Grenzwert festgelegte Dosis von 25 rem optimal ist, während der tatsächliche Wert der aufgenommenen Radionuklide nicht höher als der Grenzwert ist.
Zur Hauptaufgabe des Medizinischen Dienstes gehört z.Zt. die Organisation einer langzeitigen Überwachung der Teilnehmer an der Beseitigung der Folgen des Reaktorunfalls, um mögliche Belastungsfolgen zu entdecken und rechtzeitig medizinisch-prophylaktische Maßnahmen zu

ergreifen. Eine der Besonderheiten der Strahlenwirkung besteht darin, daß die allgemeine Körperresistenz abnimmt. Im Hinblick auf diesen Umstand sowie auf eine große Personalstärke der eingesetzten Truppen wurde dank der durchgeführten sanitärhygienischen und antiepidemischen Maßnahmen verhindert, daß sich eine umfassende Infektionserkrankung ausbreitet.
Im Zusammenhang damit, daß die Situation im Reaktorunfallgebiet und die Art der Pathologie im bestimmten Maße die Zerstörung eines Kernkraftwerkes durch hochpräzise und Neutronenwaffen nachbildete, werden die gewonnenen Arbeitserfahrungen bei der Optimierung des Systems der medizinischen Versorgung im Kriegsfall genutzt.

Erster Stellvertreter des Chefs des Zentralen
Medizinischen Dienstes des Verteidigungsministeriums
Generaloberstabarzt
Sinopalnikow
11. November 1986

Zu Angaben über das Personal, das seit dem Beginn des Einsatzes bestrahlt wurde
(nach dem Stand vom 11.11.1986)
Nur Truppeneinheiten des Verteidigungsministeriums

	total	Generäle	Offiziere	Unteroffiziere	Soldaten
Bestrahlt seit dem Beginn des Einsatzes	66.752	50	8.378	2.570	55.754
Bisher abgezogen	48.138	37	5.883	1.888	40.333
Davon haben die Dosis					
unter 25 rem	46.076	17	5.195	1.778	39.086
25-50 rem	2.041	19	674	106	1.242
über 50 rem	21	1	14	4	2
Noch im Einsatz	18.614	13	2.495	682	15.424
Davon haben die Dosis:					
1-10 rem	13.018	11	1.732	546	10.724
11-15 rem	2.629	2	321	71	2.235
16-20 rem	1.704	-	243	36	1.515
21-25 rem	1.173	-	199	29	945

Es wurden insgesamt 9.3816 Militärangehörige strahlenbelastet.
Zur Zeit nehmen an der Beseitigung der Folgen des Reaktorunfalls 23.583 Militärangehörige (3.301 Offiziere), davon 19.352 Reservisten (1.630 Offiziere) teil.

Zum Punkt 6 des Protokolls Nr. 36 *Geheim*
Gesundheitsministerium der UdSSR *Ex. Nr.*

*An die Operative Gruppe des Politbüros des ZK der KPdSU
zu Fragen in Zusammenhang mit der Beseitigung der Folgen des Reaktorunfalls im KKW Tschernobyl*

Entsprechend dem Auftrag melde ich:
Durch die Einrichtungen der Gesundheitsbehörde wurden nach dem Reaktorunfall im KKW Tschernobyl 930.000 Menschen untersucht und erfaßt, darunter wurden 696.000 Menschen mit tiefgreifenden dosimetrischen und Laborverfahren untersucht, davon 215.500 Kinder (in der USSR 93.000, in der BSSR 47.500, in der RSFSR 75.000). 32.000 Menschen wurden stationär untersucht, davon 12.300 Kinder.
237 Personen wurden mit der Diagnose akuter Strahlenkrankheit in die Kliniken von Moskau (115 Personen in die Klinik Nr. 6 des Gesundheitsministeriums der UdSSR) und Kiew (122 Personen in das wissenschaftliche Forschungsinstitut für Radiologie und Onkologie, in die Stadtklinik Nr. 25, in die Gebietsklinik und ins Spital des Innenministeriums) aufgenommen.
Für die Behandlung akuter Strahlenkrankheit wurden meist antibakterielle Präparate, Transfusionen zellulärer Blutkomponenten und -ersatzmitteln, Präparate für parenterale Nahrungsmittelzufügung, Hämosorbente verwendet. Als zusätzliche Therapiemittel wurden Immunkorrektoren, u.a. T-Aktivin verwendet. Bei 13 Patienten wurde Knochenmark transfundiert, in sieben Fällen gemeinsam mit amerikanischen Fachärzten. Elf Patienten starben infolge des schweren Strahlenschadens von Haut, Lunge und Darm. Die Erfahrung ergab, daß Knochenmarktransfusion kein entscheidendes Therapieverfahren bei der Behandlung aller Arten von Strahlenschäden ist.
Von insgesamt 237 der Patienten, die akute Strahlenkrankheit hatten, starben 28 Menschen. Z.Z. sind von 209 Patienten, die diese Krankheit überstanden hatten, 65 wieder gesund und nahmen ihre Arbeit wieder auf. sieben wurden als Invaliden anerkannt, 137 werden stationär, ambulant sowie in Sanatorien weiterbehandelt. Sie werden im kommenden Zeitraum zur medizinischen Arbeitsuntersuchung entsandt, damit der Grad ihrer Erwerbsunfähigkeit ermittelt werden kann.
In zwei Spezialkliniken von Moskau und Kiew findet entsprechend medizinischer Befunde eine regelmäßige zusätzliche Untersuchung sowie Behandlung von Patienten mit akuter Strahlenkrankheit und mit verschiedenen Funktionsstörungen statt.
Vom ersten Tag des Reaktorunfalls an wurden umfassende Maßnahmen durchgeführt, die auf die Reduzierung der Strahlenbelastung gerichtet waren – massenhafte Jodprophylaxe, Evakuierung der Bevökerung aus den am meist gefährdeten Gegenden, ein organisierter Abtransport der Kinder und Schwangeren, Einführung von Ernährungsvorschriften, die den Verzehr von strahlenbelasteten Nahrungsmitteln, die über dem durch das Gesundheitsministerium der UdSSR festgelegten Grenzwert liegen, ausschließen.
Durch die Jodprophylaxe waren 5.365 000 Menschen erfaßt, darunter 1.694.000 Kinder (in der USSR 1,6 Mio, in der BSSR 43.000, in der RSFSR 51.300 Kinder).
Es wurden 116.900 Menschen evakuiert (in der USSR 92.000, in der BSSR 24.700, in der RSFSR 200). 258.200 Kinder und 3.426 Schwangere wurden während der Sommerzeit zur Erholung in Sanatorien und Ferienlagern untergebracht.
Die Gesamtheit der getroffenen Maßnahmen trug dazu bei, daß die Strahlenbelastung für die Bevölkerung um 70% reduziert wurde.
Zur Einschätzung der Dosis der inneren Strahlenbelastung durch das Cäsium wurden mit Ganzkörperzählern (Bodycounter) 74.000 Menschen einschließlich 35.500 Kinder untersucht (19.500 in der USSR, 14.000 in der BSSR, 2.000 in der RSFSR).

Es wurden insgesamt 85 Ganzkörperzähler eingesetzt (56 in der USSR, 4 in der BSSR, 25 in der RSFSR). Die Cäsium-Aufnahme wurde auch mit anderen Geräten bei 119.000 Menschen ermittelt, darunter bei 50.000 Kindern (vor allem in den Gebieten Brjansk und Tula in der RSFSR).
Bei den Untersuchten wird die Dosis der inneren Strahlenbelastung durch Cäsium in verschiedenen Gegenden im ersten Jahr folgendes betragen: über 10 rem bei 0,3-1,5%, bei 5-10 rem 4,7 bis 11,0%, bei 1-5 rem 61-68%, unter 1 rem 26-27%.
Durch Aufnahme von Jod-131 betrug bei 127.000 Kindern die Schilddrüsendosis über 30 rem (59.000 in der USSR, 42.000 in der BSSR, 26.000 in der RSFSR). Sie werden vorbeugend überwacht und nach Bedarf behandelt.
Um die Betroffenen ständig überwachen zu können, wurden spezialisierte Dispensairekliniken gegründet: für die Einwohner der RSFSR in Moskau, für die Einwohner der USSR in Kiew und für die Einwohner der BSSR in Minsk. Die Behandlung und nachfolgende Dispansaireüberwachung der Patienten, die die Strahlenkrankheit überstanden haben, erfolgt in der Spezialklinik Nr. 6 des Gesundheitsministeriums (Stadt Moskau) und der Stadtklinik Nr. 25 (Stadt Kiew), die zugleich Basisklinik des Allunionszentrums für Strahlenmedizin der Akademie der medizinischen Wissenschaften ist.
In diesem Zentrum wurden z.Z. 16 wissenschaftliche Abteilungen aufgebaut, in denen 147 Mitarbeiter tätig sind, davon 16 habilitierte Doktoren und 15 Doktoren. Es funktionieren bereits die Stationen für Differentialdiagnostik und Strahlenpathologie für Erwachsene und Kinder, für Hämatologie und Endokrinologie der Kinder, klinisch-wissenschaftliche und Laborabteilungen.
Am Themenkreis des Zentrums arbeiten auch Kiewer Institute für Pädiatrie, Geburtenhilfe und Gynäkologie, Endokrinologie und Stoffwechsel, Hämatologie und Bluttransfusion, Roentgenradiologie und Onkologie.
In der Minsker Medizinischen Hochschule und in wissenschaftlichen Forschungsinstituten für Onkologie und medizinische Radiologie, Sanitätswesen und Hygiene wurden spezialisierte Labors und Abteilungen für die Untersuchung der medizinisch-biologischen Folgen des Reaktorunfalls gegründet. Durch das Staatliche Komitee für Wissenschaft und Technik wurden dafür 77 Stellen bereitgestellt.
Vom Gesundheitsministerium der UdSSR und dem Präsidium der Akademie der medizinischen Wissenschaften wurde ein umfassendes Forschungsprogramm für Untersuchungen der medizinisch-biologischen Folgen bei strahlenbelasteten Personen erarbeitet.
Entsprechend den Verordnungen des Gesundheitsministeriums der UdSSR wurden einheitliche Normativdokumente erarbeitet, die die Grundlagen der Dispensairebetreuung und die Einrichtung der Republiks- und des Unionsregisters festlegen.
Im Laufe der Dispensaiereerfassung der Kinder mit einer Schilddrüsendosis über 200 rem werden Fälle registriert, in denen die Abmessungen der Schilddrüse vergrößt und ihre Funktion gestört ist, sowie Veränderungen im Blut (20%). Für die Gesundheit dieser Kinder wird stationär und in den Polikliniken gesorgt, man verwendet bei ihnen allgemeinverstärkende Therapie.
Es sind sanitärhygienische Vorschriften und Normen, die den Verkauf und Verzehr von Nahrungsmitteln durch die Bevölkerung, die Dekontamination von Wohnräumen und Landflächen, Verkehrsmitteln und Ausrüstungen, die Kontamination von Haut und Kleidung festzulegen.
Zur Einschätzung des möglichen Schadens für die Gesundheit von ca. 1.100.000 Menschen, die in den stark strahlenbelasteten Gebieten von Tschernigow, Kiew, Shitomir der USSR, Gomel, Mogiljow der BSSR, Brjansk, Tula, Kaluga und Orel der RSFSR wohnen, wurde auf der Basis von allgemeingültigen Empfehlungen der internationalen und nationalen Organisationen (Nationale Kommission für Strahlenschutz beim Gesundheitsministerium der UdSSR, Internationale Kommission für Strahlenschutz, Wissenschaftliches Komitee für die Atomstrahlenwirkung der UNO) eine Prognoseberechnung gemacht.

In den kommenden fünf Jahren sind ca. 1.300 Fälle von Hypotheriose, meist bei Kindern der Gebiete Gomel, Kiew, Shitomir und Tschernigow zu erwarten. Im Laufe von 70 Jahren sind zusätzliche 600 Leukämieerkrankungen zu erwareten, was zu einer Steigerungsrate von ca. 10% im Vergleich zu der gewöhnlichen Rate führen wird. Im gleichen Zeitraum werden weitere 4.000 andere letale Krebserkrankungen entstehen, was die gewöhnliche Rate um 3% erhöhen wird. Die genannte Steigerung von onkologischen Erkrankungen ist erst in 10-15 Jahren zu erwarten. Gleichzeitig kann man im Laufe von 70 Jahren erwarten, daß zusätzlich 3.000 Kinder mit eingeborenen Mißbildungen geboren werden, was die gewöhnliche Rate dieser Pathologie um 2% erhöhen wird.

Die Prognose für 75 Mio Menschen, die im europäischen Teil der UdSSR leben und wo eine Erhöhung der Strahlenbelastung festgestellt wurde, ergibt, daß im Laufe von 70 Jahren die zusätzliche Mortalität 40.000 Fälle betragen wird (darunter 5.000 Leukämiefälle). Davon durch Außenbelastung 5.000, durch Innenbelastung der Schilddrüse 2.000 Fälle, durch innere Ganzkörperbelastung durch Cäsium-137 33.000 Fälle. Die zusätzliche Steigerungsrate von Mißbildungen kann 23.000 Fälle betragen, d.h. um 0,3% mehr als sie sonst registriert werden. Eine zusätzliche Steigerung von letalen onkologischen Erkrankungen wird die Rate um 0,4% oder auf acht Fälle pro eine Million Menschen im Jahr erhöhen. Die genannte Prognose kann sich weiterhin ändern, nachdem die Dosisbelastungen der Bevölkerung präzisiert werden können.

Trotz der großen, durch das Gesundheitsministerien der UdSSR, der Unionsrepubliken und medizinischen Einrichtungen geleisteten Arbeit, sind vorhandene schwerwiegende Mängel zu nennen, vor allem beim Abschluß des Registers und der kompletten Dispensaireerfassung und -behandlung verschiedener Bevölkerungsteile. Die Frage nach der Behebung dieser Mängel wurde im Gesundheitsministerium der UdSSR am 10./11.November d.J. unter Beteiligung der Leitung der Gesundheitsministerien der USSR, BSSR und RSFSR sowie einer Reihe von führenden Wissenschaftlern erörtert. Aufgrund der Ergebnisse dieser Diskussion wurde den Leitungen der genannten Ministerien aufgetragen, umgehend Maßnahmen zur Behebung entdeckter Mängel zu ergreifen.

Wegen grober Verstöße bei der Überwachung und Behandlung der strahlenkranken Patienten im Sanatorium „Raj-Jelanowka“ wurde auf Anordnung des Gesundheitsministeriums der UdSSR dem Direktor des Instituts für medizinische Radiologie von Charkow Kiposchenko gekündigt. Der Chef der Hauptverwaltung für medizinisch-prophylaktische Hilfe des Gesundheitsministeriums der USSR Kosljuk W.M. wurde streng verwarnt, der erste Stellvertreter des Gesundheitsministers der USSR Selinskij A.N. verwarnt, der Gesundheitsminister der USSR Romanenko A.J. streng auf vorhandene Mängel hingewiesen und aufgetragen, umgehend Maßnahmen zur Organisation der Dispensaireüberwachung und medizinischen Hilfe für strahlenkranke Patienten zu ergreifen.

An das Ministerium für mittleren Maschinenbau wurden medizinisch-technische Daten zur Entwicklung zukünftiger Dosis- und Strahlenmeßgeräte zur Überwachung der Außen- und Innenbelastung von Menschen, der Umwelt, von Wasser und Nahrungsmitteln weitergeleitet. Für den 12. November 1986 plant das Ministerium für mittleren Maschinenbau eine Tagung zu Fragen der Produktion von Dosis- und Strahlenmeßgeräten und deren technischen Leitungsstandes veranstaltet, an der interessierte Ministerien und Behörden teilnehmen werden.

Minister

S.P. Burenkow

An das Sekretariat des Obersten Sowjets *Geheim*
Unterliegt der Rückgabe an den Sondersektor der Geschäftsführung des Ministerrates der UdSSR

Protokoll Nr. 37
der Sitzung der Operativen Gruppe des Politbüros des ZK der KPdSU zu Fragen im Zusammenhang mit der Beseitigung der Folgen des Reaktorunfalls im KKW Tschernobyl

4. Januar 1987

1. Zu notwendigen Änderungen der Entlohnung des Personals, das mit der Beseitigung der Folgen des Reaktorunfalls im KKW Tschernobyl, beim Betrieb und Reparatur der Anlagen, beim Bau der Objekte und bei den Arbeiten zur Vorbeugung der Umweltstrahlenbelastung beschätfigt ist.

Den Vorschlägen der Regierungskommission wird zugestimmt, daß es notwendig ist, das im KKW Tschernobyl funktionierende Entlohnungssystem in Zusammenhang mit der Verbesserung der Strahlensituation und verändertem Charakter der Arbeiten zu regeln.

Die Regierungskommission (Schtscherbina) wird beauftragt, darüber eine entsprechende Entscheidung zu treffen. Die Lohnhöhe ist dabei für konkrete Zonen, Werkhallen und Objekte je nach der tatsächlichen Strahlenhöhe festzulegen.

Der Vorschlag der Regierungskommission wird angenommen, vorübergehend das z.Z. geltende Entlohnungssystem in den Räumen und auf dem Dach des Energieblocks Nr. 3, im Bereich des „Roten Waldes", des offenen Verteilungssystems, in den Werkhallen der Dekontamination, Wärme- und Untergrundkommunikationen, sowie am Energieblock Nr. 4 (einschließlich das angrenzende Gelände), den Plätzen der Baustelle und Lagerräume entsprechend den 5fachen Tarifen und Amtsgehältern beizubehalten.

Für das Personal, das beim Betrieb und bei der Reparatur der Anlage der Energieblöcke Nr. 1 und 2 beteiligt war, ist vorübergehend eine 3fache Entlohnung im Vergleich zu Normtarifen und Gehältern festzulegen. Es wird für sinnvoll erachtet, neue Entlohnungsbedingungen ab 1. März 1987 einzuführen.

Das ZK der Kommunistischen Partei der Ukraine, der Ministerrat der Ukrainischen SSR, die Regierungskommission, das Atomenergieministerium der UdSSR, das Energieministerium der UdSSR und der Allunionsrat der Gewerkschaften haben für Vorbereitungs- und Aufklärungsarbeit in den Arbeitskollektiven in Zusammenahang mit dem Übergang auf neue Entlohnungsbedingungen zu sorgen.

Das Staatliche Komitee für Arbeit der UdSSR, das Finanzministerium der UdSSR und der Allunionsrat der Gewerkschaften haben unter Beteiligung der beteiligten Ministerien und Behörden Vorschläge zum Übergang auf stabile Entlohnungstarife für das Personal, das im Bereich des KKW Tschernobyl tätig ist, einschließlich dessen Rentenversorgung zu erarbeiten und bei der Operativen Gruppe im I. Quartal 1987 vorzulegen.

2. Zu Vorschlägen, Kernkraftwerke in Koordination mit der Entwicklung der Produktivkräfte im 12. Planjahrfünft und im Zeitraum bis 2000, unter Berücksichtigung der Gewährleistung der Strahlensicherheit und des Umweltschutzes zweckmäßiger im Land zu stationieren.

Dem Staatlichen Plankomitee der UdSSR (Talysin) und dem Büro des Ministerrates der UdSSR für den Treibstoff- und Energiekomplex (Schtscherbina) wird unter Beteiligung von entsprechenden Ministerien und Behörden folgendes aufgetragen:

— im Januar d.J. Vorschläge über Kapazitäten der Kernkraftwerke, die im 12. Planjahrfünft in Betrieb zu nehmen sind, zu bestimmen und der Operativen Gruppe vorzulegen. Ebenso Vorschläge über eine breitere Anwendung von Wärmekraftwerken und in diesem Zusammenhang den zusätzlichem Bedarf an organischen Brennstoffarten und derer Förderquellen;

— im I. Quartal d.J. das Programm der Atomenergiewirtschaft für den Zeitraum bis 2000 im Hinblick auf begründete Forderungen nach sicheren Standorten von Kernkraftwerken und auf die Notwendigkeit, die Brennstoff- und Energiebilanz des Landes zu vervollkommnen, fertigzuarbeiten. Von besonderem Wert sind breitere Anwendung von energiesparenden Technologien und umfassende Sparmaßnahmen im Bereich Brennstoffe und Energie; Normen und Forderungen im Zusammenhang mit der sicheren Stationierung von Kernkraftwerken sind zu prüfen und der Operativen Gruppe im I. Quartal vorzulegen.

Bei der Vorbereitung der genannten Dokumente ist strikt von den Aufgaben für das Entwicklungstempo der Wirtschaft des Landes im 12. Planjahrfünft und im Zeitraum bis 2000 auszugehen, wie sie vom 27.Parteitag der KPdSU bestätigt wurden.

3. Zum Verlauf der Dekontamination und Vorbereitung auf die Reparatur der Ausstattung und Anlagen des Energieblocks Nr. 3 im KKW Tschernobyl.

Es wird auf eine unbefriedigende Organisation dieser Arbeit hingewiesen. In einer Reihe von Positionen liegt ein deutlicher Zeitrückstand vor, es sind keine Verfahren und Mittel zur Dekontamination vom Dach des Energieblocks und des angrenzenden Geländes entwickelt worden. Die Strahlensituation bleibt in den Objekten des Energieblocks immer noch kompliziert.

Das Atomenergieministerium hat die Ausmaße und Kompliziertheit der Arbeit an der Dekontamination und die Vorbereitung der Inbetriebnahme des Energieblocks Nr. 3 unterschätzt.

Die Regierungskommission (Schtscherbina) wird beauftragt, unter Einbeziehung entsprechender Fachleute des Atomenergieministeriums der UdSSR, des Ministeriums für mittleren Maschinenbau der UdSSR, des Verteidigungsministeriums der UdSSR, der Akademie der Wissenschaften, anderer Ministerien und Behörden, auf einer Ortsbesichtigung Vorschläge über umfassende Maßnahmen sowie Zeitpläne der Dekontamination, die die Inbetriebnahme des Energieblocks Nr. 3 gewährleisten zu erarbeiten, einschließlich detaillierter Arbeitspläne für die Dachsäuberung und den Austausch von ausgefallenen Geräten, und sie bis Ende Januar d.J. der Operativen Gruppe vorzulegen. Bei dieser Arbeit ist der Einsatz von Spezialeinheiten und Organisationen von Ministerien und Behörden vorzusehen.

Falls nötig, ist der Entwurf einer speziellen Regierungsentscheidung vorzubereiten.

4. Zur Strahlensituation auf strahlenbelasteten Landflächen.

Die Mitteilung des Genossen Israel zu dieser Frage (die Berichte des Staatlichen Komitees für Hydrometeorologie der UdSSR, des Gesundheitsministeriums der UdSSR und des Verteidigungsministeriums liegen bei) wird zur Kenntnis genommen.

Die im Bericht vorhandenen Daten sind der Planung der landwirtschaftlichen sowie anderen wirtschaftlichen Tätigkeit, Maßnahmen zur Reduzierung der Landflächenbelastung durch Ministerien und Behörden in der 1. Jahreshälfte 1987 zugrunde zu legen.

Der Genosse Wassiljew (Ministerium für Wasserwirtschaft der UdSSR) und der Genosse Tkatsch (Ministerium für Wasserwirtschaft der Ukrainischen SSR) sind streng auf zugelassene schwerwiegende Mängel im Betrieb der Wasserschutzanlagen am KKW Tschernobyl hinzuweisen. Sie werden verpflichtet, umgehend Maßnahmen zu ergreifen, um für eine gebührende Ordnung in dieser Sache zu sorgen.

Der Genosse Lukonin wird auf die durch die Direktion des KKW Tschernobyl entstandene Gefahr aufmerksam gemacht, daß strahlenbelastetes Wasser in den Fluß Pripjat gelangen kann. Er wird verpflichtet, Maßnahmen zur Behebung von zugelassenen Fehlern und zur strengen Kontrolle der Wasserschutzarbeiten zu ergreifen.

5. Zu Untersuchungsergebnissen der Strahlenbelastung des Fischvorkommens im Dnjeprbecken und anderen Gewässern *Streng geheim*

Die Mitteilung des Genossen Martschuk zu dieser Frage wird zur Kenntnis genommen (der Bericht der Akademie der Wissenschaften liegt bei).

Dem Ministerrat der RSFSR, dem Ministerrat der Ukrainischen SSR und dem Ministerrat der Belorussischen SSR wird aufgetragen, auf der Basis der durch die Akademie der Wissenschaften der UdSSR vorgelegten Daten, Maßnahmen zum Verbot des Fischens und Verzehrs von Fisch aus hochbelasteten Gewässern zu erarbeiten und durchzuführen.

Die Akademie der Wissenschaften der UdSSR hat die Untersuchungen der Strahlenbelastung des Fischvorkommens im Dnjeprbecken und anderen Gewässern in Zusammenhang mit dem Reaktorunfall im KKW Tschernobyl fortzusetzen.

6. Zu den Rechtsgrundlagen der Position der UdSSR in Zusammenhang mit dem Schaden infolge des Reaktorunfalls in einem Kernkraftwerk.

Den im Bericht des Genossen Jefremow dargelegten Grundsätzen wird zugestimmt. Dem Staatlichen Komitee für Wissenschaft und Technik der UdSSR, dem Außenministerium der UdSSR und der Akademie der Wissenschaften der UdSSR wird aufgetragen, die Erabeitung von endgültigen Empfehlungen zu beschleunigen und sie der Operativen Gruppe in der ersten Jahreshälfte 1987 vorzulegen.

7. Zum Besuch der Vertreter der frankofonen Sozialistischen Partei Belgiens in Kiew (Fernschreiben aus Brüssel, Sonder-Nr. 1127).

Das Außenministerium der UdSSR (Kowaljow) wird beauftragt, diese Frage ordnungsgemäß zu lösen.

8. Zum Besuch der Delegation des Britischen Kongresses der Trade-Unions in der UdSSR (Schreiben des Sekretärs des ZK des Allunionsrates der Gewerkschaften Genossen Makejew).

Dem Vorschlag des Genossen Makejew wird zugestimmt, der Bitte des Britischen Kongresses der Trade-Unions nachzukommen, eine Führungsdelegation in der UdSSR zu empfangen und die Region des KKW Tschernobyl zu besuchen.

9. Zur Veranstaltung einer internationalen Tagung über Probleme der Strahlensicherheit unter der Ägide der WHO in der UdSSR (Fernschreiben aus Genf, Sonder-Nr. 2511).

Die Erörterung dieser Frage wird verschoben.

Dem Gesundheitsministerium der UdSSR, dem Außenministerium der UdSSR und dem Ministerium für mittleren Maschinenbau wird aufgetragen, diese Frage zusätzlich zu untersuchen und entsprechende Vorschläge der Operativen Gruppe vorzulegen.

10. Zur Einladung des schwedischen Journalisten L. Haldin in die UdSSR (Fernschreiben aus Stockholm, Sonder-Nr. 1554).

Die Mitteilung des Genossen Kowaljow wird zur Kenntnis genommen, daß das Außenministerium der UdSSR darüber positiv entscheiden wird.

11. Zum Vorschlag des Genossen Leagassow zur Kooperation mit Nuklearen Gesellschaft der USA.

Eine Kooperation auf offizieller Grundlage wird für sinnvoll gehalten. Dem Vorschlag des Ministeriums für mittleren Maschinenbau (Petrosjanz) und des Atomenergieministeriums (Lukonin) zur Teilnahme von sowjetischen Fachleuten an Veranstaltungen dieser Gesellschaft wird zugestimmt.

12. Zum Besuch des Generalsekretärs der IAEA H.Blix in der UdSSR.

Dem Besuch von H. Blix im KKW Tschernobyl wird Zustimmung erteilt.

Mit der Organisation seines Besuchs in der UdSSR und seiner Reise zum Kernkraftwerk werden Genossen Ljaschko, Lukonin und Petrosjanz beauftragt.

13. Zur Veranstaltung der Tagung der Expertengruppe des Exekutivrates der internationalen Meteorologischen Organisation in der UdSSR.

Dem Vorschlag des Genossen Israel wird zugestimmt, die erste Tagung der Expertengruppe in der UdSSR durchzuführen. Mit deren Organisation werden das Staatliche Komitee für Hydrometeorologie der UdSSR und der Ministerrat der Ukrainischen SSR beauftragt.

14. Zum Schreiben des Genossen Schtscherbina bezüglich des Bühnenstücks „Sarkophag“ von W. Gubarew.
Die vom Genossen Schtscherbina vorgelegten Unterlagen sind an den Autor zu richten.
N.I. Ryshkow

An den Vorsitzenden des Ministerrates der UdSSR *Geheim*
Genossen Ryshkow N.I.

Entsprechend dem Protokoll Nr. 36 der Sitzung der Operativen Gruppe des Politbüros des ZK der KPdSU vom 15.11.86 legen das Staatliche Komitee für Hydrometeorologie der UdSSR, das Gesundheitsministerium der UdSSR und das Verteidigungsministerium der UdSSR den Bericht zur Strahlensituation und Strahlenbelastung der Landflächen nach dem Stand vom 1. Dezember 1986 vor.
Anhang:
1. im Text, mk 4535c, Ex. Nr. auf 3 Seiten, *geheim.*
2. Karte, mk 4536c, Ex. Nr. 2 auf einer Seite, *geheim.*
3. Karte, mk 4536c, Ex. Nr. 2, zusammengeklebt aus 2 Seiten, *geheim.*
4. Karte, mk 4537c, Ex. Nr. 2, jede aus zwei zusammengeklebten Seiten, *geheim.*
5. Karte, zusammengeklebt aus 4 Seiten, Ex. Nr. 1, Eingangs-Nr. 3073c, *geheim,* nur an genannte Adresse.
J.A. Israel
S.P. Burenkow
W.I. Warennikow

Bericht *Geheim*
zur Strahlensituation und Landflächenkontamination vom 1. Dezember 1986

Entsprechend dem Auftrag der Operativen Gruppe des Politbüros des ZK der KPdSU (Protokoll Nr. 36 vom 15. November 1986) wird eine präzisierte Karte der Strahlenbelastung und Landflächenkontamination, bedingt durch den Reaktorunfall im KKW Tschernobyl nach dem Stand vom 1. Dezember 1986 vorgelegt. Aufgrund der durchgeführten Untersuchungen kann man folgendes schließen:
Die Strahlensituaition im Land hat sich im wesentlichen stabilisiert. Den größten Anteil an der Gammadosisleistung haben z.Z. langlebige Nuklide, die sich mit dem Fallout auf der Erdoberfläche niedergesetzt haben. Regelmäßige Gammastrahlen-Überwachungen der Landflächen, die das Staatliche Komitee für Hydrometeorologie der UdSSR ausführt, ermöglichten es, den dynamischen Verlauf der Strahlensituation seit dem Zeitpunkt des Reaktorunfalls zu verfolgen. Die letzte Karte der Strahlensituation vom 29.11.86 liegt bei.
Die Belastungswerte haben sich im Laufe der letzten sieben Monate nach dem Reaktorunfall sowohl durch den natürlichen Zerfall als auch im Ergebnis der durchgeführten Dekontaminationsmaßnahmen wesentlich reduziert. Die Größe der Landflächen unterschiedlicher Belastung hat sich in diesem Zeitraum folgenderweise verändert:

	am 10. Mai	am 29. November
über 2 mR/h	8000 Quadratkilometer	560 Quadratkilometer
über 5 mR/h	3000 Quadratkilometer1	80 Quadratkilometer
über 20 mR/h	1100 Quadratkilometer	20 Quadratkilometer

Die Reduzierung der Größe dieser Landflächen wird weiterhin viel langsamer erfolgen.
Zur Zeit und auch weiterhin wird die Strahlengefahr für die Bevölkerung nicht so sehr durch die Höhe der Belastung beeinflußt, sondern viel mehr durch die Landflächenkontamination durch Cäsium-137, Strontium-90, Plutonium-239, die die Innenbestrahlung der Menschen bestimmen werden.
Auf drei vorgelegten Karten sind präzisierte Daten der Landflächenkontamination durch diese Radionuklide dargestellt. Frühere Karten wurden am 20. Juli für die durch Cäsium-137, Strontium-90 und Plutonium-239 belasteten Flächen vorgelegt. Am 15. September wurden korrigierte Karten vorgelegt.
Die neuen Karten wurden aufgrund mehrerer Tausend zusätzlicher Messungen erarbeitet, die die Stellen des Staatlichen Komitees für Hydrometeorologie der UdSSR, des Verteidigungsministeriums der UdSSR, des Staatlichen Komitees für Landwirtschaft der UdSSR, der Akademien der Wissenschaften der UdSSR, der BSSR, der USSR, des Ministeriums für mittleren Maschinenbau und des Gesundheitsministeriums der UdSSR erhoben haben. Der Vergleich mit früheren Karten zeigt, daß sich aus den präzisierten Daten keine wesentlichen Veränderungen der Struktur der Felder innerer Gamma-Strahlung und der Flächenkontamination durch langlebige Nuklide ergeben.
Die Isolinie 0,1 Ci/km^2 der Flächenkontamination durch Plutonium-239, die völlig in der 30 km-Zone liegt, hat sich praktisch nicht verändert. Die vorgelegte Karte wurde auf Grundlage von radiochemischen Untersuchungen der Böden auf Plutonium-239 aufgebaut, die an 220 Meßstellen entnommen wurden.
Eine wesentliche Landflächenbelastung durch Cäsium-137 konzentriert sich immer noch in zwei Regionen: im Nahbereich, zu dem die 30 km-Zone und angrenzende Bereiche des Gebietes Gomel gehören, sowie an der Grenze zwischen den Gebieten Gomel, Mogiljow und Brjansk liegende. Die Analysedaten von mehr als 3.500 Bodenproben aus den Gebieten Gomel, Mogiljow und Brjansk ergeben, daß einzelne Rayons mit einer Flächenkontamination durch Cäsium-137 bis 40-60 Ci/km^2 nur an der Grenze dieser Gebiete und bis 80-90 Ci/km^2 nur an einzelnen Stellen im Gebiet Gomel liegen. Die Analyse von über 1.500 Bodenproben, aus der Ukrainischen SSR außerhalb der 30 km-Zone, ergab, daß die Kontamination durch Cäsium-137 nicht über 3 Ci/km^2 bis auf einen schmalen Streifen Richtung Westen beträgt, wo die Flächenkontamination an einzelnen Stellen 10 Ci/km^2 erreicht.
Neue Daten haben die Isolinien von 15 und 40 Ci/km^2 durch Cäsium-137 praktisch nicht verändert.
Auf dem Territorium der RSFSR (an der Grenze der Gebiete Kaluga, Orel und Tula) beträgt die Flächenkontamination durch Cäsium-137 zumeist 2-6 Ci/km^2 und nur an einer Stelle erreicht sie 15 Ci/km^2.
Im Vergleich zur Karte vom 15.09.86 gibt es keine wesentlichen Veränderungen von Isolinien der Flächenkontamination 3 Ci/km^2 durch Strontium-90 (als Grenzwert festgelegt). Die höchste Kontamination durch dieses Isotop befindet sich in der 30 km-Zone und einigen angrenzenden Regionen Belorußlands. Auf der Karte sind die Ergebnisse der Analyse von über 2.500 Proben an 700 Meßstellen aufgeführt.
Die Analyse der Landflächenkontamination durch langlebige Nuklide ergibt, daß zusätzliche Evakuierungsmaßnahmen nicht erforderlich sind.

Im Frühjahr 1987 wird die Arbeit zur Einschätzung der Landflächenkontamination durch langlebige Isotope und deren Verhalten in der Natur durch das Staatliche Komitees für Hydrometeorologie der UdSSR, das Verteidigungsministerium der UdSSR und andere beteiligte Ministerien und Behörden fortgesetzt und auf Grundlage dieser Ergebnisse werden Vorschläge über Grenzkorrekturen des Sperrgebiets und der Zonen der provisorischen Umsiedlung erarbeitet.

J.A. Isarael
S.P. Burenkow
W.I. Warennikow
Akademie der Wissenschaften der UdSSR

An das ZK der KPdSU

Zur Frage der Kontamination der Fischvorkommen

Entsprechend dem Auftrag der Operativen Gruppe des Politbüros des ZK der KPdSU zu Fragen in Zusammenhang mit der Beseitigung der Folgen des Reaktorunfalls im KKW Tschernobyl (Protokoll Nr. 354 vom 17. Oktober 1986) wurde in der Akademie der Wissenschaften der UdSSR die Frage nach der Kontamination der Fischvorkommen im Dnjeprbecken und anderen strahlenbelasteten Gewässern erörtert.

Auf Grundlage der Ergebnisse von Expeditionen im Zeitraum April-Oktober 1986, die von den Fachleuten der Institute der AdW der UdSSR und anderen Behörden durchgeführt wurden, liegen Voreinschätzungen über Strahlendosen für die Bevölkerung durch den Verzehr von Fisch aus Gewässern vor, die sich im Bereich des radioaktiven Fallouts befinden (Kühlteich, der Fluß Pripjat, der Stausee von Kiew, der Dnjepr bei der Stadt Kiew u.a.).

Die Untersuchungen und nachfolgende Berechnungen ergaben, daß die Belastungsdosis durch den Verzehr von Fisch (im Zeitraum April-Oktober 1986) außerhalb der 30 km-Zone des KKW Tschernobyl nicht über den festgelegten Grenzwerten (NRB-76) lagen. So lag die Ganzkörperdosis beim Verzehr von Fisch aus dem Stausee von Kiew und aus dem Dnjepr bei Kiew nicht über 10 mrem (angenommene Verbrauchsnorm sind 20 kg pro Person im Jahr). Es sind keine Maßnahmen erforderlich, die den Verzehr von Fisch einschränken sollten.

Andererseits kann der Verzehr von Fisch aus ruhenden Gewässern im Bereich des radioaktiven Fallouts und in der 30 km-Zone zu wesentlichen Überschreitungen der festgelegten Grenzwerte führen.

Die höchsten Kontaminationswerte wurden bei Fisch aus dem Kühlteich des Kernkraftwerks gemessen. Beim Verzehr von Fisch aus diesem Teich kann die Ganzkörperdosis im genannten Zeitraum bis 20 rem betragen. Der Verzehr von Fisch ist zu verbieten.

In- und ausländische Erfahrungen besagen, daß die mögliche Belastung von Fischvorkommen durch zusätzliche Aufnahme radioaktiver Substanzen bei Hochwasser im Frühjahr und im Herbst nach wie vor aktuell bleibt. Es ist außerdem notwendig, eingehend die Effektivität der errichteten Schutzanlagen sowie anderer Maßnahmen zur Reduzierung der Folgen des Reaktorunfalls für die Fischvorkommen zu prüfen.

Um weitere Informationen zum Stand der Fischkontamination zu erhalten, wurde in den Bereich des Kernkraftwerkes eine Ischthyologieabteilung der radiologischen Komplexexpedition des A.N.-Sewerzow-Instituts für Evolutionsmorphologie und -ökologie der Tiere (IEMEZh) der AdW der UdSSR entsandt. Für 1987ist geplant, den Untersuchungsbereich dieser Expedition auf die Kaskade der Stauseen am Dnjepr und der Zuflüsse des Stausees von Kiew auszubreiten.

Ausgehend von den oben vorgelegten Daten hält es die Akademie der Wissenschaften für notwendig, die Untersuchungen fortzusetzen und auszubreiten.
Nach der Verordnung des Ministerrates der UdSSR vom 1. November 1986 Nr. 1306-357 hat die Akademie der Wissenschaften sämtliche Untersuchungen der Strahlenkontamination von Fischvorkommen als Spezialaufgabe des Abschnittes „Strahlenwirkung auf Flora und Fauna" in das Forschungsprogramm zu den Folgen des Reaktorunfalls im KKW Tschernoybl und derer Beseitigung aufgenommen.
Vorsitzender des Koordininierungsrates für wissenschaftliche Probleme in Zusammenhang mit der Beseitigung der Folgen des Reaktorunfalls im KKW Tschernobyl und Akademiemitglied
A.P. Alexandrow

Zum Punkt 8 des Protokolls Nr. 37 *Geheim*
Allunionsrat der Gewerkschaften

An die Operative Gruppe des Politbüros des ZK der KPdSU zu Fragen in Zusammenhang mit der Beseitigung der Folgen des Reaktorunfalls im KKW Tschernobyl

N. Willis, Generalsekretär des Britischen Kongresses der Trade-Unions, eines der einflußreichsten Gewerkschaftszentren im Westen, wandte sich an den Allunionsrat der Gewerkschaften mit der Bitte, eine Delegation in die UdSSR entsenden zu dürfen, um hier die Entwicklungsperspektiven der Kernenergie zu erörtern.
Außer dem Meinungsaustausch mit sowjetischen Fachleuten zu diesen Fragen möchten die Teilnehmer der Delegation die Region des Kernkraftwerkes Tschernobyl besuchen. Die Ergebnisse der Reise möchte man zur Erarbeitung der offiziellen Position des BKT über Probleme der Energiepolitik nutzen.
Im Hinblick auf die wichtige Rolle des BKT im innenpolitischen Leben Großbritanniens, dessen enge Kontakte mit der Labour-Party, als auch die Tatsache, daß britische Gewerkschaften mit Verständnis auf den Reaktorunfall im KKW Tschernobyl reagierten und positiv die getroffenen Maßnahmen zur Beseitigung dessen Folgen einschätzten, würden wir es für sinnvoll halten, der Bitte des Britischen Gewerkschaftskongresses nachzukommen. Die Reise der Delegation ist im März/April 1987 geplant, zur Delegation gehören bis sieben Personen.
Wir bitten, diese Frage zu erörtern und im Falle einer positiven Entscheidung entsprechendes zu verordnen.
Sekretär des Allunionsrates der Gewerkschaften
W. Makejew

An Genossen Ryshkow N.I. *29. Dezember 1986*

Entsprechend Ihrem Auftrag hat die Regierungskommission zur Beseitigung der Folgen des Reaktorunfalls im KKW Tschernobyl das Gutachten der führenden sowjetischen Fachleute im Bereich der Behandlung von Strahlenschäden, der Doktoren für Medizin, die Professoren A.K. Guskow und J.G. Grigorjew, über das Bühnenstück von W. Gubarew „Sarkophag" erörtert, das im Magazin „Snamja"; Nr. 9/1986 erschien.
Im kurzen Vorwort teilt der Autor mit, daß das Bühnenstück im wesentlichen der Bericht über

seine Dienstreise zum KKW Tschernobyl im Mai d.J. ist, d.h. gleich nach dem Unfall im Energieblock 4 des Kernkraftwerkes. Dieser Umstand verpflichtet den Autor, im wesentlichen den realen Ereignissen zu folgen.
Aber beim Lesen dieses Bühnenstücks entsteht der Eindruck, daß der Autor statt objektiver Darstellung der Ereignisse vor allem ein Ziel verfolgte: durch Sensationshascherei die Ungewöhnlichkeit des Geschehens darzustellen. Allem Anschein nach hat sich der Autor in seinem Streben, möglichst schnell ein Kunstwerk zum Thema Reaktorunfall in Tschernobyl zu veröffentlichen, um das unbedingt Notwendige nicht gekümmert: sich mit den Experten, Physiker, Konstrukteure, Ärzte, Mitarbeiter der entsprechenden Ministerien. zu konsultieren. Daher kommt eine Reihe unausgereifter, unüberlegter schneller Meinungen und Schlußfolgerungen zustande. Eine Reihe handelnder Personen, der Unsterbliche (Kaninchen) mit seiner wenigstens merkwürdigen Lebensgeschichte, der Radfahrer – ein Dieb mit krimineller Vergangenheit, Tante Klawa und ein General der Miliz – sie alle sind ausgeklügelte, lebensfremde Gestalten, Früchte der Phantasie des Autors, die dem realen Leben völlig fremd sind. Gleichzeitig wird durch Dialoge und Aussagen dieser handelnden Personen eine allgemeine Vorstellung von den Ereignissen vermittelt, es werden keine objektiven, sondern entstellte Schlußfolgerungen und Einschätzungen gezogen.
Die Methode, die der Autor im Stück verwendet – ein Staatsanwalt verhört strahlenkranke, sterbende Menschen – scheint nicht gerechtfertigt, sie ist hart und grausam bezüglich der Betroffenen. Es wird die Unmöglichkeit einer Aufklärung betont, zumal alles durch Düsterkeit und Aussichtlosigkeit der Kliniksituation verschärft wird.
Bekanntlich war unter den am meisten Betroffenen beim Reaktorunfall im KKW Tschernobyl nur das Personal der Feuerwehr und des Kernkraftwerkes, das am Löschen des Feuers teilgenommen hatte. Keiner der Stadteinwohner hatte eine einigermaßen bedenkliche Belastungsdosis aufgenommen, ganz zu schweigen, sich Strahlenkrankheit zugezogen. Der Autor rechnet unter die Strahlenkranken aber auch die Tante Klawa (im Stück stirbt sie)
Hier weist der Text eine Lücke auf.
...Radfahrer, die es auf dem KKW-Gelände nicht gab und auch nicht geben konnte. Das ist schon kein unbedeutendes Versäumnis, das ist eine ernsthafte Abweichung von der Realität, wodurch beim Leser bzw. Zuschauer eine falsche Vorstellung von den Ausmaßen des Reaktorunfalls entstehen kann. Unordnung und Durcheinander in den ersten Stunden nach dem Reaktorunfall, worüber die handelnden Personen des Stücks immer wieder reden, entsprechen ebenfalls nicht der Wirklichkeit.
Im Gespräch mit dem Staatsanwalt weist eine Person des Stücks (der Kameramann) unmißverständlich auf die Ursache des Reaktorunfalls hin: auf schlechte Bauqualität des Energieblocks, das Bestreben, ihn schnell in Betrieb zu nehmen. Dabei erlaubt sich der Autor solche Freiheiten wie: "Dort, unter dem Reaktor, liegen nicht nur Betonblöcke, wenn man sich Mühe gibt, könnte man auch ein paar Bagger finden. Und alles um einer Meldung, einer Prämie willen... Wer braucht eine solche Beschleunigung?" Abgesehen von der Tatsache, daß es keine vorfristige Inbetriebnahme des Energieblocks 4 gab. (Der Vortermin für die Inbetriebnahme wurde auf 1982 festgelegt, danach wurde er auf die erste Jahreshälfte 1983 verschoben. Tatsächlich wurde er im Dezember in Betrieb genommen.) Diese Position schadet der Entwicklung der einheimischen Atomenergie.
Ähnlich urteilt der Autor über die Sicherheit von Kernkraftwerken, über den Grad ihrer Automatisierung. Solcherart Auslegungen werfen einen Schatten über den gesamten Zustand der Entwicklung der Atomenergie, auf die Zustände im Land.
Verzerrt wurde auch die Evakuierung aus der «Stadt der Energetiker» dargestellt. Es geht um Unentschlossenheit, um verzögerte Entscheidungen zur Evakuierung, währendesssen es in dieser

Angelegenheit kein Zögern gab. Alle Entscheidungen wurden rechtzeitig und präzise getroffen und ausgeführt. Die Strahlenbelastung der Stadt Pripjat und der umliegenden Ortschaften verlangten übrigens keine außerordentliche Dringlichkeit bei der Evakuierung. Dafür spricht die medizinische Untersuchung der evakuierten Bevölkerung.

Das Stück beinhaltet auch andere Fehler, Ungenauigkeiten, falsche Auslegungen der Ereignisse. Es ist kein Zufall, daß ausländische Massenmedien die Daten, die sie diesem Stück entnahmen, in ihren Publikationen benutzen. So wie z.B. der amerikanische Science-fiction-Autor Frederick Paul.

Hier weist der Text eine Lücke auf.

...in der Zeitung von Dmitri Kasutin wird ein Kommentar zu dem vom Journalisten A. Illesch für den schwedischen Verlag „Ruebok" vorbereiteten Buchmanuskripts über die Ereignisse in Tschernobyl gedruckt. Sogar in den kleinen Auszügen dieses Manuskripts, die die Zeitung zitiert, gibt es falsche Urteile über eine ganze Reihe von Fragen (z.B. über die Organisation der Evakuierung der Bevölkerung).

Das Ministerium für Kultur der UdSSR, das Staatliche Komitee für Filmwesen der UdSSR , das Staatliche Komitee für Fernsehen der UdSSR, das Staatliche Komitee für Verlagswesen der UdSSR, Redaktionen von Zeitungen und Zeitschriften haben ihre Ansprüche an die Berichterstattung und ihrer künstlerischen Gestaltung zu erhöhen und auszuschließen, daß die Seiten von Zeitungen und Zeitschriften, Leinwände von Kinos und Fernsehsendungen mit oberflächliche Informationen zum Reaktorunfall im KKW Tschernobyl gefüllt werden.

B. Schtscherbina

Gutachten zum Stück von W. Gubarew „Sarkophag" in der Zeitschrift „Snamja" Nr. 9, 1986

16. November 1986

1. In der Widmung des Autors heißt es, daß er „über alles und offen schreibt", und weiterhin betont er, daß die geschilderten Ereignisse real sind und eine Beziehung zum Reaktorunfall im KKW Tschernobyl haben.

2. Das Stück entstellt die großartige Arbeit, die das medizinische Personal bei der Behandlung von im KKW Betroffenen leistete. Es wurde nicht gezeigt, daß dabei großes wissenschaftliches Potential im Bereich der Strahlenmedizin genutzt wurde, das in den letzten vierzig Jahren gesammelt wurde. Es wurde eine Reihe von Kranken gerettet, die eine letale Strahlendosis aufgenommen hatten.

Die Leiter des medizinischen Zentrums und der Klinik werden als handlungsunfähige und wenig qualifizierte Fachleute dargestellt, was der Wirklichkeit ebenfalls nicht entspricht.

3. Im Artikel sind folgende Fakten entstellt:

— auf Seite 93 geht es um die Hospitalisierung von ca. 300 Patienten, die mehr als 100 R (in der Tat 203 Patienten, was auch im Bericht der IAEA steht) aufgenommen haben;

— es wird eine Kranke „Tante Klawa" dargestellt, die zu den Einwohnern gehört (in Wirklichkeit gab es unter den Einwohnern keine Patienten mit akuter Strahlenkrankheit, was auch im Bericht der IAEA steht).

4. Das Stück fügt allen sowjetischen Menschen einen großen moralischen Schaden zu, u.a. Patienten, die man in sterilen Räumen behandelt. Ein Patient ist als „Kaninchen" dargestellt, das mehrmonatigen Transplantationsversuchen mit blutbildenden Zellen ausgesetzt wird. Die humane Idee des Bluspendens wurde in eine Maßnahme zur Rettung eines Menschens umgedeutet, dessen sträfliche Handlungen zum Tod von vielen Menschen geführt hatten.

Es ist ganz besonders zu betonen, daß der Autor des Stückes mit keinem der führenden Mitarbeiter der Spezialklinik und des Instituts gesprochen hat, in denen die beim Reaktorunfall schwer Betroffenen behandelt wurden.
Diese Situation kann also von ausländischen Massenmedien als Grundlage für die Wiederaufnahme einer antisowjetischen Kampagne mißbraucht werden, die die sowjetische Regierung und die sowjetischen Wissenschaftlern diskreditieren und das reale Bild des Reaktorunfalls im KKW Tschernobyl entstellt.
Lenin-Preisträger und Doktor der Medizin
Professor A.K. Guskow
Staatspreisträger und Doktor der Medizin
Professor J.G. Grigorjew

An das Sekretariat des Obersten Sowjets *Geheim*
Unterliegt der Rückgabe an den Sondersektor der Geschäftsführung des Ministerrates der UdSSR

Protokoll Nr. 38
der Sitzung der Operativen Gruppe des Politbüros des ZK der KPdSU zu Fragen im Zusammenhang mit der Beseitigung der Folgen des Reaktorunfalls im KKW Tschernobyl

16. März 1987

1. Zu Maßnahmen für die Inbetriebnahme des Energieblocks 3 des KKW Tschernobyl.
Der im Auftrag der Operativen Gruppe vorbereitete Entwurf einer Verordnung zu dieser Frage wird im allgemeinen gebilligt.
Der Genosse Schtscherbina wird beauftragt, den genannten Entwurf unter Berücksichtigung des stattgefundenen Meinungsaustausches unter Beteiligung des Verteidigungsministeriums der UdSSR und anderer beteiligter Ministerien und Behörden fertigzustellen und ihn im Laufe einer Woche zur Bestätigung vorzulegen. Dabei ist davon auszugehen, daß die Inbetriebnahme des Energieblocks Nr. 3 spätestens im September d.J. zu erfolgen ist.
Die Regierungskommission (Schtscherbina) wird beauftragt, unter Beteiligung der Fachleute des I.W.-Kurtschatow-Instituts für Atomenergie sowie anderer Organisationen die Beseitigung der negativen Einwirkung des Energieblocks Nr. 4 auf die Strahlensituation in den Räumen des Energieblocks Nr. 3 zu erörtern und zu lösen, sowie Empfehlungen für die Dekontamination des Baudepots des KKW Tschernobyl zu erarbeiten.
Dem Büro des Ministerrates der UdSSR für den Brennstoff- und Energiekomplex wird aufgetragen, unter Beteiligung aller beteiligten Ministerien und Behörden die Energieversorgung der Südukraine sowie die Beseitigung des vorhandenen Defizits an stromerzeugenden Kapazitäten in dieser Region zu erörtern und die Operative Gruppe über die Ergebnisse zu informieren.
2. Zu einigen Fragen der weiteren Arbeit bei der Beseitigung der Folgen des Reaktorunfalls im KKW Tschernobyl.
Der von Genossen Dolgich und Schtscherbina vorgelegte Arbeitsplan wird gebilligt. Der Genosse Schtscherbina wird beauftragt, diesen Plan unter Berücksichtigung des stattgefundenen Meinungsaustausches sowie der Vorschläge des Staatlichen Komitees für Hydrometeorologie der UdSSR zu korrigieren.
Die Regierungskommission hat für die Kontrolle der Durchführung von Maßnahmen, die der Plan vorsieht, zu sorgen.
3. Zum Verlauf der Arbeit an der Entwicklung von Kernreaktoren neuer Generation.

Den im Schreiben der Genossen Dolgich und Schtscherbina (Anhang) dargelegten Erwägungen wird zugestimmt.
Unter Berücksichtigung der besonderen Bedeutung, einen hohen Sicherheitsstandard von kernenergetischen Objekten zu gewährleisten, wird dem Büro des Ministerrates der UdSSR für den Brennstoff- und Energiekomplex (Schtscherbina) aufgetragen, unter Beteiligung des Atomenergieministeriums der UdSSR, des Ministeriums für mittleren Maschinenbau der UdSSR, der Atomenergieaufsichtsbehörde der UdSSR und anderer Ministerien und Behörden sowie führenden Wissenschaftler und Fachleute einen Entscheidungsentwurf vorzubereiten und im Laufe von drei Monaten der Operativen Gruppe vorzulegen.
U.a. ist im Projekt eine prinzipielle Einschätzung der Sachlage zu geben, wie es mit der Ausführung der Maßnahmen zur Erhöhung der Sicherheit von Kernkraftwerken mit Reaktoren vom Typ RBMK und WWER aussieht, es sind konkrete Aufgaben für die Ministerien und Behörden bei der Entwicklung von Kernreaktoren einer neuen Generation festzulegen, die Gründung einer separaten Gruppe von Fachleuten und Wissenschaftlern zur Erarbeitung der Vorschläge zur Entwicklung von Kernreaktoren für die Perspektive vorzusehen.
4. Zum Verlauf der Ausführung der Beschlüsse des ZK der KPdSU und des Ministerrates der UdSSR zu Fragen der Beseitigung der Folgen des Reaktorunfalls im KKW Tschernobyl im Gebiet Mogiljow.
Es wird betont, daß der Ministerrat der Belorussischen SSR und die örtlichen Partei- und Sowjetbehörden im Gebiet Mogiljow nicht für die strikte Einhaltung der festgelegten sanitärhygienischen Vorschriften zum Aufenthalt der Bevölkerung in den durch langlebige Radionuklide starkbelasteten Regionen gesorgt haben. Diese Haltung, die direkt den Gesundheitsschutz der Bevölkerung betrifft, kann nicht geduldet werden.
Dem ZK der Kommunistischen Partei Belorußlands und dem Ministerrat der Belorussischen SSR wird aufgetragen, die Ergebnisse der Kontrolle der Sachlage im Gebiet Mogiljow, die im Schreiben der Abteilungen des ZK der KPdSU (Anhang) enthalten sind, zu erörtern und umgehend zusätzliche Maßnahmen zur Behebung von aufgedeckten Mängeln sowie zur Schaffung der Ordnung entsprechend den vorhandenen Beschlüssen des ZK der KPdSU und des Ministerrates der UdSSR zu ergreifen.
Die Regierungskommission (Schtscherbina) hat unter Beteiligung der Vertreter des Gesundheitsministeriums der UdSSR, des Staatlichen Komitees für Landwirtschaft der UdSSR, des Staatlichen Komitees für Hydrometeorologie der UdSSR, des Ministeriums für mittleren Maschinenbau der UdSSR und der Akademie der Wissenschaften der UdSSR, den ganzen Fragenkomplex vor Ort zu klären, der die Gewährleistung von ungefährdeten Wohnbedingungen in strahlenbelasteten Regionen sowie die Durchführung einer normalen Wirtschaftstätigkeit in diesen Regionen betrifft und entsprechende Entscheidungen zu fällen bzw. begründete Empfehlungen vorzulegen.
Über die geleistete Arbeit ist die Operative Gruppe bis zum 16. April zu informieren.
5. Zu Maßnahmen für die Gewährleistung eines sicheren Betriebs von Schiffen mit kernenergetischen Anlagen des Schiffahrtsministeriums der UdSSR.
Der Bericht der Kommission, bestehend aus den Vertretern der Atomenergieaufsichtsbehörde der UdSSR, des Ministeriums für mittleren Mschinenbau der UdSSR, des Ministeriums für Schiffbau der UdSSR, des Gesundheitsministeriums der UdSSR, des KGB der UdSSR und des Schiffahrtsministeriums UdSSR, sowie die Meinungen der Genossen Wolmer und Sidorenko werden zur Kenntnis genommen, daß z.Z. ein entsprechender Sicherheitsstand des Betriebs von Schiffen mit kernenergetischen Anlagen des Ministeriums für die Seeflotte gewährleistet ist.
Gleichzeitig, was vorgelegte Unterlagen sowie die Erörterung dieser Frage während der Sitzung ergaben, bestehen bei der Durchführung dieser Arbeit Mängel. Es sind z.B. nicht im vollem

Maße die Fragen einer sicheren Lagerung von flüssigen und festen radioaktiven Abfällen gelöst, es fehlen Mittel für ihre Verarbeitung, die Organisation des technischen Stützpunktes der Eisbrecherflotte ist mangelhaft. Die Atomenergieaufsichtsbehörde der UdSSR macht nicht in vollem Umfang von den ihr eingeräumten Rechte für die Sicherheitskontrolle der zivilen Seeflotte Gebrauch.

Dem Schiffahrtsministerium der UdSSR (Wolmer), dem Ministerium für Schiffbau der UdSSR (Beloussow), dem Ministerium für mittleren Maschinenbau der UdSSR (Rjabew), dem Gesundheitsministerium der UdSSR (Tschasow), der Atomenergieaufsichtsbehörde der UdSSR (Malyschew), dem KGB der UdSSR (Bobkow) und dem Innenministerium der UdSSR (Wlassow) wird aufgetragen, mit den beteiligten Organisationen operative Maßnahmen zur Gewährleistung eines sicheren Betriebs von Schiffen mit kernenergetischen Anlagen zu ergreifen. In Fragen, die Entscheidungen der Regierung der UdSSR erforderlich machen, ist ein Entwurf zu erarbeiten und der Operativen Gruppe vorzulegen.

6. Zu Sicherheitsmaßnahmen auf das bevorstehende Frühjahrshochwasser im Einzugsgebiet des Dnjepr.

Die Mitteilung des Genossen Polad-sade wird zur Kenntnis genommen, daß alle beim KKW Tschernobyl liegenden Wasserschutzobjekte zum Frühjahrshochwasser vorbereitet sind; es ist ein ständiger Wachdienst von Betriebs- und Notfallgruppen organisiert worden, ein Zusammenwirken mit Militäreinheiten abgestimmt, notwendiges Personal und Technik sind aufgestellt.

Die Regierungskommission (Schtscherbina) wird beauftragt, die Kontrolle der strikten Ausführung von Sicherheitsmaßnahmen für das Frühjahrshochwasser am KKW Tschernobyl durch alle beteiligten Ministerien und Behörden sowie der Maßnahmen zur Vorbeugung von Wasserkontamination des Einzugsgebiets des Dnjepr durch radioaktive Substanzen zu verstärken, indem man besonders die Gewährleistung des sicheren Betriebs von hydrotechnischen Anlagen auf dem KKW-Gelände zu beachten hat.

7. Zur Verarbeitung von Fleisch, das aus einigen Regionen der RSFSR, der Ukrainischen SSR und der Belorussischen SSR geliefert wurde.

Das Staatliche Komitee für Landwirtschaft der UdSSR (Murachowskij) und der Ministerrat der Belorussischen SSR (Kowaljow) haben sich von den in der Sitzung erhaltenen Anweisungen leiten zu lassen.

8. Zum Schreiben des Genossen Terebilow W.I.

Der Genosse Dolgich wird beauftragt, für das ZK der KPdSU unter Berücksichtigung des stattgefundenen Meinungsaustausches ein Schreiben vorzubereiten.

N. Ryshkow

Zum Punkt 3 des Protokolls Nr. 38 *Geheim*

Operative Gruppe des ZK der KPdSU *2.2.1987*

Über den Verlauf der Arbeiten zur Schaffung sicherer Kernreaktoren der neuen Generation

Die Analyse der Unfallursachen im KKW Tschernobyl zeigte, daß die Erhöhung der Sicherheit der Reaktoranlagen eines der Kernprobleme der weiteren Entwicklung der Atomenergie ist. In diesem Zusammenhang erlangen konzentrierte Anstrengungen der entsprechenden wissenschaftlichen, Projektierungs- und Konstruktionseinrichtungen zur Schaffung zuverlässiger Energiereaktoren der neuen Generation derzeit besondere Bedeutung.

Die Lage auf diesem Gebiet wurde unter Beteiligung führender Wissenschaftler und Fachleute

des Landes auf der Tagung des ZK der KPdSU vom 20. Januar dieses Jahres analysiert. Diese Erörterung zeigte, daß ernsthafte Unzulänglichkeiten festzustellen sind und die besten ausländischen Erfahrungen nur schwach genutzt werden.
In der Mehrzahl der Länder, aber vor allem in den USA, Frankreich, der BRD, Japan und England wird der Sicherheit der Atomenergie in den letzten Jahren erstrangige Bedeutung beigemessen. Projekte der in Betrieb befindlichen und künftigen nuklearen dampfgenerierenden Anlagen werden analysiert. Es werden Maßnahmen zur Erhöhung ihrer Zuverlässigkeit erarbeitet, die nötigen wissenschaftlichen Forschungs- und Konstruktionsarbeiten werden forciert.
Ein solches Herangehen erlaubte den genannten Ländern nicht nur, konkrete Forderungen zur Modernisierung schon in Betrieb befindlicher Reaktoren zu formulieren, sondern an die Schaffung prinzipiell neuer Anlagen heranzugehen, die sich Dank ihrer physischen und wärmetechnischen Charakteristika durch ein hohes Sicherheitsniveau auszeichnen.
In unserem Land ist eine analoge Analyse bisher nicht vorgenommen worden. Versuche, eine solche Arbeit zu organisieren, tragen vereinzelten und einseitigen Charakter. Es fehlt ein interdisziplinäres Programm der wissenschaftlich-forschenden und praktisch-konstruktiven Arbeiten auf diesem Gebiet. Die experimentelle Basis der wissenschaftlichen, Konstruktions- und Projektierungseinrichtungen entspricht nicht den modernen Anforderungen. Sie sind in nicht ausreichendem Maße mit der nötigen Rechentechnik ausgestattet. Unbefriedigend ist die Aktivität und koordinierende Rolle des überregionalen Wissenschaftlich-Technischen Rates zu Fragen der Atomenergie beim Staatlichen Kommitee für Wissenschaft und Technik des UdSSR.
Die gegebene Situation führt zu einem immer deutlicheren Rückstand des Niveaus der einheimischen Atomenergie zum Weltniveau, besonders seiner neuen und zukunftsweisenden Bereiche. Das kann nicht nur zu negativen Folgen für die Wirtschaft unseres Landes, sondern auch zum Verlust unseres Prestiges in der Welt führen. Besondere Bedeutung hat die Tatsache, daß die praktische Verwirklichung der Initiative der UdSSR zur Vereinigung der Kräfte aller interessierten Länder zur Schaffung sicherer Reaktoren durch konkrete und allseitig begründete Vorschläge unsererseits untermauert werden muß
Auf der Tagung wurde allgemein die Meinung vertreten, daß die Arbeiten auf dem Gebiet der Schaffung neuer Reaktortechnik unbedingt allseitig forciert werden müssen. Sie müßten in folgenden Grundrichtungen organisiert werden:
1. Eine ernsthafte Modernisierung der jetzt genutzten dampfgenerierenden Einrichtungen mit Wasser-Wasser-Reaktoren des Typs WWER-1000, auf deren Basis die Atomenergie bis zum Jahr 2000 zu entwickeln geplant ist.
In kürzester Zeit müssen die grundlegenden Sicherheitsanforderungen an diese Anlagen ausgearbeitet werden. Das bedeutet vor allem eine hohe Zuverlässigkeit des Steuersystems und der passiven Sicherheit der Reaktoren, eine zusätzliche Sicherung der Anlagen zur Lokalisierung radioaktiver Lecks, eine wesentliche Erhöhung der Zuverlässigkeit besonders wichtiger Anlagenteile und die Ausrüstung des Reaktors mit hocheffektiven Mitteln der Zustandsdiagnose im Nutzungsprozeß, die Verringerung der Anzahl von Sicherungsbauteilen der Anlage, die grundlegende Vervollkommnung des ASU TTI (Sicherheitsstandard - d.Ü.) der Energieblöcke, darunter dessen zuverlässige Funktion als Ratgeber in Havariesituationen usw.
Ausgehend von diesen Forderungen müssen die geplanten Projekte zum Bau von Energieblöcken überarbeitet werden, damit wir schon Anfang der 90er Jahre die Möglichkeit erhalten, die Kernkraftwerke mit modernisierten Reaktoranlagen des genannten Typs auszustatten.
2. Die Erarbeitung ausreichender Sicherheitskriterien für energetische Wasser-Wasser-Reaktoren und die Schaffung nuklearer dampfgenerierender Anlagen der neuen Generation.
Nach Meinung der Wissenschaftler muß man sich bei diesen Projekten auf eine breite Anwendung passiver Wärmeableitsysteme im Havariefall, auf die Selbstregulierung der Stärke der

Reaktoren und auf eine Verringerung der Energieladung der Brennelemente konzentrieren. Die Größe der maximalen Einzelleistung der Energieblöcke muß sorgfältig bestimmt werden.
Die Tagung unterstrich, daß die Wasser-Wasser-Reaktoren der nuklearen Wärmeversorgungswerke in höchstem Maße den Sicherheitsforderungen entsprechen. Jedoch muß man berücksichtigen, wenn solche Werke in direkter Nähe großer Städte gebaut werden, müssen zusätzliche Maßnahmen zu ihrer vollständigen Havariefreiheit bei Betrieb geplant werden.
Die Fachleute meinen, daß der Übergang zum serienmäßigen Bau von Kernkraftwerken der neuen Generation nur nach genauester Vollendung ihrer Projekte, vor allem des Hauptenergieblocks, erfolgen sollte. Die Nichtbeachtung dieser Forderung führte dazu, daß gegenwärtig eine große Serie von Energieblöcken mit WWER-1000-Reaktoren in Betrieb genommen wird, deren Projekte einer dringenden Überarbeitung bedürfen. Das schlägt sich negativ auf das allgemeine Sicherheitsniveau nieder.
3. Beschleunigte Schaffung und Inbetriebnahme von Reaktoreinrichtungen höherer Sicherheit, bei denen es bereits einen bestimmten wissenschaftlichen und konstruktiven Rückstand gibt.
In erster Linie betrifft das die Hochtemperatur-Gaskühlungs-Reaktoren. In der ganzen Welt wird ihr hohes Sicherheitsniveau gegenüber den Wasserreaktoren anerkannt, was durch langjährige Erfahrungen in den USA und der BRD belegt ist.
In unserem Land gibt es ein ausreichendes wissenschaftliches und Konstruktionspotential auf diesem Gebiet. Aber dieses Potential wird unzureichend genutzt. Bis jetzt wurde trotz des Beschlusses des ZK der KPdSU und der Regierung der Bau des Hochtemperatur-Gaskühlungs-Reaktors mit einer Leistung von 50 000 kW nicht in Angriff genommen.
Unter Nichteinhaltung der Termine führt das Ministerium für mittleren Maschinenbau der UdSSR die Projektierung des vorgesehenen Energieprogramms der UdSSR zur Schaffung einer Kapazität von 400 000 kW durch. Dadurch verschiebt sich die Planerfüllung ständig auf unbestimmte Zeit nach hinten.
Die sowjetischen Fachleute unterstreichen genauso wie die ausländischen das ausreichend hohe Sicherheitsniveau der Vermehrungsreaktoren auf der Grundlage Schneller Brüter mit Flüssigmetallkühlung. Das liegt vor allem am niedrigen Arbeitsdruck des Wärmeträgers, seiner großen Wärmeaufnahmefähigkeit und der Möglichkeit der Wärmeableitung in Havariesituationen aufgrund echter Zirkulation. Außerdem sind die Brutreaktoren außerordentlich wichtig wegen ihrer Versorgung mit sekundärem Nuklearbrennstoff.
Leider verliert unser Land auch in dieser Frage die früher erkämpfte vordere Position. Außerordentlich langsam werden Fragen zur Erhöhung der Zuverlässigkeit und Wirtschaftlichkeit der beiden in der UdSSR betriebenen Anlagen dieses Typs und der Erhöhung der Strahlensicherheit ihrer Konstruktionsmaterialien gelöst.
Die Vorteile der Schnellen Brüter können nur durch die Schaffung eines geschlossenen Brennstoffzyklus, der die Regenerierung des ausgestoßenen Nuklearbrennstoffes und die Herstellung von Uran-Plutonium-Elementen sichert, genutzt werden. Die Schaffung solcher Anlagen wird durch das Ministerium für mittleren Maschinenbau der UdSSR äußerst langsam vorangetrieben.
Der Nachteil von Reaktoren dieses Typs sind die hohen Investitionskosten. Deshalb erfordert ihre breite Einführung eine umfassende wirtschaftliche Begründung und eine Vervollkommnung der planerischen und konstruktiven Lösungen.
4. Die Suche nach prinzipiell neuen Konstruktionen für Energiereaktoren, bei denen aufgrund ihrer physischen und wärmetechnischen Charakteristika und ihrer passiven Sicherheitssysteme die Möglichkeit gefährlicher Havarien ausgeschlossen ist.
Im Ausland gibt es bereits konkrete Studien zu Reaktoren dieses Typs. In unserem Land ist diese Frage bisher am wenigsten erforscht. Eine zielgerichtete Arbeit auf diesem Gebiet findet praktisch gar nicht statt.

Unter Berücksichtigung der auf der Tagung geführten Diskussionen erscheint es notwendig, schnellstens einen Maßnahmeplan zur beschleunigten Schaffung und Verwirklichung sicherer Atomreaktoren auszuarbeiten und zu verwirklichen.
Zu diesem Zweck ist es sinnvoll, folgende Aufträge zu erteilen:
— Das Staatliche Plankomitee der UdSSR, das Staatliche Komitee für Wissenschaft und Technik der UdSSR, unter Einbeziehung des Ministeriums für mittleren Maschinenbau, des Ministeriums für Atomenergie der UdSSR und anderer Ministerien und Einrichtungen sollen bis zum 1. März dieses Jahres die Vorbereitung eines Beschlußprojektes über die volkswirtschaftliche Einführung von gasgekühlten Hochtemperaturreaktoren abschließen und es dem Ministerrat der UdSSR vorlegen; die Inbetriebnahme zweier Prototyp-Anlagen mit einer Kapazität von 50 000 bis 80 000 und 400 000 kW ist für den XIII. Fünfjahrplan vorzusehen.
Das Ministerium für Atomenergie der UdSSR und das Ministerium für mittleren Maschinenbau der UdSSR erarbeiten unter Einbeziehung der anderen Maschinenbauministerien in der ersten Hälfte dieses Jahres und bestätigen in Übereinstimmung mit dem überregionalen Wissenschaftlich-Technischen Rat zu Fragen der Atomenergie beim Staatlichen Komitee für Wissenschaft und Technik der UdSSR und der Staatlichen Atomenergiebehörde der UdSSR konkrete Maßnahmen zur Organisation wissenschaftlicher Forschungs- und Konstruktions- sowie Projektierungsarbeiten zur Vervollkommnung nuklearer dampfgenerierender Anlagen mit WWER-1000-Reaktoren, mit dem Ziel ihre Zuverlässigkeit spürbar zu erhöhen und im XIII. Fünfjahrplan zur praktischen Inbetriebnahme von Energieblöcken solcher Anlagen zu kommen.
— Das Staatliche Komitee für Wissenschaft und Technik, das Ministerium für Atomenergie der UdSSR, das Ministerium für mittleren Maschinenbau unter Einbeziehung anderer Ministerien und Leitungen erarbeiten im Jahre 1987 ein Arbeitsprogramm zur Schaffung von Reaktoren des Wasser-Wasser-Typs der neuen Generation mit einem hohen Sicherheitsniveau und legt es dem Büro des Ministerrates der UdSSR für den Wärme-Energie-Komplex zur Bestätigung vor, mit dem Ziel der Inbetriebnahme des Hauptenergieblocks im XIV. Fünfjahrplan.
— Das Ministerium für mittleren Maschinenbau der UdSSR und das Ministerium für Atomenergie der UdSSR bereiten zum 1. Juli 1987 ein Beschlußprojekt zur Schaffung hochzuverlässiger und wirtschaftlicher Brutreaktoren auf der Grundlage schneller Neutronen vor, eingeschlossen ein Programm zum Bau und zur Inbetriebnahme von Energieblöcken dieses Typs und der nötigen Betriebe eines geschlossenen Brennstoffkreislaufs und der Lösung aller Fragen, die mit der Strahlenresistenz der Konstruktionsmaterialien und der Anwendung künftiger Brennstoffzusammensetzungen sowie der Bearbeitung und Endlagerung radioaktiver Abfälle zusammenhängen für den Zeitraum bis zum Jahr 2000 vor und legen sie dem Ministerrat der UdSSR vor.
— Das Ministerium für Atomenergie der UdSSR und das Ministerium für mittleren Maschinenbau der UdSSR bilden eine Expertengruppe aus führenden Wissenschaftlern und Fachleuten des Landes auf dem Gebiet der Projektierung, Konstruktion, Herstellung und Nutzung nuklearer dampfgenerierender Anlagen für die Vorbereitung sicherer Reaktoren der neuen Generation in kürzester Zeit sowie schaffen ein spezialisiertes Konstruktionsbüro mit einem Stab von 50 bis 60 Mitarbeitern unter Leitung des Generalkonstrukteurs für die Erarbeitung der Konstruktionen eines Reaktors, der diesen Forderungen entspricht.
Diese Lösung wird von führenden Wissenschaftlern auf dem Gebiet der Atomenergie unterstützt, darunter die Genossen A.P. Alexandrow, W.A. Logasow, W.A. Sidorenko, L.M. Woroninow und A.A. Abagjan.
Wir bitten um Begutachtung.
W. Dolgych
W. Tscherbina

Zum Punkt 4 des Protokolls Nr. 38

2. Februar 1987 *Geheim*
Operative Gruppe des Politbüro des ZK der KPdSU

Im ZK der KPdSU treffen Informationen über ungenügenden Gesundheitsschutz für die Bevölkerung von Kreisen des Mogiljowsker Gebietes, die radioaktiver Belastung unterlagen, ein. Im Zusammenhang damit wurden verantwortliche Mitarbeiter von vier Abteilungen des ZK der KPdSU und eine große Gruppe qualifizierter Fachleute des Gesundheitsministeriums der UdSSR zur detaillierten Begutachtung der entstandenen Situation in das Gebiet geschickt.
Die Brigade des ZK der KPdSU überprüfte vor Ort die Erfüllung des Beschlusses des ZK der KPdSU vom 22. August 1986 «Über die Verbesserung der materiellen Lage der Bevölkerung, die in Siedlungsgebieten mit beschränkter Verwendbarkeit der landwirtschaftlichen Produktion aus örtlicher Herstellung im Zusammenhang mit der Havarie im KKW Tschernobyl leben» und stellte das entsprechende Material bereit. Die Gruppe des Gesundheitsministeriums der UdSSR analysierte ebenfalls detailliert die Lage und faßte ihre Schlußfolgerungen und Vorschläge im Vortrag an den Ministerrat der UdSSR zusammen.
Bei den Untersuchungen wurden ernsthafte Mängel im Bereich des Handels, der Dienstleistungen und der medizinischen Versorgung der Bevölkerung festgestellt, sowie bei der Durchführung der Desinfektion von Siedlungen und der umliegenden Landschaft.
Wir halten es für sinnvoll, diese Materialien auf der Sitzung der Operativen Gruppe des Politbüros des ZK der KPdSU zu behandeln und zu den darin berührten Fragen die Leiter der Republiken und Gebiete anzuhören.
W. Dolgych

Geheim

Bericht
über den Verlauf der Erfüllung des Beschlusses des ZK der KPdSU und des Ministerrates der UdSSR zur Fragen der Beseitigung der Folgen der Havarie im KKW Tschernobyl im Mogiljowsker Gebiet

Die Arbeitsgruppe des ZK der KPdSU und des Staatlichen Komitees für Landwirtschaft der UdSSR, des Gesundheitsministeriums der UdSSR und des Handelsministeriums der UdSSR überprüfte unter Einbeziehung örtlicher Partei- und Sowjetorgane vom 8. bis 15. April die Versorgungslage der Bevölkerung mit sauberen Lebensmitteln in der Zone der «strengsten Kontrolle», die medizinische Betreuung sowie die Betreuung durch Dienstleistungen.
In der angegebenen Zone mit einer Cäsium-Belastung von 30 Ci/km^2 und höher befinden sich 61 Dörfer mit einer Bevölkerung von 12 000 Menschen. Darunter sind 3 090 Schüler und Kinder im Vorschulalter. Außerdem liegen 38 Siedlungspunkte mit einer Bevölkerung von 7 233 Menschen in Kreisen mit einer radioaktiven Belastung von 40 bis 100 Ci/km^2. Es muß auch angemerkt werden, daß dabei acht Dörfer nicht in die Zone «strengster Kontrolle» einbezogen sind und die dort lebenden Personen keine besonderen Vergünstigungen erhalten.
Unter den Bewohnern dieser Zone wurde die nötige Aufklärungsarbeit zu Fragen der Ernährung, der persönlichen Hygiene, des Vorgartenbaus und der Verwendung der Lebensmittel aus eigener Produktion durchgeführt.

Seit August dieses Jahres werden alle Siedlungen der Zone mit der nötigen Menge unkontaminierter Lebensmittel versorgt. Außerdem wurden von seiten der Bewohner kritische Anmerkungen zum unzureichenden Sortiment bei Getreideerzeugnissen und Lebensmittelkonzentraten in den Geschäften gemacht. Bemängelt wurde auch die niedrige Qualität der in den Handel gelangenden Milch und der hohe Preis für Wurstwaren, die zu Genossenschaftspreisen verkauft werden.

In den Schulen erhalten alle Kinder drei Mal täglich ein kostenloses, warmes Essen von hoher Qualität. Diese Fragen sind auch für die Kinder in den Vorschuleinrichtungen gelöst, jedoch sind hier die nötigen Kontrollen seitens der Gewerkschaften, der Kolchosleitungen und der Räte über die Qualität der Speisenzubereitung und deren Nährwert noch nicht festgelegt.

Allen Familien, die eine Kuh zur eigenen Nutzung haben, wurden «sauberes» Heu und Futterkonzentrat in ausreichender Menge ausgegeben. Ungeachtet dessen ist die Milch in fast allen Privatwirtschaften, Kolchosen und Sowchosen der Zone «strengster Kontrolle» wegen der unzulässig hohen Strahlenbelastung zum Verzehr nicht geeignet. Durch die örtlichen Organe ist deren Sammlung und Lieferung an die Milchwerke zur Verarbeitung organisiert. Trotzdem zeigten sich in einer Reihe von Dörfern Fakten des Konsums dieser Milch.

Es gibt Mängel in der Handelsversorgung der Bevölkerung. Milch und Fleischprodukte werden in offener Verpackung in die Geschäfte geliefert, was zu deren radioaktiver Verschmutzung führt. Die Spezialfahrzeuge für den Transport dieser Lebensmittel reichen nicht aus. Ein großer Teil der Handelseinrichtungen befindet sich in umgebauten Räumen, unter anderem auch in Privathäusern, die ungenügend eingerichtet sind, wo es keinen Schutz der Lebensmittel vor radioaktiven Stäuben gibt. Die Nachfrage der Bevölkerung nach warmen Schuhen, darunter Kinderschuhen, sowie nach Waschmaschinen und einigen anderen Industriewaren wird nicht befriedigt.

Im Gebiet wurde an der Vorbereitung des neuen Schuljahrs gearbeitet. Die Desinfektion der Gebäude und der Umgebung bis unter die zulässigen Strahlenbelastungsgrenzen wurde durchgeführt. In allen Schulen wurde ein verlängerter zwölfstündiger Lern- und Erziehungstag organisiert. Dennoch wurde diese Arbeit nicht bis zu Ende geführt.

Im September 1986 untersuchte das Büro des Gebietskommitees der Partei die Frage ernsthafter Mängel bei der Vorbereitung der Schulen und Vorschuleinrichtungen auf die Aufnahme von Kindern in den betroffenen Kreisen. Trotzdem wurde keine effektiven Maßnahmen zu deren Behebung ergriffen. So war zum 14. Januar in der Mittelschule des Dorfes Wysokij Borok im Kreis Krasnopolsk die laufende Reparatur des Gebäudes nicht abgeschlossen und die Kanalisation funktionierte nicht. Die Turnhalle und einzelne Klassenzimmer müssen einer Generalrenovierung unterzogen werden.

Es muß auch angemerkt werden, daß 26 Schulen für 2 440 Schüler in Siedlungen mit radioaktiver Belastung von 40 bis 80 Ci/km^2 liegen. Dabei lernen in diesen Schulen auch Kinder aus Dörfern weniger belasteter Gebiete.

Der ständige Aufenthalt der Kinder in geschlossenen Räumen, das Fehlen von Voraussetzungen für außerschulische Arbeit in vielen Schulen (von 51 Schulen befinden sich 38 in für Unterrichtszwecke nur angepaßten Gebäuden) hat negative Auswirkungen auf den psychologischen und physischen Zustand der Kinder. Dieser Umstand ruft große Besorgnis unter den Eltern hervor.

Ernsthafte Mängel wurden in der Arbeit der Dienstleistungsbetriebe festgestellt. Die Wäschereien in den Kreisen arbeiten unregelmäßig wegen der Mängel der Wasser- und Dampfversorgung und wegen ihrer unpünktlichen Versorgung mit Brennstoffen. Die Kapazität der Wäschereien ist nicht ausreichend.

Die medizinischen Dienste in den Kreisen, die radioaktiver Verschmutzung unterlagen, müssen

stabilisiert werden. Hier fehlen 70 Ärzte und 40 Personen des mittleren medizinischen Personals. In vielen Krankenhäusern und ambulant-geburtshelferischen Punkten arbeiten zeitweilig hinkommandierte Fachleute aus anderen Kreisen des Gebietes und der Republik.
Beachtet werden muß auch das niedrige Niveau der Entwicklung der sozialen Dienstleistungen und der Wirtschaft der Kreise, die der radioaktiven Verschmutzung ausgesetzt waren. In der Mehrzahl der Wirtschaften sind die Tierfarmen in Gebäuden untergebracht, die sich in baufälligem Zustand befinden. Für die Tierzüchter dieser Farmen gibt es keine zumutbaren Räume und Einrichtungen. Duschen fehlen in der Regel, und die vorhandenen funktionieren nicht, weil sie sich in nicht beheizbaren Räumen befinden.
Große Mängel gibt es bei der Organisation der Strahlenkontrolle. Die mit dieser Aufgabe betrauten Dienste sind zahlenmäßig zu klein und können eine moderne, qualitätsgerechte Untersuchung der landwirtschaftlichen Produktion im gesellschaftlichen und Privatsektor nicht durchführen. Der Versorgungsgrad mit Geräten in der Landwirtschaft beträgt zwischen 15 und 40 Prozent. Die vorhandenen Geräte sind in ihrer Handhabung schwierig, ihre Zuverlässigkeit und die Glaubwürdigkeit ihrer Daten sind nicht hoch. Im Gebiet gibt es kein spezialisiertes Reparatur- und Prüfzentrum für diese Geräte.
In den Kolchosen und Sowchosen wird der Mangel an Baumaterial, Mineraldünger, Herbiziden und chemischen Pflanzenschutzmitteln sowie bei Landtechnik und Ausrüstungen, mit denen man unter den Bedingungen radioaktiver Verseuchung arbeiten kann, scharf diskutiert. Die Betriebe der Fleisch- und Milchindustrie sind ungenügend ausgerüstet mit technologischen Produktionslinien, Ausrüstungen, Materialien und Spezialfahrzeugen, die in allen Etappen der Verarbeitung, Produktion und Lieferung der Milch, des Fleisches und anderer Lebensmittel an die Verbraucher deren Kontakt mit radioaktiven Stoffen ausschließen.
Bei der Überprüfung wurde festgestellt, daß die Bewohner von Siedlungen in der Zone «strengster Kontrolle» immer noch keine konkreten Empfehlungen zur Durchführung der Arbeiten in ihren Kleinwirtschaften und zur Haltung der Tiere im bevorstehenden Frühjahr erhalten haben. Vor Ort ist der Beschluß des Staatlichen Komitees für Landwirtschaft der UdSSR, der landwirtschaftliche Arbeiten in diesen Wirtschaften für das Jahr 1987 verbietet, unbekannt.
Die Unsicherheit bei der Führung der Privatwirtschaften, der Ausschluß der Möglichkeit, deren Produkte zu verzehren, die Störung der gewohnten Lebensverhältnisse, besonders der Kinder im Schul- und Vorschulalter rufen bei den Bewohnern eine gesteigerte Unruhe über ihr weiteres Schicksal hervor. In Gesprächen wurden Bitten nach Umsiedlung in andere Regionen geäußert, in erster Linie von Familien mit Kleinkindern. Viele Bewohner geben ihre Rinder in den Kolchosen ab. Die Anzahl der Rinder in den Privatwirtschaften ist im letzten halben Jahr um 1 000 zurückgegangen. Im Laufe des Jahres 1986 zogen ca. 3 000 Menschen, also etwa 20 Prozent, aus der Zone der «strengsten Kontrolle» weg.
Das Gebietskomitee der Partei, das Gebietsexekutivkomitee und die Wirtschaftsorgane haben dafür gesorgt, den Einfluß der radioaktiven Belastung auf die Gesundheit der Bevölkerung zu verringern. Aber aufgrund unzureichender Informationen wurde die Arbeit in den ersten drei Monaten nach der Havarie ohne Berücksichtigung der Belastung durch Cäsium-137 organisiert. Daher wurde die Region 1986 zur Hilfe für andere Regionen herangezogen, statt ihr Gelegenheit zur Arbeit auf dem eigenen Territorium zu geben. Aus diesem Grunde sind die Arbeiten zur Dekontamination besiedelter Orte (von 191 sind nur 22 dekontaminiert worden), zum Bau von Straßen, zur Säuberung und Verplombung von Brunnen, zur Ausrüstung von Wasserleitungssystemen, zur Schaffung der nötigen Lebensbedingungen für die Bevölkerung in den Siedlungen und in den Betrieben nicht im geforderten Umfang ausgeführt worden. 1986 betrugen die Kosten für die Beseitigung der Folgen des Reaktorunfalls nur 11 Mio Rubel, während für die Jahre 1987 bis 1990 Arbeiten im Umfang von mehr als 200 Mio Rubel vorgesehen sind.

Es ist sinnvoll, viele kleine Dörfer (von 10 bis 100 Einwohner) an neue Stellen umzusiedeln, da wegen des Verschleißes die vollständige Dekontamination der Wohnhäuser und Bauten nicht möglich ist. Die Forderungen und Empfehlungen zur Einhaltung der persönlichen Hygiene erfüllen die Bewohner dieser Siedlungen wegen der fehlenden Voraussetzungen dafür nicht.

Schlußfolgerungen und Empfehlungen

1. Die Strahlungssituation in den Kreisen der Zone «strengster Kontrolle» im Mogiljowsker Gebiet bleibt unbefriedigend. Das erfordert auch in Zukunft eine nicht nachlassende Beachtung der entsprechenden sanitär-hygienischen Regeln. Es ist unumgänglich in kürzester ...

Hier weist der Text eine Lücke auf.

... Mittel. Notwendig ist es auch, die Versorgung der Bevölkerung mit Industriewaren zu verbessern.

7. Das Staatliche Komitee für Versorgung der UdSSR wird beauftragt, im ersten Quartal 1987 auf Anforderung des Gebietsexekutivkomitees die nötige Anzahl radiometrischer und dosimetrischer Apparate bereitzustellen.

8. Das Gesundheitsministerium der UdSSR muß Maßnahmen zur Versorgung der Gesundheitseinrichtungen des Gebietes mit der nötigen Labor- und Gerätetechnik ergreifen und eine schnellere Entwicklung endoskopischer Dienste im Gebiet planen, sowie für diese Einrichtungen die benötigte Anzahl von Spezialfahrzeugen zur Verfügung stellen.

9. Der Ministerrat der Belorussischen SSR und das Gebietsexekutivkomitee müssen schnellstens Maßnahmen zur vollständigen Ausstattung der Gesundheitseinrichtungen, der Einrichtungen der Volksbildung, des Handels und der gesellschaftlichen Essenversorgung mit entsprechenden Fachleuten einleiten.

10. Es ist angebracht, in breitem Umfange chemische Truppen für Hilfeleistungen im Gebiet und für die Durchführung der Dekontaminationsarbeiten einzusetzen.

11. Das ZK der Kommunistischen Partei Belorusslands und die Regierung der Republik müssen die Kontrolle über die Durchführung des Beschlusses des ZK der KPdSU und des Ministerrates der UdSSR zu den Fragen der Beseitigung der Folgen der Reaktorunfalls im KKW Tschernobyl unbedingt verstärken und dem Gebiet praktische Hilfe bei der Durchführung der aufgeführten Maßnahmen erweisen.

Instrukteur der Abteilung Schwerindustrie
und Energiewirtschaft des ZK der KPdSU
W. Onischtschenko
Instrukteur der Abteilung wissenschaftliche
und Lehreinrichtungen des ZK der KPdSU
G. Kriwoschejew
Instrukteur der Abteilung organisatorische Parteiarbeit des ZK der KPdSU
A. Jartschak
Instrukteur der Abteilung Handel und
Versorgung des ZK der KPdSU
I. Gorbatschow

An das Sekretariat des Obersten Sowjets *Geheim*
Unterliegt der Rückgabe an den Sondersektor der Geschäftsführung des Ministerrates der UdSSR

Protokoll Nr. 39
der Sitzung der Operativen Gruppe des Politbüros des ZK der KPdSU zu Fragen im Zusammenhang mit der Beseitigung der Folgen des Reaktorunfalls im KKW Tschernobyl

13. Juli 1987

1. Zur Strahlensituation in den Rayons, die durch den Reaktorunfall im KKW Tschernobyl strahlenbelastet wurden.

Der Bericht der Genossen Israel, Tschasow, Lukonin, Achromejew, Sisenko, Tabejew, Ljaschko und Kowaljow wird zur Kenntnis genommen, daß aufgrund der getroffenen Maßnahmen die Strahlenbelastung des überwiegenden Teils der Bevölkerung aus belasteten Rayons den zulässigen Grenzwert nicht überschritten hat.

Gleichzeitig gibt es, wie aus den vorgelegten Unterlagen und ihrer Diskussion hervorgeht, bei den Arbeit an der Beseitigung der Folgen des Reaktorunfalls Mängel. Die Regierungskommission (Schtscherbina) macht von den ihr erteilten Vollmachten für die Ausführung des gesamten Arbeitsumfanges keinen vollen Gebrauch. Die Arbeitsleistung bei der Dekontamination, die die Einheiten des Verteidigungsministeriums durchführen, nahm in einigen Regionen ab. Fragen, die mit der Reduzierung der Einwirkung des Energieblocks 4 auf die Strahlensituation in den Räumen der Energieblöcke 1, 2 und 3 zusammenhängen, werden zu langsam gelöst. Die Tätigkeit der Ministerien und Behörden, die die Kontrolle über die Strahlensituation ausüben, wird unzufriedenstellend koordiniert.

Die Regierunsgkommission (Schtscherbina) wird beauftragt:

— die Kontrolle über die Organisation und Durchführung der Dekontaminations- und Meliorationsmaßnahmen in den strahlenbelasteten Regionen der RSFSR, der Ukrainischen SSR und der Belorussischen SSR, in erster Linie der bewohnten Orte, zu verstärken;

— die Fragen zur Gewährleistung einer sicheren Kontrolle des Zustandes des Energieblocks 4, der Reduzierung seiner Einwirkung auf die Strahlensituation in den Betriebsräumen der Energieblöcke 1, 2 und 3, der Verbesserung der Organisation und der Erhöhung der Dekontaminationsqualität von Anlagen und Räumen im Energieblock 3 im Hinblick auf die Schaffung optimaler Bedingungen für dessen sicheren Betrieb vor Ort zu erörtern und zu lösen;

— gemeinsam mit der Staatlichen Plankommission der UdSSR (Woronin) notwendige Maßnahmen zur Reduzierung der Sachwertbestände, die auf dem Gelände des Kernkraftwerkes gelagert werden, und ihrer Nutzung in der Volkswirtschaft zu ergreifen;

— die Tätigkeit von Ministerien und Behörden bei der Kontrolle der Strahlensituation in den genannten Rayons so zu beaufsichtigen, daß sie weiterhin nur mit Wissen der Regierungskommission durchgeführt wird.

Der Ministerrat der Ukrainischen SSR, der Ministerrat der Belorussischen SSR und der Ministerrat der RSFSR haben gemeinsam mit den örtlichen Partei- und Sowjetbehörden die Sanitär- und Aufklärungsarbeit unter der Bevölkerung so zu verstärken, daß die Bürger mit wahren Informationen über die tatsächliche Strahlensituation ihrer Orte versorgt werden und kein Anlaß für falsche Vorstellungen über die Strahlenbelastung entstehen.

Im Hinblick auf den langzeitigen Charakter der Strahlenkontamination der Landflächen im Bereich des KKW Tschernobyl sind Vorschläge vom Staatlichen Komitee für Hydrometeorologie der UdSSR, vom Gesundheitsministerium der UdSSR, vom Ministerrat der Ukrainischen SSR, vom Ministerrat der Belorussischen SSR, vom Ministerrat der RSFSR und von der Akademie der Wissenschaften der Ukrainischen SSR anzunehmen:

— über die Unzweckmäßigkeit der Rücksiedlung der Bürger in die Ortschaften der 30 km-Zone;
— über die Zuordnung von 167 Ortschaften, in denen aufgrund von letzten Messungen die Kontamination durch Cäsium-137 über 15 Ci/km² liegt, zu den Ortschaften, in welchen eingeschränkter Verzehr von Produkten aus örtlicher und privater Produktion eingeführt wird.
— die Regierungskommission (Schtscherbina) hat innerhalb einer Woche beim Ministerrat der UdSSR Vorschläge vorzulegen, wonach die Gültigkeit von Privillegien, die durch entsprechende Entscheidungen der Regierung der UdSSR festgelegt wurden, auf diese Bürger erweitert wird;
— über die Beibehaltung von Privilegien für die Einwohner von 85 Ortschaften, in welchen die Reduzierung der Flächenkontamination auf unter 15 Ci/km² gemessen wurde;
— über das Verbot, in der 30 km-Zone Produktionstätigkeit (außer des Geländes des Kernkraftwerkes) auszuüben, und über die Organisation der wissenschaftlichen Testgelände und Schutzgebiete auf diesem Territorium;
— dem Ministerrat der Ukrainischen SSR und dem Ministerrat der Belorussischen SSR wird aufgetragen, eine entsprechende Entscheidung darüber zu treffen;
— dem Ministerrat der Belorussischen SSR und dem Ministerrat der Ukrainischen SSR wird aufgetragen, über den Aufenthalt von Menschen in vier Ortschaften zu entscheiden, in welchen die Flächenkontamination durch Cäsium-137 über 80 Ci/km² beträgt.
— der Vorschlag der Regierungskommission (Schtscherbina), des Gesundheitsministeriums der UdSSR und des Staatlichen Komitees für Landwirtschaft der UdSSR (Anhang) wird angenommen, ab 1. August 1987 den Grenzwert für die Dosisbelastung der Bevölkerung, die in strahlenbelasteten Regionen lebt, von 10 auf 3 rem im Jahr zu reduzieren.

2. Zum Beschlußentwurf des ZK der KPdSU und des Ministerrates der UdSSR „Über Maßnahmen zur Entwicklung perspektivisch hochsicherer automatisierter Steuerungssysteme technologischer Prozesse in den Kernkraftwerken".

Der Entwurf des Beschlusses wird im allgemeinen gebilligt.

Den Genossen Silajew und Schtscherbina wird aufgetragen, den Beschlußentwurf unter Berücksichtigung der geäußerten Bemerkungen und Vorschläge fertigzustellen, indem man auch folgende Fragen erörtert:
— die Organisation der wissenschaftlich-technischen Zusammenarbeit mit den führenden Firmen Frankreichs, der BRD, Japans und anderer kapitalistischen Länder zur Entwicklung von hochsicheren automatisierten Steuerungssystemen technologischer Prozesse;
— die Präzisierung des Arbeitsumfangs bei der Montage und Bedienung der automatisierten Steuerungssysteme des Wärmeempfängers in Kernkraftwerken, die vom Ministerium für Gerätebau ausgeführt werden;
— das notwendige Bauvolumen der Produktionsstätten in Moskau und über das Heranziehen von Fachleuten aus anderen Städten für die Arbeit in den Betrieben und Organisationen des Ministeriums für Gerätebau der UdSSR.

3. Zum Entwurf des Beschlusses des ZK der KPdSU und des Ministerrates der UdSSR „Zur Entwicklung und Einführung von energieerzeugenden Atomkomplexen auf der Basis von gasgekühlten Hochtemperaturreaktoren in die Volkswirtschaft".

Der von den Genossen Schtscherbina, Masljukow und Silajew vorgelegte Beschlußentwurf wird gebilligt.

4. Zur Situation der Gewährleistung für die Gesundheit der Bevölkerung, die in strahlenbelasteten Rayons der Belorussischen SSR lebt.

Die Mitteilung des Genossen Jewtuch wird zur Kenntnis genommen, daß in letzter Zeit die Arbeit an der Gewährleistung der Sicherheit für die Gesundheit der Menschen, die in strahlenbelasteten Rayons leben, intensiviert wurde. Es wurde ein System zur Überwachung des Gesundheitszustandes der Menschen geschaffen, ein Spezialdispensaire gegründet. Die evakuierten

Menschen haben Wohnungen, bis zum Jahresende werden soziale und Dienstleistungsobjekte fertiggestellt sein.
Gleichzeitig gibt es eine Reihe von Mängeln. Die Dekontaminationsarbeiten in den Ortschaften, die in der Zone der „strengsten Kontrolle" liegen, werden u.a.nicht überall effektiv durchgeführt. Es gibt Störungen bei Lieferungen unbelasteter Nahrungsmittel.
Das ZK der Kommunistischen Partei Belorußlands und der Ministerrat der Belorussischen SSR haben:
— eine störungsfreie Versorgung der Bevölkerung, die in der Zone der „strengsten Kontrolle" lebt, mit unbelasteten Nahrungsmitteln zu gewährleisten und Maßnahmen zur Behebung der Mängel beim Handel zu ergreifen;
— gemeinsam mit dem Verteidigungsministerium der UdSSR Maßnahmen zur Intensivierung der Dekontaminationsarbeiten zu erarbeiten und zu realisieren. Es ist dabei für eine sichere Entsorgung der entstehenden Abfälle zu sorgen;
— für einen entsprechenden Stand der Sanitär- und Aufklärungsarbeit unter der Bevölkerung zu sorgen, mehr hochqualifizierte Fachleute dabei einzusetzen, strenger die Informationen auf ihre Qualität und Richtigkeit zu prüfen, die Bevölkerung über zu ergreifende Maßnahmen zum Gesundheitsschutz überzeugend zu informieren.
5. Zum Entwurf des Beschlusses des ZK der KPdSU und des Ministerrates der UdSSR „Zur Schaffung von robotertechnischen Komplexen für die Atomenergiewirtschaft".
Den Genossen Schtscherbina, Silajew und Masljukow wird aufgetragen, den Entwurf des Beschlusses unter Berücksichtigung der Meinungen, die während der Sitzung geäußert wurden, fertigzustellen und in diesem Zusammenhang gemeinsam mit den beteiligten Ministerien und Behörden der UdSSR folgende Fragen zu untersuchen: über intensivere Beteiligung der Betriebe der Verteidigungsindustrie bei der Entwicklung von robotertechnischen Komplexen, über die Projektleitung, die für die Lösung dieses Problems verantwortlich wäre, über die Zweckmäßigkeit, in Moskau Produktionsstätten zu bauen und Fachleute aus anderen Städten heranzuziehen.
Der fertige Beschluß ist innerhalb von drei Wochen einschließlich eines entsprechenden Schreibens beim Ministerrat zur weiteren Vorlage beim ZK der KPdSU vorzulegen.
6. Zum Verlauf der Errichtung der Stadt Slawutitsch.
Es wird darauf hingewiesen, wie aus den Mitteilungen der Genossen Majorez, Jessipenko, Rewenko und Schtscherbina hervorgeht, daß die Errichtung der Stadt Slawutitsch unzufriedenstellend erfolgt.
Das Energieministerium hat einen großen Planrückstand beim Bau von kommunalen Objekten und technischen Anlagen. Bau- und Montagebetriebe dieses Ministeriums, die bei der Errichtung der Stadt tätig sind, sind nicht komplett mit qualifiziertem Arbeitspersonal, mit Baumaschinen und -vorrichtungen ausgestattet.
Es kommen Störungen in der Materialbereitstellung vor. In einigen Fällen wurden defekte Baukonstruktionen geliefert, Bau- und Montagearbeiten wurden mit schlechter Qualität ausgeführt.
Die Ministerien und Behörden der UdSSR, die Ministerräte der Unionsrepubliken, die an der Errichtung dieser Stadt beteiligt sind, in erster Linie das Energieministerium der UdSSR und der Ministerrat der Ukrainischen SSR, ergreifen keine wirkungsvollen Maßnahmen zur Behebung der vorhandenen Mängel, sie haben nicht für eine termingerechte Errichtung und Inbetriebnahme der Objekte in der Stadt gesorgt.
Das Büro des Ministerrates der UdSSR für den Brennstoff- und Energiekomplex, das Staatliche Komitee für Bauwesen der UdSSR und das Atomenergieministerium der UdSSR haben ihre Kontrolle der Erfüllung von Aufträgen versäumt, die aus dem Beschluß des ZK der KPdSU und des Ministerrates der UdSSR vom 2. Oktober 1986 Nr. 1179 zum Bau einer neuen Stadt für das Personal des KKW Tschernobyl resultieren.

Die Regierungskommission (Schtscherbina) hat den gesamten Fragenkomplex in Zusammenhang mit dem Bau der Stadt Slawutitsch vor Ort eingehend zu untersuchen, u.a.
— die Struktur und das Bauvolumen beim Bau von Wohnhäusern, sozialen und kulturellen Objekten unter Berücksichtigung der Tatsache, daß die Blöcke 5 und 6 des KKW Tschernobyl nicht weitergebaut werden, sowie die Gewährleistung einer hohen Qualität im Wohnungsbau;
— die Verbesserung der Versorgung von Baustellen gemeinsam mit der Staatlichen Plankommission der UdSSR ;
— über die Versorgung des Personals der Bau- und Montagebetriebe, das am Bau der Stadt Salawutitsch beschäftigt ist, mit Wohnraum und über Renovierungs- und Wiederaufbauarbeiten im KKW Tschernobyl;
— über den rechtlichen Status des Wohnungsfonds in der Stadt;
— über Maßnahmen zur Vorbeugung der Strahlenbelastung der Stadt durch Übertragung radioaktiver Substanzen vom Gelände des Kraftwerkes beim Transport des Betriebspersonals;
Über die Ergebnisse der Untersuchung und über ergriffene Maßnahmen ist die Operative Gruppe bis zum 1. August 1987 zu informieren.
Der Ministerrat der Ukrainischen SSR hat die Kontrolle über die Errichtung der Stadt Slawutitsch zu verstärken und operativ Fragen der termingerechten Lieferung von Anlagen, Baukonstruktionen, Baustoffen und -erzeugnissen aus der Republik zu entscheiden.
7. Zur Entlohnung des Personals, das in der Zone des KKW Tschernobyl tätig ist.
Den von Genossen Schtscherbina dargelegten Meinungen wird zugestimmt (Anhang).
8. Zum Projekt der Internationalen Konvention über die Verantwortung für den Atomschaden.
Die Erörterung dieser Frage wird verschoben.
9. Zu Tatsachen von Verstößen gegen sanitärhygienische Anforderungen und Vorschriften des Strahlenschutzes bei der Arbeit in der Zone des KKW Tschernobyl. *Streng geheim*
Die Regierungskommission (Schtscherbina) wird beauftragt, unter Beteiligung des Atomenergieministeriums der UdSSR, des Ministeriums für mittleren Maschinenbau der UdSSR, des Verteidigungsministeriums der UdSSR, des Gesundheitsministeriums der UdSSR und der anderen beteiligten Organisationen die Fragen zu erörtern, die im Schreiben der Abteilung des ZK der KPdSU für Schwerindustrie und Energie (Anhang) aufgeworfen werden, und umgehend Maßnahmen zur Schaffung von Ordnung im KKW Tschernobyl und des umliegenden Geländes in Fragen des Arbeitsschutzes zu ergreifen.
Zu den Ergebnissen ist die Operative Gruppe bis zum 15. September 1987 zu informieren.
N. Ryshkow

16.03.87 *Geheim*

Zur Reduzierung des Grenzwertes der Bestrahlung der Bevölkerung, die in durch den Tschernobyl-Fallout belasteten Zonen lebt, und zur Durchführung von landwirtschaftlichen Arbeiten im Jahr 1987

Die termingerechte Erfüllung des vom Gesundheitsministerium der UdSSR und dem Staatlichen Komitee für Landwirtschaft der UdSSR erarbeiteten Maßnahmeprogramms zur Reduzierung der Bestrahlung der Bevölkerung (Abreise von Kindern und schwangeren Frauen zum Ferienaufenthalt im Sommer, umfassende Kontrolle der Strahlenbelastung von Nahrungsmitteln aus örtlicher Produktion, strikte Einhaltung von Grenzwerten für die Aufnahme von radioaktiven Substanzen in landwirtschaftlichen Produkten, Überführung von Milchvieh auf angeliefertes Futter, Lieferung von unbelasteten Nahrungsmitteln, spezielle agrotechnische und Melorationsmaßnahmen usw.) sorgte für hohe Effektivität.

Die Ergebnisse gründlicher Untersuchungen der Strahlensituation und des Gesundheitszustandes der Bevölkerung, die von Fachgruppen des Gesundheitsministeriums der UdSSR durchgeführt wurden, ergaben, daß die tatsächliche Gesamtdosis der Außen- und Innenbelastung der Bevölkerung im ersten Jahr nach dem Reaktorunfall in der Regel unter dem festgelegten Grenzwert von 10 rem liegt. Das garantiert die Gesundheit der Menschen in diesen Zonen

Ausgehend von der Notwendigkeit einer weiteren Reduzierung der Bestrahlungsgrenzwerte bis auf Werte, die in den „Normen der Strahlensicherheit" vorgesehen sind, muß im zweiten Jahr nach dem Reaktorunfall der Wert für die zulässige Jahresdosis wesentlich reduziert werden.

Die Daten über die tatsächliche Strahlensituation auf den genannten Landflächen ergeben, daß auf dem größten Teil, falls eine Reihe von Schutzmaßnahmen getroffen worden sind, wirtschaftlich erfolgreiche landwirtschaftliche Produktion und Wiedereinführung der gewohnten Lebensweise der Landbevölkerung möglich sind, einschließlich Führung von privaten Wirtschaften, wobei gleichzeitig die Strahlenbelastungsdosis der Bevölkerung wesentlich abnehmen kann.

Um weiterhin die Strahleneinwirkung auf die Bevölkerung zu reduzieren und deren Leben zu normalisieren, halten wir es für sinnvoll:

— daß der für das erste Jahr nach dem Reaktorunfall festgelegte Grenzwert für eine Gesamtbelastung von 10 rem im zweiten Jahr auf 3 rem reduziert wird und daß die Gesamtdosis der Außen- und Innenbelastung der Einwohner einer einzelnen Ortschaft, sowohl im Durchschnitt für die Ortschaft, als auch für beliebige Risikogruppen dieser Ortschaft (Viehzüchter, Mechanisatoren, Kinder usw.), nicht höher als der genannte Grenzwert liegen darf;

— daß die Gesundheitsministerien der RSFSR, der Ukrainischen SSR, der Belorussischen SSR sowie der Behörden der Staatlichen Komitees für Landwirtschaft dieser Republiken das bestehende System der Strahlenkontrolle von Wasser und Nahrungsmitteln behalten und verstärken, indem man von den durch das Gesundheitsministerium der UdSSR am 30. Mai 1986 festgelegten Grenzwerten für die Aufnahme von radioaktiven Substanzen in Nahrungsmittel ausgeht;

— daß aufgrund von Bodenprobenuntersuchungen und unter der Bedingung, daß die Höhe der Strahlenbelastung nicht über festgelegten Grenzwerten liegt, genehmigt wird, kontaminierte landwirtschaftliche Nutzflächen zu bestellen (außer der Sperrzone).

In diesem Fall haben die Staatlichen Komitees für Landwirtschaft der RSFSR, der Ukrainischen SSR und der Belorussischen SSR dafür zu sorgen, daß 1987 sämtliche Schutzmaßnahmen durchgeführt werden, wodurch sowohl im öffentlichen als auch im privaten Sektor die Produktion von Nahrungsmitteln möglich ist, die den Anforderungen der Strahlensicherheit entsprechen; besonders zu beacheten ist die Bereitstellung von kultivierten Weideflächen für privates Vieh;

— daß zu den operativen Entscheidungen vor Ort zu Fragen der Frühjahrs- und Sommerfeldarbeiten 1987 aus Vetretern des Gesundheitsministeriums der UdSR und des Staatlichen Komitees für Landwirtschaft der UdSSR Gruppen gebildet werden – je eine für die RSFSR, die Ukrainische SSR und die Belorussische SSR.

Ihnen ist das Recht einzuräumen, vor Ort zu entscheiden, ob agrotechnische und meliorative Schutzmaßnahmen notwendig und ausreichend sind. Die Entscheidungen sind für die örtlichen Dienststellen des Staatlichen Komitees für Landwirtschaft und des Gesundheitsministeriums verbindlich. Zu Leitern sind Vertreter des Gesundheitsministeriums der UdSSR zu berufen.

Wir bitten um Ihre Zusage.

Erster Stellvertreter des Vorsitzenden des Staatlichen Komitees für Landwirtschaft der UdSSR, Minister der UdSSR

J.I. Sisenko

Erster Stellvertreter des Gesundheitsministers der UdSSR

O.P. Schtscherpin

An Genossen Ryshkow N.I.

23. April 1987

Entsprechend dem Auftrag des Ministerrates der UdSSR wurden Vorschläge des Gesundheitsministeriums der UdSSR und des Staatlichen Komitees für Landwirtschaft der UdSSR erörtert, im zweiten Jahr nach dem Reaktorunfall im KKW Tschernobyl den Grenzwert der Gesamtbelastung für die Bevölkerung, die in strahlenbelasteten Regionen lebt, auf 3 rem zu reduzieren, statt 10 rem, wie für das erste Jahr festgelegt worden war, sowie über die Möglichkeit der landwirtschaftlichen Produktion in diesen Regionen.

Die Regierungskommission für die Beseitigung der Folgen des Reaktorunfalls im KKW Tschernobyl hat entsprechend dem Auftrag der Operativen Gruppe des Politbüros des ZK der KPdSU unter Beteiligung des Gesundheitsministeriums der UdSSR, des Staatlichen Komitees für Landwirtschaft der UdSSR, des Staatlichen Komitees für Hydrometeorologie der UdSSR, des Ministeriums für mittleren Maschinenbau der UdSSR und der Akademie der Wissenschaften der UdSSR, nachdem sie einige hochbelastete Rayons im Gebiet Mogiljow besucht hatte, diese Fragen anhand der konkreten Bedingungen untersucht.

Die Untersuchung vor Ort ergab, daß die durchgeführten organisatorischen, prophylaktischen und sanitätshygienischen Maßnahmen die Höhe der Bestrahlungsdosen für die in den genannten Rayons lebende Bevölkerung wesentlich zu reduzieren vermochten.

Der für das erste Jahr nach dem Reaktorunfall festgelegte Grenzwert für die Gesamtbestrahlung wurde nicht überschritten. Nach Angaben einer vom Gesundheitsministerium der UdSSR gemachten Untersuchung (es wurden ca. 11.500 Menschen untersucht) lag die Dosis der Innenbestrahlung bei 96% der Menschen unter 5 rem und nur bei 0,3% (38 Personen) betrug sie etwas mehr als 10 rem, während die Dosis der Außenbestrahlung nicht über 3 rem lag. Die Analyse des Gesundheitszustandes bei Erwachsenen und Kindern in strahlenbelasteten Rayons spricht dafür, daß im menschlichen Körper keine Veränderungen stattgefunden haben, die mit der Strahleneinwirkung in Zusammenhang gebracht werden könnten. Ähnliche Angaben liegen nach tiefgreifenden Untersuchungen in anderen strahlenbelasteten Rayons vor.

In diesem Zusammenhang erscheint es möglich, den Vorschlägen des Gesundheitsministeriums der UdSSR und des Staatlichen Komitees für Landwirtschaft der UdSSR zuzustimmen, im zweiten Jahr nach dem Reaktorunfall den Grenzwert der Gesamtbestrahlung für die Bevölkerung in diesen Rayons auf 3 rem festzulegen, sowie die landwirtschaftliche Produktion in diesen Rayons unter Voraussetzung entsprechender medizinisch-biologischer, agrotechnischer und meliorativer Schutzmaßnahmen für möglich zu halten.

B. Schtscherbina

Operative Gruppe des Zk der KPdSU *Streng geheim*

Zu Verstößen gegen sanitätshygienische Bestimmungen und Vorschriften zur Strahlensicherheit bei Arbeiten in der Zone des KKW Tschernobyl

03.07.87

Die Strahlensituation in der Zone des KKW Tschernobyl bleibt z.Z. immer noch sehr gespannt. Das erfordert von den Mitarbeitern aller Betriebe und Organisationen, die an der Beseitigung der Folgen des Reaktorunfalls oder an der Bedienung der funktionierenden Energieblöcke des Kraftwerkes beteiligt sind, daß sie die Bestimmungen und die Vorschriften zur Strahlensicherheit strikt erfüllen, die festgelegten sanitärhygienischen Vorschriften unbedingt befolgen.

Aber die Ergebnisse der Kontrollen, die in unserem Auftrag vom Gesundheitsministerium der

UdSSR und dem Atomenergieministerium der UdSSR (Schreiben liegen bei) durchgeführt wurden, ergeben, daß es in diesen Fragen immer noch schwerwiegende Mängel gibt. Bis jetzt wurde im KKW Tschernobyl keine ordnungsgemäße Sanitäts-Passierordnung eingeführt. Es besteht ein akuter Mangel an Haushaltsräumen und Spezialwäschereien, die modernen Anforderungen entsprechen und in denen Spezialkleidung gewaschen und chemisch bearbeitet werden können.
Es wurden zahlreiche Fälle festgestellt, daß auf dem KKW-Gelände und in der umliegenden Zone ohne notwendige individuelle Schutzmittel gearbeitet wurde. Manchmal fährt das Personal in unzulässig hoch belasteter Kleidung vom Gelände des Kernkraftwerkes zum Wohnort, stark belastete Fahrzeuge verlassen die 30 km-Zone.
Schwerwiegende Mängel wurden festgestellt im kommunalen und im Dienstleistungsbereich, bei der Gemeinschaftsverpflegung für die, die in der Stadt Tschernobyl und in der Siedlung Seljonyj Mys wohnen, sowie im Betrieb der Versorgungsnetze der Stadt Tschernobyl.
Bis jetzt hat die Spezialinspektion des Atomenergieministeriums der UdSSR ihre Arbeit nicht aufgenommen, die entsprechend dem Auftrag der Regierungskommission vom 8. April d.J. dazu berufen worden ist, auf die Einhaltung der Bestimmungen zur Strahlensicherheit und der sanitärhygienischen Vorschriften in der Zone des KKW Tschernobyl durch alle Mitarbeiter, unabhängig ihrer Zugehörigkeit, zu wachen.
Als Ergebnis der Verstöße kam es zu einer ernsthaften Überbestrahlung eines Soldaten einer Einheit des Verteidigungsministeriums der UdSSR, Lawrentjew, wodurch dieser schwere Strahlenverbrennungen der Beine erlitten hat. Zur Zeit wird er in der Klinik Nr. 6 des Gesundheitsministeriums der UdSSR behandelt.
Unter Berücksichtigung, daß es besonders wichtig ist, die Fragen des Gesundheitsschutzes rechtzeitig zu lösen, würden wir es für sinnvoll halten, sie in der Sitzung der Operativen Gruppe des Politbüros des ZK der KPdSU zu erörtern, indem man zu den genannten Problemen die Vertreter des Gesundheitsministeriums der UdSSR (Sergejew) und des Atomenergieministeriums der UdSSR (Lukonin) anhört.
Abteilungsleiter des ZK der KPdSU für Schwerindustrie und Energie
I. Jastrebow

Ministerium für Atomenergie der UdSSR *03.07.87*

Zum Stand der sanitärhygienischen Ordnung in der Zone des KKW Tschernobyl

Hier weist der Text eine Lücke auf.

...unkontrollierte Ein- und Ausfahrt in die Siedlung in strahlenbelasteter Kleidung.
Die Leistung der Wäschereien, die in der Stadt Pripjat auf der Basis von ABK-1 arbeiten, deckt den Bedarf an dekontaminierter Kleidung nur zu 50%. Um die entstandene Situation zu verbessern, wird geplant, in der Spezialwäscherei von Pripjat einen Drei-Schicht-Betrieb einzuführen, sowie weitere Objekte in der Stadt Tschernobyl und im Dorf Rassocha in Betrieb zu nehmen.
Da eine Sanitäts-Passierstelle an der Grenze der Sperrzone (Siedlung Lelew) fehlt, kann die Verbreitung von Strahlenkontamination außerhalb dieser Zone in die Wohnorte nicht ausgeschlossen werden. Die Kontamination wird meist von Militärangehörigen und dem Personal, das in der Sperrzone tätig ist kontrolliert. Die Einrichtung einer Sanitäts-Passierstelle an der Siedlung Lelew ist für 1988 geplant.
Es kommt vor, daß Fahrzeuge, die über dem Grenzwert strahlenkontaminiert sind, die 30 km-

Sperrzone verlassen. Die Kontrolle an den Ausfahrten aus der 30 km-Zone und an Kontrollstellen in anderen Orten wird von Einheiten der Zivilverteidigung ausgeübt.
Das Ministerium wird zusammen mit dem Stab der Zivilverteidigung des Landes Maßnahmen zur Verstärkung der Kontrolle ergreifen.
Zur Zeit wurde laut Befehl des Ministers die Spezialinspektion zur Kontrolle der striktesten Einhaltung von Normen, Bestimmungen und Anweisungen zur Strahlensicherheit in der Zone des Kernkraftwerkes gebildet. Gemeinsam mit der Verwaltung Drei beim Gesundheitsministerium der UdSSR ist am Ende Juli d.J. eine Revision der Produktionsvereinigung „Kombinat" in allen Fragen der Strahlensicherheit geplant.
Es werden auch andere Maßnahmen getroffen worden.
Stellvertretender Minister
A.W. Pirujew

An das Sekretariat des Obersten Sowjets *Geheim*
Unterliegt der Rückgabe an den Sondersektor der Geschäftsführung des Ministerrates der UdSSR

Protokoll Nr. 40
der Sitzung der Operativen Gruppe des Politbüros des ZK der KPdSU zu Fragen im Zusammenhang mit der Beseitigung der Folgen des Reaktorunfalls im KKW Tschernobyl

6. Januar 1988

1. Über das Beschlußprojekt des ZK der KPdSU zur Erfüllung des Beschlusses des Politbüro des ZK der KPdSU vom 14. Juni 1986 „Über die Ergebnisse der Untersuchung der Ursachen des Unfalls im KKW Tschernobyl und die Maßnahmen zur Beseitigung seiner Folgen, zur Schaffung von Sicherheit in der Atomenergie" und andere Beschlüsse der Partei und Regierung zur genannten Frage.
In den Grundzügen werden die Niederschrift der Operativen Gruppe im Politbüro des ZK der KPdSU und das Beschlußprojekt des ZK der KPdSU zur genannten Frage befürwortet.
Die Genossen W.I. Dolgych und B.J. Schtscherbina werden beauftragt, die Punkte 10, 11 und 13 des Beschlußprojektes unter Berücksichtigung des stattfindenden Meinungsaustausches zu präzisieren.
Die Dokumente werden dem Politbüro des ZK der KPdSU zur Begutachtung vorgelegt.
2. Über die Tätigkeit der Operativen Gruppe des Politbüro des ZK der KPdSU zu Fragen, die mit der Beseitigung der Folgen des Reaktorunfalls im KKW Tschernobyl verbunden sind.
Die Genossen W.I. Dolgych und B.J. Schtscherbina werden beauftragt, ein Beschlußprojekt der Operativen Gruppe des Politbüros des ZK der KPdSU und ein Beschlußprojekt des ZK der KPdSU zu dieser Frage vorzubereiten. Die genannten Dokumente werden dem Politbüro des ZK der KPdSU zur Begutachtung vorgelegt.
3. Über Maßnahmen zur Vervollständigung des Bedienungs- und Reparaturpersonals des KKW Tschernobyl und zur Bestätigung des «Beschlusses zu den Regeln über die Bereitstellung und Nutzung von Wohnraum in der Stadt Slawutitsch und die Organisation ihrer Besiedelung».
Es wird festgestellt, daß im KKW Tschernobyl bei der Schaffung eines festen Arbeitskollektivs und beim Übergang des Kraftwerkes auf schichtfreie Arbeit eine angespannte Situation entstanden ist. Ein Teil der Mitarbeiter, die gut eingerichtete Wohnungen in Kiew bekommen haben, lehnen die Übersiedlung nach Slawutitsch ab.
Das ist eine Folge ernsthafter Versäumnisse in der politisch-erzieherischen Arbeit im Kollektiv

des Kraftwerkes seitens der Leitung des Ministeriums für Atomenergie der UdSSR, der örtlichen Partei- und Sowjetorgane sowie der Leitung des KKW; eine Folge des Fehlens eines individuellen Herangehens an die Menschen, sowie von Schwächen der Parteiorganisation des Kraftwerkes. Das ZK der KP der Ukraine und das Gebietskomitee der Partei wenden dieser Frage keine gebührende Aufmerksamkeit zu.
Die Operative Gruppe des Politbüros des ZK der KPdSU betont ganz besonders, daß die Schaffung eines stabilen, politisch reifen Kollektivs des KKW Tschernobyl die wichtigste Voraussetzung eines sicheren Betriebs des Kraftwerkes ist.
Das Atomenergieministerium der UdSSR (Lukonin) wird verpflichtet, umgehend Maßnahmen zur Auswahl von Fachleuten für das Kraftwerk zu ergreifen, darunter auch auf Kosten von anderen Kernkraftwerken. Zusammen mit dem Gebietskomitee von Kiew der Partei und dem Allunionsrat der Gewerkschaften hat man die politische Aufklärungsarbeit im Kollektiv zu verstärken, die individuelle Behandlung der Menschen hat man dieser Arbeit zugrundezulegen.
Der Meinung des Atomenergieministeriums der UdSSR und des Gebietskomitees der Partei von Kiew wird zugestimmt, daß man vorübergehend darauf verzichten muß, die Mitarbeiter des KKW Tschernobyl, die Wohnungen in der Stadt Kiew bekommen haben, ständig in dieser Stadt anmelden zu lassen.
Im Hinblick auf die komplizierte Situation, die im Kernkraftwerk entstanden ist, und ausgehend von der Forderung nach absoluter Garantie für dessen sicheren Betrieb wird es für sinnvoll gehalten, ausnahmsweise der Leitung des Kernkraftwerkes das Recht einzuräumen, den Mitarbeitern kündigen zu dürfen, die zum ständigen Wohnaufenthalt in die Stadt Slawutitsch nicht umziehen wollen.
Die Regierungskommission (Schtscherbina) hat gemeinsam mit dem Atomenergieministerium der UdSSR, dem Justizministerium der UdSSR, dem Staatlichen Komitee für Handel der UdSSR und dem Allunionsrat der Gewerkschaften diese Frage zu untersuchen und innerhalb eines Monats die Vorschläge dem Ministerrat der UdSSR vorzulegen.
Die Genossen Dolgich und Schtscherbina werden beauftragt, den Entwurf des Schreibens der Operativen Gruppe an das Politbüro des ZK der KPdSU über Maßnahmen zur Schaffung eines stabilen Arbeitskollektivs im KKW Tschernobyl sowie den Entwurf des Beschlusses des ZK der KPdSU zu dieser Frage zu erarbeiten.
Die genannten Dokumente sind dem Politbüro des ZK der KPdSU zur Erörterung vorzulegen.
Es wird darauf hingewiesen, daß trotz des Planvorsprungs für die Bau-und Montagearbeit bei der Errichtung der Stadt Slawutitsch 1987 die Aufgaben zur Inbetriebnahme von Wohnhäusern und sozialen Objekten nicht erfüllt wurden. Den größten Planrückstand haben die Organisationen, die dem Energieministerium der UdSSR, dem Bauministerium für den Süden der UdSSR und den Ministerräten der Unionsrepubliken Aserbajdzhan, Armenien und Georgien untergeordnet sind. Von der Führung dieser Ministerien und den Ministerräten wird verlangt, umgehend Maßnahmen zur Fertigstellung der Bauten und zu ihrer Inbetriebnahme zu ergreifen.
Die vom Atomenergieministerium der UdSSR errarbeiteten und mit örtlichen Partei- und Sowjetbehörden vereinbarten „Bestimmungen zur Übergabe von Wohnräumen und ihre Nutzung in der Stadt Slawutitsch“ wird gebilligt (Anhang). Dem Ministerrat der Ukrainischen SSR wird empfohlen, sie ordnungsgemäß zu bestätigen. Bei der Verteilung der Wohnungen ist unbedingt der Bedarf an Fachleuten entsprechender Berufe zu berücksichtigen. Die Wohnungen sind in erster Linie an das operative Personal bereitzustellen.
4. Zur Strahlensituation in der Stadt Slawutitsch, in den angrenzenden Landflächen und über Maßnahmen zur Gewährleistung entsprechender sanitärhygienischer Ordnung.
Den Vorschlägen, die das Schreiben der Genossen Israel und Tschasow, über diese Frage enthält, wird zugestimmt (Anhang).

Die Leitungen des Atomenergieministeriums der UdSSR, des Staatlichen Komitees für Hydrometeorologie der UdSSR, des Gesundheitsministeriums der UdSSR werden beauftragt, vor Ort und unter Beteiligung der Leitung der Produktionsvereinigung „Kombinat" und des KKW Tschernobyl, der Partei-, Sowjet- und Gewerkschaftskomitees innerhalb einer Woche eine gründlich argumentierende Aufklärungsarbeit unter dem Kraftwerkpersonal durchzuführen und die Gefahrlosigkeit des Lebens in der neuen Stadt darzustellen.

5. Zur weiteren Arbeit an der Beseitigung der Folgen des Reaktorunfalls im KKW Tschernobyl.

Den Richtlinien zur Weiterarbeit an der Beseitigung der Folgen des Reaktorunfalls im KKW Tschernobyl, die im Schreiben des Genossen Schtscherbina enthalten sind (Anhang), wird im allgemeinen zugestimmt.

Bei der Erarbeitung von Programmen und Aktionsplänen ist vor allem zu beachten:

— die Konservierung von Bauten in den Städten Pripjat und Tschernobyl, die für eine weitere Nutzung geeignet sind;

— die Gewährleistung einer sicheren Entsorgung radioaktiver Abfälle, darunter von Resten des „Roten Waldes", und Vorbeugung der Kontamination des KKW-Umfeldes;

— die Erarbeitung zusätzlicher Maßnahmen zur Dekontamination von Ablagerungen am Ufer und im Grund des Kühlteiches am Kraftwerk;

— die erneute Dekontamination von strahlenbelasteten Ortschaften, in denen Menschen leben;

— die Notwendigkeit einer gründlichen Analyse, ob es sinnvoll ist, die errichteten Schutz- und Sperrdämme zu erhalten, die zu einem unerwünschten Grundwasseranstieg auf dem KKW-Gelände und das Versumpfen großer Landflächen bewirkt hat.

Die Ministerräte der Ukrainischen SSR und der Belorussischen SSR wurden auf die unbefriedigende Erfüllung der Entscheidung der Operativen Gruppe vom 13. Juli 1987 zur Einrichtung der wissenschaftlichen Testgelände und Wildreservate in der Umsiedlungszone aufmerksam gemacht. Die Genossen Massol und Kowaljow werden verpflichtet, die Erarbeitung entsprechender Vorschläge innerhalb eines Monats abzuschließen und sie zur Bestätigung bei der Regierungskommission vorzulegen.

In Zusammenhang damit, daß es notwendig ist, 1988 viel Arbeit an der Abdichtung der Maschinenhalle im Energieblock 4, an der Erhöhung der Sicherheit des Objektes „Deckung", der Abdichtung von Anlagen der Baustufe 3 des Kernkraftwerkes zu leisten, wird dem Vorschlag der Regierungskommission zugestimmt, 1988 12.000 Wehrdienstpflichtige für einen speziellen sechs Monate langen Reservistenlehrgang einzuberufen. Sie sind dem Energieministerium der UdSSR und dem Ministerium für mittleren Maschinenbau der UdSSR zur Verfügung zu stellen. Der Entwurf des Beschlusses des Ministerrates der UdSSR zu dieser Frage wird gebilligt. Das ZK der KPdSU ist darüber zu informieren.

Die Regierungskommission (Schtscherbina) hat:

— unter Beteiligung des Atomenergieministeriums der UdSSR die Aufteilung der Aufgabenbereiche zwischen der Produktionsvereinigung „Kombinat" und dem KKW Tschernobyl im Hinblick darauf festzulegen, daß das Kernkraftwerk mehr wirtschaftliche Unabhängigkeit genießen soll;

— gemeinsam mit dem Gesundheitsministerium der UdSSR, dem Staatlichen Komitee für Hydrometeorologie der UdSSR, dem Ministerrat der Ukrainischen SSR die Strahlenbelastung in einer Reihe von Ortschaften im Gebiet Shitomir zu untersuchen und darüber zu entscheiden, ob für deren Einwohner Sonderkonditionen bei der Versorgung mit unbelasteten Nahrungsmitteln einzuführen sind;

— unter Beteiligung des Ministerrates der Ukrainischen SSR, des Atomenergieministeriums der UdSSR, des Ministeriums für mittleren Maschinenbau der UdSSR, des Verteidigungsministeriums der UdSSR und anderer Ministerien und Behörden die Fragen zu erörtern, die im

Schreiben der Genossen Rewenko und Pluschtsch (Anhang) aufgeworfen werden, und entsprechendes darüber zu entscheiden.
6. Über zusätzliche Maßnahmen zur Verbesserung der medizinischen Betreuung der Bevöl kerung, die in durch den Reaktorunfall im KKW Tschernobyl hochbelasteten Rayons lebt.
Zur Stabilisierung der Kader der örtlichen Gesundheitseinrichtungen, die mit der medizinischen Betreuung der Bewohner in den Rayons beauftragt sind, in denen die Strahlenbelastung über 15 Ci/km^2 liegt, wird ausnahmsweise ab 1. Februar 1988 für alle Kategorien des medizinischen Personals die Entlohnung eingeführt, die im Beschluß des ZK der KPdSU, des Ministerrates der UdSSR und des Allunionsrates der Gewerkschaften vom 16. Oktober 1986 vorgesehen ist. Der Entwurf der Verordnung des Ministerrates der UdSSR zu dieser Frage wird gebilligt.
Das Gesundheitsministerium der UdSSR (Tschasow) wird verpflichtet, alle notwendigen Maßnahmen zur Ausstattung sämtlicher Einrichtungen der Gesundhheitsbehörde sowie von spezialisierten wissenschaftlichen und klinischen Organisationen, die die Kontrolle des Gesundheitszustandes der durch den Reaktorunfall im KKW Tschernobyl bestrahlten Menschen in der ersten Jahreshälfte 1988 mit medizinischen diagnostischen Geräten und Medikamenten zu ergreifen.
7. Zur Gründung des wissenschaftlichen Forschungsinstituts für Probleme der sicheren Entwicklung der Atomenergie und chemische Technologien in der Akademie der Wissenschaften der UdSSR.
Das Schreiben und der Entwurf des Beschlusses des ZK der KPdSU zu dieser Frage sind dem Politbüro des ZK der KPdSU vorzulegen.
N. Ryshkow

Zum Punkt 4 des Protokolls Nr. 40 *Geheim*
Ex. Nr. 1

An den Vorsitzenden des Ministerrates der UdSSR
Genossen Ryshkow N.I.

Entsprechend dem Auftrag des ZK der KPdSU wurde vom Staatlichen Komitee für Hydrometeorologie der UdSSR und dem Gesundheitsministerium der UdSSR unter Beteiligung der Organisationen anderer Ministerien und Behörden die Strahlensituation in der Stadt Slawutitsch und auf den angrenzenden Landflächen zusätzlich detailliert untersucht.
Die Ergebnisse der Untersuchungen ergaben, daß die Flächenkontamination durch Cäsium-137 innerhalb der Stadtgrenze unter 1-6 Ci/km^2 liegt, die Dosisleistung beträgt 0,07 mR/h. Die am meisten kontaminierten Stellen liegen in Waldgegenden westlich und östlich der Stadt, zwei bis drei km davon entfernt. Maximale Flächenkontaminationen in diesen Stellen schwanken zwischen 0,7 bis 13,0 Ci/km^2, die Dosisleistungen bis 0,12 mR/h.
Die Flächenkontamination durch Strontium-90 (0,1-1,0 Ci/km^2) und Plutonium-239+240 (0,001-0,02 Ci/km^2) liegen innerhalb der Stadtgrenze und in den angrenzenden Gegenden wesentlich unter den festgelegten Grenzwerten (3 Ci/km^2 für Strontium-90 und 0,1 Ci/km^2 für Plutonium-239+240).
Die Untersuchungen der Strahlenbelastung der Räume, die übergabefertig sind, ergaben keine hohen Kontaminationswerte.
Berechnungen möglicher Belastungsdosen der künftigen Stadteinwohner, die auf Grundlage der entstandenen Strahlensituation durchgeführt wurden, ergaben, daß sie auch ohne zusätzliche Dekontaminationsmaßnahmen weit unter dem Dosisgrenzwert (0,5 rem/Jahr) liegen werden.

Somit liegen sie im Bereich der für die im Umfeld von Kernkraftwerken (bei störungsfreiem Betrieb) lebende Bevölkerung (einschließlich Kinder und schwangere Frauen) in der UdSSR festgelegt wurde und von internationalen Organisationen empfohlen wurde.
Die zu erwartende Dosis der Bevölkerung in 70 Jahren wird unter Berücksichtigung der effektiven Halbwertzeit des Cäsiums von 10 Jahren nicht über 4 rem liegen. So behindert die Strahlensituation in der Stadt Slawutitsch und ihrer Umgebung die Besiedlung der Stadt nicht. Das entspricht auch den Ergebnissen für die Gegend um die Siedlung Nedantschitschi.
Aber im Hinblick auf die Tatsache, daß die Stadt Slawutitsch in der Nähe von Rayons liegen, die immer noch als hochkontaminiert gelten, empfehlen das Staatliche Komitee für Hydrometeorologie der UdSSR und das Gesundheitsministerium der UdSSR folgende prophylaktische Maßnahmen:
— Anpflanzen von Grünflächen und Asphaltieren offener Landflächen innerhalb der Stadtgrenze;
— das Entfernen von Waldreisig innerhalb der Stadtgrenze;
— die regelmäßige sanitäre Reinigung und das Abspritzen der Straßen und Höfe mit Wasser;
— das Anlegen (in erster Linie westlich und östlich der Stadt) von Waldparks, Maßnahmen zum Entfernen von Waldreisig in kontaminierten Gegenden und stichprobenartiges Abholzen.
Das Staatliche Komitee für Hydrometeorologie der UdSSR und das Gesundheitsministerium der UdSSR halten es außerdem für notwendig, bei der Besiedlung sämtliche Maßnahmen zu ergreifen, die eine zusätzliche Kontamination beim Transport des Personals aus dem Bereich des KKW Tschernobyl verhindern.
Anhang: Pläne auf 2 Seiten, *für den Dienstgebrauch*, nur an die genannte Adresse.
Vorsitzender des Staatlichen Komitees für Hydrometeorologie der UdSSR
J.I. Tschasow,
Vorsitzender des Gesundheitsministeriums der UdSSR
J.A. Israel

An den Vorsitzenden der Operativen Gruppe des Politbüros des ZK der KPdSU zu Fragen in Zusammenhang mit dem Reaktorunfall im KKW Tschernobyl

Streng geheim

Vorsitzender des Ministerrates der UdSSR
Genossen Ryshkow N.I

04.04.1988

Sehr geehrter Nikolaj Iwanowitsch,
im Gebiet Kiew wird die Arbeit in Zusammenhang mit der Beseitigung der Folgen des Reaktorunfalls im KKW Tschernobyl fortgesetzt. Das Gebietskomitee der Partei, das Gebietsexekutivkomitee, die Stadtkomitees der Partei, die Stadtexekutivkomitees, die Grundorganisationen der Partei mobilisieren die Werktätigen zur Erfüllung der staatlichen Pläne, zur Schaffung einer normalen moralisch-politischen Situation im Gebiet, zur Überwindung von Schwierigkeiten, die durch den Reaktorunfall entstanden sind.
Die Arbeitskollektive kommen insgesamt mit den Aufgaben des Planjahrfünfts für Industrie und Landwirtschaft zurecht und erhöhen das Tempo der sozialen Entwicklung. Um mehr als 50 Mio Rubel wurde die Jahresplanaufgabe für Industriewarenherstellung übererfüllt. Zum 70. Jahrestag des Großen Oktober wurden die Pläne von zwei Jahren des Planjahrfünfts erfüllt, und zum 1. Dezember die Abgabepläne für Getreide, Kartoffeln, Gemüse, Milch, Eier und Wolle.

Drei Energieblöcke des Kernkraftwerks Tschernobyl arbeiten. Es wurden fast 120.000 m^2 Wohnfläche in der Stadt der Energetiker Slawutitsch in Betrieb genommen. Es ist vorgesehen, daß in den kommenden Jahren die Arbeit in Zusammenhang mit der Beseitigung der Folgen des Reaktorunfalls einen umfassenden Charakter annimmt. Aber eine Reihe von Problemen bleibt nach wie vor dringlich.

Es ist u.a. dringend notwendig, den Status der 30 km-Zone genauer zu definieren, da hier in Zusammenhang mit der Umsiedlung der Bevölkerung jegliche wirtschaftliche und sonstige Tätigkeit eingestellt wurde. Viel ernste Fragen müssen in den an die Zone angrenzenden Ortschaften und Rayons gelöst werden. Die Schaffung normaler Wohnbedingungen für die umgesiedelte Bevölkerung ist zu beenden.

Zur Lösung dieser Probleme würden wir bitten, folgendes zu erörtern:

1. In Zusammenhang damit, daß die Belastungszone präzisiert werden muß, ist endgültig über die Verwendung, das Funktionieren und die Verwaltung der Landflächen zu entscheiden, auf denen kein Aufenthalt der Bevölkerung geplant wird. Nach Ansicht des Gebietskomitees der Partei und des Gebietsexekutivkomitees könnte man diese Landflächen dem Atomenergieministerium bzw. dem Ministerium für mittleren Maschinenbau übergeben und eine spezielle wissenschaftliche Forschungs- und Versuchstation gründen, wie es im Gebiet Tscheljabinsk der Fall war, indem man dieser Station auch spezialisierte Ackerbau-, Forst-, Meliorations- und sonstige Einheiten zuordnet.

Die Haupsache ist, daß man dieser Station den Status eines Betriebs mit Sonderbestimmungen verleiht. Nach unserer Ansicht sind sie von Fachradiologen zu leiten.

2. In den an die Zone angrenzenden Rayons, in denen über 120.000 Menschen leben, muß man die Arbeit an der Dekontamination und am Ausbau der Infrastruktur fortsetzen. 1988-1990 müssen sämtliche Arbeiten zur Gas- und Wasserversorgung, im Wohnungs- und Straßenbaubau sowie im sozialen Bereich gewährleistet werden.

3. Es ist über die Finanzierungsquellen für die Zuschläge zu entscheiden (im Rahmen von 25 %), die staatliche und genossenschaftliche Betriebe zu den Tariflöhnen auf Kosten der eigenen Tätigkeit in den Ortschaften auszahlen, die an die Zone angrenzen und Belastungswerte über dem Grenzwert haben.

4. In 79 neu errichteten Dörfern muß man, wie ursprünglich geplant, den Bau sämtlicher sozialer und kultureller Objekte zu Ende führen.

Wir würden Sie, Nikolaj Iwanowitsch, bitten, entsprechende Aufträge zur Lösung dieser Fragen zu erteilen.

Sekretär des Gebietskomitees von Kiew der Kommunistischen Partei der Ukraine

G. Rewenko

Vorsitzender des Exekutivkomitees des Gebietssowjets der Volksdeputierten von Kiew

I. Pluschtsch

Fazit

Neue geheime Dokumente offenbaren alte Weisheiten: Jedesmal, wenn es darauf ankommt, sich zu erhalten, muß das System Böses tun und unbedingt das Getane verbergen. Seit der geheimen Erschießung der Kinder in den Kellerräumen des Ipatjew-Hauses, deren Schuld nur darin bestand, daß sie in der Zarenfamilie zur Welt gekommen waren, ließ es uns millionenweise ohne Gerichtsverfahren erschießen, warf in KZs und Psychiatrie-Kliniken. Es tötete uns während der Demonstration in Nowotscherkassk, legte uns in „Schwarze Tulpen" (So wurden Hubschrauber genannt, die in Afghanistan Gefallene zurück in die Heimat transportierten) in Afghanistan, vergiftete uns mit Nervengift in Tbilissi, jagte uns vor Panzer in Baku und Wilna... Tschernobyl, langsames Sterben im Strahlenrausch, gehört zu den Verbrechen des Systems am eigenen Volk, gleich Medusa Gorgona, die ihre eigenen Kinder verschlang. Besiegt konnte sie nur dadurch werden, daß man sie enthauptete.

Alla Jaroshinskaja

1989-1992
Shitomir - Moskau

Die Teilnehmer an den Sitzungen der Operativen Gruppe

Mitglieder:

Dolgich W.I. (Kandidat des Politbüros des ZK der KPdSU)
Protokoll Nr. 1-28, 31-38, 40
Ligatschow J.K. (Mitglied des Politbüros des ZK der KPdSU)
Protokoll Nr. 1-26, 32-34, 37-38, 40
Ryshkow N.I. (Mitglied des Politbüros des ZK der KPdSU)
Protokoll Nr. 1-6, 8-33, 35-40
Sokolow S.L. (Kandidat des Politbüros des ZK der KPdSU)
Protokoll Nr. 1-6, 9-11, 14-18, 20-22, 24-26, 28-33, 37
Tschebrikow W.M. (Mitglied des Politbüros des ZK der KPdSU)
Protokoll Nr. 1-24, 29-38, 40
Wlassow A.W. (Minister für innere Angelegenheiten der UdSSR)
Protokoll Nr. 1-6, 8-25, 27-30, 34-37, 39-40
Worotnikow W.I. (Mitglied des Politbüros des ZK der KPdSU)
Protokoll Nr. 1-5, 8-17, 20-33, 36-37, 40

Geladene:

Abolenzew W.A. (Stellvertretender Abteilungsleiter des ZK der KPdSU für administrative Organe) — Protokoll Nr. 38
Achromejew S.F. (Erster Stellvertreter des Verteidigungsministers der UdSSR) — Protokoll Nr. 1-7, 9-28, 30-33, 35-36, 38-39
Afanassjew S.A. (Minister für Schwer- und Transportmaschinenbau)
Protokoll Nr. 24
Afanassjew W.G. (Chefredakteur der Zeitung *Prawda*)
Protokoll Nr. 18
Aganow S.H. (Chef der Pioniertruppen des Verteidigungsministeriums der UdSSR) — Protokoll Nr. 29-30
Agaschkow J.A. (Leiter des Sektors der Abteilung für Rüstungsindustrie des ZK der KPdSU) — Protokoll Nr. 28, 34
Alexandrow A.P. (Direktor des J.-W.-Kurtschatow-Instituts für Atomenergie)
Protokoll Nr. 38
Alexandrow A.P. (Präsident der Akademie der Wissenschaften der UdSSR)
Protokoll Nr. 1-5, 11-23, 25, 28-31, 34
Altunin A.G. (Chef der Zivilverteidigung der UdSSR)
Protokoll Nr. 1-3

Slawskij J.P. (Minister für Hoch- und Mittelschulbildung der UdSSR) Protokoll Nr. 1-2, 5, 35

Sokolow W.J. (Mitglied des Präsidiums der Akademie der Wissenschaften der UdSSR, Akademiemitglied und Sekretär der Abteilung für allgemeine Biologie) — Protokoll Nr. 33

Stroganow G.B. (Stellvertreter des Vorsitzenden der Staatlichen Plankommission der UdSSR) — Protokoll Nr. 24

Subkow W.I. (Leiter des Sektors der Abteilung für Schwerindustrie und Energiewirtschaft des ZK der KPdSU) — Protokoll Nr. 34

Suchorutschenkowa G.F. (Sekretär des Allunionsrats der Gewerkschaften) Protokoll Nr. 36

Sutkow W.I. (Sektorenleiter der Abteilung für Schwerindustrie und Energiewirtschaft des ZK der KPdSU) — Protokoll Nr. 28

Swatschenko N.J. (Gesundheitsminister der Belorussischen SSR) Protokoll Nr. 36

Tabejew F.A. (Erster Stellvertreter des Vorsitzenden des Ministerrates der RSFSR) — Protokoll Nr. 34, 36-37, 39-40

Terebilow W.J. (Vorsitzender des Obersten Gerichts der UdSSR) Protokoll Nr. 38

Tkatschenko A.N. (Erster Stellvertreter des Vorsitzenden des Staatlichen Komitees für Landwirtschaft der Ukrainischen SSR) — Protokoll Nr. 30

Troizkij J.P. (Abteilungsleiter für Energiewirtschaft und Elektrifizierung der Staatlichen Plankommission der UdSSR) — Protokoll Nr. 37

Troizkij N.J. (Stellvertretender Chefredakteur der Zeitung *Sozialistitscheskaja Industrija*) — Protokoll Nr. 18

Trubilin N.T. (Stellvertretender Vorsitzender des Ministerrates der RSFSR) Protokoll Nr. 35

Trunow M.P. (Vorstand des Zentrosojus) Protokoll Nr. 24

Truschin W.P. (Erster Stellvertreter des Innnenministers der UdSSR) Protokoll Nr. 31, 38

Tschasow J.I. (Gesundheitsminister der UdSSR) Protokoll Nr. 38-39

Tschikin W.W. (Chefredakteur der Zeitung *Sowjetskaja Rossija*) Protokoll Nr. 18

Uschakow J.P. (Sektorenleiter der Abteilung für Schwerindustrie und Energiewirtschaft des ZK der KPdSU) — Protokoll Nr. 28, 34

Ussanow A.N. (Stellvertreter des Ministers für mittleren Maschinenbau) Protokoll Nr. 30

Maßeinheiten

	alte Bezeichnung	neue Bezeichnung
Aktivität	Curie (Ci) 1 Ci = 3,7 x 10^{10} Bq 1 Ci/km^2 = 37000 Bq/m^2	Becquerel (Bq) 1 Bq = 27 x 10^{-12} Ci
Energiedosis	Rad (rd) 1 rd = 0,01 Gy	Gray (Gy) 1Gy = 100 rd
Äquivalentdosis	Rem (rem) 1 rem = 0,01 Sv	Sievert (Sv) 1Sv = 100 rem
Ionendosis	Röntgen (R) 1 R = 2,58 x 10^{-4} C/kg	Coulomb / Kilogramm (C/kg) 1 C/kg = 3876 R